Kriege

Barbara Kuchler, Dipl.-Soz., ist wissenschaftliche Mitarbeiterin an der Universität Bielefeld.

Barbara Kuchler

Kriege

Eine Gesellschaftstheorie gewaltsamer Konflikte

Campus Verlag
Frankfurt/New York

MIX
Papier aus verantwortungsvollen Quellen
FSC® C089473

Zugl.: Dissertation an der Universität Bielefeld

Bibliografische Information der Deutschen Nationalbibliothek:
Die Deutsche Nationalbibliothek verzeichnet diese Publikation in der Deutschen Nationalbibliografie.
Detaillierte bibliografische Daten sind im Internet unter http://dnb.d-nb.de abrufbar.
ISBN 978-3-593-39978-2

Umschlaggestaltung: Campus Verlag GmbH, Frankfurt am Main
Umschlagmotiv: Militaryball, © Irene Stader
Satz: Campus Verlag GmbH, Frankfurt am Main
Druck und Bindung: Beltz Bad Langensalza
Printed in Germany

Dieses Buch ist auch als E-Book erschienen.
www.campus.de

Inhalt

1. Einleitung

Das 20. Jahrhundert ist als das gewalttätigste und kriegerischste Jahrhundert überhaupt bezeichnet worden (so William Golding, zit. in Kruse 2009: 198), und wie das 21. Jahrhundert in dieser Hinsicht abschneiden wird, ist noch nicht abzusehen. In Aussagen wie diese ist eine normative Wertung so tief eingelassen, dass sie uns normalerweise gar nicht auffällt – unausgesprochen mitgeführt wird eine Negativbeurteilung von Kriegen, die Klage über das dadurch verursachte Leid zahlloser Menschen und die Hoffnung, es in Zukunft reduzieren zu können. Dem Soziologen muss, anders als dem Alltagsbeobachter, eine solche latent mitgeführte Wertung auffallen, denn er hat die Aufgabe, hinter die gesellschaftlichen Selbstverständlichkeiten zu schauen und sie zu »erklären« oder jedenfalls auf dahinterliegende Strukturgesetzlichkeiten durchsichtig zu machen. Bei einem zweiten Blick wird man denn auch relativ schnell bemerken, dass die uns so geläufige Einschätzung von Krieg als etwas Schrecklichem historisch ziemlich jung ist und Kriegführung über den größten Teil der Geschichte vielmehr als ehrenvolles und nützliches Tätigkeitsfeld galt. Autoren, die sich mit Krieg befassen, stellen nahezu die ganze Geschichte hindurch vorzugsweise die Frage, wie man Kriege gewinnen kann, und nicht – wie heute verbreitet – wie man sie vermeiden, verkürzen oder gar abschaffen kann (Deutsch 1957: 200; Wright 1968: 463).

Warum ist die Wertung, dass Krieg etwas Schlechtes sei, in der heutigen Gesellschaft so alternativlos? Und alternativlos ist sie – Abweichungen von der Regel, dass »wir alle Pazifisten sind« (Hall 1985: 140f.), gibt es nur in zwei Formen, die beide die Regel bestätigen. Entweder man propagiert Kriege in instrumenteller Einstellung als kleineres Übel gegenüber dem, was sonst geschehen würde (faschistische Eroberungszüge oder ungehemmte Entfaltung brutaler Regimes), mithin als Mittel zu einem für wichtig gehaltenen Zweck, nicht aber als Sache selbst. Oder man schätzt Krieg in egoistisch-partikularistischer Einstellung, wenn man – etwa als »Kriegsherr« – Profite davon zu erwarten hat, was dann aber eben ein extrem partikularer Standpunkt ist, der von praktisch allen Beobachtern verurteilt und für unmoralisch oder kriminell gehalten wird.

Aus ausreichend großer Distanz lässt sich diese gesellschaftsweit etablierte Wertung auf die funktionale Differenzierung der Gesellschaft zurückführen, also auf diejenige, insbesondere von Niklas Luhmann beschriebene Strukturform der modernen Gesellschaft, die diese in ein Nebeneinander von etwa einem Dutzend Teilsystemen zerfallen lässt – Politik, Wirtschaft, Recht, Bildung, Wissenschaft usw. –, die sich für die Beteiligung (Inklusion) prinzipiell aller Menschen offenhalten. Inklusion bedeutet zum einen, dass neue Formen für die Teilnahme von Menschen an Kriegen entstehen: die allgemeine Wehrpflicht, aber auch die Möglichkeit der Selbstrekrutierung für Guerillakriege, die Möglichkeit der Mobilisierung im Rahmen einer »Heimatfront« und die Möglichkeit der planvollen Viktimisierung (Tötung, Vertreibung, Vergewaltigung usw.) einer politisch unliebsamen Bevölkerung. Kriege erwerben damit ein Potenzial für ausufernde Betroffenheiten und Destruktionswirkungen – was aber allein noch keine hinreichende Ursache für die sich durchsetzende Negativwertung von Krieg sein kann, da es extrem grausame und verlustreiche Kriege, wie jeder Historiker bestätigen wird, die ganze Geschichte hindurch gab. Darüber hinaus hat der Inklusionstrend der modernen Gesellschaft aber zur Folge, dass der Beobachterstandpunkt für gesamtgesellschaftlich vertretbare Wertungen sich zunehmend auf die Position der Inklusionsrolle verschiebt: die Politik arbeitet gut, wenn sie die Bürger zufriedenstellt, die Schulen arbeiten gut, wenn die Schüler viel lernen, die Wirtschaft arbeitet gut, wenn allgemeine Wohlstandszuwächse zu verzeichnen sind, usw. Auch Kriege werden – und das ist das historisch Neue – zunehmend aus der Perspektive der Zivilisten, der unschuldig leidenden Opfer oder indirekt Betroffenen beurteilt (statt aus der Perspektive der Kriegführenden oder Kriegsverantwortlichen); und unter dieser Prämisse ist die Negativwertung von Kriegen in der Tat unausweichlich.

Dieser Wertung soll mit dem vorliegenden Buch natürlich keineswegs widersprochen werden; es kann nicht darum gehen, jetzt wieder die positiven Seiten von Krieg – worin immer diese gesehen werden mögen – herauszustellen. Es ist auch klarzustellen, dass die Autorin als Mensch diese Wertung ebenfalls teilt, ebenfalls Krieg schlecht und Frieden gut findet (zur Prämisse »that peace is good and war is bad« Beer 1981: xxii; vgl. auch Malinowski 1941: 22; Bock 1955: 109; Mead 1968; Gantzel 1972: 31). Wissenschaftlich genügt es aber nicht, solche Wertstandpunkte einzunehmen, sondern wissenschaftlich muss man sich zunächst möglichst weit von seinem Gegenstand distanzieren, um ihn dann mit desto größerem Erkenntnisgewinn durchleuchten zu können (so auch Helbling 2006).[1] Das ist die Absicht dieses Buches: das Phänomen Krieg auf der Grundlage einer leistungsfähigen soziologischen Theorie – der Systemtheorie und speziell der Theorie funktionaler Differenzierung – zu analysieren und damit das Feld der Kriegssoziologie um eine theoretisch durchgearbeitete Beschreibung zu bereichern. Der eben skizzierte Zusammenhang zwischen moderner Inklusionstendenz und prinzipieller Negativwertung von Kriegen ist nur ein Beispiel für diesen Typ von Analyse, das hoffentlich Appetit auf mehr macht. Schließlich ist, so Klaus Schlichte (2006a: 124), »eine Theorie des Krieges ohne eine Theorie der Gesellschaft nicht zu haben«.

Krieg als Thema soziologischer Theorie

Ob die Kriegssoziologie überhaupt schon als eine etablierte Bindestrich-Soziologie angesprochen werden kann, ist fraglich, und insbesondere dezidiert theoretisch ansetzende Texte sind Mangelware. Im deutschsprachigen Bereich finden sich einige wenige, verstreute Ansätze aus verschiedenen Theorierichtungen, im englischsprachigen Bereich ein durchaus kohärentes, aber stärker historisch als theoretisch ausgerichtetes Forschungsfeld. Dierk Spreen (2008) formuliert hohe theoretische Ansprüche, indem er nach der »Konstitutionsfunktion des Krieges für moderne Gesellschaften« fragt; er scheitert aber letztlich an diesem Anspruchsniveau, und sein Buch fällt in ein ziem-

1 Das hier mitgeführte Werturteil hat etwa zu einer hartnäckigen Prominenz von Kriegsursachenforschung geführt, obwohl die Frage nach Ursachen wissenschaftlich eher unfruchtbar ist und die Analyse leicht in die Unendlichkeit von Ursachen ausfransen lässt, wie bereits Pitirim Sorokin (1938: 475) scharf diagnostiziert: »The existing literature on war causation reveals the almost hopelessly muddled condition of our knowledge in this field [...]. The causal factors evoked include: [...] instincts of pugnacity, of war, of fighting, of herd, and of aggressiveness; overpopulation, underpopulation, high and low birth and mortality rates; universal law of struggle for existence, and other biological factors; fear, fight for freedom, relaxation from inhibitions imposed by civilization, sadism, lust for power, ostentation, vanity, and dozens of other psychological forces; a long list of economic, political, dynastic, religious, aesthetic, educational, and other social factors; [...] and finally, various ›wicked,‹ great- and small-men and groups.« (Vgl. auch Luard 1987: 84, und speziell mit Blick auf Terrorismus Japp 2006) Nach etlichen Jahrzehnten Kriegsursachenforschung wird das Ergebnis von Beobachtern denn auch immer noch als »frustrierend« zusammengefasst (Dessler 1991: 338).

lich unverbundenes Nebeneinander von sehr fundamentalen theoretischen Postulaten einerseits und sehr konkreten, historisch-diskursanalytischen Studien andererseits auseinander. In einer ausgearbeiteten Gesellschaftstheorie basiert ist (oder war) die Hamburger »Arbeitsgemeinschaft Kriegsursachenforschung« (AKUF), die unter dem Kopf Klaus-Jürgen Gantzel jedenfalls zeitweise (post)marxistisch und kapitalismuskritisch arbeitete (etwa Siegelberg 1994), aber inzwischen weniger durch theoretisch schwergewichtige Beiträge als durch umfangreiche empirische Arbeit zum aktuellen Kriegsgeschehen rund um den Globus auffällt.[2] Volker Kruse (2009) kombiniert einen Bezug auf Spencer mit Luhmann und der Theorie funktionaler Differenzierung und kommt damit dem hier verfolgten Ansatz am nächsten, insbesondere was die Beschreibung totaler Kriege angeht. Die Kontaktpunkte zwischen Kriegssoziologie und allgemeiner soziologischer Theoriebildung zu vermehren, ist angesichts dieser Lage ein absolutes Desiderat.

Die grundsätzliche Prämisse, von der die folgenden Überlegungen ausgehen, ist, dass die Art der Kriegführung von der Art der Gesellschaft abhängt. Es werden also Kriegsformen mit Gesellschaftsstrukturen korreliert. Diese Frage ist natürlich nicht neu, aber sie wird meistens mit stärker eingeschränktem Analysefocus in Angriff genommen, nicht mit einer allgemeinen Gesellschaftstheorie im Hintergrund.[3] Insbesondere die angelsächsische Kriegssoziologie hat hier wichtige Einsichten erarbeitet, indem sie Kriegführungspraxis und die Form des modernen (National-)Staates in Zusammenhang bringt – bei Michael Mann, John Hall, Charles Tilly und Anthony Giddens mit Blick auf die Entstehungszeit der modernen Staaten, bei Martin Shaw dann mit Blick auf totale Kriege und wohlfahrtsstaatliche Entwicklungen des 20. Jahrhundert. Postuliert wird dabei ein wechselseitiger Konstitutionszusammenhang zwischen Krieg und Staat: »war made the state, and the state made war« (Tilly 1975: 42). Die aufgezeigten Zusammenhänge beziehen sich etwa auf die Etablierung des Staates als Gewaltmonopolist, auf die administrative Kontrolle von Bevölkerung und Territorium, auf die Bedeutung einer ausdifferenzierten Geldwirtschaft und belastbaren

2 Ein ehemaliger AKUF-Autor wendet sich später in Richtung Weber und Elias (Schlichte 2009), ohne aber aus dieser Theorieanbindung für die Beschreibung der betrachteten Phänomene allzu viel herauszuholen.

3 Diese Formulierung ist auf Forschungen innerhalb der Kriegs*soziologie* gemünzt. Die vielversprechend »war and society« genannte Richtung der *historischen* Kriegsforschung interessiert sich ebenfalls für breitere gesellschaftliche Auswirkungen und Rahmenbedingungen von Kriegen, bietet aber noch weniger allgemein-theoretische Anknüpfungspunkte.

Finanzbasis, und im Zusammenhang damit auch auf die Symbiose mit und später Ablösung von bestimmten Klassen wie dem Bürgertum. Auch Malesevic (2010) arbeitet Merkmale moderner Kriege wie die Organisierung, Bürokratisierung und Ideologisierung von Gewalt heraus, die mit allgemeinen Merkmalen des modernen Staates – bürokratische Verwaltung und Trend zu massenhafter politischer Partizipation – in Zusammenhang stehen.

Die vorliegende Studie setzt grundsätzlich ähnlich an und fragt nach Entsprechungen zwischen modernen Kriegsformen und breiteren Gesellschaftsstrukturen; sie abstrahiert aber einen Schritt weiter und setzt auf der anderen Seite der Gleichung nicht solche schon relativ nah am Phänomen Krieg liegenden Strukturen wie Staat und Bürokratie ein, sondern eine allgemeine Theorie gesellschaftlicher Differenzierung. Der Vorteil ist, dass sich dadurch der Sichtkreis erweitert, Abstraktions- und Generalisierungsgewinne realisiert werden und Phänomene in einen breiteren Zusammenhang von Strukturen und Vergleichsmöglichkeiten eingeordnet werden können. Im Gegenzug engt sich die untersuchte Abhängigkeitsrelation tendenziell auf eine einseitige Relation ein: Es interessiert jetzt hauptsächlich die Frage, wie Krieg durch die zugrunde liegenden Gesellschaftsstrukturen geformt wird, und nicht mehr die Frage, wie die Gesellschaft durch die in ihr geführten Kriege geformt wird. Denn funktionale Differenzierung ist eine so basale und weittragende Strukturentscheidung, dass sie eigentlich nur als unabhängige Variable gedacht werden kann und es wenig plausibel ist davon auszugehen, dass sie durch die vorherrschende Kriegführungspraxis oder bestimmte kriegerische Ereignisse bedingt ist – so wenig wie durch irgendwelche anderen Einzelfaktoren, wenn auch natürlich durch das Zusammenwirken unzähliger Einzelfaktoren zu ermöglichenden Gesamtbedingungen.[4]

4 Die beiden Analyserichtungen – Krieg als abhängig von der Gesellschaft und Gesellschaft als abhängig von Krieg – entsprechen den beiden grundsätzlich möglichen Ansatzpunkten einer Konflikttheorie. Man kann Konflikte entweder als strukturell veranlasst und damit immer schon in gewisser Weise »gehegt«, strukturell eingefügt und eingefangen denken, oder man kann sie sich als eigendynamisches, autopoietisches Geschehen vorstellen, das tendenziell seine Umwelt parasitiert und kolonisiert (André Kieserling, mündliche Kommunikation). Ich konzentriere mich auf die erste Richtung, obwohl im dritten Kapitel auch gezielt die Frage nach einem Übergreifen von Krieg auf den »Rest« der Gesellschaft gestellt wird – aber wiederum mit der Annahme, dass die grundsätzliche Differenzierungsform der Gesellschaft dadurch nicht verändert wird. Absolut plausibel ist aber, dass die Kopplungen und wechselseitigen Leistungsbeziehungen zwischen Funktionssystemen durch die totalen Kriege des 20. Jahrhunderts entscheidend mitgeformt wurden, indem etwa das Niveau akzeptabler Eingriffe der Politik in die Wirtschaft und Wohlstandsverteilung hochgefahren wurde (so die Analyse von Shaw und anderen, vgl. unten Kapitel 3.3. Punkt a).

Man kann dann zwar immer noch feststellen, dass an manchen Punkten die der funktional differenzierten Gesellschaft entsprechenden Strukturen – etwa: Vollinklusion ins politische System – historisch auf dem Weg von Kriegen durchgesetzt wurden, indem etwa die Einführung des allgemeinen Wahlrechts in etlichen Staaten durch die allgemeine Wehrpflicht vorbereitet und unabweisbar gemacht wurde. Kriege können mithin als »Geburtshelfer« von typisch modernen Merkmalen auftreten, aber diese Merkmale werden als an sich schon angelegt und durch die Form der gesellschaftlichen Differenzierung definiert gedacht, so dass sie auch ohne die Mithilfe von Kriegen irgendwann zur Geltung kommen würden.

Kurz und kompakt lässt sich das Erkenntnisinteresse der folgenden Analysen in der Frage zusammenfassen, was einen modernen Krieg ausmacht, d.h. einen Krieg, der zur modernen Gesellschaft passt – analog etwa zu der an die Familiensoziologie adressierbaren Frage, was eine moderne Familie ausmacht. Auf die zuletzt genannte Frage lassen sich ja durchaus gehaltvolle und in allgemeine gesellschaftstheoretische Einsichten eingebettete Antworten geben. So kann man etwa sagen: Die moderne Familie entsteht als Raum für Intimkommunikation zusammen mit der Unterscheidung privat/öffentlich und der damit verbundenen größeren strukturellen Differenzierung der Gesellschaft. Im Zuge dieser Umstellung wird die Familie zunehmend exklusiv auf Intim- und Reproduktionsfunktionen zugeschnitten und verliert ihre alten ökonomischen und politischen Funktionen sowie teils auch Erziehungsfunktionen, die jetzt ihrerseits von ausdifferenzierten und spezialisierten institutionellen Komplexen übernommen werden. In jüngerer Zeit ist schließlich eine Pluralisierung und Individualisierung von Familienformen mit wachsenden Freiheiten der Rollenwahl und Rollenkombination zu beobachten, die auf die vermehrten Inklusionsmöglichkeiten der modernen Gesellschaft zurückgehen und die dafür typischen Entscheidungschancen und -probleme eröffnen. Man kann die Form der Familie mithin in Zusammenhang bringen mit allgemeinen Theoremen der Gesellschaftstheorie wie zunehmende Differenzierung, funktionale Spezifikation, Mehrfachinklusion von Personen und Entscheidungsabhängigkeit eines immer größeren Spektrums von Fragen.

Für die Frage nach modernen Kriegen sind Antworten in diesem Stil nicht gleichermaßen offensichtlich. Im Folgenden wird versucht, einige Erkenntnisse in dieser Richtung zusammenzutragen. Funktionale Differenzierung hat hier etwa zur Folge, dass Kriege – mit der Ausnahme der »Neuen Kriege« – mehr oder weniger exklusiv dem politischen System und der politischen Logik zugeordnet werden und die althergebrachte Kopplung an ökonomische Funktionen verlieren. Kriege sind jetzt nicht mehr profitabel, sondern teuer, auch wenn sie siegreich beendet werden; und Profitchancen gibt es höchstens noch für kleine, partikulare und deshalb stets kritikanfällige Gruppen. Der Inklusionstrend ist bereits erwähnt worden; er bedeutet aber nicht nur, dass neue Rollen für die Teilnahme an Kriegen entstehen, sondern auch, dass die solchermaßen in Krieg inkludierten Personen immer auch andere, kriegsferne Rollenengagements haben. Diese plurale Inklusion ist der Grund dafür, dass Soldaten nur noch widerwillig dem Risiko des Todes ausgesetzt werden und Zivilisten durch elaborierte Rechtsregeln unter Schutz gestellt werden und ihre Viktimisierung öffentlich skandalisiert wird. Schließlich sind auch typisch moderne Entscheidungsprobleme zu beobachten, hier vor allem bei der Beendung von Kriegen, die die Absicherung in »natürlich« vorgegebenen, als selbstverständlich erlebten Abläufen verliert und in die Verfügungsgewalt von Akteuren und ihren kontingenten Entscheidungskalkülen gestellt wird.

Die Antwort auf die Frage nach Merkmalen »des« modernen Krieges kann naturgemäß nur mit einem kontrastierenden Blick auf andere, nichtmoderne Kriegsformen gegeben werden, was kurze Skizzen zu Stammesgesellschaften ebenso wie Schichtungsgesellschaften nötig macht. Bei all dem ist natürlich klar, dass es »den« modernen Krieg nicht geben kann und dies allenfalls ein extrem breit gebildeter Idealtyp sein kann. Es werden denn auch einige Untertypen wie totale vs. begrenzte Kriege, »klassische« vs. »Neue« Kriege, zwischenstaatliche Kriege vs. Bürgerkriege verwendet, ohne dass dadurch aber die grundsätzliche Frage, welche Art von Krieg zur funktional differenzierten Gesellschaft passt, aus dem Auge verloren würde.

Zugrunde liegt dabei wie gesagt die Systemtheorie von Niklas Luhmann, und speziell die Theorie gesellschaftlicher Differenzierung. Diese Theoriewahl ist insofern naheliegend und erfolgversprechend, als es sich um eine der einflussreichsten und am besten ausgearbeiteten Theorien der gegenwärtigen Soziologie handelt. Sie ist aber insofern problematisch und schwierig, als diese Theorie bisher nicht durch reichhaltige Beiträge zu den Themenfeldern Krieg, Gewalt und internationale Politik aufgefallen ist, sondern eher durch das fast vollständige Fehlen dieser. Luhmann selbst schreibt dazu so gut wie gar nichts, seine Schriften zur politischen Soziologie beschäftigen sich praktisch ausschließlich mit innerstaatlichen Verhältnissen. Andere Systemtheoretiker haben zu den Themen Gewalt (Baecker 1996), Völkermord (Dammann 2001; 2003), Terrorismus (Japp 2003; 2006) und Militär (Treml

1995; Schubert 2001) gearbeitet oder sich um die Definition des Verhältnisses zwischen Systemtheorie und politikwissenschaftlichen Theorien Internationaler Beziehungen bemüht (Albert 1999; Albert/Hilkermeier 2004; Albert/Cederman/Wendt 2010; Buzan/Albert 2010), ohne dass sich dies bereits zu einer überzeugenden Soziologie des Krieges summieren würde.[5] Etwas Mut ist insofern erforderlich – hier weniger Mut zur Lücke als Mut, in die Lücke zu springen und zu sehen, was man von dieser Theorie aus zum Problem von Kriegen sagen kann.

Dies geschieht in drei Schritten beziehungsweise in drei längeren Kapiteln, die in sich weitgehend geschlossen sind und auch unabhängig voneinander gelesen werden können. Das folgende zweite Kapitel, »Der Ort von Krieg in der Gesellschaft«, geht aus von der basalen Frage nach Differenzierungsformen, inklusive ihrer Verschachtelung auf sekundären, nachgeschalteten Differenzierungsebenen. Grundsätzlich kann man die Formen der segmentären, der stratifikatorischen und der funktionalen Differenzierung unterscheiden; gestützt auf diese Schematik kann man dann fragen, welches Subsystem und ggf. Subsubsystem in einer Gesellschaft für Kriegführung zuständig ist. Für die moderne Gesellschaft wird man hier, bei Primat funktionaler Differenzierung, zunächst ein funktional spezifiziertes Subsystem (Politik) identifizieren, und darin dann einerseits Segmente (Staaten) und andererseits ein wiederum funktional spezifiziertes Subsubsystem, nämlich das Militär im Unterschied zur zivilen Politik. Es lassen sich dann Fragen auf beiden Analyseebenen – der primären Differenzierung der Gesellschaft und der Binnendifferenzierung des Politiksystems – stellen. Auf die primäre Ebene gehören dazu etwa die bereits erwähnten Fragen nach der funktionalen Spezifikation von Krieg und dem Verhältnis von politischer und ökonomischer Logik von Krieg, ebenso die Frage nach der Umstellung auf inklusive Teilnahme an Kriegen und Folgen der Mehrfachinklusion von Personen. Auf der sekundären Ebene kann das Verhältnis von Militär und ziviler Politik – das Thema der Forschungen zu »zivil-militärischen Beziehungen« – näher geklärt werden, und ebenso die Frage, wie sich die segmentäre Binnendifferenzierung des (welt)politischen Systems in Staaten zur Möglichkeit der Bildung von »Imperien« und deren (friedlichen und gewaltsamen) Einwirkungsmöglichkeiten auf die globale Politik verhält.

5 Matuszek (2007) nimmt dieses Projekt in Angriff und arbeitet pointiert mit systemtheoretischen Begriffen, insbesondere dem Autopoiesisbegriff, driftet aber schnell in eher philosophische Fragestellungen und die Zone soziologischer Unleserlichkeit ab.

Im dritten Kapitel, »Krieg und der ›Rest‹ der Gesellschaft«, geht es dann gewissermaßen um die andere Seite der Medaille – nämlich um diejenigen Teile oder Teilsysteme der Gesellschaft, die mit (aktiver) Kriegführung zunächst nichts zu tun haben, aber passiv von Kriegen betroffen sein können, entweder als Erbringer von Zulieferleistungen für den Krieg (Instrumentalisierung) oder aber als Opfer kriegerischer Zerstörung (Viktimisierung). Die moderne Gesellschaft bringt hier infolge ihrer Differenzierungsform eine doppelte, in sich widersprüchliche Entwicklung hervor: Sie steigert nämlich auf der einen Seite die Möglichkeiten und Anreize zu einer Einbeziehung anderer Teilsysteme in Krieg, im Modus der Instrumentalisierung ebenso wie der Viktimisierung, steigert mithin die Möglichkeiten eines Ausgreifens von Kriegen auf den nicht unmittelbar kriegführenden »Rest« der Gesellschaft. Auf der anderen Seite vermehrt das Prinzip der Differenzierung in vielfältige autonome Teilsysteme aber auch den Widerstand gegen solche Übergriffe kriegerischer Konflikte auf eigentlich unbeteiligte Bereiche der Gesellschaft, die über eine je eigene Autonomie und Funktionslogik verfügen, sich überschießenden Instrumentalisierungen entgegenstellen können und vor allzu rücksichtslosen Viktimisierungen durch elaborierte rechtliche Vorschriften geschützt werden sollen (wenn schon nicht immer: faktisch geschützt werden). Hier kann auch eine gesellschaftstheoretische Interpretation der Genfer Konvention für den Schutz von Zivilisten angeschlossen werden, die den Begriff »Zivilist« als Codewort für in anderen, nicht direkt mit Krieg befassten Funktionssystemen tätige und deshalb schützenswerte Rollenträger entschlüsselt.

Das vierte Kapitel, »Die zeitliche Ordnung von Krieg«, ist das experimentellste. Kriege sind immer schon Zeitereignisse, nämlich zeitlich begrenzte, vorübergehende Episoden. Ausgehend von dieser Überlegung kann man fragen, wie Kriege in der Zeit verteilt sind und wie umgekehrt im Krieg mit Zeit (Zeitdruck, Trend zur zeitlichen Verdichtung) umgegangen wird. Die moderne Gesellschaft zeichnet sich hier zunächst durch einen Trend in Richtung auf höhere zeitliche Dichte von Kriegen und stärkere Konzentration von Krieg in der Zeit auf bestimmte, zunehmend ausnahmeartige Zeitabschnitte aus – jedenfalls bis zu dem 1945 einsetzenden Gegentrend, der dann wieder zeitlich diffuse »low-intensity wars« prominent macht. Weiter haben Kriege immer einen Anfang und ein Ende, und im Überschreiten dieser Schwellen liegt ein weiteres basales Zeitproblem von Kriegen. In der modernen Gesellschaft können sich Kriegsanfänge und -enden nicht mehr auf fixe Zeitrhythmen oder auf quasi-natürliche, äußerlich ablesbare Indizien für ein »Genug« (für Sieg und Niederlage) stützen, und sie werden deshalb zu dramatischen und schwer lösbaren Entscheidungsproblemen.

Das Buch hat seine Stärken in der konsequenten Theorieanbindung und dem umfassenden, an Makrostrukturen ansetzenden Zugriff. Die komplementären Schwächen sind ein Mangel an (Mikro-)Interesse am unmittelbaren Kriegs- und Konfliktgeschehen sowie ein Mangel an historischer Konkretion und Präzision. Ein hohes Maß an Vereinfachung, Schematisierung und Idealtypisierung ist bei diesem Themenzuschnitt unumgänglich. So ist etwa klar, dass man mit der verwendeten Unterscheidung von nur drei Gesellschaftstypen – segmentär differenzierten Gesellschaften (Stammesgesellschaften), stratifikatorisch differenzierten Gesellschaften (Adelsgesellschaften und vormoderne Reiche) und funktional differenzierter Gesellschaft – der Vielfalt der historischen Realität nicht gerecht werden kann. Insbesondere die vormodernen Gesellschaftstypen werden extrem holzschnittartig beschrieben und als reine Kontrastfolie zur schärferen Reliefsetzung der modernen Gesellschaft benutzt (zu dieser Analysetechnik Tyrell 2001).[6] Aber auch bei den Aussagen über moderne Kriege herrschen stark generalisierende, nicht auf Einzelkriege heruntergebrochene Formulierungen vor, es werden kaum je – oder nur ganz kurz und mit exemplarischem Status – die Namen einzelner Kriege oder Kriegsakteure genannt. Dieser Stil der Analyse ist in der Kriegssoziologie noch sehr unüblich, und normalerweise wird sehr viel näher an historischen Fakten gearbeitet (etwa bei Shaw und Kruse, als zwei Autoren mit ebenfalls hohem gesellschaftstheoretischem Anspruch). Ich orientiere mich in diesem Punkt an Luhmann, der als Regel für die soziologische Analyse formuliert, keine Eigennamen zu verwenden, und der über viele Themenfelder hinweg erfolgreich mit einer sehr kurzen Liste von Gesellschaftstypen gearbeitet hat.[7]

6 Als kriegsgeschichtliche Darstellungen siehe etwa Howard 1981; McNeill 1984; van Creveld 1989; Keegan 1995; stärker soziologisch orientiert und sehr informativ auch Heins/Warburg 2004.

7 Die Einteilung in sehr wenige Strukturtypen verteidigt in einem ganz anderen Theoriekontext auch Kenneth Waltz, der beim Blick auf ein sehr viel engeres Gegenstandsfeld (internationales System) zur Unterscheidung der Strukturtypen Anarchie und Hierarchie gelangt. (Und es fällt auf, dass diese der Unterscheidung von Segmentierung und Stratifikation bemerkenswert ähnlich ist; es scheint tatsächlich nur wenige basale Prinzipien des Systemaufbaus zu geben.) Sein Argument lautet: »Increasing the number of categories would bring the classification of societies closer to reality. But that would be to move away from a theory claiming explanatory power to a less theoretical system promising greater descriptive accuracy. [...] What does one gain by insisting on two types when admitting three or four would still be to simplify boldly? One gains clarity and economy of concepts.

Weniger gut durchdacht und theoretisch abgesichert ist die Blickbeschränkung, die dadurch entsteht, dass überwiegend gesellschaftliche Strukturbedingungen und Begleiterscheinungen von Kriegen in den Blick genommen werden und das direkte Kriegsgeschehen selbst – das Geschehen auf dem Schlachtfeld, in den Schützengräben beziehungsweise an den Joysticks von Drohnen, damit auch Fragen der militärischen Taktik und Strategie – weitgehend ausgeklammert bleibt. Es handelt sich gewissermaßen um eine Kriegssoziologie, die am Krieg vorbeiabstrahiert.[8] Dies hängt auch damit zusammen, dass der Begriff des Konflikts in den folgenden Analysen nicht sehr prominent platziert ist und jedenfalls nicht die Hauptlast der Analyse trägt. Wie oben bereits gesagt, steht im Zentrum des Interesses nicht die Formungskraft und Eigendynamik von (kriegerischen) Konflikten, sondern die Entsprechung zu basalen Gesellschaftsstrukturen. Konfliktsoziologische Überlegungen werden nur gelegentlich herangezogen (etwa im dritten Kapitel mit Überlegungen zur Expansionstendenz von Konflikten und im vierten Kapitel mit Überlegungen zur Beendungsproblematik), während der Kern der Fragestellung nicht konflikttheoretisch, sondern differenzierungstheoretisch angelegt ist. Diese Schwäche könnte vielleicht durch weitere Arbeit behoben werden, was jedoch in den folgenden Kapiteln nicht geleistet wird und worauf ausdrücklich hingewiesen werden soll, um falsche Erwartungen zu zerstreuen und Enttäuschungen vorzubeugen.

Weiter konzentriert sich die Analyse tendenziell auf die Kernzone der modernen Gesellschaft mit voll entfalteter funktionaler Differenzierung, periphere Zonen werden nicht gleichermaßen prominent behandelt. Natürlich wird reflektiert, dass der überwiegende Teil der Kriege seit 1945 in der Zweiten und Dritten Welt stattfindet (nach Berechnungen der AKUF (2009) mehr als 90 Prozent), und die entsprechenden Kriegsformen wie »low-intensity wars«, »Neue Kriege« und »asymmetrische Kriege« werden ausführlich diskutiert. Allerdings wird etwa die Frage nach dem Verhältnis zwischen ziviler Politik und Militär sowie nach typischen Inklusions- und Rollenkombinationsproblemen vor allem für die Verhältnisse in entwickel-

---

A new concept should be introduced only to cover matters that existing concepts do not reach. If some societies are neither anarchic nor hierarchic, if their structures are defined by some third ordering principle, then we would have to define a third system. All societies are mixed. Elements in them represent both of the ordering principles. That does not mean that some societies are ordered according to a third principle.« (Waltz 1979: 115)

8 So hat es der Betreuer der Arbeit, André Kieserling, einmal formuliert (mündliche Kommunikation).

ten Staaten gestellt, und auch die erwähnten peripheren Kriege werden überproportional stark aus der Sicht westlicher Staaten und Militärorganisationen betrachtet und weniger stark aus der Sicht lokaler Akteure. Ein gewisser eurozentrischer Bias ist insofern vorhanden, und entsprechend werden auch »klassische« zwischenstaatliche Kriege, insbesondere totale Kriege, durchaus noch ernst genommen und nehmen teilweise einen breiten Raum in der Analyse ein, obwohl sie aus dem aktuellen Kriegsgeschehen fast vollständig verschwunden sind.

Was ist ein Krieg?

Im verbleibenden Teil der Einleitung soll ein Kriegsbegriff vorgestellt werden, der zu dem skizzierten Projekt einer gesellschaftstheoretisch orientierten Kriegssoziologie passt. Die gebräuchlichste Kriegsdefinition besagt, dass Krieg eine bewaffnete und organisierte Auseinandersetzung zwischen Staaten oder mit Beteiligung mindestens eines Staates ist (s. statt anderer Shaw 1991: 10; Gantzel 1997; 2000: 299f.). Diesem Definitionskern werden meist einschränkende Elemente hinzugefügt, um Ereignisse wie kurze Grenzscharmützel, Niederschlagung interner Unruhen oder auch bloße Verbrechensbekämpfung aus dem Anwendungsbereich auszuschließen, da diese zwar ebenfalls staatliche Gewaltanwendung beinhalten, aber offensichtlich nicht das mit »Krieg« gemeinte Format erreichen (zu diesem Problem etwa Small/Singer 1982: 204ff.). Man kann diese Einschränkung entweder mit verbalen und dehnbaren Formulierungen wie »gewisse Größenordnung« oder »gewisse Kontinuierlichkeit« abdecken,[9] oder man kann sie eindeutig und quantitativ operationalisieren, indem man eine erforderliche Mindestzahl der beteiligten Truppen, der angefallenen Toten oder auch eine Mindestdauer der Kampfhandlungen spezifiziert (verwendet werden etwa die Grenzen »mindestens 1.000 Tote« und »mindestens 317 Tote«). Dieser Definitionsansatz ist aber für Zwecke der vorliegenden Untersuchung zu eng, da er nur auf Gesellschaften mit ausgebildeter Staatlichkeit anwendbar ist und mithin einen breiten Bereich von Gesellschaften von vornherein ausschließt (so auch Lang 1972: 133f.; van Creveld 1998: 95).

9 In diesem Stil etwa die Kriegsdefinition der AKUF, abrufbar unter www.sozialwiss.uni-hamburg.de/publish/Ipw/Akuf/kriege_aktuell.htm#Def. (16.01.2012).

Auf der anderen Seite finden sich gelegentlich extrem breite Kriegsdefinitionen, die auch Ehe»kriege«, Preis»kriege« u.ä. einschließen, mithin alle möglichen Konflikte, die mit Gewalt, Waffen und politischer Autorität gar nichts mehr zu tun haben. So definiert etwa der Psychologe Fritz Simon Krieg als »ein charakteristisches Kommunikationsmuster [...], bei dem die beteiligten Parteien ihre Existenz riskieren [...] [u]nabhängig davon, ob es sich um den Kampf Nation gegen Nation, Kolonialtruppen gegen Freiheitskämpfer, Firma gegen Firma, Held versus Bösewicht oder Ehepartner gegen Ehepartner handelt« (Simon 2004: 17). Dies scheint nun aber eine exzessiv breite Kriegsdefinition zu sein, die sich nicht mehr gegenüber rein metaphorischen Verwendungen des Kriegsbegriffs abgrenzen kann. Soweit dermaßen weit gezogene Vergleiche beabsichtigt sind, würde es vermutlich genügen, dies unter dem Begriff des Konfliktes zu tun.

Zwischen diesen beiden Extremen gibt es eine Definition von Krieg, die vor allem von Ethnologen und Anthropologen gelegentlich verwendet wird und die Nachteile beider Strategien vermeidet. Ihr zufolge ist Krieg ein kollektives und organisiertes[10] Kampfgeschehen, in dem Gewalt ausgeübt wird und Menschen getötet werden, ohne dass dies als Mord betrachtet wird. Anders gesagt geht es um Situationen mit legitimer, sozial sanktionierter Tötung von Menschen.[11] So schreibt etwa Margaret Mead (1968: 215): »I shall consider together all forms of warfare in which defined groups engage in purposeful, organized and socially sanctioned combat involving killing each other. I will not introduce any distinctions between primitive warfare and warfare in states [...], between warfare among sub-units of a society, such as so-called banditry, or vendetta [...], guerrilla warfare [...] or gangland warfare [...]. Warfare exists if the conflict is organized and socially sanctioned and the killing is not regarded as murder.« Zum selben Schluss kommt nach Sichtung der Literaturlage auch der Militärsoziologe Bernard Boene (1990: 27): »the definition [of war] boils down to the triad *violence + organization + legitimacy*«.

10 Der Begriff »organisiert« darf dabei nicht im üblichen soziologischen Sinn, d.h. nicht im Sinn von formaler Organisation verstanden werden, sonst würde man auf dasselbe Problem stoßen wie eben beim Begriff des Staates: dass es nicht zu allen Zeiten und in allen Gesellschaften formale Organisationen gibt. Gemeint ist eher etwas wie »planvoll«, »überlegt«, »wohlvorbereitet«.

11 Hier lässt sich dann wieder die Frage stellen, wie Kriege von bloßer staatlicher Gewaltausübung etwa im Rahmen der Verbrechensbekämpfung abzugrenzen sind; die erforderte Zweiseitigkeit und Aufgeheiztheit der Sache wird gleich noch diskutiert. Vgl. allgemein zu sanktionierter und nicht-sanktionierter Gewalt auch Forsberg 2001; ein Legitimitätsbegriff, der dazu passt, wird etwa von Luhmann (1969: 27ff.; 2010: 95ff.) erläutert.

Diese Definition ist ausreichend breit für vergleichende gesellschaftstheoretische Untersuchungen und trotzdem nicht uferlos, sondern einigermaßen trennscharf. Sie erzeugt allerdings bei näherem Hinsehen eigene Unschärfen und Ambivalenzen, insbesondere in Bezug auf die Frage, *in wessen Augen* die durchgeführten Tötungsakte Legitimität besitzen müssen: nur in den Augen derjenigen Kriegspartei, auf deren Konto sie gehen, oder auch in den Augen der je anderen Partei? Genügt also eine auf die jeweilige Gruppe beschränkte, nur für die eigene Seite gültige Legitimität, oder muss es sich um eine übergreifende, auch reziprok zugestandene Legitimität handeln? In einem prototypischen, symmetrischen Krieg ist die Legitimität der vorgenommenen Tötungen – d.h. der Verzicht auf ihre Einstufung als Mord – über beide Seiten hinweg und auch wechselseitig anerkannt, was daran zu erkennen ist, dass auch den Kämpfern der jeweiligen Gegenseite ihre Beteiligung an Tötungen nicht als Mord zur Last gelegt und entsprechend strafrechtlich verfolgt wird.[12] Soldaten sind keine Mörder – auch wenn manche im Anschluss an Kurt Tucholsky das Gegenteil behaupten.

Es gibt aber nicht selten auch gewaltsame kollektive Auseinandersetzungen, in denen mindestens eine Partei die Legitimität der Kampfhandlungen und speziell der Tötungsakte der Gegenseite bestreitet. Dies ist regelmäßig der Fall in Bürgerkriegen, in denen ein Staat sich irregulären Kriegstruppen (Partisanen, Guerrillas, Milizkämpfern o.ä.) gegenübersieht und diese nicht als legitimen Kriegsgegner anerkennt, sondern tatsächlich als eine Zusammenrottung bloßer Mörder und »krimineller Elemente« behandelt sehen will. Die Lage bei Rebellionen sowie Bauern- oder Sklavenaufständen in vormodernen Gesellschaften ist vermutlich ähnlich zu beschreiben. Wie sind nun solche »Kriege« (wenn es denn welche sind) mit nicht wechselseitig abgesicherter Legitimität der Tötungen zu beurteilen? Sollen diese als Kriege betrachtet werden oder nicht?[13]

---

12 Bei Wright (1949: 8) ist diese Symmetrie von vornherein Bestandteil der Kriegsdefinition: »war will be considered the *legal condition* which *equally* permits two or more *hostile groups* to carry on a *conflict* by *armed force.*«

13 Man könnte sich natürlich aus der Affäre ziehen, indem man – wie auch der alltägliche Sprachgebrauch – von »Bürgerkriegen« spricht und mit der Wahl dieses Begriffs in genialischer Weise offenlässt, ob es sich dabei um einen *Subtyp* von Krieg oder um eine *Alternative* zu Krieg handelt, ob der Ausdruck »Kriege und Bürgerkriege« also nach dem Schema »Menschen und Frauen« oder »Männer und Frauen« zu lesen ist. Diese Strategie ist zur abkürzenden Bezeichnung und Verständigung über das Gemeinte praktisch, trägt aber zur Klärung des begrifflichen Problems nichts bei.

Die erwähnten Kriegsdefinitionen bleiben interessanterweise in genau diesem Punkt unentschlossen oder uneinig. Mead etwa widerspricht sich hier innerhalb weniger Zeilen selbst. Einerseits nennt sie als Komponenten des Kriegsbegriffs »organization for the purpose of a combat involving the intention to kill and the willingness to die, social sanction of this behavior, which distinguishes it from murder of members of its own group, and *the agreement between the groups involved on the legitimacy of the fighting with intent to kill*« (Mead 1968: 215f., Herv. hinzugefügt). Andererseits erklärt sie unmittelbar vor der gerade zitierten Passage, der Kampf zwischen einer etablierten Staatsmacht und einem »Verräter« oder »Gesetzlosen« sei dann ein Fall von Krieg, »if the traitor or outlaw [...] belong[s] to an organized group which regards his activities as *having legitimacy within the sub-system which he represents*« (ebd., Herv. hinzugefügt). Auch die sonstige Literatur, die denselben Kriegsbegriff verwendet, ist in diesem Punkt nicht einig. Ich nenne nur zwei beispielhafte Stellungnahmen: »When one defines war as it is both among savages [...] and as it is in England, the common core is that war is homicide that is rewarded with unquestioned acclaim and gratitude *by one's fellows.*« (Benedict 1959: 370f., Herv. hinzugefügt). – »[War] is normally symmetrical, or reciprocal: to talk of war presupposes the *recognition*, implicit at least, *of the enemy's own sociopolitical legitimacy*« (Boene 1990: 28, Herv. hinzugefügt).

Diese Unschärfe ist also endemisch und nicht leicht zu beseitigen. Ich möchte aber argumentieren, dass es sich hier um eine gut platzierte und produktive Unschärfe handelt, die den Blick des Kriegsforschers genau auf die entscheidenden Variablen des Geschehens lenkt und deshalb eher nützlich als schädlich ist. Sie ist in jedem Fall viel fruchtbarer als die Unschärfen der quantitativ arbeitenden Kriegsdefinitionen, die darin bestehen zu entscheiden, ab wie vielen Toten oder wie vielen beteiligten Truppen ein bewaffneter Zusammenstoß ein Krieg ist, was dann nur noch durch willkürliche Festlegung geschehen kann (Gantzel 1972: 85f.; Weede 1975: 15ff.). Ein weiteres Problem des quantitativen Ansatzes neben dem Willkürproblem liegt in dem Umstand, dass die Zahl der Kriegstoten oft nicht zweifelsfrei festgestellt werden kann, weil die angegebenen Zahlen stark schwanken und eine unabhängige Überprüfung nicht möglich ist. Im Vergleich zu diesen Problemen sind die Probleme und Ambivalenzen der am Legitimitätsbegriff ansetzenden Kriegsdefinition geradezu ein Muster an Gegenstandsadäquanz.

Denn ein Krieg, in dem die Legitimität (mindestens) einer Seite von der anderen bestritten wird, unterscheidet sich *real* deutlich von einem Krieg mit wechselseitig zugestandener, symmetrischer Legitimität. Es herrschen dann andere Bedingungen des Kampfes vor, indem etwa von der dominanten beziehungsweise etablierten Seite die Anwendung des Kriegsrechts oder sonstiger normativer Regularien zur Hegung des Kriegsgeschehens verweigert wird, sowohl mit Blick auf die Behandlung von Kombattanten als auch von Non-Kombattanten, oder indem die Aufnahme von Verhandlungen erschwert ist, weil keine voll legitimierten Verhandlungspartner zur Verfügung stehen. Der Kriegscharakter des Geschehens ist in solchen Fällen gewissermaßen real umstritten: Die eine Seite argumentiert, dass es sich nicht um einen Krieg, sondern um vorübergehende Unruhen und Turbulenzen handle, die deshalb auch ausschließlich »innere Angelegenheit« des sie beherbergenden Staaten seien; die andere Seite argumentiert, dass man sich in einem Krieg befinde, und nimmt für sich ebenfalls den Status des Kriegführenden mit legitimerweise gewaltsam verfolgten Zielen in Anspruch. Es ist dann eine offene Frage, wer mit seiner Auffassung bei Dritten, etwa der Weltöffentlichkeit und der »internationalen Gemeinschaft«, mehr Gehör findet, und davon kann dann auch der Verlauf des Krieges (oder Nicht-Krieges) durch größere oder geringere Außenunterstützung mit abhängen.[14]

Man könnte argumentieren, dass in einer solchen Situation eine eindeutige definitorische Klärung von seiten des beobachtenden Sozialwissenschaftlers weder möglich noch nötig ist. Die Lage ist dann eben im Gegenstandsbereich unklar und umstritten, und jede Entscheidung für oder gegen eine Anwendung des Kriegsbegriffs würde nur auf eine Parteinahme für die eine oder andere Seite hinauslaufen. Wenn man aber auch in solchen Fällen noch eine eigene Entscheidung treffen will, könnte man möglicherweise mit dem folgenden, einfachen und doch einigermaßen präzisen Operationalisierungskriterium arbeiten: Um Krieg handelt es sich dann, wenn die Zahl der getöteten Mitglieder der Gegenseite tendenziell über- und nicht etwa untertrieben wird.[15] Der normalerweise nur als methodologisches Problem no-

14 Eine interessante Variante bieten Bandenkriege etwa zwischen verfeindeten Mafiabanden. Hier scheint die Konstellation in vielen Fällen die zu sein, dass die wechselseitige Tötung von Mitgliedern zwar von beiden Gruppen und auch jeweils reziprok als legitimes Mittel der Auseinandersetzung akzeptiert ist, dass es aber relevante Dritte gibt – die allgemeine Öffentlichkeit und die zuständige Staatsgewalt –, die das anders sehen. Das Merkmal, dass »Tötung nicht als Mord angesehen wird«, ist mithin nicht voll und uneingeschränkt gegeben, und die beteiligten Banden stellen sich ja auch strukturell auf die fehlende übergreifende Legitimität ihres Handelns ein, etwa durch klandestine Operationsweise und Verzicht auf offenes Waffentragen.

15 Komplementär, aber meist weniger ausgeprägt gilt dann auch: wenn die Zahl der getöte-

tierte Umstand, dass zuverlässige Zahlen über Kriegstote nicht zu erlangen sind, weil auf beiden Seiten verschiedene Angaben dazu gemacht werden (so etwa Richardson 1960: 8), kann mithin in substantielle Erkenntnisse überführt und als erstrangiges Indiz für den Charakter des sozialen Geschehens selbst betrachtet werden.

Eine Konfliktpartei, die auf die von ihr getöteten Gegner stolz ist und deren Zahl im Zweifelsfall zu hoch angibt, bewegt sich offensichtlich im Kontext eines voll entfalteten Konfliktes mit legitimierter Tötung. Hohe Opferzahlen dienen dann als Zeichen des eigenen Erfolgs, sie erzeugen kein Rechtfertigungsproblem, sondern können vielmehr dazu benutzt werden, Moral und Durchhaltewillen auf der eigenen Seite zu befördern oder Unterstützer von außen zu gewinnen, indem man sie auf die Seite des mutmaßlichen Siegers zieht. Dagegen lässt eine Konfliktpartei, die die entsprechenden Zahlen herunterspielt, erkennen, dass die Tötungsakte als solche nicht unproblematisch sind, dass man den Konflikt lieber nicht führen möchte oder jedenfalls nicht auf tödlich-gewaltsamen Eskalationsstufen. Dies ist typischerweise der Fall bei der Bekämpfung innerstaatlicher Unruhen und Revolten, wo ein Rückgriff auf tödliche Gewalt kein Erfolgsausweis, sondern eher ein Symptom des Versagens oder Schlecht-Funktionierens des staatlichen Macht- und Gewaltapparates oder jedenfalls ein Indiz für die Massivität des Problem ist. Bevorzugt würde es hier, wenn das Ziel – Behauptung des staatlichen Gewaltmonopols, Aufrechterhaltung von Ruhe und Ordnung – ohne akute Gewaltanwendung oder jedenfalls ohne Tote erreicht werden könnte. Das heißt nicht, dass solche Tötungen von seiten staatlicher Gewaltspezialisten dann nicht legitim sein können; wenn sie nach rechtsstaatlichen oder sonst in der Gesellschaft gültigen Grundsätzen geschehen, sind sie legitim und auch legal im Sinne der Nicht-Einstufung als Mord. Aber sie werden gewissermaßen nur billigend in Kauf genommen, nicht als direkter Schritt zum Erfolg bewusst angestrebt und stolz zur Schau gestellt.

Die Angaben über die angefallenen Toten werden mithin in den Konflikt hineingezogen und nach Maßgabe der Konfliktstruktur eingefärbt beziehungsweise angepasst, aber eben unterschiedlich angepasst je nachdem, ob es sich um einen Konflikt mit ausreichend abgesicherter legitimer Tötung (Krieg) handelt oder nicht. Gestützt auf diese Überlegung kann man dann feststellen, dass auch in vielen der vorher angesprochenen Bürgerkriege, in

ten Mitglieder der eigenen Seite tendenziell unter- und nicht übertrieben wird. Auf dieser Seite wird typischerweise weniger verzerrt, weil die Möglichkeiten der Überprüfung durch die eigene Öffentlichkeit besser sind.

denen der involvierte Staat den Aufständischen die Legitimität bestreitet, dennoch die basale Struktur einer Kriegssituation vorliegt, insofern auch hier die typische Struktur von Opfermeldungen zu finden ist: Die Rebellen melden 25 getötete Regierungssoldaten und vier getötete Rebellen, die Regierung meldet 20 getötete Rebellen und einen verletzten Soldaten. In solchen Fällen kann man dann begründet von einem Krieg sprechen – und zwar auch dann, wenn die Regierung den Rebellen in ihren rhetorischen Stellungnahmen die Anerkennung als legitime Kriegspartei verweigert. Die offiziell verweigerte Anerkennung des Gegners wird dann in Form der Handhabung von Opferzahlen nachgeliefert. Auch kommt es gelegentlich vor, dass die Regierung Rebellen, die die Waffen niederlegen, eine Amnestie und Straffreiheit für begangene Gewaltakte anbietet, was ebenfalls auf eine pragmatische Anerkennung als Kriegspartei und legitimen Gewaltakteur hinausläuft.

Solange dagegen die umgekehrte Asymmetrie in den Opfermeldungen vorliegt – die Regierung spricht von zwei getöteten und 20 verletzten Demonstranten, Oppositionssprecher und Krankenhäuser melden eine sehr viel höhere Zahl von Toten –, müsste man urteilen, dass es sich hier (noch) nicht um einen Krieg, sondern um die bloße Niederschlagung von Protesten und Unruhen handelt. In solchen Fällen hat dann vermutlich auch umgekehrt die nicht-staatliche, aufständische Seite ein Interesse daran, die Zahl der getöteten Mitglieder der Gegenseite – hier: Vertretern der Staatsgewalt – kleinzuhalten, jedenfalls soweit keine Eskalation zum Bürgerkrieg beabsichtigt ist. Tote Polizisten oder Militärs ergeben sich meist eher als Folge unüberlegten oder unkontrolliert ausufernden Verhaltens, sie verschlechtern tendenziell der eigenen Konfliktlage und bedeuten in jedem Fall einen Hinweis auf kommende Probleme (verschärfte Repression). Das Kriterium der Über- vs. Untertreibung von Opferzahlen funktioniert hauptsächlich bei der Abgrenzung von Kriegen gegenüber inneren Unruhen. Es kann aber möglicherweise auch zur Abgrenzung gegenüber bloßen Grenzscharmützeln oder sonstigen »militarisierten Konflikten« unterhalb der Kriegsschwelle (Caprioli/Trumbore 2006) eingesetzt werden, bei denen eine hohe Zahl von Todesopfern auf der Gegenseite ebenfalls tendenziell unwillkommen ist und jedenfalls nicht als Erfolg gefeiert wird (wiederum: soweit nicht ohnehin ein Kriegsbeginn intendiert ist), weil eine hohe Zahl die Eskalation des Konfliktes wahrscheinlich macht und die eigene Position gegenüber der Gegenseite eher verschlechtert als verbessert.

Nur rein theoretisch stößt man mit dem Kriterium »Über- oder Untertreibung von Opferzahlen« auf das Problem, dass dafür die tatsächliche Zahl der Getöteten bekannt sein müsste, um sie mit den von den verschiedenen Seiten gemeldeten Zahlen vergleichen werden zu können. In der Praxis ein so strenges Verfahren gar nicht nötig, vielmehr haben Beobachter der sozialen Realität normalerweise einen ausreichend entwickelten Sinn dafür, welche Richtung der Verzerrung vorherrscht und in welche Richtung genannte Zahlen bei Bedarf korrigiert werden müssen. Dafür genügt es, die Meldungen der einen Seite mit den Meldungen der anderen Seite über dasselbe Ereignis zu vergleichen. Man bleibt zwar auch mit diesem Kriterium in gewissem Maß abhängig von der Auffassung und Darstellungsweise der Konfliktparteien selbst, hat kein vollkommen unabhängiges, wissenschaftlich-»objektives« Kriterium für die Frage, was ein Krieg ist und was nicht. Immerhin handelt es sich aber um ein Kriterium, das weniger stark unter der bewussten semantischen Kontrolle der Konfliktparteien steht als die offiziellen Verlautbarungen über die Natur und (fehlende) Legitimität des Gegners.

Ein größeres Problem ist, dass dieses Kriterium dann nicht mehr reibungslos funktioniert, wenn sich unter den toten Mitgliedern der Gegenseite Kombattanten und Non-Kombattanten mischen. Die Tendenz zur Übertreibung der Totenzahlen im Krieg gilt nur für getötete *Kämpfer*, da nur diese an der Reziprozität der Tötungsakte teilhaben und damit legitime Ziele sind. Dagegen ist die Tötung von Non-Kombattanten nichts, was man stolz zur Schau stellen würde, vielmehr ist – jedenfalls in der Jetztzeit[16] – die Tötung oder sonstige Viktimisierung von Non-Kombattanten eins der größten Legitimitäts- und Akzeptanzprobleme kriegführender Akteure, sie führt zu einem drastischen Schwinden öffentlicher Unterstützung und wird deshalb in der Regel verschleiert und in zahlenmäßigen Angaben möglichst wegsuggeriert. Es kann deshalb dazu kommen, dass in den Verlautbarungen von Kriegsparteien gleichzeitig die Zahl der getöteten Kombattanten übertrieben und die Zahl der getöteten Non-Kombattanten untertrieben wird, oder dass angefallene Tote entsprechend umdeklariert werden,[17] oder dass Kriegs-

16 In früheren Epochen konnte man u.U. noch stolz berichten, dass man eine Stadt dem Erdboden gleichgemacht, alle Bewohner getötet oder vertrieben habe, was eine erhebliche Viktimisierung auch von Non-Kombattanten impliziert; und ansonsten waren getötete Non-Kombattanten nach geltenden gesellschaftlichen Standards oft einfach mehr oder weniger irrelevant. Vgl. dazu auch unten Kapitel 3.

17 Bei wenig entwickelten, jungen Unruhen und Aufständen gibt es ohnehin meist keine klaren Kombattanten, die Unterscheidung zwischen »Kämpfern« und bloßen Demonstranten und protestierenden Bürgern ist hier prinzipiell unmöglich (und nicht nur praktisch

parteien überhaupt darauf verzichten, Zahlen über Tote auf der Gegenseite bekanntzugeben – wie es die USA im jüngsten Irak- und Afghanistankrieg zeitweise getan haben (Boettcher/Cobb 2006; Phillips 2009).

Das Kriterium des Umgangs mit Opferzahlen büßt damit an Eindeutigkeit ein – umso mehr, je mehr das Gros der Kriegstoten von Zivilisten gestellt wird –, ohne deshalb seine innere Stringenz und Logik zu verlieren. Der Beobachter braucht dann nur etwas mehr Sorgfalt und Augenmaß, aber die innere Logik der Sache scheint zwingend zu sein. So konnten auch die Amerikaner im angesprochenen Fall die Haltung des »we don't do body counts« nicht lange durchhalten, vielmehr sahen sie sich irgendwann genötigt, zum Ausweis des eigenen Erfolgs auf die getöteten Gegner zu verweisen, und geben seither die üblichen »optimistischen« Schätzungen getöteter Taliban – bei gleichzeitigem Herunterkorrigieren der Zahl »kollateral« getroffener Zivilisten – bekannt. Historischer Hintergrund dieses Verhaltens ist der Vietnamkrieg, in dem »body counts« als bevorzugtes Erfolgsmaß verwendet wurden mit der Folge, dass unterschiedslos möglichst viele Personen für Eintrag in die Erfolgsstatistik getötet wurden, da jeder tote (Süd-)Vietnamese als toter Vietcong gezählt wurde. Diesen Effekt wollte man in späteren Kriegen vermeiden. Man sieht an dieser Episode, wie viele und wie fatale Schleifen die Kriegsgeschichte schon um das Kriterium »Zahl der getöteten Gegner« gezogen hat.

Schließlich muss noch ein weiterer, bisher gar nicht erwähnter Aspekt einer brauchbaren Kriegsdefinition angesprochen werden. Impliziert in praktisch allen Definitionen, aber oft nicht ausreichend expliziert und versteckt in Begriffen wie »Kampf«, »Konflikt«, »Auseinandersetzung«, ist die Annahme, dass Krieg wenn schon nicht unbedingt ein symmetrisches, so doch in gewissem Maß ein *zweiseitiges*, von Wechselseitigkeit der Gewaltausübung geprägtes Geschehen ist. Dies ist notwendig, um Geschehnisse wie Völkermorde oder ethnische und religiöse »Säuberungen« auszuschließen, die sich nach allgemeiner Auffassung nicht als Krieg qualifizieren, auch wenn es sich ebenfalls um großformatige und organisierte Tötungsakte handelt. Solche einseitigen Gewaltakte können möglicherweise auch über das Legitimitätskriterium ausgeschlossen werden, da belastbare Legitimität für solche Unternehmungen in der Regel nicht zu beschaffen ist und auch nach oben verzerrte, stolz-euphorische Opfermeldungen nicht zu den typischen Kennzeichen

schwierig). Typischerweise bemüht sich die Regierung dann, eine Gruppe von »militanten«, »subversiven« (meist: »aus dem Ausland gesteuerten«) Kämpfern zu konstruieren, der sie eventuelle Tote zuordnen kann.

von Völkermorden gehören. Einfacher ist es aber darauf hinzuweisen, dass in solchen Fällen schlicht kein ausreichendes Maß an *Kampf*geschehen vorliegt, d.h. kein ausreichendes Maß an beidseitig bewaffnetem, organisiertem und tötungsbereitem Vorgehen, das eine kampfförmige Konfrontation der beteiligten Seiten ergeben würde. Es ist sogar gesagt worden, dass auch dann, wenn eine solchermaßen einseitig angegriffene Seite von einer dritten Partei Unterstützung erfährt und diese nun ihrerseits einseitig Angriffe gegen den ursprünglichen Angreifer durchführt (wie bei der Vertreibung von Albanern aus dem Kosovo durch serbische Truppen und den darauf folgenden Luftangriffen der NATO gegen Serbien im Jahr 1999), ohne dass diese beiden je einseitigen Gewaltakte sich zu einem wechselseitig-konfrontativen Kampfgeschehen zusammenfügen, die Anwendbarkeit des Kriegsbegriffs zweifelhaft ist. »In a sense, these simultaneous one-sided conflicts are hardly adequately described with the label *war.*« (Keen 2000a: 33)[18]

Das Kriterium einer hinreichenden Wechselseitigkeit schließt im Übrigen auch den Terrorismus, und ebenso den »Krieg gegen den Terrorismus«, aus dem Anwendungsbereich des Kriegsbegriffs weitgehend aus. Terrorismus wird üblicherweise definiert als Gewaltausübung, die vor allem über ihre psychischen beziehungsweise sozial generalisierten Folgen, insbesondere Angst und Verunsicherung, und weniger über ihre unmittelbaren physischen Wirkungen ihr Ziel zu erreichen sucht (Münkler 2004: 175ff.; Tilly 2004: 9; Shaw 2005: 64f.). Das hierfür erforderliche hoch konspirative Vorgehen und die große Seltenheit und Punktualität tatsächlicher Gewaltakte haben zur Folge, dass ein Kampfgeschehen im eben explizierten Sinn normalerweise nicht zu beobachten ist. Terroranschläge als solche sind kein Krieg, denn es fehlt die direkte Konfrontation von bewaffneten Kämpfern zweier Seiten (Chojnacki 2007: 493). Und der »Krieg gegen den Terror« ist über weite Strecken entweder ein Ersatzkrieg gegen Ersatzgegner – etwa gegen mutmaßlich terrorfreundliche Staaten oder Regierungen – oder aber eine bloße Verschärfung von Polizeimaßnahmen, Überwachungsvorschriften usw., mithin ein Konglomerat polizeilich-bürokratischer und nicht kriegerisch-gewaltsamer Maßnahmen.

Natürlich gibt es hier Grauzonen und reale Übergangsbereiche. Terroristische Anschläge können ein *Element* irregulär geführter Kriege sein, aber

18 Im Kosovo-Fall gab es ja auch noch auf dem Boden Auseinandersetzungen zwischen serbischen und kosovarischen (regulären, irregulären und paramilitärischen) Truppen, die die Bezeichnung als Krieg rechtfertigen. Das allgemeine Problem ist aber trotzdem ernst zu nehmen.

als »Krieg« sollte das Ganze nur dann gewertet werden, wenn solche Anschläge eingebettet sind in ein breiteres Konflikt- und Kampfgeschehen, bei dem wenigstens ansatzweise auf beiden Seiten Kampftruppen identifizierbar und aufspürbar sind und diese wenigstens gelegentlich sichtbar als Kämpfer auftreten (z.B. Waffen offen tragen) und in direkte, wechselseitige Gefechte miteinander verwickelt werden. Auch kann natürlich der »Krieg gegen den Terror« als rhetorische Figur erfolgreich sein und die für Kriege typischen Loyalisierungs- und Polarisierungseffekte erzielen. Aber nüchtern und mit der hier erläuterten Definition betrachtet muss man doch zu dem Schluss kommen, dass es sich hier nur in einem sehr fraglichen Sinn um einen Krieg (oder jedenfalls nicht um »den« Krieg gegen »den« Terrorismus) handelt, weil gegen Terroristen, selbst wenn man dies will, kein Krieg zu führen ist.

2. Der Ort von Krieg in der Gesellschaft

Krieg ist seiner Natur nach eine Sache, die auf große und kompakte soziale Einheiten zugerechnet wird. So kann man etwa davon sprechen, dass »Deutschland«, »die USA« oder »das Römische Reich« Krieg führe. In stärker abstrahierender und Eigennamen vermeidenden Manier kann man auch sagen, »eine Gesellschaft« führe Krieg. Solche Formulierungen entsprechen dem Charakter von Krieg als einer Tätigkeit, die die Fähigkeit zu kollektivem Handeln voraussetzt und mithin die Zurechnung auf ein relativ groß zugeschnittenes Kollektivsubjekt rechtfertigt. Dabei ist natürlich klar, dass niemals die ganze so angesprochene Einheit wirklich aktiv an Kriegführung beteiligt ist, sondern immer nur bestimmte Teile davon. Auf die Frage, *welche* Teile der Einheit denn die direkte, unmittelbare Kriegführung übernehmen, würde man wohl meist die Antwort erhalten: die bewaffneten Kampfverbände, die Truppen, usw.

Das ist nicht falsch, aber auch nicht sehr informativ, vielmehr fast tautologisch. An die Stelle dieser auch dem Alltagsverstand verfügbaren Dekomposition kann die Soziologie Überlegungen setzen, die von einer Theorie gesellschaftlicher Differenzierung aus gearbeitet sind und insofern einen höheren Elaborationsgrad sowie Anschlussfähigkeit an weitere soziologische Problemstellungen besitzen. Das Problem gesellschaftlicher Differenzierung beschäftigt die Soziologie seit ihren Anfängen, und sie hat zahlreiche fruchtbare und teils auch mehr oder weniger konsensuelle Einsichten dazu hervorgebracht. Dazu gehört insbesondere die Annahme einer mit der Moderne sich herausbildenden Trennung verschiedener Wertsphären, Felder, Teilsysteme (wie immer die Terminologie), die ihre je eigene Logik und Autonomie entwickeln, und im Zusammenhang damit die Annahme einer zunehmenden Differenzierung und Spezialisierung von Rollen mit der Konsequenz, dass jedes Individuum mehrere voneinander entkoppelte Rollen innehat und die Abstimmung der Rollen miteinander zum Problem wird. Dieser differenzierungstheoretische Strang soziologischer Analyse muss systematisch mit der Kriegssoziologie zusammengeführt werden, um eine ergiebigere Antwort auf die Frage zu erhalten, welche Teile einer Gesellschaft eigentlich für die aktive Kriegführung zuständig sind, oder – anders gefragt – »wo«, an welchem strukturellen, nicht geographischen Ort das Kriegführungspotenzial einer Gesellschaft angesiedelt ist.

Ich benutze im Folgenden die Typologie gesellschaftlicher Differenzierungsformen von Niklas Luhmann, der zwischen segmentärer, stratifikatorischer und funktionaler Differenzierung unterscheidet.[1] Hieraus ergibt sich zunächst, dass in segmentär differenzierten Gesellschaften das Kriegführungspotenzial bei den einzelnen Segmenten (etwa Dörfern) gesucht werden muss, in stratifikatorisch differenzierten Gesellschaften in bestimmten Schichten, und zwar insbesondere der Oberschicht, und in der funktional differenzierten Gesellschaft in bestimmten Funktionssystemen, und hier insbesondere im politischen System. Damit ist die Frage nach dem strukturellen Ort von Kriegführungspotenzial aber noch nicht vollständig beantwortet, denn die jeweils für Kriegführung zuständigen Teilsystems sind darin nicht zwingend *als ganze* involviert, sondern unter Umständen wiederum nur mit Teilen ihrer selbst. Die Frage nach der Lokalisierung der Kriegführungsfähigkeit wiederholt sich also auf nachgeordneten Ebenen, und es muss auch die Ebene der Binnendifferenzierung der primären gesellschaftlichen Teilsysteme mitberücksichtigt werden.

Hierfür stehen grundsätzlich dieselben Differenzierungsformen zur Verfügung wie für die Differenzierung der Gesamtgesellschaft: Gesellschaftliche Teilsysteme können in sich segmentär, hierarchisch, funktional oder auch

---

1 Der späte Luhmann erweitert diese Dreier-Typologie zu einer Vierer-Typologie mit der zusätzlichen Form der Zentrum/Peripherie-Differenzierung (Luhmann 1997: 663ff.; Tyrell 2001). Ich bevorzuge es, Zentrum/Peripherie-Differenzierung als einen Untertyp von stratifikatorischer Differenzierung zu behandeln, aus folgenden Gründen: Zunächst lässt sich die Dreiheit von segmentärer, hierarchischer bzw. stratifikatorischer und funktionaler Differenzierung mehr oder weniger deduktiv aus der Kreuztabellierung der Variablen gleichartig/ungleichartig und gleichrangig/ungleichrangig gewinnen (Schimank 2000), während Zentrum/Peripherie-Differenzierung keine gleichermaßen basale Form zu sein scheint. Es ist deshalb auch festzustellen, dass die historisch wichtigste Erscheinungsform von Zentrum/Peripherie-Differenzierung: die Form des vormodernen Reiches, in sich schon eine kombinatorische Form von Differenzierung mit Elementen aller bekannten Differenzierungsformen darstellt (Tyrell 2001: 526ff.). Schließlich weisen Adelsgesellschaften (als Prototyp stratifizierter Gesellschaften) und vormoderne Reiche in Bezug auf Krieg viele Ähnlichkeiten auf (insbesondere in den Aspekten, die in den Kapiteln 3 und 4 dieses Buches diskutiert werden), so dass es sinnvoll ist, sie zusammen unter einer Rubrik zu behandeln.

nach Zentrum/Peripherie differenziert sein (Schimank 2000: 152f.; Tyrell 2001). Beispielsweise sind etliche Funktionssysteme der modernen Gesellschaft in sich segmentär differenziert, so das Wissenschaftssystem in Disziplinen, das Religionssystem in Religionen und das politische System in Staaten (Luhmann 2000a: 220ff.). Manche Funktionssysteme enthalten in sich auch Elemente von hierarchischer Differenzierung, etwa das Wirtschaftssystem mit der Hierarchie von Zentralbank, Geschäftsbanken und Bankkunden (Luhmann 1988a: 146f.), oder von Zentrum/Peripherie-Differenzierung, etwa das Rechtssystem mit den Gerichten im Zentrum und der Gesetzgebung sowie nicht-organisierten Rechtsprozessen in der Peripherie (Luhmann 1993: 297ff.), und eventuell auch das politische System mit dem Staat im Zentrum, den Parteien und Verbänden in einem inneren Ring und den Wählern sowie sozialen Bewegungen in einem äußeren Ring der Peripherie (Luhmann 2000a: 244ff.). Das politische System wird an anderer Stelle von Luhmann aber auch als intern funktional differenziert beschrieben (darauf komme ich unten noch ausführlich zurück);[2] und ebenso ist festzustellen, dass die Oberschicht beziehungsweise das Zentrum vormoderner Reiche in sich starke Elemente funktionaler Differenzierung enthält (Eisenstadt 1953; Wimmer 1996: 226ff.; Luhmann 1997: 663ff.).

Die Binnendifferenzierung von Teilsystemen ist bei Luhmann allerdings nicht gleichermaßen stringent und systematisch beschrieben wie die Primärdifferenzierung der Gesellschaft, und auch real scheint hier eine relativ große »Chaotik« von Formen vorzuherrschen, indem etwa Teilsysteme mehrere Formen von Binnendifferenzierung nebeneinander aufweisen können und indem Differenzierungsformen auf primären und sekundären Differenzierungsebenen in nahezu beliebiger, nur empirisch zu ermittelnder Weise miteinander kombiniert werden können. Dem sich hieraus ergebenden Desiderat, »der ›Kombinatorik‹ und der Frage der strukturellen Kompatibilität der verschiedenen Differenzierungsformen energischer nachzugehen« (Tyrell 2001: 516), versucht die vorliegende Studie nachzukommen, indem sie diese Frage mit Bezug auf den konkreten Sachkomplex Krieg systematisch untersucht. Es wird sich zeigen, dass es hier regelmäßig nötig ist, die Frage nach dem jeweils zuständigen Teilsystem und der jeweils realisierten Differenzie-

2 Auffällig an Luhmanns Beschreibungen der Binnendifferenzierung des Politiksystems ist vor allem das Ausgeschlossene: An keiner Stelle konzipiert Luhmann dieses System als Hierarchie – etwa nach dem Schema: Regierung oben, Volk unten –, was ja ein häufig benutztes Paradigma politischer Theorien ist. Hierauf hat mich André Kieserling aufmerksam gemacht.

rungsform auf mehreren Ebenen zu stellen. Das Ergebnis dieser Analysen sei hier in wenigen Worten vorweggenommen.

In segmentär differenzierten Gesellschaften (Stammesgesellschaften) liegt die Kriegführungsfähigkeit gleichmäßig bei allen ihren Segmenten: Jedes Dorf, jeder Clan usw. ist zu Kriegführung in der Lage. Eine weitere Differenzierung in Teilteilsysteme ist in diesem einfachsten Gesellschaftstyp nicht gegeben, d.h. die Segmente sind mehr oder weniger als ganze an Kriegführung beteiligt, und es gibt darin nur noch Rollendifferenzierung entlang von Alters- und Geschlechtsrollen, aber keine weitere Systemdifferenzierung. Allein diese fehlende Ausdifferenzierung des Kriegführungspotenzials, das einfache Mitgeführtwerden des Kriegspotenzials in der Gesellschaft als solcher, hat angebbare Konsequenzen für die typische Art der Kriegführung.

In stratifizierten Gesellschaften (Feudalgesellschaften und vormodernen Reichen) ist das Kriegführungspotenzial grundsätzlich in der Oberschicht konzentriert, während die Unterschicht weitgehend entwaffnet ist und in Krieg nicht über Kämpferrollen, sondern vor allem über Hilfs- und Opferrollen inkludiert wird. Die Oberschicht kann dann intern entweder segmentär, aber nicht funktional differenziert sein, oder umgekehrt funktional, aber nicht segmentär differenziert. Im ersten Fall ist die ganze Oberschicht – wiederum nur nach Alters- und Geschlechtsrollen differenziert – mit aktiven Kriegführungsaufgaben betraut: Es gibt einen Kriegeradel, in dem jeder Mann auch Kämpfer ist. Dies führt dann dazu, dass der Adel in relativ kleine territoriale Fragmente zersplittert ist, die sich überwiegend untereinander bekriegen, d.h. die fehlende funktionale (Binnen-)Differenzierung der Oberschicht geht mit ihrer segmentären (Binnen-)Differenzierung einher. Der zweite Fall ist umgekehrt gelagert: Die Oberschicht beziehungsweise das Zentrum eines Reiches ist intern funktional differenziert, indem es Spezialisten für bürokratische, religiöse usw. Aufgaben gibt, aber auch ein spezialisiertes Heer, das besondere Rekrutierungs- und Loyalitätssicherungsmaßnahmen nötig macht. Dieses Arrangement ermöglicht die Schaffung und Erhaltung eines großen, einheitlichen Reichsgebietes, das überwiegend nach außen Krieg führt, und mithin die Unterdrückung segmentärer Differenzierung und ihre Ersetzung durch Zentrum/Peripherie-Differenzierung.

Schließlich fallen in einer funktional differenzierten Gesellschaft Kriegführungsaufgaben primär in die Zuständigkeit des politischen Teilsystems, während andere Teilsysteme von Krieg zunehmend entfremdet werden. Die »Logik« von Kriegführung wird zunehmend exklusiv politisch und abstrahiert von anderen Teillogiken (etwa der ökonomischen Logik), die Rekrutierung für aktive Kriegsaufgaben wird dagegen – im Einklang mit einem generellen Trend der funktional differenzierten Gesellschaft – wieder inklusiv. Was die Binnendifferenzierung des Politiksystems angeht, so enthält diese Elemente *sowohl* von funktionaler *als auch* von hierarchischer *als auch* von segmentärer Differenzierung. Die funktionale Differenzierung liegt in der Herausbildung verschiedener institutioneller Teilsektoren wie Parteipolitik, Staatsapparat, Gewaltapparat, von denen nur einer (das Militär) für die aktive Ausführung unmittelbarer Kriegsaufgaben zuständig ist und entsprechende Besonderheiten ausbildet. Gleichzeitig besteht aber eine hierarchische Differenzierung zwischen Gewaltapparat und ziviler Staatsspitze, die notwendig, aber nicht völlig reibungsfrei mit funktionaler Differenzierung kombiniert wird. Und schließlich ist das politische System segmentär differenziert in die einzelnen Staaten, die als mehr oder weniger gleichrangige Segmente des (welt)politischen Systems häufig Kriege untereinander führen und sich nicht in eine »imperiale« Ordnung, d.h. eine Ordnung der fraglosen Dominanz eines Zentrums gegenüber einer unselbständigen Peripherie einfügen lassen.

Diese Analyse ist sehr umfassend angelegt und wird deshalb naturgemäß auch einige selbstverständliche oder triviale Elemente enthalten. Sie gibt aber an etlichen Stellen auch zur Formulierung von Thesen Anlass, die keineswegs selbstverständlich und konsensuell sind. So ist etwa die These, dass die segmentäre Differenzierung des modernen weltpolitischen Systems nicht gleichzeitig eine Zentrum/Peripherie-Differenzierung zulässt, explizit gegen die in jüngerer Zeit häufig vertretene These gerichtet, dass das heutige weltpolitische System durch die Existenz von »Imperien« – insbesondere der USA – geprägt sei (Kapitel 2.6.). Die Überlegungen zum politiksysteminternen Verhältnis von Militär und ziviler Staatsspitze greifen die Diskussion um »zivil-militärische Beziehungen« mit der dort nicht geläufigen These auf, dass dieses Verhältnis durch die Spannung zwischen funktionaler und hierarchischer Differenzierung gekennzeichnet ist (Kapitel 2.4.). Auch die Darstellung der Entkopplung von politischer und ökonomischer Logik und die These, dass Kriegführung in der Moderne zunehmend exklusiv an der politischen Logik (und nur in deutlich abweichenden Formen, insbesondere der Form der »Neuen Kriege«, an der ökonomischen Logik) orientiert ist, werden nicht von allen Kriegsforschern geteilt werden (Kapitel 2.5.). Schließlich führt auch die an sich nicht originelle Darstellung der universellen Inklusion in die Soldatenrolle zu Überlegungen, die die mehr oder weniger freie Kombinierbarkeit der Soldatenrolle mit anderen Rollen systematisch zum Thema machen und damit auch ein neues Licht auf den häufig beobachteten Trend zum Vermeiden eigener gefallener Soldaten und zum Ausweichen auf Söldner in der Kriegführungspraxis westlicher Staaten werfen (Kapitel 2.3.).

Die differenzierungstheoretische Argumentation wird dabei häufig durch rollentheoretische Überlegungen unterstützt, wobei weniger die »internen« Merkmale der Kämpferrolle im Zentrum stehen, d.h. die Anforderungen an Kämpfer im Wandel der technologischen und sozialen Bedingungen,[3] sondern vor allem Fragen des Rollenzugangs und der Rekrutierung[4] sowie Fragen der Kompatibilität und Inkompatibilität der Kämpferrolle mit anderen Rollen. Neben der hier benutzten Unterscheidung von Formen gesellschaftlicher Differenzierung könnte man im Übrigen auch die quer dazu liegende Unterscheidung von Interaktion, Organisation und Gesellschaft als sozialen Ordnungen verschiedener Größenordnung heranziehen (Luhmann 1975c) – ein Aspekt, der im Folgenden nicht weiter ausgebaut wird und an dieser Stelle wenigstens kurz angedeutet werden soll.[5]

In frühen Gesellschaften liegt Kriegführung mehr oder weniger vollständig auf der Ebene der Interaktion, d.h. der unmittelbaren Kopräsenz der Kämpfer, und kann davon nicht abgelöst werden. Spätestens mit vormodernen Reichen tritt die Ebene der Organisation hinzu, es gibt ein Militär mit mehr oder weniger gut definierten Stellen, Hierarchien, Zugangsvoraussetzungen usw., ohne dass deshalb interaktionsbezogene Restriktionen – etwa die Durchhaltefähigkeit und Ermüdung von Personen (Keegan 1978: 382) – aus den Modi der Kriegführung völlig verschwinden. Die Ebene der Organisation bleibt offensichtlich auch in der modernen Gesellschaft zentral, und nur irreguläre Kriegstruppen kommen manchmal mit stark zurückgenommenen Organisationselementen (etwa in Form von Mitgliedschaftsregeln

3 Diese lassen sich etwa kriegsgeschichtlichen und militärsoziologischen Studien entnehmen (z.B. Keegan 1995; Warburg 2008).

4 Zum Rollenzugang kann eine allgemeine Bemerkung vorausgeschickt werden: Der Zugang zu Kämpferrollen ist in praktisch allen Gesellschaften Männern vorbehalten; es kommt so gut wie nie vor, dass Frauen regelmäßig und in mehr als ausnahmeartigen Fällen aktive Kämpferrollen im Krieg übernehmen (van Creveld 1998: 264ff.). (Eine Ausnahme in dieser Hinsicht sind höchstens moderne Partisanen- und Guerrillakriege, vgl. unten Kapitel 2.3.) Dieser Umstand wird hier als gesellschaftliches (Fast-)Universal hingenommen und nicht weiter interpretiert, obwohl man sicher auch daran interessante Überlegungen anschließen könnte. Aus konflikttheoretischer Perspektive könnte man dies etwa als eine elementare Technik der »Hegung« von Krieg betrachten, d.h. als Begrenzung des potenziellen Destruktionsradius von Krieg, die auch die moderne Gesellschaft – allen Inklusionstendenzen zum Trotz – bisher nicht ernsthaft in Frage gestellt hat.

5 Auf den Bezug zur Unterscheidung Interaktion/Organisation/Gesellschaft hat mich Marion Müller aufmerksam gemacht (mündliche Kommunikation).

und Hierarchien) aus. Das Interaktionselement nimmt dagegen mit der zunehmenden Technologisierung von Kriegführung, speziell mit der Vergrößerung der Reichweite von Schusswaffen – bis hin zu Interkontinentalraketen und Marschflugkörpern –, teils dramatisch ab, bis hin zu dem Zustand, wo der einzelne Soldat nie einen feindlichen Soldaten direkt zu sehen bekommt (Stietencron 1995: 50f.) und zunehmend der Rhythmus der Maschine über den Rhythmus der unmittelbaren interaktionellen Begegnung die Führung übernimmt. Neben der Waffentechnologie ist hier auch die Kommunikationstechnologie wichtig, insofern Kommandoketten über große Distanzen erst mit effektiver Kommunikationstechnologie möglich werden und die Befehligung von Truppen deshalb noch lange Zeit nur aus großer physisch-interaktionellen Nähe zum Kampfgeschehen möglich war. Generell ist in diesem Punkt der Einfluss technologischer Determinationsfaktoren relativ stark, ohne sich aber darauf zu beschränken (vgl. zur Kontroverse zwischen sozialer und technologischer Determination von Krieg Münkler, 1992: 30f.).

2.1. Jeder Mann ein Krieger – Stammesgesellschaften

Stammesgesellschaften sind in eine Vielzahl gleichartiger Einheiten beziehungsweise Segmente – Dörfer, Clans, Stämme usw. – differenziert, die untereinander weder eine funktionale (arbeitsteilige) noch eine hierarchische Ordnung ausbilden. Alle Funktionen werden durch alle Segmente gleichermaßen bedient, und das gilt auch für Kriegführung: Alle Dörfer, Clans usw. sind kriegführungsfähig und sind bei Bedarf zur Verteidigung oder auch zum Angriff auf andere Einheiten in der Lage. Das Kriegführungspotenzial ist insofern in der Gesellschaft gleichmäßig verteilt, es gibt kein Teilsystem, in dem die Zuständigkeit für Kriegführungsaufgaben konzentriert wäre.

Aber auch innerhalb der Segmente ist die Kriegführungsfähigkeit auffallend gleichmäßig beziehungsweise dispers verteilt: Alle mehr oder weniger jungen, gesunden Männer sind Krieger, es gibt keine Spezialisten für diese Rolle. »In stateless tribes […] all men are warriors« (Andreski 1968: 39), und es finden sich »viele Sprachen […] in denen der Ausdruck ›Krieger‹ einfach ›junger Mann‹ bedeutet« (van Creveld 1998: 94). Stammesgesellschaften können deshalb auch sehr hohe Mobilisierungsgrade erreichen, gemessen am Anteil der Bevölkerung, der aktive Kriegsrollen ausübt; dieser kann in der Größenordnung von 30–40 Prozent der Männer, das heißt 15–20 Prozent der Gesamtbevölkerung liegen (Helbling 2006: 64f.). Die Segmente kennen also – hier wie auch sonst – in sich keine weitere Differenzierung in Subsysteme, sondern nur Rollendifferenzierungen entlang von Alters- und Geschlechtsgrenzen.[6] Zusätzlich kann es situative Differenzierungen geben, indem nicht in jedem Fall alle kriegstauglichen Männer eines Segments zusammen in den Krieg ziehen, sondern ein Teil der Krieger zum Schutz des Dorfes oder zur Erledigung wichtiger Arbeiten zurückbleiben kann. Dies geschieht dann aber mit wechselnder Besetzung, so dass die prinzipiell inklusive oder »demokratische« (Rapoport 1990: 425ff.) Rekrutierung für Kämpferrollen dadurch nicht eingeschränkt wird.

Die Lokalisierung des Kriegführungspotenzials von Stammesgesellschaften kann mithin durch fehlende Ausdifferenzierung charakterisiert werden: Es gibt kein spezielles Teilsystem für Kriegführungsaufgaben, sondern nur die temporäre Aktivierung oder De-Aktivierung eines latent immer vorhandenen und eng in sonstige gesellschaftliche Vollzüge eingebetteten Kriegführungspotenzials. Diesen Zustand kann man anschaulich so beschreiben, dass »alle erwachsenen Männer, die auch sonst im ›Männerhaus‹ zusammensitzen, unter Führung ihres Clan-Chefs, der auch sonst die Führung innehat, unter Mitnahme von Ackergeräten, Küchenmessern, Grillspießen und Jagdwaffen sich auf den Weg zum feindlichen Stamm machen, und zwar auf den Wegen, die sie von der Jagd her kennen, auf den Füßen, auf denen sie auch sonst laufen, sich verpflegend aus mitgenommenen Vorräten der jeweiligen Familienhaushalte [...]. In diesem Fall gibt es faktisch keine ›Ausdifferenzierung‹. Die Gesellschaft erledigt eine ›militärische Aufgabe‹ als ganze [...] mit Hilfe derselben Ressourcen, technischen Mittel und Informationen und in derselben organisatorischen Gliederung, die auch in friedlichen Zeiten eingesetzt werden.« (Bahrdt 1987: 13f., vgl. dazu auch Weber 1910: 204)

Die Kriegerrolle ist unter diesen Bedingungen zwar eine eigene, von anderen Rollen unterschiedene Rolle, jedoch keine ausdifferenzierte Spezialistenrolle, sondern ein selbstverständlicher Bestandteil des Rollenbündels, das jeder erwachsene Mann in diesen Gesellschaften innehat (allgemein zu

6 Hartmann Tyrell meint abweichend, dass in manchen Stammesgesellschaften die Differenzierung in Männer vs. Frauen – insbesondere in Gestalt des »Männerhauses« – die Form einer segmentinternen Systemdifferenzierung annimmt und dass dies sogar die erste und ursprünglichste Form gesellschaftlicher Differenzierung sei. In solchen Gesellschaften leben die Männer im waffenfähigen Alter auch in Friedenszeiten weitgehend isoliert von Frauen, Kindern und Alten und sind im Wesentlichen mit der Übung ihrer Kriegsfertigkeiten beschäftigt (Weber 1910: 211f.; Tyrell 2001: 529f.).

fixen Rollenkombinationen in Stammesgesellschaften Nadel 1957: 66ff.; Luhmann 1970b: 155f.). Sie ist in den Bedingungen des Rollenzugangs, in den für kompetente Rollenausübung nötigen Fähigkeiten und den durch erfolgreiche Rollenausübung zu erwerbenden Prestigegewinnen eng an andere Rollen der Person angekoppelt. So kann man davon ausgehen, dass jedes vollsozialisiertes Mitglied der Gesellschaft über die für einen Krieger notwendigen Fertigkeiten verfügt, die sich mindestens teilweise mit den für andere wichtige Tätigkeiten (etwa Jagd) nötigen Fertigkeiten decken und in die die Heranwachsenden selbstverständlich eingeführt und eingeübt werden (Bahrdt 1987: 13). In umgekehrter Richtung verleiht Erfolg im Krieg auch allgemeinen, in allen möglichen Rollenzusammenhängen relevanten gesellschaftlichen Status: Wer sich im Krieg auszeichnet, etwa Trophäen erwirbt, ist auch sonst ein angesehener Mann, hat bessere Heiratschancen usw. (Turney-High 1949: 145ff.; Helbling 2006: 52). Rollenkonflikte zwischen der Kriegerrolle und anderen Rollen derselben Person treten kaum auf, was etwa durch die kurze Dauer von Kriegsaktivitäten – zwischen einem Tag und einigen Wochen – sichergestellt wird, die dafür sorgt, dass die Ausübung der Kriegerrolle die Erfüllung anderer Rollenpflichten (etwa in der Rolle als Ehemann, Vater, Jäger, Ackerbauer) nicht beeinträchtigt (vgl. unten Kapitel 4.1.). Verschiedene Rollen werden also durch einfache zeitliche Abfolge miteinander kompatibilisiert; und der in diesem Arrangement einzig problematische Moment des Übergangs von Friedensrolle(n) zu Kriegsrolle und zurück wird durch »rites des passages« abgesichert, die den Wechsel von kriegerischen – aggressiven, Tötungshandlungen einschließenden – zu friedensgeeigneten, sozialverträglichen Verhaltensweisen markieren und dem Rollenträger den Wechsel erleichtern (Ferguson 1992: 74; Bollig 1995: 368ff.).

Weiter ist die Kriegerrolle unter Bedingungen fehlender Ausdifferenzierung gewissermaßen eine »unentfremdete« Rolle. Das Kriegsgeschehen ist unmittelbar interaktionell sichtbar und gegenwärtig, die Kriegstechniken liegen im Bereich des menschlich Bewältigbaren und Handhabbaren, und auch der »Sinn« des Krieges bleibt dem individuellen Krieger stets zugänglich, Kriegsziele verselbständigen sich gegenüber dem Erleben des Einzelnen.[7] Konkret kann der Sinn etwa im Erwerb von Beute (Vieh, Kanus, Frauen usw.) liegen, in der Vergeltung für erlittene Schäden in früheren Kriegszügen oder auch in der Betätigung individueller Kraft und Geschicklichkeit und

7 Im Umkehrschluss gilt dann: »the principle of objective [d.h. des objektivierten, sozial verselbstständigten Kriegsziels] changes warriors into soldiers« (Turney-High 1949: 105) (vgl. van Creveld 1998: 223).

im Erweis individueller Tapferkeit als solcher. Der zuletzt genannte Aspekt hat gegenüber der schieren kämpferischen Effektivität oder den Erreichen bestimmter Kriegsziele oft den Vorrang,[8] und es kann vorkommen, dass Kriegszüge begonnen werden zu keinem anderen Zweck als dem, den jungen Männern eine Gelegenheit zum Erweis ihrer Fähigkeiten und zum Erwerb von Prestige zu bieten (Murphy 1957). Weiter kann es »Kriege« geben, die für unsere Begriffe eher den Charakter von Sportveranstaltungen haben, in denen Tote oder Verletzte nicht vorgesehen sind und die allein der Betätigung kämpferischer Fähigkeiten dienen (Turney-High 1949: 167; Balandier 1996: 504; Wimmer 1996: 173).[9] Generell ist die Kriegführungsweise von Stammesgesellschaften eng an Erleben und Bedürfnissen des einzelnen Kriegers orientiert, und Kriegführung enthält wenig Zumutungen für das Individuum (Wright 1949: 69).

Die Kriegstruppen von Stammesgesellschaften kennen und benötigen deshalb keine größeren, gegenüber dem Einzelnen verselbständigten Führungs- und Entscheidungsstrukturen. Entscheidungen über Krieg werden – wie kollektiv bindende Entscheidungen in Stammesgesellschaften generell – im Konsens aller Beteiligten getroffen (Wimmer 1996: 170f.). Es kann Häuptlinge oder »big men« geben, aber diese haben nicht die Macht, das Kollektiv gegen den Willen seiner Mitglieder zu etwas zu zwingen; sie können einen Handlungskurs initiieren, bleiben jedoch auf die Zustimmung und das freiwilliges Mitmachen der anderen Mitglieder angewiesen (Turney-High 1949: 61ff.; Vayda 1967: 367; Keeley 1996: 43). Die Institution des Kriegshäuptlings ist häufig anzutreffen, jedoch ist dieser nur für die Führung *im* Krieg zuständig, nicht für die Entscheidung *über* Krieg (Middleton/Tait 1958; Karsten 1967: 308). Der einzelne Krieger ist und bleibt eine wesentliche Einheit der Kriegführung und kann etwa einen Kriegszug jederzeit abbrechen, wenn er ihm zu riskant erscheint oder wenn die Zeichen ungünstig stehen. Hierin zeigt sich noch einmal, dass keine ausdifferenzierte Instanz für Kriegführung zuständig ist, sondern diese Zuständigkeit unmittelbar bei allen (Männern oder Kriegern) liegt.

8 Unter Umständen spielen materielle Kriegsgewinne gar keine Rolle, und potenzielles Beutegut wird ignoriert oder bewusst zerstört (Turney-High 1949: 172).

9 Solche Veranstaltungen sind nach der hier verwendeten Kriegsdefinition (vgl. oben Kapitel 1.2.) eigentlich nicht mehr als Kriege zu betrachten, jedoch sind die Übergänge zwischen »echtem« Krieg und bloßem Sport bzw. Volksfesten mit kompetitivem Element fließend, eine scharfe Grenze lässt sich nicht ziehen.

Wer wen bekriegt, ist in Stammesgesellschaften durch das Prinzip der Segmentierung bestimmt. Der häufigste Fall ist, dass Segmente derselben Gesellschaft, die in geographischer und sozialer Nähe zueinander leben und auch außerhalb ihrer kriegerischen Kontakte regelmäßige Beziehungen zueinander unterhalten, untereinander Krieg führen (Malinowski 1941; Wimmer 1996: 168ff.; Helbling 2006: 16).[10] Hieran schließt denn auch die klassische konfliktsoziologische oder -anthropologische These an, dass für die Austragung und Dämpfung von Konflikten – kriegerischen wie anderen – überkreuz gebaute Loyalitäten zwischen den Seiten entscheidend sind (Gluckman 1964; Trotha 1987). Es gibt aber auch Fälle, in denen weit entfernte und ansonsten in keiner Beziehung zur kriegführenden Einheit stehende Dörfer angegriffen werden (Murphy 1957; Wimmer 1996: 168f.; Keeley 1996: 128), oder in denen Segmente einer Gesellschaft (meist: einer kriegerischen Nomadengesellschaft) regelmäßig Segmente einer anderen, benachbarten Gesellschaft (meist: einer weniger kriegerischen Ackerbauerngesellschaft) überfallen (Keeley 1996: 130ff.). Soweit Kriege zwischen Segmenten ein und derselben Gesellschaft ausgetragen werden, folgen sie meist einer Logik der Reziprozität, die generell ein zentrales Strukturprinzip von Stammesgesellschaften darstellt (Mauss 1924; Luhmann 1997: 649ff.). Die Negativform von Reziprozität ist Rache (Turney-High 1949: 149ff.), und nicht wenige Kriege und Fehden in segmentär differenzierten Gesellschaften können als Rachefeldzüge, d.h. als Vergeltung für frühere Angriffe und erlittene Schäden, beschrieben werden (vgl. dazu unten Kapitel 4.1.). Es kann aber auch – in eher positiv verstandener Reziprozität – um die Konfrontation mit einem ebenbürtigen Rollenpartner gehen, der aufgrund äquivalenten Geschicks, Tapferkeit usw. vollen Prestigegewinn durch Kampferfolg verspricht; in diesem Sinn wurde festgestellt, dass besonders kriegerische Stämme lieber gegen ähnliche Gegner Krieg führen als gegen schwächere und leicht zu besiegende Gegner (Broch/Galtung 1966: 42; Siverts 1975: 666).

Für manche, aber keineswegs für alle Stammesgesellschaften gilt, dass Kriege oder kriegsähnliche Konflikte zwischen Einheiten unterschiedlicher Größenordnung – von Individuen bis zu Stammesverbänden – auftreten können und manchmal fließend ineinander übergehen. Generell werden

10 Die Frage, wo eine Gesellschaft endet und eine andere beginnt, ist aber nicht leicht zu beantworten, insbesondere da die hierfür in Frage kommenden Kriterien – etwa: Einheit der Sprache (aber was ist eine Sprache, was ein Dialekt?), Selbstdefinition durch Namensgebung und Selbstbezeichnung als »wir«, Reichweite regelmäßiger Kontakte und kommunikativer Erreichbarkeit – nicht zwingend zum selben Ergebnis führen.

Stammesgesellschaften oft als ineinander verschachtelte Einheiten verschiedener Größenordnung beschrieben, die durch rekursive, »pyramidale« Anwendung des Prinzips der segmentären Differenzierung entstehen (Durkheim 1893: 233; Middleton/Tait 1958: 6f.; Luhmann 1997: 639). Einheiten verschiedener Größenordnung können wechselnd und je nach situativen Erfordernissen aktiviert werden; welche Einheit sich als »Wir« gegenüber einem »Anderen« erlebt, ist nicht ein für allemal festgelegt (Turney-High 1949: 227ff.). In diesem Sinne gibt es in vielen Stammesgesellschaften keine eindeutig festgelegte Größenstufe für Kriegsaktivitäten; weil die Kontrolle über Gewalt unmittelbar bei der Gesellschaft selbst liegt, können alle Einheiten, die überhaupt als Einheit fungieren (eine Familie/Verwandtschaftsgruppe, ein Dorf, ein Stamm, ein Stammesverband), bei Bedarf auch Krieg führen. Gewaltförmige oder gewaltnahe Konflikte auf verschiedenen Größenstufen werden deshalb von ethnologisch beziehungsweise anthropologisch orientierten Autoren oft gemeinsam und unter denselben Begriffen behandelt (Turney-High 1949: 143f., 149ff., 228f.; Trotha 1987: 1ff.). Kriege und Fehden sind nicht immer deutlich voneinander zu unterscheiden; auch können »Kriege« beziehungsweise gewaltsame Streitigkeiten zwischen Individuen fließend in Kriege zwischen ganzen Dörfern übergehen (Karsten 1967; Hasluck 1967: 386f.; Chagnon 1968: 125). Manche Stammesgesellschaften kennen allerdings auch eine scharfe Grenze zwischen Krieg (nach außen) und sonstigen Konflikten (nach innen) und halten unterschiedliche Reglements für beides bereit (Bollig 1995; Helbling 2006: 39). In jedem Fall scheinen die Inhalte und Anlässe von Kriegen und sonstigen gewaltförmigen Konflikten auf verschiedenen Größenordnungen recht ähnlich zu sein; typisch genannt werden etwa Beleidigungen, Frauen, Land, Vieh, Rache für vergangene Überfälle u.ä. (Turney-High 1949: 170; Hobhouse 1956; Service 1968: 160; Wimmer 1996: 176ff.).

Nach all diesen stark übergeneralisierenden Bemerkungen ist noch festzuhalten, dass unterschiedliche Stammesgesellschaften in sehr unterschiedlichem Maße kriegerisch sind: Es gibt (selten) Gesellschaften, in denen Krieg unbekannt ist, es gibt ausgesprochen kriegerische Gesellschaften, und es gibt viele Gesellschaften im Mittelfeld (Otterbein 1985; Keeley 1996: 27ff.; Nolan 2003). Entsprechend sind auch die durch Kriege generierten Todesraten sehr unterschiedlich und werden von verschiedenen Autoren unterschiedlich bewertet. Ein wichtiges Argument scheint hier zu sein, dass die über die Zeit summierten Todesraten in Stammesgesellschaften recht hoch sein können im Vergleich zu anderen Gesellschaften, und zwar auch dann, wenn die Kriegführungspraktiken relativ moderat sind und in jedem einzelnen Krieg oder Kriegszug nur wenige Tote anfallen (Keeley 1996: 88ff.; Helbling 2006: 65f.). Denn Stammesgesellschaften sind klein, und das heißt, dass sie schon bei wenigen Toten pro Krieg einen spürbaren Anteil ihrer Bevölkerung verlieren (Keeley 1996: 91ff.). Die proportional hohen Todesraten sind dann ein Effekt der geringen absoluten Größe dieser Gesellschaften in Zusammenwirken mit der für die Kriegsqualität eines Konfliktes notwendigen Eigenschaft, dass tödliche Gewalt ausgeübt wird. Das *qualitative* Merkmal – ohne tödliche Gewalt kein Krieg – schlägt hier sofort *quantitativ* durch, es kann nicht durch die Größe der Gesellschaft abgefedert und in der Zone der Geringfügigkeit gehalten werden.

2.2. Kriegführung als Privileg der Oberschicht – Stratifizierte Gesellschaften

Unter dem Begriff der stratifizierten Gesellschaft fasse ich sowohl Adelsgesellschaften als auch vormoderne Reiche. Obwohl dieser Gesellschaftstyp damit unhandlich breit ist und mehr oder weniger die gesamte schriftlich fixierte Geschichte vor der Moderne umfasst, lassen sich über den Modus der Kriegführung in diesen Gesellschaften cum grano salis einige allgemeine, übergreifende Aussagen treffen. Das primäre Differenzierungsprinzip dieser Gesellschaften ist die Differenzierung in Oberschicht und Unterschicht, auch wenn es vielfältige interne Abstufungen ebenso wie unscharfe Abgrenzungen dazwischen geben kann. Mitglieder der oberen und der unteren Schichten nehmen strukturell gegensätzliche Positionen ein, indem die Oberschicht hohe Positionen in allen gesellschaftlichen Bereichen für sich monopolisiert – etwa in den Bereichen politischer Repräsentation und Entscheidungsgewalt, ökonomischer Verfügungsgewalt, rechtlicher Jurisdiktion, religiöser Interpretation –, während die Unterschicht auf untergeordnete Funktionen, insbesondere Produktionsfunktionen festgelegt ist.

Zu den von der Oberschicht an sich gezogenen Bereichen gehört auch der Bereich der Kriegführung, der von der Oberschicht entweder eigenhändig (wie in Adelsgesellschaften) oder durch Verfügung über ein spezialisiertes Heer (wie in Reichen) bedient wird. Die Unterschicht ist dagegen weitgehend entwaffnet, lebt zu großen Teilen bäuerlich und nicht politisch und hat mit den Kernaufgaben der Kriegführung nichts zu tun. Wenn es gut läuft, sind ihr die Kriege ihrer Herren schlechterdings egal, und sie bekommt davon – abgesehen von gelegentlichen Schäden im Durchmarsch- und Aufmarschgebiet der Heere – nichts mit (Andreski 1968: 53; Krippendorff 1985: 278). Wenn es schlecht läuft, kann sie zwar passiv, von der Zerstörungsseite des Krieges massiv betroffen sein, aber auch dann ist der Krieg nichts, woran sie subjekt-gestaltend beteiligt wäre, sondern nur ein »plötzlich und unverstanden hereinbrechendes Ungemach« (Greven 1999: 53, vgl. hierzu ausführlich Kapitel 3.2.).

Die binäre Schematisierung in kriegführende Oberschicht und nicht-kriegführende Unterschicht ist zwar zugegeben etwas zu stark vereinfacht und muss mit Blick auf die Vielfalt der historisch vorkommenden Verhältnisse etwas relativiert werden. Es kann Abweichungen geben, etwa die Möglichkeit der Heranziehung zu zeitlich begrenzten Kriegsdiensten (auch dazu unten Kapitel 3.2.), und insbesondere die antiken Gesellschaften zeigen ein Arrangement, das aktive Kriegsaufgaben bis relativ weit unten in der Schichthierarchie ausdehnt. Trotzdem gilt aber, dass die Beteiligung unterer Schichten an aktiver Kriegführung grundsätzlich problematisch ist und nur mit großer Vorsicht angegangen wird. Die ambivalente Situation in dieser Hinsicht kann – exemplarisch am feudalen Europa – so beschrieben werden: »Die Herren schwankten zwischen dem Wunsch, den Bauern völlig waffenlos zu sehen und so ihre Herrschaft über ihn zu sichern[,] und der Notwendigkeit, einigermaßen bewehrte und gerüstete Bauern im Falle der Not aufbieten zu können.« (Brunner 1970: 302) In vielen Fällen gilt deshalb die Regel, dass auf die Mobilisierung der Unterschicht nur im Notfall und als letzte Möglichkeit zurückgegriffen wird und dies jedenfalls nicht den Normalfall von Kriegführung darstellt.

Wenn man dies als Ausgangspunkt akzeptiert, fällt an der Verteilung von Kriegführungsfähigkeit in der Gesellschaft zunächst auf, dass – anders als in Stammesgesellschaften – in stratifizierten Gesellschaften nur *ein* Teilsystem zu aktiver Kriegführung in der Lage ist. Das Kriegführungspotenzial wird innerhalb der Gesellschaft konzentriert, die Rekrutierung für (vollwertige) Kämpferrollen wird »de-demokratisiert« (Rapoport 1990: 425ff.) und sozial exklusiv geregelt. Stanislav Andreski hat dies in seiner klassischen Studie als das allgemeine Gesetz formuliert, dass der Anteil der militärisch Aktiven (genannt »military participation ratio«) in einer Gesellschaft umso niedriger ist, je stärker diese stratifiziert ist (Andreski 1968).[11] Für das mittelalterliche

11 Andreski macht aber aus Sicht der hier angewandten Theorie zwei Fehler. Erstens un-

Europa wird dieser Anteil etwa auf Werte zwischen 0,03 und 1 Prozent der Bevölkerung geschätzt (Bean 1973: 209ff.). Manche Gesellschaften, etwa in der griechischen und römischen Antike, können zwar wesentlich höhere Werte erreichen, indem sie die gesamte »freie« Bevölkerung in das Kriegspotenzial inkludieren; jedoch stellt Andreski auch hier fest, dass in Rom mit dem Übergang von der Republik zum Kaiserreich, mithin zu einer »steileren« Stratifikation, der Anteil der militärisch Aktiven sinkt. Das begrenzte Rekrutierungspotenzial stratifizierter Gesellschaften schlägt sich auch in der relativ geringen absoluten Größe nieder, die deren Heere erreichen. Typische Heeresformationen zählen nach Tausenden oder höchstens Zehntausenden von Kämpfern; große Reiche können es insgesamt in den Bereich von Hunderttausenden schaffen, dann aber über große Gebiete verteilt. Aus heutiger Sicht erscheinen denn auch die Zahlenverhältnisse bei »großen«, dramatischen kriegerischen Ereignissen in diesen Gesellschaften ziemlich übersichtlich: So gelang Alexander dem Großen die Eroberung des gesamten Perserreiches mit einer Truppe von 50.000 Mann (Keegan 1987: 59), und gegen die mongolische Invasion in Japan wurden 1.500 Samurai und 35.000 Fußsoldaten aufgeboten (Farris 1999: 64).[12]

Geht man von der hochabstrakten Formulierung aus, dass nur ein Teilsystem der Gesellschaft für Kriegführung zuständig ist, ergibt sich daraus die weitere Frage, wo man dann einen *Gegner* für Kriegführung hernimmt. Die von Stammesgesellschaften praktizierte Lösung, dass die (primären) Teilsysteme der Gesellschaft sich untereinander bekämpfen, ist damit ausgeschlos-

---

terscheidet er nicht zwischen stratifizierten Gesellschaften und moderner Gesellschaft, schließt also auch die moderne Gesellschaft in seine These mit ein, ohne die Möglichkeit eines grundsätzlich anderen primären Differenzierungsprinzips zu erwägen. Zweitens neigt er dazu – als reiner Militärtheoretiker, nicht Gesellschaftstheoretiker –, die Bedingungsrichtung zu verkehren und davon auszugehen, dass die militärische Organisationsform die allgemeine Gesellschaftsstruktur bestimmt, statt umgekehrt. So formuliert er: »it is almost always those who wield the military power who form the supreme stratum of society.« (Andreski 1968: 26) (Statt: it is the supreme stratum of society that claims control of military power.) Oder auch, auf einer konkreteren Ebene der Analyse: »If professional warriors are the dominating stratum, the inner structure of the armed forced determines whether the state is an absolute monarchy (like the Ottoman Empire) or some other form of monocracy; or whether it is an oligarchic republic of warriors, like Sparta.« (ebd.: 91) (Statt: The form of the state – empire, oligarchic republic etc. – determines the inner structure of the armed forces.)

12 Die Truppen stratifizierter Gesellschaften können deshalb u.U. auch von den Kämpfertrupps gut organisierter Stammesgesellschaften besiegt werden, die auf zahlenmäßige Überlegenheit setzen können (McNeill 1984: 21ff.; Krippendorff 1985: 224).

sen. Gegner für Kriegführung können dann in einer von zwei möglichen Weisen gefunden werden: Entweder die Oberschicht als primär kriegführendes Teilsystem ist in sich fragmentiert beziehungsweise segmentiert, und ihre Fraktionen bekriegen sich gegenseitig. Oder die Gesellschaft führt Krieg nach außen, gegen externe Feinde, etwa »Barbaren«, die zu unterwerfen, zu zivilisieren oder vom Zentralgebiet der Gesellschaft fernzuhalten sind. Adelsgesellschaften – zu denen etwa Feudalgesellschaften und antike Stadtstaaten gehören – praktizieren mehrheitlich, aber nicht ausschließlich die erste Variante; sie sind meist in relativ kleine politische Einheiten zersplittert, die überwiegend untereinander Krieg führen. Die zweite Variante ist dagegen konstitutiv für vormoderne Reiche, die auf der politisch-administrativen Einigung eines großen Gebietes beruhen und zu ihrer Expansion wie zu ihrer langfristigen Erhaltung laufend Kriege an ihrer »Barbarengrenze« (Osterhammel 1995: 109) führen müssen.

Technisch formuliert handelt es sich mithin bei Adelsgesellschaften um Gesellschaften mit, bei vormodernen Reichen um Gesellschaften ohne segmentäre Binnendifferenzierung ihrer Oberschicht. Diese Dimension der Binnendifferenzierung der Oberschicht ist aber nicht unabhängig von einer weiteren Dimension, nämlich einer eventuellen funktionalen Differenzierung der Oberschicht. In Reichen ist die Oberschicht – jedenfalls ansatzweise – funktional differenziert, insofern es je spezialisierte Eliten für politische, bürokratische, religiöse, juristische und eben auch militärische Aufgaben (ein stehendes Heer) gibt (Eisenstadt 1953). Die Existenz eines solchen spezialisierten Herrschaftsapparates und insbesondere eines stehendes Heeres unter dauernder, zuverlässiger Kontrolle eines Zentralherrschers ermöglicht dann die Schaffung und/oder Stabilisierung großer, territorial geeinter Reiche, und damit eine Differenzierungsform, die in gewisser Weise die Negation beziehungsweise das Invers von segmentärer Differenzierung darstellt.[13] Auf der anderen Seite gibt es in Adelsgesellschaften keine – oder jedenfalls keine für die militärische Dimension relevante[14] – funktionale Differenzierung der Oberschicht: Der Adel selbst ist ein Kriegeradel, jeder (männliche, mehr oder weniger junge, gesunde) Oberschichtangehörige ist bereit und in

13 Zusätzlich kann es in Reichen einen dezentralen, in sich segmentierten Adel geben, aber dieser ist dann nicht Träger, sondern Gegenspieler der Reichsstruktur: Er muss vom Herrschaftszentrum kleingehalten und unter Kontrolle gehalten werden, damit das Reich sich nicht auflöst und wieder in kleinere Einheiten zerfällt.

14 Es mag religiöse Spezialisten geben, etwa einen eigenen Stand des Klerus wie im mittelalterlichen Europa.

der Lage, bei Bedarf in Kriegen zu kämpfen. Unter diesen Bedingungen ist die Bildung großer, zentral regierter politischer Einheiten stark erschwert, weil die Oberschicht dann in allen wichtigen Hinsichten – insbesondere in ökonomischer und kriegerischer Hinsicht – autark ist und kein starkes Motiv hat, einem Zentralherrscher loyal zu sein. Die Zentrifugaltendenzen überwiegen deshalb typisch in solchen Gesellschaften, die Gesellschaft neigt zur Zersplitterung in zahlreiche kleine Einheiten, die dann mehr Anlass zu Kriegen untereinander als zu Kriegen gegen äußere, weit entfernte Gegner finden.

Man findet mithin eine Bifurkation in zwei konträre, in sich stabile Kombinationsmöglichkeiten: Stratifikatorische Differenzierung als Primärform gesellschaftlicher Differenzierung kann auf der Ebene der Binnendifferenzierung der Oberschicht entweder kombiniert werden mit funktionaler, aber nicht segmentärer Differenzierung, oder umgekehrt mit segmentärer, aber nicht funktionaler Differenzierung. Diese Alternative deckt denn auch das Feld der real existierenden stratifizierten Gesellschaften ziemlich weitgehend ab. Es gibt einige Mischfälle, etwa eine Handvoll von territorial weit ausgedehnten Reichen mit Kriegeradel statt stehendem Heer, wie das Persische Reich (Briant 1999) und das Inkareich (Schaedel 1978: 305f.), die aber kein neues, drittes und andersgeartetes Strukturmuster konstituieren, sondern sich als Mischformen mit besonderen Bedingungen begreifen lassen.[15] Ein weiterer interessanter Mischfall ist das klassische Indien, insofern hier mit der Ksatrya-Kaste ein Kriegeradel existiert, der aber nicht die gesamte Oberschicht, sondern nur einen – funktional spezialisierten – Teil davon ausmacht. Schließlich mögen manche Gesellschaften im historischen Übergang vom Adelstyp zum Reichstyp begriffen sein und insofern Mischmerkmale aufweisen, wobei dann aber – der hier vertretenen These zufolge – in den historischen Daten ein Strukturbruch und eine Umstellung auf eine andere Differenzierungsordnung nachweisbar sein müsste. Generell kann das Vorkommen von Mischfällen und Übergängen als solches kein Einwand gegen die Nützlichkeit einer basalen begrifflichen Unterscheidung sein.

15 Von den oben formulierten Überlegungen aus müsste man an solche Fälle die Frage richten, wie die Einigung und Kontrolle des bewaffneten Adels über ein großes Territorium hinweg gelingt.

Adelskrieger

In Adelsgesellschaften sind Waffentragen und Kriegführen ein Privileg der Oberschicht; sie werden als ehrenvolle Tätigkeit, nicht als unwillkommene Last angesehen. Tendenziell besteht ein »Monopol der Waffenträgerschaft des Adels« (Senghaas 1969: 22), und jedenfalls werden Angehörige niedrigerer Schichten nur vorsichtig und nur in untergeordneten Positionen an Kriegführungsaufgaben herangelassen. Dies gilt für alle Feudalgesellschaften und – mit etwas anderen Zahlenverhältnissen – auch für die Stadtstaaten der Antike. »In antiquity, work was the duty of slaves, and free men were available for war«, formuliert Raymond Aron (1958: 7f.). Ähnlich wie bei den Kriegern in Stammesgesellschaften gilt, dass für die männlichen, erwachsenen Mitglieder der Oberschicht die Kämpferrolle selbstverständlich an das Innehaben anderer oberschichtspezifischer Rollen gekoppelt ist: Wer Bürger einer polis, wer Grund- und Lehnsherr usw. ist, ist automatisch auch Hoplit, Ritter, Samurai usw. Daneben können auch Familienrollen und ggf. religiöse oder sonstige Rollen routinemäßig in diesem Rollenbündel enthalten sein. Kriegführen ist nicht alleiniger, aber doch wesentlicher Sinn und Zweck der Existenz eines solchen »Adelskriegers«; er wird von Jugend an durch Schulung in Kampftechniken (Reiten, Waffenführen usw.) darauf vorbereitet und bleibt unter Umständen bis in ein relativ hohes Alter hinein als Kämpfer aktiv (Elias 1939: 269f.). Adelsgesellschaften realisieren so gesehen dieselbe Lösung für das Problem der gesellschaftlichen Lokalisierung von Kriegspotenzial wie Stammesgesellschaften, nur beschränkt auf die Oberschicht: Innerhalb der Oberschicht sind Kriegführungsaufgaben nicht ausdifferenziert, sondern dispers verteilt und werden in enger Ankopplung an allgemeine gesellschaftliche Strukturen erfüllt.

Die Kampftruppen von Adelsgesellschaften weisen oft auch eine interne Stratifikation auf dergestalt, dass die ranghöchsten und vermögendsten Schichten die höchste Waffengattung stellen (typisch Reiter oder Streitwagenführer), während relativ niedrigere Schichten – etwa Freie ohne ausgeprägten Oberschichtstatus – in weniger anspruchsvollen Waffengattungen nachfolgen (typisch Fußtruppen). Dies ergibt sich logisch aus dem in diesen Gesellschaften verbreiteten Prinzip der »Selbstequipierung« (Bahrdt 1987: 16), das besagt, dass jeder Kämpfer sich selbst mit Waffen und sonstiger Ausrüstung, Pferden, Verpflegung für Kriegszüge usw. versorgt und für seine

Kriegsteilnahme keine Bezahlung oder sonstige Kompensation erhält.[16] Es mag Gelegenheiten zum Beutemachen oder Eintreiben von Lösegeld geben, aber diese sind nicht erwartbar und verlässlich und ersetzen nicht ein geregeltes, vorzugsweise arbeitsfreies Auskommen. Das Prinzip der Selbstequipierung ist gleichzeitig die beste Garantie dafür, dass Unterschichtmitglieder keinen Zugang zu Kämpferrollen im engeren Sinn erhalten und höchstens zu Hilfsdiensten taugen, da die Kriegsausrüstung gemessen am Niveau dieser Gesellschaften horrend teuer ist.[17]

Es besteht mithin eine »enge ›Querschaltung‹ von politischem, ökonomischem und militärischem Status« des Einzelnen (Bahrdt 1987: 16). Kriegsrollen ergeben sich in bruchloser Fortsetzung der allgemein-gesellschaftlichen Positionsverteilung; dagegen gibt es kaum spezifisch »militärische« beziehungsweise kriegsspezifische Hierarchien und Zusammengruppierungen. So folgt die Formierung von Kampfeinheiten zwanglos den askriptiven gesellschaftlichen Loyalitäten und Zusammengehörigkeiten: In Feudalgesellschaften folgt der Vasall seinem Herrn, und in der griechischen Antike sind die Hopliten, die in der Phalanx eine enge, lückenlose Kampfformation aufrechterhalten müssen, auch im normalen Leben »Nachbarn«, nämlich Bürger derselben Stadt (Ferguson 1999: 399). Ebenso werden Führungspositionen im Anschluss an die allgemeine gesellschaftliche Statushierarchie besetzt: Kommandopositionen müssen von ranghohen Personen ausgefüllt werden, und die höchsten Anführer im Krieg sind die auch sonst ranghöchsten Figuren (Könige usw.). Diese können nur dadurch kriegerisch effektiv werden, dass sie sich persönlich an die Spitze ihrer Truppen setzen, da ein Kommandieren der Truppen per Befehlskette von einer sicheren Stadt oder Burg aus schon aus technologischen Gründen nicht möglich ist. In der semantischen Tradition dieser Gesellschaften werden politische Macht und kriegerische Effektivität einer Person denn auch oft miteinander vermischt; man denke an die zahlreichen Geschichten und Sagen, die den König in irgendeiner

16 In der griechischen Antike wurde von diesem Prinzip ab einem gewissen Zeitpunkt abgewichen, indem die Teilnehmer an Kriegen einen regelmäßigen Sold erhielten (Burrer/Müller 2008; van Wees 2008). Dies war vermutlich dem Vorherrschen der – sehr arbeitskraftintensiven, ohne Anwerbung von auswärtigem Personal (v.a. Ruderer) nicht zu bewältigenden und generell sehr organisationsaffinen – Seekriegsführung geschuldet. Die Kriegführungsweise der griechischen Stadtstaaten glich sich damit teilweise der Kriegführungsweise von Reichen an.

17 Michael Mann (1991: 232) berechnet etwa, dass die Ausrüstung eines europäischen Ritters dem Wert von 15 Stuten und 23 Ochsen entsprach (vgl. dazu auch Giddens 1987: 106).

Weise als besonders starken oder mutigen Kämpfer, sein Schwert als besonders schlagkräftig, unbesiegbar usw. darstellen.

Man wird davon ausgehen können, dass die Kämpfer unter diesen Bedingungen am Ausgang der von ihnen gekämpften Kriege mindestens teilweise selbst interessiert und insofern »intrinsisch« motiviert sind. Verschiedene Faktoren wie Partizipation der Oberschicht-Kämpfer am kollektiven Kriegsziel einerseits (etwa Vergrößerung des Territoriums einer politischen Einheit, Erwerb von Tributen oder Kriegsbeute, Erlangung oder Verteidigung einer Vormachtstellung usw.), »private« Motive wie Interesse an persönlichem Ruhm oder Hoffnung auf (individuellen Anteil an) Beute andererseits sowie geltende Treue- und Dienstpflichten wirken zusammen und sind nicht scharf voneinander zu trennen. Darüber hinaus ist Krieg in Adelsgesellschaften immer auch eine Sache der Ehre, und Kriegführen ist insofern auch eine um ihrer selbst beziehungsweise um ihrer symbolischen Implikationen willen (und nicht nur um ihrer handfesten Ergebnisse willen) geschätzte Tätigkeit. Die konkrete Kampfweise ist in Adelsgesellschaften immer durch einen Ehrenkodex geregelt, der erlaubte und unerlaubte Verhaltensweisen festlegt und die Orientierung an der schieren kriegerischen Effektivität – der Tötung einer größtmöglichen Anzahl gegnerischer Kämpfer, der schnellstmöglichen Eroberung einer befestigten Anlage usw. – relativiert (Andreski 1968: 117; Howard 1981: 16; Hartigan 1982: 71f.; Raaflaub 1999: 137). Waffen, die mit ehrenhafter Kampfweise nicht vereinbar sind – insbesondere Distanzwaffen –, können von Adelsgesellschaften wirksam abgelehnt werden (Krippendorff 1985: 224; Keegan 1995: 80ff.).[18] Ähnlich wie in Stammesgesellschaften ist gelegentlich eine Tendenz zur Ritualisierung von Kriegen oder zur Abschwächung in Richtung auf Spielformen beziehungsweise sportähnliche Betätigungen zu beobachten, so etwa in den europäischen Ritterturnieren oder im fernöstlichen Kampfsport (Hartigan 1982: 73; Raaflaub 1999: 138).

Die Regeln des ehrenhaften Kampfes gelten allerdings nur bei Kriegen innerhalb derselben Gesellschaft, bei denen Angehörige derselben Oberschicht und mithin »peers« gegeneinander antreten. Der Gegner ist hier nicht *nur* Gegner, er soll nicht nur besiegt werden, sondern es ist einem gleichzeitig an seiner Achtung gelegen. In Kriegen gegen äußere Feinde ist der Ehrenkodex dagegen suspendiert: Gegen »Barbaren«, »Heiden« und andere minderwer-

---

18 Der Typ des Adelskämpfers zeichnet sich insofern durch einen besonders ausgeprägten technologischen Konservatismus aus (Best 1994: 23), obwohl letzteres Merkmal – entgegen dem Augenscheineindruck – ein durchaus häufiges Merkmal von Militär oder sonstigen Kämpferverbänden ist (Janowitz 1960: 22ff.; Lang 1968: 307; Kaldor 1981: 30f.).

tige Gegner kann man ungehemmt brutal vorgehen, wie ja auch umgekehrt die Barbaren sich nicht an die ehrenhafte Kampfweise halten, sondern »hinterhältige« und »heimtückische«, aber unter Umständen hocheffektive Waffen verwenden (Farris 1999: 64). Der Ehrenkodex gilt natürlich ebensowenig für den Umgang mit Bauern und sonstigen Unterschichtangehörigen, die mehr oder weniger beliebig behandelt werden können (vgl. dazu unten Kapitel 3.1.).

Damit bewegen wir uns im Bereich der Frage, wie die Gegner für Kriege gefunden werden. Hierzu lässt sich feststellen, dass die Mehrheit der Kriege in Adelsgesellschaften interne Kriege sind, die von verschiedenen Fraktionen derselben Oberschicht gegeneinander geführt werden. »Until the advent of the mass army, the elite fought each other in war«, formuliert William J. Goode (1967: 14).[19] Dass eine Adelsgesellschaft geeint gegen externe Feinde Krieg führt, ist dagegen relativ selten und erfordert besondere Anlässe, etwa eine Bedrohung von außen oder einen in Richtung auf Reichsbildung gehenden Einigungsversuch durch ambitionierte Führer. Generell sind die politischen Einheiten in Adelsgesellschaften klein, gemessen an der Ausdehnung übergreifender gesellschaftlicher Strukturen (wie Sprache, Kultur, Religion, übergreifende Kontakte und Verwandtschaftsbeziehungen). Es kann Zusammenschlüsse geben, wie den Attischen Seebund oder das Heilige Römische Reich Deutscher Nation, aber diese bleiben vergleichsweise schwach und fragil, und die Stellung der basalen politischen Einheiten darin bleibt stark. Die Tendenz zur territorialen Segmentierung hängt – wie bereits gesagt – mit der dispersen Verteilung von Kriegführungsfähigkeit innerhalb der Oberschicht zusammen. Wenn jeder Adlige automatisch auch Kämpfer ist, jede Stadt, jeder feudale Herrschaftsbezirk usw. über eigene Truppen verfügt, dann liegt das Kriegspotenzial eben in beliebig segmentierbarer beziehungsweise fragmentierbarer Weise vor. Kriegerische Gewalt kann auch in kleinformatigen Konflikten eingesetzt werden, und es gibt wenig Grund zu übergreifenden politischen Zusammenschlüssen. Unter Umständen kann es auch fließende Übergänge zwischen Kriegen und »privaten« gewaltförmigen Konflikten geben, wie etwa im mittelalterlichen Fehdewesen (Brunner 1970; Schmolinsky/Arnold 2002).

Kriege sind mithin im typischen Fall gesellschaftsinterne, und darüber hinaus auch teilsysteminterne, nämlich oberschichtinterne Kriege. Die

---

19 Ähnlich ist speziell für das feudale Europa formuliert worden: »after all, they [fighting princes] were fighting, so to speak, amongst friends, and neither wanted to do the other any very serious harm« (Renn 1939: 73).

Gegner in Kriegen haben mehr miteinander gemeinsam als mit der Unterschicht, die ihr Territorium besiedelt und den produktiven ebenso wie Destruktionseffekte absorbierenden Unterbau ihrer Kriegführungsaktivitäten abgibt. »The connections between them [feudal principalities], whether formed peacefully or through war, were mainly between segments of a ruling class which [...] was remote from the culture and activities of the rest of the population.« (Giddens 1987: 85) Die Semantik dieser Gesellschaften dreht zwar gelegentlich die Verhältnisse um und behauptet einen Primat der territorial-segmentären Differenzierung über die Schichtendifferenzierung: Die jeweiligen Herren jedenfalls werden zur Rechtfertigung ihrer Herrschaft zu der Darstellung neigen, dass sie »ihre« Bevölkerung vor Angriffen von außen schützten, so dass die kriegführenden Einheiten gewissermaßen regionale »Schutz- und Trutz-Einheiten« (Elias 1970: 152) seien, die Oberschicht *und* Unterschicht eines Gebietes umfassten.[20] Auf der Ebene der Semantik rundet die Oberschicht mithin ihre eigene Segmentierung zur Segmentierung der ganzen Gesellschaft auf. Aber schon im Erleben der Unterschicht wird dies oft nur mäßig überzeugend sein, und die Bauern werden sich nicht immer in politischer Einheit mit ihren Herren erleben.[21]

Es ist zu sehen, dass die typische Kriegführungsweise von Adelsgesellschaften etliche Ähnlichkeiten zu Stammesgesellschaften aufweist: in Bezug auf die Kopplung der Kämpferrolle an andere Rollen, die Ehr- und Prestigekomponente sowie die Kriegführung zwischen ähnlichen Einheiten. Dies geht eben darauf zurück, dass in beiden Fällen das Prinzip segmentärer Differenzierung zur Anwendung kommt, nur einmal auf Gesellschaftsebene und einmal als Binnendifferenzierung der Oberschicht. Dagegen finden sich in Bezug auf die Ausgestaltung der Kämpferrolle und die Muster des Findens von Gegnern viele Unterschiede zwischen Adelsgesellschaften und dem zweiten Typ stratifizierter Gesellschaft: vormodernen Reichen. Zu diesem zweiten Typ gehe ich jetzt über.

---

20 Unter besonderen Bedingungen kann es auch real funktionierende Protektionsverhältnisse geben, aber dann in noch instabilen, erst im Entstehen begriffenen Feudalgesellschaften, wo der eigentumsmäßige Unterschied zwischen Ober- und Unterschicht relativ schwach ausgeprägt ist und wo die Unterschicht Exit-Möglichkeiten hat (Ausweichen auf ein anderes Territorium) und deshalb »gepflegt« werden muss (Alber 1999).

21 Otto Brunner (1970: 86ff.) notiert, dass im mittelalterlichen Fehdewesen die Bauern einer Seite gewissermaßen einen eigenen Friedensvertrag, genannt »Huldigung« (anders gesagt: eine Vereinbarung zum Überlaufen) mit dem Gegner abschließen konnten, um vor gewaltsamen Übergriffen sicher zu sein. Die Zugehörigkeit der Bauern zur jeweils fehdeführenden Einheit war mithin nicht selbstverständlich und unänderbar.

Reiche und stehende Heere

Reiche sind gerade nicht segmentär, sondern vielmehr nach Zentrum/Peripherie differenziert: Sie sind um ein starkes Zentrum herum geordnet, das weite, in sich überwiegend segmentär sowie stratifikatorisch strukturierte Räume in seinen Herrschaftsbereich eingliedert und nach außen hin in einen Ring dünner werdender Herrschaft, schließlich in mehr oder weniger unbekannte und unzivilisierte, »wilde« Gebiete ausfranst (Giddens 1987: 49ff.). Reiche führen deshalb überwiegend Kriege nach außen, gegen »Barbaren« im Grenzgebiet oder in neu zu unterwerfenden Gebieten. Intern sind sie dagegen mehr oder weniger pazifiziert, obwohl es gelegentliche Aufstände, Unruhen oder Abspaltversuche geben kann. Das Heer des Reiches wird gleichermaßen zur Unterdrückung solcher internen Turbulenzen wie zu Kriegen nach außen eingesetzt, wobei die Grenzen zwischen inneren und äußeren Unruhen und Bedrohungen infolge der Gradualität der Zentrum/Peripherie-Unterscheidung ohnehin unscharf sind (Ferguson 1999: 405). In vielen Fällen stehen die Kampftruppen eines Reiches einem kategorial ungleichen, nicht als ebenbürtig anerkannten Gegner gegenüber – wie Reiche sich generell gern als die einzigen zivilisierten Gesellschaften unter der Sonne betrachten und oft auch tatsächlich keine gleichartigen Gegenstücke außerhalb ihrer Grenzen haben (vgl. dazu unten Kapitel 2.6.).

Reiche verfügen immer über ein spezialisiertes Heer (Wimmer 1996: 229), wie auch sonst über ansatzweise funktional differenzierte Strukturen. Sie können geradezu definiert werden über das Vorliegen eines ausdifferenzierten Zentralstaats mit zentralisierter Verwaltung, Steuererhebung, Gerichtsbarkeit sowie ausdifferenzierten politischen Rollen, Zielen und Konflikten, mithin funktional spezifizierten Strukturen insbesondere in den Bereichen Politik und Recht (Eisenstadt 1953; Wimmer 1996: 226ff.; Luhmann 1997: 663ff.). Diese Strukturen müssen – in Eisenstadts Worten – »free-floating resources« sein, die nicht durch askriptive Loyalitäten und Verfügungsgewalten gebunden sind, d.h. konkret: die unabhängig von dem in Reichen meist auch vorhandenen dezentralen Adel sind und dem Herrschaftszentrum frei zur Verfügung stehen. Reiche weisen insofern auch eine mehr oder weniger entwickelte funktionale Differenzierung auf der Ebene der Binnendifferenzierung ihrer Oberschicht beziehungsweise ihres Zentrums auf; sie können insofern auch als Vorläufer der funktional differenzierten Gesellschaft der Moderne betrachtet werden.

Im Sinn dieses »frei flottierenden« Charakters werden die Heere – und ggf. die Kriegsflotten – vormoderner Reiche, die den Kern von deren Kriegführungspotenzials ausmachen,[22] als ausdifferenzierte, funktional spezifizierte Organisationen und/oder Korporationen gebildet und mit spezialisiertem Personal besetzt. Ab dieser Entwicklungsstufe des gesellschaftlichen Kriegspotenzials kann man deshalb die Begriffe »Militär« und »Soldat« verwenden,[23] und es fallen viele Ähnlichkeiten mit modernen Militärorganisationen auf.[24] So besteht das Heer aus Spezialisten, die keine anderen Rollen (jedenfalls keine anderen Berufsrollen) ausüben und regelmäßig besoldet beziehungsweise entlohnt, teils auch mit Ansprüchen auf Altersversorgung ausgestattet werden.[25] Es gibt eine klare Unterscheidung zwischen Mitglieder und Nicht-Mitgliedern sowie eindeutige Akte der Aufnahme in und Entlassung aus dem Militär. Es gibt organisationseigene Hierarchien und Aufstiegsmöglichkeiten, eine organisationsinterne Zusammenstellung von Einheiten und eine zentrale Bereitstellung von Waffen und sonstigen Ausrüstungsgegenständen. Auch ist die für moderne Arbeitsorganisationen typische Trennung zwischen Zweck der Organisation und Motiv des einzelnen Mitglieds bereits stark entwickelt, indem die Soldaten vormoderner Reiche überwiegend an Sold und Versorgungsansprüchen, an Beute, oder höchstens (bei starker korporativer Identität) am Ruhm und Ruf der Unbesiegbarkeit ihrer Truppe interessiert sind, aber nicht – oder nur kurz und oberflächlich – an den politischen Zielen und Inhalten der von ihnen geführten Kriege (Eisenstadt 1953: 173f.). Diese ausdifferenzierten Organisati-

22 Zusätzlich können bei Bedarf auch noch andere Arten von Truppen eingesetzt werden, etwa Söldner, angeheuerte grenznahe Stämme oder ein allgemeines Aufgebot (Eisenstadt 1953: 131; Andreski 1968: 48f.). Ohne ein zentral organisiertes und besoldetes Heer wären Reiche jedoch nicht denkbar.

23 Für den Begriff des Soldaten ist diese Grenze des Begriffsgebrauchs allgemein üblich, da dieser schon durch den Wortbestandteil »Sold« auf die Organisationsförmigkeit und Berufsförmigkeit der Kämpferrolle verweist. Für den Begriff des Militärs gibt keinen gleichermaßen kodifizierten und allgemein durchgesetzten Sprachgebrauch, man kann in verständlicher Weise auch von der militärischen Verfasstheit von Stammesgesellschaften, Adelsgesellschaften usw. sprechen (so etwa Bahrdt 1987: 11ff.). Ich ziehe es aber vor, den Begriff des Militärs ebenfalls für die Stufe der Organisationsförmigkeit des Kriegspotenzials zu reservieren.

24 Das Militär des Römischen Reiches gilt hier als besonders weit entwickelt (Mann 1991: 21; Keegan 1995: 381ff.; Rosenstein 1999: 204).

25 Die Entlohnung muss nicht zwingend in Geldform erfolgen, sondern kann in Gesellschaften ohne durchgesetzte Geldwirtschaft auch die Form von Naturalien, Plündergut oder Versorgungsansprüchen annehmen (Giddens 1987: 56, 106).

onsstrukturen können zwar zu einem gewissen Grad ergänzt werden durch die Stützung auf askriptive Strukturen, wie generell ein gewisser »Eklektizismus« beziehungsweise die simultane Nutzung von zentralisierten, ausdifferenzierten Strukturen einerseits und traditionalen, nicht ausdifferenzierten Strukturen andererseits für Reiche typisch zu sein scheint (Eisenstadt 1953: 23). So sind Führungspositionen oft für Personen mit Oberschichtherkunft reserviert, oder man lässt Männer aus denselben Herkunftsregionen in denselben Einheiten dienen und macht sich die zwischen ihnen bestehenden diffus-askriptiven Bindungskräfte zunutze (Ferguson 1999: 398f.).

Zu beachten ist auch der zeitliche Aspekt, den der Charakter des Militärs als »free-floating resource« des Zentrums mit sich bringt. Das Militär steht wegen seiner Ausdifferenziertheit und Organisationsförmigkeit *immer* zur Verfügung; es ist eine »dauerhafte gesellschaftliche Veranstaltung« (Frevert 1997b: 10), die auch in Latenzzeiten, d.h. in Friedenszeiten existiert, anders als die Kampftruppen von Stammes- und Adelsgesellschaften, die sich nur in Kriegszeiten zusammenfinden und sich nach Ende des Krieges schnell und rückstandslos wieder auflösen lassen. Dies erhöht einerseits die Verfügungsgewalt und Entscheidungsfreiheit der politisch Herrschenden, aber andererseits auch die Kosten: Stehende Heere sind teuer. Das Herrschaftszentrum muss deshalb sein Kriegstruppen und Kriegspraxis immer auch unter finanziellen Gesichtspunkten betrachten. Daraus kann sich eine Dynamik in Richtung auf größere Kriegsaktivität entwickeln, indem man sich veranlasst sehen mag, das Heer dann auch einzusetzen, wenn man es schon bezahlt. Kriege können, wenn sie erfolgreich verlaufen, durch ihre Einnahmen – Beute, Tribute, Reparationen – dazu beitragen, die Kosten des Heeres zu tragen; das Römische Reich etwa finanzierte sich über längere Phasen seiner Existenz weitgehend aus Kriegen (Mann 1991: passim; Cornell 1992: 138f.). Generell wird Krieg in vormodernen Reichen zunehmend zum Gegenstand eines politisch-ökonomischen Kalküls, während im Gegenzug die Ehrkomponente zurückgefahren wird.[26]

Weiter stellt sich mit der Organisationsförmigkeit des Militärs das Problem der Rekrutierung einer ausreichenden Menge an Kriegspersonal. Da

26 Es kann zwar noch militärspezifische, etwa korporative Ehrvorstellungen geben, aber diese fallen nicht mehr zusammen mit dem Interesse der politisch Herrschenden an Ruhm und Ehre des Reiches. Der Ruhm des Reiches ist nicht durch Einhaltung eines kriegerischen Ehrenkodex zu mehren, sondern vor allem durch schiere kriegerische Effektivität – gleich mit welchen Mitteln. Die Bereiche des Politischen und des Militärischen driften in verschiedene, funktional spezifizierte Richtungen auseinander.

Organisationen keine »geborenen Mitglieder« haben (Kieserling 2005/06: achte Vorlesung), müssen Reiche ständig für einen Nachfluss an Soldaten in ihre Heere sorgen, und Kämpfer stehen nicht mehr – wie in Stammes- und Adelsgesellschaften – im Modus des natürlichen »Nachwachsens« einfach zur Verfügung. Dieses Problem lösen Reiche in der Regel dadurch, dass die Masse der benötigten Rekruten – meist mehr oder weniger zwangsweise – der Unterschicht entnommen wird. Hierfür können verschiedene Mischungen aus Freiwilligkeit und Zwang und im Detail sehr unterschiedliche Formen eingesetzt werden. Eine Möglichkeit ist der schlichte Menschenraub, wie in der »Knabenlese« des Osmanischen Reiches (Coser 1974: 40ff.; Ralston 1990: 44f.); eine andere die Verwendung von Sklaven, wie bei den Mamelucken der orientalisch-islamischen Reiche (Keegan 1995: 64ff.; Crone 1999: 319f.); eine dritte ist die Anwerbung Freiwilliger, unter der Voraussetzung, dass ausreichend viele landlose oder sonst chancenlose Unterschichtmitglieder zur Verfügung stehen, die zum freiwilligen Eintritt ins Militär motiviert werden können.

Die Soldaten *stammen* mithin aus der Unterschicht, sie werden aber mit dem Eintritt ins Militär ihrer Herkunftsschicht entfremdet und der Oberschicht beziehungsweise dem Zentrum zugeordnet. Mit ihrer Rekrutierung fürs Militär – die typischerweise in jungem Alter stattfindet und die Betreffenden mehr oder weniger für ihr ganzes Erwachsenenleben bindet – erhalten die Rekruten einen neuen sozialen Status, und zwar einen relativ hohen und privilegierten Status (Andreski 1968: passim; Kurtz 1978: 178, 181; Ferguson 1999: 399). So bleiben beispielsweise die Mamelucken des Orients zwar formal Sklaven, genießen aber faktisch eine respektabel hohe Stellung mit großem Ansehen und diversen Privilegien (Keegan 1995: 64ff.; Crone 1999: 319f.). Die Soldaten der römischen Legionen werden mit einer symbolischen Bindung an den Kaiser ausgestattet und als dessen »Söhne« tituliert (Campbell 1999: 255ff.). Die Unterschichtherkunft der Soldaten wird mithin neutralisiert, und das Militär stellt vielmehr eine eigene, im Schichtgefüge relativ hoch einrangierte ständische oder sonstige Gruppe dar. Im Vergleich zu Adelsgesellschaften hat sich damit die Determinationsrichtung für die Kopplung zwischen Einnahme von Kriegsrollen und Stellung im Schichtgefüge umgekehrt: Nicht die ursprüngliche Position in der allgemeinen sozialen Hierarchie bestimmt über die Zulassung zu Kriegsrollen, sondern die Zugehörigkeit zum Militär bestimmt über den dafür nötigen sozialen Status. Dasselbe gilt auch für eine eventuelle militärinterne Stratifikation verschiedener Truppenteile: Den höchsten sozialen Status haben die

Angehörigen der Elitetruppen beziehungsweise der schlagkräftigsten Waffengattungen, da diese über das potenziell gefährlichste und durch nichts mehr zu konternde Gewaltpotenzial verfügen und deren Loyalität mithin vordringlich gesichert werden muss (Campbell 1999: 255ff.).[27] Auch hier ist die Determinationsrichtung genau umgekehrt wie in Adelsgesellschaften, in denen die Angehörigen der ohnehin höchsten Schichten dann auch die höchsten Waffengattungen besetzen.[28]

Die letzten Überlegungen hängen bereits mit einem sehr grundsätzlichen Problem zusammen: dem Problem der *Kontrolle* des ausdifferenzierten Gewaltapparates, das sich in vormodernen Reichen zum ersten Mal in der Geschichte stellt. Spezialisierte Gewaltausüber besitzen eine höhere unmittelbare Durchsetzungsfähigkeit als alle anderen sozialen Akteure, und es ist nicht selbstverständlich, dass sie die ihnen zur Verfügung stehenden Gewaltmittel im Sinne ihrer Befehlshaber und rangmäßig Übergeordneten einsetzen, und nicht etwa gegen sie. »[H]ow do you ensure that your agent is doing your will, especially when your agent has guns [or swords] and so may enjoy more coercive power than you do?« (Feaver 1996: 149) Konkret besteht in vormodernen Reichen immer die Gefahr, dass Teile des Militärs die Herrschaft usurpieren und sich selbst als Herrscher inthronisieren (Andreski 1968: 197ff.; Keegan 1995: 70ff.), und auch unterhalb der Schwelle der gewaltsamen Ersetzung des Herrschers kann das Militär die ihm zur Verfügung stehenden Gewalt- und Drohmittel[29] zur Beförderung seiner eigenen ständischen Interessen und Privilegien einsetzen (Ralston 1990: 72ff.).

Wie lösen Reiche das Problem der Kontrolle des ausdifferenzierten Gewaltapparates? Ein Teil der Lösung liegt in der bereits erwähnten Aufwärtsmobilität der Soldaten: Indem diesen eine hohe Position in der gesellschaftlichen Schichthierarchie zugebilligt wird, wird gleichzeitig ihre Loyalität gegenüber der bestehenden Ordnung gestärkt, sie haben weniger Grund zu

27 Vgl. hierzu etwa die Beschreibung der Leibwache des persischen Königs bei Engels (1857: 7): »10.000 ausgewählte Fußsoldaten in goldfunkelnder Rüstung [...], denen auf dem Marsch lange Wagenzüge mit ihren Harems und Dienern sowie Kamele mit Vorräten folgten«.

28 Eine ähnliche Umstellung – allerdings mit Bezug auf Hierarchiepositionen, nicht Waffengattungen – wird später noch einmal für das frühmoderne Europa diagnostiziert: »The new armies [...] inverted the feudal order where social position determined rank, where kings commanded armies, dukes subdivisions, etc., to one where rank determined social position. Army commanders became dukes, divisional commanders barons, etc.« (Feld 1977: 20)

29 Dazu gehört auch die Drohung des »Streiks«, d.h. der Kampfverweigerung, was jedenfalls im akuten Bedrohungsfall eine ähnlich unmittelbare Wirkung entfalten dürfte.

Unbill und Unzufriedenheit und ein starkes eigenes Interesse an der Aufrechterhaltung des Status quo. Insbesondere wird dadurch ihre Loyalität gegenüber der Unterschichtbevölkerung gebrochen, der sie ja entstammen und deren Anliegen, Aufstände usw. sie eventuell unterstützen könnten. Die Aufwärtsmobilität der Soldaten bannt mithin die Gefahr der Solidarisierung nach unten, nicht aber die der Aspiration nach oben, in Richtung auf Usurpation der Herrschaft und Gründung eigener Dynastien.

Zur Bekämpfung dieser zweiten Gefahr setzen vormoderne Reiche häufig ein Mittel ein, das Lewis Coser (1967a; 1974) unter dem Begriff der »gierigen Institution« (»greedy institution«) beschrieben hat. Gierige Institutionen sind Institutionen beziehungsweise Organisationen, die ihre Mitglieder exklusiv für sich beanspruchen und ihnen andere Rollenengagements untersagen, weil diese Loyalität abzweigen und die Bindung an die Institution verwässern könnten. Typische gierige Institutionen sind etwa religiöse Orden und Sekten, die katholische Kirche mit Blick auf ihre hauptamtlichen Mitarbeiter (Priester), und teilweise eben auch die Herrschaftsapparate vormoderner Reiche. Die »Gierigkeit« dieser Institutionen richtet sich dabei vor allem gegen die Einnahme von Familienrollen,[30] da das Eingehen intimer Beziehungen und das Zeugen und Großziehen von Nachwuchs starke Loyalitäten in andere Richtungen – etwa in Richtung auf Zukunft: Erbfolge usw. – erzeugt. Gierige Institutionen stellen deshalb ihre Mitglieder unter Zölibat, oder sie verwenden Eunuchen, oder sie legen – in strukturell ganz andersartiger, aber funktional äquivalenter Weise – ihre Mitglieder auf Promiskuität und das Eingehen vielfältiger schwacher (statt weniger starker) Bindungen fest.

In diesem Sinn sind auch die Militärorganisationen vieler vormoderner Reiche gierige Institutionen, die in der einen oder anderen Form Heiratsbeschränkungen über ihre Soldaten verhängen, mindestens für die Dauer ihrer Dienstzeit. Der Soldat ist dann in seiner ganzen Existenz vom Herrscher abhängig, der ihn in seine Position gebracht hat, er hat keine weiteren Loyalitäten und deshalb mutmaßlich weniger Grund zu unbotmäßigem Verhalten. Die Rolle des Soldaten wird gewissermaßen isoliert, um die Loyalität des Rollenträgers beim Zentralherrscher zu monopolisieren. Im Chinesischen Reich wurden militärische Führungspositionen teilweise sogar mit Eunu-

30 Umgekehrt kann nach Coser aber auch die Familie selbst für manche ihrer Mitglieder – etwa die bürgerliche Ehefrau/Mutter/Hausfrau, die Mätresse, die Hausangestellte – den Charakter einer gierigen Institution haben, wobei die Gierigkeit sich dann gegen die Einnahme anderer, außerfamiliärer Rollen richtet.

chen besetzt (Coser 1964: 883f.), womit Familienbildung und die Orientierung auf Inthronisierung der eigenen Söhne als Herrscher noch zuverlässiger verhindert wird als mit einem simplen Verbot. Eine abgeschwächte Variante von »Gierigkeit« wurde bei den Sklaven-Soldaten (Mamelucken) des Orients praktiziert: Diese durften zwar heiraten und Kinder haben, die Kinder waren frei, konnten aber nicht Mameluck werden (Keegan 1995: 70ff.). Auf diese Weise wurde zwar nicht die Familienbildung als solche, wohl aber die Entstehung von Soldatendynastien blockiert, die den etablierten politischen Dynastien hätten gefährlich werden können. Dabei ist die Verhängung von Heiratsverboten beziehungsweise Verhinderung von Familienbildung in der Zeit gewissermaßen nach vorn – nämlich auf die nächste Generation – gerichtet. Demgegenüber kann der Modus der Rekrutierung von Soldaten als Variante von »Gierigkeit« gelesen werden, die in der Zeit nach hinten gerichtet ist: Die Soldaten werden ihrem Herkunftskontext plötzlich und mehr oder weniger dauerhaft entrissen,[31] die Loyalitäten zur Herkunftsfamilie und Herkunftsschicht werden abgeschnitten, der Soldat wird gleichsam entwurzelt und wird zum »frei schwebenden« Kriegspersonal des Zentralherrschers. Den Extremfall in dieser Hinsicht bilden die Janitscharen des Osmanischen Reiches, die mit ihrer (Zwangs-)Rekrutierung einen mehr oder weniger totalen Identitätswechsel durchmachten: Sie wurden als christliche Bauernbuben auf dem Balkan geboren und taten dann Dienst als islamische Elitekämpfer (Coser 1974: 40ff.; Ralston 1990: 44f.).

Die Isolation der Soldatenrolle von anderen Rollen ist offensichtlich das diametrale Gegenteil der in Adelsgesellschaften praktizierten engen Ankopplung der Kämpferrolle an sonstige (Oberschicht-)Rollen. Beides sind aber Möglichkeiten, Kämpferrollen in einer primär stratifikatorischen Gesellschaftsordnung unterzubringen: Die Rolle des Kämpfers wird entweder als integraler Bestandteil der Oberschichtrolle insgesamt gehandhabt, was ohnehin mit der herrschenden Ordnung in Einklang steht; oder sie wird deutlich ausdifferenziert und muss dann aber, zur Bannung ihres Gefährdungspotenzials, von sonstigen gesellschaftlichen Bezügen, d.h. von der

31 Dauerhaft infolge der meist sehr langen Dienstzeiten (in der Größenordnung von zwanzig Jahren), die mehr oder weniger das ganze Erwachsenenleben umfassen und eine Orientierung auf eine Rückkehr nach Ableisten des Dienstes unwahrscheinlich und vage machen. In diesem Sinn wird noch aus dem russischen Zarenreich des 19. Jahrhunderts berichtet: »Für die Rekruten kam die Aushebung einem ›bürgerlichen Tod‹ gleich. Der Abschied von Familie und Gemeinde wurde daher im Rausch unter homerischen Klagen der Weiber vollzogen.« (Beyrau 1997: 132)

»Kontamination« durch andere Rollenengagements des Rollenträgers möglichst freigehalten werden.

Trotz dieser idealtypischen Gegenüberstellung sind der adelsgesellschaftliche und der Reichstyp der Lokalisierung von Kriegspotenzial in der Geschichte nicht so scharf voneinander getrennt, und beide Formen von Kriegspersonal können real auch miteinander kombiniert werden. Dies ist schon deshalb unvermeidlich, weil Reiche häufig ihren historischen Ursprung in Adelsgesellschaften haben, so dass notwendig irgendwann – und natürlich nicht plötzlich, sondern graduell – der Übergang von einem Typ zum anderen vollzogen wird. Ein typisches Muster scheint zu sein, dass die erste Expansionsphase eines (entstehenden) Reiches noch mit Adelskriegern vollzogen wird und die Notwendigkeit der Integration eines territorial ausgedehnten Herrschaftsgebietes dann dazu führt, dass die Gesellschaftsstruktur in die Reichsform »kippt«, mit allmählichem Abbau der Oberschicht-Kriegführung und zunehmender Stützung auf ein zentralisiertes, spezialisiertes Heer. Die Interaktion zwischen diesen beiden Prozessen – Expansion des Reichsgebietes, mithin Herausbildung der Zentrum/Peripherie-Differenzierung einerseits, und Zentralisierung und Spezialisierung des Kriegsapparates, mithin Herausbildung funktionaler Differenzierung andererseits – müsste ausführlicher untersucht werden, als das an dieser Stelle geschehen kann.

Abschließend soll noch eine Überlegung angestellt werden, die die Logik der Reservierung der Kämpferrolle für die Oberschicht am abweichenden, die Beschränkung auf Oberschichtangehörige aufweichenden Fall bestätigt. Es kommt vor, dass in (ansatzweise, beginnend) stratifizierten Gesellschaften die Kriegsdienstpflicht in der sozialen Hierarchie so weit nach unten reicht, dass sie auch Personen erfasst, die nicht im engeren Sinn der Oberschicht zuzurechnen sind, etwa alle »Freien« (d.h. Personen, deren Grundbesitz gerade ausreicht, um mit eigener Arbeit eine Familie zu ernähren).[32] Dies führt jedoch erwartbar zu Problemen, da die Betreffenden in Erfüllung ihrer Kriegsdienstpflicht in den Sommermonaten regelmäßig abwesend sind mit der Folge, dass sie ihren landwirtschaftlichen Betrieb nicht ordentlich bestellen können, dieser ruiniert wird oder abgegeben werden muss. Die betreffenden Personen verarmen und sinken in der Schichthierarchie so weit nach

32 Dies war etwa in den Gesellschaften der Völkerwanderungszeit der Fall, die im Übergang von segmentärer zu stratifikatorischer Differenzierung begriffen waren. Eine ähnliche Lage bestand in der frühen, republikanischen Phase des Römischen Reiches, in der der Bauer »die Last der Wehrpflicht [fühlte], die seine Wirtschaft stets störte, oft vernichtete« (Schumpeter 1918: 37).

unten, dass sie nicht mehr kriegsdienstpflichtig sind (Bachrach 1999: 287; Ohler 2000: 56). Insofern ist die Unterscheidung zwischen kriegführender Oberschicht und nicht-kriegführender Unterschicht selbst-erzwingend: Wenn einmal ein Trend in dieser Richtung etabliert ist, sorgt die gesellschaftliche Dynamik von selbst für die entsprechende Polarisierung und die Verschärfung der Differenz zwischen Ober- und Unterschicht. In umgekehrter Richtung gilt dann auch, dass Personengruppen, die ursprünglich nicht der Oberschicht angehören, aber als Kämpfer benötigt werden, auf die Dauer in die Oberschicht aufsteigen. Dies war der Fall bei den europäischen Rittern, die zunächst oft Landlose oder Unfreie waren, dann aber Land zugewiesen bekamen, um sich ökonomisch erhalten zu können (d.h.: arbeitsfrei und für Kriegstätigkeiten freigestellt erhalten zu können), und dann zu Vasallen des jeweiligen Lehnsherren aufstiegen (Barker 1978: 452ff.; Bachrach 1999: 287).

Daraus könnte im Übrigen man ein theoretisches Modell für die Dynamik des Übergangs von segmentärer zu stratifikatorischer Differenzierung ableiten (das aber natürlich ein rein theoretisches Denkmodell ist, solange es nicht empirisch unterfüttert ist, was hier nicht geleistet werden kann): Wenn – aus welchen Gründen auch immer – Kriege so geführt werden und insbesondere die Dauer von Kriegszügen so stark ausgedehnt wird, dass Kriegsteilnahme nicht mehr problemlos mit Landwirtschaft kompatibel ist, kommt es zu einer Polarisierung in nicht-arbeitende, kriegführende Oberschicht und nicht-kriegführende, landwirtschaftlich tätige Unterschicht (vgl. zu Frage der zeitlichen Kompatibilität von Krieg mit anderen gesellschaftlichen Prozessen auch unten, Kapitel 4.1., 4.2.). Dies wäre ein alternatives, gesellschaftsinternes (aber auch kriegsbezogenes!) Modell zu der Vorstellung, Stratifikation entstehe aus der Überlagerung zweier Stammesgesellschaften, von denen die eine die anderen in Kriegen unterwirft (Turney-High 1949: 177; Andreski 1968: 134; Wimmer 1996: 33).

2.3. Universelle Inklusion in Soldatenrolle und moderner Rollenpluralismus

Die moderne Gesellschaft ist differenziert in etwa zehn Teilsysteme, die auf die Erfüllung einer je eigenen Funktion spezialisiert sind und dafür eine je eigene Autonomie, eine eigene Logik und eine eigene »Sprache« (in Luhmanns Terminologie: einen Code und/oder ein Kommunikationsmedium) ausbilden. Für Kriegführung ist in dieser Ordnung das politische System zuständig. Dieses bedient die Funktion des kollektiv bindenden Entscheidens (Luhmann 1970b: 158ff.; 2000a: 84ff.; 2010: 37ff.) und zieht in dieser Eigenschaft auch die Fähigkeit zu kollektivem Handeln, speziell zur Kollektivierung von Konflikten, sowie die Verfügung über die stärksten und unmittelbarsten Durchsetzungsmittel: großformatige Gewalt, und mithin die Mittel der Kriegführung an sich.[33] Die anderen Teilsysteme werden dagegen auf andere funktionale Bezugsprobleme und andere Spezialisierungsrichtungen hin orientiert und haben mit Krieg nur noch indirekt, in zunehmend locker und kontingent werdenden Kopplungen zu tun. Die Zuständigkeit für Krieg ist so gesehen schärfer ausdifferenziert als in allen früheren Gesellschaften: Es ist nur noch eins von zehn prinzipiell gleichrangigen Teilsystemen mit Kriegführung befasst, während es in Stammesgesellschaften alle Teilsysteme waren und in stratifizierten Gesellschaften immerhin noch das wichtigste und gesellschaftlich repräsentative Teilsystem. Andererseits kann trotz dieser präzedenzlos starken Konzentration des strukturellen Ortes von Kriegführungsfähigkeit in der Gesellschaft wieder inklusiv beziehungsweise »demokratisch« für Kriegsrollen rekrutiert werden, indem die gesamte (männliche) Bevölkerung bei Bedarf ins Militär eingezogen werden kann. Obwohl nur ein Teil*system* für Kriegführung zuständig ist, können (im Prinzip) alle *Menschen* daran beteiligt werden; Fragen der Systemdifferenzierung und der Personinklusion trennen sich.

Ich entfalte die Analyse des strukturellen Ortes von Kriegführungspotenzial in der modernen Gesellschaft in vier Schritten, über die ich vorweg eine kurze Übersicht gebe. Der Focus liegt dabei auf »klassischen«, zwischenstaatlichen Kriegen und regulärem Militär, während neuere Kriegsformen (»low-intensity wars«, »Neue Kriege« usw.) sowie irregulär operierende Kriegstruppen (Guerrillas, Milizen, Terrorgruppen usw.) jeweils an denjenigen Stellen

33 Kriegsentscheidungen sind immer kollektiv bindende Entscheidungen: »Kriegseintritt bindet das nationale Gemeinwesen, was auch immer verschiedene Mitgliedselemente darüber denken mögen – es sei denn, sie entschließen sich zum Widerstand, der die Sache des Feindes begünstigen könnte.« (Parsons 1976: 286f.) Mit der Zuordnung von Krieg zu Funktionskreis des politischen Systems ist gleichzeitig ausgeschlossen, dass das Militär ein eigenes Funktionssystem der Gesellschaft sein könnte, wie es in der systemtheoretischen Diskussion manchmal vorgeschlagen wird (Treml 1995; Schubert 2001; Kohl 2009). Die laufende Neukonstruktion von Funktionssystemen scheint eher ein Artefakt der Systemtheorie und der Anfertigung systemtheoretischer Gesellenstücke zu sein als eine adäquate Behandlung des jeweiligen Sachproblems.

angesprochen werden, an denen sie die deutlichsten Anknüpfungs- und Kontrastpunkte bieten. Im aktuellen Kapitel (2.3.) wird zunächst der Trend hin zu einer inklusiven Rekrutierung für aktive Kriegsrollen erörtert, der dem generellen Trend hin zur Inklusion prinzipiell aller Menschen in prinzipiell alle Funktionssysteme entspricht. Die Rolle des Kämpfers wird an die allgemeine Inklusionsrolle des politischen Systems: die Staatsbürgerrolle angekoppelt; sie wird deshalb für alle Bürger des jeweils kriegführenden Staates offen und manchmal verpflichtend, während im Gegenzug die früher übliche Kopplung der Rekrutierungspraxis an Schichtstrukturen zunehmend aufgelöst wird. Gleichzeitig wird die Soldatenrolle zunehmend eine nur ausschnitthaft bindende Rolle, die routinemäßig mit anderen Rollenengagements in anderen gesellschaftlichen Bereichen – insbesondere mit Familienrollen – kombiniert wird, was den Kriegseinsatz dieser Soldaten politisch problematisch machen kann. Irreguläre Kriege bieten eine interessante Variante der Inklusion in Kämpferrollen (Partisanen-, Guerrilla-, Milizrollen), die als nicht zentral gesteuerte, aber trotzdem politisch motivierte »Graswurzelinklusion« begriffen werden kann.

Mit der Umstellung des Gesellschaftssystems auf funktionale Differenzierung wird Krieg auch zunehmend auf die spezifisch politische Machtlogik hin ausgerichtet und von funktional diffusen Bezügen, etwa von der ökonomischem Logik der Bereicherung durch Krieg, zunehmend entkoppelt. Dies ist daran zu erkennen, dass Kriege nicht mehr, wie über weite Strecken der Geschichte hin, wenigstens für ihre Sieger profitabel sind; vielmehr sind Kriege in der Moderne durchgehend teuer und kosten mehr als sie einbringen. Eventuelle Kopplungen an ökonomische Kalküle, Profitmöglichkeiten usw. sind nicht schlechterdings ausgeschlossen, werden aber zunehmend problematisch, kontingent, partikular und damit kritisierbar. Die so genannten »Neuen Kriege« widerlegen und bestätigen zugleich die These von der zunehmenden politischen und nicht ökonomischen Logik von Kriegen, indem sie eine Variante von Krieg mit deutlich ökonomischer Ausrichtung darstellen, der dann aber tendenziell das politische Moment verloren geht und die insofern die *Alternativität* dieser Orientierungen in der Moderne bestätigt (Kapitel 2.5.).

Ebenso wie bei früheren Gesellschaftstypen muss aber auch bei der modernen Gesellschaft nicht nur die primäre Ebene gesellschaftlicher Differenzierung berücksichtigt werden, sondern auch die sekundäre Ebene der Binnendifferenzierung desjenigen Teilsystems, das die Zuständigkeit für Kriegführung beansprucht, in diesem Fall des Politiksystems. Es wird argumentiert, dass das politische Teilsystem in sich sowohl segmentär als auch hierarchisch als auch funktional differenziert ist, mithin drei Formen von (Binnen-)Differenzierung nebeneinander und in komplexer Verschachtelung ineinander kombiniert, ohne dass sich klar sagen ließe, welche der anderen vorgeordnet ist.[34] Das Politiksystem ist intern funktional differenziert, insofern es spezialisierte Teilbereiche für Meinungsbildung und Legitimitätserzeugung (Parteipolitik und Öffentlichkeit), für das Treffen von Entscheidungen (Regierung und Verwaltung) und für die gewaltsame Untermauerung von Entscheidungen in Problemfällen (Polizei und Militär) enthält. Das Militär ist so gesehen ein funktional spezifiziertes Sub(sub)system des politischen Systems und entwickelt insofern auch eigene Autonomie, etwa durch Ausdifferenzierung eigener Organisationen und einer eigenen Profession. Gleichzeitig ist es aber der zivilen Staatsspitze hierarchisch untergeordnet (oder sollte es jedenfalls sein, und abweichende Fälle werden in der sozialen Realität als Problemfälle gebucht), was wiederum funktionsnotwendig ist für die Lösung des Kontrollproblems. Es ergeben sich komplizierte Spannungs- und Reibungsverhältnisse zwischen militärischem und »zivilem« Sub(sub) system des politischen Systems, die in der Literatur zu zivil-militärischen Beziehungen behandelt werden und – so die hier vertretene These – letztlich aus der Kollision zweier gegensätzlicher Differenzierungsformen heraus verstanden werden müssen (Kapitel 2.5.).

Schließlich ist das Politiksystem auch noch segmentär differenziert in die einzelnen Staaten. Diese tragen über weite Strecken der modernen Geschichte hin überwiegend symmetrische Kriege mit relativ guter Regulierung untereinander aus, wie es für segmentäre Ordnungen mit einer Vielzahl gleichartiger und (mindestens formal) gleichrangiger Einheiten typisch ist. In der heutigen Situation herrschen zwar asymmetrische Kriege mit anderen Merkmalen vor – stark ungleicher Kräfteverteilung, schlechter Regulierung, Polizeiartigkeit der Einsätze usw. –, was aber noch nicht für die Diagnose ausreicht, dass die Ordnung des weltpolitischen Systems sich von segmentärer Differenzierung auf Zentrum/Peripherie-Differenzierung beziehungsweise auf die Form der »Imperiums« umgestellt hätte. Bei näherem Hinsehen erweist sich denn auch, dass etwaige Parallelen zwischen der Kriegführungspraxis vormoderner Reiche und heutigen asymmetrischen Kriegen relativ oberflächlich sind und dass auf tieferliegenden Strukturebenen das moder-

34 Generell gilt, dass »mit der je komplexeren Differenzierungsform auch der Kompatibilitätsspielraum [wächst], den diese für die je anderen Formen zur Verfügung stellt« (Tyrell 2001: 516, vgl. Luhmann 1981c: 209).

ne weltpolitische System mehr Interdependenz, mehr Beobachtbarkeit und auch weniger »mehrdimensionale« Brauchbarkeit von Kriegen enthält, als mit der Bildung von Imperien vereinbar ist (Kapitel 2.6.).

Staatsbürgerrolle und allgemeine Wehrpflicht

Grundsätzlich kann man als einen der stärksten Belege für die funktionale Differenzierung der modernen Gesellschaft den seit etwa zweihundert Jahren erkennbaren Trend hin zu einer Inklusion tendenziell aller Menschen in tendenziell alle Funktionsbereiche betrachten (Luhmann 1977: 234ff.; Stichweh 1988). Jeder geht zur Schule, jeder ist rechtsfähig, jeder ist Patient im Gesundheitssystem, jeder nimmt an Geldwirtschaft teil, jeder hat Zugang zu Massenmedien, jeder darf heiraten und eine Familie gründen, usw. – in diesem Sinn kann niemandem die Teilnahme an den wichtigen Funktionssystemen der modernen Gesellschaft verwehrt werden. Dabei gilt die Universalisierung der Teilnahmechancen nur für die Laien- oder Publikumsrollen der jeweiligen Funktionssysteme, nicht aber für die Leistungsrollen (Berufsrollen): Nicht jeder ist Lehrer, Rechtsanwalt, Arzt, Politiker usw.

Mit Bezug auf das politische System tritt der Inklusionstrend in mehreren Formen auf: Jeder darf wählen (jedenfalls in der weltpolitisch präferierten Form der Demokratie), jeder kann als Antragsteller und Anspruchsberechtiger an die staatliche Bürokratie herantreten,[35] und jeder kann bei Bedarf zum Kriegsdienst herangezogen werden. Bei der zuletzt genannten Inklusionsrolle, der Rolle des wehrpflichtigen Soldaten, handelt es sich zwar – anders als beim typischen Fall von Inklusion – nicht um eine Laien- oder Publikumsrolle, sondern um eine Leistungsrolle, wenn auch eine temporäre Hilfs-Leistungsrolle beziehungsweise eine »sekundäre Leistungsrolle« (Stichweh 1988: 281ff.): Der wehrpflichtige, zwangsrekrutierte Soldat tut dasselbe wie der Berufssoldat, mithin der Leistungsrollenträger, höchstens in einer etwas niedrigeren und weniger Qualifikation erfordernden Position.[36]

35 In dieser Eigenschaft ist man dann auch prädisponiert, staatliche Entscheidungen in beliebiger Verfeinerung entgegenzunehmen – etwa eine Streichung der steuerlichen Abzugsfähigkeit für häusliche Arbeitszimmer, eine Pflicht zum Vorlegen eines Energieeinsparplanes für Neubauten, usw. usf. Dies ist eine wesentliche Basis für die »infrastrukturelle Macht« des Staates, die in der Moderne enorm gestiegen ist, während im Gegenzug die »despotische Macht« des Staates infolge rechtsstaatlicher Regulierungen stark abgenommen hat (Mann 1984a; 1990: 277ff.; 1998: 77ff.).

36 Es ist – deshalb? – daneben auch eine verstärkte Inklusion in Krieg über Publikumsrollen

Auch sind einige Einschränkungen der Allgemeinheit dieser Inklusionsform zu beachten. Erstens gilt eine eventuelle Kriegsdienstpflicht in aller Regel nur für Männer (genauer: mehr oder weniger junge, gesunde Männer). Dass Frauen regulär ins Militär eingezogen werden, ist auch in der Moderne eine absolut seltene Ausnahme (realisiert etwa in der Sowjetunion im Zweiten Weltkrieg und im – mehr oder weniger im Dauerkriegszustand befindlichen – Israel); an der gesellschaftsuniversalen Beschränkung aktiver Kriegsteilnahme auf Männer hat mithin auch der moderne Inklusionstrend kaum etwas geändert.[37] Zweitens wird eine universelle (männliche) Wehrpflicht nie voll ausgeschöpft in dem Sinn, dass wirklich alle Männer innerhalb gewisser Altersgrenzen ins Militär eingezogen werden; Untauglichkeiten, Rück- und Freistellungen aus verschiedenen Gründen reduzieren den Anteil der tatsächlich eingezogenen Männer in aller Regel auf eine Minderheit der grundsätzlich Kriegsdienstpflichtigen. Drittens schließlich ist eine universelle (männliche) Wehrpflicht keineswegs immer und in allen Staaten in Kraft, vielmehr wird sie meist nur bei Bedarf, d.h. bei akuten größeren Kriegen eingeführt, während es ansonsten über lange Zeiten hinweg reine Berufsarmeen mit freiwilligen Soldaten geben kann. Das ändert aber nichts daran, dass die allgemeine Wehrpflicht eine nicht rücknehmbare Erfindung der modernen Gesellschaft ist, und es kann keinen Zweifel daran geben, dass sie bei Bedarf, d.h. bei akuten großformatigen Kriegen, schnell reaktiviert werden würde. Der Verzicht darauf zu bestimmten (auch längeren) Zeiten ist gewissermaßen nur der pragmatischen Kulanz der Staaten geschuldet.

---

zu beobachten, nämlich die Inklusion über die Rolle des »Opfers« bzw. des »Zivilisten«, die die Inklusion über die Rolle des wehrpflichtigen Soldaten in ihrer quantitativen – und vermutlich auch qualitativen – Bedeutung längst abgelöst hat (vgl. dazu unten, Kapitel 3.4.).

37 Allerdings wird die Rolle des freiwilligen Berufssoldaten im Zuge der allgemeinen Gleichberechtigungsbewegung zunehmend auch für Frauen geöffnet. Hierfür gilt aber, dass Soldatinnen überwiegend in unterstützenden (etwa technischen, administrativen, medizinischen) Aufgabenbereichen und nur selten in Kampfaufgaben eingesetzt werden, so dass die formale Gleichberechtigung auf der Ebene der konkreten Aufgabenzuweisung schnell wieder konterkariert wird (Shields 1988; Wechsler Segal 1994: 352ff.; Hämmerle 2000: 231ff.; van Creveld 2002). Wechsler Segal (ebd.) stellt hierzu die interessante These auf, dass der Anteil von Frauen an den Kampfsoldaten einer U-förmigen Kurve folgt: Sie tritt einerseits in Ländern mit akuter extremer Kriegssituation (totalen Kriegen oder Bürgerkriegen) auf, andererseits in Ländern, in denen die Gleichheitsnorm eine hohe kulturelle Bedeutung hat, aber die Kriegswahrscheinlichkeit sehr gering ist (so dass das Innehaben der Rolle des Kampfsoldaten nicht automatisch auch den Einsatz in tatsächlichen Kampfsituationen bedeutet); im »Mittelfeld« einer mittleren Bedrohung sind Kampfaufgaben so gut wie ausschließlich Männern vorbehalten.

Trotz den genannten Einschränkungen gilt mithin, dass die moderne Gesellschaft im Vergleich zu früheren, stratifikatorisch differenzierten Gesellschaften ihr Kriegspersonal auffällig inklusiv rekrutiert, indem sie den Rekrutierungspool im Prinzip auf die ganze (männliche, erwachsene) Bevölkerung ausweitet. Der Anteil der militärisch Aktiven kann deshalb wieder auf sehr hohe Werte steigen; für die Weltkriege des zwanzigsten Jahrhunderts ergeben sich Spitzenwerte von zwischen 6 und 13 Prozent der Bevölkerung, die im Militär sind (Ferguson 2003: 36f.), obwohl die Werte für die allermeisten Kriege natürlich viel niedriger liegen. Auch die absolute Größe des Militärapparates steigt bei Bedarf auf präzedenzlose Größenordnungen: Die Heere des ausgehenden 18. und des 19. Jahrhunderts bewegen sich in der Größenordnung von Hunderttausenden, diejenigen des 20. Jahrhunderts – des Jahrhunderts der »totalen Kriege« – in der Größenordnung von Millionen. Dabei ist aber natürlich auch eine Zeitkomponente zu beachten (vgl. dazu unten Kapitel 4): Kriege werden in der modernen Gesellschaft insgesamt seltener, und totale Kriege sind ohnehin extrem selten, so dass über die Zeit hinweg summiert auch wieder geringere Anteile an Personen mit Kämpferrollen vorliegen können als in früheren Gesellschaften, die wesentlich häufiger und regelmäßiger Krieg führten. Trotzdem ist aber die grundsätzlich inklusive Anlage der Rekrutierung für Militärrollen nicht zu übersehen.

Der historische Umbruchspunkt, an dem die universelle Kriegsdienstpflicht erfunden wird und in einer »militärischen Revolution« die Bedingungen der Kriegführung grundlegend umstrukturiert, liegt um 1800, in den Kriegen im Gefolge der Französischen Revolution (hierzu Finer 1975: 145ff.; Feld 1977: 141ff.; Best 1982: 82ff.; McNeill 1984: 161ff.; Förster 1996). Das revolutionäre Frankreich kommt erstmals auf die Idee, alle Bürger der neu ausgerufenen Nation als potenzielle Soldaten zu betrachten und einen erheblichen Teil davon auch faktisch einzuziehen. Diese Strategie erweist sich quantitativ wie qualitativ als so erfolgreich, dass auch die Staaten des »alten Europa« sich genötigt sehen, über kurz oder lang dem französischen Beispiel zu folgen, obwohl ihnen die politisch-ideologische Grundlage dieses Inklusionsschubs – die republikanische Gesinnung – fehlt. Qualitativ gesehen lag der Vorteil darin, dass die als »Söhne der Nation« rekrutierten und wenigstens ansatzweise intrinsisch motivierten Soldaten eine freiere Kampfweise mit kleinen, beweglichen Einheiten zuließen und damit gegenüber den auf Linienformationen angewiesenen absolutistischen Heeren sehr erfolgreich waren.[38] Inklusive Rekrutierung für aktive Kriegsrollen kommt mithin dadurch zustande, dass die Soldatenrolle an die Laien- beziehungsweise Publikumsrolle des politischen Systems: an die ebenfalls neu erfundene Staatsbürgerrolle angekoppelt wird. Die Losung lautet, dass »jeder Bürger Soldat sein muß und jeder Soldat Bürger« (Frevert 1997a: 20f.). Der Preis dafür, dass der Einzelne jetzt als politisches Subjekt, als Angehöriger einer Nation und Wähler ernst genommen wird, besteht darin, dass er nun bei Bedarf von seinem Staat in den Krieg geschickt werden kann.

Dabei war in der historischen Realität der Preis meist im Vorhinein zu entrichten: In der typischen Abfolge wird zuerst unter der Druck einer akuten Kriegssituation die allgemeine Wehrpflicht eingeführt, und danach steht dann das Argument im Raum, dass man demjenigen, von dem man verlange, für sein Vaterland zu kämpfen und zu sterben, schlecht das Recht zu wählen vorenthalten könne (Mann 1987a: 41f.; 1987b; Berg 2000; Janowitz 2000).[39] Schübe der Inklusion neuer Gruppen – etwa Einkommensschwacher, Schwarzer, aber auch Frauen[40] – ins Wahlrecht sind deshalb mit einer gewissen Regelmäßigkeit nach größeren Kriegen zu beobachten. In diesem Sinn ist denn auch allgemein festgestellt worden, dass in Krisen diverser Art – kriegerischen und anderen – Stratifikationssysteme oft zusammenbrechen oder geschwächt werden, weil in der Krise ohne Rücksicht auf vorherige Statusverteilungen alle gebraucht werden, die zur Bewältigung der Situation beitragen können (Lipman-Blumen 1973).[41] Revolutionen und Kriege

38 Dieser Vorteil ist aber historisch kontingent und hängt an der Kontrastsituation des Absolutismus, dessen Heere aus meist unfreiwillig rekrutierten, schlecht bezahlten und nur mit drakonischer Disziplin bei der Truppe zu haltenden Soldaten bestanden, die bei einer freieren Kampfweise mit freier Bewegung im Gelände zum großen Teil sofort desertiert wären (Howard 1981: 108f.; McNeill 1984: 178f.; Bröckling 1997: 89ff.). Ansonsten können natürlich auch mit anderen Rekrutierungsweisen hochgradig motivierte Kämpfer gewonnen werden, etwa durch Elitebildung wie in stratifizierten Gesellschaften oder eventuell auch in heutigen, professionalisierten Söldnerarmeen. Die spezifische Situation im Absolutismus geht auf die eigentümliche Mischung moderner und vormoderner Elemente zurück, die an der Formierung der absolutistischen Heere beteiligt waren (Rekrutierung der Soldaten aus der Unterschicht, aber ohne den in Reichen üblichen Statusgewinn, statt dessen Kontrolle durch Disziplin und drakonische Strafen).

39 Aber auch die Umkehrung des Arguments »Wer kämpft, muss auch wählen dürfen« wurde zeitweise vertreten: »Wer nicht kämpft (z.B. Frauen, Wehrdienstverweigerer), darf auch nicht wählen« (Marwick 1965: 83).

40 Die Frauen kämpfen zwar in der Regel nicht selbst, müssen aber während des Krieges die Abwesenheit der Männer kompensieren und erweisen darin ebenfalls ihre Unentbehrlichkeit und staatsbürgerliche Vollwertigkeit.

41 Genauer gesagt gilt dies für Krisen vom Typ der »manpower scarcity«, während Krisen

wirken hier nach der These von Theda Skocpol (1988: 149) oft fruchtbar zusammen: »[T]he task which revolutionized regimes in the modern world have performed best is the mobilization of citizen support across class lines for protracted international warfare.«

Das »Sterben fürs Vaterland« ist allerdings im Wesentlichen ein semantischer Topos und bildet nicht eins zu eins die Realität der Kriegführung ab. In der tatsächlichen Kampfmotivation von Soldaten kommt das Motiv des »Vaterlandes« nur an sehr untergeordneter Stelle – wenn überhaupt – vor. Es ist vielfach belegt, dass Soldaten (zwangsrekrutierte ebenso wie berufsmäßige) durch alle möglichen Faktoren motiviert sind, insbesondere durch die Solidarität mit den Kameraden in der unmittelbaren Primärgruppe (Stouffer u.a. 1949b: 98ff.; Merton/Kitt 1950; Little 1964; Moskos 1968), auch durch das Interesse am eigenen Überleben sowie – in höheren Rängen – durch beruflichen Ehrgeiz, Karrierestreben und die Erfüllung einer professionellen Pflicht (Boene 1990: 30; Osiel 1999: 13ff.), nicht aber – oder nur in kurzen, enthusiastischen Anfangsphasen – durch die Identifikation mit »ihrem« Staat. Vielmehr kann die Äußerung patriotischer Überzeugungen in den informalen Normen des Militärs mit Tabus, Peinlichkeits- und Lächerlichkeitsschwellen belegt sein (Speier 1939: 301ff.; Stouffer u.a. 1949b: 150; Moskos 1968: 211; Leed 1979: 81ff.), und die politischen Gründe und Hintergründe des Krieges sind den Soldaten meist weitgehend unbekannt (Shils/Janowitz 1948: 302ff.; Stouffer u.a. 1949a: 430ff.; 1949b: 149ff.; Hettling/Jeismann 1993: 219ff.). Hierin drückt sich die allgemeine Tendenz von Arbeitsorganisationen aus, den Zweck der Organisation und das Motiv des einzelnen Mitglieds zu entkoppeln (Luhmann 1964: 100ff.), was schon an den Heeren vormoderner Reiche und eben auch an modernen Militärorganisationen zu beobachten ist. Die Einheit von Soldaten- und Staatsbürgerrolle ist mithin nur für die *Rekrutierung* von Soldaten relevant, nicht aber für deren tatsächliches Verhalten als Organisationsmitglieder.[42] Im Erleben des einzelnen Soldaten sind allgemein-politische und militärinterne Rolle

---

vom Typ des »manpower surplus« (etwa Wirtschaftskrisen) anders strukturiert sind (Lipman-Blumen 1973: 115f.).

42 Die Identifikation mit dem Staat funktioniert weiterhin bei der späteren Abwälzung von Verantwortung: Soldaten haben normalerweise keine Schuldgefühle wegen eventuell begangener Tötungsakte, denn es war ja der Staat, in dessen Auftrag sie gehandelt haben (Kühne 1999: 363f.). Die Dimension der Orientierung an den Kameraden schlägt sich hier darin nieder, dass Soldaten sich häufig deshalb »schuldig« fühlen, weil sie im Unterschied zu anderen *überlebt* haben. (Ich danke Maja Apelt für diesen Hinweis.)

auseinanderdividiert und gegeneinander abgedichtet; der Soldat abstrahiert von seiner Rolle als Bürger, solange er Soldat ist.[43]

Die Formel, dass »jeder Bürger Soldat sein muß und jeder Soldat Bürger«, bedeutet also einerseits eine enorme *Ausweitung* des Rekrutierungspools für die Soldatenrolle. Andererseits bringt sie aber auch eine komplementäre *Einschränkung* mit sich, die im zweiten Teil der Formel enthalten ist: Rekrutierbar sind nur die eigenen Staatsbürger, nicht aber Ausländer (die natürlich, abstrakt gesehen, den größten Teil der insgesamt kriegstauglichen Bevölkerung ausmachen).[44] In vormodernen Reichen und noch im Absolutismus war es selbstverständlich gewesen, dass auch Ausländer beziehungsweise Personen, die nicht der Kernnation des Reiches angehören, als Soldaten dienen; da die Soldaten ohnehin nicht als politische Subjekte zählten, spielte ihre Nationszugehörigkeit keine Rolle. In den absolutistischen Staaten etwa gab es einen ausgeprägten internationalen Arbeitsmarkt sowohl für einfache Soldaten als auch für (adlige) Offiziere (Kroener 1992; Kuczynski 1992; Bröckling 1997: 59ff.; Frevert 1997a: 21f.; Sikora 2002: 117ff.): Die Heere bestanden oft zu einem Drittel bis zur Hälfte aus Ausländern, und einem englischen Adligen wurde noch in den Französischen Revolutionskriegen das Kommando über die Truppen beider Seiten – die französischen und die der »ancien régimes« – angeboten (Speier 1952: 273). Die Rekrutierungsmuster folgten mithin eher den Grenzen von Schichten als nationalstaatlichen Grenzen. Im Gegensatz dazu ist der Arbeitsmarkt für Soldaten in der entwickelten Moderne auffällig national segmentiert; die segmentäre Ordnung des politischen Systems setzt sich gegenüber der Schichtdifferenzierung durch.

43 Hierzu ein schönes Zitat eines im Zweiten Weltkrieg ins US-Militär eingezogenen Soziologen, der insofern gute Beobachtungsmöglichkeiten hatte: »[S]ocial responsibility is definitely negated, if not destroyed, in the military situation. The only responsibility is personal – for personal security, property you have signed for, for health and sanitation. Responsibility to the unit and the service, as symbolized by the uniform, is constantly emphasized; but the soldier's responsibility to society, to property, and to civilian institutions is ignored. His responsibility to his country and his comrades in arms is symbolized by his service. [...] By the creation of this superego – military service – the person's sense of social responsibility is largely neutralized. The military man forgets he is a citizen as he becomes a soldier.« (Hollingshead 1946: 447)

44 Es gibt zwar einige Staaten, die auch Nicht-Staatsangehörige ins Militär aufnehmen – insbesondere weltweit agierende Großmächte wie Großbritannien und die USA –, dann aber mit Blick auf einen späteren Erwerb der Staatsbürgerschaft, die durch eben diesen Militärdienst verdient wird.

Inklusion und Entschichtung

Der strukturelle Gegenspieler von Inklusionstendenzen sind immer Schichtstrukturen. Die inklusive Rekrutierung für Soldatenrollen setzte sich denn auch historisch nur in einem langen, von etlichen Unvollkommenheiten und Rückschlägen gekennzeichneten Prozess gegen die etablierten Muster der schichtabhängigen Rekrutierung durch. Dabei stellt sich das Problem für einfache Soldaten und für Offiziere verschieden und in je spiegelbildlicher Form: Bei den einfachen Soldaten liegt das Problem darin, auch Personen mit relativ hoher Schichtzugehörigkeit, konkret: aus dem kriegsdienstaversen und traditionell nicht kriegsdienstverpflichteten Bürgertum ins Militär einzuziehen; bei den Offizieren liegt es umgekehrt in der Öffnung des Zugangs auch für relativ niedrige, nicht-adlige und/oder nicht-vermögende Schichten.

Was die zuerst genannte Problemrichtung angeht, so war die Aushebung von Soldaten in einer seit Jahrhunderten etablierten (der Rekrutierungsweise von Reichen entsprechenden) Tradition ein Akt, der im Wesentlichen dort zugriff, wo die Betroffenen sich nicht wehren konnten, und das heißt: in den unteren Schichten. Die vermögenden Schichten, insbesondere das Bürgertum, waren dagegen entweder von vornherein vom Kriegsdienst freigestellt oder konnten sich auf legalem, halblegalem oder illegalem Weg vom Kriegsdienst freikaufen, indem sie bei einem eventuellen Einberufungsbefehl einen Ersatzmann bezahlten (Best 1982: passim; Bröckling 1997: 63f., 137f.; Frevert 1997a: 23ff.; Levi 1997: 80ff.). Letzteres ist eine Art, eine offiziell universelle (wenn auch eventuell selektive, d.h. nur auf einen Teil der grundsätzlich Wehrpflichtigen faktisch zugreifende) Wehrpflicht mit einem schichtabhängigen Bias in der Rekrutierung zu verbinden. Um die sozialstrukturelle Trägheit dieses seit langem eingeschliffenen Arrangements zu überwinden und tatsächlich Männer aller Schichten gleichermaßen zum Kriegsdienst einzuziehen, musste der Staat in seiner Zugriffsfähigkeit erheblich gestärkt werden, etwa durch die Einrichtung einer umfassenden und rationalisierten Verwaltung, die Aufstellung eines flächendeckenden staatlichen Erzwingungsapparates und eine allgemeine Durchdringung des Lebens mit staatlichen Regularien (Giddens 1987).[45] Anders gesagt: Funktional spezifizierte

45 Eine wunderbare literarische Darstellung des Zusammenhangs zwischen der Durchdringung des Lebens mit staatlichen Regularien – etwa Einwohnerverzeichnissen und der Pflicht zum Anbringen von Hausnummern – und der Durchsetzung der Wehrpflicht findet sich in Andric 1987: 179ff.

Strukturen mussten gegenüber Schichtstrukturen das Übergewicht erlangen. Nach einigen Jahrhunderten des Vorankommens in diesem Prozess kann das Militär dann als »Schule der Nation« bezeichnet werden, in der alle jungen Männer über Schichtgrenzen hinweg einer einheitlichen Erziehung unterworfen werden (Frevert 1997a: 27; Nowosadtko 2002: 222; Krebs 2004). Es bestehen nur noch marginale Reste einer schichtmäßigen Ungleichverteilung der Fähigkeit, sich vor dem Kriegsdienst zu »drücken«, indem höhere Schichten typischerweise findiger sind beim Aufspüren von Schlupflöchern (etwa Untauglicherklärungen) (Bröckling 1997: 236ff.; Joas 2000: 169).

Reguläre Frei- oder Zurückstellungen vom Kriegsdienst werden jetzt nicht mehr in Abhängigkeit von schichtmäßig fixierten Kriterien (Vermögen), sondern von funktional begründeten Kriterien gegeben. Freigestellt werden insbesondere Verheiratete und Väter, Studenten sowie Berufstätige in »kriegswichtigen« Beschäftigungen – d.h. Personen, die in anderen gesellschaftlichen Bereichen wichtige und eine besondere Unentbehrlichkeit begründende Rollen innehaben.[46] Der Schichtbias solcher Freistellungskriterien kann schwanken: Es können – wie im Ersten Weltkrieg – die Angehörigen vergleichsweise hoher Schichten begünstigt sein, wenn etwa überwiegend Unternehmer in kriegswichtigen Branchen oder Studenten vom Kriegsdienst zurückgestellt werden (Mommsen 1988: 29; Joas 2000: 168ff.). Die Asymmetrie kann jedoch auch andersherum liegen, wie etwa im Zweiten Weltkrieg in den USA, als verstärkt Facharbeiter Freistellungen erhielten, während College-Absolventen und Männer mit »white-collar jobs« meist eingezogen wurden (Stouffer u.a. 1949a: 127; Kendall/Lazarsfeld 1950: 148). Die differentielle Betroffenheit verschiedener Schichten von den Risiken des Kriegsdienstes wird dem Zufall beziehungsweise der Kontingenz der historischen Situation überlassen, sie ist kein steuerndes Kriterium mehr, sondern

---

46 Bei hohem Vertrauen in die funktionale Ordnung der Gesellschaft kann man argumentieren, dass auch das frühere »Freikaufen« des Bürgertums schon eine funktional orientierte Einrichtung war, indem die Angehörigen des Bürgertums für die Wirtschaftsentwicklung notwendiger waren als andere: »Der Stand der Entwicklung der bürgerlichen Gesellschaft erlaubte es nicht, bestimmte Schichten in den Waffendienst zu zwingen, weil sie unentbehrlich für die Reproduktion der Gesellschaft waren, wollte man ihren Reichtum weiterhin steigern. Die Ausnahmen, die man bei Aushebungen machte und die fast ausschließlich dem Bürgertum zugute kamen, waren für die Prosperität der Gesellschaft notwendig.« (Senghaas 1969: 24) (vgl. Bröckling 1997: 63f.) Man müsste darüber streiten, ob hier die Schichtkomponente oder die funktionale Komponente den Vorrang hat. In jedem Fall ist es – wenn letzteres – ein ziemlich kruder funktionaler Freistellungsmodus, der einfach pauschal allen Angehörigen des Bürgertums zur Verfügung steht, ohne dass geprüft würde, welchen Beitrag der Einzelne wirklich zum Wirtschaftsgeschehen leistet.

nur noch eine zu beklagende Ungerechtigkeit (vgl. etwa Mayer/Hoult 1955; Joas 2000: 165ff.).

Eine analoge, aber genau gegenläufige Entwicklung macht im selben Zeitraum (ein bis zwei Jahrhunderte vor und etwa ein Jahrhundert nach dem offiziellen Umbruchspunkt von 1800) die Rekrutierung von Offizieren durch, wobei es hier naturgemäß nicht um eine Einziehung und Inklusion aller gehen kann, sondern »nur« um die Öffnung einer freiwillig zu wählenden Berufsrolle für Bewerber aus allen Schichten. Die Offiziersrolle war traditionell Adligen vorbehalten und wurde im Absolutismus meist ohne besondere formale Qualifikation als »Hobby« des Adels ausgeübt (Abrahamsson 1971: 23; Lawrence 1999: 8). Sie wurde dann schrittweise und in einem wechselhaften und von Land zu Land variierenden Prozess für Angehörige aller Schichten zugänglich gemacht, wobei wichtige Zwischenschritte zunächst in der Käuflichkeit von Offizierspatenten (mithin in der Öffnung für das Bürgertum) und dann in der Abschaffung der Käuflichkeit lagen (mithin in der Öffnung auch für nicht-vermögende Schichten). Heute ist das wichtigste Kriterium für Zugang zu und Beförderung in der Offiziersrolle die formale, an Offiziersschulen zu erwerbende Qualifikation und die im Beruf erbrachte Leistung, ohne Rücksicht auf die Schichtherkunft der Person (Huntington 1957: 18ff.; Abrahamsson 1971; Strachan 1997).[47] Eine gewisse Korrelation mit Schichtvariablen bleibt bestehen, die aber nicht auffälliger ist als bei anderen relativ hoch rangierenden, voraussetzungsreichen Berufsrollen auch und die durch differentielle Sozialisation sowie einen gewissen Trend zur Selbstrekrutierung (d.h. Söhne von Offizieren werden wieder Offiziere) erklärt werden kann.

Eine universelle Rekrutierung für Kriegsrollen ist mithin nur möglich, wenn Schichtstrukturen ausreichend auf Distanz gebracht und in ihrer sozialstrukturellen Bedeutung zurückgedrängt werden. Dies lässt sich auch an der ursprünglichen Reaktion der alten, absolutistischen Eliten auf die Idee einer universellen Wehrpflicht ablesen: In deren Augen erschien eine solche »Bewaffnung des Volkes« als denkbar gefährlich, weil sie sich nur all-

47 In der Sowjetunion wurde zeitweise der Versuch unternommen, den Schichtbias umzudrehen und Offiziere vorzugsweise aus der Arbeiter- und Bauernschaft zu rekrutieren. Dies war ein Schritt in Richtung auf – in Huntingtons (1957) Terminologie – »subjektive Kontrolle« des Militärs durch Zugriff auf vermutete politische Einstellungen, wurde jedoch nach relativ kurzer Zeit und noch zu Lebzeiten der Sowjetunion wieder aufgegeben und durch die Stützung auf leistungsbezogene Rekrutierungskriterien ersetzt (van Doorn 1969).

zu leicht auch gegen die überkommene politische Ordnung wenden könne (Best 1982: 180f.; McNeill 1984: 192f.; van Creveld 1998: 68ff.; Spreen 2008: 130). In der konkreten historischen Situation setzt sich dann aber das Interesse an externer militärischer Effektivität gegenüber dem Interesse an interner Stabilität durch – mithin ein funktional (politisch) spezifiziertes gegen ein schichtmäßig basiertes Interesse –, und zwar ohne dass die befürchteten Konsequenzen für die innere Stabilität eingetreten wären.[48] Die Orientierungsrichtungen Oben/Unten und Innen/Außen stehen mithin in einem Spannungsverhältnis zueinander, und die erste wird in ihren Implikationen für die Rekrutierung von Militärpersonal zunehmend an den Rand gedrängt. Hierfür war auch die zuverlässige Festlegung des Militärs auf Einsätze nach außen, und mithin die institutionelle Trennung von Polizei und Militär (hierzu Bröckling 1997: 129ff.; Mann 1998: 251ff.) wichtig; denn im Kampf gegen einen äußeren Feind spielt die schichtmäßige Zusammensetzung des Militärs keine Rolle.[49] Umgekehrt gilt, dass in Staaten (vor allem in der Peripherie der Weltgesellschaft), in denen das Militär nicht exklusiv auf Einsätze nach außen festgelegt ist, sondern auch gegen innere Bedrohungen der Sicherheit des Staates – Aufstände, Guerrillakriege usw. – eingesetzt wird, dieses oft nicht neutral gegenüber schichtmäßig basierten oder sonstigen politischen Auseinandersetzungen ist und in diesem Sinn in die innere Politik eingreift (Stepan 1973; Holsti 1996: 129ff.).

Das Militär ist somit in den meisten heutigen Staaten für eine schichtmäßig beliebige Rekrutierung freigegeben, und insbesondere hat die Schichtherkunft von Soldaten keinerlei Bedeutung mehr für die das Problem der *Kontrolle* des Militärs (dazu ausführlich Kapitel 2.4.). In vormodernen Reichen ist die Schichtzuordnung von Soldaten – Herkunft aus der Un-

48 Ähnliche Konstellationen werden noch aus dem späten 19. Jahrhundert berichtet: »Der spätere Chef des Generalstabs von Waldersee, überzeugt, daß es ›unbedingt zum Kampf der Besitzlosen gegen die Besitzenden‹ kommen werde, dachte 1877 sogar an eine Rückkehr vom Wehrpflicht- zum Berufssoldaten: ›wir brauchen bald eine Armee, klein und gut bezahlt, die ohne Bedenken, sobald es verlangt wird, die Kanaille zusammenschießt [...].‹ Doch je mehr Expansionsbestrebungen und eine Konfrontationsstrategie hart am Rande des Krieges die Außenpolitik bestimmten, desto mehr drängte ein rein quantitatives Effektivitätsdenken solche Vorstellungen einer zahlenmäßig beschränkten, aber absolut zuverlässigen Truppe zurück.« (Bröckling 1997: 178)

49 Dies wirft natürlich die Frage auf, wie dann eine schichtneutrale Rekrutierung für die *Polizei* möglich ist. Es ist zu vermuten, dass allein die Differenzierung als solche und damit die Ausrichtung auf ein besser spezifiziertes, besser überschaubares Problemfeld die Ausdifferenzierbarkeit gegenüber Schichtstrukturen erhöht; aber diese Frage kann hier nicht zufriedenstellend geklärt werden.

terschicht und Aufstieg in die Oberschicht, sowie ggf. Oberschichtherkunft des Führungspersonals – ein zentrales Mittel zur Sicherung der Loyalität der Truppen und der politischen Kontrolle über sie, und mit leichten Variationen gilt dasselbe noch für das absolutistische Europa. Diese Dimension des Problems verschwindet völlig (vgl. dazu Janowitz 1960: 7). Die Kontrolle des Militärs wird auf ausdifferenzierte, organisations- oder rollenspezifische Mechanismen umgestellt, und die Schichtherkunft der Soldaten ist nicht mehr für seine Kontrolle, sondern nur noch als sozialstatistische Größe relevant, etwa unter dem Gesichtspunkt von Gerechtigkeit und Chancengleichheit oder unter dem Gesichtspunkt der Personalpolitik von Militärorganisationen, beispielsweise mit Blick auf die Ausschöpfung von Begabungsreserven oder das Anziehen von maximal motiviertem Personal (zu Letzterem Strachan 1997: 83ff.). Die Probleme der Personalrekrutierung und der Kontrolle des Militärs durch übergeordnete politische Instanzen werden getrennt. Damit wird das Militär von Schichtstrukturen mehr oder weniger vollständig entkoppelt, die Korrelation der Rekrutierung für Militärrollen mit Schichtung wird dem Zufall oder partikularen Steuerungsgesichtspunkten überlassen. Es gilt hier, was sich über Schichtstrukturen in der modernen Gesellschaft allgemein sagen lässt: Sie verschwinden nicht restlos, verlieren aber ihre »strukturtragende Funktion« (Luhmann 1981d: 393) und werden nur noch als funktionsloses und fast durchgehend kritisiertes (aber deswegen nicht weniger hartnäckig reproduziertes) Relikt mitgeschleppt.

Der allgemeine Trend zur Inklusion in Kriegsrollen lässt sich – in unkonventioneller, aber informativer Weise – auch anhand von irregulären Truppen wie Partisanenarmeen, Guerrillagruppen, irregulären Milizen usw. erläutern. Es fällt ja auf, dass gleichzeitig mit der Erfindung der universellen Wehrpflicht auch der Guerrillakrieg erfunden wird, als dessen erstes historisches Auftreten der Aufstand der Vendée gegen die Französische Revolution 1793–96 sowie der Spanische Volksaufstand gegen Napoleon von 1808–1813 betrachtet werden können.[50] Diesen beiden schließen sich viele weitere an, so dass der Guerrillakrieg sogar als die dritte für die Moderne typische Kriegsform bezeichnet werden kann (Shaw 2005: 44f.).[51] Wenn man so will, kann

50 Als Korrelat der Erfindung des Guerrillakrieges erlebte die Vendée 1793/94 dann auch das »erste große Massaker an der Zivilbevölkerung« (Imbusch 2005: 13). Zum Zusammenhang von inklusiver Politik und Viktimisierung in Kriegen vgl. auch unten, Kapitel 3.4.

51 Die anderen beiden Formen sind nach Shaw die »westliche« und die »totalitäre«, die sich durch den Grad ihrer Brutalität bzw. Sensibilität gegenüber (zivilen wie militärischen) Opfern unterscheiden, aber beides Formen staatlicher Kriegführung sind.

man das gehäufte Auftreten von Guerrillaarmeen und anderen irregulären Truppen ebenfalls als Effekt des allgemeinen Inklusionstrends begreifen: Es handelt sich gewissermaßen um eine autonome, nicht staatlich gelenkte, sondern vom Publikum des politischen Systems ausgehende »Graswurzelinklusion« in Kriegsrollen.[52] Der Satz: »Modern democratic systems [...] invite the whole population, most of which has historically been politically quiescent, to engage in politics« (Kornhauser 1960: 227), gilt offensichtlich nicht nur für die friedliche, sondern auch für die gewaltsame Beteiligung an Politik, und nicht nur für staatlich ermutigte und organisierte, sondern auch für autonome, selbstorganisierte Beteiligung an Politik.

Während früher die Möglichkeit der Beseitigung von »Tyrannen« und der gewaltsamen Beendung ihrer Herrschaft eine Angelegenheit des Adels war, kann jetzt das Recht, ein unliebsames Regime zu stürzen oder einen ausländischen Besatzer zu vertreiben, von ganzen Völkern reklamiert werden, indem sie in großer Zahl zu den Waffen greifen und sich selbst in Krieg inkludieren. Die Inklusion in Guerrilla- oder Milizrollen kann, obwohl nicht gleichermaßen bürokratisch administriert wie die Inklusion ins offizielle Militär und auf Freiwilligkeit gebaut, prinzipiell ebenfalls hohe Mobilisierungsgrade erreichen. Guerrillabewegungen sind uneingeschränkt inklusionsbereit, d.h. jeder, der entsprechende politische Überzeugungen hat und den Mut zum bewaffneten Kampf aufbringt, ist willkommen. In einer Hinsicht ist die Inklusionsbereitschaft irregulärer Truppen sogar radikaler als die des staatlichen Militärs: Sie sind oft auch bereit, Frauen als vollwertige Kämpfer aufzunehmen, kennen mithin als einzige in der Geschichte bekannte Form von Kriegstruppen in mehr als ausnahmeartigen Fällen eine Vollinklusion von Frauen (Wechsler Segal 1994: 353). Aber auch der aktuelle Trend hin zu Terrorkriegführung sehr kleiner Gruppen kann mit etwas theoretischer Phantasie als Inklusionsphänomen gedeutet werden, insofern Terror eine »makabre ›Demokratisierung‹ von Gewaltoptionen« darstellt, die jedermann zugänglich ist (Heins/Warburg 2004: 34).

Guerrillakriege und Guerrillainklusionen *können* über die Form des Nationalstaats motiviert und strukturiert sein, analog zur Inklusion in reguläres Militär, und nicht wenige Guerrillabewegungen entstehen aus dem Bestreben nach der Schaffung eines neuen Nationalstaats für eine bisher vernachlässigte Gruppe (Finnemore 1996b: 332). Es kann aber auch andere

52 Anschließend an Ulrich Beck (1993; 1997) und seinen Begriff der »Subpolitik« (als Politik von unten, betrieben von Bürgern oder politisch bewussten Konsumenten, vorbei an institutionellen Strukturen) könnte man von »Subkrieg« sprechen.

Topoi der Guerrillamobilisierung geben, etwa ideologische oder religiöse. In solchen Fällen können Guerrillatruppen dann auch die für staatliches Militär gültige Rekrutierungssperre entlang nationalstaatlicher Grenzen durchbrechen und – bei ausreichend attraktiven Ideologien – auch international rekrutieren. Man denke nur an die ausländischen Brigaden im spanischen Bürgerkrieg oder an die in verschiedenen aktuellen Kriegen kämpfenden islamischen Mudjaheddin. Insgesamt fällt aber auf, dass auch die Mobilisierung für Guerrillakriege in den meisten Fällen innerhalb (national)staatlicher Grenzen gelingt, während dagegen – um einen naheliegenden Fall zu nennen – die Mobilisierung des internationalen Proletariats gegen die internationale Bourgeoisie nicht gelungen ist. Die »von unten« kommende, freiwillige Guerrillainklusion in Krieg zeigt mithin unter dem Gesichtspunkt spezifisch moderner Inklusivität auffälligen Parallele zu regulärer Inklusion, auch wenn in anderen Hinsichten deutliche Unterschiede bestehen (etwa mit Blick auf Ausdifferenzierungsgrad, Organisationsförmigkeit, Kontrolle, wie im nächsten Kapitel 2.4. diskutiert wird).

Rollenpluralismus und Empfindlichkeit gegenüber Soldatentoden

Es ist eine unvermeidliche Konsequenz der Umstellung auf funktionale Differenzierung und Inklusion (tendenziell) aller Menschen in (tendenziell) alle Teilsysteme, dass der Einzelne durch seine Rollen nur noch partiell und ausschnittweise, nicht mehr als ganze Person gebunden wird. Jeder Einzelne hat vielfältige Rollen in verschiedenen gesellschaftlichen Bereichen inne, die zunehmend voneinander entkoppelt und mehr oder weniger beliebig miteinander kombinierbar sind. Das Innehaben einer Rolle besagt wenig für das Innehaben und den Stil der Ausübung anderer Rollen: Berufsrollen, Familienrollen, Konsumstile, politische Präferenzen usw. werden weitgehend unabhängig voneinander, mit Blick auf je teilsystemspezifische Kriterien und mit zunehmend wenig Rücksicht aufeinander gewählt und ausgeübt. Dies lässt das Individuum als Schnittpunkt unterschiedlicher Rollenengagements stärker hervortreten (Simmel 1908: 456ff.; Luhmann 1989), konfrontiert es aber unter Umständen auch mit Rollenkonflikten und Kompatibilisierungsproblemen, die es allein und ohne gesellschaftlich vorgegebene Standardlösungen zu bewältigen hat (Beck 1986; Beck/Beck-Gernsheim 1990).

Auch die Soldatenrolle wird in der Moderne zunehmend eine spezialisierte Einzelrolle, die in ihrer Reichweite auf ein Teil- oder Teilteilsystem

(Politik beziehungsweise Militär) beschränkt ist und ihren Träger nicht in anderen Rollen bindet (Heins/Warburg 2004: 36). Diese Sektoralität der Rolle gilt, obwohl die Soldatenrolle einige inhärente Merkmale hat, die ihren Zuschnitt auf das Format der »ganz normalen«, nur ausschnitthaften Rolle problematisch machen und ihr einen gewissen natürlichen Zug in Richtung auf »Totalisierung« und Übergriff auf andere Rollen verleihen. So ist die Soldatenrolle unaufhebbar mit einem gewissen Risiko des Todes oder der Verwundung/Verstümmelung verbunden;[53] der Tod aber beendet immer alle Rollen einer Person gleichzeitig und kann nicht auf einen Rollenkontext isoliert werden (Luhmann 1981a: 343). Weiter verpflichtet die Soldatenrolle zu Mobilität und längeren Abwesenheiten, was die Ausübung anderer Rollen empfindlich beeinträchtigen kann.[54] Problematisch ist dabei insbesondere die Kombination der Soldatenrolle mit Familienrollen (Janowitz 1960: 187ff.; Wechsler Segal 1988; Kümmel 2005), und zwar für beide Seiten: für die Familie, weil diese unter der Abwesenheit des Soldaten leidet und ggf. seinen Tod zu verkraften hat; für das Militär, weil Soldaten mit Familie – mit Blick auf eben diese – möglicherweise nicht das gewünschte Maß an Risikofreude und Todesmut an den Tag legen.[55]

53 Die Höhe dieses Risikos schwankt stark mit den sich wandelnden gesellschaftlichen Bedingungen. Das Risiko war erheblich im Zeitalter der absolutistischen Staaten, die Soldaten als Kanonenfutter betrachteten und wenig Rücksicht auf sie nahmen, und auch in den totalen Kriegen des 20. Jahrhunderts, in denen neue Waffentechnologien ihre Wirkung entfalteten. In den letzten Jahrzehnten ist die Gefährlichkeit der Soldatenrolle dagegen stark gesunken (Zahlen bei Ferguson 2003: 41f.), und zwar so weit, dass – jedenfalls zu einem bestimmten Zeitpunkt – amerikanische Lebensversicherungen keinen Aufpreis für Soldaten verlang(t)en (Boene 1990: 6) und man begründeterweise sagen kann: »The safest place on the modern battlefield is to be in uniform« (so ein Beamter des US-Außenministeriums, zit. in Feaver/Gelpi 2004: 95). Mindestens das subjektiv empfundene Todesrisiko von Soldaten dürfte aber immer noch höher sein als das von »Normalmitgliedern« der Gesellschaft in zivilen Berufen; und es ist ja *dieser* Vergleich – und nicht die absolute Höhe des Todesrisikos –, der für die wahrgenommene Problematik der Soldatenrolle entscheidend ist (Moore 1963: 54).

54 Eine Möglichkeit zur Lösung des Mobilitätsproblems ist das Mitziehen der Frauen und Kinder der Kämpfer im Tross des Heeres, die etwa von den Soldaten und Söldnern der frühmodernen Heere praktiziert wurde (Hämmerle 2000: 232f.; Nowosadtko 2002: 225f.; Münkler 2004: 98f.; Warburg 2008: 109ff.). Diese Lösung ist jedoch mit der zunehmenden Schließung von Militärorganisationen nach außen sowie mit den steigenden – und meist stationären – Rollenanforderungen an Frauen und Kinder (Schulbesuch usw.) unmöglich geworden.

55 Der Soldat befindet sich mit diesen beiden Zugehörigkeiten (zum Staat einerseits und zu seiner Familie andererseits) an der Schnittstelle der zwei wichtigsten Identitäten, die der moderne Mensch hat: »Social structures may be distinguished by the solidarities they

Das in vormodernen Reichen verbreitete Arrangement, die Soldatenrolle als »gierige« Rolle zu handhaben und Verbote oder Einschränkungen der Familienbildung daran zu knüpfen, ist insofern durchaus adäquat nicht nur als Lösung für das Kontrollproblem, sondern auch in einem breiteren Sinn als Lösung für die gesellschaftliche Situierung einer Rolle mit eingeschränkter Kombinierbarkeit. Diese Option steht dem modernen Militär nicht mehr offen. In einer Gesellschaft mit allgemein durchgesetztem Rollenpluralismus könnte ein Heiratsverbot für Soldaten nicht mehr legitimiert und durchgesetzt werden; bei freiwilliger Rekrutierung von Berufssoldaten würden sich unter dieser Bedingung nicht genug Kandidaten finden, und in einer Situation mit Zwangsrekrutierung für einen akuten großformatigen Krieg würde man damit auf zu viele potenzielle Rekruten verzichten müssen.[56] Seit ein bis zwei Jahrhunderten muss sich das Militär deshalb nolens volens auf die Situation einstellen, dass viele seiner Mitglieder plurale Rollenengagements innehaben und die Soldatenrolle nur einen Ausschnitt ihres Lebens darstellt. Zwar ist die Soldatenrolle wegen der genannten Besonderheiten immer noch in gewisser Weise eine »gierige« Rolle beziehungsweise das Militär eine »gierige Institution« (Wechsler Segal 1988); aber »Gierigkeit« kann unter diesen Umständen nur heißen, dass die Kombination von Soldatenrolle und anderen Rollen nicht problemlos und reibungsfrei möglich ist und dass mit hoher Wahrscheinlichkeit und hoher Intensität Rollenkonflikte auftreten werden, nicht aber, dass die Einnahme anderer Rollen effektiv blockiert wäre.[57]

Dabei sind zwei wesentliche Erscheinungsformen des plural inkludierten Soldaten zu unterscheiden. Die erste ist typisch für die Weltkriege und – in

---

achieve. Typically, traditional societies achieve intense solidarity in relatively small groups [...] These groups create for their individual participants an intensity of emotional attachment and rejection which modern men find hard to appreciate and which they would probably find personally intolerable. Typically, [in] modern societies [...] participants experience an intensity of emotional attachment and rejection at two levels which hardly exist in the traditional society, namely in the nuclear family at its best and its worst, and at the national level where personal loyalties alternate between being taken for granted in ordinary times and moving up to fever pitch during national crises or other direct confrontations with alien ways of life.« (Bendix 1964: 399f.)

56 Bis zum Absolutismus waren einfache Soldaten aber in der Regel unverheiratet und benötigten für eine Heirat die Erlaubnis ihres militärischen Vorgesetzten (Bröckling 1997: 64; Nowosadtko 2002: 226).

57 Mit einem anderen Begriff könnte man auch davon sprechen, dass die Soldatenrolle – jedenfalls unter Kriegsbedingungen – eine Tendenz zur »Hyperinklusion« aufweist, d.h. eine Tendenz, die Inklusion in andere gesellschaftliche Bereiche zu behindern oder damit zu kollidieren (Göbel/Schmidt 1998: 111ff.).

abgeschwächtem Maß – auch für andere »große« Kriege, d.h. Kriege mit groß angelegter Zwangsrekrutierung. Hier wird das Militär früher oder später auf Rekruten stoßen, die andere Rollen im zivilen Leben *schon haben* und diese zwangsläufig irgendwie mit der Soldatenrolle kombinieren müssen. Es resultiert die merkwürdige Hybridform des »zivilen Soldaten« (B. 1923) beziehungsweise des »Zivilisten in Uniform« (Aron 1958: 12; Lingeman 1970: 302; Boene 1990: 10), der unter pluralen Rollenidentitäten leidet oder genauer darunter, dass er seine bestehenden Loyalitäten unter der Ägide des Militärs nicht gleichmäßig ausleben darf: »A modern soldier may also be a husband, an engineer in civilian life, a Swedish-American, a Republican, etc. Hence, the identifications and loyalties of this man are manifold in content and intensity. As a soldier, he is expected to subordinate all other loyalties to his identification with the armed forces. Conflicts among the various demands upon life and loyalties which tie him into the larger social network are likely to arise«. (Speier 1952: 302)

Generell lässt sich sagen, dass das Militär dazu neigt, solche anderen Rollen seiner Mitglieder für die Dauer ihrer Mitgliedschaft zu neutralisieren, ohne dass sie dadurch restlos ausgeschaltet werden können.[58] Es gibt zwar auch einige Rollen – etwa die Wählerrolle oder religiöse Rollen –, die sich relativ problemlos ins Militär »mitnehmen« lassen, da ihre Ausübung relativ voraussetzungsfrei möglich ist und wenig konkrete Tätigkeit erfordert.[59] Andere Rollenengagements aber – und zwar insbesondere diejenigen, die für die durchschnittliche Person die meiste Bedeutung haben: Berufs- und Familienrollen – werden mit der Einziehung ins Militär zwangsläufig mindes-

58 In der temporären Suspendierung aller »normal« ausgeübten Rollen hat der Kriegsdienst eine strukturelle Ähnlichkeit mit Urlaub, und er wird von manchen Rekruten auch so erlebt: als willkommene Entlassung aus sonst gültigen Rollenanforderungen und deren Problemen, wobei es sich sowohl um handfeste Probleme wie Sorge um Unterhalt oder inferiore Stellung im Berufsleben als auch um stärker elaborierte Probleme wie Langeweile, bürgerliche Enge, Vereinzelung, Leiden an der Modernität handeln kann (Elkin 1946: 409; Leed 1979: 16ff.; Bröckling 1997: 10; Simon 2004: 258f.). Eine weitere Analogie zu Urlaub liegt darin, dass der Soldat eine Gelegenheit zum Reisen und Erleben von Abenteuern erhält (Köstlin 1984) und ein Leben außerhalb des üblichen Tages- und Wochenrhythmus mit Primat des »Hier und Jetzt« führt (Brotz/Wilson 1946: 374f.; Humburg 1998: 213f.). »Der Krieg ist wie ein großes Picknick, freilich ohne dessen Gegenstandslosigkeit«, formuliert ein Soldat im Ersten Weltkrieg (zit. in Keegan 1978: 327).

59 Dass auch die Staatsbürgerrolle während der Mitgliedschaft im Militär in gewisser Weise suspendiert ist, insofern dem durchschnittlichen Soldaten die entsprechenden Identifikationen wenig bedeuten, wurde oben unter dem Aspekt der Motivation von Soldaten schon notiert.

tens temporär suspendiert, oder ihre Ausübung ist nur noch in Schrumpfformen möglich (etwa per Briefverkehr mit der Familie). Während die faktische Rollenausübung allein durch die räumliche Trennung wirksam unterbunden werden kann, bleiben Reste der zivilen Rollenidentitäten gewissermaßen an der Person selbst haften, und soweit diese mit militärischen Rollenpflichten kollidieren (könnten), wird das Militär noch solche Reste ziviler Rollenidentitäten auszuschalten versuchen. Hierfür kommt ihm sein Charakter als »totale Institution« im Sinn von Erving Goffman (1973) entgegen (zum Militär als totaler Institution Anonymous 1946; Hollingshead 1946; Lawrence 1955; Ziegler 1968; Treiber 1973). Die Einfügung in eine totale Institution geht nämlich beim durchschnittlichen »Insassen« mit einem Prozess der »Mortifikation« der alten Persönlichkeit einher, d.h. hier: die zivile Identität des Rekruten wird neutralisiert und der Rekrut wird auf die alleinige Relevanz des militärischen Rollenkontextes eingestellt. »Unfortunately, from the viewpoint of the institution, the recruit comes to it with a well-developed personality, a civilian frame of reference, and a set of cultural values and expectancies that are not compatible with its objectives or organization. For these reasons the recruit must be remade; as any old sergeant knows, ›a recruit is not worth a damn until he has been broken.‹« (Hollingshead 1946: 442)

Auf diese Weise werden zum einen allgemeine, rollenunspezifische »zivile« Erwartungsstrukturen durchbrochen, zum anderen aber auch spezifisch berufliche Identitäten der Rekruten: So mussten etliche in den Weltkriegen eingezogene Soldaten lernen, dass ihr relativ hohes Alter, ihr hoher außermilitärischer Status und/oder ihre berufliche Erfahrung im militärischen Kontext nichts zählten und sie nichtdestrotrotz dem Befehl jüngerer, weniger gebildeter und weniger erfahrener Vorgesetzter unterworfen waren.[60] Etwaige Familienrollen und familiäre Loyalitäten können auf diese Weise nicht gleichermaßen gut ausgeschaltet werden, bieten aber auch weniger Kollisionsfläche mit militärischen Rollenpflichten, da sie erkennbar in einer ganz anderen Sphäre des Lebens liegen. Das Militär erkennt deshalb die familiären Bindungen seiner Mitglieder bis zu einem gewissen Grad an und ermöglicht ihnen eine mindestens rudimentäre Erfüllung ihrer familiären

60 Dass die Fähigkeiten, die zwangsrekrutierte Soldaten aus ihrem zivilen Berufsleben mitbringen, im Militär nicht immer genutzt, sondern unter Umständen brach liegen gelassen werden (Stouffer u.a. 1949a: 325), ist insofern vielleicht nicht nur eine Verschwendung von Ressourcen, sondern im Sinne der Neutralisierung außermilitärischer Rollen funktional. Mindestens müssten Militärorganisationen (bei vollem Durchschauen des Problems) hier eine Abwägung zwischen inkompatiblen Zielen anstellen.

Rollenpflichten, etwa durch die Gewährung von Heimaturlauben aus familiären Gründen sowie durch die Einrichtung der Feldpost, die die Aufrechterhaltung des Kontaktes zur Familie möglich macht (speziell hierzu Humburg 1998: 248ff.). Es kann auch versuchen, die familiären Rollenengagements der Soldaten zu einer positiven Quelle von Kampfmotivation zu machen, indem der Topos »Ihr kämpft für eure Familien in der Heimat« betont wird.[61] Ob dies gelingt und die Soldaten dann wirklich tapferer kämpfen, oder ob sie eher versuchen, am Leben zu bleiben und mit Risikominimierung durchzukommen, ist eine andere Frage; aber beides ist eine Möglichkeit, mit der Situation der pluralen Inkludiertheit umzugehen.

Die zweite Erscheinungsform des plural inkludierten Soldaten ist mehr für die Jetztzeit typisch, in der größere Kriege und damit auch die Zwangsrekrutierung von Soldaten selten geworden sind (jedenfalls in den Ländern der westlichen Hemisphäre), Kriege für die Masse der Bevölkerung eher den Charakter eines »Zuschauersports« annehmen (Mann 1987a; McInnes 2002). Militärorganisationen bestehen unter diesen Bedingungen überwiegend aus Berufssoldaten, die jedoch nicht unbedingt mit einem Einsatz in einem akuten Krieg, und auch in diesem Fall nicht unbedingt mit übermäßig großen Gefahren für Leib und Leben rechnen müssen (vgl. etwa Shaw 2005). Unter solchen Bedingungen wird die Soldatenrolle von vielen als »ganz normaler Job« gehandhabt, der mit begrenztem Engagement ausgeübt und mit nahezu beliebigen anderen Rollenengagements in anderen gesellschaftlichen Bereichen kombiniert wird. In der militärsoziologischen Diskussion wird diese Veränderung im Charakter der Soldatenrolle als Verschiebung von »Institution« zu »Occupation« beziehungsweise von »Dienst« zu »Arbeit« diskutiert (Moskos 1977; Moskos/Wood 1988; Bahrdt 1987: 70ff.). Unter diesen Bedingungen ist es völlig normal, dass Berufssoldaten einen Ehepartner und Kinder haben; der Umstand, dass man eine Familie zu versorgen hat oder die Gründung einer Familie plant, kann dann sogar zu einem positiven Motiv für die Wahl des Soldatenberufs werden, insofern dieser Beruf ein zuverlässiges Einkommen und Sicherheit des Arbeitsplatzes

61 Militärorganisationen können aber auch versuchen, noch die Rudimente der familiären Rollenengagements ihrer Soldaten unter Kontrolle zu bringen, indem sie etwa Feldpostbriefe zensieren und dafür sorgen, dass die Soldaten keine negativen, beunruhigenden Nachrichten aus der Heimat erhalten, sondern nur positive, die Kampfkraft der Truppe stärkende Nachrichten (Shils/Janowitz 1948: 290). Dies ist eine Art Übersteigerung von »Gierigkeit«, die etwa von der deutschen Wehrmacht im Zweiten Weltkrieg betrieben wurde.

garantiert. Aber auch andere Freiheiten in der Wahl von Rollenengagements werden normal, die für Soldaten früher nur eingeschränkt verfügbar waren, etwa die freie Wahl von Wohnsitz und Nachbarschaftskontakten (auch außerhalb der Kaserne) und das Sich-Bewegen in außermilitärischen, zivilen Kontexten etwa in Bezug auf Sport- und sonstige Freizeitrollen, politisches Engagement usw.

Vorreiter dieser Entwicklung sind diejenigen Berufsgruppen im Militär, die nicht in Kampffunktionen, sondern in mehr oder weniger »zivilen« (technischen, administrativen, medizinischen usw.) Funktionen tätig sind und für die das Militär im Grenzfall ein ganz normaler Arbeitgeber ist, der beliebig gewechselt werden kann. Aber auch Kampfsoldaten werden von dieser Dynamik erfasst. Das Militär scheint sich mit dieser, dem allgemeinen Rollenpluralismus der modernen Gesellschaft entsprechenden Situation relativ problemlos abzufinden[62] und richtet teilweise sogar speziell auf die Bedürfnisse solcher plural inkludierten Soldaten bezogene Rollenkonfliktvermeidungshilfen ein, so beispielsweise in den USA die Möglichkeit der gemeinsamen Versetzung für Paare, in denen beide Partner im Militär sind.

Allerdings hat der Zuschnitt der Soldatenrolle als nur partieller, mit anderen Rollenengagements beliebig kombinierbarer Rolle unter Umständen Folgen für die politische Einsetzbarkeit des Militärs. Es ist zu beobachten, dass seit einigen Jahrzehnten westliche Staaten zunehmend Bedenken dagegen haben, ihre Soldaten in Kriegseinsätze zu schicken, weil diese dort sterben oder auf andere Art Schaden nehmen könnten (Luttwak 1994; 1999; Münkler 1999: 696f.; 2002: 240ff.; 2006: 310ff.; Shaw 2005; 2006). Die Präsidenten und Verteidigungsminister betonen in ihren Reden stets die »Sicherheit der Truppen«, die man »keinem Risiko aussetzen« und nicht in »gefährliche Gebiete« schicken wolle – so als ob das Eingehen von Risiken und das Operieren in gefährlichen Gebieten nicht zu den ureigensten Aufgaben des Soldaten gehörte.[63] Diese Empfindlichkeit gegenüber Opfern unter den eigenen Soldaten – und seien es auch nur eine Handvoll freiwilliger Berufssoldaten – geht offensichtlich mindestens teilweise darauf zurück, dass die plurale Inklusion von Soldaten der Normalfall ist und der Tod von Soldaten mithin nicht nur ihre militärischen Rollenkontext, sondern auch andere

62 Jedenfalls bereitwilliger als etwa die katholische Kirche, die die Anerkennung des Rollenpluralismus als gesellschaftlicher Realität weiterhin verweigert und am Zölibat für Priester festhält.

63 So etwa der Ausspruch Napoleons: »Soldaten sind dazu da, um getötet zu werden« (zit. in Shaw 2006: 165).

Rollenkontexte, insbesondere deren Familien berührt.[64] Aus der Perspektive des plural inkludierten Soldaten erscheint das Risiko, im Krieg zu sterben, zunehmend als unzumutbare Belastung statt als normales Berufsrisiko. Es wird von den Familien der Soldaten, von den Regierungsspitzen und von der breiteren Öffentlichkeit immer weniger akzeptiert und teils in geradezu pathologischem Maß gescheut; James Feaver (2004: 95ff.) spricht in diesem Zusammenhang von »casualty phobia«, Martin Shaw (2005: 35) von »casualty sensitivity«.[65]

In den Massenmedien, über die die politische Meinungsbildung zu wesentlichen Teilen vermittelt ist, werden Soldaten im Kriegseinsatz denn auch bevorzugt unter dem Gesichtspunkt ihrer anderen, zivilen Rollen dargestellt: Es wird nach ihren Ehepartnern und Kindern, ihren Eltern, ihrem Herkunftsort, ihren Sportkameraden, Freunden usw. gefragt, die zu Hause zurückgeblieben und gegebenenfalls durch den Tod des Soldaten jetzt »verwaist«, eines relevanten Rollenpartners beraubt sind. Dieses Bild des Soldaten als »netten Jungen von nebenan« ist zwar schon seit den Weltkriegen in Gebrauch (vgl. etwa Lingeman 1970: 302); damals wurde seine restringierende Wirkung aber noch durch das Gewicht und Format des laufenden Krieges, die nationale Begeisterung usw. konterkariert. Heute fehlen solche Faktoren zumeist, und es wird deshalb für Staaten zunehmend schwierig, ihr Militär in Kriegen einzusetzen (jedenfalls unterhalb einer sehr hohen Schwelle einer wirklichen, existenziellen Bedrohung). Wir leben in einem »postheroischen« Zeitalter (Münkler 2006: 310ff.), in dem es immer schwieriger wird, dem Tod von Soldaten einen Sinn abzugewinnen.[66] Es scheint hier eine zirkuläre Verursachung vorzuliegen: Je seltener gefährliche Kriegseinsätze sind, desto mehr sind Soldaten prädisponiert, ihren Beruf als »ganz normalen Job« zu be-

64 Noch im Absolutismus wurden dagegen die Soldaten, wenn sie geschont wurden, mit Blick auf ihre *Soldatenrolle* geschont, nämlich deswegen, weil sie ein kostbares, lang ausgebildetes Gut und bei ihrem Tod schwer zu ersetzen waren (Senghaas 1969: 25ff.; Münkler 1992: 58).

65 Der paradigmatische Fall von »casualty phobia« ist der Mogadishu-Vorfall 1993, als im Rahmen einer Militärintervention ein toter US-Soldat durch die somalische Hauptstadt Mogadishu geschleift wurde und dieser Vorfall – bzw. die Verbreitung der entsprechenden Filmsequenz über CNN – den Einsatz beendete (Carruthers 2000: 205ff.; Münkler 2006: 207).

66 Reinhart Koselleck (1992) beobachtet denn auch, dass der früher beliebte Topos des »Heldentodes« aus der Mode gekommen ist. Heute sind vielmehr die meisten offiziellen Kriegserinnerungen und Kriegerdenkmäler von der Intention her zivilistisch oder pazifistisch eingestellt, »Hinweise auf Ruhm und Ehre wurden getilgt, die Helden in Tote oder Opfer verwandelt« (ebd.: 342).

trachten und sich von anderen Rollenengagements nicht abhalten zu lassen; und je mehr Soldaten diese Einstellung haben und über ein voll entwickeltes »ziviles« Rollenprofil neben ihrer Soldatenrolle verfügen, desto schwieriger wird es für die Politik, diese Soldaten in ernsthafte Kriegseinsätze zu schicken.

In Reaktion auf die große Empfindlichkeit gegenüber gefallenen Soldaten ist in jüngerer Zeit eine Tendenz zu beobachten, zunehmend Söldner anstelle von regulärem Militär einzusetzen. Söldner haben den Vorteil, dass sie – jedenfalls im paradigmatischen Fall[67] – keine Staatsangehörigen des sie beschäftigenden Staates sind, mithin kein Teil der politisch vertretenen Wählerschaft, und dass ihr Einsatz unter eingeschränkter politischer Sichtbarkeit und Verantwortung, ausgelagert auf private Firmen, stattfindet (Münkler 2002: 229f., 241; Sikora 2002: 35; Singer 2003: 58f.). Aufgrund der vorhergehenden Analyse ist aber zu vermuten, dass die Asymmetrie in der Verwendbarkeit von Soldaten und Söldnern nicht nur durch diesen *politischen* Unterschied bedingt ist, sondern auch dadurch, dass die Massenmedien das Schema des plural inkludierten Individuums noch nicht gleichermaßen auf Söldner wie auf Soldaten anwenden. In massenmedialen Darstellungen werden Söldner typischerweise in ihrer Rolle *als Söldner* beschrieben: als harte Jungs mit Sonnenbrille und Sturmgewehr im Anschlag, die unter mangelhafter Kontrolle durch politische Instanzen und mangelhafter rechtlicher Belangbarkeit ihr Kriegshandwerk verrichten. Diese Konzentration auf die aktuell ausgeübte Rolle und das Absehen von sonstigen, zivilen Rollen mag zwar ein gewisses Korrelat in der sozialstrukturellen Realität haben, insofern Söldner wahrscheinlich auch faktisch seltener verheiratet sind, seltener Kinder oder sonst ein ansprechendes ziviles Umfeld haben als reguläre Soldaten. Im Wesentlichen scheint es sich jedoch um eine differentielle Verwendung von Wahrnehmungsschemata durch die Massenmedien zu handeln.

Das heißt auch, dass der relative Vorteil von Söldnern gegenüber Soldaten sich wieder auflösen könnte, wenn beziehungsweise falls die Massenmedien anfangen, auch Söldner mit der Frage nach ihren anderen Rollen zu beschreiben.[68] Der momentane Zustand ist vermutlich einfach ein Effekt

67 Heute können Söldner nicht selten auch Inländer sein, gesehen von dem Staat aus, in dessen Krieg sie kämpfen – so etwa zahlreiche amerikanische Söldner im Irak.

68 Und dies mag aus der massenmedialen Logik heraus durchaus naheliegend sein: Wenn man eine Reportage über gefallene Söldner macht und Interviewpartner sucht, liegt es nahe, sich an eventuelle Ehefrauen, Verlobte, Mütter usw. zu wenden. (Dies schreibe ich mit Bezug auf ein *Spiegel*-Video über die US-Söldnerfirma Blackwater, das im Internet leider nicht mehr wiederzufinden war.)

institutioneller Trägheit, die dazu führt, dass das Bild des »netten Jungen von nebenan« weitgehend für Soldaten reserviert bleibt und auf Söldner – die unter einem anderen Gesichtspunkt die Bühne der Massenmedien betreten haben – noch nicht in vollem Umfang angewandt wird. Martin Shaw stellt in seiner Diagnose des »new western way of war« die Frage, ob wir Zeugen des – paradoxen – Prozesses sind, dass die allgemeine moralische Norm gegen das Töten nun auch auf Kriege angewandt wird: »Werden die engen Normen, die das Töten verbieten, nun sogar in das Reich des legitimen organisierten Tötens ausgeweitet?« (Shaw 2006: 169f.) Mit diesem bei Moral und Normen ansetzenden Ansatz kann man aber gerade nicht erklären, warum – was ja der Shaw faszinierende Befund ist – hauptsächlich der Tod *westlicher Soldaten* ein Problem ist, und nur nachrangig der Tod von Söldnern, von Zivilisten oder von Soldaten anderer Staaten. Es scheint deshalb sinnvoller, statt von einer Ausweitung des Anwendungsbereichs moralischer Normen von einer Ausweitung des Beobachtungsschemas »plurale Inklusion« auszugehen, das leichter und insbesondere – da es keine Norm ist – begründungsfrei auf verschiedene Zielgruppen differentiell angewandt werden kann. Dies ist ein Anwendungsfall der allgemeinen Einsicht, dass Normen nicht die ganze oder privilegierte Grundlage sozialer Realität sind, Normen und Kognitionen vielmehr gleichberechtigte und gleichursprüngliche Strukturen sozialer Wirklichkeit darstellen.

2.4. Militär und zivile Politik

Bisher wurde das Militär so behandelt, als würde es sich dabei um einen quasi-integralen Bestandteil des politischen Systems der Gesellschaft handeln, und die Soldatenrolle als eine Rolle, die umstandslos im politischen System angesiedelt ist. Nun ist das Militär aber auch *innerhalb* des politischen Systems ausdifferenziert, als ein eigenes Sub(sub)system mit eigenen Rollen, eigenen Organisationen, eventuell einer eigenen Profession und in gewisser Weise auch eigener Autonomie. Sprachlich schlägt sich die Ausdifferenzierung als eigenes Subsystem in dem Begriffspaar militärisch/zivil nieder, wobei vom Militär aus gesehen der »zivile« Teil der Gesellschaft zunächst als bloße Umwelt, nämlich als bloßes Reservoir an Ressourcen und potenzielle Quelle von Störungen für das eigene Operieren erscheint (Finer 1988: 23).[69]

Innerhalb dieser Umwelt kann dann noch einmal zwischen der politiksysteminternen und der sonstigen gesellschaftlichen Umwelt des Militärs unterschieden werden. In der einschlägigen Literatur zu zivil-militärischen Beziehungen hat dies zu einer Arbeitsteilung in der Form geführt, dass der eher »politologisch« beziehungsweise »institutionell« ausgerichtete, an Samuel Huntington (1957) anschließende Strang sich mit dem Verhältnis des Militärs zu seiner innerpolitischen Umwelt und insbesondere mit seiner hierarchischen Unterordnung unter die zivile Politik beschäftigt, während ein »soziologisch« ausgerichteter, an Morris Janowitz (1960) anknüpfender Strang vor allem das Verhältnis des Militärs zu seiner außerpolitischen, sonstigen gesellschaftlichen Umwelt untersucht (zu dieser Arbeitsteilung Feaver 2003: 10). Dabei ist die Bezeichnung als »politologisch« vs. »soziologisch« natürlich unglücklich, da das Verhältnis des Militärs zum Rest des politischen Systems auch in soziologischer Perspektive mindestens so wichtig ist wie das Verhältnis des Militärs zu seiner sonstigen gesellschaftlichen Umwelt, das, weil hier gleich zwei Systemgrenzen überwunden werden müssen, sehr locker ist und deshalb hauptsächlich auf dem Weg des *Vergleichs* zwischen militärischen und zivilen Berufsstrukturen, Lebensgewohnheiten usw. erfasst werden kann. Die folgenden Überlegungen konzentrieren sich auf das »politologische« Problem der Beziehungen zwischen dem militärischen und dem zivilen Teil des politischen Systems und versuchen es in eine differenzierungstheoretisch informierte Gesamtoptik einzuordnen.

Wenn man die Stellung des Militärs innerhalb des politischen Systems erfassen will, muss man zunächst einmal nach der *Form* der politiksysteminternen Binnendifferenzierung fragen. Es spricht einiges dafür, hier von funktionaler Differenzierung auszugehen, wofür sich etwa beim frühen Luhmann, aber auch bei einigen anderen Autoren Anhaltspunkte finden

69 In gewisser Weise ist auch ein re-entry der Unterscheidung militärisch/zivil auf der Seite des Militärs zu beobachten, insofern es im Militär eine Vielzahl von Beschäftigten gibt, die keine spezifischen Kampffunktionen innehaben, sondern »normale« zivile Berufe wie Ingenieur, Techniker, Arzt, Krankenschwester, Koch usw. ausüben. Deren Anteil ist in den letzten ca. hundert Jahren stark gestiegen, im Jargon der Militärsoziologie ausgedrückt: die »teeth-to-tail-ratio« des Militärs ist drastisch gesunken (Stouffer u.a. 1949b: 59ff.; Boene 1990: 6, 35; Warburg 1999: 100; Heins/Warburg 2004: 43f.). Der »tail« des Militärs hat die Nachfolge des Trosses angetreten, mit dem Unterschied, dass die in ihm Beschäftigten nicht lockeres Anhängsel, sondern integraler Bestandteil der Organisation selbst sind.

lassen.[70] Das politische System ist so gesehen nicht nur *aus*differenziert als funktional spezialisiertes Teilsystem der Gesellschaft, es ist auch *in sich* noch einmal funktional differenziert. Die interne funktionale Differenzierung ergibt sich aus einer Aufspaltung der Gesamtfunktion des politischen Systems in verschiedene Teilfunktionen, die von verschiedenen Sektoren des politischen Systems bedient werden. Die Funktion des politischen Systems im Ganzen wird in einer langen, mindestens zu Parsons zurückreichenden Tradition als kollektiv bindendes Entscheiden, genauer: als Bereithalten der Kapazität zu kollektiv bindendem Entscheiden bestimmt (Parsons 1967a; Luhmann 1970b: 158ff.; 2000a: 84ff.; 2010: 37ff.). Diese Funktion kann jedoch dekomponiert werden in die Teilfunktionen des Herstellens von brauchbaren und konsistenten *Entscheidungen* einerseits und des Herstellens von *Bindungswirkung*, insbesondere von Akzeptanzbereitschaft oder Legitimität andererseits. Die Erfüllung der ersten Teilfunktion kann man dann dem Staat oder – in Luhmanns Terminologie – der »Verwaltung« (inklusive ihrer höchsten Organe wie Parlament und Regierung), die Erfüllung der zweiten Teilfunktion der Sphäre der Parteipolitik inklusive Wahlen und öffentlicher Meinungsbildung zuordnen (Luhmann 1970b: 163ff.; 2010: 118ff.).[71]

In der politischen Soziologie von Seymour Lipset (1959: 77ff.) entspricht dem die Unterscheidung zwischen Effektivität und Legitimität; eine ähnliche Unterscheidung findet sich auch in der »funktionalen Theorie der Politik« von Gabriel Almond (1970; 1993), der dem politischen System Teilfunktionen wie Erlassen und Anwenden von Regeln einerseits, Artikulation und Aggregation von Interessen andererseits zuschreibt. Man kann auch von Input- und Output-Funktionen des politischen Systems sprechen. Obwohl beide Teilfunktionen sich zur Gesamtfunktion des politischen Systems ergänzen und insofern komplementär sind, können sie in der Praxis durchaus

70 Diese Frage ist aber in der systemtheoretischen Literatur keineswegs zufriedenstellend geklärt, und der späte Luhmann geht statt von funktionaler Differenzierung vielmehr von Zentrum/Peripherie-Differenzierung als Binnendifferenzierung des politischen Systems aus (Luhmann 2000a: 244ff.). Die hier angestellten Überlegungen sollen u.a. auch dazu beitragen, einer Klärung dieser Frage – mit besonderem Blick auf den Komplex Militär/Krieg – näher zu kommen.

71 Als drittes Sub(sub)system des politischen Systems kommt bei Luhmann das Publikum hinzu, das jedoch keine eigene Teilfunktion erfüllt, vielmehr durch Bereitstellung von Laienrollen für Legitimationserzeugung (Wählerrolle) und für Entscheidungsabnahme (Antragsteller) an beiden Teilfunktionen partizipiert. Wir wissen bereits, dass das Publikum außerdem auch als Rekrutierungspool für die Aushebung von Soldaten zur Verfügung steht und damit auch an der – gleich zu erläuternden – Teilfunktion des Militärs partizipiert.

kollidierende Anforderungen stellen, indem etwa die Komponente der Entscheidung beziehungsweise Effektivität eher durch autoritäre Elemente, die Komponente der Bindung beziehungsweise Legitimität eher durch partizipative Elemente bedient werden kann, oder indem die erste Komponente zu einer möglichst große Klarheit und Eindeutigkeit von Formulierungen Anlass gibt, die zweite aber unter Umständen zu strategisch platzierten Unklarheiten und Vagheiten. Dass die Bedingungen optimaler Funktionserfüllung auf beiden Seiten divergieren, ist der bei funktionaler Differenzierung (auch funktionaler Binnendifferenzierung) zu erwartende Normalfall.

Der Gewaltapparat des politischen Systems (Polizei und Militär) kommt in dieser von »zivil« orientierten Autoren ausgearbeiteten Systematik nicht vor. Er ist in die eben genannte Zweier-Unterscheidung auch nicht ohne weiteres einzuordnen, da schon bei den drei genannten Autoren die passende Zuordnung je nach Formulierung verschieden ausfallen müsste: In der Luhmann'schen Formulierung Entscheidungs- vs. Bindungskomponente würde er eher auf die Seite der Bindung fallen (mit demjenigen Teil der Bindungswirkung, der nicht durch »freiwillige« Folgebereitschaft und Legitimitätsglauben erzielt wird), in den anderen Formulierungen scheint er dagegen eher auf die Seite der Effektivität beziehungsweise Regelanwendung und -durchsetzung zu gehören. Wegen dieser fehlenden Passung ist es naheliegend, dem Gewaltapparat eine eigene Teilfunktion innerhalb des politischen Systems zuzuschreiben, nämlich das Bereithalten eines letzten, »intrinsisch« überzeugenden Entscheidungsmittels zur Anwendung in Problem- und Krisenfällen des kollektiv bindenden Entscheidens (Parsons 1967b; 1967a; Luhmann 1975b; 1988b).

Für den innerstaatlichen Raum – mithin für die Polizei – dürfte dies unstrittig sein: Kollektiv bindende Entscheidungen setzen die Möglichkeit voraus, sie bei Widerstand und »non-compliance« mithilfe eines überlegenen Droh- und Sanktionsmittels gleichwohl durchzusetzen. Was den zwischenstaatlichen Raum – mithin das Militär – angeht, kann diese Teilfunktion zum einen auf die Systemreferenz des Einzelstaates bezogen werden: Dann geht es darum, nach außen gerichtete kollektiv bindende Entscheidungen – etwa die Entscheidung, in diesem oder jenem Streitpunkt nicht nachzugeben, dieses oder jenes Territorium in Besitz zu nehmen, sich nicht erobern zu lassen usw. – auch im Konflikt mit ähnlichen Einheiten durchzuhalten. Man kann die fragliche Teilfunktion aber auch auf die Systemreferenz des internationalen Systems beziehen und etwa darin sehen, für Fragen, die zwischen zwei großformatigen Entscheidern (Staaten) hartnäckig umstritten sind und deshalb unentscheidbar werden, gleichwohl eine Entscheidungsmöglichkeit bereitzustellen, nämlich auf dem Weg der Gewalt. Solche »Entscheidungen« – d.h. der Ausgang von Kriegen – können insofern als kollektiv bindende Entscheidungen betrachtet werden, als sie von beiden Seiten als Faktum hingenommen und jedenfalls für einige Zeit nicht mehr in Frage gestellt werden (zur zeitlichen Bindungswirkung von Kriegen vgl. unten, Kapitel 4.2.).

Man kann mithin ohne größere Abweichung vom common sense das politische System als intern funktional differenziert und das Militär als ein funktional spezifiziertes Teilsystem dieses Systems ansehen. Damit ist die politiksysteminterne Stellung des Militärs aber noch nicht erschöpfend bestimmt, denn gleichzeitig ist das Militär der Kontrolle durch den »zivilen« Teil des politischen Systems, genauer des Staates oder der Staatsspitze unterworfen und diesem hierarchisch untergeordnet. In allen modernen Staaten gibt es eine formale (und in den meisten auch eine faktische) Kontroll- und Befehlshierarchie, der gemäß das Militär von einem zivilen Politiker – früher einem König oder Kaiser, heute einem Präsidenten, Premierminister oder Verteidigungsminister – befehligt wird und insofern als ein untergeordneter Teil des Staatsapparates fungiert. Dies ist die moderne Form der Lösung des Kontrollproblems, d.h. des Problems, wie die an unmittelbarer Durchsetzungsfähigkeit überlegenen Gewaltspezialisten durch Personen mit unterlegener Durchsetzungsfähigkeit dirigiert werden können: »Warum gehorchen Menschen, die über Feuerwaffen verfügen, anderen Menschen, die nur Kugelschreiber in den Händen halten?« (Heins/Warburg 2004: 51)[72] Die hierarchische Unterordnung unter einen breiter interessierten Befehlshaber ist ein notwendiges Komplement der funktionalen Spezifikation des Militärs.

Insgesamt ist die Stellung des Militärs innerhalb des politischen Systems mithin durch eine Kombination von funktionaler Differenzierung einerseits und hierarchischer oder Oben/Unten-Differenzierung andererseits bestimmt. Funktionale Differenzierung und Oben/Unten-Differenzierung sind aber grundsätzlich konkurrierende Ordnungsprinzipien, insofern funktionale Differenzierung zunächst einmal eine Gleichrangigkeit aller – gleichermaßen funktional unentbehrlichen – Teilsysteme impliziert (Dahrendorf 1974: 363f.; Luhmann 1984: 404ff.). Die Kombination beider Differenzierungsformen ist deshalb nicht völlig spannungsfrei und nur

72 Dies ist, abstrakt betrachtet, hoch unwahrscheinlich bzw. ein »soziales Wunder« (Heins/Warburg 2004: 51), und man kann wegen der ungleichen Verteilung der unmittelbaren Durchsetzungsfähigkeit auch davon sprechen, dass die Unterordnung des Militärs unter die zivile Politik letztlich immer »freiwillig« geschieht (Kohn 1997: 147; Bland 2001: 528).

unter Zusatzbedingungen möglich. Auf Gesellschaftsebene geschieht dies etwa durch eine Primatregelung. So basieren vormoderne Reiche auf einer Kombination von funktionaler Differenzierung und Oben/Unten-Differenzierung (hier in Form von stratifikatorischer Differenzierung), wobei aber letzterer der Primat zukommt. Es sind eher einzelne Elemente funktionaler Differenzierung in eine primär stratifikatorische Gesellschaftsordnung eingebaut, und deshalb kann auch das Militär, d.h. der funktional spezifizierte Gewaltapparat, als eine ständische Gruppe konzipiert, in das Gesamtgefüge der Schichtung einrangiert und auf diese Weise kontrolliert werden. In der modernen Gesellschaft herrscht dagegen ein Primat funktionaler Differenzierung, und Elemente von Oben/Unten-Differenzierung kommen nur noch an nachgeordneter Stelle vor, etwa in Form von mehr in der Statistik als im Alltag auffallenden und nur zweifelhaft legitimen Schichtstrukturen oder in Form von organisationsinternen und ihrerseits funktional begründeten Hierarchien.

Was bedeutet dies für die Stellung des Militärs innerhalb des Politiksystems? Hier liegt sogar eine doppelt funktionale Ordnung vor, insofern zunächst das Gesellschaftssystem selbst und dann auch noch das Politiksystem intern funktional differenziert ist. Das Element hierarchischer Differenzierung kann insofern nur eine relativ untergeordnete Stellung einnehmen und scheint überwiegend auf der Ebene der *Organisation* zu liegen. In Organisationen werden funktionale und hierarchische Differenzierung routinemäßig miteinander kombiniert; nahezu jede Organisation besteht zunächst einmal aus arbeitsteilig beziehungsweise funktional voneinander geschiedenen Teilen beziehungsweise Stellen, die dann zusätzlich in eine hierarchische Ordnung gebracht werden.[73] Generell können Hierarchien gewissermaßen als die organisational entschärfte oder gehegte, nämlich in ihrer Reichweite begrenzte Form von Oben/Unten-Differenzierung angesehen werden. Insofern Militär und zivile Politikspitze als Teile einer übergreifenden Riesen-

73 »Unter dem Aspekt der Arbeitsteilung [...] besteht keinerlei Rangunterschied zwischen dem Generaldirektor, der Sekretärin, dem Werkmeister, dem Schlosser und dem Hilfsarbeiter eines Werkes: sie sind sämtlich für die Erstellung der jeweiligen Leistung gleich unentbehrliche Teiltätigkeiten. Daß wir tatsächlich mit diesen Tätigkeiten doch eine Rangordnung [...] verbinden, beruht auf einem zusätzlichen Moment, das zur unterschiedlichen Bewertung der notwendigen Teiltätigkeiten führt.« (Dahrendorf 1974: 363f.) Auch auf der Organisationsebene bleibt aber eine gewisse Spannung zwischen den beiden Differenzierungsformen bestehen, die sich etwa in Tendenzen zur Verselbständigung von funktional spezialisierten Abteilungen und in der Unfähigkeit der Spitze, die funktional spezifizierten Prozesse vollständig zu kontrollieren, niederschlägt.

Organisation namens »Staat« begriffen werden können, können sie deshalb auch in eine hierarchische Ordnung zueinander gebracht werden, ohne dass dies ihrer funktionalen Spezifikation und damit auch ihrer je eigenen (teil) funktionsspezifischen Ausrichtung und Autonomie entgegenlaufen würde.

Andererseits sind Militär und zivile Staatsspitze aber nicht einfach Abteilungen einer größeren Organisation wie etwa Management und Vertriebsabteilung eines Unternehmens, sondern sie sind je für sich schon Riesen-Organisationen mit hoher eigener Komplexität und eigenen jahrhundertealten Traditionen, und sie sind denn auch nicht – wie normale Organisationsabteilungen – durch Dekomposition eines Gesamtsystems, sondern in einem Prozess der Ko-Evolution entstanden. Auch sind sie nicht *nur* Organisationen, sondern transzendieren in gewisser Weise die Ebene der Organisation überhaupt, insofern sie auch Sub(sub)systeme des politischen Systems sind und – mindestens das Militär – eventuell auch in Form einer eigenen Profession ausdifferenziert sind.[74] Auf dieser Ebene zeigt sich dann auch wieder deutlicher die Spannung zwischen den verschiedenen funktionalen Spezialisierungsrichtungen, die charakteristische, (teil)funktional spezifizierte Eigensinnigkeiten und Eigenperspektiven erzeugen und nur durch eine deutliche Selbstvereinfachung des Systems in die Form einer hierarchischen Über-/Unterordnung gebracht werden können.

Das Verhältnis von Militär und ziviler Politik ist also beides: Es ist einerseits das hierarchisch eindeutig geordnete Verhältnis zweier Organisationen oder Teilorganisationen zueinander, und es ist andererseits das Verhältnis zweier funktional spezifizierter und mit je (teil)funktionstypischer Eigenperspektive ausgestatteter Sub(sub)systeme des politischen Systems. In der Selbstbeobachtung des Systems (inklusive eines Teils der Literatur zu zivil-militärischen Beziehungen) dominiert der Aspekt der Hierarchie, d.h. der Unterordnung des Militärs unter zivilen Befehl; dies vermutlich deswegen, weil in der Praxis nur die hierarchische Über-/Unterordnung zum Problem und zum Thema wird, während die funktionale Verschiedenheit und Ei-

74 Es gibt einige andere Fälle, in denen große und autonome Organisationen mit starker funktionaler Eigenorientierung (z.B. staatliche Universitäten und Krankenhäuser) der Weisungskompetenz eines Ministers oder sonstigen politischen Vorgesetzten unterstellt sind. In solchen Fällen ist dann aber die Hierarchie notorisch schwach bzw. nur locker mit dem operativen Geschehen in der jeweiligen Organisation (Lehre, Forschung, Krankenbehandlung) verknüpft. Diese Lösung steht in Bezug auf das Militär nicht offen: Obwohl hier starke funktionale und geschichtlich gewachsene Eigenorientierungen vorliegen, muss das Militär aus funktionsnotwendigen Gründen zuverlässig hierarchisch kontrolliert sein, ein Lockerlassen der Zügel kann hier keine Option darstellen.

gensinnigkeit als selbstverständliches Faktum einfach gegeben und ohnehin nicht disponibel ist. Für einen Außenbeobachter wird dagegen vermutlich der Aspekt funktionaler Differenzierung dominieren (wie es dem Primat funktionaler Differenzierung in der Gesellschaft insgesamt entspricht), der sich in vielfältigen funktional begründeten Eigensinnigkeiten auf beiden Seiten niederschlägt und durch die organisationale Über-/Unterordnung nicht restlos neutralisiert werden kann. In jedem Fall stehen funktionale und hierarchische Differenzierung in einem chronischen Spannungsverhältnis zueinander. Es ist die Leitthese dieses Kapitels, dass man die Probleme der »zivil-militärischen Beziehungen« besser versteht, wenn man sie nicht einfach als Spannung zwischen den institutionellen Sektoren Militär und Staat, sondern auch als Spannung zwischen den Differenzierungsformen funktionaler und hierarchischer Differenzierung begreift. Diese These wird im Folgenden in mehreren Einzelaspekten ausgeführt, wobei zunächst die – relativ spannungsarme – Ebene der Organisation und dann die spannungsreicheren Ebenen der Profession und der Funktionsweise des teilsystemtypischen Kommunikationsmediums Macht im Mittelpunkt stehen.

Militär als Organisation

Die Ausdifferenzierung des Militärs als Subsystems des politischen Systems liegt zunächst auf der Ebene der Organisation. Auf dieser Ebene weist das Militär sowohl allgemein organisationstypische als auch für es spezifische, auf seine spezielle (Teil-)Funktion zurückgehende Merkmale auf. Beide Aspekte – die Organisationsförmigkeit schlechthin und die organisationale Besonderheit als *Militär*organisation – stehen aber der zuverlässigen Unterordnung des Militärs unter zivilen politischen Befehl nicht im Wege; funktionale und hierarchische Differenzierung können auf Organisationsebene relativ gut miteinander kombiniert werden.

Das Militär ist zunächst in vielen Hinsichten eine »ganz normale Organisation«, wenn auch eine historisch besonders frühe Organisation (insofern Militärorganisationen bereits in vormodernen Reichen und dann durchgehend seit der Frühmoderne auftreten). Militärorganisationen verfügen wie alle Organisationen über eigene Mitgliedschaftskriterien, eigene formale und informale Strukturen sowie die für Arbeitsorganisationen typische Entkopplung von Organisationszweck und Motiv des einzelnen Mitglieds. Sie entwickeln auch etliche Strukturen, die ansonsten vor allem aus Produktionsbetrieben der modernen Wirtschaft bekannt sind, parallel mit diesen oder sogar früher als diese; dies gilt etwa für die Trennung der Arbeiter von den Produktionsmittel beziehungsweise der Soldaten von den »Destruktionsmitteln«, für die Trennung von Stabsfunktionen und ausführenden Funktionen, für die Rationalisierung von Bewegungsabläufen durch Zerlegung in Einzelschritte (Janowitz 1960: 26f.; van Doorn 1965)[75] sowie für die zunehmende »Kapitalintensität« der Produktion beziehungsweise Destruktion und damit einhergehend die Umstellung von der individuellen Handhabung von Werkzeugen beziehungsweise Waffen auf die arbeitsteilige Bedienung riesiger Maschinen beziehungsweise Waffensysteme durch eine vielköpfige Mannschaft (Kaldor 1981: 12ff.). So gesehen unterscheiden sich Militärorganisationen nicht auffällig von unzähligen anderen Organisationen, außer natürlich durch den Inhalt der in ihnen vollzogenen Tätigkeit: die kollektive Gewaltausübung.

Diese inhaltliche Ausrichtung bringt jedoch auch eine bemerkenswerte Besonderheit auf der Ebene der Organisationsstrukturen hervor, nämlich die besondere Betonung von Hierarchie und vertikaler Kommunikation. Im Vergleich zu anderen Organisationen zeichnen sich Militärorganisationen durch auffällig vielstufige und im Organisationsalltag besonders betonte und inszenierte Hierarchien und Rangunterschiede aus,[76] wobei es im Kontinuum der Ränge eine deutliche Diskontinuität beziehungsweise eine deutliche Unterscheidung zwischen zwei Klassen oder »Kasten« von Militärangehörigen gibt: einfachen Soldaten und Offizieren (Stouffer u.a. 1949a: 74; Boene 1990: 30f.; Osiel 1999: 31).[77] Militärorganisationen sind auch die einzigen

---

75 Diese wurde im Militär durch Moritz von Oranien 300 Jahre früher eingeführt als in der Industrieproduktion durch Charles Taylor.

76 Genau genommen sind es zwei nebeneinander stehende Hierarchien: die Hierarchie des Ranges (etwa: Gefreiter, Leutnant, Oberst, General), die die jeweils erreichte persönliche Qualifikations- und Leistungsstufe ausdrückt, und die Hierarchie der in der Organisationsordnung zu besetzenden Funktionen (etwa: Gruppenführer, Zugführer, Divisionskommandant). Beide Hierarchien entsprechen einander ungefähr, aber nicht eins zu eins, und je nach Situation kann die eine oder die andere dominieren (so in Bezug auf Grüß- und Meldepflichten der Rang, in Bezug auf das Gros der organisational zu erfüllenden Aufgaben die Funktion).

77 Die »Kasten«differenz Offizier/einfacher Soldat kann positiv-paternalistisch nach dem Muster einer Vater-Sohn-Beziehung eingefärbt sein (Shils/Janowitz 1948: 297ff.), sie kann aber auch – was der häufigere Fall zu sein scheint – durch wechselseitige und institutionalisierte Verachtung und Ressentimentpflege zwischen beiden Gruppen geprägt sein: Die einfachen Soldaten verachten die Offiziere wegen ihrer Privilegien, ihrer Arroganz und ihrer Willkür, die Offiziere verachten die Soldaten wegen ihrer Subalternität, Feigheit und

Organisationen, in denen die der Hierarchie entsprechende Kommunikationsform: der Befehl, im Alltag in mehr als marginalem Maß genutzt wird (vgl. zu »normalen« Organisationen Luhmann 1964: 204, 275).[78] Dies schließt nicht aus, dass es in Militärorganisationen auch ein gehöriges Maß an informaler Inversion von Hierarchien geben kann, und vielleicht sogar mehr davon als in anderen Organisationen; es scheint eine durchaus plausible Hypothese, dass mit der Bedeutung von Hierarchien auch die Motive zu ihrer Umgehung oder Außerkraftsetzung wachsen sowie die Anlässe, an denen sich die Inadäquatheit der formalen Hierarchie erweist.[79]

Faulheit (Warren 1946: 207ff.; Stouffer u.a. 1949a: 74f., 212f.; Hobohm 1992). Beides erfüllt integrative Funktionen für die jeweilige Einheit, im ersteren Fall durch positiv-solidarische Gefühle, im letzteren durch gemeinsames Schimpfen auf die Offiziere. In den meisten Militärorganisationen ist diese »Kasten«differenz gleichzeitig eine Mobilitätsbarriere, d.h. einfache Soldaten können nicht in den Offiziersrang aufsteigen. Wo dies möglich ist (wie etwa in den USA während des Zweiten Weltkriegs), kann die soziale Distanz zwischen beiden Seiten auch mehr oder weniger gezielt, durch organisationale Ausbildungs- bzw. Sozialisationsprozesse, forciert werden: So berichtet Merton (1950: 98f., FN 48), dass frisch gebackene Offiziere der US-Armee nach Durchlaufen der »officer candidate school« unfähig waren, die Perspektive des einfachen Soldaten einzunehmen.

78 Auch im Militär gibt es Grenzen des Gehorsams, so etwa, wenn ein Befehl offensichtlich rechtswidrig ist und/oder das individuelle Gewissen des Soldaten seine Ausführung verbietet (Huntington 1957: 74ff.; Osiel 1999). Aber es müssen sehr hohe Schwellen überschritten werden, damit ein Soldat einen Befehl verweigert, und der Normalfall ist, dass gegebenen Befehlen ohne weitere Hinterfragung gehorcht wird.

79 So kann es auch in Militärorganisationen eine gezielte Steuerung des Vorgesetzten von unten geben (hierzu interessant der Bericht des Befehlshabers der US-Invasion in Grenada 1983, Metcalf 1986) (vgl. auch Lang 1968: 308; Feld 1977: 82). Innerhalb von Kampfeinheiten scheinen faktische Führungsfunktionen mehr von individuellem Mut und individueller Initiative abzuhängen als vom formalen Rang (Marshall 1947: 48f., 60f.). Eine grundsätzliche Grenze der Hierarchisierbarkeit des Militärs (im akuten Kriegseinsatz) liegt in der externen Konfrontation mit dem Feind, die ein unaufhebbares Element von Autonomie an den Grenzstellen erzeugt und es theoretisch sogar unmöglich macht, einen einfachen Befehl wie »erobere diesen Hügel« zu geben: »After all, a junior officer who receives an order to ›take that hill‹ may fail to do so despite all reasonable efforts on his part to accomplish this objective [...]. His failure to do so would technically constitute ›disobedience‹ were the order not interpreted – regardless of its facial wording – really to mean ›make all reasonable efforts to take that hill.‹« (Osiel 1999: 244) Dabei ist die Autonomie untergeordneter Einheiten gegenüber den eigenen Vorgesetzten paradoxerweise umso *größer*, je *schwächer* ihre Position dem Feind gegenüber ist: Einer besiegten und eventuell zerschlagenen Einheit kann man nicht befehlen, trotzdem vorzurücken (man denke an Hitlers Befehle an seine längst nicht mehr existenten Armeen in der Endphase des Zweiten Weltkriegs). (Zur Autonomie von Grenzstellen vgl. allgemein Luhmann 1964: 228; 2000b: 211)

Die Obsession des Militärs mit Hierarchien und dem Befehl/Gehorsam-Schema lässt sich aus seiner funktionalen Spezifikation, der Fähigkeit zur Ausübung großformatiger Gewalt erklären. Die Beteiligung an dieser Tätigkeit setzt die Mitglieder von Militärorganisationen unter Stress,[80] und die Gewöhnung an Hierarchie und Disziplin dient dazu sicherzustellen, dass die Mitglieder auch unter diesen Bedingungen noch durch die Organisation kontrollierbar und im Sinne des Organisationszwecks handeln (Lang 1968: 306; Heins/Warburg 2004: 49). In diesem Sinn ist etwa die gezielte Schaffung einer sozialen Distanz zwischen Offizieren und einfachen Soldaten damit erklärt worden, dass dies den Offizier in den Augen der Soldaten als Respekt einflößende, mit »höheren Weihen« beziehungsweise mit »Amts-Charisma« ausgestattete Figur erscheinen lässt, der unbedingt Folge zu leisten ist, während es gleichzeitig im Offizier ein »quasi-aristokratisches« Pflicht- und Ehrgefühl erzeugt, das ihn im Ernstfall zu »standesgemäßem«, pflichtgemäßem Handeln nötigt (Boene 1990: 30). Hierarchien und Befehl/Gehorsam-Strukturen bringen darüber hinaus einen Zeitvorteil mit sich, weil Diskussionen und Konsensfindungsprozesse eingespart werden (Luhmann 1971a: 150); dies ist der Grund dafür, dass Organisationen mit Krisenreaktionsaufgaben generell besonders hierarchisch strukturiert sind (Andreski 1968: 92). Die stark hierarchische Strukturierung ist für Militärorganisationen mithin funktional notwendig, und die in der Geschichte mehrfach unternommenen Versuche, unter dem Einfluss starker politischer Überzeugungen die Hierarchie im Militär abzuschaffen oder abzuschwächen, indem beispielsweise Offiziere durch ihre Mannschaften gewählt und abgewählt werden, sind denn auch alle nach kurzer Zeit gescheitert (Förster 1997: 114; Seton-Watson 1957: 106ff.).

Insoweit Militär und zivile Politik Organisationen sind, lässt sich die funktional begründete *Besonderheit* des Militärs jedoch ohne weiteres mit seiner hierarchischen *Unterordnung* unter die zivile Staatsspitze kombinieren. Die starke Betonung von Hierarchie setzt das Militär zwar unter Umständen in einen deutlichen *Gegensatz* zum Rest des politischen Systems, in

80 Stress wird erzeugt durch die oft ungünstigen äußeren Bedingungen der Kampfsituation (Hitze, Kälte, Schmutz, Hunger, Müdigkeit, Langeweile, fehlende Privatsphäre usw.) sowie durch die komplementären Notwendigkeiten des Tötens und Sterbens. Dabei ist die Anforderung zu töten zwar vielleicht nicht für Menschen schlechthin ein Stressfaktor, wohl aber für voll sozialisierte Mitglieder der modernen Gesellschaft, die im Regelfall mit einer starken Tötungshemmung ausgestattet sind (Marshall 1947: 78f.; Stouffer u.a. 1949b: 85ff.; Elias 1992a: 277; Kühne 1999: 361).

dem oft entgegengesetzte Strukturpräferenzen oder jedenfalls Wertpräferenzen gepflegt werden (für Demokratie, Freiheit, Gleichheit, Entfaltung des Individuums usw.).[81] Sie beeinträchtigt aber in keiner Weise seine hierarchische *Kontrolle* durch die zivile Staatsspitze. Vielmehr ist die funktional begründete Besonderheit der hierarchischen Unterordnung in diesem Fall vielleicht sogar förderlich, insofern die Gewöhnung an Hierarchie und Gehorsam auch die Unterordnung der jeweils obersten Militärs unter einen zivilen Oberbefehlshaber erleichtern mag (dies verweist bereits auf die Argumentation von Huntington, die unten referiert wird).

Die Kontrolle des Militärs durch die zivile Politik liegt also in weiten Teilen auf der Ebene der Organisation. Sie ist Kontrolle einer Organisation durch eine andere, und die Kontrollmechanismen haben überwiegend die Form von (eher inter- als inner-organisational zu denkenden) Organisationsstrukturen, konkret die Form einer klaren Befehlskette, der gemäß das Militär einem zivilen Oberbefehlshaber – einen Regierungschef oder Verteidigungsminister – untersteht und von diesem kommandiert wird. Das Militär wird also gewissermaßen als eine an der Spitze de-potenzierte Organisation konzipiert, die mit ihrer Spitze in eine andere Organisation – den zivilen Staatsapparat – hineinreicht. Wichtige Stellgrößen für die Regulierung der zivil-militärischen Beziehungen liegen entsprechend im genauen Zuschnitt der organisationalen Kontaktflächen und Kommunikationswege. So macht es etwa einen Unterschied, auf welcher Ebene der zivilen Hierarchie die routinemäßigen Ansprechpartner des Militärs angesiedelt sind: direkt beim Staats- oder Regierungschef, oder bei einem Minister, oder bei Beamten auf noch niedrigeren Hierarchieebenen (Huntington 1957: passim). Weiter macht es einen Unterschied, ob die jeweiligen Seiten (zivil und militärisch) an der Kontaktstelle durch *einen* Sprecher oder durch mehrere, eventuell uneinige und gegeneinander ausspielbare Sprecher vertreten sind – die zivile Seite etwa durch Exekutive und Legislative, die militärische durch die Waffengattungen Heer, Marine, Luftwaffe (Huntington 1957: passim; Avant 1994; 1996).[82] Außer mit der Fixierung solcher organisationalen

81 Es kann sich so die schmerzlich erlebte Inkonsistenz ergeben, dass das Militär von seiner inneren Struktur her das genaue Gegenteil der Werte ist, für die es in einem Krieg kämpft: »We're here to preserve democracy, not to practice it«, wird ein Kommandant aus dem Spielfilm »Crimson Tide« zitiert (Osiel 1999: 27) (vgl. auch Speier 1952: 299). Dasselbe kann in etwas anderer Form übrigens auch für politische Parteien gelten (Michels 1910).

82 Eine weitere organisational zu entscheidende Frage liegt darin, ob das Militär auf die aktuelle Regierung oder auf die Verfassung vereidigt werden soll. Beides reagiert auf komplementäre Missbrauchsbefürchtungen, die sich im ersten Fall gegen eventuelle Putsch- und

Kompetenzen und Kommunikationswege ist die zivile Kontrolle des Militärs auch mit der Ausdifferenzierung eigene Grenzrollen und Verbindungsrollen innerhalb der beteiligten Organisationen verbunden. Dies gilt etwa für den Kontakt zwischen dem Militär und dem – meist die Budgethoheit ausübendem – Parlament;[83] aber auch die ministeriale Bürokratie des Verteidigungsministeriums mit ihrem hohen Anteil an militärischem Personal kann als Verbindungsstelle und gleichzeitig »Puffer« zwischen beiden Seiten angesehen werden (Bruneau/Goetze 2006).

Die in vormodernen Reichen übliche Kontrolle über persönliche Loyalitäten und Herr/Diener-Verhältnisse ist demgegenüber weitgehend verschwunden. Statt dessen läuft die Kontrolle des Militärs über streng organisations- oder rollenspezifische Regelungen und Kompetenzverteilungen, die nicht die Person der Militärangehörigen im Ganzen binden, sondern nur deren rolleninternes Verhalten spezifizieren. Mit Luhmanns Unterscheidung dreier Sinndimensionen (Sach-, Sozial- und Zeitdimension) kann man auch sagen, dass die Lösung des Kontrollproblems schwerpunktmäßig von der Sozial- in die Sachdimension verschoben worden ist: von der Treue von und zu Personen auf die ausgewogene Gestaltung von organisationalen und institutionellen Mechanismen und System-System-Beziehungen. Dies entspricht dem generellen Befund, dass bei den Kriterien für die Beurteilung politischer Entscheidungsträger in vormodernen Reichen das (soziale) Problem der Loyalitätssicherung über das (sachliche) Problem der richtigen oder falschen Entscheidungen dominiert (Münkler 2005: 43), während es in der modernen Gesellschaft umgekehrt ist. Wenn die rollenspezifischen Kontrollmechanismen stark genug sind, können die anderen Rollen von Militärangehörigen freigegeben werden – im Einklang mit dem oben festgestellten Trend hin zu Rollenpluralismus und freier Kombinierbarkeit von nur noch partiell engagierenden Rollen. Während etwa den Soldaten vormoderner Reiche häufig die Heirat und/oder Familiengründung verboten war, kann mit der Entdynastisierung der Politik und der Privatisierung der Familie die Einnahme von Familienrollen freigegeben werden; familiäre Bindungen des Soldaten stellen keine Gefährdung seiner Loyalität mehr dar.[84] Auch müssen einer hohen

Regierungsübernahmegelüste des Militärs, im zweiten Fall gegen eine eventuell verfassungswidrige Zwecke verfolgende Regierung richten (Finer 1988: 30ff.; Bröckling 1997: 146f.).

83 An diesen kann sich dann auch ein für Grenzrollen typisches Misstrauen in Auskünfte und Absichten der je anderen Seite ausbilden (Janowitz 1960: 354ff.; Giraldo 2006).

84 Familiäre Bindungen von Soldaten gefährden höchstens noch deren Risikobereitschaft

Stellung im Militär keine besonderen materiellen beziehungsweise ökonomischen Vergünstigungen mehr entsprechen, was sich darin niederschlägt, dass der Soldatenberuf sich nicht durch übermäßig gute Verdienstmöglichkeiten auszeichnet (Huntington 1957: 15; Janowitz 1960: 219).

Das einzige Relikt der alten Technik der Rollenisolation ist das in manchen Staaten (etwa den USA) bestehende Tabu gegen das parteipolitische Engagement von Soldaten, insbesondere Offizieren. Damit soll sichergestellt werden, dass das Militär durch Regierungen gleich welcher politischen Couleur gleichermaßen zuverlässig kommandiert werden kann. Der Offizier steht »über der Politik« (d.h. ist parteipolitisch neutral); dies ist aber gleichbedeutend damit, dass er »unter der Politik« steht, d.h. Befehle von jedem legitimen Oberbefehlshaber entgegennimmt (Janowitz 1960: 233). Charakteristischerweise handelt es sich hier aber um eine *im selben primären Teilsystem*, nämlich im politischen System liegende Rolle, nicht um eine Rolle in gänzlich anderen Bereichen der Gesellschaft. Offensichtlich ist es hier schwieriger, verschiedene Rollen einer Person gegeneinander abzudichten, bei der Ausübung der einen Rolle von der anderen zu abstrahieren. Dabei ist aber auch zu bedenken, dass das Tabu gegen allgemein-politische Aktivitäten von Offizieren keineswegs in allen Staaten gilt; Deutschland mit seiner Tradition des »Staatsbürgers in Uniform« ist das beste Gegenbeispiel. Hier kommt es dann nur darauf an, dass die Abstraktion der Rollen voneinander gelingt, d.h. dass die Soldatenrolle ausgeübt wird ohne Ansehen der (partei-)politischen Überzeugung ihres Trägers. In diesem Sinn werden denn auch in den USA gelegentlich Stimmen laut, die eine Kombinierbarkeit von Offiziersrolle und allgemein-politischer Rolle (aber dann mit ordnungsgemäßer Rollentrennung) für vorstellbar halten: »[T]he military should be encouraged to participate in American society, and indeed in the political process, as fully as any other citizens – but as citizens, like the rest of us, not as policy makers [d.h. in ihrer allgemein-politischen Rolle, nicht in ihrer Soldatenrolle].« (Slater 1977: 112)[85]

---

im Gefechtsfall. Dies ist aber vor allem für Soldaten in niedrigen Positionen relevant, während die – für das Kontrollproblem entscheidenden – Kommandierenden sich heute normalerweise sowieso nicht persönlich in Gefahr begeben, sondern in Kommandozentralen hinter den Linien sitzen (Marshall 1947: 100ff.; Feld 1977: 74ff.; Keegan 1978: 393ff.; 1987: 168ff., 303ff., 318f.).

85 Was einfache Soldaten angeht, hat die sozialstrukturelle Realität das erwähnte Tabu ohnehin inzwischen überholt, insofern seit einiger Zeit eine deutliche Mehrheit republikanisch orientierter Soldaten im US-Militär festzustellen ist (Ricks 1997; Holsti 1989/99). Während dies unter traditionell orientierten Beobachtern erhebliche Besorgnis auslöst,

Während die bisherige Analyse vor allem für gut etablierte Staaten insbesondere im entwickelten Norden beziehungsweise Westen der Welt zutrifft, liefert die Betrachtung schwach etablierter Staaten in peripheren Zonen der Weltgesellschaft zwar abweichende, nicht aber widersprechende Ergebnisse. In diesen Teilen der Welt ist die funktionale Differenzierung allgemein und damit auch das Prinzip der Rollentrennung oft nur unvollständig durchgesetzt (Hanke 1999; Schlichte 2006b; Holzer 2006b), und dies erhöht die Wahrscheinlichkeit, dass Probleme in den zivil-militärischen Beziehungen – bis hin zu Militärputschen – auftreten. Die Soldatenrolle wird dann oft nicht sauber von anderen Rollen, Zugehörigkeiten und Loyalitäten getrennt, etwa von Loyalitäten zu bestimmten Parteien, politischen Ideologien, ethnischen oder religiösen Gruppen usw., oder von Loyalitäten zu bestimmten Schichten, denen die Soldaten entstammen und denen sie nicht nur im Sinn der sozialstatistischen Herkunft, sondern auch im Sinn realer Identifikationen und Interaktionszusammenhänge angehören. Dies kann dazu führen, dass das Militär nicht als »neutraler Diener des Staates« und in verlässlicher Unterordnung unter die Befehle der zivilen Staatsspitze agiert, sondern im Interesse bestimmter parteipolitischer und/oder Schichtinteressen in die Politik eingreift (wobei es sich sowohl um etablierte Oberschichten als auch um aufstrebende Mittelschichten handeln kann) (Stepan 1973; Finer 1988). Gefahren für die zivil-militärischen Beziehungen entstehen also – anders als in vormodernen Reichen – gerade durch diffuse, rollenübergreifende Identifikationen von militärischen Entscheidungsträgern, während stabile zivil-militärische Beziehungen durch den ausdifferenzierten, von anderen Rollenengagements abstrahierenden Zuschnitt von Militärrollen garantiert werden.

Unter stabil etablierten modernen Bedingungen ist das Militär als Organisation der zivilen Staatsspitze als Organisation(sspitze) mithin relativ verlässlich untergeordnet, und man darf wohl sagen, dass dieses Arrangement – gemessen an der Unwahrscheinlichkeit des Problems – vergleichsweise gut funktioniert. Dabei darf die hierarchische Unterordnung des Militärs unter die zivile Politik natürlich auch nicht hypostasiert werden. Als Organisation entwickelt das Militär auch organisationale Eigeninteressen, die zu den Wünschen und Absichten der zivilen Politik in Gegensatz stehen können und die

mahnen europäisch sozialisierte Beobachter zur Gelassenheit: »Does this matter? What does it matter what the cultural values of the military are, so long as it does its duty? [...] Institutional sectors do have distinct cultures, and well-meaning social intervention may have unintended consequences.« (Roxborough 2003: 365) es ihr gegenüber mehr oder weniger aggressiv vertreten kann. Soweit dies das nicht überschreitet, was alle Organisationen an Eigeninteressen entwickeln – typisch ein Interesse an höheren Budgets, attraktiven Karrierestrukturen, größtmöglicher Autonomie in innerorganisationalen Belangen und Erhaltung bestehender Strukturen (Allison/Zelikow 1971; Halperin 1974) –, scheint dies jedoch unproblematisch, und es wäre soziologisch unrealistisch zu erwarten, dass dergleichen beim Militär nicht auftritt. Das – offene wie verdeckte – Hinwirken auf die Bedienung organisationaler Eigeninteressen ist der im Verhältnis von Großorganisationen zueinander herrschende Normalfall, der bei anderen staatlichen oder staatlich getragenen Großorganisationen (Ministerien, Schulen, Universitäten, Krankenhäuser usw.) ebenso zu beobachten ist und der deshalb nicht gleich (wie etwa bei Desch 1999: 26ff.) in der Alarmperspektive der »gefährdeten zivil-militärischen Beziehungen« aufgenommen werden darf. In diesem Sinn bemerkt auch der Historiker Michael Howard (1957: 13, 23) – mit informiertem Blick auf historische Kontrastzustände –, es sei doch eigentlich vergleichsweise harmlos, wenn das Militär nur noch als Vertreter seiner selbst als Organisation auftrete und beim Stichwort »Einfluss des Militärs« vor allem an die Höhe des Verteidigungsbudgets zu denken sei.

Kritisch wird es höchstens dann, wenn die organisationalen Eigeninteressen des Militärs nicht nur die gewissermaßen organisationsalltäglichen Fragen des Budgets, der Organisationsstruktur usw. berühren, sondern auch Fragen, die seinen Einsatz als Gewaltapparat betreffen – etwa Präferenzen in Bezug darauf, ob man in einem gegebenen internationalen Konflikt mit der »militärischen Option« drohen soll oder nicht, oder welche strategischen Optionen in einem laufenden Krieg gewählt werden sollen. In diesem Sinn mag es etwa vorkommen, dass Militärorganisationen kriegerische Engagements ablehnen aus Gründen des Selbstschutzes beziehungsweise einer militärspezifischen Zweck/Mittel-Vertauschung: »[W]ar is more unsettling to military institutions than to any others. A Tsarist officer once said that he hated war because ›it spoils the armies,‹ and American naval officers complained that the Civil War ›ruined the navy.‹ This attitude reflects an orientation about means to the point where means become ends«. (Huntington 1957: 69)[86] Der Organisationsegoismus des Militärs kann sich aber genauso gut

86 Eine ähnliche Einstellung scheint in folgendem, aus jüngerer Zeit stammenden Gespräch zwischen einer zivilen Außenpolitikerin und einem hohen Militär auf: »Madeleine Albright, then ambassador to the UN and later secretary of state, asked General Powell in frustration, ›What is the point of having this superb military that you're always talking about if

auch in die umgekehrte – nicht kriegsskeptische, sondern eher kriegsfreudige – Richtung auswirken, insofern etwa jeder Militäreinsatz vermutlich das Budget und damit die Bedeutung des Militärs als Organisation vergrößert, oder auch insofern er Gelegenheiten zum Testen neuer Waffensystems bietet. Welche Richtung im konkreten Fall die Überhand behält, hängt vermutlich von unzähligen historischen Kontingenzen ab und kann nicht allgemein bestimmt werden. Neben strategischen Gesamtpräferenzen für oder gegen Krieg können im Übrigen auch kleinformatigere Entscheidungen in einem laufenden Krieg durch organisationale Eigeninteressen beeinflusst werden. Dies war etwa der Fall im Vietnamkrieg, als das US-Militär Offiziersposten nicht im Interesse größtmöglicher militärischer Effektivität, sondern im Interesse einer optimalen Verteilung von Karrierechancen besetzte: »[M]ilitary needs were sacrificed to ›needs of the service‹ in rotating officers rapidly through command positions, in order to give everybody a turn. Missing out is like sitting on the bench all through the championship game.« (Yarmolinsky 1980: 124) (vgl. Halperin 1974: 56)

An diesem Punkt der Einstellung gegenüber Gewalteinsätzen grenzt das Problem des Organisationsegoismus jedoch an das Problem der durch unterschiedliche Funktionsausrichtung erzeugten Eigenperspektiven von Militär und ziviler Politik an, die diesen ebenfalls unterschiedliche Haltungen in Bezug auf das Vorgehen in Kriegen oder kriegsnahen Lagen nahelegen können. Dieses Problem wird weiter unten diskutiert. Im Moment genügt es festzuhalten, dass die Kontrolle des Militärs als Organisation durch die Politik(spitze) als Organisation nicht perfekt ist, dass sie aber – wenn man von dem ausgeht, was im Inter-Organisations-Verhältnis erwartbar ist – vergleichsweise verlässlich institutionalisiert ist. Auf der Ebene der Organisation gibt es mithin wenig Kollisionen zwischen funktionaler Eigenorientierung und hierarchischer Über-/Unterordnung, beide lassen sich relativ gut miteinander kombinieren.

Militär als Profession

Nach Meinung vieler Beobachter ist das Militär nicht nur als Organisation, sondern auch als Profession ausdifferenziert, wobei als Professionsmitglieder

we can't use it?‹ Powell reports that he thought he ›would have an aneurysm. American GIs were not toy soldiers to be moved around on some sort of global game board‹«. (Feaver/Gelpi 2004: 2f.)

allerdings nicht alle Soldaten, sondern nur Offiziere in Frage kommen (zur Professionsdiskussion etwa Huntington 1957; Janowitz 1960; Feld 1968; van Doorn 1969; Abrahamsson 1971; Larson 1974; Feaver 1996; Evetts 2003; Apelt 2006). Der klassische Autor der Professionsthese, Samuel Huntington, nennt als Indizien für den Professionscharakter der Offiziersrolle die Expertise für ein bestimmtes, anspruchsvolles Wissensgebiet mit staatlich geregelter Ausbildung, die korporative Verfasstheit und die Existenz eines eigenen Ethos mit Betonung der Verantwortung gegenüber einem »Klienten« (Huntington 1957: 8ff.). Historisch gesehen ist eine deutliche Umstellung auf die Professionalisierung der Offiziersrolle mit der Einrichtung staatlicher Offiziersschulen und damit auch der Abkopplung des Rollenzugangs von Schichtkriterien (sei es Adelszugehörigkeit, sei es Verfügung über Geld wegen Käuflichkeit von Offizierspatenten) in der Zeit um 1800 zu beobachten. Mit der Professionalisierung militärischer Führungsfunktionen kommt es auch zu einer fast vollständigen Rollentrennung zwischen militärischem und politischem Spitzenpersonal: Die Offiziersrolle kann nicht mehr nebenbei von den politischen Führungsfiguren (Königen, Präsidenten usw.) ausgeübt werden, vielmehr kommandieren diese die Truppen nur noch per »hierarchischer Befehlskette« (Mann 1998: 264) und tauchen nicht mehr persönlich im Feld auf (oder wenn, dann als reines public-relations-Ereignis, dem keine militärische Bedeutung zukommt).[87] Napoleon war die letzte Inkarnation der Einheit von politischer und militärischer Führungsrolle und verdankt diesem Umstand einen Teil seines Glanzes (Huntington 1957: 70).

Auf der anderen Seite gibt es aber auch Zweifel am Professionsstatus von Offizieren, gestützt vor allem auf das Argument, dass der Offiziersrolle die für Professionen typische Autonomie in der Ausübung des Berufes fehle und sie gegenüber der Organisationsebene nicht ausdifferenzierbar sei (Larson 1974; Feld 1968: 55f.; 1977: 122ff.). Der Offizier hat in der Regel keine Wahl, ob er seinen Beruf selbständig oder bei einem von mehreren Arbeitgebern ausüben möchte, vielmehr sind seine Arbeitsmöglichkeiten durch das staatliche Militär monopolisiert.[88] Weiter ist er auch im Berufsalltag eng

87 Die Ausübung beider Rollen durch dieselbe Person ist jetzt nur noch in Form der zeitlichen Sukzession möglich, d.h. als individuelle Karriere, die vom Militär in die Politik führt (aber nicht umgekehrt), wie die Politik generell Karrieren von Seiteneinsteigern zulässt.

88 Die Existenz von privaten Söldnerfirmen als alternativen Arbeitgebern ist hier noch nicht berücksichtigt; die Frage ist aber, ob diese angesichts ihrer zweifelhaften Legitimität auch und gerade in Militärkreisen (Heins/Warburg 2004: 36ff.) eine echte Alternative darstellen können.

an organisationale Direktiven gebunden und wird nicht – wie der »normale« Professionelle – durch Kollegen beziehungsweise »peers«, sondern durch Vorgesetzte kontrolliert. Überdies ist sein Klient letztlich identisch mit seinem obersten Vorgesetzten – dem Staat –, was eine für Professionen absolut untypische Anomalie ist (Abrahamsson 1971: 65f.). Im Falle des Offizierskorps fallen Profession und Organisation mithin mehr oder weniger zusammen, und es fehlt die Spannung zwischen professionellen und organisationalen Anforderungen, die ansonsten für Professionen typisch ist.[89] Manche haben deshalb vorgeschlagen, die Offiziersrolle nur als »Semi-Profession« zu bezeichnen (Larson 1974). Ich verwende trotzdem im Folgenden gelegentlich den Ausdruck Profession, um mich auf den Status der Offiziersrolle als eigenständiger, spezialisierter Berufsrolle zu beziehen, ohne dass von der Zu- oder Aberkennung des Professionsstatus im strengen Sinn viel abhinge.

Die inhaltliche Bestimmung der Spezialisierungsrichtung, die die (Semi- oder Quasi-) Profession des Offiziers konstituiert, wurde in der Professionsdiskussion vergleichsweise wenig zum Thema gemacht. Huntington (1957: 11) bestimmt die spezifische Aufgabe von Offizieren als »Management von Gewalt« und erfasst damit die charakteristische Mittelstellung von Offizieren, die in Kriegen einerseits auf der Seite der direkten Gewaltausübung – und nicht etwa auf der Seite der politischen Entscheidungsfindung – stehen, andererseits aber nicht oder jedenfalls nicht hauptsächlich mit der eigenhändigen Ausübung von Gewalt beschäftigt sind.[90] Diese Bestimmung wurde von der weiteren Diskussion kaum modifiziert oder auch nur problematisiert; sie wurde anscheinend für selbstverständlich und unstrittig gehalten.

89 Gegen das distanzlose Aufgehen der Offiziersrolle in der Organisationsebene spricht andererseits der Befund einer gewissen internationalen Einheit und Solidarität von Offizieren, auch über Staatsgrenzen und u.U. über Grenzen politischer Feindschaft hinweg. So hatten während des Kalten Krieges russische und amerikanische Offiziere in ihrer gemeinsamen Professionszugehörigkeit eine Vertrauensbasis für Abrüstungsverhandlungen, die den zivilen Politikern ihrer Länder fehlte (Janowitz 1960: 307). Hier müsste man allerdings fragen, ob dies nicht ein sehr allgemeines Phänomen ist, dass für Praktiker *beliebiger* Berufe zutrifft und nicht Spezifisches über den Offiziersberuf aussagt.

90 Anzumerken ist, dass diese Bestimmung nur idealtypisch gilt, da es auch Offiziere gibt, die überwiegend mit der direkten Ausübung von Gewalt beschäftigt sind und kaum Managementaufgaben haben (etwa Piloten von Kampfflugzeugen); weiter gibt es natürlich Sanitätsoffiziere, Offiziere in technischen Positionen (Ingenieure) usw., die ebenfalls nicht gut als Gewaltmanager beschrieben werden können. Wenn man angesichts dieser Vielfalt von Aufgaben, die durch Offiziere erfüllt werden, überhaupt eine einheitliche Bestimmung der Offiziersrolle vornehmen will, muss man sich notwendig mit Vereinfachungen und Idealtypen behelfen.

So betont etwa Janowitz (1960) den Management-Aspekt der Offizierstätigkeit und diagnostiziert deshalb auch eine zunehmende Ähnlichkeit der Offiziersrolle mit zivilen Managementrollen, in Bezug auf Aspekte wie Menschenführung, Motivation, Anregen zu Eigeninitiative usw. Eine grundsätzlich andere Bestimmung der spezifischen Aufgabe von Offizieren ist meines Wissens in der einschlägigen Literatur nicht versucht worden.

Eine Alternative dazu könnte jedoch sein, statt von dem aus der Wirtschaft abgezogenen Begriff des Managements von allgemeinen sozialtheoretischen Begriffen auszugehen, etwa vom Begriff der doppelten Kontingenz. Dieser Begriff bezeichnet Situationen, in denen zwei Sozialpartner sich wechselseitig aneinander orientieren, so dass A sein Handeln von B und B sein Handeln von A abhängig macht und die Situation deshalb durch Unbestimmtheit und Strukturierungsbedarf charakterisiert ist (Luhmann 1984: 148ff.). Die Situation hat eine zirkuläre Struktur von der Form »ich tue, was du willst, wenn du tust, was ich will« (ebd.: 166) und ist deshalb in ihrer Reinform durch Unbestimmtheit und Strukturierungsbedarf charakterisiert. Ausgehend hiervon kann man die spezifische Aufgabe von Offizieren als Handhabung von negativer doppelter Kontingenz im Krieg bestimmen. Konflikte generell – Kriege wie andere Konflikte – stellen gewissermaßen die Negativversion von doppelter Kontingenz dar (ebd.: 531). Sie haben die Form »ich tue nicht, was du willst, wenn du nicht tust, was ich will«, oder auch, für den speziellen Fall Krieg noch passender, »ich tue, was du nicht willst (d.h. was dir schadet), wenn du tust, was ich nicht will (d.h. was mir schadet)«. Anders als bei positiver doppelter Kontingenz geht es hier also nicht darum, sich mit dem Partner abzustimmen, sondern darum, den »Partner« beziehungsweise Gegner zu überwinden, zu besiegen, außer Gefecht zu setzen.

Die doppelte Kontingenz des Krieges ist aber – vor allem unter Bedingungen einer hochtechnologisierten Kriegführung – nicht auf allen Ebenen gleichermaßen sichtbar. Einfache Soldaten bekommen davon in der Regel wenig mit; sie erleben Krieg im Wesentlichen als das einfach kontingente Anfliegen von Geschoßen (Marshall 1947: 64ff.). Die Aufgabe der Offiziere ist es dann, die negative doppelte Kontingenz auf verschiedenen Ebenen der Taktik und der Strategie sichtbar und handhabbar zu machen. Dies geschieht dadurch, dass man die eigene Situation und geplante Vorgehensweise in Abhängigkeit von der (nur unvollständig bekannten) Situation und Vorgehensweise des Gegners zu bestimmen versucht. So muss man etwa versuchen, die Pläne und Absichten des Gegners zu antizipieren, um die eigenen

Pläne darauf einstellen zu können, und muss gleichzeitig verhindern, dass der Gegner die eigenen Pläne richtig antizipiert und sich darauf einstellt. Die Anwendung von Listen, das »Tarnen und Täuschen« ist deshalb ein wichtiges Element erfolgreicher Kriegführung, ebenso wie eine geschulte Urteilsfähigkeit, um nicht auf die Listen des Gegners hereinzufallen.[91] Mit Edward Luttwak (2003) gesprochen herrscht im Reich der Kriegführung die »paradoxe Logik der Strategie«, der gemäß der (physisch) schlechtere Weg der bessere sein kann, weil man erwarten kann, dass der Gegner nicht erwarten wird, dass man ihn wählt, usw. Wegen dieser Verstrickung in doppelt kontingente Verhältnisse ist Kriegführung auch eine unauflöslich nicht-triviale und nicht restlos programmierbare Aufgabe, eher eine »Kunst« (Clausewitz 1832: 36) als eine Technik, die auch unter den heute vorherrschenden Bedingung der Technologisierung und Informationalisierung niemals nur als »ingenieursartige« Tätigkeit gehandhabt werden kann (Boene 1990: 21; Osiel 1999: 281ff.; Roxborough 2003: 367; Heins/Warburg 2004: 63ff.). Obwohl die Aufgaben von Offizieren natürlich auch viele andere Kompetenzen, etwa in den Bereichen Technik und Menschenführung, enthalten, ist der Kern der Professionalisierung dieses Berufs – wenn es einen gibt – in diesem nichttrivialen Problem der doppelten Kontingenz im Verhältnis zum Gegner zu sehen.

Politische Sterilität, Politisierung und funktionale Spezifikation

Nach diesem Exkurs zum Charakter der Offiziersrolle ist nun wieder die systematisch interessierende Frage in den Blick zu nehmen, wie die ausdifferenzierte, spezialisierte Berufsrolle des Offiziers (ob nun professionalisiert oder nicht) zur Kontrolle durch zivile politische Vorgesetzte steht. Die klassische, zwar vielfach angegriffene, aber bis heute nicht verschwundene Position[92]

91 Ein beeindruckendes Beispiel für die souveräne Ausnutzung der Chancen solcher doppelt kontingenten Täuschungs- und Täuschungsdurchschauungsverhältnisse ist die von Goffman (1981: 53) berichtete Irreführung der Deutschen über Zeitpunkt und Ort der Landung in der Normandie 1944: Einem von den Alliierten »umgedrehten« deutschen Agenten, dessen Umdrehung den Deutschen bekannt war und dessen Informationen deshalb als Desinformationen behandelt wurden, wurde ein Dokument mit dem korrekten Ort und der korrekten Zeit der Invasion zugespielt, in der (sich als zutreffend erweisenden) Annahme, dass die Deutschen dies für eine gezielte Irreführung der Alliierten halten und *diesen* Ort und *diese* Zeit dann für garantiert ausgeschlossen halten würden.

92 Feaver (2003: 8) bescheinigt Huntington, trotz wiederholter Wellen von Angriffen und

hierzu wurde wiederum von Huntington (1957) formuliert: Für ihn ist der Offizier gerade wegen seiner Spezialisierung und funktionalen Eigenausrichtung zur Unterordnung unter den Befehl der zivilen Politik prädisponiert, da er dann eben ein eigenes Feld von spezifisch militärischen Problemen zu bearbeiten habe und gegenüber breiteren politischen Fragen – etwa gegenüber der Frage, *gegen wen* er seine militärische Expertise einsetzt – indifferent werde. Es entstehen gewissermaßen zwei getrennte, überschneidungsfreie Zuständigkeitsbereiche, so dass das Militär für das »Wie« der Kriegführung, die Politik aber für das »Ob«, »Wann« und »Gegen wen« der Kriegführung zuständig ist. Die beste Garantie für die zivile Kontrolle des Militärs liegt so gesehen darin, dass die Offiziersrolle als eine eigene Spezialisierungsrichtung etabliert und dadurch von politischen Inhalten entleert, »politisch steril« (Feaver 1996: 160) wird. Autonomie und Unterordnung, funktionale Spezifikation und Einordnung in eine Hierarchie gehen Hand in Hand – dies ist die These von Huntington, mit der gewissermaßen die Harmoniethese für das Verhältnis nicht nur von Militär und ziviler Politik, sondern auch von funktionaler und hierarchischer Differenzierung formuliert ist.[93]

Diese These ist nicht unwidersprochen geblieben. Morris Janowitz (1960) etwa bezweifelt, dass man von einer politischen Sterilität der Offiziersrolle ausgehen kann, und postuliert statt dessen eine zunehmende »Politisierung« der Offiziersrolle. Die klare Trennbarkeit von politischen und militärischen Fragen gelte nur unter bestimmten Bedingungen, etwa denen des 18. und 19. Jahrhunderts, als Krieg und Frieden eindeutig und auch im Sinn einer klaren zeitlichen Abfolge voneinander geschieden waren (erst spricht die Politik, es werden diplomatische Noten geschickt usw.; dann schweigen die Diplomaten und es sprechen die Gewehre). Sie gelte jedoch nicht für die Zeit nach 1945, d.h. für die Zeit des Kalten Krieges und der zunehmen-

Widerlegungsversuchen in einem »phoenix phenomenon« immer wieder auferstanden zu sein.

93 Die Kontrolle durch Autonomie und politische Sterilität ist jedenfalls die bei Huntington präferierte (und auch real dominierende) Form der »objektiven« Kontrolle des Militärs. Daneben kennt Huntington noch die »subjektive« Kontrolle durch Installation starker politischer Überzeugungen im Offizierskorps, in Übereinstimmung mit der generellen politisch-ideologischen Ausrichtung des Staates. Objektive Kontrolle ist also gewissermaßen Kontrolle durch Systemdifferenzierung und -spezialisierung, subjektive Kontrolle ist Kontrolle durch Ähnlichkeit, d.h. durch Vorherrschen ähnlicher Werte, Ideologien usw. auf beiden Seiten. Die Form der subjektiven Kontrolle wird gelegentlich in Staaten mit besonderen Bedrohungslagen realisiert, etwa in der Sowjetunion (van Doorn 1969: 17ff.) oder in Israel, die dem Militär einen hohen Stellenwert in der Politik überhaupt geben und damit seine Ausdifferenzierbarkeit erschweren.

den »low-intensity wars«, in der militärische Fragen von vornherein Teil der Politik seien (etwa die Frage nach der Zerstörungskraft, Reichweite, Zahl von Atomwaffen, der Verteilung von Erst- und Zweitschlagskapazitäten, der Akzeptabilität von »Kollateralschäden« in der Zivilbevölkerung usw.), mithin zivile Politiker sich auch mit solchen Fragen beschäftigen müssten und umgekehrt Militärs nicht an der Auseinandersetzung mit der politischen Dimension ihrer Kriegsmittel vorbeikämen. Anstelle der klar getrennten Sphären der Politischen und des Militärischen gebe es vielmehr einen breiten Überschneidungsbereich, in dem unter Zusammenarbeit von zivilen Politikern und Spitzenmilitärs strategische Konzepte formuliert werden, die Politik in militärische Operationen hineinregiere und umgekehrt (hierzu auch Slater 1977; Roxborough 2003: 352ff.; Porch 2006: 101ff.).

Dies ist dann auch die Grundlage dafür, dass eine entsprechend große Reibungsfläche entsteht, auf der zivile Politik und Militär aneinander geraten können, divergierende Meinungen zu kriegsbezogenen Fragen entwickeln und das Militär sich keineswegs immer widerspruchslos den Plänen der zivilen Politik fügt. So ist beispielsweise bekannt, dass das US-Militär nach der traumatischen Erfahrung von Vietnam eine tiefsitzende Abneigung gegen schleichend eskalierende, ohne klaren Auftrag begonnene Kriege hat und seither in diesem Sinn auf die zivilen politischen Entscheidungsträger einwirkt (Avant 1996: 52; Roxborough 2003: 352ff.), und manche fragen, ob es sich darin schon des versuchten Ungehorsams schuldig macht und »außer Kontrolle« gerät (Kohn 1994). Der Huntington'schen These von der Etablierung getrennter Zuständigkeitsbereiche und der daraus »natürlich« sich ergebenden Unterordnung des Militärs unter die zivile Politik steht somit die These von der Überschneidung beider Zuständigkeitsfelder und der deshalb stets gefährdeten Unterordnung des Militärs unter zivile Pläne und Präferenzen gegenüber.

Dieser Gegensatz, der die Diskussionslage in der Literatur zu zivil-militärischen Beziehungen bis heute bestimmt, kann vielleicht vermittelt und entschärft werden, wenn man allgemeinere soziologische Erkenntnisse einbezieht. Hierfür kann man auf die in der Theorie funktionaler Differenzierung gut etablierte Einsicht zurückgreifen, dass funktionale Spezifikation keineswegs die Etablierung verschiedener, überschneidungsfreier Wirklichkeitsbereiche bedeutet, sondern nur die Ausdifferenzierung verschiedener *Perspektiven* auf im Prinzip die ganze Welt. Funktionale Spezifikationen sind immer insofern-Abstraktionen, die festlegen, dass alles, was unter dem Blickpunkt einer bestimmten Funktion relevant ist, berücksichtigt wird, ohne dass dadurch ausgeschlossen wäre, dass dieselben Weltausschnitte auch auf dem Bildschirm anderer Funktionen und Funktionsträger auftauchen, und zwar typisch mit einer anderen Verteilung von Relevanzen und Indifferenzen.

An die Stelle der zu einfach gebauten Alternative »keine Politisierung – keine Spannung« vs. »Politisierung – Spannung« muss man deshalb die Vorstellung setzen, dass Militär und zivile Politik zwar verschiedene, je funktional spezifizierte Teilsphären sind und insofern keine »Politisierung« der Offiziersrolle vorliegt (darin hat Huntington Recht), dass sie aber trotzdem teilweise dieselben Weltausschnitte in den Blick bekommen und in Bezug darauf unterschiedlicher Meinung sein können (darin hat Janowitz Recht). Gerade weil es sich um funktionssystemintern ausdifferenzierte Teilperspektiven handelt, zwischen denen folglich häufiger, mehr als nur okkasioneller Abstimmungsbedarf besteht, ist zu erwarten, dass sich vielfältige Reibungspunkte und Meinungsverschiedenheiten etwa in Bezug auf Chancen und Risiken eines eventuellen Kriegsengagements, auf den angemessenen »Härtegrad« des Vorgehens usw. ergeben werden, ohne dass Militär und zivile Politik deshalb aufhören, funktional spezifizierte und voneinander unterscheidbare Teilsphären zu sein. Die Offiziersrolle ist mithin nicht »politisiert«, oder sie muss es jedenfalls nicht sein, um Meinungsverschiedenheiten mit zivilen Entscheidungsträgern hervorzubringen. Vielmehr bringt sie aus ihrer eigenen, (teil)funktional spezifizierten Perspektive Urteile, Einschätzungen, Präferenzen usw. hervor, die mit denen der zivilen Politik kollidieren können. Damit ist natürlich nicht ausgeschlossen, dass Offiziere zusätzlich auch breitere politische Meinungen, Identifikationen, Standpunkte usw. haben und dies ihre Meinung zu strategischen oder sonstigen kriegsbezogenen Fragen beeinflusst. Aber dies ist eine empirische Frage: es kann so sein oder auch nicht, während die in der Offiziersrolle selbst angelegte Grenzfläche zu politischen Fragen nicht-kontingent ist.[94]

An diesem Punkt stellt sich natürlich die Frage, ob man die verschiedenen, für die jeweilige Spezialisierungsrichtung (militärisch oder zivil-politisch) typischen Perspektiven noch einmal inhaltlich näher bestimmen kann.

94 Dies ist in meinen Augen ein großer Fehler von Janowitz: Er unterscheidet nicht zwischen verschiedenen »politischen« Komponenten der Offiziersrolle und wirft so verschiedene Dinge wie das Innehaben und Äußern parteipolitischer Präferenzen, das Wissen über das Regierungssystem des eigenen Staates (mithin in meiner Perspektive allgemein-politische Orientierungen) und die Beschäftigung mit strategischen und geopolitischen Problemstellungen (mithin spezifisch militärische Betätigungen, die aber an politische angrenzen) in denselben Topf von Indikatoren für »Politisierung«.

Ich will versuchen, dies unter Rückgriff auf einige Überlegungen zu tun, die der Theorie der Kommunikationsmedien bei Parsons und Luhmann zu entnehmen sind.[95] Kommunikationsmedien sind nach dieser Vorstellung gewissermaßen Überzeugungsverstärker, die es erlauben, die kommunikativen Äußerungen eines Gegenübers im Sinne der eigenen Präferenzen zu beeinflussen. Sie funktionieren im Wesentlichen über die Weitergabe hochgeneralisierter, allgemein anerkannter Symbole (etwa Insignien der Macht wie Zepter, amtliche Siegel und Stempel, oder symbolischer Wertträger wie Geldscheine und elektronische Zahlungsmittel), die jedoch in »intrinsisch« wirksamen, unmittelbare Überzeugungskraft und einen gewissen Körperbezug besitzenden Strukturen (etwa Gewalt und unmittelbaren Gebrauchswert beziehungsweise Bedürfnisbefriedigungswert besitzenden Objekten) abgestützt sind und im Krisenfall darauf zurückgeführt werden.

Das hier einschlägige Kommunikationsmedium ist Macht, und Macht wird von Parsons und Luhmann übereinstimmend als Drohmacht verstanden (Parsons 1967b; 1967a; Luhmann 1988b; 2000a: 18ff.). Sie hat die Form: »you do something nice to me or I will do something nasty to you« (während das Geldmedium beziehungsweise ökonomischer Austausch die Form hat: »you do something nice to me and I will do something nice to you«) (Boulding 1963: 242ff.). Einer der Kommunikationsteilnehmer – der Machtüberlegene – erhöht seine Chancen auf Durchsetzung der eigenen Präferenzen, indem er mit einer Sanktion droht, deren Ausführung auch er nicht wünscht, aber weniger unerwünscht findet als der Andere, der deshalb der Machtunterlegene ist. Luhmann (1988b: 22ff.) nennt diese vom Machthaber in Aussicht gestellte Sanktion »Vermeidungsalternative«. Als Vermeidungsalternative für Drohkommunikationen kommen im Prinzip ganz verschiedene Sachverhalte in Betracht; so kann eine Mutter beispielsweise sagen: »Wenn du deinen Teller nicht leer isst, gibt es keinen Nachtisch«, oder ein Erpresser: »Wenn du mir nicht 10.000 Euro gibst, veröffentliche ich kompromittierende Fotos von dir«. Die Etablierung von Macht als genera-

95 Die Medientheorien von Parsons und Luhmann sind nicht identisch. Sie unterscheiden sich sowohl in der inhaltlichen Bestimmung der existierenden Medien (bei Parsons: Macht, Geld, Einfluss, Wertbindungen; bei Luhmann: Macht, Geld, Wahrheit, Liebe) als auch in der Vorstellung davon, *wo* die jeweiligen Medien zirkulieren (bei Parsons zwischen den Subsystemen, bei Luhmann innerhalb je eines Funktionssystems). Das für mich relevante Medium Macht und auch die Spannung zwischen symbolisch-generalisierter und intrinsisch wirksamer bzw. körperbezogener Ebene werden bei beiden Autoren jedoch weitgehend parallel behandelt, weshalb ich im Text nicht zwischen den beiden Theorien unterscheide.

lisiertem Kommunikationsmedium und die Ausdifferenzierung eines darauf gegründeten Systems ist aber nur möglich, wenn als letztes Sanktionsmittel physische Gewalt zur Verfügung steht. Nur diese Sanktionsform ist so weit generalisierbar, dass sie gegenüber beliebigen Anderen, für nahezu beliebige Zwecke und mit großer zeitlicher Elastizität eingesetzt werden kann, während bei anderen Sanktionsformen die Macht mehr oder weniger punktuell und okkasionell, d.h. sozial, sachlich und/oder zeitlich beschränkt bleibt.

Gewalt fungiert somit als das intrinsisch wirksame Überzeugungsmittel (Parsons) beziehungsweise als der symbiotische Mechanismus (Luhmann) des Kommunikationsmediums Macht. Das heißt aber nicht, dass Gewalt der normale Operationsmodus des politischen Systems ist. Vielmehr bewegen sich die allermeisten Operationen dieses Systems auf der symbolischen Ebene; sie kommen mit symbolischen Machtattributen (amtlichen Bescheiden, roten Teppichen, Militärparaden usw.) und einer mehr oder weniger weit in den Hintergrund gerückten Verweisung auf die Letztsanktion Gewalt aus. Nur im Fall von besonderen Krisen und Durchsetzungsproblemen – etwa wenn der Staat sich hartnäckigen Provokateuren gegenübersieht, die seine Machtposition und sein Gewaltmonopol demonstrativ anzweifeln – muss Gewalt tatsächlich angewandt werden, muss die in der Machtkommunikation (explizit oder implizit) enthaltene Drohung ausgeführt werden.[96] Tut der Machthaber dies nicht, so verliert er sein »Gesicht« beziehungsweise gibt sich eine »Blöße«, und das heißt: Er verliert mehr an symbolisch generalisierter Macht und damit an Durchsetzungschancen in der weiteren Kommunikation, als der intrinsischen Bedeutung des Einzelfalls entspricht. Die symbolische Generalisierung des Machtmediums hat zur Folge, dass Macht auch in symbolisch-generalisierter Weise verloren werden kann.

Die Medientheorie der Macht ist – wie die politische Soziologie von Parsons und Luhmann generell – mit Blick für den innerstaatlichen Raum formuliert, und inwieweit sie auch auf den zwischenstaatlichen Raum angewandt werden kann, ist nicht geklärt (vgl. dazu unten die Überlegungen zur Seltenheit beziehungsweise Latenz von Gewalt, Kapitel 4.3.). Man kann aber davon ausgehen, dass jedenfalls manche Strukturgesetzlichkeiten des

96 Hierzu gibt es ein präzises Äquivalent im Bereich des Geldmediums: Normalerweise kommt der Geldverkehr fast vollständig mit intrinsisch wertlosen Geldsymbolen (Papiergeld, elektronisches Geld usw.) aus, und nur im Krisenfall werden unmittelbare Werte wieder zentral, indem etwa bei einer galoppierenden Inflation das System auf intrinsisch wertvolle Tauschmittel wie Zigaretten regrediert, oder indem bei schwächeren Fällen von Geldkrisen die Anleger in intrinsisch wertvolle Anlageformen wie Gold flüchten.

Machtgebrauchs auch für den zwischenstaatlichen Raum gelten, etwa die Möglichkeit, dass Drohungen sich so weit verdichten, dass sie – bei Gefahr des Gesichtsverlustes – dann auch ausgeführt werden müssen (so etwa Boulding 1963). Parsons (1967a: 315f.) schreibt hierzu: »Such threats [of coercive sanctions], operating on both sides of a reciprocal relationship, readily enter into a vicious circle of resort to more and more ›intrinsically‹ effective or drastic measures of coercion, at the end of which lies physical force. In other words, the danger of war is endemic in uninstitutionalized relations between territorially organized collectivities.«[97]

Die divergierenden Perspektiven von Militär und Politik

Für die nähere Bestimmung der systematisch divergierenden Perspektiven von Militär und ziviler Politik können wir mithin von der Überlegung ausgehen, dass die zivile Politik sich normalerweise auf der symbolischen Ebene des Machtgebrauchs bewegt, während das Militär (zusammen mit der Polizei) den symbiotischen Mechanismus beziehungsweise das intrinsisch wirk-

97 Dass hier noch viel begriffliche Arbeit zu leisten ist, sieht man etwa daran, dass die Möglichkeit einer machtspezifischen »Inflation« bei verschiedenen Autoren ganz verschieden konzipiert wird. Parsons und Luhmann parallelisieren Geld und Macht (wegen ihrer Eigenschaft als in sich wertlose Symbole, die in gewissem Maß durch reale Werte bzw. Waffengewalt gedeckt sein müssen) und kommen deshalb zu dem Schluss, dass eine Inflation von Macht gegeben ist, wenn das Machtsymbol verwendet wird, Drohungen geäußert werden usw., die nicht ausreichend durch Waffengewalt gedeckt sind. Ein Rüstungswettlauf wäre so gesehen das Gegenteil von Inflation (eher: Deflation), da hier die Menge der verfügbaren Waffen ständig wächst, ohne dass notwendigerweise die damit verbundenen symbolischen Machtlagen sich ändern. Boulding parallelisiert dagegen Geld und Waffengewalt (wegen ihrer generalisierten Fähigkeit, damit beliebige Einzelobjekte zu kaufen bzw. zu zerstören: »a military capability is [...] money for the doing of harm,« ebd.: 432) und kommt deshalb zu dem Schluss, dass eine Inflation von Macht in Rüstungswettläufen gegeben ist, weil man dann immer mehr Waffen besitzen muss, um eine identisch bleibende Machtposition zu halten, während man bei konstantem Waffenpotenzial an Macht verliert – ebenso wie man bei einer Geldinflation nominell immer mehr Geld besitzen muss, um seine ökonomische Position zu halten. Beide Überlegungen sind plausibel, und dass zwei so schlecht aufeinander abgestimmte Aussagen gleichermaßen plausibel sein können, weist auf den unzureichenden Ausarbeitungsgrad der Medientheorie hin. – Eine weitere mögliche Parallele zwischen Geld und Macht zieht Blainey (1973: 115ff.): Er vergleicht Währungskrisen bzw. Zahlungsgleichwichtkrisen und diplomatische Krisen, insofern in beiden Fällen die Einschätzung der jeweiligen »bargaining power« durch die Mitspieler weit auseinanderfällt.

same Sanktionsmittel dieses Mediums – Gewalt – verwaltet.[98] Mit Boulding gesprochen ist das Militär für die Ausführung des zweiten Teils der Macht-Formel zuständig, wenn es soweit kommt (»... or I'll do something nasty to you«), während die zivile Politik überwiegend mit dem ersten Teil, d.h. mit der Festlegung von präferierten Handlungspfaden beschäftigt ist (»you do something nice to me ...«), oder auch mit der ausgewogenen Formulierung der ganzen Drohung, und daneben natürlich auch mit ganz anderen, nicht drohförmigen, sondern etwa auf Anreize oder Verhandlungen bauenden Politikformen. Beide werden deshalb kriegsbezogene Problemlagen unterschiedlich, mit Blick auf einen je verschiedenen Horizont von Chancen und Risiken, Relevanzen und Indifferenzen, historischen Erfahrungen und Zukunftserwartungen beurteilen. Das Militär wird die handfeste, gewaltbezogene Seite internationaler Beziehungen stärker im Auge haben, während die zivile Politik die symbolischen Implikationen des verfolgten Kurses stärker gewichtet, generell ein breiteres Feld von Handlungsmöglichkeiten im Blick hat und die militärische Seite für sie nur ein Teil der Sache ist. »[T]he military, natural enough, tend to place greater emphasis on military considerations relative to political ones in foreign policy than do their civilian counterparts«, formuliert Jerome Slater (1977: 110).

Aus der Konzentration des Militärs auf die intrinsische, »handfeste« Seite der Politik kann sich etwa ergeben, dass das Militär im Vergleich zu den zivilen Entscheidern eventuell angedachten Kriegen oder Kriegsdrohungen relativ skeptisch gegenübersteht, wie es etwa beim Ersten Irakkrieg von 1990/91 zu beobachten war (Roxborough 2003; Feaver/Gelpi 2004). Das Militär mag keine leichtfertig ausgesprochenen Kriegsdrohungen, weil es auch die Schwierigkeiten und Risiken eines möglichen Krieges besser abschätzen kann und stärker gewichtet als die zivile Politik, zumal es be-

98 Von der Theorie der Kommunikationsmedien aus fällt zunächst einmal auf, dass symbolischer Mediengebrauch und symbiotischer Mechanismus überhaupt so weit voneinander getrennt werden können, dass sie unterschiedliche institutionelle Sektoren mit je eigenen Organisationen und eventuell Professionen darstellen. Bei den anderen Kommunikationsmedien (Geld, Wahrheit, Liebe) ist dies nicht der Fall, hier wird vielmehr der symbiotische Mechanismus bzw. der Körperbezug als integraler Aspekt der. Medienkommunikation insgesamt mitgeführt. So gibt es keine Organisationen oder Professionen nur für Bedürfnisbefriedigung (getrennt von Geldgebrauch), keine Organisationen oder Professionen nur für Wahrnehmung (getrennt von Wahrheitsfragen), und keine Organisationen oder Professionen nur für Sexualität (getrennt von Liebe). (Es gibt Bordelle, aber diese sind eine relativ marginale Erscheinung und nur für einen Bruchteil des gesamten »Sexualitätsaufkommens« der Gesellschaft verantwortlich; auch leiden sie – eben wegen der Trennung vom symbolischen Mediengebrauch – unter mangelnder Legitimität.)

rufsmäßig »pessimistisch« beziehungsweise »realistisch« denkt (Huntington 1957: 66f.; Abrahamsson 1969).[99] Die zivile Politik dagegen kann sich unter Umständen veranlasst sehen, Drohungen auch ohne gesicherte Deckung zu äußern in der Hoffnung, dass sie einfach *als Drohung* funktionieren, dass der Gegenspieler einlenken und »something nice« tun wird, auch wenn die erfolgreiche Ausführung des angedrohten »something nasty« nicht gesichert ist (z.B. Beck 2004) – wie generell ein gewisser »Optimismus« und ein stärker expansives Agieren im Bereich des symbolischen Machtgebrauches sinnvoll sein kann und eine schwungvolle Politik anders nicht gelingen würde.[100] Huntington attestiert dem Militär sogar eine generelle Neigung zum professionell bedingten »Pazifismus«: »The military man normally opposes reckless, aggressive, belligerent action. [...] War at any time is an intensification of the threats to the military security of the state, and generally war should not be resorted to except as a final resource, and only when the outcome is a virtual certainty. This latter condition is seldom met except in the case of a powerful state fighting an isolated minor or backward nation. Thus, the military man rarely favors war. He will always argue that the danger of war requires increased armament; he will seldom argue that increased armaments make war practical or desirable. He always favors preparedness, but he never feels prepared.« (Huntington 1957: 69) Die Frage, ob das Militär seiner Natur nach nicht »militaristisch« ist oder nicht, ist aber umstritten geblieben.

Dabei ist allerdings zu bedenken, dass es sowohl für den »Pazifismus« als auch für den »Militarismus« des Militärs auch andere Gründe geben kann als die in der professionellen Perspektivsteuerung gelegenen, etwa die bereits notierte Verteidigung von Organisationsinteressen[101] oder auch das Durchschlagen von allgemein-politischen Überzeugungen und Standpunkten in die professionelle Urteilsbildung von hohen Militärs. Im Einzelfall können

99 Gegen die dominierende Sichtweise, dass das Militär in Bezug auf mögliche Militäreinsätze tendenziell konservativer bzw. vorsichtiger ist als die zivile Politik, kann aber eingewandt werden, dass dies nur unter Bedingungen einer starken zivilen Kontrolle gilt, wenn das Militär ggf. für einen Fehlschlag verantwortlich gemacht würde, während in Ländern mit schwacher ziviler Kontrolle die Zurückhaltung geringer ist (Sechser 2004).

100 Luhmann (2010: 259f.) formuliert für innerstaatliche Politik: »Politik [...] muß, um wirken zu können, stets Wirkungen voraussetzen, die sie noch nicht bewirkt hat, also mit ihrem Erfolg spekulieren. Politisches Handeln ist [...] riskantes, erfolgsabhängiges, vertrauensvolles, Kredite und Informationen überziehendes Handeln.«

101 Dies notiert auch Huntington: »This pacifist attitude may well have its roots in institutional conservatism [= Organisationsegoismus] as well as concern for state security.« (ebd.: 69)

all diese Gründe (und andere) in Vermischung auftreten, können sich wechselseitig verstärken oder auch neutralisieren, und es ist dann nicht leicht festzustellen, welcher Anteil der militärischen Einschätzung einer kriegerischer oder kriegsnahen Konfliktlage auf welche Motive zurückgeht.[102]

Weiter lässt das Militär, jedenfalls in westlichen Staaten, eine Abneigung gegen Kriege vom »low-intensity«-Typ erkennen, also gegen Kriege mit schlecht definierten Zielen und gegen schlecht definierte, mit irregulären Mitteln kämpfende Gegner (Avant 1996; Roxborough 2003). Dies hat konkrete historische Gründe in der katastrophalen Erfahrung des Vietnamkriegs, kann aber mit etwas Vorsicht auch auf die systematische Differenz zwischen dem auf unmittelbaren Gewaltgebrauch und dem auf symbolischen Machtgebrauch spezialisierten Teil des politischen Systems bezogen werden. Das Militär bevorzugt »ordentliche«, ausgewachsene Kriege gegenüber »low-intensity wars«, weil die Chancen auf einen militärischen Sieg am größten sind bei maximaler Entfaltung der kriegerischen Gewalt[103] und die Beschränkung des Eskalationsniveaus sich in der Regel »nur« politischen, nicht aber militärischen Erwägungen verdankt. Guerillakriege können oftmals von keiner Seite gewonnen werden; soweit Akteure aus »low-intensity wars« siegreich hervorgehen, siegen sie nicht militärisch, sondern über die langfristige Zerrüttung und Ermüdung des Gegners, mithin auf politischem Weg (vgl. dazu unten Kapitel 4.3.).

Ein Problem in »low-intensity wars« und anderen »nicht-traditionellen« Militäreinsätzen ist, dass die zu bekämpfenden Gegner sich nicht sicher von der Zivilbevölkerung unterscheiden lassen, generell zu diffus ist und das Militär mithin keinen rechten Adressaten für sein Handeln findet (Kaldor 2000: 197ff.; Caygill 2001: 77; Roxborough 2003: 366ff.). Die Tätigkeit des Militärs geht unter diesen Bedingungen fließend in Polizeiaufgaben über, verschiebt sich in Richtung auf bloße Rechtsdurchsetzung und Verbrechensbekämpfung, und die normalerweise vorausgesetzte, eindeutig feindliche Umweltkomponente wird ihm entzogen. »Nontraditional missions bring soldiers into situations where those they are targeting are mixed with tho-

102 So diagnostizieren etwa Heins und Warburg (2004: 127) die »pragmatische Überschätzung dessen, was man mit militärischen Mitteln ausrichten kann, [als] eine folgenschwere Erkrankung des Urteilsvermögens, an der in der Geschichte vor allem Offiziere litten«. Hier wird aber überhaupt nicht angegeben, welche Gründe und Rollenkonstellationen dieser »Erkrankung« zugrunde liegen.

103 So auch die These von Clausewitz (1832), dass der Krieg von sich aus zur »Totalisierung« tendiere und nur durch empirische »Friktionen« gebremst werde.

se they are protecting« (Shemella 2006: 137), und deshalb fällt in solchen Einsätzen »die Entscheidung manchmal schwer, ob bestimmte Personen als gemeine Kriminelle *verhaftet*, als Kommandeure gegnerischer Truppen *bekämpft* oder als potentielle politische Staatsführer *respektiert* (und in kooperative Verhandlungen einbezogen) werden sollen« (Geser 2005: 124). Die spezifisch militärischen Kompetenzen kommen aber am besten zum Tragen im Einsatz gegen einen großformatig organisierten und identifizierbaren Gegner, der Erwartungsbildung und Sich-Einstellen auf doppelt kontingente Beziehungen möglich macht und der überdies ein fraglos legitimes Ziel für Angriffe ist und nicht in permanenter Vermischung mit Zivilpersonen auftritt. Dies ist bei einem Gegner, der hauptsächlich in der Form von Heckenschützenfeuer und Bombenanschlägen in Erscheinung tritt, nicht oder nicht ausreichend der Fall.

Noch deutlicher wird diese Funktionsausweitung oder »Funktionsausfransung« (Heins/Warburg 2004: 91), wenn das Militär zu gänzlich nichtmilitärischen Aufgaben eingesetzt wird, etwa zur Mitarbeit beim Aufbau ziviler politischer Strukturen, zum Aufbau von Infrastruktur oder zu humanitären Hilfsaktionen (Mockaitis 2004; Guttieri 2004; 2006).[104] Solche Aktivitäten können zwar auf der Ebene punktueller Missionen problemlos in das Aufgabenspektrum des Militärs eingebaut werden, nicht aber als Kern seiner Tätigkeit (Huntington 1993; Shemella 2006).[105] Sie werden ihm denn auch eher in Ermangelung anderer Kräfte, die dasselbe leisten könnten, von außen zugeschrieben, eher in Ausfüllung einer Lücke als im Zugriff auf sein spezifisches Kompetenzprofil – ein Phänomen, das als schleichende Ausweitung des Auftrags (»mission creep«) bekannt ist (Priest 2003).[106] Auch wenn

104 Im Militärjargon heißen diese Einsatzformen »Operations Other Than War«, oder in der ironisierenden Bezeichnung durch Soldaten auch »Operations Other Than What I Signed Up For«. Diese reichen »von der Sicherstellung der Wasserversorgung bis zur Versorgung und Kontrolle von Flüchtlingen, von der Unterstützung zur [sic] Bildung lokaler Regierungsinstitutionen bis hin zur Verteilung von Speiseöl und neuen Schulbüchern« (Heins/Warburg 2004: 94). Manche Beobachter notieren hierzu die Parallele, dass auch auf nationalstaatlicher Ebene Wohlfahrts- und Gewaltmonopolfunktion der Polizei (bzw. damals: Polizey) zunächst integriert erfüllt werden und erst später getrennt wurden, und fragen, ob diese Entwicklung sich jetzt möglicherweise auf Weltebene wiederholt und darin die Emergenz eines Weltstaates bzw. einer Weltbehörde sich abzeichnet (Treml 1995: 25).

105 Huntington (1993: 12) bemerkt hierzu pointiert: »The core purpose of a military force is fundamentally anti-humanitarian: it is to kill people in the most efficient way pssible. It is only for that and related purposes that this country and other countries maintain military forces.«

106 Analog hierzu gibt es mit Blick auf die starke Stellung des Militärs in manchen Dritte-

das Militär *als Organisation* versuchen kann, sich daran anzupassen, wird das Militär *als Profession* darunter leiden.[107] Je mehr nicht-traditionelle Einsatzfelder im Zentrum der Tätigkeit des Militärs stehen, desto mehr geht ihm die Basis seiner (Semi-)Professionalität verloren, und es wird statt dessen zu einem flexibel einsetzbaren Dienstleister des Staates, der zwar auf allerlei diffuse Kompetenzen und Kenntnisse zurückgreifen kann, dem aber die Möglichkeit zur Ausbildung spezifisch professioneller Kompetenzen fehlt (Geser 2005: 122; Apelt 2006).

Trotz aller Probleme, die das Militär damit hat, kann aber die zivile Politik eigene Gründe dafür haben, solche nicht-traditionellen Kriege oder Militäreinsätze zu wollen. Gründe können etwa im Interesse am Vermeiden von Großkriegen und/oder Atomkriegen liegen, im Illegitimwerden von offen geführtem Krieg als Mittel der Politik, in der Abneigung der politischen Öffentlichkeit gegen anfallende Kriegstote oder in der zunehmenden humanitären Sensibilität mit dem entsprechenden politischen Druck, in humanitären Krisengebieten Präsenz zu zeigen, auch wenn der militärische Erfolg nicht gesichert ist. Ian Roxborough, der die für die verschiedenen institutionellen Sektoren typischen Präferenzen und Motivlagen mit großem Scharfsinn entwirrt hat, notiert: »Civilian political leaders should, in principle, have the option to engage in such conflicts. There may well be messy, low-intensity conflicts in which the United States does want to intervene. [...] Exactly how military force might be applied in these kinds of conflicts is a complicated question; but that is no reason to rule it out of consideration

Welt-Staaten (bis hin zu Militärputschen und Übernahme der Regierungsgewalt) schon seit längerem die These, dass diese eher auf ein Vakuum im zivilen Bereich zurückgeht als auf einen Expansionsdrang des Militärs selbst, dass sie durch das Fehlen leistungsfähiger ziviler Institutionen gewissermaßen »angesaugt« wird (Huntington 1968b: 194; Stepan 1973: 51).

107 Flexible Selbsterhaltungsstrategien der Organisation Militär in einer gewandelten Umwelt werden schon länger beobachtet: »[T]he increasing congressional and public emphasis on domestic rather than international problems, has led some military men to call for a more politically sophisticated military, prepared and willing to defend its institutional interests in ›the ruthless game of domestic politics.‹ Even more important has been a growing military recognition of the fact that in the decades ahead the nation will be part of ›a different world,‹ a world in which international conflict is more likely to take the form of economic or ecological conflict, rather than military confrontation and in which, consequently, the armed forces will become increasingly irrelevant, unless they can adapt themselves to these new realities. Thus, during this decade [1970s] military journals have argued that the armed forces need sharpen their growing nonmilitary expertise and political sophistication and utilize their efficient organization and abundant resources to meet this challenge.« (Slater 1977: 105)

entirely.« (Roxborough 2003: 354f.) Die Perspektive der zivilen Entscheider wird immer auch am nicht-staatlichen Sektor der Politik, an der Sphäre der Parteipolitik und der öffentlichen Meinung orientiert sein, was unter demokratischen Bedingungen sinnvoll und unvermeidlich ist, auch wenn es aus militärischer Perspektive vor allem ein Störfaktor ist (vgl. Huntington 1957: 333). Hierzu nochmals Roxborough (2003: 355): »While one can sympathize with the military commander who is frustrated by the political leader who gives him vague guidance, the fact is that political leaders often have multiple, poorly defined, contradictory, and shifting goals. This is the nature of politics, not a set of individual failings on the part of civilian politicians. Politics is about reconciling divergences and responding to poorly articulated demands. To ask state managers to clearly define the goal of a military operation is entirely reasonable; to expect them always to deliver the goods is unrealistic.« (Vgl. auch Farnham 2004: 84; Young 2006: 23)

Fazit: Zivil-militärische Beziehungen zwischen Spannung und erfolgreicher Regulierung

Es ist mithin ein unterhintergehbares Faktum, dass Militär und zivile Politik aufgrund ihrer je verschiedenen funktionalen Spezifikation bei der Beurteilung von kriegerischen oder kriegsnahen Lagen verschiedene Problemhorizonte, Vergleichsfälle und Relevanzkriterien im Blick haben und deshalb in ihren Urteilen oft divergieren werden. Hierfür ließen sich zahlreiche weitere Beispiele anführen,[108] die durch gründliches historisches Studium stärker systematisiert werden müssten, als dies an dieser Stelle möglich ist. Wer in

108 So entspringt etwa das im zwanzigsten Jahrhundert prominente Kriegsziel des »absoluten Sieges« bzw. der »bedingungslosen Kapitulation« offensichtlich eher einer politischen als einer militärischen Logik, da das Verfolgen dieses Ziels erwartungsgemäß den Widerstand des Gegners erhöht und mithin den militärischen Sieg erschwert; die beteiligten Militärs hätten deshalb das Anstreben eines »normalen«, gemäßigten Sieges mit anschließenden Verhandlungen bevorzugt (Speier 1952: 389ff.; Huntington 1957: 326ff.; Janowitz 1960: 270). Weiter lassen sich – an einem konkreten Fall und auf eher kleinformatiger Ebene – an der Kubakrise deutlich politisch und militärisch sinnvolle Vorgehensweisen unterscheiden: Hier sahen sich US-Spitzenpolitiker veranlasst, persönlich und kurzfristig über Einzelheiten des militärischen Vorgehens zu entscheiden und Befehle direkt an die Kommandanten einzelner Schiffe zu geben – mit guten *politischen* Gründen, nämlich einen voreiligen Ausbruch des Dritten Weltkriegs zu vermeiden –, während das Militär eine solche Umgehung der Befehlskette mit guten *militärischen* Gründen für fatal hielt (Allison/Zelikow 1971: 127f.).

einem solchen Fall »Recht hat«, ist nicht zu entscheiden; zunächst einmal hat jeder «Recht« aus seiner eigenen, relativen Perspektive. Wichtig hierbei ist, dass es sich bei den geschilderten Differenzen vor allem um Differenzen im *Erleben* handelt, d.h. um die unterschiedliche Wahrnehmung und Beurteilung von Problemlagen. Dies steht einer stabilen Unterordnung des Militärs unter die zivile Politik in der Dimension des *Handelns* nicht im Wege, die sich darin ausdrückt, dass das Militär einmal gegebenen Befehlen der Politikspitze in aller Regel gehorcht und seine eventuell divergierenden Meinungen nur in den vorhergehenden Prozess der Beratung und Meinungsbildung einspeist. Erleben kann generell nicht befohlen oder sonstwie normiert werden (Luhmann 1986: 238), und in diesem Sinn werden sich Meinungsdifferenzen zwischen Politik und Militär auch durch die ausgefeiltesten institutionellen Arrangements nicht wegnivellieren lassen. Sie sind aber auch kein Problem, vielmehr können entlang der Unterscheidung Erleben/Handeln auch die beiden Aspekte der funktionalen Eigenständigkeit (und insofern Gleichrangigkeit) von Militär und ziviler Politik einerseits und der hierarchischen Über-/Unterordnung andererseits miteinander kombiniert werden. Es gilt, dass der Soziologe »Handlungszusammenhänge funktional und strukturell als Einheit begreifen [kann] auch dann, wenn sie den Handelnden als kontrovers und konfliktreich erscheinen« (Luhmann 2010: 125). In diesem Sinn darf nicht jede Meinungsverschiedenheit zwischen zivilen und militärischen Entscheidungsträgern als solche schon als Krise der zivil-militärischen Beziehungen gewertet werden.[109] Eine solche »hypersensible« Alarmperspektive, wie sie in Teilen der einschlägigen Literatur aufscheint, ist zwar vielleicht ihrerseits wieder funktional zur Aufrechterhaltung der stabilen hierarchischen Kontrolle in der Handlungsdimension – aber dann als Teil des politischen Systems, nicht als Teil seiner wissenschaftlichen Beobachtung.

Was die letztendliche Überordnung der einen Perspektive über die andere (in der Handlungsdimension) angeht, ist auch zu beachten, dass medientheoretisch gesehen die Unterscheidung zwischen Medium und symbiotischem

109 In diesem Sinn kritisiert auch Huntington (1957: 329) die in seinen Augen übergroße Harmonie zwischen Militär und ziviler Politikspitze in den USA des Zweiten Weltkriegs, als das Militär die militärspezifische Perspektive aufgab und sich zum Sprecher der Nation insgesamt machte, und plädiert für eine größere Uneinigkeit: »Too much harmony is just as much a symptom of bad organization as too much conflict. On the face of it, something is wrong with a system in which, during the course of a four-year major war, the political Chief Executive only twice overrules his professional military advisers. This can only mean that one of them was neglecting his proper function and duplicating the work of the other.«

Mechanismus eine inklusive Unterscheidung ist in dem Sinn, dass die eine Seite der Unterscheidung umfassender ist und auch ihre eigene andere Seite mit einschließt. Das Medium insgesamt ist die Einheit von symbolischer und symbiotischer, unmittelbar wirksamer Seite, und das heißt: die (zivilen) Spitzenpolitiker sind nicht nur für den symbolischen Machtgebrauch, sondern letztlich (wenn auch nicht persönlich) auch für den Einsatz von Gewaltmitteln zuständig. Deshalb muss die Perspektive des (überwiegend, aber nicht ausschließlich) symbolisch generalisierten Mediums gegenüber der partikulareren Perspektive des symbiotischen Mechanismus letztlich die Oberhand behalten. Dies schließt natürlich nicht aus, dass sich auch auf der zivil-politischen Seite Partialperspektiven verselbständigen und über Gebühr zur Geltung bringen, etwa organisationale Interessen einzelner Parteien, persönliche Interessen einzelner Politiker an Wiederwahl usw. Aber da keine weitere, im strengen Sinn repräsentative Institution das Medium im Ganzen verkörpert, fällt die Führungsrolle notgedrungen dem zivil-politischen beziehungsweise symbolisch-politischen Teil des Systems zu.

Zusammenfassend kann man mithin sagen, dass das politische System für seine interne Differenzierung eine Lösung für die Kombination von funktionaler und hierarchischer Differenzierung finden muss. Die funktionale Differenzierung liegt in der Spezifikation der jeweiligen Teilsphären – hier: zivile Politik(spitze) vs. Militär – auf Entscheidungsfindung vs. gewaltsame Untermauerung von Entscheidungen (von der Funktionsformel her formuliert), oder auf symbolischen Machtgebrauch vs. Handhabung des symbiotischen Mechanismus (von der Medientheorie her formuliert); sie schlägt sich in der Ausdifferenzierung eigener Organisationen und eventuell einer eigenen Profession sowie in der Emergenz unterschiedlicher, für die jeweilige Teilperspektive charakteristischer Erlebnisweisen nieder. Die hierarchische Differenzierung ist ihrerseits funktional notwendig zur Lösung des Kontrollproblems (das entsteht, sobald ein ausdifferenzierter Apparat von Gewaltspezialisten vorliegt) und entspricht medientheoretisch gesehen der Notwendigkeit, die umfassendere Perspektive der partikulareren Perspektive vorzuordnen; sie drückt sich aus in der Einrichtung einer stabilen organisationalen Hierarchie zwischen Militär und ziviler Staatsspitze, die aller organisationalen und erlebnismäßigen Besonderung zum Trotz die Priorität des zivil-politischen Teilsystems beim Treffen von Entscheidungen festschreibt. Diese Hierarchisierung ist und bleibt aber eine Selbstvereinfachung des Systems, die nicht seine ganze Komplexität abbildet. Das System *ist* nicht einfach eine Hierarchie zwischen ziviler Politik(spitze) und Militär, sondern es begreift sich so aus Gründen, die in der delikaten Konstruktion des gesamten Arrangements liegen.

Im Vergleich zu vormodernen Reichen ist die Kombination unterschiedlicher Formen von (Binnen-)Differenzierung deutlich in Richtung auf einen Primat funktionaler Differenzierung verschoben. Das Problem der Kontrolle der unmittelbaren Gewaltausüber ist in einen Kontext versetzt, der insgesamt durch das Vorherrschen funktionalen Orientierungen geprägt ist, und wird deshalb auch in seinen Inhalten gewissermaßen mit funktional spezifiziert: Was sich gegenübersteht, sind nicht diffuse Status- und Herrschaftsansprüche (oder -gelüste) verschiedener Gruppen oder Individuen, sondern verschiedene funktional spezifizierte Sichtweisen auf die Welt und/oder verschiedene organisationale Eigeninteressen. Gleichzeitig wird das Kontrollproblem auch von seinen Austragungsformen her sublimiert und entschärft, nämlich auf normale inter-organisationale Uneinigkeiten und Durchsetzungsstrategien umgestellt, während unmittelbare Gewalt in *diesem* Verhältnis weder eingesetzt noch angedroht wird.

Dieser zuletzt genannte Aspekt muss noch erläutert werden. Es fällt ja auf, dass der »harte Kern« des Kontrollproblems: die Möglichkeit, dass die Gewaltspezialisten ihre Waffen gegen die (symbolischen) Machthaber wenden und auf diese Weise ihren Willen durchsetzen, im entwickelten Teil der Erde so gut wie nicht mehr vorkommt, und zwar nicht einmal mehr als Problemhorizont. Wenn von Problemen in den zivil-militärischen Beziehungen, von übermäßigem Einfluss des Militärs usw. die Rede ist, geht es nicht um gewaltsame Eingriffe ins politische Geschehen, sondern nur das Durchsetzen der eigenen Präferenzen etwa mit Hilfe von gebiaster Information, Entzug der vollen Kooperation, Drohung mit Rücktritt u.a. All dies sind aber mehr oder weniger normale Mittel des inner- oder inter-organisationalen Verkehrs, die vollständig im Bereich pazifizierter, gewaltfreier Sozialbeziehungen liegen; das basale Problem, warum »Menschen mit Gewehren« nicht einfach »Menschen mit Kugelschreibern« überrennen, wird gar nicht mehr aktualisiert (vgl. Feaver 1996: 157).

Dieser Errungenschaft liegt eben die stabile Trennung verschiedener, je funktional spezifizierter Sub(sub)systeme des politischen Systems zugrunde. Subsysteme für symbolischen Machtgebrauch und für Handhabung des symbiotischen Mechanismus werden getrennt voneinander institutionalisiert und entwickeln je eigene, deutlich voneinander unterschiedene Erwartungsstrukturen. Damit schrumpft das zusammen, was man mit roher Gewalt in der Politik ausrichten kann, und es werden damit auch die

Motive für ein solches Eingreifen reduziert. Die älteste und krudeste Methode, einfach mit Hilfe überlegener Gewalt die Macht an sich zu reißen und sich selbst als Herrscher zu inthronisieren, würde unter diesen Bedingungen nicht mehr funktionieren. Einem solchen Regierungschef würde die »Legitimität« fehlen, mithin die Abstützung in Erwartungsstrukturen des gewaltfreien, symbolischen Sektors der Politik (sowohl auf seiten professioneller Politiker als auch auf seiten des Publikums), d.h. in dem, was Samuel Finer (1988) »entwickelte politische Kultur« genannt hat.[110] Auf diese Weise kann der symbolisch operierende Teil des politischen Systems Abwehrkräfte entwickeln gegen das Eindringen von Machtimpulsen, die unmittelbar »aus den Gewehrläufen« kommen. Der Gegenfall hierzu ist ein politisches System, das nur über eine schwache Ausdifferenzierung nach außen und eine schwache Etablierung institutioneller Teilsektoren nach innen verfügt und in dem deshalb Machtquellen jeglicher Art mehr oder weniger ungefiltert in den politischen Prozess einfließen können (wie es in manchen Staaten der peripheren Weltregionen der Fall ist): »In a praetorian system social forces confront each other nakedly [...] Each group employs means which reflect its peculiar nature and capabilities. The wealthy bribe; students riot; workers strike; mobs demonstrate; and the military coup.« (Huntington 1968b: 196)

Irreguläre Truppen und ihre politische »Kontrolle«

Abschließend soll noch ein kurzer Blick auf einen abweichenden Fall, nämlich auf irreguläre Kriegstruppen geworfen werden. Ebenso wie schon oben bei Inklusion erweist es sich auch bei der Frage nach dem »zivil-militärischen Verhältnis« als instruktiv, irreguläre Kriege und irreguläre Truppen unter derselben allgemeinen, differenzierungstheoretischen Fragestellung zu betrachten wie reguläre Kriege und staatliche Truppen – hier insbesondere unter der Fragestellung ihrer Ausdifferenzierung innerhalb des politischen Systems und ihrer Kontrolle durch dieses. Die Literatur zu zivil-militärischen Beziehungen vernachlässigt dieses Problem und nimmt die Existenz irregulärer Truppen höchstens als empirisch zu konstatierendes Faktum, nicht aber als

110 Und schon unter Bedingungen einer mittelmäßig entwickelten politischen Kultur gilt, dass ein eventueller Putschführer entweder nach kurzer Zeit die Macht an eine besser legitimierte Regierung abgeben oder aber selbst dazulernen muss, d.h. seine Machtbasis in Richtung auf symbolischen Mediengebrauch erweitern muss, indem er sich etwa mit politischen Ideologien, Parteien, Unterstützungsbewegungen usw. ausstattet.

theoretisch gleichwertiges und ebenso untersuchenswertes Phänomen zur Kenntnis (z.B. Davis/Pereira 2003). Sie nimmt hierin aber gewissermaßen eine allzu staatsmännische Perspektive ein und verschenkt Chancen auf komparativen Erkenntnisgewinn. Wegen des Mangels an Vorarbeiten kann die Analyse dieses Typs von Kampftruppen im Folgenden nur sehr grob und kursorisch ausfallen; immerhin kann man kurz andeuten, in welche Richtung eine solche Analyse gehen müsste.

Auch irreguläre Truppen müssen – mit gewissen Ausnahmen[111] – als Teil des politischen Systems begriffen werden. Allerdings ist ihre Ausdifferenzierung meist deutlich schwächer ausgeprägt als die des staatlichen Militärs. Ihnen fehlt häufig die Ausdifferenzierungsebene der Organisation, und sie sind statt dessen in lockeren Gruppen und Netzwerken aufgebaut mit nur lockeren und informellen Hierarchien, die um charismatische Personen herum kristallisieren. Es gibt nicht zwingend eine scharfe Unterscheidung zwischen Mitgliedern und Nicht-Mitgliedern, vielmehr eher die für Netzwerke typische Unabgeschlossenheit und Offenheit nach außen. Zwar gibt es in der Regel mehr oder weniger spezialisierte Kämpferrollen, die von anderen Rollen unterschieden werden können; jedoch werden diese Rollen oft ohne formalisierte Ausbildung und manchmal nur in Teilzeit (Milizkämpfer) ausgeübt und stehen jedem jederzeit offen, der Anschluss an ein Netzwerk finden kann und will.[112] Darüber hinaus gibt es einen breiten Bedarf an Unterstützerrollen (für Versorgung, Informations- und Nachrichtenübermittlung usw.), die kein irgendwie kampfspezifisches Anforderungsprofil aufweisen und deshalb auch von kampfungeeigneten Personen (Älteren, Frauen/Müttern usw.) übernommen werden können. Die Guerrilla muss sich im Volk bewegen wie der Fisch im Wasser, sagt Mao Tse-Tung – und das heißt technisch formuliert: der Ausdifferenzierungsgrad einer Guerrillabewegung

111 Ich denke hier insbesondere an die diversen bewaffneten Gruppen in »Neuen Kriegen«, die aus dem Gravitationsfeld des politischen Systems abgewandert und eher aus der Logik des Wirtschaftssystems heraus zu verstehen sind (vgl. hierzu das folgende Kapitel 2.5.).

112 Es wäre interessant, hier die Kopplung an bzw. Entkopplung von anderen, außerpolitischen Rollen zu untersuchen. Sicher sind viele Guerrillakämpfer jung und unverheiratet, haben mithin in anderen Rollen nicht allzu viel zu verlieren; andererseits wird man vermuten dürfen, dass mit der Stärke der politischen Überzeugung auch die Opferbereitschaft in Bezug auf andere (familiäre, berufliche usw.) Rollenengagements zunimmt, mithin die beliebige Kombinierbarkeit der Guerrillero-Rolle mit anderen Rollen zunimmt. – Bei »Neuen Kriegen« und ins ökonomische System abgewanderte »Guerrilla«bewegungen herrscht dagegen eine positive Rolleninterdependenz vor: Man geht zu den Rebellen, weil man anders seinen Unterhalt nicht finanzieren könnte, o.ä. (vgl. abermals unten Kapitel 2.5.)

ist gering.[113] Es gibt eher verschiedene Intensitätsstufen der Beteiligung am Guerrillakampf als eine scharfe Unterscheidung zwischen innen und außen; für jemanden, der die entsprechenden (regimekritischen, nationalistischen usw.) politischen Überzeugungen hegt, ist der Schritt, sich dem bewaffneten Kampf anzuschließen oder ihn zu unterstützen, eine logisch sich ergebende Konsequenz.

Guerrillatruppen sind insofern viel unmittelbarer als reguläres staatliches Militär ein integraler Bestandteil des politischen Systems insgesamt. Die Differenzierung zwischen (allgemein-)politischer und militärischer Rolle wird, was etwa die Motivation des Personals angeht, mindestens teilweise wieder zurückgenommen: Irreguläre Kämpfer sind im Idealfall Freiwillige, die aus eigenem Antrieb für eine Sache kämpfen, von der sie selbst überzeugt sind (Münkler 1990) – sei diese Sache nun eine nationale, eine ideologische oder eine religiöse. Sie sind also intrinsisch motiviert, es gibt keine Entkopplung zwischen Organisationszweck und Motiv des einzelnen Mitglieds (oder jedenfalls in sehr viel geringerem Maß als bei staatlichen Militärorganisationen). Unter Umständen können politische Ideale auch relativ direkt – wenn auch natürlich nicht hundertprozentig und abzugsfrei – in Strukturen der Guerrillabewegung übersetzt werden, so etwa das Ideal der Gleichheit/Demokratie oder das Ideal der Gleichberechtigung der Geschlechter.

Irreguläre Truppen können als Kriegstruppen betrachtet werden, die nicht vom Entscheidungszentrum des politischen Systems (d.h. vom Staat) aus organisiert werden, sondern vom Publikum beziehungsweise von der Peripherie dieses Systems aus emergieren, oft mit Anbindung an und Katalysierung durch Parteien und/oder politisierte religiöse Bewegungen. Sie sind mithin weniger an den *entscheidungs*erzeugenden als an den *bindungs*-beziehungsweise *legitimitäts*erzeugenden Teil des politischen Systems angeschlossen; und dies mag dazu beitragen, dass Guerrillabewegungen in der

113 Matuszek (2007) bezeichnet umgekehrt – in m.E. irreführender Begriffsverwendung – die Kriegsakteure in Neuen Kriegen als besonders »ausdifferenziert« in dem Sinn, dass sie stark zersplittert, autonom und wenig abhängig von staatlicher, zentral gelenkter Politik sind. – Angemerkt werden muss noch, dass im Text pointiert ein Idealtyp von Guerrilla beschrieben wird, unter dem Gesichtspunkt der größtmöglichen Differenz zum regulären Militär. Real sind die verschiedensten Abstufungen und Annäherungen an die Form des regulären Militärs möglich, indem Guerrillatruppen etwa formale Hierarchien ausbilden und ihre Mitglieder ohne intrinsische Motivation entweder zwangsweise oder mit der Aussicht auf sekundäre Vorteile (Bezahlung, Verfügung über Waffen usw.) rekrutieren. Im Extremfall ist eine Guerrillaarmee genauso aufgebaut wie eine reguläre Armee, mit dem einzigen Unterschied, dass ihr (noch?) der Staat fehlt.

Beobachtung durch Außenstehende oft eine gewisse basale Legitimität und Sympathie genießen.[114] Soweit Guerrillabewegungen »Graswurzel«-Bewegungen sind, die gewissermaßen einen »Krieg von unten« führen und ausreichend viele Bürger zur Teilnahme motivieren, haben sie eine entsprechende demokratische Legitimität(sunterstellung) auf ihrer Seite; und eben dieser Charakter als »Graswurzel«-Bewegung wird deshalb durch die von ihnen bekämpften Staaten so gut wie invariant bestritten und es wird vielmehr (zu Recht oder zu Unrecht) behauptet, dass sie von anderen Staaten aus unterstützt, gelenkt, initiiert werden.

Was kann unter diesen Bedingungen politische »Kontrolle« der Kampftruppen heißen? Offensichtlich fehlen die beim regulären Militär anzutreffenden institutionellen Kontrollstrukturen und Hierarchien. Eventuell kann es eine Partei als politischen Arm der Guerrillabewegung (oder umgekehrt) geben, aber auch in diesem Fall muss man wohl eher von einem Verhältnis der Kooperation und/oder diffusen Vermischung als von einer Kontrolle der einen durch die andere Seite ausgehen. Trotzdem gibt es aber eine Art Rückbindung an das breitere politische System, die die Verselbständigung der Kampftruppen und Loslösung von allgemein-politischen Strukturen (jedenfalls in vielen Fällen) verhindert. Man könnte diese Rückbindung in der intrinsischen Motivation der Kämpfer sehen, weil dadurch sichergestellt wird, dass die irreguläre Gewalt nicht losgelöst von politischen Zielsetzungen und nur zu politisch »sinnvollen« Zwecken eingesetzt wird. Die Kontrolle liegt so gesehen in der Psyche des einzelnen Kämpfers; es handelt sich gewissermaßen um den Extremfall dessen, was Huntington »subjektive Kontrolle« des Militärs nennt, nämlich Kontrolle durch Ähnlichkeit der hier wie dort geltenden Werte, Ideologien, Überzeugungen usw. und ein geringes Maß an Differenzierung und institutioneller Verselbständigung.

Statt auf Huntingtons Unterscheidung von objektiv und subjektiv kann man aber auch nochmals auf Luhmanns Unterscheidung von Sinndimensionen zurückgreifen und sagen, dass die Kontrolle irregulärer Truppen im Wesentlichen über die *Zeitdimension* läuft: Guerrillabewegungen emergieren normalerweise dann, wenn eine politisch brisante Situation vorliegt (sei es eine diktatorische oder sich sonstwie massiv unbeliebt machende Regierung, sei es die Besatzung eines Landes durch eine ausländische Macht), und sie

114 »Außenstehende« heißt, dass sich nicht um direkt oder indirekt interessierte Beobachter handeln darf, und dies schließt Staaten und staatsnahe Meinungsbildungsorgane ein, da für diese – vom Selbsterhaltungsinteresse des Staates aus gesehen – grundsätzlich jede Guerrillabewegung suspekt ist.

lösen sich wieder auf, wenn diese Situation sich entsprechend geändert oder aber als unänderbar erwiesen hat.[115] Sie sind deshalb in der Zeit nur diskontinuierlich vorhanden; sie entstehen und vergehen mit »ihren« Kriegen, sie haben keine dauerhafte und gegenüber breiteren politischen Problemlagen verselbständigte Existenz. Im Gegensatz dazu zeichnen sich nicht mehr politisch »kontrollierte« und etwa in Richtung auf ökonomische Profite verselbständigte Guerrillagruppen durch eine enorme Fähigkeit zur langfristigen Selbsterhaltung aus; sie werden vom Wechsel der politischen Bedingungen kaum mehr berührt und passen sich verschiedensten politischen Lagen mit enormer Flexibilität an (Rufin 1999; Berdal/Malone 2000a). Dass dies bei den meisten Guerrillabewegungen nicht geschieht, muss als eine Leistung des politischen Systems beziehungsweise als ein Durchgreifen politischer Strukturen auf die institutionell autonomen und unkontrollierten Guerrillatruppen betrachtet werden. Man kann insofern trotz des Fehlens von institutionellen, hierarchischen Kontrollstrukturen von einer Art politischer »Kontrolle« auch irregulärer Truppen sprechen; in ausreichend abstrahierter Perspektive sind hierarchisch-institutionelle Einbindung und zeitliche Fluktuation funktional äquivalent.

2.5. Politische und ökonomische Logik von Krieg

Ich beginne nun einen weiteren Argumentationsstrang zur Beschreibung des strukturellen Ortes von Kriegführung in der modernen Gesellschaft, der sich wieder stärker auf die funktionale Differenzierung des Gesamtsystems bezieht. Unter Bedingungen funktionaler Differenzierung wird jedes gesellschaftliche Teilsystem auf eine nur ihm eigene Logik festgelegt. Die früher vorherrschenden funktional diffusen Strukturen treten zunehmend zurück und werden durch funktional spezifizierte ersetzt; es bleiben nur relativ wenige, ihrerseits spezifizierte Bahnen für die Kopplung verschiedener Funktionssysteme und verschiedener funktionaler Logiken aneinander bestehen (so etwa die Institution des Vertrags, mit der wirtschaftliche Transaktionen abgewickelt werden und die gleichzeitig Rechtsbindungen schafft; die Ver-

115 Letzteres ist natürlich problematisch: festzustellen, dass (und vor allem: ab wann) eine Situation unänderbar oder ein Ziel unerreichbar ist, und deshalb können auch politisch motivierte Guerillabewegungen manchmal sehr hartnäckig weiterbestehen (vgl. dazu unten Kapitel 4.5.).

gabe von Zeugnissen und anderen Bildungszertifikaten, die die Vergabe von Arbeitsplätzen in anderen Funktionssystemen steuert; die Finanzierung von Schulen, Hochschulen, Krankenhäusern usw. mit Geldmitteln, die – durch die Politik – aus der Wirtschaft abgezogen werden; usw.).[116] Dies sind aber bereits hoch selektive Kopplungen zwischen zunächst entkoppelten und je für sich optimierten funktionsspezifischen Strukturen.

Unter diesen Bedingungen wird auch Kriegführung auf eine bestimmte, funktional spezifizierte Logik festgelegt und bedient nur noch diese. Anders als in der Vormoderne, als Kriege meist in funktional diffuse, ungetrennt politisch-ökonomisch-religiös-familiäre Bezüge eingebettet waren und keiner dieser Aspekte einen generellen Primat über die anderen hatte, werden diese Orientierungsrichtungen in der Moderne zunehmend voneinander getrennt, und es wird zunehmend unwahrscheinlich, dass Kriege (ebenso wie alle anderen Einrichtungen) mehr als eine dieser Logiken zugleich bedienen. Besonders deutlich zeigt sich dies am Verhältnis von politischen und ökonomischen Aspekten von Krieg. Während siegreich beendete Kriege in der Vormoderne in aller Regel auch ökonomisch profitabel waren, werden politischer und ökonomischer Ertrag von – siegreichen – Kriegen in der Moderne zunehmend voneinander entkoppelt und hängen nur noch in höchst lockerer und kontingenter Weise zusammen. Das Ziel des Siegens in Kriegen wird jetzt oft mit großer Rücksichtslosigkeit gegenüber ökonomischen Gewinnen und Verlusten verfolgt (in abweichenden Fällen kann auch umgekehrt das Interesse am Einstreichen von Kriegsprofiten das Interesse an einem Sieg verdrängen; dies wird am Ende des Kapitels in den Überlegungen zu »Neuen Kriegen« behandelt). Ich konzentriere mich im Folgenden auf diesen Aspekt der Entkopplung von politischer und ökonomischer Logik von Krieg. Parallele Überlegungen ließen sich aber möglicherweise auch für das Verhältnis anderer funktionaler Teillogiken zueinander anstellen – etwa für das Verhältnis zwischen politischer und religiöser Logik, mit Konsequenzen für den von Huntington (1998) diagnostizierten »clash of civilizations«, der immer auch ein »clash of religions« sein soll.

Die Auffassung, dass Kriege (wie alles andere auch) ökonomisch determiniert seien und letztlich ökonomischen Interessen folgten, war lange Zeit

---

116 Für die Beschreibung solcher Einrichtungen stehen in der Theorie Luhmanns die Begriffe strukturelle Kopplung und Leistungsaustausch zur Verfügung. Das Verhältnis dieser Begriffe zueinander müsste näher geklärt werden; so ist etwa nicht klar, ob Leistungen und strukturelle Kopplungen zwei verschiedene Dinge sind oder ob Leistungen eine spezifische (nämlich: funktionssystemspezifische) Form von struktureller Kopplung sind.

eine der wichtigsten Positionen in der Kriegstheorie und wird auch heute noch vertreten. »War is economics by other means« (Kapstein 2002: 158) – so lässt sich diese Position, die im Einzelnen sehr unterschiedliche Argumente enthält, zusammenfassen. Während manche der damit angesprochenen Punkte – beispielsweise Interessen an der Sicherung von Rohstoffen oder Absatzmärkten – für einzelne Kriege durchaus zutreffen mögen, ergibt sich insgesamt doch ein ganz anderes Bild, wenn man vom Theorem funktionaler Differenzierung ausgeht. Dasselbe gilt im Übrigen, wenn man die stärker historisch-soziologische Herangehensweise der neueren angelsächsischen Kriegssoziologie[117] zugrunde legt: Zu deren Konsenspunkten gehört nach Shaw (1991: 15ff.) die Annahme der Autonomie des Staates und der Differenz der Sphären Politik/Staat und Wirtschaft. Während die Theorien des neunzehnten Jahrhunderts von einem direkten Zusammenhang zwischen Wirtschaft beziehungsweise Kapitalismus einerseits und Krieg andererseits ausgegangen waren – entweder in der Richtung, dass mit der Durchsetzung des Kapitalismus und des Freihandels(geistes) der Krieg verschwinden werde (die liberale Variante), oder in der umgekehrten Richtung, dass Krieg eine notwendige Folge des Kapitalismus und der inter-imperialistischen Rivalitäten sei (die marxistische Variante) –, bestehe der Fortschritt der Soziologie demgegenüber darin, den direkten Zusammenhang zwischen Wirtschaft/Kapitalismus und Krieg *gleich in welcher Richtung* aufzulösen. Die Entkopplung zwischen politischen und ökonomischen Aspekten von Krieg wird insbesondere dann deutlich, wenn der angemessene historische Vergleichsfall der vormodernen, stratifizierten Gesellschaften gewählt wird, in denen Kriege zweifellos funktional diffus und damit immer auch ökonomisch mitstrukturiert waren.

In stratifizierten Gesellschaften (Adelsgesellschaften ebenso wie Reichen) ist die Erlangung ökonomischer Vorteile, insbesondere von Beute und Tributen, ein integraler Aspekt von Kriegen und ein häufiges und offen propagiertes Kriegsziel. Dabei ist eine ökonomische Profitabilität natürlich nur für die jeweils siegreiche Seite gegeben, denn offensichtlich kann Krieg nicht für beide Seiten zugleich profitabel sein; aber zumindest für den Sieger gilt, dass Krieg sich in aller Regel auch ökonomisch auszahlt. Arnold Gehlen (1968: 534) fasst diesen Umstand pointiert zusammen: »Für den Orient wie für das Abendland, und für die ganze Geschichte von der Antike bis an die Schwelle unseres Industriezeitalters gilt […] der Sieger im Krieg ist auch der,

117 Hierzu gehören etwa Michael Mann, Anthony Giddens, Mary Kaldor, Martin Shaw.

der reich wird.« Ähnlich formuliert der Historiker Reinhard Wolters (2008: 228) – hier mit Blick auf die Antike –, es gehe grundsätzlich um »[d]ie Führung eines Krieges zur Erzielung eines direkt in die Heimat zurückführbaren materiellen Gewinns.« Etwas technischer muss man formulieren, dass die Erträge des Krieges für den Sieger in aller Regel seine Kosten übersteigen. Als Erträge kommen etwa zu erbeutende Schätze in Betracht, die in vielen Fällen auf der Gegenseite verfügbar sind, sowie dem Gegner auferlegte Tributzahlungen. Dabei kommen die Profite genau denselben Einheiten zugute, die auch die unmittelbare Kriegführung in die Hand nehmen: Dasjenige Reich, Königtum, Stadtwesen usw., das Krieg führt, steckt auch die ökonomischen Früchte des Krieges ein. Deshalb gilt auch, dass bei nur schwachem Zusammenhalt der Kriegstruppen einer Seite – wenn diese etwa aus einem lockeren Bündnis mehr oder weniger autonomer Adelsfraktionen bestehen – die Beute unter die beteiligten Einheiten aufgeteilt wird und jede ihren Anteil erhält; die Aneignung der Kriegsprofite geschieht in derselben Segmentierung, der die politische Organisation insgesamt folgt.

Umgekehrt sind die Kosten der Kriegführung in stratifizierten Gesellschaften meist noch nicht abschreckend hoch: »in most of history [...] the costs of war were relatively low« (Mann 1984b: 43). Hier ist zunächst an die direkten Kriegskosten zu denken, die bei der Bereitstellung von Kampftruppen anfallen: Diese bestehen entweder aus unbezahlten und »selbstequipierten« Adligen, die praktisch gar keine Kosten erzeugen; oder sie bestehen aus einem stehenden Heer, das aber sowieso entlohnt werden muss und mithin regularisierte Kosten erzeugt, während die Führung von akuten Kriegen dann keinen besonderen Kostenfaktor mehr darstellt und vielmehr durch die damit in Aussicht stehenden Kriegsprofite zur Finanzierung des Heeres beitragen kann. Kostenträchtig ist einzig die – in den antiken Stadtstaaten ab einem bestimmtem Zeitpunkt realisierte – Konstellation, dass es zwar kein stehendes Heer gibt, aber die überwiegend aus Angehörigen der höheren Schichten bestehenden Truppen im Kriegsfall (und nur dann!) besoldet werden müssen (Burrer/Müller 2008; Malitz 2008). Aber auch dann sind die Kosten eines Krieges normalerweise nicht so hoch, dass sie nicht – für den Sieger – durch Kompensationszahlungen und Tribute wieder hereingeholt werden können (Meißner 2008). Neben den direkten können natürlich auch indirekte Kriegskosten entstehen durch eventuelle Zerstörungen und Verwüstungen sowie durch das »Leben aus dem Lande«, das die fremden (und eigenen) Truppen im Kriegsgebiet betreiben. Aber diese Kosten absorbiert zu einem großen Teil die Unterschicht, und sie spielen für die Einschätzung der Profitabilität von Kriegen durch die – allein maßgebliche – Oberschicht unterhalb gewisser Schwellen nur eine geringe Rolle.

In stratifizierten Gesellschaften kann man mithin relativ selbstverständlich von einer Einheit von politischen und ökonomischen Erträgen eines siegreich geführten Krieges ausgehen – vielleicht nicht in jedem Einzelfall, aber im unterstellbaren und erwartbaren Normalfall. Mit dem Übergang zur Moderne löst sich diese Konstellation zunehmend auf, wobei grob zwei Phasen zu unterscheiden sind: die Frühmoderne, d.h. die Jahrhunderte vor 1648, und die entwickelte Moderne (mit längeren und fließenden Übergangszeiten dazwischen).

Im frühmodernen Europa beginnt die Trennung zwischen politischen und ökonomischen Aspekten der Kriegführung anzulaufen, wenn auch noch mit einer für diese Zeit charakteristischen und die historische Entwicklung Europas prägenden engen Kopplung beider Seiten. Generell fällt in diese Zeit die Entstehung sowohl einer spezifisch politischen als auch einer spezifisch ökonomischen Rationalität, erstere manifestiert etwa in den Schriften Machiavellis, zweitere etwa im Aufstieg der Handelsrepubliken und der Erfindung wirtschaftlicher Instrumente wie des Wechsels und der Aktie.[118] Beide an sich schon getrennten Logiken gehen aber in dieser Zeit eine enge Allianz beziehungsweise ein wechselseitiges Anlehnungsverhältnis aneinander ein, das insbesondere bei Mann (1984b) und Tilly (1985; 1990) beschrieben ist. Als Ausgangspunkt kann man benutzen, dass die Kosten für Kriegführung in dieser Zeit steigen, so dass die Staaten für ein erfolgreiches Mitspielen im zwischenstaatlichen Kriegspoker auf die Unterstützung des entstehenden Bürgertums angewiesen sind: Sie müssen kapitalstarke Kaufleute auf ihr Gebiet zu locken, um ihre Steuerbasis zu stärken, und sie brauchen Bankiers und sonstige Finanzierer als Quelle für Kriegskredite. Die Geldgeber ihrerseits überlegen sich wohl, welche Kriegsprojekte sie finanzieren und welche nicht, und bevorzugen solche, die auch ihnen einen Gewinn

118 Die Entstehung einer spezifisch ökonomischen Logik zeigt sich auch – speziell mit Blick auf Krieg – im Aufkommen der Söldner und der Söldnerführer bzw. Kriegsunternehmer, die Krieg als ökonomisch durchkalkuliertes und auf Profit angelegtes Geschäft betrieben. Hier zeigt sich auch schon eine erste Inkompatibilität zwischen ökonomischer Rationalität und ernsthafter Kriegführung, insofern die Söldner notorisch unzuverlässige Truppen waren, die u.U. für bessere Bezahlung streikten, sich vom Gegner zu einem höheren Preis wegkaufen ließen, nach Vertragserfüllung (aber vor Kriegsende) aufhörten zu kämpfen und generell zur Minimierung der Kampfanstrengung und des eigenen Risikos neigten (Howard 1981: 29ff.; McNeill 1984: 72ff.; Krippendorff 1985: 244ff.; Bröckling 1997: 52ff.; Kroener 2002; Nowosadtko 2002: 203ff.).

versprechen, etwa durch die Erschließung neuer Handelsgebiete, den Schutz von Handelswegen oder -monopolen oder die direkte Schädigung oder Ausschaltung von Konkurrenten. Kriege müssen deshalb so angelegt sein, dass sie auch für das Bürgertum gewinnversprechend sind; es entsteht eine punktuelle Kopplung zwischen politischer und ökonomischer Logik von Krieg, so dass bei der Entscheidung über Krieg immer auch die ökonomischen Folgen mitbedacht werden müssen.

Kriegführende und ökonomisch profitierende Einheiten sind hier zwar schon nicht mehr unmittelbar identisch, sondern auf verschiedene Träger verteilt (Fürsten vs. Bürger), aber beide gehen eine »symbiotische Beziehung« (Mann 1984b: 42) oder eine Art Tauschgeschäft miteinander ein, in dem Chancen auf Erfolg in den zwischenstaatlichen Rivalitätskämpfen gegen Chancen auf ökonomischen Profit getauscht werden.[119] »In the course of making war, extracting resources, and building up the state apparatus, the managers of states formed alliances with specific social classes. The members of those classes loaned resources, provided technical services, or helped ensure the compliance of the rest of the population, all in return for a measure of protection against their own rivals and enemies.« (Tilly 1985: 183) Im Ergebnis hatte dieses Arrangement den – noch die heutige segmentäre Ordnung Europas prägenden – Effekt, dass nur diejenigen Staaten überlebten, die die richtige Mischung aus »capital and coercion« realisierten, während die zu einseitig ausgerichteten »capitalized/commercial states« und »coercion-intensive states« untergingen (Tilly 1990: 90f.).

Diese Symbiose zwischen wirtschaftlicher und politischer Rationalität setzt jedoch begrenzte Komplexität auf beiden Seiten voraus, weil nur unter dieser Bedingung eine Punkt-für-Punkt-Abstimmung von Interessen beider Seiten möglich ist. So muss etwa das Bürgertum in sich relativ homogen und überschaubar sein und wenigstens grob identische oder ähnliche Interessen haben (etwa: in mehr oder weniger gleichartigen Geschäften tätig sein), so dass absehbar ist, von *welchen* Kriegen oder militärischen Aktionen es profi-

119 Eine ähnliche tauschförmige Beziehung zwischen zwei an sich schon getrennten funktionalen Logiken (hier der politischen und der religiösen) wird möglicherweise in einigen islamisch-fundamentalistischen Staaten der Jetztzeit gepflegt, wie manche Beobachter vermuten: »The governing bargain is that the regimes get to stay in power forever and the mullahs get a monopoly on religious practice and education forever.« (T.L. Friedman, Breaking the Circle, in: New York Times vom 16.11.2001, S. A23, zit. in Bergesen/Lizardo 2004: 40). Auch dies wäre dann schon eine Abweichung vom »ursprünglichen« Zustand einer unmittelbaren, unzerbrochenen Einheit von politischen und religiösen Herrschaftsträgern.

tieren würde. Weiter ist vorausgesetzt, dass der Fürst keine oder wenig andere Möglichkeiten hat, sich Geld zu besorgen, denn nur dann kann punktuell die Vergabe von Kriegskrediten von der Zustimmungsfähigkeit des Kriegszwecks abhängig gemacht werden. Schließlich darf der Fürst noch nicht allzu sehr in eigene, politische Restriktionen und Dynamiken verstrickt sein (etwa Rücksichtnahmen auf politische Unterstützer und Gegner), so dass ihm die Berücksichtigung ökonomischer Interessen jederzeit möglich ist, ohne dass diesen gleich starke und möglicherweise in entgegengesetzter Richtung wirkende politische Pressionen entgegenstehen.

Entkopplung von politischer und ökonomischer Logik

All diese Bedingungen lösen sich mit der weiteren Entwicklung der modernen Gesellschaft auf. Man findet nun auf beiden Seiten ein ausdifferenziertes Funktionssystem – das Wirtschaftssystem und das Politiksystem –, die beide so viel eigene Komplexität aufbauen, dass eine Punkt-für-Punkt-Abstimmung zwischen ihnen unmöglich oder, wenn dies zu stark ist, jedenfalls selten und kontingent wird.[120] Auf der einen Seite wird das Wirtschaftssystem so komplex und diversifiziert, dass es selbst bei entsprechendem politischen Willen kaum mehr möglich ist, »die« Interessen »des« Bürgertums oder »des« Kapitals durch Kriegführung zu befördern. So zerfällt die Wirtschaft in exportorientierte und binnenmarktorientierte Branchen, in rohstoff- und energieintensive und dienstleistungsorientierte Branchen, in wechselkursabhängige und wechselkursunabhängige Branchen, die von Kriegen ganz unterschiedlich betroffen sind und ganz unterschiedliche Interessen geltend machen können. Es ist damit einfach durch die Binnenkomplexität des Wirtschaftssystems ausgeschlossen, dass sich der Staat bei der Festlegung seiner Kriegspolitik durchgängig an den Interessen »der« Wirtschaft orientiert. In diesem Sinn stellt auch Mann (1987b) fest, dass die Ausdifferenzierung des Staates zuerst in Anlehnung an bestimmte Klassen beziehungsweise Schichten geschah, sich später aber so weit von dieser schichtmäßigen Basierung ablöste, dass nicht mehr erkennbar ist, wessen Interessen (abgesehen

120 Anders gesagt: Die Trennung der Systeme braucht *Zeit.* Beide entstehenden Funktionssysteme müssen erst auf der Ebene konkreter Allianzen nebeneinander her laufen, um sich dann trennen zu können. Nach einigen Jahrhunderten des Operierens sind die Funktionssysteme dann so weit gefestigt und intern so weit komplexifiziert, dass sie einer konstanten Anlehnung aneinander weder bedürfen noch dazu fähig sind.

von denen des Staates selbst) geschützt werden. Außerdem wird es wegen der Komplexität und inneren Interdependenz des Wirtschaftssystems immer schwerer, durch Kriege *bestimmte*, planbare wirtschaftliche Effekte zu erzielen: Die Fernfolgen und Erschütterungen in Bezug auf wichtige Weltmarktpreise, Wechselkurse, Konjunkturphasen usw., die eine kriegerische Aktion auslöst, sind kaum vorherzusehen, und die Reibungsverluste beim Versuch, bestimmte wirtschaftliche Wirkungen durch politisch-militärische Maßnahmen zu erzielen, sind enorm (Galbraith 2001; Schneider/Troeger 2006). Schließlich wird der Staat durch den Ausbau des Wirtschafts- und insbesondere des Finanzsystems unabhängig von bestimmten Geldquellen und damit von der Zustimmung bestimmter Geldgeber. Er kann sich das für Krieg benötigte Geld jetzt in generalisierter Weise über Besteuerung, über die internationalen Finanzmärkte oder auch über staatlich erzwungenes Sparen seiner Bürger beschaffen, ohne dass die Zustimmung bestimmter Gruppen von Geldgebern zum Kriegszweck dafür nötig wäre. Die Probleme der Finanzierung von Krieg und der Wahl von Kriegszielen und -motiven trennen sich.

Auf der anderen Seite – der des politischen Systems – sind die Entscheidungsträger heute in ein komplexes, hoch interdependentes Netz inner- wie außerstaatlicher Beziehungen eingebunden, das ihr Handeln in vielfältiger Weise unter *politische* Restriktionen stellt und vermutlich selbst bereits ein Übermaß an Pressionen und Orientierungsrichtungen bereithält. Im internationalen Raum müssen die Chancen und Zwänge geopolitischer Konstellationen berücksichtigt werden, d.h. die Auswirkungen von Kriegen auf Bündnis- und Rivalitätsverhältnisse, auf das »Ansehen« des eigenen Staates in der Welt, auf Auf- und Abstiegsbewegungen im internationalen System usw. Im innerstaatlichen Bereich müssen – unter Bedingungen der Demokratie – die eigenen Popularitätswerte und Wiederwahlchancen, das Verhältnis zu inner- wie außerparteilichen Rivalen und mit all dem immer auch die öffentliche beziehungsweise massenmediale Meinung im Auge behalten werden. Beide Orientierungsrichtungen müssen gleichzeitig bearbeitet werden, obwohl sie nicht immer übereinstimmende Handlungsanforderungen stellen; es gilt zwar als illegitim, Entscheidungen über Krieg mit Blick auf innenpolitische Aspekte zu treffen, aber dies ist in der politischen Realität gleichwohl der Normalfall (Halperin 1974: 63ff.; Roxborough 2003: 355).[121]

121 Allgemein zur »Janusgesichtigkeit« des Staates, der immer zugleich nach innen und nach außen schaut, Skocpol 1979; Shaw 1987.

Es gibt mithin allein auf der Seite der Politik so viele Restriktionen, dass für die Berücksichtigung wirtschaftlicher Interessen zwangsläufig weniger Raum bleibt. Unfreiheiten, d.h. Rücksichtnahmen und Gebundenheiten, können nicht auf allen Seiten gleichzeitig maximiert werden. An die Stelle der Abstimmung politischer mit ökonomischen Interessen tritt die Abstimmung politischer mit politischen Interessen, entlang von Unterscheidungen wie Innenpolitik vs. Außenpolitik, Leistungsrolle vs. Laienrolle (Wählerrolle), Realpolitik vs. ideologische Nähe usw.

Mit der zunehmenden Komplexität beider Seiten wird eine konkrete, punktgenaue Abstimmung des Operierens beider Seiten immer schwieriger.[122] Die Bindung von Kriegen an ihr bisheriges Alter Ego: die Orientierung an ökonomischer Profitabilität, löst sich auf, und die Orientierung an politischen Chancen und Gefahren wird auf sich selbst gestellt. Kriege können jetzt im Gegenteil extrem rücksichtslos gegenüber ökonomischen Kosten werden; sie sind»the most uneconomic enterprise in which man can engage« (Wright 1968: 463) und sind eher als eine Art von sehr kostspieligem Konsum des Staates zu betrachten denn als ein Weg zur wirtschaftlichen Besserstellung. In diesem Sinn ist wiederholt festgestellt worden, dass Kriege in der Moderne exorbitant teuer sind und – auch für den Sieger – »grundsätzlich mehr kosten, als sie einbringen« (Münkler 2005: 239) (vgl. Ferguson 2003: 367ff.; Münkler 2006: 140).[123] Dies liegt vor allem an den direkten Kosten für Kriegsgerät und die Unterhaltung großer Militärapparate, die in den letzten Jahrhunderten so stark gestiegen sind, dass jeder mögliche

122 Zur Klarstellung: Damit ist nicht gesagt, dass Wirtschaft und Politik schlechterdings autark und unabhängig voneinander wären. Vielmehr sind sie – wie alle Funktionssysteme – wechselseitig auf ihre Existenz und auf die Zufuhr von Leistungen des je anderen angewiesen. So ist das Operieren einer kapitalistischen, profitorientierten Wirtschaft nur möglich unter Bedingungen des »Friedens«, d.h. des staatlichen Gewaltmonopols (Giddens 1987: 136; Wimmer 1996: 153); und umgekehrt ist die Etablierung und Erhaltung von Staatsmacht nur möglich bei durchgesetzter Geldwirtschaft, die Besteuerung und damit u.a. die regelmäßige Bezahlung eines stehenden Heeres erlaubt (Elias 1970: 154ff.; Tilly 1990: 84ff.; Mann 1991: 319ff.). Aber dies sind hochgeneralisierte Kopplungen, die keine Punkt-für-Punkt-Abstimmung des täglichen Operierens voraussetzen.

123 Allein aus diesem Befund leitet Pitirim Sorokin (1938: 476) ein eindeutiges Urteil über ökonomische Kriegstheorien ab: »[M]any of these [theories of war] claim that the main cause of war is economic: ›to keep what we have got and to take more,‹ or ›the Imperialist rivalries stirred by our present economic system,‹ and the like. And then the same authors assure us that ›war does not pay,‹ that the conquerors and conquered alike usually lose economically. Unless we assume an absolute stupidity and unteachability of all the peoples, these two statements: that the cause of war is economic, and that war does not pay, are hard to reconcile.«

Kriegsprofit in Form von Beute, Reparationen, Geschäftschancen für heimische Unternehmen usw. im Vergleich damit zurückbleibt. Die indirekten Kriegskosten durch physische Zerstörungen, entgangene Investitionen und Handelschancen usw. hängen stark von den Umständen ab (insbesondere von der Frage, ob der Krieg eigenes Gebiet tangiert oder nicht), können aber ebenfalls sehr hoch sein.[124]

Auf der anderen Seite ist die älteste und »natürlichste« Form der Bereicherung durch Krieg: das Beutemachen, unter modernen Bedingungen zunehmend erschwert oder sogar verunmöglicht worden (van Creveld 1998: 230; Aldrich 2000: 50). Das einfache Mitnehmen von Schätzen und sonstigem Beutegut ist heute erstens quantitativ nicht mehr bedeutend genug und zweitens durch das kriegsrechtliche Verbot der Plünderung (Haager Landkriegsordnung, Art. 28, 47, 48) aus dem Zentrum kriegerischer Bemühungen verbannt. Die Existenz dieses Verbotes selbst ist ein erstrangiges Indiz für die Abtrennung ökonomischer Aspekte von der Logik der Kriegführung. Dabei hat das Verbot natürlich nicht dazu geführt, dass die Praxis der Plünderung restlos verschwunden wäre; vielmehr wird sie organisiert oder individuell, offiziell oder inoffiziell weiterhin betrieben, aber dann nicht als zentrales Kriegsziel (des Staates) oder dominante Kampfmotivation (des Individuums), sondern nur als kümmerliche Entschädigung für im Krieg erlittene Schäden und Entbehrungen (McCallum 1946: 481f.; Stouffer u.a. 1949b: 171; Humburg 1998: 164ff.; Rink 2000: 57; Kempowski 2005: passim; Beyrau 2007: 332).[125] Im Vergleich zu vormodernen Gesellschaften, in denen die Aneignung von Reichtümern ein anerkannter Hauptzweck von Kriegen war, hat das Beutemachen mithin einen massiven Funktionsverlust erlitten und ist nur noch übrig gebliebene (weil fast voraussetzungslos mögliche), illegitime und skeptisch bis ablehnend betrachtete Restpraxis.

124 Es ist aber auch möglich, dass eine Volkswirtschaft insgesamt – aufgrund der explodierenden Staatsausgaben und deren konjunkturfördernder Wirkung – deutlich gestärkt aus einem Krieg hervorgeht, wie etwa der US-Wirtschaft im Zweiten Weltkrieg die Erholung von der Großen Depression der 1930er Jahre gelang (Milward 1977: 63ff.). Bei einem solchen Effekt ist dann aber so viel Eigenbeteiligung der Wirtschaft als System im Spiel, dass nur noch mit sehr großen Fragezeichen von »Kriegsprofit« gesprochen werden kann.

125 Auch über das »Beutemachen« in Form lukrativer Geschäftsverträge im Öl- und Wiederaufbaugeschäft im Gefolge der Golfkriege II und III ist gesagt worden, dass dies eher ein Versuch gewesen sei, einen gewissen, mageren Ausgleich für die exorbitanten Kosten zu schaffen, als ein positiver Kriegsprofit (Shaw 2005: 61f.). Zu Profiten dieser Art gleich mehr.

Man kann natürlich argumentieren, dass die entscheidende Art des »Beutemachens« sich auf subtilere Formen wie Sicherung von Rohstoffversorgung, Zugang zu Handels- und Geschäftschancen u.ä. verlagert habe. Abgesehen davon, dass es etliche Kriege gibt, für die das ohne Zweifel nicht zutrifft, weil nennenswerte Ressourcen und Geschäftsmöglichkeiten nicht zur Verfügung standen (z.B. Vietnamkrieg, Falklandkrieg), beweist auch die Existenz solcher Kriegsgründe und -ziele nicht, dass Kriege dominant um wirtschaftlicher Vorteile willen geführt würden; das Auseinanderlaufen von politischer und ökonomischer Logik kann dadurch nicht rückgängig gemacht werden. Es ist natürlich nicht auszuschließen, dass Staaten ihr – kriegerisches wie sonstiges – Handeln an dem Gesichtspunkt der Ressourcenversorgung orientieren; und niemand wird bestreiten, dass Staaten unter den Bedingungen des Knappwerdens fossiler Energiequellen sich Sorgen um die Energiesicherheit machen und sich dies auch in ihren außenpolitischen Strategien niederschlägt.[126] Es ist aber zu fragen, inwieweit hier wirklich ein rein *ökonomisches* Interesse zugrundeliegt – denn wenn dies so wäre, müsste man in jedem Fall vorher nachrechnen, ob es nicht günstiger wäre, den Rohstoff auf dem Weltmarkt zu *kaufen* (oder, soweit er nicht ad hoc auf dem freien Markt verkauft wird, sich mit attraktiven Preisangeboten um langfristige Lieferverträge zu bemühen). Dieser Vergleich dürfte aber – angesichts der erwähnten explodierenden Kriegskosten – in den meisten Fällen zuungunsten von Kriegen ausgehen. So stellt Herfried Münkler (2006: 139) fest, »dass territoriale Eroberungen, etwa um Ackerland oder Zugang zu Bodenschätzen zu gewinnen, für die Staaten nur noch eine geringe Attraktivität besitzen. Es ist für sie allemal kostengünstiger, diese Ressourcen zu kaufen, als sie mit Waffengewalt zu erobern«.

Das Interesse an Rohstoffen dient mithin – obwohl es in der Öffentlichkeit geradezu als Paradefall der wirtschaftlichen Motiviertheit von Kriegen diskutiert wird – nicht nur der Herstellung wirtschaftlicher Prosperität, sondern auch (und vermutlich überwiegend) der Herstellung *politischer* Stärke: Man will Autarkie und Unverwundbarkeit in der Versorgung mit wichtigen Rohstoffen erreichen, um für künftige Kriegs- und Krisenfälle gewappnet zu sein (Wright 1949: 282; Russett 1967; Krysmanski 1993: 207f.); oder man will ein Druckmittel gegen andere Staaten, die denselben Rohstoff benötigen, in der Hand haben (Janabi 2006); oder man will umgekehrt vermeiden,

126 Dass Kriege öfter in Regionen stattfinden, in denen wichtige Ressourcen vorhanden sind, und Staaten generell an solchen Regionen mehr Interesse zeigen als an bloßen Ödnissen, ist deshalb zu erwarten (Galtung 1984: 62ff.).

anderen Staaten ein solches Druckmittel in die Hand zu geben (Keen 2006: 71). Das Thema der Rohstoffversorgung wird durch Kontakt (um nicht zu sagen: Kontaminierung) mit der Selbstreferenz des politischen Systems in ein mindestens teilweise politisches Motiv transformiert, auch wenn es auf dem wirtschaftlichen Faktum des Bedarfs an einem bestimmten Rohstoff aufbaut.

Trotz allem kann es natürlich einzelne Unternehmen oder Industriezweige geben, die kräftig von Kriegen profitieren – so etwa offensichtlich die Rüstungsindustrie,[127] aber u.U. auch Unternehmen in anderen Branchen (etwa in der Öl- und Wiederaufbauindustrie). Die Einheiten, für die solche direkten Kriegsprofite anfallen, werden aber zunehmend klein, partikular und damit auch kritisierbar; das Ressentiment gegen »Kriegsprofiteure« ist verbreitet. Es handelt sich hier um eine hoch selektive Auswahl aus dem Feld der Wirtschaftsakteure, die in keiner Weise mehr beanspruchen kann, »das Bürgertum« oder »die Wirtschaft« insgesamt zu repräsentieren. Man kann in dieser Lage entweder mit umso größerem Empörungswert daran festhalten, dass Kriege um der Profite dieser wenigen Unternehmen willen – wenn schon nicht um der Profitabilität für die ganze Volkswirtschaft willen – geführt werden;[128] oder man kann auf die realistischere Sichtweise umstellen, dass solche Profite als bloße *Nebeneffekte* von Kriegen anfallen, die zwar real, aber für die politisch getroffene Kriegsentscheidung mehr oder weniger irrelevant sind. Hier ist der Vergleich zu anderen Politikfeldern nützlich: So gut

127 Dies gilt ganz unabhängig von einem eventuellen »militärisch-industriellen Komplex«. Letzterer ist als Konglomerat von Kontaktballungen und Interessenverflechtungen zwischen Vertretern des Militärs, des Verteidigungsministeriums und der Rüstungsindustrie sicher eine – von Staat zu Staat verschieden ausfallende – Realität. Die Frage ist aber, ob er ursächlich zur Führung von Kriegen beiträgt, oder ob er sich in der dauerhaften Institutionalisierung eines Wirtschaftszweiges erschöpft, in dem schlechte »performance«, d.h. maßloses Überziehen veranschlagter Kosten, risikoloses Einstreichen garantierter Profite sowie eine Politik der Maximierung von Subventionen auf der Angebotsseite toleriert wird, weil die Nachfrageseite (der Staat) starke eigene Motive dafür hat, heimische Produktionskapazitäten für Rüstungsgüter auch über Latenz-, d.h. Friedensperioden hinweg zu erhalten, um in der Produktion dieser Güter autark zu sein (Adams 1968; Adams/Adams 1972; Kaufman 1972; Kurth 1972; Melman 1972; Trebilcock 1976; Kaldor 1981). Das Erfordernis der Autarkie mit Blick auf Kriege gilt im Übrigen auch für andere Industriezweige, insbesondere Landwirtschaft, Energie- und Schwermetallsektor, Flugzeug- und Schiffsbau – und auch diese Branchen werden oft hoch und über die rein ökonomische Vertretbarkeit hinaus subventioniert (Lederer 1939: passim; Milward 1977: 246; Kaldor 1981: 63).

128 Auf dieser Linie argumentieren etwa – ohne sich ausschließlich auf Krieg zu konzentrieren – die Imperialismustheorie von Hobson (1902) und die Theorie der Machtelite von Mills (1962).

wie jede politische Entscheidung nützt irgendeinem Industriezweig oder einer sonstigen Lobbygruppe – die Einführung einer Helmpflicht für Motorradfahrer nützt der Helmindustrie, der Ausbau des Gesundheitssystems den Ärzten usw. –, ohne dass es deshalb Sinn machen würde, alle dieser Entscheidungen auf den Einfluss der jeweils profitierenden Gruppe zurückzuführen. »Das Gewebe der sozialen Interessen ist so dicht, daß es kaum jemals ein Verhalten des Staats geben kann, dem nicht auch irgendwelche konkreten Interessen irgend jemands entsprechen«, notiert schon Schumpeter (1918: 2). Man kann deshalb davon ausgehen, dass bei der politischen Entscheidung für oder gegen Krieg die Profitchancen bestimmter Unternehmen in der Regel nicht als zentrales Entscheidungskriterium, sondern höchstens als einer von vielen Faktoren am Rande des Kriterienfeldes auftauchen.[129]

Damit sind Aussagen nur auf Systemebene gemacht, nicht auf der Ebene von Einzelfällen. Es kann trotzdem unter besonderen Voraussetzungen dazu kommen, dass eine enge Abstimmung zwischen wirtschaftlichen Partikularinteressen und politischen Entscheidungsprozessen der Entscheidung für einen Krieg zugrunde liegt – wie es möglicherweise im Zweiten Irakkrieg (2003–2011) mit der engen Verflechtung des politischen Spitzenpersonals in die Öl- und sonstige einschlägige Industrie der Fall war. Dies ist dann aber mit erheblichen politischen Risiken behaftet, wie Popularitätsverlust bei den eigenen Wählern, Ansehensverlust in der Welt, Zwang zur anderslautenden »Schaufensterdarstellung« mit dem Risiko, beim Lügen erwischt zu werden, usw. Die Kopplung von Kriegführung an partikulare wirtschaftliche Interessen wird mithin, wenn nicht unmöglich, so doch problematisch, kontingent und selektiv; sie rückt in die Nähe sanktionierbarer politischer Fehler, statt – wie in der Frühmoderne – notwendige Bedingung der Kriegführung zu sein.[130]

Im Gesamtbild fällt mithin auf, dass die Systemreferenzen, für die eine ökonomische Profitabilität von Kriegen behauptet werden kann, stark zu-

---

129 Dabei ist auch zu bedenken, dass einer Regierung, der wirklich an der Förderung bestimmter Unternehmen oder Industriezweige gelegen ist, dafür etliche andere, funktional äquivalente Möglichkeiten zur Verfügung stehen (Subventionen, Zollpolitik, Steuererleichterungen, staatliche Großaufträge usw.), die politisch weniger risikoreich sind als Kriege.

130 Analoges lässt sich vielleicht über eine eventuelle Kopplung einer Kriegsentscheidung an religiöse Motive sagen: Es ist möglich, einen Krieg als »Religionskrieg«, »Kreuzzug« usw. zu stilisieren, aber es hat angebbare politische Kosten, etwa vermehrten Widerstand und verstärkte Sympathien auf seiten des Kriegsgegners, Protest in der heimischen Öffentlichkeit und das mögliche Abgestoßensein dritter Akteure und möglicher Koalitionspartner.

sammengeschrumpft sind und ihre Zentralstellung im politischen Entscheidungsprozess eingebüßt haben. Kriege schaffen zwar noch Gelegenheiten zu ökonomischem Profitieren, aber nicht viel anders (oder nur graduell anders) als sie auch Gelegenheiten zum Prestigegewinn für in der Kriegsberichterstattung sich auszeichnende Journalisten oder Medien bieten, Gelegenheiten zum distinguierten Einsatz und Karrieresprung für Soldaten, usw. In keinem Fall ist ein Zustand erreicht, in dem die alte, bruchlose Identität von politischen und ökonomischen Erträgen für im Krieg erfolgreiche Einheiten, oder auch die den Übergang zur Moderne vollziehende alternativlose Abstimmung zwischen – als solchen schon auseinandergezogenen – politischen und ökonomischen Interessenträgern wiederhergestellt ist. Als orientierende Logik und primär wichtiger Kontext von Kriegsentscheidungen und Kriegsfolgen bleibt dann nur die politische Logik, d.h. die Machtlogik übrig, mit im Einzelnen ganz verschiedenartigen Konstellationen: Machtrivalitäten und Machttests, sich zuspitzende Drohsituationen, Aufbau, Verteidigung oder Herausforderung von Großmachtpositionen, ideologische Gegensätze, Nutzung von Chancen und Machtvakuums, Selbstbehauptung und Sezession nationaler Minderheiten, oder auch Ablenkung von innenpolitischen Problemen und Stärkung der internen Solidarität, usw.

Speziell erwähnt werden muss in diesem Zusammenhang der Komplex des Kolonialismus/Imperialismus mit den dazugehörigen Kolonialkriegen. Man kann vermuten, dass hier die Kopplung an ökonomische Aspekte enger ist als in dem bisher beschriebenen Typ des modernen Krieges, der innerhalb des von der Weltgesellschaft geordneten Gebietes und nicht an seinen Rändern auftritt (und insofern von funktionaler Differenzierung stärker erfasst ist). Dennoch widerlegen auch diese peripheren Kriege nicht die These von der zunehmenden Entkopplung zwischen politischer und ökonomischer Logik. Die koloniale Eroberung der außereuropäischen Welt begann zu einem Zeitpunkt, zu dem innerhalb Europas die oben beschriebene »Symbiose« zwischen staatlichen und bürgerlichen Interessen in Kraft war, und die kolonialen Unternehmungen waren denn auch für beide Allianzpartner wohl über lange Zeiträume hinweg profitabel, wobei die bürgerliche Seite Handelschancen und die staatliche Seite u.a. symbolischen Status und Edelmetalle zur Aufstockung des Kriegsschatzes gewann. Mit der Zeit entwickelte sich sogar eine weitere auffällige Fusionierung staatlicher und wirtschaftsbürgerlicher Aktivitäten in Form der Kolonialgesellschaften, die teilweise halbstaatlichen oder parastaatlichen Status innehatten, in den Kolonialgebieten hoheitliche Funktionen ausübten und u.U. zur Verteidigung privater wirtschaftlicher Interessen mehr oder weniger direkt das staatliche Militär zu Hilfe rufen konnten.

Andererseits ist aber auch deutlich, dass politische und ökonomische Orientierung mit der Zeit zunehmend auseinander liefen und ein Potenzial zur Kollision miteinander entwickelten. Insbesondere der Übergang zum Imperialismus, d.h. zur direkten Herrschaft in den peripheren Gebieten, war anscheinend überwiegend durch politische Faktoren motiviert und ökonomisch gesehen ein großes Verlustgeschäft (Münkler 2005: 35ff.). Als politische Faktoren kommen hier etwa die Rivalitäten der Imperialmächte untereinander sowie die Erfordernisse des europäischen Machtgleichgewichts in Betracht (Aron 1958: 12ff., 26f.; Steinmetz 2005: 344f.), der Wunsch nach Ablenkung von inneren Spannungen im Kernland und nach Ableitung politischer Energien auf nationalistische Projekte (Schumpeter 1918: 9f.; Wehler 1969) oder auch, mit Bezug auf die innere politische Lage in den Kolonialgebieten, die Eigendynamik des Problems, die aufständische einheimische Bevölkerung unter Kontrolle zu bekommen (Steinmetz 2005: 346).[131]

Es wurde dann zwar vielleicht noch die *Erwartung* auf eine Konvergenz wirtschaftlicher und politischer Vorteile tradiert, aber diese war in der Realität schon nicht mehr einlösbar. So haben verschiedene Beobachter die Vermutung geäußert, die Propagierung der kolonialen beziehungsweise imperialen Unternehmungen als ökonomisch lohnend sei eine reine Reklamebehauptung, eine »Phrase« und »politische Dekoration« gewesen, um ein an sich eigensinniges staatliches Handeln dem Bürgertum schmackhaft zu machen (Schumpeter 1918: 9f.; vgl. auch Handman 1939: 645f.). Dabei ist unentschieden, ob es sich hier um bewusste Irreführung und »Fassadenmanagement« gehandelt hat oder um in bestem Glauben gemachte Versicherungen, die sich von der *bisherigen* Profitabilität der kolonialen Unternehmungen leiten ließen und eine Veränderung dieser grundsätzlichen Relation nicht für möglich hielten. Das Phänomen des Kolonialismus/Imperialismus scheint somit ein ambivalenter Fall zu sein, auf der Kippe stehend zwischen der frühmodernen Allianz von bürgerlichen Interessen und staatlichem Handeln einerseits und spätmoderner Entkopplung beziehungsweise lockerer Kopplung andererseits.

131 Im Zuge dessen wurden manchmal auch Entscheidungen getroffen, die ökonomisch völlig kontraproduktiv waren. So wurde beispielsweise das Hererovolk in Namibia wegen »halluzinatorischer Sicherheitsbedenken« der deutschen Kolonialmacht mehr oder weniger ausgerottet, was die Kolonie für ein Jahrzehnt ihrer Arbeitskräfte beraubte (Steinmetz 2005: 345).

Ökonomische Logik von Neuen Kriegen

Ein deutlich abweichender Fall, für den eine Entkopplung von ökonomischer Logik und Kriegführung nicht mehr behauptet werden kann, sind dagegen die so genannten »Neuen Kriege«, die seit einigen Jahrzehnten in etlichen peripheren Staaten – insbesondere in Afrika, aber auch in einigen anderen Gebieten wie Kolumbien und Ex-Jugoslawien – zu beobachten sind. Es handelt sich hier um einen spezifischen Kriegstyp, der sich nach Auffassung aller Autoren, die sich damit beschäftigt haben, durch seine überwiegend ökonomische Determination auszeichnet (Elwert 1997: 88; Genschel/Schlichte 1997; Rufin 1999; Kaldor 2000; Berdal/Malone 2000a; Keen 2000b; 2000c; Münkler 2002: 220ff.; 2004; 2006: 137ff.; Ruf 2003; Trotha 2004). Die primäre Triebkraft dieser Kriege ist der Wunsch nach Bereicherung auf Seiten diverser Kriegsakteure, etwa durch Aneignung von Land oder Ressourcenlagerstätten (z.B. Diamantminen),[132] durch Raub und Plünderung, durch Schmuggel mit einträglichen Gütern oder durch das Eintreiben von »Zöllen« beziehungsweise Schutzgeldern im jeweils kontrollierten Gebiet. Solche Bereicherungsstrategien werden besonders prominent von nicht-staatlichen Kriegsherren praktiziert, teils aber auch von zivilen wie militärischen Amtsträgern der staatlichen Seite, die oft nicht viel anders organisiert ist. Und auch unterhalb der Führungsränge ist der Krieg für die aktiv Beteiligten – auf niedrigerem Niveau – ökonomisch profitabel: So bietet er den individuellen Kämpfern beider Seiten immerhin die Möglichkeit, sich zu ernähren und sich gelegentlich Plündergut anzueignen.[133] Die einzigen, die nicht profitieren, sind die nicht aktiv am Krieg beteiligten Zivilisten, die mehr oder weniger systematisch getötet, ausgeplündert, vertrieben, vergewaltigt usw. werden.[134] Es handelt sich also um Kriege, die ganz überwiegend als eine Form wirtschaftlichen Profitstrebens beziehungsweise als eine Form von

132 Neue Kriege finden deshalb bevorzugt dort statt, wo es lukrative Ressourcen auszubeuten gibt. Aber nicht einmal sie sind eins zu eins durch das Vorhandensein natürlicher Ressourcen determiniert, vielmehr greifen politische Faktoren vermittelnd ein (Ross 2004; Journal of Conflict Resolution 2005).

133 Für staatliche Soldaten ist dies dann wichtig, wenn sie ansonsten nicht regelmäßig besoldet werden; so wurde in Sierra Leone der Ausdruck »Operation Pay Yourself« geprägt für das Agieren von Soldaten, die ausbleibende Soldzahlungen durch die Erträge der auf eigene Rechnung ausgeübten Gewalt ersetzen (Keen 2005: 209).

134 Hier kann eine selbstverstärkende Dynamik zur Perpetuierung des Krieges ihren Ursprung haben, indem viele Personen sich vor die Alternative gestellt sehen, sich entweder einer bewaffneten Gruppe anzuschließen oder selbst zum Opfer zu werden. »It may be safer to

Überlebenssicherung, jedenfalls als eine Form von »Erwerbsleben« (Münkler 2004: 29, 33) betrachtet werden müssen. Man braucht dann kein Marxist zu sein, um festzustellen: »war may be a continuation of *economics* by other means« (Keen 2000a: 27).

Umgekehrt ist festzustellen, dass Kriegen dieses Typs die politischen Gehalte weitgehend verloren gegangen sind. Die Parteien haben kaum ernst zu nehmende politische Ziele; soweit überhaupt politische Ziele oder Identitäten angegeben werden, dienen diese überwiegend als Fassade und werden bereitwillig ausgetauscht, wenn die Opportunitäten sich ändern. Ähnliches kann auch für ethnische oder religiöse Identifikationen gelten, auf die manche Kriegsakteure sich berufen, die aber normalerweise nicht den »eigentlichen« Kern und Antrieb des Konfliktes ausmachen, sondern auf die zur Beförderung des profitablen Kriegsgeschehens zurückgegriffen wird (vgl. dazu unten Kapitel 3.3., Punkt d). Die vordergründig ausgestellten politischen Gehalte dienen überwiegend als Legitimation der in ihrem Namen durchgeführten Raubakte: »Abuses against civilians have usually been portrayed as an unfortunate deviation from the laws of war or as a means to a military end. [...] [However] The ›point‹ of war may lie precisely in the legitimacy it confers on these abuses – in other words, the legitimacy it confers on actions that in peacetime would be punishable as crimes. Whereas analysts have tended to assume that war is the ›end‹ and abuses the ›means‹, it is important to consider the opposite possibility: that the ›end‹ is to engage in abuses or crimes that bring immediate rewards, whereas the ›means‹ is war and the perpetuation of war.« (Keen 2000a: 29)[135]

Mit einer Schwäche der Politik sind die Neuen Kriege auch insofern assoziiert, als sie fast ausschließlich in Regionen stattfinden, in denen der Staat schwach etabliert oder kollabiert ist (zu schwachen Staaten Jackson/Rosberg

---

be in an armed band than outside one, particularly when the majority of attacks are being directed against civilians.« (Keen 2000a: 23) (Vgl. Elwert 1997: 91; Genschel/Schlichte 1997: 505; Schlichte 2009: 80f.)

135 Ergänzend ist darauf hinzuweisen, dass es neben den dominierenden ökonomischen auch politische Profite der Neuen Kriege geben kann, die dann aber auch nicht den »normalen« Mustern politischer Kriegsmotivation entsprechen (hierzu Keen 2000a; 2000b; Kuchler 2010a). Für amtierende Regierungseliten kann ein Bürgerkrieg eine Chance sein, drohende Wahlen zu vermeiden, die Repression der Opposition zu verschärfen, Medienrechte einzuschränken oder auch die Opposition entlang ethnischer Linien zu spalten. Weiter können ökonomische Kriegsprofite (etwa durch Monopolhandel im Kriegsgebiet, Schmuggel, »Übersehen« von Schmuggel durch kontrollbefugte Staatsbeamte usw.) in das – in peripheren Ländern oft verbreitete – System klientelistischer Loyalitätsbeziehungen eingespeist und auf diese Weise in politische Profite transformiert werden.

1982; Jackson 1990; Holsti 1996: 99ff.). Optimistische Beobachter gehen davon aus, dass diese eine Art Nachholen der Staatsbildungsprozesse erleben, die Europa einige Jahrhunderte früher durchgemacht hat (Siegelberg 1994; Gantzel 1997; Jung 2003); andere sind pessimistischer und betrachten die Neuen Kriege vielmehr als immer weitergehende Prozesse der Staatsauflösung und des Zerfalls des Gewaltmonopols (Kaldor 2000; Münkler 2001; 2004: 18ff.). Da die Neuen Kriege nicht politisch gesteuert sind, findet das weltpolitische System typischerweise keinen Zugriff auf sie. Dritte, unbeteiligte Staaten betrachten sie meist unter dem Gesichtspunkt der humanitären Katastrophe und sind bestrebt, sie zu beenden, jedoch typischerweise mit wenig Erfolg: eventuelle Vermittlungsbemühungen, Friedensschlussversuche usw. scheitern sehr viel häufiger, als sie gelingen (Berdal/Malone 2000b: 9ff.).[136] Generell weisen die Neuen Kriege eine Tendenz zur Unbeendbarkeit oder jedenfalls zum jahre- oder jahrezehntelangen Dahinschwelen ohne klares Ergebnis aus (vgl. dazu unten Kapitel 4.3., 4.5.). Der für politische Kriege kennzeichnende Zug hin zu einem Ende (durch Sieg/Niederlage, oder auch durch Verhandlung und Kompromissbildung) ist hier verkehrt in das allseitige Bestreben der Kriegsparteien, den Kriegszustand und die mit ihm verbundenen Profitmöglichkeiten möglichst lange aufrechtzuerhalten. Man kann deshalb auch überlegen, ob die Struktur der Neuen Kriege eher dem Modell der Kooperation als dem des Konflikts entspricht (Kaldor 2000: 144; Keen 2000a: 19; 2000b: 8; 2005; Kuchler 2010a: 257ff.): Die Parteien beziehungsweise Kriegs»gegner« arbeiten explizit oder implizit zusammen, um die Perpetuierung des einträglichen Zustands als solchen nicht zu gefährden.

Die Neuen Kriege sind also auf den ersten Blick die direkte, unabweisbare Gegenevidenz zu der These, dass Kriege in der Moderne primär einer politischen und nicht einer ökonomischen Logik folgen. Auf den zweiten Blick können sie diese These aber doch – am abweichenden Fall – bestätigen, insofern sie ebenfalls die zunehmende Trennung und Unvereinbarkeit von politischer und ökonomischer Logik der Kriegführung illustrieren. Kriege können sich *entweder* primär am Politiksystem *oder* primär am Wirtschafts-

136 Und auch der Zugriff auf militärischem Weg, d.h. durch Entsenden von Interventionstruppen, bleibt oft erfolglos, und solche Truppen finden sich an einem fatalen Bifurkationspunkt: Entweder sie lassen sich korrumpieren und werden »selbst zu einem Bestandteil der Kriegsökonomie [...], etwa durch den Verkauf von Waffen und Munition oder die Nutzung ihrer Transportlinien für den Schmuggel illegaler Güter«, oder sie »verlieren [...] die Akzeptanz der Warlords und geraten in die Gefahr, Ziel von Angriffen und Anschlägen zu werden, die sie zum Verlassen des Landes bringen sollen« (Münkler 2006: 145).

system orientieren. Aus einer Zuordnung zum Wirtschaftssystem ergibt sich dann ein »Verlust des Politischen« (Trotha 2004: 205), ebenso wie umgekehrt aus der Zuordnung zum Politiksystem eine Distanzierung gegenüber wirtschaftlichen Aspekten folgt. Es ist nicht mehr möglich, beide Arten von Orientierung gleichzeitig und nebeneinander, in ungetrennter, diffuser Einheit zu praktizieren, vielmehr geht die Optimierung der einen Logik auf Kosten der anderen. Es herrscht denn auch wechselseitiges Unverständnis zwischen den beiden funktional verschieden ausgerichteten Orientierungen, wie es für die Lage in der funktional differenzierten Gesellschaft charakteristisch ist. Beide Kriegstypen erscheinen, vom jeweils anderen aus gesehen, als »Wahnsinn«: In unserer, von der Logik politischer Kriege geprägten Optik sind die Neuen Kriege ein schlechterdings sinnloses, barbarisches, nur mit dem Schema archaischer Feindschaft und Bestialität interpretierbares Abschlachten unschuldiger Menschen. Aus Sicht der Akteure der Neuen Kriege sieht es aber möglicherweise umgekehrt aus: »If contemporary civil wars have been widely labeled as mindless, mad, and senseless, in some ways nineteenth- and twentieth-century Western notions of war may be closer to madness. When war is seen as an occasion for risking death in the name of the nation state and with little prospect of financial gain, it may take months of brainwashing and ritual humiliation to convince new recruits of the notion. A war where one avoids battles, picks on unarmed civilians, and makes money may make more sense.« (Keen 2000a: 26)

Man könnte einwenden, dass sich empirisch keine so deutliche Spaltung in zwei konträre Kriegstypen – einer politisch, der andere ökonomisch orientiert – aufzeigen lässt, dass vielmehr etliche Kriege Elemente beider Seiten aufweisen und genuin politische oder religiöse Motive sich in vielfältiger Weise mit der Tendenz zur ökonomischen Selbsterhaltung und Selbstbereicherung diverser Kriegsakteure mischen. Das trifft sicher auch zu, und es kann natürlich keine trennscharfe Sortierung in zwei Klassen von Kriegen behauptet werden. Jedoch müsste man annehmen dass sich auch in diesen Kriegen, sobald man sie aus der Nähe betrachtet, wieder Unvereinbarkeiten und Zielkonflikte zwischen den beiden Logiken zeigen – etwa indem man eine bestimmte andere Kriegspartei in politisch-ideologischer Perspektive als Gegner, in ökonomischer Perspektive aber als Geschäftspartner behandeln müsste, oder indem das politische Interesse die baldige Beendung des Krieges und den möglichst vollständigen Sieg über den Gegner, das ökonomische Interesse dagegen die Weiterführung des Krieges als solchen attraktiv erscheinen lässt. Die Kriegsparteien müssen sich dann entscheiden, welcher von beiden Logiken sie den Primat geben oder welcher sie von Fall zu Fall folgen – und das genügt, um festzustellen, dass die funktionalen Logiken zunehmend auseinanderdriften und nicht mehr in diffuser Mischung miteinander vorliegen.

Gelegentlich wird gesagt, dass die Neuen Kriege gar nicht so neu seien, weil in der Geschichte der Kriegführung das Motiv der Bereicherung und das massive Mitleiden unbeteiligter »Zivilisten« immer schon prominent waren und nur in einer kurzen Phase der gehegten Staatenkriege vorübergehend zurückgedrängt wurden (Schlichte 2006a; Chojnacki 2007; Langewiesche 2009). Neu sind sie aber doch insofern, als es sich hier nicht mehr – wie in der Vormoderne – um eine funktional diffuse Mischung mit *auch* ökonomischen Elementen handelt, sondern um eine verselbständigte und durchrationalisierte ökonomische Logik. Dies aber setzt funktionale Differenzierung und die Existenz eines ausdifferenzierten Wirtschaftssystems – auch konkret: die Existenz eines Weltmarkts zur Beschaffung von Waffen, zum Verkauf von Schmuggelgütern usw. (Duffield 2000; Paes 2003; Take 2006; Münkler 2006: 144ff.) – voraus (vgl. unten Kapitel 3.3., Punkt d).

Schließlich kann an dieser Stelle noch eine weitere, letzte Begriffsfrage diskutiert werden. Manche Beobachter beschreiben die Neuen Kriege als »autopoietisch« oder »ausdifferenziert« in dem Sinn, dass der Krieg seinen Zweck in sich selbst hat, sich selbst perpetuiert und sich von politischen Restriktionen und Zielen emanzipiert (z.B. Elwert 1997; Genschel/Schlichte 1997; Waldmann 1998; Münkler 2004: 60). Nach den hier vorgestellten Überlegungen handelt es sich aber nicht um ein Mehr oder Weniger an Ausdifferenzierung (oder Autopoiesis oder Autonomie), sondern um einen Unterschied in der *Zuordnung* zu einem bestimmten – je für sich ausdifferenzierten – Funktionssystem. »Klassische« Kriege sind dem Politiksystem zugeordnet, sind deshalb indifferent oder nur selektiv rezeptiv gegenüber ökonomischen Faktoren und sind von ihrer Struktur her deutlich als Konflikt angelegt (mit klar unterscheidbaren Gegnern, einer Tendenz zur Polarisierung und einem beidseitigen Interesse an Sieg). Neue Kriege sind primär dem Wirtschaftssystem zugeordnet, sind deshalb von politischen Faktoren nur wenig beeindruckbar und sind oft weniger konflikthaft als kooperativ gebaut, wobei viele kleine, fast beliebig fragmentierbare Gruppen mitwirken können: Da es primär um die Aneignung ökonomischer Profite geht, spielt die Frontenbildung nur eine untergeordnete Rolle und es können im Prinzip beliebig kleine Gruppen auf je eigene Rechnung operieren (vgl. unten Kapitel 4.5.).[137]

Ein Unterschied im *Grad* der Ausdifferenzierung ist dann nur an den jeweiligen Kampftruppen (nicht aber an den Kriegen als solchen) festzustellen: In »klassischen« politischen Kriegen sind die Kampftruppen stark ausdifferenziert in Form von Militärorganisationen, die keine Unklarheit über Zugehörigkeit oder Nicht-Zugehörigkeit lassen und institutionell regulierte Formen von Kontrolle möglich machen. In »low-intensity wars« können auch schwächere Ausdifferenzierungsgrade vorkommen in Form von Guerrillatruppen, die fließend in die Gesamtbevölkerung übergehen und nur durch uninstitutionalisierte politische Loyalitäten kontrolliert werden (vgl. oben Kapitel 2.4.). In Neuen Kriegen wird diese Tendenz zur schwachen Ausdifferenzierung der Kampftruppen auf die Spitze getrieben, bis im Extremfall jeder eine bewaffnete Bande gründen kann und jeder, der Abenteuer zu erleben, sein Einkommen aufzubessern oder persönliche Feinde zu beseitigen wünscht, nachts oder am Wochenende zum »Rebellen« mutieren kann.[138] Insgesamt ergeben die Neuen Kriege somit ein Bild, das zwar von dem vorherrschenden Typ von Krieg in der Moderne deutlich abweicht, aber gleichwohl auf seine eigene Weise die Aufspaltung des gesellschaftlichen Geschehens entlang funktionaler Linien widerspiegelt.

137 Speziell mit Blick auf das Problem des Erhebens von »Zöllen« und Schutzgeldern wurde aber auch eine eigene, ökonomisch gesteuerte Dynamik von Ausscheidungskämpfen zwischen Gewaltakteuren, in der Sprache der Wirtschaftswissenschaften: ein Trend zur Oligopolbildung festgestellt. Es gebe einen Trend zum »rebel-government duopoly of violence« (Collier 2000: 103), da, wenn zu viele Gewaltakteure auf demselben Territorium aktiv sind, der Handel oder die sonstige profitbringende Aktivität ganz eingestellt werde, während bei einer Zweier-Konstellation die Profite der Schutzgelderpresser maximiert würden.

138 Aus dem Bürgerkrieg in Sierra Leone ist etwa die Figur des »sobel« bekannt (das Wort »sobel« setzt sich aus »soldier« und »rebel« zusammen): »Government soldiers by day become rebels by night. The rebels are not rebelling against the government at all; they are simply taking off their uniforms in order to reduce detection and thereby increase the opportunities their official weapons provide for predation.« (Collier 2000: 102f.) (vgl. Reno 2003: 337f.; Keen 2005: 107ff.) Das »hijacking« eines laufenden Bürgerkrieges für persönliche (non-ökonomische) Zwecke, insbesondere für die Beseitigung oder Schädigung persönlicher Feinde, ist bei Keen (2005: 85ff.) beschrieben. Den Beleg dafür, dass in den jugoslawischen Zerfallskriegen die Teilnahme an Mord- und Plünderaktionen teils als gebührenpflichtige Wochenendaktivität angeboten wurde, habe ich leider nicht mehr wiedergefunden.

2.6. Die Segmentierung des weltpolitischen Systems und die Unmöglichkeit von Imperien

Die funktionale Ausdifferenzierung des politischen Systems innerhalb der Gesellschaft ist jetzt ausführlich behandelt worden, ebenso die funktionale und hierarchische Binnendifferenzierung dieses Systems. Eine Differenzierungsform fehlt aber noch, die innerhalb des modernen politischen Systems ebenfalls vorkommt, nämlich segmentäre Differenzierung. Das politische System ist offensichtlich in sich segmentiert in einzelne Staaten: Es ist von Anfang an ein Viel-Staaten-System beziehungsweise ein »Pluriversum« von Staaten (Münkler 2006: 152).[139] Bisher war, wenn vom politischen System gesprochen wurde, denn auch implizit nur ein Segment dieses Systems gemeint, nämlich ein Staat – was dem üblichen Sprachgebrauch entspricht, aber streng genommen falsch oder jedenfalls begrifflich ungenau ist. Demgegenüber ist jetzt eine Erweiterung der Perspektive vorzunehmen, die das politische System konsequent als *globales* politisches System und einzelne Staaten als Segmente dieses Systems denkt.

Derzeit enthält das weltpolitische System etwa zweihundert Segmente, die trotz aller offensichtlichen Unterschiede in Größe und Macht in mindestens zwei Hinsichten gleich sind. Erstens sind sie funktional undifferenziert, erfüllen mithin alle dieselbe(n) Funktion(en) (Waltz 1979: 97).[140] Zweitens haben sie im zwischenstaatlichen Verkehr alle den gleichen formalen Status, können etwa gleichermaßen Mitglied internationaler Körperschaften sein und zu internationalen Treffen einen Präsidenten oder Außenminister entsenden, der die gleichen protokollarischen Ehren erfährt (Jackson/Rosberg

139 Wegen der Segmentierung und der starken Stellung der Einzelstaaten ist es in der sozialwissenschaftlichen Literatur umstritten, ob der Systembegriff auf das globale politische System bzw. das internationale System überhaupt anwendbar ist (vgl. zusammenfassend Nollmann 1997: 315ff.; Greve/Heintz 2005). Aus Sicht der Systemtheorie ist Segmentierung aber kein Gegenindiz gegen die Systemhaftigkeit der segmentierten Einheit. Vgl. zum Nebeneinander von funktionaler und segmentärer Differenzierung in der Politik mit dem Focus auf Staatsbürgerschaft auch Holz 2001.

140 Funktionen von Staaten werden in häufig in Form einer Liste angegeben, etwa als Behauptung des Gewaltmonopols, Gesetzgebung und Rechtsdurchsetzung, Verteidigung nach außen sowie wohlfahrtsstaatliche Leistungsverteilung. Dies sind jedoch streng funktionalistisch betrachtet eher »Aktivitäten« als »Funktionen« des Staates (Radcliffe-Brown 1935: 395), während die Funktion – wie oben erwähnt – eher als Fähigkeit zu kollektiv bindendem Entscheiden formuliert werden muss.

1982; Geser 1992).[141] Über diese basale Gleichheit hinaus sind die Segmente des weltpolitischen Systems untereinander hoch interdependent,[142] wobei sich mehrere Ebenen von Interdependenz unterscheiden lassen.

Auf der basalsten Ebene sind Staaten voneinander abhängig in Bezug auf ihre schiere Existenz: Die wichtigste Voraussetzung für den Bestand oder die Neugründung eines Staates ist die Anerkennung durch andere Staaten (im Zusammenhang mit kriegerischen Behauptung gegenüber anderen Staaten, s. unten), und insofern werden Staaten immer schon als Mitglieder einer größeren Ordnung »geboren« (Tilly 1975: 45f.; Wimmer 1996: 377). Weitere Interdependenzen liegen auf der Ebene der Strukturen, des außenpolitischen und des »weltpolitischen« Handelns. Staaten imitieren in hohem Maß andere Staaten in Bezug auf Strukturen wie Regierungssystem, Verfassung, Bildungseinrichtungen usw., so dass mittlerweile eine erstaunlich ähnliche Liste von Einrichtungen überall auf dem Globus zu finden ist, unabhängig von der Varianz lokaler Bedingungen (Thomas u.a. 1987; Meyer 2005). Weiter sind Staaten offensichtlich in hohem Maß an Rivalitäten und Konflikten, aber auch an Loyalitäts- und Bündnisbeziehungen mit anderen Staaten orientiert, platzieren sich selbst in einem größeren Raum von Machtakteuren, die sich – mit friedlichen oder kriegerischen Mitteln – aneinander messen

141 Auf einer alltagsnäheren Ebene fällt hier das »Prinzip der Gegenseitigkeit« bei Visabestimmungen auf, das dazu führt, dass nicht nur die Bürger verarmter peripherer Staaten bei der Einreise in hochentwickelte Staaten ihre Rückkehrwilligkeit nachweisen müssen, sondern dieselbe Anforderung auch in umgekehrter Richtung gilt – obwohl praktisch gesehen die Gefahr unkontrollierter Migrationsbewegungen vom Zentrum in die Peripherie gering ist.

142 Hohe Interdependenz ist keine zwingende Konsequenz segmentärer Differenzierung. So hat etwa die Segmentierung von Stammesgesellschaften gerade in der Interdependenz*unterbrechung* und der weitgehenden Autarkie aller Einheiten ihren Sinn, und auch im modernen Wissenschaftssystem können die einzelnen Segmente (Disziplinen) weitgehend unabhängig nebeneinander her operieren. Auch im weltpolitischen System gibt es Elemente von Interdependenzunterbrechung und Unabhängigkeit der einzelnen Segmente, kodiziert etwa im Postulat der »Souveränität«. Dies darf aber über ein hohes Niveau an Interdependenz nicht hinwegtäuschen, das vermutlich in der spezifischen Operationsweise bzw. dem Kommunikationsmedium des politischen Systems: Macht, seinen Ursprung hat. Mit Macht ist ein Modus der Beziehung der Segmente aufeinander von vornherein gegeben, diese können nicht gleichermaßen beziehungslos und neutral nebeneinander stehen wie etwa Physik und Soziologie als Segmente des Wissenschaftssystems. Dies gilt auch dann, wenn der Machtgebrauch sich an den Segmentgrenzen bricht und in zwei sehr verschiedenartigen Formen auftritt – als innerstaatliche Politik und zwischenstaatliche Politik bzw. Innenpolitik und Außenpolitik (zur Entstehung dieser Unterscheidung und der Trennung der dazugehörigen Gewaltapparate: Polizei und Militär, vgl. Tilly 1985: 184ff.; Bröckling 1997: 129ff.; Mann 1998: 251ff.; Burkhardt 2000: 83f.).

und aneinander reiben. Schließlich sind Staaten aufeinander angewiesen zur kooperativen Regelung von Fragen, die nur auf globaler Ebene kollektiv verbindlich entschieden werden können, wie etwa das Ökologieproblem oder die Regulierung der internationalen Finanzmärkte (aus der unüberschaubaren Literatur zu internationalen Regimes und »global governance« vgl. nur Krasner 1983; Keohane 1984; Zürn 1998; Fischer-Lescano/Teubner 2006).

Eine Voraussetzung und gleichzeitig Folge hoher Interdependenz sind Möglichkeiten wechselseitiger Beobachtung. Gleichzeitig mit dem modernen Staatensystem entsteht deshalb auch die ständige Diplomatie mit eigenen Rollen, Konventionen, Vertragswerken und Kontaktformen, insbesondere Botschaften und internationalen Kongressen (Giddens 1987: 85f.).[143] Die Existenz routinemäßiger diplomatischer Kontakte macht Staaten füreinander beobachtbar, und zwar nicht nur in ihrem Handeln, sondern auch in ihrem Beobachten beobachtbar: Man kann nun beobachten, wie andere Staaten die Machtstellung, Initiativen, Intentionen des eigenen Staates oder dritter Staaten beobachten, und eventuell auch: wie sie ihr Beobachtetwerden durch Andere beobachten. Die Komplexität zwischenstaatlicher Beziehungen wird durch diese Reflexivität der Beobachterverhältnisse auf ein neues Niveau gehoben, [144] und es wird unumgänglich, beim Agieren im zwischenstaatlichen Raum Bezug auf ein komplexes Netz von Beobachtungsbeobachtungen zu nehmen.

---

143 Interessant hierbei sind die Unterschiede zwischen bilateraler und multilateraler Diplomatie, etwa im Rahmen des UN-Systems (hierzu Alger 1965). Zu vermuten ist, dass die multilaterale Diplomatie den Systemcharakter des globalen politischen Systems verstärkt, weil hier eine konsistente Selbstdarstellung jedes Staates vor vielen Gegenübern notwendig ist und man sich nicht in vielen bilateralen Beziehungen unabhängig darstellen kann (ebd.: 276). Interessant ist ebenfalls die aus bilateralen Beziehungen sich ergebende delikate, weil ambivalente Stellung des Botschafters, der durch Loyalitäten, Beziehungen, Selbstdarstellungsnotwendigkeiten auf *beiden* Seiten – der Seite des entsendenden Staates ebenso wie des Staates, bei dem er akkreditiert ist – gebunden ist (siehe dazu Galtung/Ruge 1965a; Halperin 1974: Teil III).

144 Als Reaktion auf gesteigerte Systemkomplexität werden dann wiederum komplementäre Selbstvereinfachungen des Systems nötig. Beispielsweise scheint es im Beobachtungsraum der Politik unmöglich zu sein, die innenpolitischen Verhältnisse in anderen Staaten – trotz der offensichtlichen Inadäquität und Unterkomplexität dieses Schemas – anders als durch die Brille der Unterscheidung gut/böse, »good guys«/»bad guys« wahrzunehmen (als Beleg kann die Lektüre einer beliebigen Tageszeitung dienen). Diese Unterscheidung ermöglicht sowohl die relativ einfache Beobachtung und Kategorisierung sehr komplexer Verhältnisse als auch den einfachen Anschluss der eigenen Außenpolitik, da die Unterscheidung gleichzeitig klarstellt, wen man zu unterstützen hat. Wegen der übergroßen Einfachheit der Unterscheidung gibt es dann allerdings öfter Anlass, die Einstufung bestimmter Akteure

Auch Kriegführung zeigt über weite Strecken deutliche Merkmale einer segmentären Ordnung. Im europäischen Staatensystem gibt es zunächst ein symmetrisches Recht aller Segmente auf Krieg (»ius ad bellum«), das erst im 20. Jahrhundert durch das Verbot von Angriffskriegen ersetzt wird. Kriegführung ist, wie für segmentäre Ordnungen typisch, gehegt durch Regeln erlaubten und nicht-erlaubten Verhaltens (»ius in bello«) – auch wenn dies nicht heißt, dass solche Regeln in jedem Fall eingehalten werden (vgl. dazu unten Kapitel 3.4.). »Der Staat als Organisationsform fungiert gleichsam als Symmetriegenerator«, stellt Münkler (2006: 152) fest. Über lange Zeit hinweg wirken Kriege dabei in Richtung auf die Reduzierung der Zahl der Segmente: Es fand gewissermaßen ein evolutionärer Ausleseprozess oder »Ausscheidungskampf« statt (Elias 1985: 36), in dem nur diejenigen Einheiten bestanden, die eine ausreichende kriegerische Durchsetzungsfähigkeit entwickelten. »Any state that failed to put considerable effort into war making was likely to disappear.« (Tilly 1985: 184, vgl. Tilly 2003: 52).[145]

Vor etwa einem Jahrhundert war dann aber eine Trendumkehr zu verzeichnen: Seither verschwinden so gut wie keine Staaten mehr durch Krieg,[146] und vielmehr wirkt Krieg nun als Mechanismus zur Vermehrung der Zahl der Einheiten (Stein/Russett 1980: 418; Tilly 1985: 184f.; Thompson 1993: 137; Wimmer/Min 2010). Der Grund für diese Trendumkehr hängt ebenfalls mit einem Produkt der segmentären Ordnung zusammen, nämlich mit der Kodifizierung des Prinzips der Segmentierung in der Form des Nationalstaats: Kriege werden jetzt oft mit dem Zweck geführt, den

zu wechseln mit dem Folgeproblem, dass man einer weniger schnelllebigen und stärker moralisch denkenden Öffentlichkeit vermitteln muss, wieso der Feind von gestern der Verbündete von heute ist oder umgekehrt (Bueno de Mesquita 1981: 37f.).

145 Dieser Prozess ist von der angelsächsischen historischen Soziologie ausführlich untersucht worden (Finer 1975; Tilly 1975; 1990; Giddens 1987; Mann 1991). Unter dem Aspekt des Zusammenwirkens von politischen und ökonomischen Faktoren, der »Symbiose« von Staat und Bürgertum, ist er oben schon erwähnt worden (Kapitel 2.5.). Unter dem hier relevanten Aspekt der intersegmentären Ausscheidungskämpfe lässt er sich mit dem Begriff des »extraction-coercion-cycle« zusammenfassen: »States use coercion to extract military resources – men, money, and matériel – which increase their coercive powers for later rounds of extraction. States grew around the need to organize both coercion (armies and their supply) and extraction (taxation, requisition, conscription). [...] Those states adapting in ways that allowed them to ride the upward spiral of the coercion-extraction cycle have survived; the rest have been swallowed up.« (Campbell 2003: 96)

146 Ein besonders bemerkenswerter Fall hierzu ist Deutschland, das zwei Weltkriege verloren und trotzdem seine Existenz als Staat nicht eingebüßt hat.

Nationalstaatsstatus für eine noch benachteiligte Gruppe zu erkämpfen,[147] und umgekehrt können bestehende Einheiten sich nicht mehr einfach das Territorium besiegter Einheiten einverleiben, weil dies dem Prinzip der nationalstaatlichen Segmentierung widersprechen würden.[148] Das internationale System ist eine »konservative Ordnung« (Jackson/Rosberg 1982: 20), die einmal bestehenden und als Mitglieder anerkannten Staaten mehr oder weniger eine Existenzgarantie gibt. Gleichzeitig blockiert diese Ordnung nicht die Gründung neuer Einheiten, soweit bestimmte Bedingungen (typisch: plausibler Anspruch auf Nationsstatus und kriegerische Selbstbehauptung) erfüllt sind.

Die These von der Rückkehr der Imperien

Diese Beschreibung von Krieg als Geschehen innerhalb einer segmentären, symmetriegeprägten Ordnung gilt vor allem für die Kriege im Kernbereich des modernen Staatensystems, zunächst innerhalb Europas. Die Kolonialkriege, und teils auch die Dekolonialisierungs- und Unabhängigkeitskriege, teilen diese Merkmale nicht, vielmehr waren diese über weite Strecken »schmutzige« Kriege gegen schlecht definierte, ungleichartige, nicht als Co-Einheit derselben Ordnung anerkannte Gegner: »Die gleichen Staaten, die in Europa den symmetrischen Großmächtekrieg propagierten, haben gleichzeitig niemals aufgehört, an der kolonialen Peripherie asymmetrische, kleine, ›schmutzige‹ Kriege zur Aufrichtung und Aufrechterhaltung ihrer Vorherrschaft einzusetzen.« (Walter 2006: 34) (Vgl. auch Lawrence 1999) Dies muss als solches noch kein Einwand gegen die Annahme einer primär segmentären Differenzierung des weltpolitischen Systems sein, weil diese Kriege ja nicht

147 Diese Zwecksetzung kann Konfliktdynamiken massiv verstärken und verhärten: »Extreme valuation on statehood as the only legitimate form of political organization makes many kinds of political conflict difficult to resolve. It means that self-determination requires having a state. If you are not a state, you are nobody in world politics, and national liberation groups understand this. This creates an all-or-nothing dynamic in many conflicts that might be more easily resolved if other organizational forms were available.« (Finnemore 1996b: 332)

148 Die Beherrschungskosten, die bei der politischen Kontrolle »fremder« Territorien anfallen, steigen, und solche Territorien können effektiv unbeherrschbar werden, wenn die Bevölkerung sich als Nation und politisch anspruchsberechtigte Gruppe versteht (Münkler 2005: 195). Noch im Absolutismus konnten dagegen Territorien ohne Rücksicht auf die darin lebende Bevölkerung hin- und hergeschoben werden oder Kompensationen für territoriale Gewinne einer Macht anderswo gefunden werden (Hundt 2002: 124).

in einem starken Sinn *in* diesem System, sondern an seiner Expansionsgrenze stattfanden.[149] Wie aber soll man den Umstand interpretieren, dass auch in den letzten Jahrzehnten nur noch selten symmetrische, zwischenstaatliche Kriege zu beobachten sind und statt dessen (neben vielen innerstaatlichen Kriegen) wieder etliche »asymmetrische« Kriege in der Peripherie der Weltgesellschaft geführt werden? Diese Kriege können nicht mehr als an den Expansionsgrenzen des Systems liegend abgebucht werden, da mittlerweile alle Territorien der Erde in das weltpolitische System und auch in den Nationalstaatsstatus inkludiert sind, mithin im vollen Sinn im System liegen.

Manche Beobachter leiten daraus die These ab, dass die gegenwärtige weltpolitische Ordnung wieder eher dem Muster eines Reiches beziehungsweise Imperiums entspricht als dem eines segmentären Viel-Staaten-Systems (so etwa Ferguson 2004; Münkler 2005; 2006; Steinmetz 2005). Die Phase des symmetrischen Staatenkrieges war so gesehen nur ein kurzes Zwischenspiel oder auch nur eine regionale, europäische Besonderheit, eine vorübergehende Abweichung von dem althergebrachten und jetzt wieder sich durchsetzenden Muster, dass Reiche in ihrer jeweiligen Peripherie asymmetrische Kriege führen. In der Position der Imperialmacht werden heute die USA gesehen – als einzige verbliebene Supermacht nach dem Wegbrechen des letzten Rivalen –, und die Gesamtsituation wird als strukturell analog zu der des Römischen Reiches, des Chinesischen Reich, des Mongolischen Reich usw., eventuell auch von europäischen Kolonialreichen wie dem britischen Empire beschrieben – mit dem Unterschied, dass dieses Imperium nun ein wahrhaft globales ist und den ganzen Erdball umspannt. Dabei wird die Imperiumsthese zwar nicht allein mit Blick auf Kriege und die militärische Dimension des Weltgeschehens geführt; ein weiterer wichtiger Aspekt neben der allgemein-politischen Hegemonialstellung ist vor allem die ökonomische Dominanz (Zentralstellung im Welthandel, Leitwährung usw.). Die Bereitschaft zur auch kriegerischen Durchsetzung eigener Machtansprüche in der Peripherie wird aber durchaus als zentrales Indiz der imperialen Position genommen, im Unterschied etwa zur Position eines »wohlwollenden Hegemons« (Münkler 2005: 67ff.). Ich beschränke mich in der folgenden Diskussion auf kriegsbezogene Aspekte und beziehe wirtschaftliche Sachverhalte nur soweit ein, als sie mit Kriegführung zu tun haben.

149 Die Dekolonisierungskriege sind in dieser Hinsicht schon ambivalent: einerseits sind sie nicht symmetrisch, andererseits sind sie aber in hohem Maß durch das modern-segmentäre Prinzip des Nationalstaats geführt und motiviert.

Die Ähnlichkeiten zwischen der Kriegführungspraxis vormoderner Reiche und heutigen »asymmetrischen« Kriegen sind in der Tat auffällig. In beiden Fällen ist das Kräfteverhältnis zwischen den Kontrahenten sehr ungleich, es stehen sich nicht zwei gleichartige und ungefähr gleich starke Gegner gegenüber, sondern kategorial ungleiche Einheiten: ein vormodernes Großreich »barbarischen« Stämmen in seinem Grenzgebiet, oder eine Super- oder Weltmacht mit hochgerüstetem Militärapparat einem militärisch hoffnungslos unterlegenen Gegner, der zum Ausgleich seiner Schwäche auf irreguläre Formen der Kriegführung, von Guerrillakrieg bis Terrorismus, zurückgreift. Das Kriegsgeschehen ist mindestens teilweise unreguliert, kriegsrechtliche Regelungen werden nicht eingehalten und/oder nicht als gültig anerkannt. Häufig verschwimmt der Unterschied zwischen Kriegführung und Rechtsdurchsetzung, militärischen und polizeilichen Maßnahmen (vgl. oben Kapitel 2.4.). Die dominante Seite erhebt Anspruch auf zivilisatorische Überlegenheit und stilisiert sich als Friedensbringer; der Topos des »gerechten Krieges« wird aktiviert, heute etwa in der Form des Schemas Weltpolizist/Schurke.[150] Das Kriegsgeschehen findet überwiegend in der Peripherie der jeweiligen Weltordnung statt, während das Kernland der dominanten Macht von Kriegen freigehalten wird. Dabei werden Tote oder sonstige Opfer je nach politischer Zugehörigkeit unterschiedlich gewichtet: Für die dominante Macht zählen eigene Tote mehr als periphere Tote, und sie zeigt eine Tendenz, die eigenen Truppen zu entlasten und durch Truppen aus der Peripherie zu ersetzen, diese die Last tragen zu lassen (hierzu Shaw 2005; 2006).

Die Liste der Übereinstimmungen ist mithin durchaus beeindruckend und die These vom imperialen Charakter heutiger asymmetrischer Kriege auf den ersten Blick nicht unplausibel. Trotzdem möchte ich im Folgenden die Gegenthese vertreten, dass das weltpolitische System weiterhin den Charakter einer segmentären Ordnung hat und keine Rückkehr zur Form des Reiches beziehungsweise Imperiums festzustellen ist. Hierzu muss man sich zunächst in aller Schärfe klarmachen, dass es sich bei segmentärer Differenzierung und Zentrum/Peripherie-Differenzierung (als der Differenzierungsform von Reichen) um konträre Strukturprinzipien handelt. Segmentäre Differenzierung ist Differenzierung in viele gleichartige, territorial und sozial kleinräumige, aneinander angrenzende Einheiten; Zentrum/Peripherie-Differenzierung ist dagegen die Strukturform einer großen, nach außen hin

150 Zum Denken im Schema Weltpolizist/Schurke hat sich bereits Carl Schmitt (1932; 1938) kritisch geäußert; vgl. dazu auch (Joas 2000: 62ff.; Kaldor 2000: 177ff.; Beck 2004: 212ff.). Zur Wiederkehr des »gerechten Krieges« siehe etwa Fixdal/Smith 1998; Iser 2006.

nicht scharf umgrenzten Einheit, die in ihrer ausfransenden Peripherie nicht mit gleichartigen, sondern mit kategorial verschiedenartigen Elementen zu tun hat. Beide Differenzierungsformen können jeweils als Invers der anderen verstanden werden, und deshalb stellt sich für ein System an diesem Punkt eine Strukturalternative.[151] Hier liegt denn auch eine Inkonsistenz in der Argumentation von Herfried Münkler, den ich im Folgenden als pointierten Vertreter der Imperiumsthese heranziehe. Münkler geht einerseits davon aus, dass die moderne Ordnung ein »Pluriversum« von Staaten ist (und wurde damit bereits zustimmend zitiert), und er behauptet andererseits im Rahmen der Imperiumsthese eine »Singularposition« der dominierenden Macht USA (auf die Singularitätsthese komme ich gleich noch zurück). Wie beides begrifflich zusammenzudenken ist, klärt er nicht.

Ich gehe im Folgenden davon aus, dass die Struktur der gegenwärtigen Weltordnung, inklusive der Tendenz zu asymmetrischer Kriegführung, noch im Rahmen einer grundsätzlich segmentären, pluralen Staatenordnung (allerdings mit großen Machtdifferenzen zwischen den Staaten) verstanden werden kann. Die Ähnlichkeiten zur Kriegführungspraxis von Reichen müssen dann anders erklärt werden, etwa über Zeitstrukturen von Kriegen, konkret die Präferenz für »low-intensity wars« über verdichtete Großkriege (vgl. unten Kapitel 4.3.), die nur sekundär auch eine Verschiebung vom Zentrum in die Peripherie implizieren. Im Übrigen liegen die genannten Ähnlichkeiten in gewisser Weise eher an der Oberfläche, nämlich auf der Ebene unmittelbaren militärischen Handelns, während die dahinter stehenden politischen Strukturdynamiken schon wieder andere sein können. Hierzu werden im Folgenden drei Punkte herausgestellt: erstens die hohe Interdependenz moderner Staaten im Vergleich zur relativen »Selbstgenügsamkeit« vormoderner Reiche; zweitens die erhöhte Beobachtbarkeit und die

151 Eine Klarstellung ist an dieser Stelle nötig: Es kann kaum bestritten werden, dass die moderne Weltgesellschaft *insgesamt* auch Elemente von Zentrum/Peripherie-Differenzierung enthält – wie ja auch in diesem Text wiederholt von peripheren und zentralen Weltregionen die Rede ist. Dies ist aber eine Differenzierung des – in sich nicht segmentär, sondern funktional differenzierten – Systems der Weltgesellschaft, und *nicht* eine Differenzierung des segmentär geordneten Staatensystems. Bei den damit angesprochenen Phänomenen handelt es sich um allgemeine, funktionssystemübergreifende, diffuse *und gerade in ihrer Diffusität wirksame* Differenzierungen, und gerade *nicht* um funktionssystemspezifische Differenzierungen. Man kann in diesem Sinn – bei hohen Ansprüchen an begriffliche Genauigkeit – auch nicht von zentralen und peripheren Staaten sprechen, sondern nur von Staaten in zentralen und peripheren Weltregionen (was infolge begrifflicher Nachlässigkeit oben im Text nicht immer durchgehalten wird).

daraus folgenden Anforderungen an konsistentes, schwächefreies Handeln; und drittens das Fehlen von Konversionsmöglichkeiten zwischen verschiedenen funktionalen Leistungsbereichen.[152] Insgesamt scheint eine so zentrale und fraglos dominante Stellung, wie etwa Rom sie in der ihm bekannten Welt innehatte, innerhalb des heutigen weltpolitischen Systems nicht mehr möglich zu sein. Es ist aber zuzugeben, dass es sich hier um eine Kippfigur handelt: Je nach dem, wie man hinsieht, stechen eher die Ähnlichkeiten oder die Unterschiede ins Auge.

Bevor ich diese drei Punkte im Einzelnen darstelle, soll kurz noch eine Alternative zum Begriff des Imperiums skizziert werden, nämlich ein soziologischer Großmachtbegriff – als ein Begriff, der mit der Annahme einer grundsätzlich segmentären Ordnung kompatibel ist. Die Soziologie hat sich mit dem Thema Großmächte bisher kaum beschäftigt, scheint das Thema eher weiträumig umfahren zu haben.[153] In der Politikwissenschaft wird der Begriff entweder gar nicht definiert, sondern einfach zur Bezeichnung der jeweils zu einer bestimmten Zeit existierenden Großmächten verwendet, oder die Begriffsbestimmung kommt über den mehr oder weniger tautologischen Verweis auf die Größe von Großmächten (an Territorium, Bevölkerung, Ressourcenbasis) oder ihre zentrale, dominante Stellung in der internationalen Politik nicht hinaus. Hans Geser (1992) schlägt aber – eher im Vorbeigehen und am Rande seiner Überlegungen zu Kleinstaaten – einen kreativen und soziologisch anschlussfähigen Großmachtbegriff vor. In Absetzung von den erwähnten »substanzialistischen« (Größe) und »relationistischen« (Zentralstellung) Definitionen schlägt Geser einen »attributiven« Begriff von Großmächten und auch von Kleinstaaten vor, der auf Selbst- und Fremdzuschreibungen und die symbolisch-expressiven Konnotationen des Handelns im internationalen Raum abstellt.

152 Münkler (2005: 217ff.) nennt drei ähnliche Einwände gegen die Imperiumsthese, die aber weniger stark »soziologisiert« sind und durch Anbindung an die differenzierungstheoretische Diskussion sowie an Gesers (gleich zu erläuternden) Großmachtbegriff gewinnen können. Münklers Liste lautet: Erstens sei das relative Gewicht der USA in der Welt, etwa ihr Anteil an der Weltwirtschaft, heute zu gering; zweitens würden zu hohe Ansprüche an Universalismus gestellt; und drittens sei Herrschaft teuer und unprofitabel geworden.

153 Eine der wenigen Ausnahmen ist Elias (1985), der aber im Endeffekt in eine ähnliche Richtung argumentiert wie die Imperiumstheoretiker, indem er zeitübergreifend gültige Strukturdynamiken – insbesondere Rivalitätsdynamiken – im Verhalten der jeweils stärksten Mächte einer politischen Ordnung herausarbeitet. Gedacht ist hier vor allem an die Supermachtkonfrontation während des Kalten Krieges, wobei Elias' Prognose – Rivalitätsdynamiken enden praktisch unausweichlich in Kriegen – in diesem Fall historisch nicht eingetroffen ist.

Großmacht ist so gesehen, wer von sich selbst und von Anderen als Großmacht gesehen und behandelt wird, wer deshalb besonders hochgetriebene Ansprüche an seine symbolische Selbstdarstellung stellt, im internationalen Raum besonders intensiv beobachtet wird und mit hoher Wahrscheinlichkeit in doppelt-kontingente Schleifen gerät.[154] Obwohl dieser Begriff auf den ersten Blick ebenso tautologisch erscheint, erweist er sich in der Anwendung als sehr ergiebig und lenkt den Blick auf interessante Probleme der doppelten Kontingenz, der Beobachterverhältnisse usw. Kurz und kompakt kann man vielleicht sagen, dass Gesers Großmachtbegriff eher auf Unfreiheit als auf Freiheit abstellt: auf das Gefangensein in Systemdynamiken, die denjenigen stärker restringieren, der in ihnen eine prominente Stellung einnimmt. Großmächte haben in dem Netz von Beobachtungen und Zuschreibungen, das das weltpolitische System ausmacht, auch mehr zu *verlieren* als kleinere Mächte und sind deshalb durch die Eigendynamik dieser Ordnung stärker beschränkt. Weitere Nuancen des Begriffs werden in der Diskussion der einzelnen Aspekte einer Imperiums- vs. Großmachtstellung deutlich werden.

Interdependenz

Imperien zeichnen sich nach Münkler, wie bereits angedeutet, durch eine Singularposition aus: »Staaten gibt es stets im Plural, Imperien meist im Singular« (Münkler 2005: 17). Imperien verstehen sich als das konkurrenzlose Zentrum ihrer Welt, neben dem es keine gleichrangigen, ebenbürtigen Mitspieler oder Nachbarn gibt, nur »Barbaren«, die nicht gleichermaßen ernst zu nehmen sind wie man selbst. In eher seltenen Fällen kann es zwar auch zwei benachbarte und dann u.U. auch intensiv miteinander rivalisierende Imperien geben, aber auch dann wird die andere Seite tendenziell als »barbarisch« und minderwertig eingestuft.[155] Imperien sind also gewissermaßen allein unter der Sonne – jedenfalls in ihrer subjektiven Wahrnehmung, auch wenn es objektiv (abhängig von technologischen Bedingungen) eventuell Platz

154 Das beste Beispiel dafür, dass der Großmachtstatus wesentlich auf Beobachtung und Zuschreibung beruht, ist im Übrigen die Sowjetunion, die nach dem Zweiten Weltkrieg durch ihre geopolitische Lage in eine Supermachtrolle hineingedrängt wurde, mit der sie von ihren internen Kapazitäten her völlig überfordert war (Loth 2000: 288).

155 Fälle sind etwa Mazedonien – Persien (hier allerdings eher kurzfristig) oder auch Rom – Persien. Für den Fall Rom – Karthago könnte man dagegen fragen, ob es sich hier um eine genuine Rivalität zwischen zwei Reichen gehandelt hat oder ob die römische Feindschaft zu Karthago nicht eher eine mitgebrachte Tradition aus prä-imperialer Zeit war, die in der

für mehrere, je für sich »singuläre« Imperien auf dem Erdball geben kann. »Imperien kennen keine Nachbarn, die sie als Gleiche – und das heißt: als *gleichberechtigt* – anerkennen« (ebd.), und sie sind deshalb in ihrem Agieren nicht beschränkt durch auch andere in der gleichen Liga spielende Mächte.

Im Gegensatz dazu sind Staaten als Segmente des modernen weltpolitischen Systems – wie oben bereits gesagt – hoch interdependent miteinander, sie müssen immer mit dem Agieren anderer, gleichartiger Einheiten rechnen. Dies gilt auch und gerade für Großmächte – obwohl oder gerade weil sie so mächtig sind. Man kann es geradezu als einen Teil der Definition des Großmachtbegriffs betrachten, dass Großmächte Interdependenzen mit mehr und geographisch weiter entfernten Staaten haben als andere Mächte: Während Burma sich nicht mit Bolivien vergleicht, sind Großmächte unentwegt mit ihren »relativen Fähigkeiten« befasst, mit ihrer relativen Position zueinander und auch zu anderen Staaten (Singer/Bremer/Stuckey 1979: 268ff.). Wegen dieser Einbindung in ein hoch interdependentes Netz von Staaten können sich Groß- oder Weltmächte unter einem »Zwang zum Eingreifen« sehen, wenn sie ihre Position durch unwillkommene Entwicklungen in ihrem Einflussbereich gefährdet sehen. Sie können es sich nicht leisten, negative Entwicklungen oder gar Provokationen reaktionslos hinzunehmen, weil sie infolge der symbolischen Generalisierung von Machtlagen dann auch mit einer Erosion ihrer herausgehobenen Machtposition insgesamt rechnen müssten.

Münkler (2005: 30ff.) beschreibt diesen Zwang zum Eingreifen und wertet ihn als typisches Merkmal von *Imperien*, nicht von Großmächten in einem pluralen Staatensystem. Er entwickelt dieses Merkmal am Beispiel von Athen, das seine Vormachtstellung im Attischen Seebund in Gefahr sah durch die Weigerung eines Verbündeten, sich an einem geplanten Krieg zu beteiligen, und sich genötigt sah, ein Exempel zu statuieren und den abtrünnigen Verbündeten selbst militärisch niederzumachen. Münkler schließt daraus »dass es für die Zentralmacht innerhalb der von ihr beherrschten imperialen ›Welt‹ [...] einen Zwang zur politischen und militärischen Intervention gibt. Einem solchen Zwang kann sie sich nicht entziehen, ohne ihre Position zu gefährden. Mit anderen Worten: Ein Imperium kann sich gegenüber den Mächten, die zu seinem Einflussbereich gehören, nicht neutral verhalten, und dementsprechend hat es eine starke Neigung, ihnen diese

Epoche des Imperiums nicht aufgegeben wurde, obwohl von einer ernsthaften Rivalität zwischen zwei ungefähr gleich starken Gegnern keine Rede sein konnte und Karthago vielmehr nur noch eine chancenlose Klein- oder Mittelmacht war (Libero 2000: 42).

Möglichkeit ebenfalls nicht zuzugestehen.« (ebd.: 30, Herv. weggelassen) An dieser Neigung, Neutralität als inakzeptabel zu betrachten und die Welt in die Logik des »wer nicht für uns ist, ist wider uns« einzufügen, fallen dann deutliche Parallelen zum Verhalten der USA nach 9/11 ins Auge. Dies ist aber ein schlecht gewähltes Beispiel, weil Athen beziehungsweise der Attische Seebund gar kein Imperium in Münklers eigenem Sinn war, sondern eher ein Zusammenschluss von Stadtstaaten (mithin eine segmentäre Ordnung) mit einer Hegemonialstellung Athens. Dies gibt Münkler an anderer Stelle auch selbst zu (ebd.: 18), dennoch zögert er nicht, die Dynamik des Interventions»zwangs« als Merkmal von Imperien zu behandeln.[156]

Demgegenüber kann man argumentieren, dass der Zwang zum Eingreifen aus Furcht vor der Präzedenzwirkung von Nachgiebigkeit ein typisches Merkmal von Groß- oder Weltmächten ist, aber bei Imperien mit ihrer »Singularstellung« eigentlich nicht oder viel weniger typisch auftritt. Im Idealfall haben Imperien vielmehr – wie Münkler an anderer Stelle unter dem Gesichtspunkt der idealen Expansionsbedingung beschreibt (ebd.: 61ff.)[157] – »Souveränität«, genauer »Zeitsouveränität« in dem Sinn, dass sie gerade nicht durch äußere Zwänge genötigt und in ihrem Handeln geführt werden, sondern sich in ihrem Agieren nach ihren eigenen internen Bedingun-

156 Auch sonst verfährt Münkler in der Wahl seiner Beispiele manchmal etwa opportunistisch, zieht alle möglichen Beispiele heran, die zu der gerade verhandelten (angeblichen) Imperiumsdynamik passen, auch wenn sein eigener Imperiumsbegriff darauf nur begrenzt passt. Dies gilt etwa für die europäischen Großmächte des 18./19. Jahrhunderts wie das britische Empire und das russische Zarenreich, sowie für die USA und die Sowjetunion im 20. Jahrhundert, die ja ausgehend vom Singularitätsbegriff keine Imperien sind. Münkler versucht dann gelegentlich halbherzig, auch für diese Fälle noch eine »Singularsituation« zu reklamieren, indem er etwa für das britische Empire und das russische Zarenreich trotz ihres objektiven Nebeneinanderbestehens auf derselben Erdkugel eine subjektive Singularsituation postuliert: Die Welt sei gewissermaßen noch groß genug gewesen für zwei Parallel-Imperien, die nebeneinander bestanden, ohne einander zu stören (ebd.: 26f.). Das ist aber für eine Zeit, zu der die Einheit der Weltkugel zweifelsfrei etabliert war, wenig überzeugend, zumal Großbritannien und Russland ja Teil eines europäischen Gleichgewichts waren, ihre Ko-Existenz mithin nicht durch (subjektive, wahrgenommene) Non-Existenz des anderen, sondern durch Absprache, Verständigung, Ausbalancierung zustandekam. An anderer Stelle sagt Münkler denn auch, die russische Reichsbildung sei »Russlands Versuch, im imperialen Wettlauf der großen Mächte mitzuhalten«, geschuldet gewesen (ebd.: 41) – mithin doch offensichtlich nicht in einer (wahrgenommenen) Singularsituation entstanden.

157 Bei Münkler gilt diese Bedingung nur für Reiche in Randlagen, d.h. ohne akute Konkurrenzsituation. Wenn man aber das Merkmal der Singularität von Imperien ernst nimmt, spricht nichts dagegen, hier etwas weiter zu generalisieren.

gen und Kapazitäten richten können. Das Reich ist »Herr der Zeitabläufe«, es ist nur »*ein* starker Akteur vorhanden [...], der das Tempo vorgibt«, der Rhythmus und Richtung der kriegerischen Engagements bestimmt. Dies ermöglicht die optimale Nutzung von Chancen und Gelegenheitsstrukturen und die Vermeidung von Überdehnung oder kostspieligen Engagements an ungelegen kommenden Punkten. Mit einem zweckentfremdeten Begriff von David Riesman könnte man vielleicht auch sagen, dass Reiche »innengeleitet« sind: mehr oder weniger in sich gegründet, in sich ruhend, nicht dem Kräftespiel externer, von ihnen nicht beherrschbarer Faktoren unterworfen.[158] Eine basale »Souveränität« in diesem Sinne, ein Nicht-Getriebensein von außen beziehungsweise eine gewisse »Innengeleitetheit« ist vermutlich eine Voraussetzung für die erfolgreiche Expansion von Reichen in sehr große Gebiete und für den Erhalt der Vorherrschaft über lange Zeiträume.

Genau diese Innengeleitetheit beziehungsweise »Souveränität« haben moderne Großmächte als Akteure in einem Staaten-Pluriversum nicht. Sie sind in ihrem außenpolitischen und insbesondere kriegerischen Handeln tatsächlich getrieben durch die Dynamik des internationalen Systems, sie »müssen« an allen möglichen Stellen, wo Rivalen, Herausforderer oder sonstige Bedrohungen sich zeigen, einschreiten, und können gerade nicht frei entscheiden, ob eine kriegerische Unternehmung in diesem oder jenem Teil der Welt lohnend ist oder nicht. Dies ist ein Grund für die Tendenz zur Überdehnung ihrer Kräfte, der sie typischerweise verfallen und die zum relativ schnellen Wechsel in der Position der gerade führenden Großmacht beiträgt (Thompson/Zuk 1986; Waltz 2000: 28). »Caught in the web [of a highly interdependent international system], statesmen feel less free to choose when and where they will compete. They are contestants whether willing or not. They do not believe they have the luxury of waiting to fight until the prospects are good or of cutting bait when the prospects are bad.« (Pillar 1983: 27) Statt von einem »souveränen«, an eigenen Rhythmen orientierten Umgang mit Zeit profitieren zu können, leiden Großmächte vielmehr unter der Widersprüchlichkeit von unmittelbaren, kurzfristigen und

158 Von hier aus gesehen kann man auch Elias' (1985: 30ff.) Interpretation der Expansion des Alexanderreiches als getrieben durch die wahrgenommene Bedrohung durch immer neue, noch nicht unterworfene Völkerschaften an den Grenzen, mithin als »außengeleitet«, anzweifeln. Gestützt allein auf Elias' eigene Darstellung kann man diesen Prozess mit mindestens ebenso gutem Recht als »innengeleitet« beschreiben, nämlich als kontingenten Eroberungsrausch eines erfolgreichen und charismatischen Anführers, der fortgesetzt wird, solange die internen Bedingungen passen, und beendet wird, wenn sie nicht mehr passen, wenn etwa die Kämpfer die Gefolgschaft verweigern.

langfristig erfolgversprechenden Handlungsorientierungen, von »short-term ›muddling through‹ and the need for long-term global network planning«, wobei sich – wie in vielen Entscheidungssituationen – oft die kurzfristigen Orientierungen durchsetzen: »The construction and maintenance of these farflung networks [of a world power] depends upon long-term calculations. Yet decisionmakers are apt to be most strongly influenced by short-term considerations.« (Thompson/Zuk 1986: 251)

Der an modernen Groß- und Weltmächten beobachtbare »Zwang zum Eingreifen« spricht mithin eher *gegen* die Imperiumsthese und für die Annahme einer segmentären Ordnung, als einer Ordnung mit hoher Interdependenz und fehlender »Souveränität« irgendeiner – auch der mächtigsten – Einheit. Mit Gesers Begriff kann man sagen, dass Großmächte darauf angewiesen sind, die Fremdattribution von Macht und Durchsetzungsfähigkeit durch andere Staaten zu pflegen. Ihr Status beruht in gewissem Maß auf einer von außen zugeschriebenen und ohne laufende Machttests akzeptierten Vormachtstellung und muss deshalb vor einer Schwächung dieser Attributionen geschützt werden. Großmächte »sehen sich [...] durch die mit ihrem Machtstatus einhergehenden ›Prestigeprätentionen‹ restringiert [...]. Damit ist gemeint, daß ein Großstaat alle seine äußerlich sichtbaren Aktivitäten unter der selbst auferlegten Verpflichtung vollzieht, seiner Handlungspotenz adäquaten Ausdruck zu verleihen und an seiner Reputation, mächtig zu sein, keine Zweifel aufkommen zu lassen. [...] Kleinere Staaten brauchen auf solche expressive Konnotationen ihres eigenen Verhaltens weniger Rücksicht zu nehmen, da sie keinen ex ante zugeschriebenen Machtstatus zu verteidigen und [...] kein profiliertes ›Gesicht‹ zu verlieren haben.« (Geser 1992: 650)

Großmächte sind mithin auf der symbolisch-expressiven Ebene *stärker* abhängig vom Geschehen im internationalen Raum als kleinere Staaten. In anderen Hinsichten, insbesondere auf konkreten, handfesten Ebenen der Verflechtung, sind Großmächte zwar oftmals auch *weniger* interdependent, da sie mehr eigene Kapazitäten haben: So haben große Staaten (prozentual) weniger Handelsbeziehungen nach außen und sind für ihre Rohstoffversorgung weniger stark auf Importe angewiesen als kleine Staaten, weil sie vermutlich mehr Rohstoffe auf ihrem eigenen Territorium vorfinden (Geser 1992: 632f.). Unter Bedingungen eines attributiv basierten Machtstatus kann sich aber sogar der vermeintliche Vorteil, weniger abhängig von Rohstoffimporten zu sein, in einen Nachteil beziehungsweise ein Mehr an Interdependenz und Angreifbarkeit verkehren. Denn Großmächte mögen zwar objektiv weniger auf Rohstoffimporte angewiesen sein, aber sie haben dafür auch einen sehr viel höheren Anspruch an Autarkie und Sicherheit der Rohstoffversorgung. Es sind nicht nur Fremd-, sondern auch Selbstattributionen im Spiel: Großmächte haben – qua Großmacht – gewissermaßen ein »aufgeblasenes Selbstbild«, d.h. sie stellen hohe Ansprüche an sich und ihre geopolitische Unverwundbarkeit.

Während es beispielsweise die Schweiz gelassen hinnimmt, dass sie von Ölimporten aus dem politisch nicht kontrollierten Ausland abhängig ist, kann dieselbe (oder objektiv, d.h. prozentual sogar geringere) Abhängigkeit für die USA ein politisches Problem und Anlass zu geopolitischen Interventionen sein. Für sie mag sich bereits der Umstand, dass andere Staaten benötigte Ressourcen unter Kontrolle haben, oder gar: dass in diesen Staaten unkontrollierbare politische Veränderungen vorgehen, als »Bedrohung der nationalen Sicherheit« darstellen, auf die man reagieren »muss«.[159] Die Innenansicht dieses – in gewisser Weise »pathologisch« aufgeblasenen – Selbstbildes hat Waltz folgendermaßen beschrieben: »Anything that happens anywhere in the world may damage us directly or through its repercussions, and therefore we have to react to it.« (Waltz 1979: 159) Speziell mit Blick auf militärische Bedrohungen schlägt sich dieses pathologisch verzerrte Selbstbild etwa darin nieder, dass in den USA auf Vorschläge zur Kürzung des Verteidigungsbudgets immer noch mit Besorgnis um die »nationale Sicherheit« reagiert werden kann, obwohl die USA mittlerweile über größere Militärausgaben und deshalb vermutlich über größere militärische Schlagkraft verfügen als der Rest der Welt zusammen (Steinmetz 2005: 362).

Beobachtbarkeit

Ein zweiter Punkt hängt mit dem bisher Gesagten eng zusammen. Die Staaten des modernen weltpolitischen Systems sind nicht nur hochgradig interdependent, sondern auch hochgradig beobachtbar; es wurde bereits auf das Instrument der ständigen Diplomatie hingewiesen, das dafür sorgt, dass im Prinzip alle Staaten alle anderen laufend beobachten können. Allerdings ist es

159 Diese Asymmetrie ist im Übrigen nicht *nur* ein Effekt subjektiver »Paranoia« bzw. eines aufgeblasenen Selbstbildes, sondern spiegelt teilweise auch die objektive Realität wider, dass es geopolitisch wahrscheinlicher ist, dass jemand den USA den Ölhahn abdreht (oder damit droht) als der Schweiz – weil bei der Schweiz weniger Interesse daran besteht, politisch Druck auszuüben. Auf das Problem der doppelten Kontingenz komme ich noch zurück.

aus praktischen Gründen nicht möglich, alle Beobachtungsrelationen, etwa alle theoretisch möglichen bilateralen diplomatischen Kontakte gleichermaßen zu realisieren, und statt dessen richtet sich die Beobachtungsaktivität der Staaten vorzugsweise auf besonders große und wichtige Staaten, und das heißt wiederum: am allermeisten auf Groß- und Weltmächte. Großmächten fehlt, so Geser (1992: 648), »als Folge ihrer hohen Wirkungsquanten und Machtressourcen [...] fast jegliche Möglichkeit, unbeobachtet zu bleiben«.

Das Operieren unter der Bedingung ständigen und vielseitigen Beobachtetwerdens hat eine Reihe von Konsequenzen für die Möglichkeit der Stabilisierung von Großmachtpositionen. Zunächst ist Großmächten das zielverfolgende Vorzugehen in ihrem internationalen Umfeld erschwert, da dieses Umfeld sich seinerseits an ihnen orientiert, ihr Handeln, ihre Absichten und Strategien beobachtet und laufend darauf reagiert. Für Großmächte hat daher – anders als für Kleinstaaten – das internationale System unausweichlich den Charakter doppelter Kontingenz, so dass sie in reflexiv-zirkulären Verhältnissen operieren und keine Fixpunkte für die Orientierung ihres Handelns finden. »Kleinere Staaten können im transnationalen Raum eher auf planmäßige, zweckrationale Weise handeln, weil sie meist von einer Situation ›einfacher Kontingenz‹ ausgehen können, d.h. von der Annahme, daß die erzielten Wirkungen allein von ihrem eigenen Handeln (und nicht von allfälligen Reaktionen anderer Staaten) beeinflußt werden. [...] Wenn sie beispielsweise ihre militärische Bewaffnung ausbauen, können sie oft sicher sein, damit einen effektiven Zuwachs an Verteidigungsfähigkeit zu erzielen, weil die größeren Nachbarländer sich dadurch nicht bedroht fühlen und deshalb auch keinen Grund sehen, ihrerseits mit neuen Rüstungsanstrengungen zu reagieren. Indem sie den militärischen Bedrohungen ihrer Umwelt als einer exogenen Gegebenheit gegenüberstehen, können sie sich in ähnlich systematischer und selbstbezogener Weise wie gegenüber Naturkatastrophen dagegen schützen. Damit unterscheiden sie sich diametral von militärischen Supermächten, die – in doppelt kontingenten Rüstungsspiralen befangen – bei all ihren Handlungen die möglichen Reaktionen anderer Staaten in Rechnung stellen müssen.« (Geser 1992: 647f.)

Weiter können Großmächte, weil sie unablässig beobachtet werden, im Unterschied zu anderen Staaten auch durch *Unterlassen* wirksam werden (zu Handeln durch Unterlassen siehe grundsätzlich Geser 1986). Nicht-Handlungen haben für sie ebenso wie Handlungen den Charakter einer

Entscheidung, die als solche beobachtet wird und auf die reagiert wird.[160] Auch dies trägt zu der Tendenz zur Überdehnung von Großmächten bei, zur Ausdehnung ihres Einflussbereichs bis zu einem Punkt, an dem sie politisch und militärisch überfordert sind. Großmächte »müssen« an den verschiedensten Stellen ins Weltgeschehen einzugreifen – selbst wenn sie ansonsten überhaupt kein Interesse an der dortigen Lage haben –, weil die Entscheidung (oder auch Nicht-Entscheidung), dort *nicht* einzugreifen, *nicht* Partei zu beziehen, von anderen als Schwäche ausgelegt werden könnte. Man vergleiche dazu nur die – beliebig herausgegriffenen – Beobachtungen von Paul Kennedy und Theda Skocpol: »Weil es soviel Macht zum Guten wie zum Bösen hat [...], wird das, was Amerika tut *oder nicht tut*, soviel wichtiger sein als das, was irgendeine andere Macht zu tun beschließt.« (Kennedy 2000: 787, Herv. im Original) – »Throughout the 20th century, social revolutions in Central and Latin America [...] have been affected by the actions *and inactions* of the United States as the hegemonic power in the hemisphere.« (Skocpol 1988: 158, Herv. hinzugefügt)

Hierin ist eine weitere Schwierigkeit impliziert: Die ubiquitäre Beobachtbarkeit verschärft nämlich auch die oben angesprochene Problematik der »Wahrung des Gesichts« beziehungsweise der symbolisch-expressiven Aufrechterhaltung eines zugeschriebenen Machtstatus. Großmächte können es sich kaum leisten, an *irgendeiner* Stelle im Radius ihres Einflussbereichs Schwäche zu zeigen (sich zurückzuziehen, Konzessionen zu machen, eine einmal ausgesprochene Drohung nicht zu verwirklichen usw.), weil die flächendeckende Beobachtung durch alle anderen Staaten des weltpolitischen Systems garantiert, dass eine punktuell gezeigte Schwäche in ihren symbolischen Auswirkungen sofort durch das ganze System diffundiert und nicht lokal beschränkt bleiben kann. Nur so war es beispielsweise möglich, dass die USA ihre Weltmachtposition durch eine gleichermaßen aggressive wie

160 Dieselbe Asymmetrie in der Frage, ob Nicht-Handeln auch als Handeln und damit als entscheidungs- und begründungsbedürftig gilt, findet sich im Bereich der Wirtschaft in Bezug auf Leistungsrollen wie Manager oder Banker im Unterschied zu Komplementärrollen wie Konsument oder Sparer. Der Laie bewertet Opportunitätskosten des Nicht-Handelns nicht gleichermaßen hoch wie reale Kosten realen (aktiven) Handelns (Sjoberg/Gill/Cain 2003: 212); so denkt beispielsweise der normale Kleinanleger nicht darüber nach, welche »Verluste« ihm dadurch entstehen, dass er sein Vermögen nicht jeden Tag in die jeweils günstigste Anlageform umschichtet. Der professionelle Geldanleger dagegen ist darauf spezialisiert, reale Kosten und Opportunitätskosten gleich zu behandeln; für ihn ist deshalb die Option, bestimmte Anlagetitel einen weiteren Tag zu behalten und *nicht* zu verkaufen, eine *Entscheidung* und ein *Handeln*.

erfolglose Politik gegenüber einem einzelnen, vergleichsweise unwichtigen Staat (Irak) innerhalb kürzester Zeit spürbar beschädigt haben (Brzezinski 2007).

An diesem Punkt ist wieder der Vergleich zu vormodernen Reichen instruktiv: Diese wurden natürlich auch von ihren Anrainern, Grenzvölkern usw. beobachtet, aber im Vergleich zu heute waren die Beobachtungsmöglichkeiten infolge der wenig entwickelten Informations- und Kommunikationstechnologie doch stark eingeschränkt. Wenn ein Reich irgendwo an seinen Grenzen eine Niederlage erlitt, einem aufsässigen Grenzstamm gegenüber Zugeständnisse machte oder Tributzahlungen leistete, war dies nicht sofort auch allen anderen Grenzstämmen bekannt. Reiche können deshalb in weiten Bereichen opportunistisch, von Fall zu Fall verschieden handeln, ohne eine Diffusion der damit verbundenen symbolischen Machtprätentionen oder Machtverluste in das gesamte Reichsgebiet befürchten zu müssen. Eventuelle Schwächen oder Rückzieher können viel leichter isoliert, im Raum des Punktuellen und Unbeobachteten bleiben, und dies ist vermutlich – angesichts der soziologischen Unwahrscheinlichkeit, dass dergleichen überhaupt nicht *auftritt* – eine wesentliche Bedingung der Bildung und insbesondere der langfristigen Erhaltung von Imperiumspositionen. Es fällt ja auf, dass die Position moderner Großmächte höchst fragil ist und diese – gemessen an der Lebensdauer vormoderner Reiche – sehr kurzlebig sind. Die Vormachtstellung einer Großmacht dauert in der Regel nicht länger als ein Jahrhundert, während vormoderne Reiche meist über mehrere Hundert oder gar (im Fall Chinas) mehrere Tausend Jahre hinweg bestehen und man sie bei einer Lebensdauer von nur hundert Jahren vermutlich gar nicht erst als Reich registrieren würde. Eine solchermaßen langanhaltende Vormachtstellung ist unter modernen Interdependenz- und Beobachtungsbedingungen wahrscheinlich schlechterdings unerreichbar.

Hieran lässt sich ein weiterer Aspekt anschließen, der mit der ubiquitären Beobachtbarkeit von Großmächten zusammenhängt. Moderne Staaten – und hier wiederum Großmächte stärker als andere Staaten – haben im Vergleich zu früheren Reichen fast allen Spielraum zu wertmäßig inkonsistentem Handeln verloren. Infolge der ständigen, in Echtzeit ablaufenden Beobachtung und Information rund um den Erdball, kombiniert mit der Durchsetzung des modernen Prinzips des Universalismus, sehen sie sich vor die Anforderung gestellt, in allen Winkeln ihres Einflussbereiches konsistent zu handeln, gleiche Werte zu vertreten, beispielsweise an alle dieselben Erwartungen an Demokratie, Menschenrechte und »good governance« zu richten (Ondaatje 1993: 83; Steinmetz 2005: 341). Damit kann natürlich nicht gesagt sein, dass Großmächte dies durchgehend tun würden; aber wenn sie es nicht tun, wird ihnen Heuchelei, Unaufrichtigkeit und »Messen mit zweierlei Maß« vorgeworfen, und dies bedeutet tendenziell eine Schwächung ihrer Machtposition. Denn die Bereitschaft anderer Staaten, eine Großmacht zu akzeptieren, hängt stark davon ab, ob diese als »wohlwollender Hegemon« wahrgenommen wird, und dafür darf sie nicht allzu unverfroren und skrupellos ihre Eigeninteressen verfolgen, sondern muss sich als uneigennütziger Verfechter allgemeiner Werte gerieren. Das Fehlen der Möglichkeit zu wertmäßig opportunistischem Handeln erschwert mithin massiv die Bildung und langfristige Stabilisierung einer imperiumsartigen Position in einem großen Territorium. Vormoderne Reiche, in denen die Allgegenwart ständischer Differenzierungen die Ungleichbehandlung verschiedener Sozialpartner als normal erscheinen lässt und überdies die Beobachtungs- und Vergleichsmöglichkeiten stark eingeschränkt sind, sind an diesem Punkt sehr viel besser gestellt.

Fehlen von Konversionsmöglichkeiten

Schließlich ist noch ein dritter Punkt zu erwähnen, der die Lage von Groß- oder Supermächten im modernen weltpolitischen System von der Lage vormoderner Reiche unterscheidet. Dieser hängt wieder mit der funktionalen Differenzierung der Gesamtgesellschaft zusammen, nämlich mit der Entkopplung verschiedener funktionaler (Teil-)Logiken und der Erschwerung von Konversionen zwischen systemspezifischen Kapazitäten, während die beiden zuletzt genannten Punkte aus der Binnendifferenzierung des weltpolitischen Systems erwachsen. Die Position einer Großmacht ist zunächst eine spezifisch *politische* Position. Sie hängt zwar in gewissem Maß auch mit der Leistungsfähigkeit in anderen Funktionsbereichen zusammen, insbesondere mit ökonomischer Potenz und kulturellem Einfluss, da Großmächte in der Regel auch ökonomische Schwergewichte sind[161] und darüber hinaus auch über gewisse kulturelle Prägekräfte verfügen (»soft power«).[162] Im Vergleich

161 Die Entsprechung ist deutlich, aber nicht perfekt. So kann man (wie an der Sowjetunion bereits illustriert) politisch ein Riese und ökonomisch ein Zwerg bzw. ein Versager sein, und ebenso kann man umgekehrt auch ohne politischen Großmachtstatus ökonomisch »Wunder« vollbringen (Beispiele: Deutschland und Japan).

162 Der Begriff »Kultur« verliert aber im Zeitalter funktionaler Differenzierung weitgehend

zu vormodernen Reichen nehmen aber die Möglichkeiten der Konversion zwischen den verschiedenen Dimensionen stark ab, wenn funktionale Differenzierung anfängt zu greifen und die jeweiligen funktionalen Sphären eine Eigenlogik und Abwehrkraft gegenüber anderen entwickeln.

Für das Verhältnis zwischen politisch-militärischer und ökonomischer Dimension ist eine Seite der Problematik bereits dargestellt worden (vgl. oben Kapitel 2.5.). Vormoderne politische Einheiten können mehr oder weniger selbstverständlich davon ausgehen, dass siegreich geführte Kriege auch ökonomisch profitabel sind, militärische Stärke mithin ziemlich direkt in wirtschaftliche Prosperität übersetzt werden kann. Dieser Zusammenhang ist in der modernen Gesellschaft weitgehend außer Kraft gesetzt: Heutzutage sind Kriege teuer, auch wenn man sie gewinnt, und ebenso ist Herrschaft über fremde Territorien teuer und nicht etwa profitabel. Der Grund für Letzteres ist zum einen, dass die Beherrschungskosten im engeren Sinn steigen, weil die Bevölkerung der beherrschten Territorien mit einiger Wahrscheinlichkeit Ansprüche auf Unabhängigkeit und Nationalstaatsstatus entwickelt (so auch Münkler 2005: 195), und zum anderen, dass Herrschaft unter modernen Bedingungen die Verpflichtung mit sich bringt, das Wohlergehen der Beherrschten zu befördern, ihnen Demokratie, Rechtsstaat, Bildungssystem, Gesundheitswesen, Infrastruktur usw. zu bringen. »That domination is costly instead of being profitable is a new fact and derives from the conditions of industrial society. [...] When political domination involves the obligation to promote social development, and thus to raise the standard of living of the population, it ceases to enrich the metropolitan power.« (Aron 1958: 34f.) (Vgl. auch Ferguson 2004: 37f.) Es ist deshalb wahrscheinlicher, dass Groß- und Supermächte sich durch ihre politisch-militärischen Anstrengungen ökonomisch ruinieren als umgekehrt ökonomisch prosperieren.[163]

Dasselbe Anwachsen von Konversionssperren ist aber auch in der umgekehrten Richtung zu beobachten. In vormodernen Reichen ist es ein verbreitetes Vorgehen, unbequeme Kriegsgegner durch Zahlung von Tributen ruhigzustellen und auf diese Weise die kräftezehrende Verstrickung in unwillkommene und gar nicht lohnende Kriegsfronten zu vermeiden. Über das römische Reich wird beispielsweise berichtet: »[T]he Romans [...] were not

---

seine Fassbarkeit, da das meiste, was mit Blick auf frühere Zeitalter darunter zu verstehen war, in einzelne Funktionssysteme wie Bildung, Wissenschaft, Kunst abwandert.

163 Und es kann deshalb auch die »old story of the decline of hegemonic powers« folgendermaßen zusammengefasst werden: »The others catch up because they don't have to spend on the military« (R. Nolan, zit. in Hack 2005: 152).

opposed to concessions, even some that the Hellenes, or we ourselves, would find humiliating, notably, payments meant to purchase the good conduct of potential aggressors. More cold-blooded than ourselves, the Romans would have deemed it foolish to proffer millions for defense while refusing even a penny for tribute. Rejecting romanticism [...], they regarded war as a tool of statecraft and not as an expression of martial virtue. Thus war was not to be valued above its objective worth, in dollars and cents as we would say. War, like tribute, entailed certain costs to yield the probability of certain benefits. Although neither was to be preferred in principle, tribute [...] could often yield greater benefits at lower cost than war.« (Luttwak 1991: 5) (Vgl. zu Tributzahlungen von Reichen auch Münkler 2005: 124f.; Börm 2008)

Dagegen können im heutigen weltpolitischen System Kriegsgegner nicht mehr einfach »weggekauft« werden, Geldzahlung ist kein funktionales Äquivalent für militärischen Erfolg mehr. Diese Erfahrung machten die USA, lange bevor sie Großmacht beziehungsweise Weltmacht waren, im Krieg gegen Mexiko (1846–1848): »In the Mexican-American War, the U.S. offer of cash in return for the cession of New Mexico and California perhaps was more of a hindrance than a help, at least initially, in concluding a peace with Mexico. To give up part of the homeland in return for money seemed even more degrading to the Mexican government than to have it wrested away solely by force.« (Pillar 1983: 225f.) Die ausdifferenzierte politische Logik weist Geldzahlungen als Mittel zur Lösung von Machtkonflikten zurück. Während unter den Bedingungen vormoderner Reiche die Annahme von Tributen für den Adressaten prinzipiell nichts Ehrenrühriges war, wirkt unter modernen Bedingungen das Angebot von Geld an einen Kriegsgegner eher als Beleidigung und trägt nichts zur zufriedenstellenden Beendung des Krieges bei.[164]

Die Dimensionen der militärischen Vorherrschaft und der ökonomischen Potenz können sich also nicht mehr wechselseitig entlasten, oder je-

164 Es ist natürlich auch heute noch gängige Praxis, dass Groß- und Weltmächte anderen Staaten Geldmittel zukommen lassen, um sie loyal zu halten; aber dies ist nur möglich, solange die Beziehungen zwischen beiden Staaten grundsätzlich freundlich sind. Ist die Kommunikation einmal in den wechselseitigen Droh- oder gar Gewaltmodus gekippt, kann man Machtausübung nicht mehr einfach durch Geldzahlungen ersetzen. Im Kriegsfall ist das Angebot von Geld kein Anreiz, sondern eine Beleidigung. Zwar wird festgestellt, dass auch in akuten Konflikt- und Krisensituationen die Verhandlungsstrategie von »Zuckerbrot und Peitsche« (»carrot and stick«) erfolgversprechender ist als die der bloßen Drohung (Leng/Wheeler 1979; Greffenius/Gill 1992), aber hier bestehen die »Zuckerbrot«-Offerten dann nicht aus Geld, sondern aus Konzessionsbereitschaft in Machtfragen.

denfalls sehr viel weniger direkt, als dies unter Bedingungen ohne funktionale Differenzierung möglich ist. Inwiefern etwas Ähnliches auch für den Zusammenhang zwischen politisch-militärischer und kultureller Dimension gilt, müsste näher geprüft werden. Reiche haben prinzipiell die Möglichkeit, periphere Eliten kulturell zu assimilieren, an zivilisatorischen Errungenschaften teilhaben zu lassen und dadurch auch loyal zu halten (Münkler 2005: 125; Steinmetz 2005: 343). In der Moderne finden gewisse kulturelle Assimilations- und Diffusionsprozesse ebenfalls statt, aber es ist gut denkbar, dass die von westlichen Vorstellungen und Standards beeinflussten peripheren Eliten dadurch eher rebellischer werden, zu gesteigerten Ansprüchen und Widerstand gegen die westliche Dominanz bewegt werden. Vielleicht galt das aber immer schon und waren die Stabilisierungseffekte auf »kulturellem« Weg immer schon nur kurzfristig und gelegentlich kontraproduktiv (Sjoberg 1960: 203f.).

Insgesamt begünstigte mithin die fehlende oder unvollständige funktionale Differenzierung die langfristige Stabilität von Reichen, da die einzelnen Dimensionen sich wechselseitig stützen können und temporär füreinander substituiert, gewissermaßen »quersubventioniert« werden können. Von diesem Effekt können heutige Großmächte nur noch sehr bedingt profitieren und sehen sich vielmehr in weiten Stücken auf eine eindimensionale Vormachtstellung im politisch-militärischen Raum verwiesen. Diese birgt aber eigene Quellen von Instabilität: Denn innerhalb der segmentären, auf basaler Gleichheit der Einheiten beruhenden Ordnung des weltpolitischen Systems induziert die offensichtliche Übermacht eines Staates quasi-automatisch Widerstand aus anderen Teilen des Systems. Es finden sich andere Staaten oder auch substaatliche Akteure, die die dominierende Macht herausfordern – und sei es auch nur deswegen, *weil* sie die dominierende Macht ist, selbst wenn sie ansonsten gar keinen Schaden davon hätten. Die Selbstreferenz der Machtordnung bringt sich zur Geltung und sorgt dafür, dass allzu einseitige, asymmetrische Machtverhältnisse instabil sind und mehr oder weniger erwartbar Herausforderungen provozieren (Boulding 1963: 429). »In international politics, overwhelming power repels and leads others to try to balance against it.« – »As nature abhors a vacuum, so international politics abhors unbalanced power. Faced with unbalanced power, some states try to increase their own strength or they ally with others to bring the international distribution of power into balance.« (Waltz 2000: 28) Die singuläre Position als »einzige Supermacht« kann mithin für moderne Großmächte unter Umständen ein Problemgenerator und eine eigene Quelle von Instabilität und Bedrohung sein (Pfaff 2011) – während für vormoderne Reiche die Singularposition die Sache selbst, der Kern und die stabilisierende Basis ihres Reichsstatus ist.

Insgesamt gewinnt man den Eindruck, dass eine moderne Großmachtposition etwas sehr Fragiles und Kurzlebiges ist. Staaten – auch besonders mächtige und in der internationalen Ordnung herausgehobene Staaten – sind sehr viel stärker in eine sie übergreifende, plurale Ordnung eingebettet als vormoderne Reiche und können keine vergleichbare Dominanz- und Singularitätsstellung erlangen. Dass trotzdem die Imperiumsthese in den Sozialwissenschaften ebenso wie in der praktischen Politik so viele Anhänger findet, hängt vermutlich auch mit der Differenz von Innen- und Außenwahrnehmung zusammen. Die Perspektive von Teilnehmern oder von teilnehmernah formulierenden Beobachtern wird immer Macht*differenzen* betonen, um Orientierung für praktisches Handeln zu gewinnen. Sie kann deshalb dem differenzmaximierenden Begriff des Imperiums viel abgewinnen, sei es um eigene Projekte, Strategien, Ansprüche zu formulieren, sei es um den polemogenen Gehalt des Begriffes[165] zum Zweck der Kritik und der Mobilisierung von Widerstand zu nutzen. Die stärker distanzierte Perspektive des Soziologen oder Gesellschaftstheoretikers kann demgegenüber den Akzent auf die – gewissermaßen grundsätzlichere, eine Ebene tiefer liegende – basale Gleichheit der Staaten als Segmente eines Systems und auf die schiere Stärke der Interdependenz als solche legen.

165 Ein in Semantikanalysen geschulter Beobachter wird hier bemerken, dass eine politische Ordnung, deren grundlegendes Strukturprinzip die Unterscheidung von Zentrum/Peripherie oder Imperium/Peripherie ist, den Begriff »Imperium« kaum so negativ konnotieren würde, dass schon die bloße Verwendung des Begriffs meist einen pejorativen, angreifenden, anklagenden Sinn hat und positive, zustimmende Verwendungen eine gewisse Verwunderung hervorrufen. Vgl. hierzu parallele Überlegungen zur Semantik von Ungleichheit bei Schmidt 2000.

3. Krieg und der »Rest« der Gesellschaft

Differenzierungstheoretisch gesehen hat Krieg ein doppeltes Gesicht: Auf der einen Seite ist er ein Geschehen im Rahmen desjenigen Teilsystems, das den Krieg aktiv führt und für das er ein mehr oder weniger integraler Bestandteil seines Operierens ist; auf der anderen Seite ist er aber auch ein passiv miterlebtes Geschehen für die anderen Teilsysteme. Aus deren Sicht hat Krieg zunächst einmal keinen Sinn; sie partizipieren nicht an dem politisch oder wie immer sonst bestimmten Sinn, den der Krieg in seinem »Heimatsystem« hat, und vielmehr ist Krieg aus ihrer Sicht zunächst nur ein problematisches und potenziell destruktives Geschehen. Es ist zwar möglich und kommt auch in nicht wenigen Kriegen der Geschichte tatsächlich vor, dass der »Rest« der Gesellschaft[1] von negativen Kriegsauswirkungen weitgehend verschont bleibt. In anderen Fällen wird der »Rest« aber mehr oder weniger massiv in Mitleidenschaft gezogen; und in welchen Formen und nach welchen Gesetzmäßigkeiten dies geschieht, soll im Folgenden untersucht werden.

Es ist nützlich, zwei Formen des Übergriffs von Krieg auf den »Rest« der Gesellschaft zu unterscheiden, die man als Instrumentalisierung und Viktimisierung bezeichnen kann. Instrumentalisierung liegt vor, wenn das kriegführende Teilsystem andere Teile der Gesellschaft als »Zulieferer« für den Krieg betrachtet und dort vorhandene Ressourcen für Kriegszwecke reklamiert (und zwar physische ebenso wie »lebendige« Ressourcen, d.h. Arbeitskraft). Mit Viktimisierung[2] soll dagegen die destruktive Einwirkung

1 Der Begriff »Rest« kann vom Gesellschaftstheoretiker in diesem Zusammenhang nur mit einem gewissen ironischen Gruseln verwendet werden und wird deshalb durchgehend in Anführungszeichen gesetzt.

2 »Viktimisierung« ist ein Kunstwort und nicht im allgemeinen Sprachgebrauch verankert (jedenfalls nicht im Deutschen, während im Englischen Begriffe wie »victimize« und »victimization« problemlos gebildet werden können, um den Prozess des »Zum-Opfer-Werdens« bzw. »Zum-Opfer-Machens« zu bezeichnen). Um ein Äquivalent zum Instrumentalisierungsbegriff auf gleicher Abstraktionsstufe zu haben, habe ich mich trotz seiner Artifizialität für diesen Begriff entschieden.

kriegerischer Gewalt bezeichnet sein, der Menschen oder physische Einrichtungen im »Rest« der Gesellschaft ausgesetzt werden. Als erste Annäherung kann man sich vorstellen, dass Instrumentalisierung überwiegend auf dem je eigenen Territorium einer Kriegspartei und Viktimisierung überwiegend auf feindlichem Territorium betrieben wird. In der Realität ist die Lage zwar etwas komplexer und gibt es auch andere Konstellationen ebenso wie Mischformen; aber grundsätzlich ist eine Dichotomisierung in zwei verschiedene Formen des Übergriffs deshalb gegeben, weil Krieg in sich selbst ein nach Freund/Feind, Wir/die Anderen polarisiertes Geschehen ist und deshalb verschiedene, in »freundlicher« wie in »feindlicher« Absicht unternommene Zugriffsweisen hervorbringt. Während viktimisierende Zugriffe für die betroffenen Teilsysteme immer negativ und destruktiv sind, können instrumentalisierende Zugriffe unter Umständen auch positive Auswirkungen haben und etwa bestimmten gesellschaftlichen Bereichen zu einem kriegsbedingten »Boom« verhelfen (so der technologischen Entwicklung infolge der Arbeit an Kriegswaffen, der Wirtschaft infolge der forcierten Kriegsproduktion, den Massenmedien infolge des gesteigerten Interesses an Nachrichten sowie an Unterhaltung und Ablenkung).[3] Unter dem Strich dominieren aber auch hier meist die negativen (etwa deprivativen) Rückwirkungen, und man kann deshalb grundsätzlich davon ausgehen, dass kriegsbedingte Zugriffe vom »Rest« der Gesellschaft aus gesehen unerwünscht und störend sind.

Theoretisch gesehen liegt das Problem des Ausgreifens von Krieg auf den »Rest« der Gesellschaft am Schnittpunkt von Konflikttheorie und Differenzierungstheorie. In diesem theoretischen Grenzbereich lassen sich zwei gleichermaßen grundsätzliche, aber genau gegensätzliche Überlegungen anstellen, die den Ausgangspunkt der folgenden Analysen bilden.

Einerseits haben Konflikte eine »natürliche« Tendenz zur Eskalation und Expansion, da die Konfliktparteien oft versuchen, zur Steigerung ihrer Erfolgsaussichten weitere Personen, Themen, Ressourcen, Handlungsfelder in den Konflikt hineinzuziehen. Konflikte neigen deshalb zur »Kolonisierung«

3 Überspitzt wird dieser Zusammenhang in einem Bonmot aus Carol Reeds Film »Der dritte Mann« dargestellt, das in der deutschen Fassung vermutlich fälschlich Mussolini zugeschrieben wird (vgl. Wikipedia-Artikel zu »Der dritte Mann«, 14.12.2010): »In den dreißig Jahren unter den Borgias hat es nur Krieg gegeben, Terror, Mord und Blut, aber dafür gab es Leonardo da Vinci, Michelangelo und die Renaissance. In der Schweiz herrschte brüderliche Liebe, 500 Jahre Demokratie und Frieden, und was haben wir davon? Die Kuckucksuhr.«

beziehungsweise »Parasitierung« ihrer Umwelt und können im Grenzfall das ganze System, in dem sie ihren Ursprung haben, konsumieren und zerstören. Dies stellt etwa Johan Galtung (1965: 349) fest: »Conflicts have a tendency to snowball both in space and time: they bring in more people and they broaden in scope as time goes on, which means that much energy is poured into the conflict over time until the point where the resources of the system become gradually exhausted.« Ganz übereinstimmend schreibt Luhmann (1984: 532f.): »Die destruktive Kraft des Konflikts liegt nicht in ihm selbst [...]; sie liegt in dem Verhältnis zum System, in dem der Konflikt Anlaß und Ausgang gefunden hatte – etwas im Verhältnis zum Nachbarn, in der Ehe oder Familie, in der politischen Partei, im Betrieb, in den internationalen Beziehungen usw. Insofern eignet sich die Metapher der parasitären Existenz von Konflikten; aber das Parasitentum ist hier typisch nicht auf Symbiose angelegt, sondern tendiert zur Absorption des gastgebenden Systems in dem Maße, als alle Aufmerksamkeit und alle Ressourcen für den Konflikt beansprucht werden.« Obwohl diese Expansionstendenz in vielen realen Konflikten gar nicht als konkrete Gefahr aufscheint und durch institutionalisierte Konflikthegungsmechanismen gänzlich in der Latenz gehalten wird, muss sie doch als eine in der Struktur von Konflikten prinzipiell angelegte Möglichkeit gelten.

Auf der anderen Seite kann Systemdifferenzierung als basales Prinzip der Interdependenzunterbrechung angesehen werden. Prozesse, die in einem Subsystem eines differenzierten Systems ablaufen, tangieren nicht ohne weiteres auch die anderen Subsysteme; und dies gilt für Konflikte ebenso wie für alle anderen Arten von Prozessen. Man würde deshalb von einer differenzierten Gesellschaft erwarten, dass Konflikte, die in einem Teilsystem – etwa im politischen System – ausgetragen werden, zunächst einmal nur dort eine Rolle spielen und nicht zwingend auch das wirtschaftliche Prosperieren, den wissenschaftlichen Fortschritt, das Familienleben usw. in derselben Gesellschaft beeinträchtigen. Das gilt offensichtlich für innerstaatliche Konflikte, etwa für den Dauerstreit zwischen Regierung und Opposition, lässt sich aber prinzipiell auch auf zwischenstaatliche Konflikte wie Kriege anwenden. Systemdifferenzierung ist so gesehen eine strukturell tief eingeschriebene Lösung für das Problem der potenziell ausufernden Konfliktexpansion. Die Beispiele für expansiv sich ausbreitende Konflikte, die Luhmann nennt, liegen denn auch nicht zufällig in relativ kleinen und intern nicht oder nur schwach differenzierten Systemen: in Familien, Nachbarschaftsbeziehungen,

Organisationen sowie in den »internationalen Beziehungen«.[4] Auf Gesellschaftsebene würde man dagegen vermuten, dass mindestens die Grenzen zwischen primären Teilsystemen nicht so leicht überschritten werden können und kaum ein Konflikt »die« Gesellschaft im Ganzen in sich hineinziehen kann; es gibt schlechterdings zu viele und zu andersartige Prozesse, die daneben und unabhängig davon weiterlaufen müssen. »No political structure could survive if it permitted the systematic destruction of personnel in ›reserved occupations‹« (Bailey 2001: 30).

Jeder Krieg muss sich also in diesem Spannungsfeld zwischen konflikttypischer Expansionstendenz einerseits und differenzierungstypischer Expansionsbegrenzungs- und Interdependenzunterbrechungstendenz andererseits positionieren. Insofern Krieg ein Geschehen innerhalb des (differenzierten) Systems der Gesellschaft ist, legt die Differenziertheit als solche ein Beschränktbleiben auf ein Teilsystem nahe, während der konfliktmäßige Eigencharakter von Kriegen – konkret etwa die großflächige Anwendung von Gewalt, die nicht immer teilsystemspezifisch beschränkt werden kann, oder der Bedarf an Nachschub und Ressourceninput – ein Ausgreifen auf andere Bereiche befördern kann. Man muss deshalb auch die (bisher synonym verwendeten) Begriffe der Konflikt*eskalation* und der Konflikt*expansion* unterscheiden: Ersterer bezeichnet die Verschärfung des Austragungsmodus eines Konfliktes oder auch die Ausweitung des Teilnehmerkreises, ohne dass dabei der Operationsradius des »Ursprungssystems« verlassen wird – indem beispielsweise ein zwischenstaatlicher Konflikt statt mit diplomatischen mit kriegerischen Mitteln ausgetragen wird oder in einem laufenden Krieg der Mobilisierungsgrad oder das Spektrum der eingesetzten Waffen ausgeweitet wird, oder indem weitere, bislang unbeteiligte Staaten sich ins Konfliktgeschehen einschalten.[5] Zweiterer bezeichnet das Übergreifen des

4 Letztere sind zwar differenziert in verschiedene Politikfelder: Umweltpolitik, Wirtschaftspolitik, Sicherheitspolitik usw., aber das Herstellen von Verknüpfungen und Querverbindungen zwischen diesen Feldern – »wenn ihr nicht auf dem x-Feld nachgebt, legen wir euch auf dem y-Feld Steine in den Weg« – gehört zu den Standardübungen des Agierens in diesem System.

5 Die Ausweitung des Teilnehmerkreises könnte auch als teilsystem*interne* Konflikt*expansion* konzipiert werden, insofern hier derselbe Vorgang der Expansion auf der Ebene von Subsubsystemen innerhalb des vom Konflikt betroffenen Teilsystems stattfindet (und natürlich gibt es auch hier eine basale Gegentendenz in Richtung auf Interdependenzunterbrechung, etwa in Form der Institution der Neutralität, die verhindert, dass jeder Krieg automatisch alle Staaten oder sonstigen politischen Einheiten involviert). Da ich oben im Text nur an der Differenz zwischen gesellschaftlicher, d.h. Grenzen zwischen primären Teilsystemen überschreitender Konfliktexpansion einerseits und teilsysteminternen Pro-

Konfliktgeschehens auf andere, zunächst unbeteiligte und nicht direkt als Konfliktparteien in Frage kommende Teilsysteme der Gesellschaft – etwa auf die bäuerlich und unpolitisch lebende Unterschicht in stratifizierten Gesellschaften, oder auf andere, nicht-politische Funktionssysteme in der modernen Gesellschaft. Und nur diese zweite Problematik ist das Thema der folgenden Überlegungen. In genau diesem Sinn unterscheidet auch Martin Shaw (1991: 12ff.) zwischen »military build-up« und »militarization« (wobei sich beide Begriffe auf Zustände sowohl mit als auch ohne akuten Krieg anwenden lassen): »military build-up« steht für die bloße politiksysteminterne Ausweitung militärischer Engagements oder Rüstungsniveaus, »militarization« für das eventuelle Ausgreifen des Militärs und/oder des kriegführenden Staates auf den Rest der Gesellschaft (ähnlich ev. auch Regan 1994).[6]

Eine Konfliktexpansion über den Radius des ursprünglich involvierten Teilsystems hinaus bedeutet somit immer eine (tendenzielle) Entdifferenzierung der Gesellschaft:[7] »War, as a social process, has the characteristic [besser wäre: the potential] of cutting through most of the barriers that exist in social life.« (Shaw 1984: 10) Sie muss sich gegen die gegenläufige, in der Differenzierungsstruktur angelegte Tendenz zur Expansionsbegrenzung und Interdependenzunterbrechung durchsetzen – ebenso wie umgekehrt das Be-

---

zessen andererseits interessiert bin, subsumiere ich dies hier unter den Begriff Konflikteskalation.

6 Innerhalb gewisser Grenzen variieren beide Dimensionen von Konfliktausweitung unabhängig voneinander: Kriege oder sonstige Konflikte können – wie oben im Text illustriert – intern eskalieren, ohne deshalb notwendig andere Teilsysteme in Mitleidenschaft zu ziehen; und ebenso kann es Kriege geben – wie etwa aktuelle »low-intensity wars« –, die durchaus expansiv sind und andere Teilbereiche der Gesellschaft in erheblichem Maß in Mitleidenschaft ziehen, obwohl sie gerade *nicht* eskalativ betrieben werden und ihre spezifische Form gerade dem *Vermeiden* einer (kriegs- oder politiksysteminternen) Eskalation verdanken. Ab gewissen Stufen kann eine Konflikteskalation bzw. ein »military build-up« aber nur noch durch Rückgriff auf Konfliktexpansion bzw. »militarization« geleistet werden, und in einem totalen Krieg finden immer beide Prozesse gleichzeitig statt.

7 Begriffe wie Ökonomisierung, Politisierung, Verrechtlichung, Verwissenschaftlichung usw., die in der sozialwissenschaftlichen Diskussion zur Bezeichnung entdifferenzierender Tendenzen oder Übergriffstendenzen eines Teilsystems verwendet werden, müssten systematisch anhand eines analogen Gegensatzpaares von Übergriffstendenz vs. Interdependenzunterbrechungstendenz analysiert und verglichen werden, um ihren Entdifferenzierungsgehalt einschätzen zu können. Eine naheliegende Vermutung könnte sein, dass insbesondere größere Krisen in gleich welchem Teilsystem (Kriege, Epidemien, Wirtschaftskrisen, Hyperinflationen) leicht zu entdifferenzierenden Entwicklungen Anlass geben (zu embryonal entwickelten Ansätzen in dieser Richtung vgl. Thompson 1921; Lipman-Blumen 1973).

grenztbleiben von Konflikten auf ein Teilsystem sich letztlich immer gegen die (wie auch immer latent vorhandene) Expansionstendenz von Konflikten behaupten muss. Wie in einem konkreten Krieg diese gegenläufigen Tendenzen von Konfliktexpansion und Expansionsbegrenzung gegeneinander austariert und in eine momentane, prekäre Balance überführt werden, hängt – dies ist die Leitthese der folgenden Überlegungen – entscheidend von der jeweils realisierten Form der gesellschaftlichen Differenzierung ab. Man kann zwar nicht sagen, dass Gesellschaften mit einer bestimmten Differenzierungsform (etwa mit stratifikatorischer oder funktionaler Differenzierung) besonders stark zur Expansivität ihrer Kriege und zur Einbeziehung des »Rests« der Gesellschaft neigen würden; vielmehr gab es immer schon relativ gemäßigte, gesamtgesellschaftlich weitgehend unproblematische Kriege, und ebenso gab es immer schon extrem destruktive Kriege, die mehr oder weniger die ganze Gesellschaft in Mitleidenschaft ziehen. Statt nach solchen quantitativen Entwicklungstrends kann man aber in stärker qualitativer Absicht nach den Strukturbedingungen des Ineinandergreifens der gegensätzlichen Tendenzen fragen, die je nach dem, wie die Ordnung der gesellschaftlichen Teil(system) e zueinander beschaffen ist, sehr verschieden ausfallen.

Kurz und kompakt kann man sagen, dass die entscheidende Variable darin liegt, ob die Gesellschaft als Multi-System-Zusammenhang geordnet ist, in dem das kriegführende Teilsystem nur ein Teilsystem neben anderen ist, oder ob die Ordnung der Gesellschaft einem einfachen System/Umwelt-Modell folgt. Letzteres ist der Fall in stratifizierten Gesellschaften, in denen das kriegführende Teilsystem (die Oberschicht) allein einen Systemstatus hat, während der »Rest« der Gesellschaft (die Unterschicht) in Form einer mehr oder weniger amorphen Umwelt vorliegt. Der »Rest« kann deshalb bei Bedarf ohne größere Bedenken instrumentalisiert oder viktimisiert werden und setzt keine systematischen Restriktionen dagegen; er bietet aber umgekehrt auch keine besonderen Anreize dazu, da er generell mit einer Haltung der Indifferenz betrachtet wird. Das Ausmaß der Einbeziehung des »Rests« kann unter diesen Umständen ohne viel systematische Überlegung und als okkasionell sich einstellende Größe gefunden werden. Ganz anders ist die Lage in der modernen Gesellschaft, die aus einer Vielzahl von Teilsystemen mit je eigenen Strukturen, Rationalitäten, Autonomieansprüchen usw. (wenn auch nicht mit je eigenem, wechselseitig exklusivem Personal) besteht. Die Teilsysteme des »Rests« bieten hier einerseits verstärkten Anreiz zur Instrumentalisierung und werden auch verstärkt zum Opfer von Viktimisierung, weil sie über mehr Potenzial zur Erbringung kriegswichtiger Zulieferleistungen verfügen und weil ihr Personal sich mit dem des kriegführenden politischen Systems überschneidet und gegen destruktive Kriegseinwirkungen nicht isoliert werden kann; andererseits setzen sie ihrem Hineingezogenwerden in Krieg aber auch mehr Widerstand entgegen, weil ihre Eigenlogik und Eigenfunktion ihrem Instrumentalisiertwerden Grenzen setzen und neuen (rechtlichen ebenso wie massenmedialen) Sensibilitäten gegenüber ihrer Schädigung im Kriegskontext Auftrieb geben. Im Vergleich zu stratifizierten Gesellschaften verstärken sich also *beide* Tendenzen – die Tendenz zur Konfliktexpansion und die Tendenz zur Expansionsbegrenzung und Interdependenzunterbrechung – gleichzeitig, sie reiben und schärfen sich gewissermaßen aneinander, und das ganze Problem ihres Austarierens gegeneinander verschiebt sich auf ein höheres Komplexitätsniveau.

Mit einem Begriff von Niklas Luhmann gesprochen liegt hier ein Steigerungszusammenhang vor. Dieser Begriff bezeichnet den Umstand, dass Strukturkomplexe, die auf den ersten Blick gegensätzlich zu sein scheinen und unter Bedingungen begrenzter Komplexität auch tatsächlich in einem Summenkonstanzverhältnis zueinander stehen (so dass x nur in dem Maß Raum gewinnen kann, als y zurückgeschraubt wird, und umgekehrt), bei höherer Komplexität sich *aneinander steigern* und *gleichzeitig wachsen* können. Luhmann hat mehrere solcher Steigerungszusammenhänge für die moderne Gesellschaft identifiziert, etwa das gleichzeitige Anwachsen von Individualität der Person *und* gesellschaftlichem Zugriff auf Individualität (Luhmann 1989)[8] oder die gleichzeitige Intensivierung von Abhängigkeiten *und* Unabhängigkeiten zwischen Funktionssystemen (Luhmann 1984: 279; 2010: 173). Die gleichzeitige Steigerung von (instrumentalisierenden wie viktimisierenden) Übergriffen von Kriegen auf den »Rest« der Gesellschaft *und* von Einrichtungen zur Schadensbegrenzung und Interdependenzunterbrechung scheint ein weiterer Steigerungszusammenhang zu sein.

Diese These ist im Folgenden zu auszuführen und mit empirischem Material zu belegen. Es findet sich in der Literatur viele Anhaltspunkte dazu, die nur zusammengefügt und in die richtige Ordnung gebracht werden müssen. Dabei wird der eben skizzierte Steigerungszusammenhang in der Kriegsforschung nur selten richtig gesehen, weil er kontraintuitiv ist und Ambiguitätstoleranz erfordert, nämlich das Akzeptieren der Tatsache, dass die gegenläufigen und moralisch konträr bewerteten Dynamiken des ver-

8 In ähnlicher Manier hat die Soziologie schon seit langem festgestellt, dass die moderne Gesellschaft dem Individuum *und* dem Staat mehr Bedeutung beimisst und mehr Rechte zugesteht als jede Gesellschaft zuvor (Durkheim 1922; Boli 1987).

stärkten Mitleidens des »Rests« und der verstärkten Schutzvorrichtungen gleichursprüngliche und gleichermaßen irreduzible Merkmale moderner Kriegführung sind. Am deutlichsten wird diese doppelte Dynamik von dem Historiker John Horne (2002: 484) formuliert, der die Geschichte des Zivilisten (als des personifizierten »Rests«) in modernen Kriegen folgendermaßen zusammenfasst: »On the one hand, Enlightenment thinkers were seeking a way to protect civilians [...] from the violence of war by granting them the privileged status of non-combatants in war, which was envisioned as an affair between states. [...] On the other hand, and directly opposed to the first requirement, the doctrine of popular sovereignty, during the French Revolution, enlisted citizens in war in unprecedented ways. Civilians were thus positioned at one and the same time outside the confines of the war and right in the midst of it, creating an ambiguity that continues to haunt modern conflicts.«

Solche ambivalenten, für die Doppelnatur der Sache sensiblen Beschreibungen finden sich auffälligerweise vor allem bei Historikern (so auch bei Hartigan 1982: 15ff.; Best 1994: 45), während Soziologen und andere Sozialwissenschaftler meist zu halbierenden Einseitigkeiten neigen. Ein prominentes Beispiel hierfür ist etwa Herbert Spencer, dessen Unterscheidung von »militanten« und »industriellen« Gesellschaften zentral auf die Frage abzielt, in welchem Maß die Notwendigkeiten der Kriegführung auf den »Rest« der Gesellschaft übergreifen. Nach Spencer werden in »militanten«, d.h. antiken Gesellschaften die nicht-kriegführenden Teilsysteme permanent zugunsten des kriegführenden Teilsystems instrumentalisiert: »the working part existed for the benefit of the fighting part«, »[and] those who cannot fight, labour exclusively to support and help those who can«. In der modernen Gesellschaft habe sich dieses Instrumentalisierungsverhältnis umgekehrt, und es gelte jetzt, dass »the fighting part exists mainly for the benefit of the working part« (Spencer 1888: 601, 610). Spencer schreibt also der modernen Gesellschaft eindeutig eine *geringere Expansivität* ihrer Kriege und einen *größeren Respekt für den »Rest« der Gesellschaft* zu (wobei er hauptsächlich Instrumentalisierungen, weniger Viktimisierungen im Blick hat). Diese einseitige Auffassung wurde denn auch vor dem Zeitalter der Weltkriege (mit ihrer extremen Instrumentalisierung aller gesellschaftlichen Bereiche) niedergeschrieben, und Spencer hätte sie fünfzig oder hundert Jahre später wahrscheinlich nicht wiederholt.

In der Beschreibung des jüngeren Kriegsgeschehens (und eher mit Blick auf Viktimisierungen als auf Instrumentalisierungen) herrscht dagegen die umgekehrte Richtung der Einseitigkeit vor. Viele – sozialwissenschaftliche ebenso wie außerwissenschaftliche – Beobachter beschreiben die Kriege des 20. und beginnenden 21. Jahrhunderts mit Akzent auf dem extremen Ausmaß der an Zivilisten verübten Viktimisierung; sie stellen damit – explizit oder implizit – die Diagnose einer besonders *großen Expansivität* heutiger Kriege und einer *geringen Rücksichtnahme auf den »Rest«*. Obwohl dies auf der Ebene der reinen Fakten zweifellos seine Berechtigung hat und das 20. Jahrhundert sich unbestreitbar durch eine extreme und möglicherweise präzedenzlos hohe Viktimisierungsrate auszeichnet, ist es trotzdem verkürzt, allein diese Fakten festzustellen und eventuell zu beklagen. Denn der Umstand, dass wir das Leiden von Zivilisten heute so ernst nehmen und ihm in wissenschaftlichen Analysen, massenmedialen Beschreibungen und rechtlichen Regularien so viel Bedeutung beimessen, *ist* selbst schon die zweite Seite der Sache, oder jedenfalls ein wichtiger Teil davon. Die gesellschaftsweit verbreitete (und historisch ebenfalls präzedenzlose) Sensibilität gegenüber der Betroffenheit von Zivilisten ist Symptom einer verschobenen gesellschaftlichen Relevanzordnung, in der der Anspruch des seinerseits systemhaft geordneten »Rests« der Gesellschaft auf Interdependenzunterbrechung und Schutz vor destruktiven Kriegsfolgen an Bedeutung gewinnt. Die soziologische Analyse darf sich diese Perspektive deshalb nicht umstandslos zu eigen machen, sondern muss sie als Teil ihres Gegenstandes mitbeschreiben.

Um eine ausgewogene Einschätzung der Expansionsproblematik moderner Kriege zu gewinnen, werde ich im Folgenden nach einer kurzen und hauptsächlich kontrastiv gemeinten Diskussion vormoderner Gesellschaftsformen die Situation des »Rests« in der modernen Gesellschaft betrachten. Die Darstellung gliedert sich in die Aspekte Instrumentalisierung und Viktimisierung und versucht an beiden die Doppeldynamik der verstärkten Konfliktexpansion *und* verstärkten Expansionsbegrenzung aufzuzeigen.

3.1. Der Umgang mit dem integrierten »Rest« – Stammesgesellschaften

Zu Stammesgesellschaften sollen einige kurze Bemerkungen gemacht werden, obwohl die theoretische Leitfrage nach dem Übergreifen von Krieg auf den »Rest« der Gesellschaft auf diesen Gesellschaftstyp eigentlich gar nicht anwendbar ist.[9] Denn diese Frage bezieht sich ja im strengen Sinn auf *Teilsysteme* der Gesellschaft (oder jedenfalls, auch wenn der Systemcharakter fehlt, auf durch Systemgrenzen voneinander getrennte Teile der Gesellschaft): Ein kriegführendes Teilsystem wird von anderen, nicht-kriegführenden Teil(system)en unterschieden, und es wird gefragt, ob und wie das Kriegsgeschehen in deren Bereich expandiert und ihr Operieren beeinträchtigt. In diesem Sinn gibt es aber in Stammesgesellschaften keine anderen, nicht-kriegführenden Teilsysteme, auf die Kriege in indirekter Weise übergreifen könnten. Denn die Teilsysteme (Segmente) dieser Gesellschaften sind alle gleichartig, sind deshalb auch alle mit Kriegführungspotenzial ausgestattet und können infolgedessen an Kriegen nicht als indirekt betroffener »Rest«, sondern nur entweder als Partei oder gar nicht beteiligt sein. Soweit in einen laufenden Krieg bisher nicht beteiligte Segmente hineingezogen werden, geschieht dies über die Suche nach Bündnispartnern und die Bildung von Allianzen (dazu Helbling 2006), nicht aber über bloße Instrumentalisierung oder Viktimisierung. Konfliktexpansion ist hier also immer Konfliktexpansion durch Ausweitung des Teilnehmerkreises, während Konfliktexpansion durch indirekte Einbeziehung anderer, nicht-kriegführungsfähiger Teilsysteme strukturell ausgeschlossen ist.

In gewisser Weise gibt es aber auch in Stammesgesellschaften einen »Rest« der Gesellschaft, der instrumentalisiert oder viktimisiert werden – aber hier auf der Ebene von *Personen*, nicht von Teilsystemen. Es gibt bestimmte Kategorien von Personen (insbesondere Frauen, Kinder, Alte), die keine Krieger sind und prinzipiell für Instrumentalisierungen oder Viktimisierungen zur Verfügung stehen. Aber diese sind Mitglieder derselben Teilsysteme, denen auch die Krieger angehören, so dass die Grenze zwischen kriegführenden Elementen und »Rest« hier gewissermaßen *durch jedes Teilsystem hindurch* verläuft und nicht verschiedene Teilsysteme der Gesellschaft voneinander trennt. Anders gesagt: Die Frage nach der Einbeziehung des »Rests« liegt hier quer zur Frage nach der Differenzierung der Gesellschaft in Teilsysteme.

Von den oben vorgestellten theoretischen Überlegungen aus könnte man vermuten, dass einer Expansion des Kriegsgeschehens auf den segmentinternen »Rest« unter diesen Bedingungen nichts im Wege steht, weil eben keine Systemgrenze da ist, die die Konfliktexpansion blockieren könnte. Es gibt auch gelegentlich Vorgehensweisen in stammesgesellschaftlichen Kriegen,

9 Die Klarheit in dieser Frage verdanke ich – hier wie so oft – der mündlichen Kommunikation mit André Kieserling, ebenso auch einige Formulierungen zu dieser Konstellation.

die diesem Muster entsprechen (dazu gleich mehr). Aber empirisch scheint eher das umgekehrte Muster wahrscheinlich zu sein: dass der »Rest«, gerade weil er ein integraler Bestandteil der kriegführenden Einheiten selbst und nicht eine distanzierte Restgröße, ein Externum ist, mit umso mehr Rücksicht behandelt wird und allzu drastische Auswirkungen des Krieges auf die nicht-kämpfenden Segmentmitglieder vermieden werden (und mithin *andere* Lösungen für das Problem der zu kontrollierenden Konfliktexpansion vorhanden sind). Wahrscheinlich lassen sich an diesem Punkt ohnehin keine allgemeinen, für alle Stammesgesellschaften gültigen Aussagen treffen, da die Kriegsgebräuche verschiedener Stammesgesellschaften stark voneinander abweichen. Aber soweit eine Tendenzaussage erlaubt ist, neige ich eher zu der Sichtweise, dass stammesgesellschaftliche Kriege über vergleichsweise gute Expansionsbegrenzungsmechanismen verfügen.[10]

Für die Seite der Instrumentalisierung gilt in jedem Fall, dass allzu große Übergriffe auf Ressourcen und Kapazitäten des »Rests« nicht vorkommen. Die Nicht-Krieger eines Segments (insbesondere Frauen[11]) können hier zum einen praktische, unmittelbar nützliche Hilfsdienste leisten, indem sie etwa Proviant für Kriegszüge zusammenpacken oder auch die Krieger auf Kriegszüge begleiten und Hilfsdienste wie das Tragen von Ausrüstung, die Versorgung mit Nahrung, das Versehen von Späherdiensten, die Pflege von Verwundeten oder das Wieder-Einsammeln von abgeschossenen Pfeilen übernehmen (Keeley 1996: 86). Zum anderen gibt es auch stärker symbolische Formen von Unterstützung, etwa das Abhalten von Ritualen vor dem Auszug der Krieger oder während deren Abwesenheit, das Singen, Tanzen und Beten, um die Götter günstig zu stimmen (Turney-High 1949: 152ff.; Karsten 1967: 319), oder – bei stark ritualisierten und arrangierten Formen von »Krieg«führung (an der Grenze zu Sportereignissen) – das Zuschauen und lautstarke Anfeuern der eigenen Krieger (beziehungsweise der eigenen

10 Hier greift aber ein Problem, das die Beschreibung von Stammesgesellschaften seit Beginn der Moderne verfolgt: dass es offensichtlich kaum zu vermeiden ist, in ihrer Beschreibung einen entweder »idealisierenden« oder »dämonisierenden« bias zu haben (der »edle Wilde« vs. die »Barbaren). Hierzu interessant Keeley (1996), der gegen die verbreitete «idealisierende« Sicht von meist relativ gemäßigten Kriegen in Stammesgesellschaften wieder die Gegensicht von sehr brutalen und destruktiven Kriegen vertritt. Vgl. auch die in puncto Idealisierung vs. Dämonisierung analoge Darstellung bei Trotha (1987: 1ff.), die sich allerdings eher auf das Eskalations- als auf das Expansionsproblem bezieht.

11 Dass Frauen, die aus Kämpferrollen weitgehend ausgeschlossen sind, in unterstützenden Funktionen gern gesehen sind, ist eine mehr oder weniger universelle Konstellation, die auch für spätere Gesellschaftsformen Gültigkeit hat (vgl. dazu Hämmerle 2000).

»Mannschaft«) vom Rand des Schlachtfeldes aus.[12] All diese Unterstützungsleistungen werden von den »Rest«-Personen freiwillig und bereitwillig erbracht, weil diese eben denselben kleinen und überschaubaren Teilsystemen angehören wie die Krieger und ihnen nicht »entfremdet« sind, und weil Stammesgesellschaften generell nicht über eine zentrale Zwangsinstanz verfügen, die Personen zu ihnen missliebigen Tätigkeiten zwingen könnte.

Damit ist gleichzeitig garantiert, dass das Ausmaß dieser Unterstützungsleistungen ein vergleichsweise moderates Niveau nicht übersteigen kann, das durch die »Rest«-Personen problemlos geleistet und verkraftet werden kann und das etwa andere notwendige Rollentätigkeiten nicht gefährden darf. Eine exzessive Beanspruchung der Ressourcen oder der Arbeitskraft eines kriegführenden Segments durch Umkanalisierung in kriegsunterstützende Leistungen ist kaum vorstellbar. Kriege sind also mindestens auf der Seite der Instrumentalisierung gut eingebettet ins gesamtgesellschaftliche Gefüge, und die Erfordernisse der Kriegführung können sich gegenüber anderen gesellschaftlichen Erfordernissen nicht verselbständigen. »[P]rimitive society possesses a defence mechanism [gegen die Gefahr der Verselbständigung und Vorherrschaft der Krieger] in that it retains control of the rules of the game […] while ›primitive society‹ is a *war-oriented society*, it is at the same time, and for the same reasons, an *anti-military society*.« (Balandier 1996: 505)

Auf der Seite der Viktimisierung ist das Bild etwas uneinheitlicher. Auch hier dominiert zwar ein relativ geringer Grad an Konfliktexpansion, aber es gibt signifikante Abweichungen. In vielen Fällen sind Nicht-Krieger – je nach der bevorzugten Kriegführungsweise – durch das räumliche Arrangement oder durch soziale Konvention aus dem Anwendungsbereich direkter kriegerischer Gewalt ausgenommen. Im einfachsten Fall werden die Kämpfe auf offenem Feld und ohne Anwesenheit von Frauen, Kindern, Alten ausgetragen, so dass für diese ohnehin keine Gefahr besteht. In anderen Fällen bewegen sich Nicht-Krieger zwar auf dem Schlachtfeld oder in dessen Nähe (als Zuschauer, Pfeileeinsammler o.ä.), werden jedoch nicht angegriffen und

12 Das unmittelbare Zuschauen ist eine Form der indirekten Teilnahme an Krieg, die in späteren Gesellschaften kaum mehr vorkommt (und heute in gewisser Weise durch die Rezeption von Massenmedien ersetzt worden ist). Es finden sich zwar auch später in der Geschichte noch gelegentlich Zuschauer bei Schlachten ein, in stratifizierten Gesellschaften etwa in der Nähe des Schlachtfelds arbeitende Bauern und noch im Amerikanischen Bürgerkrieg extra angereiste interessierte Bürger (Keegan 1978: 383; Förster 1997: 114; van Creveld 1998: 241ff.). Aber das ist dann nur noch ein sporadisches und zufälliges Schaulustigendasein, keine gesellschaftlich vorgesehene und bedeutsame Form der Inklusion in Krieg mehr.

müssen, abgesehen von gelegentlichen unbeabsichtigten Unfällen, keine Gewalteinwirkung befürchten. Und sogar wenn Kriege in der Art des nächtlichen Überfalls auf Dörfer ausgetragen werden, was eine häufige Kriegführungsart in Stammesgesellschaften ist (Otterbein 1985: 32ff.; Keeley 1996: 65ff.), gilt dabei oft die Regel, dass vorzugsweise Krieger, nicht aber Frauen und Kinder attackiert und getötet werden – soweit überhaupt gekämpft wird und nicht nur der unbemerkte Abtransport von Beute (Vieh, Pferde, Kanus usw.) angestrebt wird.

Neben diesen gut gemäßigten Kriegen kann es aber auch andere, extremere Praktiken geben. So kommt es gelegentlich vor, dass ein Segment einer Gesellschaft einen »Vernichtungskrieg« gegen ein anderes Segment führt und dieses vollkommen auslöscht, im Extremfall dadurch, dass alle seine Mitglieder unterschiedslos getötet werden (Turney-High 1949: 222; Keeley 1996: 68). Ein ähnlich diskriminierungsloses Vorgehen mit Tötung aller oder irgendwelcher Bewohner ist möglich, wenn Segmente einer Gesellschaft Kriegszüge gegen Segmente einer anderen, sozial und/oder geographisch weit entfernten Gesellschaft unternehmen (Chagnon 1968: 137ff.). In solchen Fällen liegt dann eine maximal-mögliche Expansion des Krieges vor, die dem oben angedeuteten Muster entspricht: Da das in Krieg involvierte Segment in sich keine Systemgrenzen kennt, wird der Destruktionsradius des Krieges unterschiedslos auf alle Mitglieder des Segments ausgedehnt, und es gelten keine moralischen oder sonstigen Sperren gegenüber der Viktimisierung von Personen.[13]

Bemerkenswert ist aber, dass sogar bei der Auslöschung von Segmenten die häufigere Vorgehensweise die zu sein scheint, dass nur kriegsfähige Männer und Alte[14] getötet werden, Frauen und Kinder dagegen mitgenom-

13 Manche Beobachter halten es irrtümlich für den paradigmatischen Fall in stammesgesellschaftlichen Kriegen, dass das Gegenüber als außerhalb des Anwendungsbereichs der Moral und auf einer Stufe mit Tieren stehend definiert wird und man mit ihm schlechterdings beliebig verfahren kann (z.B. Hartigan 1982: 16). Dass dem nicht so ist, lässt sich auch daran ablesen, dass in vielen Stammesgesellschaften Krieger, die Menschen getötet haben, spezielle Reinigungsrituale durchlaufen müssen, bevor sie wieder zu normalen sozialen Kontakten zugelassen werden (Turney-High 1949: 222ff.; Bollig 1995: 373ff.; Keeley 1996: 144).

14 Die Alten sind insofern (bei dieser besonderen, wie gesagt nicht sehr häufigen Kriegführungsmethode) die am stärksten gefährdete Zielgruppe, die, obwohl sie keinen Kämpferstatus innehat, rücksichtslos viktimisiert wird. Im Vergleich zu späteren Zuständen ist dies aber immer noch eine vergleichsweise sinnvolle und differenzierte Auswahl von Opfern – wie ja die Alten in manchen Stammesgesellschaften auch unabhängig von Krieg, etwa bei akuter Nahrungsmittelknappheit, »geopfert« werden können.

men und in das siegreiche Segment adoptiert werden (Murphy 1957: 1025ff.; Karsten 1967: 322; Keeley 1996: 85f.; Otterbein 2000). Solche Kriegsadoptionen zeichnen sich durch eine eigenwillige Mischung aus Viktimisierung und Respektierung der betroffenen »Rest«-Personen aus. Diese werden zwar sehr abrupt und unfreiwillig ihrem gewohnten Umfeld entrissen und insofern starken Verlusterfahrungen ausgesetzt,[15] aber es fällt doch auf, dass ihnen ansonsten nichts Böses geschieht: Sie werden nicht schlecht behandelt, sondern als vollwertige und in keiner Hinsicht diskriminierte Mitglieder in das neue Segment aufgenommen, und sie werden denn auch sofort bei ihrer Ankunft mit einem kompletten neuen Rollensatz ausgestattet (mit einem Ehemann beziehungsweise Vater, mit einer Haushaltszugehörigkeit, mit Verantwortlichkeiten in Haus- und Feldarbeit usw.). Im Übrigen kann es in manchen Stammesgesellschaften auch ohne das Vorliegen einer Vernichtungsabsicht Überfälle geben, die auf den Raub von Frauen und/oder Kindern zum Zweck der Adoption abzielen. Letztere werden dann zwar als Beute, aber eben – wie gezeigt – nur in einem relativ gemäßigten Sinn als Opfer behandelt.

Unter dem Strich scheint somit das Urteil gerechtfertigt, dass stammesgesellschaftliche Kriege vergleichsweise gut gehegt und ihre Expansion auf den »Rest« der Gesellschaft meist gut kontrolliert ist – auch wenn die Streuungsbreite hier mit bezug auf Viktimisierung größer ist als mit bezug auf Instrumentalisierung. (Hierfür sind auch wichtig die Modi der Kriegsbeendung, die sich mehr an entstandenen Schäden und gesamtgesellschaftlicher Akzeptabilität orientieren als an kriegsinternen Ergebnissen wie Sieg und Niederlage; vgl. unten Kapitel 4.1.). Die Rücksicht auf den »Rest« ist hier gewissermaßen eine Rücksicht des kriegführenden Teilsystems *auf sich selbst* – eine interne Rücksichtnahme, die leichter fällt und »natürlicher« geschieht als eine Rücksichtnahme auf externe, mehr oder weniger distanzierte Teilsysteme. Dabei handelt es sich bei Instrumentalisierungen unmittelbar um eine Rücksicht jedes Segments auf sich selbst; bei Viktimisierungen handelt es sich zunächst um eine Rücksicht auf das andere, gegnerische Segment, die aber durch die involvierte Reziprozität (etwa: die Erwartung von gleichartigem Vergeltungshandeln durch den Gegner) wieder in eine Rücksicht auf

15 Es kann deshalb auch nicht ausgeschlossen werden, dass eine solche unangekündigte Zwangsadoption unter Komplettaustausch des Nahumfeldes und der Bezugspersonen psychisch gesehen ein schwer verkraftbares und eventuell traumatisierendes Erlebnis ist; dazu ist der Literatur nichts zu entnehmen, aber jedenfalls scheint es keine besonders auffällig Folge solcher Kriegsadoptionen zu sein.

sich selbst zurückgespiegelt wird.[16] Im Gegensatz dazu liegt das Problem aller späteren Kriege darin, dass die Rücksicht auf den »Rest« Systemgrenzen und die damit einhergehenden Indifferenzschwellen überwinden muss.

3.2. Die Unterschicht als bloße Umwelt – Stratifizierte Gesellschaften

Für stratifizierte Gesellschaften kann man in grober Schematisierung sagen, dass das kriegführende Teilsystem die Oberschicht ist – in den zwei Varianten der eigenhändig kämpfenden »Ritter«-Oberschicht und der Reichselite mit einem zugeordneten spezialisierten Heer –, während der »Rest« der Gesellschaft aus der Unterschicht besteht (es kann komplexere Abstufungen und Abschattungen geben, was aber nichts am Grundprinzip ändert). Da dadurch konstituierten Kategorien von Personen finden sich in jedem Aspekt des Lebens verschieden gestellt und haben wenig miteinander gemein, und man wird deshalb ein erhebliches Maß an Indifferenz der Kriegführenden gegenüber dem »Rest« erwarten können. Das muss nicht heißen, dass es eine unkontrollierte Expansion von Kriegseffekten auch in den »Rest« der Gesellschaft gibt; vielmehr eröffnet sich dadurch sowohl die Möglichkeit eines von Indifferenz getragenen »Ignorierens« und »Außen-vor-Lassens« der Unterschicht als auch die Möglichkeit ihrer rücksichtslosen Instrumentalisierung und Viktimisierung.

Die unter dem Gesichtspunkt der Konflikthegung gewissermaßen ideale Konstellation ist, dass Kriege an der Unterschicht vorbei geführt und als interne Angelegenheit der Oberschicht – als »Sport der Könige« (Shakespeare, zit. in Krippendorff 1985: 250) – betrieben werden. Die Truppen tragen ihre Kriege untereinander aus, idealerweise auf offenem Feld oder offener See, während die Unterschichtbevölkerung zwar in räumlicher Nähe, aber in einem anderen sozialen Universum lebt, »[with] peasants tilling their fields while the armies were fighting« (Andreski 1968: 53) (vgl. auch Krippendorff

16 Die meisten stammesgesellschaftlichen Kriege werden in reziproken Situationen, d.h. zwischen gleichartigen und ebenbürtigen Einheiten ausgetragen (vgl. oben Kapitel 2.1.); und wo keine Reziprozität gegeben ist, wie etwa in Kriegszügen gegen weit entfernte Dörfer oder gegen Dörfer einer andersartigen Gesellschaft (etwa von kriegerischen Nomaden gegen weniger kriegerische Ackerbauern), können eben auch die Mäßigungseffekte entsprechend eingeschränkt sein.

1985: 278). Die Unterschicht ist gewissermaßen zu unwichtig, um in Kriegsangelegenheiten berücksichtigt zu werden, beziehungsweise sie ist mit anderen, weniger ehrenhaften (vor allem produktiven) Funktionen assoziiert und wird aus dem Kriegsgeschehen herausgehalten. »The codes of ruling classes, especially those which make a mystique of the military life, often exclude peasants from political competition. Peasants may not seek honour: but neither may they be destroyed. Victory over a rival is not got by laying waste his kingdom, but by deposing him from the throne, seating upon it your own nominee, and continuing to collect the revenue.« (Bailey 2001: 30) Der direkte Schaden, den die Unterschichtbevölkerung in vormodernen Kriegen nimmt, ist deshalb im Vergleich etwa zum demographischen Einfluss von Krankheiten in vielen Fällen relativ gering (Landers 2005).

Offensichtlich folgen aber nicht alle Kriege in stratifizierten Gesellschaften diesem idealen Modell. Vielmehr können Kriege in massivem Umfang auf die Unterschicht übergreifen, indem ganze Landstriche ausgeblutet und verwüstet werden und komplette Städte der Plünderung und Brandschatzung anheimfallen, oder auch indem gefährdete Städte von all ihren Bewohnern – über Schichtunterschiede hinweg – in einer gemeinsamen Anstrengung gegen ein solches Schicksal verteidigt werden. Zugriffe auf die Unterschicht können sowohl instrumentalisierenden als auch viktimisierenden Charakter haben oder auch Elemente von beidem mischen, und sie können in jeder beliebigen Intensitätsstufe (auf einem Kontinuum von nahe Null bis »brutalst möglich«) vorkommen. Im Einzelnen lassen sich insbesondere drei Formen des Zugriffs auf die Unterschicht unterscheiden.[17]

Erstens dient die Unterschicht in vielen Fällen als Versorgungsbasis der umherziehenden und »aus dem Lande lebenden« Truppen. Ein im Feld stehendes Kriegsheer benötigt große Mengen an Nahrung für Mensch und Tier, Brennmaterial, Unterkunftsmöglichkeiten usw., und diese können wegen der begrenzten logistischen Möglichkeiten vormoderner Gesellschaften nicht anders als an Ort und Stelle beschafft werden. Bei hohen Ansprüchen

17 Der Vollständigkeit halber müssen noch zwei weitere Formen der indirekten Mitwirkung der Unterschicht an Kriegen erwähnt werden, nämlich zum einen die Existenz eines überwiegend aus Unterschichtangehörigen bestehenden Trosses, der die Heere begleitet und diverse Unterstützungsfunktionen übernimmt, und zum anderen natürlich die generelle Existenz von Abgaben der Unterschicht an die Oberschicht, die u.a. für Kriegszwecke verwendet werden und aus Anlass von Kriegen eventuell erhöht werden können. Dies sind aber dauerhaft institutionalisierte und gesellschaftsstrukturell fest verankerte Formen des Zusammenwirkens von Ober- und Unterschicht, die m.E. nicht als besondere Expansion des Krieges über seinen ursprünglichen sozialstrukturellen Ort hinaus zu werten sind.

an die »Zivilisiertheit« des Vorgehens und bei ausreichend etablierter Geldwirtschaft kann dieses Problem durch den geregelten Ankauf der benötigten Güter gelöst werden; mindestens ebenso verbreitet ist aber die Methode, das Benötigte – unter direkter Gewaltandrohung oder implizit gedeckt durch das massierte Gewaltpotenzial – einfach der lokalen Unterschichtbevölkerung wegzunehmen. Dies ist zunächst eine Form von Instrumentalisierung – nämlich Beschaffung der für Kriegführung notwendigen Ressourcen –, die aber fließend in Viktimisierung übergehen kann, etwa weil die Unterschichtbevölkerung Widerstand leistet und zum Abgeben des auch für sie Lebensnotwendigen gezwungen werden muss, oder weil in anderer Weise die Akquirierung des Benötigten den Weg freimacht für nicht unmittelbar der Versorgung der Truppen dienende Exzesse (Vergewaltigungen, Brandschatzungen usw.). Teils wird auch schon explizit eine »Strategie der verbrannten Erde« verfolgt mit dem Ziel, nachfolgenden feindlichen Truppen die Versorgungsbasis zu nehmen (Farris 1999: 59; Gnirs 1999: 73). Das Leben aus dem Lande kann auf eigenem ebenso wie auf fremdem Territorium betrieben werden, da den Kriegstruppen nach Aufzehren ihrer Vorräte auch im eigenen Gebiet nichts anderes übrigbleibt, als auf die lokal vorhandenen Bestände zuzugreifen (auch wenn dies dann vermutlich mit etwas mehr Rücksicht und »Zartgefühl« geschieht); und in der Peripherie großer Reiche ist die Unterscheidung zwischen eigener und fremder Bevölkerung ohnehin fließend. Aus Sicht der lokalen Unterschicht macht deshalb die Frage, ob es sich um »eigene« oder um fremde Truppen handelt, oft nur einen graduellen Unterschied, und der Durchmarsch eines größeren Heeres ist aus ihrer Sicht immer eine mehr oder weniger große Katastrophe.

Zweitens können nicht nur materielle, sondern auch personelle Ressourcen, d.h. Arbeitskraftressourcen aus der Unterschicht extrahiert werden. Viele stratifizierte Gesellschaften sehen die Möglichkeit vor, in ernsthaften Not- und Bedrohungsfällen auch Unterschichtangehörige wie Bauern, städtische Handwerker usw. zum – meist zeitlich begrenzten – Kriegsdienst heranzuziehen, im mittelalterlichen Europa etwa in Form des feudalen Aufgebots. Damit stellt sich natürlich die Frage, ob die hier vorausgesetzte Unterscheidung von kriegführender Oberschicht und nicht-kriegführender Unterschicht nicht hinfällig und fehlgeleitet ist, wenn auch die Unterschicht zum aktiven Kriegsdienst verpflichtet werden kann. Es lassen sich aber gute Gründe dafür finden, diese Unterscheidung trotzdem aufrechtzuerhalten, wenn man die

Natur jener Aushilfskämpfer aus der Unterschicht näher betrachtet.[18] Denn diese sind zwar zum *Kriegs*dienst, nicht aber unbedingt zum *Waffen*dienst abgestellt: Sie sind als Kämpfer weder ausgebildet noch ausgerüstet, sind in vielen Fällen völlig unbewaffnet und ansonsten mäßig bis miserabel bewaffnet (mit Spießen, Mistgabeln usw.). Sie kommen deshalb für anspruchsvollere Kampfaufgaben nicht in Frage und werden oft nur für Hilfsdienste wie das Anlegen von Gräben und Befestigungen, den Transport von Material, das Bemannen von Rudern usw. eingesetzt (z.B. Pokora 1978: 208); häufig werden sie von den Kämpfern der »eigentlichen« Truppen verachtet (Howard 1981: 26). Darüber hinaus fehlt ihnen oft auch jegliche innere Motivation; sie kommen ihrer Kriegsdienstpflicht mit derselben äußerlich-gezwungenen Haltung nach, mit der sie auch andere Frondienste ableisten, und bei größerer Nähe zum Kampfgeschehen sind sie notorisch unzuverlässig und laufen beim ersten Anzeichen von Gefahr davon (Schmidtchen 1987: 451; Ferguson 1999: 399).[19] Man wird ihre Heranziehung in Notfällen daher besser als unspezifischen Zugriff auf ihre Arbeitskraft: als kriegsbedingten Arbeitsdienst, und nicht als Kriegstätigkeit im engeren Sinn begreifen.

Drittens können Unterschichtangehörige – mit oder ohne vorhergehende Instrumentalisierung – direkt zum Opfer kriegerischer Gewalt gemacht werden: sie können erschlagen und vergewaltigt, ihre Häuser niedergebrannt und ausgeplündert werden usw. So wird etwa, wenn eine befestigte Stadt oder Burg eingenommen wird, die dort lebende Unterschichtbevölkerung selbstverständlich mitviktimisiert (Hartigan 1982: 18; Landers 2005: 458), und zwar unter Umständen direkter und brutaler als die Oberschichtbevölkerung.[20] Ein solches Vorgehen mag der Komplettierung eines Sieges die-

18 Vgl. zur Frage, ob solche aufgebotenen Unterschichtangehörigen als Kämpfer und ihre Kriegsbeteiligung als Wehrpflicht (»draft« bzw. »conscription«) angesehen werden kann, auch folgende konträren Stellungnahmen aus der Literatur: »[O]ne finds the draft so common in feudal-type societies that one is tempted to call it the feudal system. Although feudal societies have had military castes, generally they also have recourse to the draft.« (Tax 1968: 198) – »The Middle Ages furnish few instances of conscription unless we fall into the frequent error of considering the soldier-serf a conscript. […] the serfs ›did not come to arms in the service of a common cause, but in payment of a debt of fealty to which they were not a party.‹« (Beukema 1941: 116)

19 Dies dürfte insbesondere für die (das Gros der Bevölkerung stellende) Bauernschaft gelten, während die städtische Unterschichtbevölkerung – schon wegen der in Aussicht stehenden Plünderung der Stadt bei einer Einnahme durch feindliche Truppen – sich im Schnitt vermutlich mehr mit dem Schicksal ihrer politischen Einheit identifiziert und eine wichtigere Rolle bei ihrer Verteidigung übernimmt.

20 Dies hängt aber natürlich von den Umständen und von der konkreten Gesellschaft ab, die

nen, indem eine Stadt »dem Erdboden gleichgemacht« wird, oder einer Strategie verbrannter Erde, oder der Entlohnung von Kämpfern, oder einfach als Ventil für überschüssige Energien und das Ausleben eines Siegesrauschs. Es ist oft beobachtet worden, dass es in stratifizierten Gesellschaften praktisch keine institutionalisierten Sperren gegen solche massiven Viktimisierungen der Unterschicht gibt: »In the middle ages and earlier, the general rule was that the entire population was considered a valid target for attack and indeed for any kind of treatment.« (Doswald-Beck 1987: 252) Es mag zwar religiös oder moralisch begründete Appelle an menschliches Mitleid und Mitgefühl geben, etwa die Mahnung, wehrlosen Personen – insbesondere Frauen und Kindern – kein unnötiges Leid zuzufügen (Hartigan 1982: 18; Best 1994: 25f.). Diese bleiben aber mangels sozialstruktureller Deckung ohne größere Wirkung, und ihre Beachtung bleibt der individuellen Moral und Charakterstärke überlassen.

Das Ausmaß, in dem ein solches Hineinziehen der Unterschicht ins Kriegsgeschehen vorkommt, variiert in Abhängigkeit von den Umständen. Es ist hier keine besondere Systematik, auch keine Unterscheidung zwischen »großen« und »kleinen«, totalen und begrenzten Kriegen o.ä. zu erkennen. Das ist auch plausibel, wenn man bedenkt, dass die Unterschicht in stratifizierten Gesellschaften eine *bloße Umwelt* der Oberschicht ist und deshalb durch die Oberschicht mehr oder weniger beliebig behandelt werden kann. Prinzipiell kann natürlich jeder Teil der Gesellschaft, aus der Sicht eines anderen Teils, als Umwelt bezeichnet werden; aber man kann argumentieren, dass die Unterschicht stratifizierter Gesellschaften überhaupt nichts anderes

im Blickpunkt steht. So kann man beispielsweise für das feudale Europa davon ausgehen, dass dem Feind in die Hände gefallene Adlige (seien es Kämpfer, seien es Frauen und Kinder) leidlich gut behandelt und nur in der Erwartung auf Lösegeld eine Weile gefangen gehalten werden, während Unterschichtangehörige oft rücksichtslos viktimisiert werden: »Chivalric restraints on atrocity [...] did not extend much beyond the knigthly stratum, for ›honor is a direct expression of status, a source of solidarity among social equals and a demarcation line against social inferiors.‹ Men in arms thus owed more to those across the battle lines than to others in whose name they nominally fought. The result, in fact, was that ›noncombatants were a good deal more at risk in medieval warfare than soldiers [gemeint sind Ritter] ever were.‹« (Osiel 1999: 201f.) Es ist aber auch die umgekehrte Verteilung von Viktimisierung und relativer Schonung möglich. So wird als »Topos der antiken Kriegshistoriographie« das folgenden Vorgehen der Sieger berichtet: »Sie töteten die Männer und führten die Frauen und Kinder in die Sklaverei« (Münkler 2004: 142f.). Dies ist offensichtlich primär auf die Oberschichtbevölkerung (im weiten Sinn, hier alle freien Bürger umfassend) gemünzt, da man nur jemanden in die Sklaverei führen kann, der nicht schon Sklave ist (oder es andernfalls nicht mehr viel Unterschied macht).

ist als eine bloße Umwelt und auch für sich selbst keinen Systemcharakter hat. In diesem Sinn können stratifizierte Gesellschaften als der Fall einer Gesellschaft beschrieben werden, die differenziert ist, in der aber *nur ein Teilsystem* ausdifferenziert ist, nämlich die Oberschicht (Luhmann 1994: 143). Die Oberschicht ist zweifellos ein System: ein Gebilde mit Grenzen, mit innerem Zusammenhang, mit einer gewissen (wenn auch funktional diffusen) »Eigenlogik«, etwa in Form eigener Ehrvorstellungen, usw. Die Unterschicht dagegen lebt in mehr oder weniger tribalen Verhältnissen: in einer Vielzahl von weitgehend unverbundenen Dörfern, die wenig voneinander wissen und vielleicht gar kein Bewusstsein davon haben, dass sie zusammen die Unterschicht eines Herrschaftsgebildes ausmachen. Die Unterschicht ist in diesem Sinn nicht *ein* System, wenn sie auch sicher aus vielen kleinen, lokal oder familial organisierten Systemen besteht.

Und eben deshalb, weil die Unterschicht eine bloße Umwelt und nicht selbst ein System ist, stellt sie kaum Restriktionen gegenüber einer irgendwie gearteten Behandlung durch die kriegführende Oberschicht. Man kann sie ignorieren, wenn man sie gerade nicht braucht, und man kann sie hemmungslos instrumentalisieren oder viktimisieren, wenn dies irgendwelche kriegstechnischen Vorteile verspricht – und all dies, ohne allzu viel systematische Überlegungen auf diese Frage verwenden zu müssen. Die Balance zwischen Konfliktexpansion und Expansionsbegrenzung ist damit gewissermaßen dem Zufall beziehungsweise situativen Faktoren überlassen: den räumlichen Verhältnissen, momentanen Bedarfslagen und Opportunitäten usw. Richard Hartigan (1982: 76) formuliert: »[T]he serfs, pilgrims, merchants, and ecclesiastics [would not] have fitted the category of an ›enemy population.‹ They were simply unfortunate, unintended victims.« Schäden und Extraktionseffekte werden von der Unterschicht, die an Leid und Deprivation ohnehin gewöhnt ist, bis zu einer gewissen Grenze problemlos und ohne größere gesellschaftliche Erschütterungen absorbiert.[21] Von der Oberschicht instrumentalisiert zu werden, *ist* in gewisser Weise die strukturelle Position der Unterschicht in stratifizierten Gesellschaften, und deshalb ste-

21 Dies ist, wohlgemerkt, streng von der Systemreferenz Gesellschaft aus formuliert und gilt nur auf dieser Ebene. Auf der Ebene von Einzelpersonen, -familien, -dörfern können selbstverständlich dramatische, nachhaltige und schwer zu verkraftende Schäden eintreten; aber das Problem dieser Einheiten besteht eben genau darin, dass es auf Gesellschaftsebene *kein System gibt*, das ihrem Leiden eine Stimme geben und größere Rücksichtnahmen anmahnen könnte.

hen ihrer Instrumentalisierung (ebenso wie Viktimisierung) im Krieg keine strukturellen Hindernisse im Weg.

Die einzige ernst zu nehmende Grenze der Schädigung der Unterschicht liegt darin, dass diese als Infrastruktur des Landes erhalten und funktionsfähig bleiben muss. Land ohne Bauern, die es bestellen, ist wertlos, und ein einigermaßen schonender Umgang mit Land und Leuten kann deshalb ein Gebot der politischen Klugheit sein – jedenfalls dann, wenn man damit rechnet, nach dem Krieg Herr über das entsprechende Territorium zu sein oder Tribute daraus einzustreichen, oder auch nur, wenn man an dauerhaften, tragfähigen Beziehungen zu seinem Herrn interessiert ist. »[L]iving subjects – productive, taxable, serviceable – were preferable to dead ones«, formuliert der Kriegshistoriker Geoffrey Best (1994: 25). Aber diese Logik ist offensichtlich rein aus der Perspektive der Oberschicht formuliert und nicht aus der Perspektive der Unterschicht selbst. Es handelt es deshalb auch um eine rein quantitative Grenze (wenn von 100 Bauern 90 übrig bleiben, genügt es), die nichts für das akzeptable Vorgehen im Einzelfall besagt und völlig losgelöst ist von dem oben erwähnten, moralisch oder religiös unterfütterten Mitleids- und Menschlichkeitskomplex. »The humane heart which was capable of perceiving individuals and groups as war-victims had no organic link with the political head.« (Best, ebd.)

Eine Abweichung von der Regel, dass der produktive Unterbau der Gesellschaft nicht allzu drastischer Zerstörung ausgesetzt werden darf, und damit vielleicht auch eine Abweichung von der Regel, dass die Unterschicht nicht systematisch, sondern nur okkasionell – gewissermaßen »kollateral« – ins Kriegsgeschehen einbezogen wird, stellt vermutlich die Übergangszeit vom späten Mittelalter bis zur frühen Neuzeit dar, einschließlich des Dreißigjährigen Krieges. In dieser Zeit wurde die Zerstörung von Unterschichtstrukturen als dominierendes, systematisch eingesetztes Mittel der Kriegführung praktiziert, man versuchte dem Gegner durch Zerstörung seiner Städte, seines Landes, seiner Ernte, seiner Handwerke usw. zu schaden und ihn auf diese Weise zum Einlenken zu bewegen (Brunner 1970: 86ff.; Osiel 1999: 206; Münkler 2004: 63ff.).[22] Dies wird meist auf die zu dieser Zeit herrschenden technologischen Bedingungen zurückgeführt, nämlich auf die relative Überlegenheit der Defensive gegenüber der Offensive, so dass befestigte Burgen und Städte mit den verfügbaren Angriffswaffen praktisch nicht

22 John Landers (2005) kommt jedoch zu dem Schluss, dass die direkte Schädigung der Bevölkerung durch kriegerische Einwirkung in frühmodernen Kriegen relativ geringfügig war und die meisten Toten auf Epidemien zurückgehen.

eingenommen werden konnten und die Kriegstruppen nur auf das flache Land Zugriff hatten. Man kann es aber auch in einem weiteren Sinn in Bezug setzen zu der in dieser Zeit anlaufenden Umstellung des Differenzierungsprinzips von stratifikatorischer auf funktionale Differenzierung: Es kann als symptomatisch für das Bröckeln einer auf Stratifikation gegründeten Gesellschaftsstruktur gelesen werden, dass die Oberschicht ihre Kriege nicht mehr selbstgenügsam und quasi »mit eigenen Mitteln« führen konnte, sondern dafür auf die Unterschicht zugreifen musste – und dies interessanterweise sowohl auf der Seite der Kämpfer (wo Söldner die Ritter verdrängten) als auch auf der Seite der Opfer beziehungsweise Ziele militärischer Angriffe.

Wenn man dies als Ausnahme begreift, die die Regel bestätigt, so kann die Regel eben dahingehend formuliert werden, dass es in stratifizierten Gesellschaften weder einen systematischen Schutz des »Rests« vor Kriegsauswirkungen noch eine systematische, planvolle Einbeziehung des »Rests« gibt. Der »Rest« ist auch im wörtlichen Sinn ein bloßer Rest beziehungsweise eine bloße Umwelt, der nicht systematisch, sondern nur okkasionell relevant wird, während die Aufmerksamkeit der Kriegführenden, der Kriegsberichte usw. sich auf anderes richtet.

3.3. Systematische Instrumentalisierung anderer Teilsysteme und ihre Grenzen

In der modernen Gesellschaft finden sich überall Systeme – auf der Seite des kriegführenden Teilsystems ebenso wie der Seite des »Rests«, der für Unterstützungsleistungen »angezapft« und für die Absorption von Schäden und Opfern in Anspruch genommen wird.[23] Eine gesellschaftliche Expansion von Kriegen ist unter diesen Bedingungen nicht ohne Kollision und/oder Verzahnung unterschiedlicher Systemlogiken möglich. Wie sich das Kräfteverhältnis zwischen kriegführendem Teilsystem und »Rest« der Gesellschaft dadurch ändert, lässt sich nicht in eindeutiger, unambivalenter Weise ange-

23 Hier liegt der entscheidende Unterschied speziell zwischen vormodernen Reichen und der modernen Gesellschaft: Reiche verfügen zwar ebenfalls über ein mehr oder weniger stark ausdifferenziertes und teils hochentwickeltes politisches System, nicht aber ist der »Rest« der Gesellschaft in Form eigener Systeme ausdifferenziert; statt dessen gibt es hier nur »free-floating resources«, die gerade *nicht* in anderen Systemen gebunden sind (Eisenstadt 1953).

ben: Einerseits wird die Position des kriegführenden Teilsystems in gewisser Weise geschwächt, insofern es jetzt nur noch eins von ca. zehn gleichermaßen ausdifferenzierten, mit eigener Autonomie, Eigenlogik usw. ausgestatteten Teilsystemen ist; andererseits verfügt es aber trotzdem (oder gerade deshalb) über die typisch moderne Eigenschaft des spezifischen Universalismus, d.h. über die Neigung und Fähigkeit, die ganze Welt unter dem eigenen Gesichtspunkt zu sehen und gegebenenfalls zu behandeln. Ebenso wird vom »Rest« aus gesehen einerseits die Abwehrkraft gegenüber kriegsbedingten Zugriffen gesteigert; andererseits entstehen aber auch neue Sog- und »spill over«-Effekte, die kriegsbedingte Übergriffe in andere Systeme wahrscheinlicher machen. Es liegt also der oben bereits angesprochene, doppelseitige Steigerungszusammenhang vor, und im Vergleich zum historisch vorgehenden Zustand kann man deshalb auch sagen: Während es in stratifizierten Gesellschaften weder systematische Einbeziehung noch systematischen Schutz des »Rests« gibt, gibt es in der modernen Gesellschaft *sowohl* systematische Einbeziehung *als auch* systematischen Schutz.

Bei der Darstellung dieser komplexen Dynamik unterscheide ich im Folgenden wieder die beiden komplementären Aspekte der Instrumentalisierung und der Viktimisierung. Wenn man die genannte Doppelbewegung von mehr Einbeziehung und mehr Schutz auf diese beiden Aspekte anwendet, ergeben sich insgesamt vier Teiltrends, die alle nachweisbar sein müssen, wenn die These haltbar sein soll: verstärkte Instrumentalisierung, verstärkter Schutz vor Instrumentalisierung, verstärkte Viktimisierung und verstärkter Schutz vor Viktimisierung. Dabei muss nicht in jedem konkreten Krieg jede dieser vier Teildynamiken gleichermaßen manifestiert sein, diese müssen vielmehr primär als Systempotenzial begriffen werden, das im Einzelfall verschiedene typische Kombinationen und mehr oder weniger deutliche Ausschläge in der einen oder anderen Richtung zulässt. Aber es bilden sich an allen diesen vier Stellen neue Formen aus, die erkennbar auf die veränderte Systemarchitektur – die Multi-System-Konstellation der modernen Gesellschaft – zurückgehen.

Das Potenzial zur verstärkten Instrumentalisierung des »Rests« schlägt sich insbesondere in der spezifisch modernen Erfindung des totalen Krieges nieder, bei dem einige Funktionssysteme (vor allem Wirtschaft und Massenmedien) systematisch für Kriegszwecke eingespannt und strukturell umorganisiert werden und andere (vor allem Bildung und Familien) massiv von der Extraktion von Personal betroffen werden. Man kann sagen, dass ein totaler Krieg die Form der funktionalen Differenzierung gefährdet, indem die Gesellschaft tendenziell unter zentrale, politisch verwaltete Kontrolle gestellt und die Autonomie anderer Funktionssysteme eingeschränkt wird (Kruse 2009). Die Steigerung des Instrumentalisierungspotenzials geht hier sowohl auf die verstärkte Fähigkeit anderer Teilsysteme zum *Erbringen* kriegsnützlicher Leistungen als auch auf die verstärkte Fähigkeit zum *Eintreiben* solcher Leistungen durch das politische System zurück. Gleichzeitig zeigen sich aber auch in verstärktem Maß Grenzen der möglichen Instrumentalisierung, die – anders als in stratifizierten Gesellschaften – nicht mehr nur durch das aufgeklärte Eigeninteresse des kriegführenden Teilsystems, sondern vor allem durch die spezifischen Strukturen der »Rest«-Systeme bestimmt sind, etwa durch die Eigendynamik des jeweiligen Kommunikationsmediums oder durch spontan emergierende Gegen- und Immunreaktionen. Diese Problematik wird im aktuellen Kapitel 3.3. behandelt.

Der Viktimisierungsproblematik ist dann das anschließende Kapitel 3.4. gewidmet. Jedenfalls in der späteren Moderne (seit ein bis zwei Jahrhunderten) ist auch hier ein deutlicher Trend in Richtung auf verstärkte Viktimisierung zu erkennen, der gleichermaßen in totalen wie in begrenzten, in regulären wie in irregulären Kriegen auftritt und hauptsächlich auf den inklusiven Mitgliedschaftsmodus des kriegführenden politischen Systems mit der Konsequenz einer durchgehend »politisierten« beziehungsweise politisch relevanten Bevölkerung zurückgeht. Dieser Trend kollidiert allerdings mit der seit Beginn der Moderne formulierbaren Notwendigkeit, Rollenträger in anderen Teilsystemen vor kriegsbedingter Viktimisierung zu schützen, die sich sowohl in rechtlich kodifizierten Schutzbestimmungen (insbesondere der »Genfer Konvention«) als auch in der allgemein durchgesetzten Wahrnehmungsweise von Kriegen zum Ausdruck bringt, der zufolge das Leiden von Zivilisten zunehmend im Zentrum der Betrachtung und Beurteilung von Kriegen steht.

(a) Push- und Pull-Faktoren der Instrumentalisierung

Die Verstärkung der komplementären Expansionstrends setzt in der Umbruchszeit zur Moderne erst relativ spät ein, nämlich erst ab ca. 1800. Die ersten stark expansiven Kriege sind die Französischen Revolutionskriege und Napoleonischen Kriege, während vorher begrenzte Kriege vorherrschten, die weitgehend auf das politische System beschränkt blieben. In embryohafter Form lässt sich die systematische Instrumentalisierung des »Rests« bereits an der 1793 in Frankreich ausgerufenen »levée en masse« (Massenaushebung) ablesen, die der Intention nach vor allem auf die umfassende Mobilisierung aller verfügbaren Personen zielt (ob kriegstauglich oder nicht), die aber auch die systematische Einbeziehung der Funktionssysteme Wirtschaft, Krankenbehandlung und Massenmedien impliziert. Darin heißt es: »Von diesem Augenblick an bis zu jenem, da wir unsere Feinde vom Gebiet der Republik vertrieben haben, werden alle Franzosen ständig für den Dienst in der Armee herangezogen. Die jungen Männer sollen kämpfen; die Verheirateten sollen Waffen schmieden und die Versorgung übernehmen; die Frauen werden Zelte und Kleider anfertigen und in den Hospitälern helfen; die Kinder werden Scharpie [für Verbandszeug] zupfen; die alten Männer sollen auf den öffentlichen Plätzen den Mut der Kämpfenden wecken, die Einheit der Republik und den Haß gegen die Könige predigen.« (zit. in Krippendorff 1985: 310) Dabei wurde die »levée en masse« natürlich nicht eins zu eins in die Realität umgesetzt, obwohl ihr jedenfalls in den Anfangsphasen die Franzosen durchaus mit erheblichen Enthusiasmus nachkamen (McNeill 1984: 176f.). Generell können die Kriege um 1800 als der erste, noch sehr versuchshafte und improvisierte Fall eines totalen Krieges betrachtet werden und die Weltkriege des 20. Jahrhunderts als die weiter entwickelten späteren Fälle, wobei auch hier noch einmal eine steile Lernkurve zu beobachten ist und der Erste Weltkrieg in vielen Hinsichten als Trainingsfeld für den Zweiten betrachtet werden kann (Novick/Anshen/Truppner 1976: 3; Münkler 2006: 194f.).[24]

Nun sind totale Kriege natürlich seltene, ausnahmeartige Ereignisse und können in keiner Weise als »Normalfall« des modernen Krieges gelten. Nach üblicher Zählung gibt es drei totale Kriege (die bereits erwähnten), und auch bei großzügiger Zählung kommt man auf nicht mehr als vier oder fünf.[25] Trotz der Seltenheit dieses Kriegstyps untersuche ich die Instrumentalisierungsproblematik speziell an diesem Kriegstyp, gestützt auf die in der Soziologie verbreitete Einsicht, dass man auch an faktisch nur sehr selten auftretenden Krisen und Sonderfällen viel über den Normalfall sozialer Strukturen

24 Das Material für die folgenden Analysen stammt im Wesentlichen aus dem Zweiten Weltkrieg und ermöglicht insofern hoffentlich einen Blick auf voll (bzw. historisch am weitestgehenden) entfaltete Konstellation eines totalen Krieges; auf Vollständigkeit und historische Genauigkeit muss dabei naturgemäß verzichtet werden.

25 Manche Autoren betrachten auch den Amerikanischen Bürgerkrieg als totalen Krieg (Förster 1996; 1997), und andere überlegen, ob etwa der Vietnamkrieg wenigstens für *eine* der beiden Seiten – die vietnamesische – ein totaler Krieg war (Brick 1991: 97). Die Abgrenzung ist mithin nicht ganz scharf, die Dichotomierung in totale und nicht-totale Kriege eine Über-Schematisierung, die aber trotzdem nützlich ist.

lernen kann, weil sie den Möglichkeitsraum eines Systems abtasten (Berger/Luckmann 1969: 104f., 108; Garfinkel 1967; Luhmann 1970a; Oevermann 1995: 44f.). Aus der Diskussion von Instrumentalisierungsdynamiken in totalen Kriegen ergeben sich denn auch gewisse Implikationen für den Gegenfall von begrenzten Kriegen, die unten erläutert werden (unter Punkt c). Totale Kriege sind also für die Kriegstheorie nicht so bedeutungslos, wie sie quantitativ selten sind;[26] und auch mit Blick auf die Praxis gibt es die nicht unplausible Hypothese, dass totale Kriege auch real und auch heute noch den Möglichkeitsraum von Kriegführung prägen und dass die heute vorherrschenden, wenig intensiven Kriegsformen als Reaktion auf die Notwendigkeit der *Vermeidung* eines totalen Krieges zu verstehen sind (Trotha 1999b: 74f.; 1999a: 135).

Die Steigerung des Expansionspotenzials moderner Kriege wird durch zwei Faktoren gespeist: Auf der einen Seite steigt die Zugriffsfähigkeit des politischen Systems, das eine größere Macht- und Verwaltungskapazität entwickelt und damit zum gezielten Zugriff auf Binnenstrukturen anderer Systeme überhaupt erst in der Lage ist. Auf der anderen Seite bieten die anderen Teilsysteme im »Rest« der Gesellschaft aber auch mehr Anreiz zu ihrer Instrumentalisierung, da sie wegen ihrer gesteigerten Systemkapazität auch mehr und spezifischere Zulieferleistungen für den Krieg erbringen können (dies gilt jedenfalls für manche »Rest«-Systeme wie Wirtschaft und Massenmedien, in abgeschwächtem Maß auch für Wissenschaft und Recht). Es gibt also gewissermaßen – wie man mit einer aus der Migrationsforschung entliehenen Unterscheidung sagen kann – »Push-« und »Pull-Faktoren« einer verstärkten Instrumentalisierung: Das politische System schiebt sich mit seinem akuten Problemengagement (Krieg) weiter in andere Teilsysteme vor, und gleichzeitig üben die »Rest«-Systeme eine Art »Sog« in Richtung auf ihr Instrumentalisiertwerden aus.

---

26 Man kann auch argumentieren, dass die wenigen totalen Kriege für die kriegssoziologische Analyse eigentlich mehr als drei Fälle ergeben, wenn man – im Sinn von Grotius' Ausspruch »war is not a ›contest but the condition of those contending by force‹« (zit. in Wright 1968: 453) – bedenkt, dass die Totalisierung des Krieges und die damit einhergehende Umstrukturierung weiter Gesellschaftsbereiche in jedem der beteiligten Staaten für sich beschlossen und durchgesetzt werden musste (hierzu etwa Iklé 1971; Pillar 1983). Soweit identische oder ähnliche Lagen in verschiedenen Staaten und zu verschiedenen Zeitpunkten vorliegen, kann man mithin durchaus mehr an allgemeinen Strukturmustern aus den wenigen geführten totalen Kriegen herauslesen, als eine Fallzahl von N = 3 vermuten lässt.

Die Push-Faktoren sind in der soziologischen Forschung relativ ausführlich untersucht worden und können als hinreichend verstanden gelten. Die Pull-Faktoren werden dagegen weniger systematisch betrachtet; sie stehen – wie es dem Focus auf dem »Rest« der Gesellschaft entspricht – im Zentrum der folgenden Überlegungen. Diese Asymmetrie im bisherigen Forschungsinteresse hängt vermutlich damit zusammen, dass die meisten Kriegssoziologen politische Soziologen und deshalb besonders sensibel für Entwicklungen im politischen System (mithin für die Push-Faktoren) sind; die Pull-Faktoren, die aus der Perspektive der anderen Teilsysteme untersucht werden müssen, fallen deshalb leicht aus ihrem Aufmerksamkeitsbereich heraus. Mit den folgenden Überlegungen wird also gewissermaßen die Perspektive des politischen Soziologen durch die Perspektive des Gesellschaftstheoretikers ergänzt (bei entsprechenden Verlusten an Genauigkeit und Auflöseschärfe, da dann viele heterogene Bereiche gleichzeitig in den Blick genommen werden müssen). Ich fasse vorab kurz die wichtigsten Befunde zu Push-Faktoren zusammen, die im folgenden vorausgesetzt und implizit mitgeführt werden, aber nicht mehr weiter thematisch werden.

Nicht speziell mit Blick auf totale Kriege, sondern mit Blick auf moderne Kriegführung allgemein hat etwa Giddens (1987) festgestellt, dass diese mit einer erhöhten Macht- und Verwaltungskapazität des Staates einhergeht, etwa mit einer genauen territorialen Abzirkelung des staatlichen Machtanspruchs und dem Aufbau eines effizienten und weit verästelten Verwaltungsapparates – wobei hier zirkuläre Kausalitäten involviert sind, Kriege eine entsprechende Staatsmacht einerseits voraussetzen und andererseits schaffen helfen (hierzu auch Tilly 1975; 1985; 1990). Erst diese spezifisch moderne Ausprägung staatlicher Macht, die Trotha die »Organisationsmacht« der industrialisierten Nationalstaaten über die Menschen nennt (Trotha 1999b: 77) und Mann »infrastrukturelle Macht« im Unterschied zur »despotischen Macht« vormoderner Herrscher (Mann 1984a; 1990: 277ff.; 1998: 77ff.), ermöglicht den zielgenauen Zugriff auf Personen, Ressourcen und Leistungskapazitäten anderer Funktionssysteme, wie er für totale Kriege typisch ist. Speziell mit Blick auf totale Kriege wird die zweite Hälfte dieses Wirkungszusammenhangs – die Steigerung von Staatsmacht im Gefolge von Kriegführung – insbesondere von Martin Shaw betont (Shaw 1987; 1988; 1991):[27] Ihm zufolge zieht der Staat in totalen Kriegen Kompetenzen an sich und

27 Dies mit breiter Deckung durch historische Studien (etwa Marwick 1965; Milward 1977: 100, 127ff., 202; McNeill 1984: 303ff.; Schaffer 1991; Skocpol 1992). Als Umkehrbefund

erlernt Techniken des Zugriffs auf andere gesellschaftliche Bereiche, die er nach dem Krieg nicht mehr loslässt, sondern nur in andere Zielsetzungen umleitet, insbesondere in Richtung auf wohlfahrtsstaatliche Umverteilung und Wirtschaftssteuerung, aber auch in Richtung auf Forschungssteuerung, Bildungssteuerung usw. »The state, which was centralised for war, remained centralised for peace: indeed, social reform was to a large extent a matter of converting the wartime machinery of planning to the problems of peace.« (Shaw 1987: 149)[28]

All dies trifft zu und erschöpft doch nicht die Problematik des in der Moderne verstärkten Potenzials zur Instrumentalisierung des »Rests« in großen Kriegen. Die zweite Hälfte der Entwicklung liegt darin, dass die anderen Teilsysteme mit ihrer gesteigerten, auf eine spezifische Funktion ausgerichteten Leistungsfähigkeit auch in gesteigertem Maß kriegsnützliche Leistungen erbringen können und damit besondere Anreize zu ihrer gezielten Instrumentalisierung bieten. So wird es unter Bedingungen einer modernen, industrialisierten Wirtschaftsweise zwingend, in einem totalen Krieg das produktive Geschehen systematisch auf den Primat der Kriegsproduktion umzustellen; ebenso liegt es unter Bedingungen der massenmedialen Erreichbarkeit breiter Bevölkerungsschichten nahe, die Massenmedien zu forcierten Propagandaaktionen und »Angriffen« auf die öffentliche Meinung zu nutzen. Mit dem Systemcharakter auch des »Rests« der Gesellschaft entsteht deshalb eine ganz neue Variante von Instrumentalisierung, die als *Deformation* bezeichnet werden kann und darin besteht, dass das Leistungspotenzial

zu der These, dass totale Kriege und Stärke des Staates miteinander zusammenhängen, zeigt Centeno (2003), dass auch die Präferenz für begrenzte Kriege und die Schwäche des Staates korrelieren.

28 Von den basalen gesellschaftstheoretischen Annahmen her kommt Shaws Ansatz dem hier vertretenen relativ nahe, insofern auch Shaw von einer Mehrheit gesellschaftlicher Bereiche ausgeht, die in das Kriegsgeschehen hineingezogen werden. Allerdings denkt Shaw m.E. zu stark kausalanalytisch und verläuft sich dadurch letztlich in selbsterzeugte Probleme. Er versucht die gesellschaftliche Bedeutung totaler Kriege über massive und lang anhaltende Kausaleffekte zu fassen (und nicht – was die Alternative wäre – in der strukturellen Deformation von Systemen, die aber u.U. nach dem Ende des Krieges schnell wieder verschwinden kann). Infolge solcher Effekte sei der Staat (hier: der britische Staat) auch noch Jahrzehnte nach dem Zweiten Weltkrieg als »military-democratic state« zu verstehen (Shaw 1988: 73ff.). Für die Anschlussfrage, *wie lange* nach dem Ende des letzten großen Krieges dies gelte und wann wir statt dessen in einer »post-military society« leben (Shaw 1991), gibt es dann aber keine scharfen Antworten und Abgrenzungskriterien mehr – wie ja generell die Kausalanalyse ein eher unscharfes und für soziologische Analysen nicht immer optimal geeignetes Begriffsinstrument ist (Luhmann 1970a).

bestimmter anderer Teilsysteme gezielt genutzt und auf den Imperativ des Kriegserfolgs ausgerichtet wird. Die althergebrachte Form von Instrumentalisierung ist dagegen die einer bloßen *Extraktion*, bei der schon Vorhandenes und für Kriegführung Brauchbares einfach weggenommen wird. Der Unterschied liegt darin, dass bei extraktiven Zugriffen nur unspezifische, überall brauchbare Ressourcen (materielle oder Arbeitskraftressourcen) angeeignet und die betroffenen Zusammenhänge entsprechend depraviert und »ausgeblutet« werden, ohne dass aber in ihre Binnenstrukturen eingegriffen wird, während bei deformativen Zugriffen die »Zielsysteme« in ihrer Leistungsfähigkeit nicht beschädigt, sondern eventuell sogar gesteigert werden, aber auf das Erbringen von Kriegszulieferleistungen ausgerichtet und dafür strukturell deformiert werden. Extraktion kann auch an einer bloßen Umwelt, an einem buchstäblichen Rest vollzogen werden, während Deformation die Systemqualität des »Rests« voraussetzt und gerade im Zugriff auf die spezifischen, für Kriegszwecke optimal zu nutzenden Systemkapazitäten eines »Rest«-Systems besteht.

Es liegt in der Natur der Sache, dass nicht alle Funktionssysteme gleichermaßen solche kriegsnützlichen Leistungen anzubieten haben. Während Wirtschaft und Massenmedien hier eine Zentralstellung einnehmen und einige andere Systeme wie Wissenschaft und Recht eventuell in geringerem Maß herangezogen werden können, kommen etwa die Kunst oder Familien kaum für systemspezifische Beiträge zum Kriegserfolg in Frage. Diese anderen Systeme werden deshalb nicht (oder kaum) zum Ziel systematischer Deformationen, sondern werden von großen Kriegen weiterhin hauptsächlich im Modus der Extraktion betroffen, d.h. ihnen werden personelle Ressourcen (mittels Rekrutierung von Personen fürs Militär) und materielle Ressourcen (mittels Umlenkung in Kriegsproduktion) entzogen. Soweit es in der Moderne auch Steigerungen oder Systematisierungen in dieser Hinsicht gibt, sind diese nicht auf den Systemcharakter der betroffenen »Rest«-Systeme, sondern auf die gesteigerte Zugriffsfähigkeit des politischen Systems – mithin auf verstärkte Push-Faktoren – zurückzuführen. Auch diese zweite Gruppe von Systemen wird aber im Folgenden konsequent aus der Perspektive der instrumentalisierten Systeme, nicht aus der Perspektive des instrumentalisierenden politischen Systems betrachtet, der Focus auf den »Rest« der Gesellschaft wird auch hier beibehalten. Dass verschiedene Systeme in verschiedener Weise von kriegsbedingten Zugriffen betroffen sind, entspricht dem Prinzip der funktionalen Differenzierung als einer Differenzierung in fundamental *verschiedenartige* und auf *verschiedene* Funktionen spezialisierte Teilsysteme.[29]

Der Focus auf den »Rest« der Gesellschaft (statt auf das politische System als Schubfaktor der Instrumentalisierungsdynamik) hat also den Vorteil, den Blick systematisch auf die Differenz zwischen deformativen und extraktiven Formen von Instrumentalisierung zu lenken; damit wird die analytische Schärfe der Kriegssoziologie verbessert und ihr begrifflicher Werkzeugkasten erweitert.[30] Weiter lenkt dieser Focus den Blick systematisch auch auf *Grenzen* der Instrumentalisierung und ermöglicht es so, die ganze, doppelseitige Dynamik von verstärkter Konfliktexpansion *und* verstärkter Expansionsbegrenzung in den Blick zu nehmen. Ein eigenlogisch operierendes System kann nicht grenzenlos deformiert werden, wenn seine systemspezifische Leistungsfähigkeit nicht zerstört werden soll; und der deformative Zugriff auf Wirtschaft oder Massenmedien kann deshalb nur unter einer gewissen Berücksichtigung von Eigenstrukturen dieser Systeme geschehen, etwa von möglichen Eigendynamiken des Geldmediums (Inflation), von Möglichkeiten des Ausweichens auf Schwarzmärkte oder von negativen publicity-Effekten einer zu weitgehenden Zensur oder Propaganda. Ebenso stößt die Extraktion von Ressourcen auf gewisse Grenzen in der Eigenlogik und Eigenfunktion der betroffenen Systemen, und das politische System berücksichtigt diese in gewissem Maß, insbesondere durch die Gewährung von Freistellungen für Personen mit wichtigen Rollenengagements in anderen Teilsystemen. Diese Grenzen des kriegsbedingten Zugriffs können aber in

---

29 Man kann auch sagen, dass die Betroffenheit von deformativen und/oder extraktiven Kriegsfolgen in der modernen Gesellschaft eher sektoral als regional streut – anders als in stratifizierten Gesellschaften, wo die Betroffenheit stark in Abhängigkeit davon variiert, wie nah oder fern vom Kampfgeschehen bzw. vom Aufenthaltsort der Truppen entfernt man lebt. Ganz analog dazu notiert Marshall (1950: 41), ohne Bezug auf Krieg und mit Blick auf verschiedene Aspekte des modernen Staatsbürgerstatus: »Die Entwicklung des Staatsbürgerstatus bestand aus dem doppelten Prozeß der Verschmelzung und der Trennung. Die Verschmelzung war geographisch, die Trennung funktional.«

30 Diese qualitative Unterscheidung ist nützlich insbesondere angesichts des Umstands, dass es kein gemeinsames Maß gibt, um die Betroffenheit der »Rest«-Systeme von Instrumentalisierungen quantitativ zu messen und zu vergleichen. Entsprechend konkurrieren in der landläufigen bzw. begriffsfreien Beschreibung verschiedene Teilsysteme um den Status des am härtesten betroffenen Systems. Hierfür nur zwei mehr oder weniger zufällige Beispiele: »Education [...] was the first casualty of the war« (Longmate 1971: 192), oder, bezogen auf massenmediale Berichterstattung: »in war, truth is the first casualty« (Carruthers 2000: 9). Dasselbe könnte man natürlich ebenso gut über das Familienleben oder über die Wirtschaft, bezogen auf die Seite des (zivilen) Konsums, sagen.

der Moderne nicht einfach – wie in vormodernen Gesellschaften – durch eine per Augenmaß taxierte Mäßigung des Zugriffs implementiert werden, sondern erfordern ihrerseits elaborierte staatliche Regularien (mittels Rationierung, Freistellungsregeln u.a.). Dies läuft dann auf eine Art der Expansion des Staates (als des Push-Faktors des Ganzen) hinaus, die aber auf den durch die anderen Teilsysteme ausgeübten Gegendruck zurückgeht.

Dieses komplexe Zusammenspiel von Übergriffstendenz des kriegführenden Teilsystems einerseits und Eigengewicht und Eigendynamik der »Rest«-Systeme andererseits wird im Folgenden anhand konkreter empirischer Befunde aus totalen Kriegen (insbesondere dem Zweiten Weltkrieg) analysiert, zuerst für deformative und dann für extraktive Formen von Instrumentalisierung.

(b) Instrumentalisierung durch Deformation

Bei deformativen Instrumentalisierungen geht es um die Nutzung der je spezifischen Systemkapazität eines »Rest«-Systems für Kriegszwecke, und da die einzelnen Funktionssysteme ganz verschiedene Funktionen erfüllen und verschiedene Leistungspotenziale haben, werden sie in sehr unterschiedlichem Ausmaß und unterschiedlicher Art von Deformationen betroffen. Die wichtigsten Beiträge zum Kriegserfolg können die Wirtschaft als Quelle der Kriegsgüter und die Massenmedien als Quelle der »Moral« leisten, und diese werden deshalb auch am ausführlichsten untersucht. Zu einigen anderen Systemen, die eventuell für partielle Deformationen in Frage kommen, werden entsprechend kürzere Bemerkungen gemacht.

Wirtschaft

Ich beginne mit der Wirtschaft, die als dasjenige System, in dem über die Verwendung materieller Ressourcen entschieden wird, eine Schlüsselstellung in großen und insbesondere totalen Kriegen innehat. Die moderne Wirtschaft verfügt über ein historisch präzendenzloses Produktionspotenzial und ist deshalb in der Lage, kriegführenden Staaten in enormem Umfang Kriegsgüter zu liefern (Waffen, Munition, Fahrzeuge, Flugzeuge usw.), die gegenüber der »rohen« menschlichen Kampfkraft eine zunehmend wichtige Rolle spielen. Um die Wirtschaft auf den Primat der Kriegsproduktion einzustellen, müssen massive Umstrukturierungen der wirtschaftlichen Ordnung vorgenommen werden, die nur mit schrittweise härter werdenden staatlichen Eingriffen bewerkstelligt werden können. Ich beschreibe zunächst einige typische Formen, in denen der Staat in das wirtschaftliche Operieren – auf der Produktions- wie auf der Konsumseite – eingreift. Im Gegenzug muss dann aber auch beachtet werden, welche Reste an wirtschaftseigenen Strukturen und Orientierungsweisen trotzdem bestehen bleiben und vom politischen System entweder respektiert werden müssen oder aber sich in politisch nicht gedecktem »Wildwuchs« erhalten.

Aus der Perspektive des kriegführenden Staates ist das Entscheidende die Umstellung des Produktionsgeschehens in Richtung auf einen größtmöglichen »Output« an Kriegsgütern (Colm 1939; Gebauer 1959; Novick/Anshen/Truppner 1976: 4,16). Das Ausmaß der hierfür erforderlichen Verschiebung in der Verwendung von Produktionskapazitäten und Ressourcen ist enorm: So flossen in den beiden Weltkriegen um die 50 Prozent des Bruttosozialprodukts der beteiligten Staaten in die Kriegsproduktion (Lanter 1959: 363; Mann 1984b: 35), während der Anteil der für militärische Zwecke bestimmten Produktion ansonsten im einstelligen – und oft im niedrigen einstelligen – Bereich liegt. Es ist deshalb auch gesagt worden, das entscheidende Merkmal einer Kriegswirtschaft nicht nur im quantitativen Anteil der Kriegsproduktion an der Gesamtproduktion, sondern vor allem in der Verzerrung des ökonomischen Operierens gegenüber dem unter Normalbedingungen erwartbaren Operieren liegt: in »the extent to which economic priorities must be re-ordered so as to attain the desired strategic objectives« (Milward 1977: 20, vgl. auch 61, 101).

Zu Beginn eines totalen Krieges (wie ja auch in kleineren, nicht-totalen Kriegen) versucht der Staat typischerweise, sich die benötigten Kriegsgüter auf mehr oder weniger marktkonforme Weise zu beschaffen, indem er einfach in großem Stil als Nachfrager und/oder Investor auftritt (Milward 1977: 60; Hooks 1993; Kruse 2009: 203). Er arbeitet also mit dem Anreizmittel des Geldes und bietet den Produzenten von Kriegsgütern hohe Profite und günstige Konditionen, etwa über das »cost-plus«-Modell,[31] über

31 »Cost plus« heißt, dass dem Lieferanten die bei der Produktion entstehenden Kosten und ein zusätzlicher, vorher fixierter Gewinn bezahlt werden. Dies gilt als effektive Methode, um möglichst viel und schnell zu produzieren, die allerdings, weil sie keinen Anreiz zur Kostensenkung gibt, auch als verschwenderisch und »unökonomisch« kritisiert wird (Wunderlich 1939: 259; Lingeman 1970: 110f.; Winkler 1986: 11f.). So etwa im O-Ton eines Unternehmers aus dem Zweiten Weltkrieg: »I don't like it, but for a rush job it's the only thing. Of course it contributes to waste. For maximum economy, go flat price. If you want maximum output, you have to go fixed fee [= cost plus].« (Lingeman 1970: 110)

Steuervergünstigungen oder über üppige staatliche Investitionen, die dann dem Unternehmen überschrieben werden. Flankiert wird dies meist mit Appellen an Unternehmer, aus Patriotismus freiwillig zu Kriegsproduktion zu konvertieren (etwa: Panzer statt Autos herzustellen). Der Überzeugungskraft solcher Appelle und der Anreizwirkung der gebotenen Profite stehen aber immer andere, wirtschaftsinterne Gründe entgegenstehen – etwa der Umstand, dass die Profitchancen in anderen Branchen ebenfalls gut sind, oder die Langfristüberlegung, dass man bei einer Konversion nach dem Krieg mit enormen Überkapazitäten dastehen wird –, und mit diesen Mitteln lässt sich deshalb keine für totale Kriegführung ausreichende Konversion von Produktionskapazitäten erreichen. Der Staat greift dann bald zu härteren Mitteln, bei denen das Anreizmittel des Geldes sukzessive durch das Zwangsmittel staatlicher Gewalt ersetzt wird.

Der nächste Schritt ist meist die Einführung eines Prioritätensystems, mit dem in den Fluss von Rohstoffen und Vorprodukten eingegriffen wird und Aufträge, die für die Kriegsproduktion bestimmt oder in anderer Weise kriegswichtig sind, per staatlicher Ordre Priorität vor anderen erhalten. Mit diesem System kann zwar erfahrungsgemäß mit einiger Zuverlässigkeit erreicht werden, dass die zivile Produktion zurückgefahren wird und nur noch wenig Ressourcen erhält; es kann aber nicht gleichermaßen garantiert werden, dass die Kriegsproduktion im erwünschten Ausmaß und Tempo vorangeht. Denn Prioritätensysteme sind dezentral: Sie etablieren an unzähligen Punkten im System »Vorfahrtsregeln«, leisten aber keine Koordination und können deshalb nicht sicherstellen, dass alle benötigten Rohstoffe und Vorprodukte zum richtigen Zeitpunkt am richtigen Ort vorhanden sind. Insbesondere dann, wenn ein Übermaß an hohen Prioritäten im Verhältnis zu den verfügbaren Ressourcen kursiert, rutscht die Entscheidung darüber, welcher von mehreren Aufträgen mit gleicher Priorität zuerst bedient werden soll, in die Entscheidung des einzelnen Lieferanten und wird somit dezentral und unkontrollierbar (Milward 1977: 110).

Im dritten und letzten Schritt wird deshalb das Wirtschaftssystem mehr oder weniger vollständig unter staatliche Kontrolle gestellt, und es wird eine Planwirtschaft nach dem Muster der realsozialistischen Staaten des Ost-

---

Hierin drückt sich bereits der – auch in der »normalen« Rüstungsproduktion in Friedenszeiten zu beobachtende –Umstand aus, dass ökonomische Kriterien nicht an erster Stelle stehen, sondern eine andere Logik führend ist – allerdings nur erst für den Käufer (den Staat) und noch nicht für den Produzenten, dessen Profitorientierung vielmehr bestätigt und angesprochen wird.

blocks errichtet.[32] Mindestens auf der Produktionsseite sind damit freie wirtschaftliche Transaktionen nicht mehr möglich, man braucht im Prinzip für jede Transaktion ein staatliches Zertifikat: »every unit of labour and materials required an official certificate« (Milward 1977: 205). Es entsteht eine riesige staatliche Wirtschaftsbürokratie, die Produktionspläne erstellt, Ressourcenströme berechnet und Ressourcen zuteilt (McNeill, 1984; Novick/Anshen/Truppner 1976; Kruse 2009: 20) und die auch dieselben Pathologen hervorbringt wie die Planwirtschaften des Ostblocks.[33] Das Geldmedium verliert unter diesen Bedingungen weitgehend seine Funktion als Steuerungsmedium der Wirtschaft. Für die staatlichen Planer spielen Preise und Kosten praktisch keine Rolle; sie denken in unmittelbaren Ressourcenströmen – in Tonnen, Kalorien usw. –, und es findet somit tendenziell eine Regression von einer geldwirtschaftlichen auf eine güterwirtschaftliche Orientierung statt (Colm 1939: 195; Gebauer 1959: 398ff.; Milward 1977: 102; Kruse 2009: 202). »In peace the major influence upon economic activity is profit. [...] In the war economy, the prices of the products needed for the military machine are of no importance. Failure to provide the necessary weapons results in a national calamity – defeat, which is a price greater that that which would be paid in supplying the weapons at any economic cost. [...] Price is never a factor in influencing the satisfaction of the needs of the war machine. Industrial output for military needs is taken outside the sphere of peacetime economic operations.« (Novick/Anshen/Truppner 1976: 16)

Flankierend zur Marginalisierung des Steuerungsmediums Geld können auch andere Eigenstrukturen der Wirtschaft außer Kraft gesetzt werden,

32 Interessanterweise heißt das aber nicht zwingend, dass eine Volkswirtschaft, die ohnehin schon im Modus der Planwirtschaft operiert (etwa die der Sowjetunion im Zweiten Weltkrieg), der Umstellung auf Kriegswirtschaft besser gewachsen wäre. Die Umstellung von Markt- auf Planmechanismen ist eine Sache (und hier haben Planwirtschaften einen Startvorteil); die Umstellung von ziviler auf militärische Produktion und die Anpassung an laufend neue Verhältnisse – etwa verschwundene, weil vom Feind eroberte, oder neu hinzugekommene Produktionsanlagen, Rohstoffquellen usw. – ist eine andere, und mit Letzterem haben Planwirtschaften wegen der ihnen eigenen Langsamkeit und Trägheit Probleme (Harrison 1992: 73f.).

33 Eine typische Pathologie besteht etwa darin, dass Hersteller, die benötigte Rohstoffe bei den staatlichen Stellen beantragen, ihren Bedarf übertreiben, weil sie damit rechnen müssen, ohnehin nur einen Teil der beantragten Menge zugewiesen zu bekommen. Dies treibt den insgesamt geltend gemachten Bedarf und damit wiederum die notwendigen prozentualen Abschläge in die Höhe, was wiederum die Neigung der Unternehmen zu überhöhten Angaben steigert usw. und letztlich zur zunehmenden Undurchsichtigkeit des ganzen Systems führt (Lingeman 1970: 113f.; Milward 1977: 123).

etwa etablierte Konkurrenzstrukturen, indem ansonsten konkurrierende Unternehmen zur Zusammenarbeit und zum Teilen von Produktionsanlagen und technischem Know-how gezwungen werden (Lingeman 1970: 132; Milward 1977: 125, 204). Weiter kann die Freiheit der Arbeitsplatzwahl beschränkt werden, indem der Staat Arbeitsplatzwechsel (insbesondere aus der Kriegsindustrie in weniger wichtige Branchen) unter Genehmigungspflicht stellt oder im Extremfall eine Arbeitspflicht für bestimmte Gruppen von Personen einführt. Allerdings bleibt in Bezug auf Arbeit die Steuerungsfunktion des Geldes mindestens teilweise erhalten, indem insbesondere in der Kriegsindustrie hohe Löhne gezahlt werden und dadurch eine Anreizwirkung auf potenzielle Arbeitskräfte ausgeübt werden soll. Schließlich wirkt der Staat auch darauf hin, dass der ständige Interessenkonflikt zwischen Arbeit und Kapital für die Dauer des Krieges suspendiert wird: Er fordert die Gewerkschaften zu einem Streikverzicht auf oder diese erklären sich freiwillig dazu bereit, und es werden andere, weniger konflikthafte Formen des Interessenausgleichs gefunden (Marwick 1965: 56ff.; Kocka 1978: 52ff.; Reid 1988: 22f.; Mommsen 1993: 39f.).[34]

Die Einschränkung der Steuerungsfunktion des Geldmediums gilt aber nicht nur für die Produktionsseite, sondern auch für die Konsumseite der Wirtschaft. In großen Kriegen muss der zivile Konsum als Kehrseite der hochgefahrenen Kriegsproduktion drastisch eingeschränkt werden: »Kanonen oder Butter« lautet die unumgängliche Alternative in einer Volkswirtschaft mit begrenzten Ressourcen. Diese Notwendigkeit wird in großen (und manchmal auch in kleinen) Kriegen auf dem Weg der Rationierung mindestens von Grundnahrungsmitteln, teils auch von anderen Gütern des täglichen Bedarfs (Hygieneartikel, Kleidung usw.) implementiert, womit zum einen die Begrenzung der konsumierbaren Güter und zum anderen ihre gerechte Verteilung erreicht wird. Damit treten auch für den einzelnen Konsumenten mindestens teilweise staatliche Zertifikate (Bezugsscheine) an die Stelle des Geldmediums; der wichtigste limitierende Faktor ist bei vielen Kaufakten die Verfügung über Bezugsscheine, während Geld das vergleichs-

34 Der Verzicht auf ihre Interessenvertretung wird den Arbeitern dabei durch das hohe Lohnniveau und die Knappheit von Arbeitskräften erleichtert. Aus diesem »Burgfrieden« zwischen Kapital und Arbeit kann sich im Übrigen eventuell eine nachhaltige Expansion des Einflussradius des Staates ergeben, nämlich dann, wenn ein Arrangement zwischen beiden Parteien unter Vermittlung des Staates und mit Hilfe korporatistischer Institutionen gefunden wird, die auch nach dem Krieg bestehen bleiben (A. Campbell 2003: 102).

weise weniger knappe Medium ist.[35] Allerdings bleiben auch in totalen Kriegen manche Konsumgüter frei verkäuflich – insbesondere »Vergnügungsgüter« wie Alkohol, Zigaretten, Bücher, Kinokarten usw. –, was schon deshalb unumgänglich ist, weil sonst die hohen Löhne ihre Anreizwirkung verlieren würden (Lingeman 1970: 234ff.; Longmate 1971: 258ff.; Milward 1977: 238ff.). Nicht anders als die staatlich gelenkte Produktion erzeugt im Übrigen auch der staatlich kontrollierte Konsum charakteristische Pathologien, hier insbesondere das »Hamstern« von Produkten im Vorfeld der angekündigten oder auch nur vermuteten künftigen Rationierung dieses Produkts.[36]

Ein weiterer interessanter Eingriff in die Konsumseite der Wirtschaft muss noch erwähnt werden, obwohl dieser außerhalb des Wirkungsradius des Geldmediums und auch staatlicher Zwangszugriffe liegt und allein mit dem Mittel von Appellen und »Kampagnen« operiert. Verschiedene Güter des täglichen Bedarfs (etwa Bratpfannen, Strumpfhosen, Autoreifen, Balkongeländer) ebenso wie Verpackungs- und Abfallmaterialen (etwa Konservendosen, Lippenstifthülsen, Bratfett) enthalten nämlich kriegswichtige Rohstoffe wie Stahl, Aluminium, Nylon, Gummi, Glycerin usw., und der »patriotische« Konsument kann durch seinen Staat aufgefordert werden, solche Güter zum kriegsbestimmten Recycling abzuliefern (Lingeman 1970: 247f.; Longmate 1971: 141ff., 281ff.). Soweit solche Appelle Erfolg haben, bedeutet dies ebenfalls eine deutliche Deformation wirtschaftlichen Handelns, da der Konsument dazu gebracht wird, »lange Ketten« von Zusammenhängen zu berücksichtigen, die außerhalb seines persönlichen Relevanzfeldes liegen und trotzdem seine persönliche Opferbereitschaft aktivieren sollen. »The total community had to realize that its failure to salvage fat for explosives, scrap for steel production, and tin cans for tin salvage could result in the loss of life of its sons on fields of battle if by their negligence the flow of war

35 Im Grenzfall – so in Leningrad während der Aushungerung durch die Deutschen 1941–43 – wird Geld beim Kauf von Brot überhaupt nur noch rituell und als nebensächliche Beigabe zur eigentlich entscheidenden »Währung« der Rationierungsmarken gezahlt (Kempowski 2002: passim). In weniger extremen Situationen gibt es für die konkrete Ausgestaltung der Rationierungssysteme durchaus verschiedene Möglichkeiten, so etwa in Bezug auf die Frage, ob dem individuellen Konsumenten genau bestimmte Mengen genau bestimmter Güter zugewiesen werden oder ob ihm ein gewisser Freiraum für eigene Entscheidungen bleibt, wie es etwa in dem – in den angelsächsischen Ländern im Zweiten Weltkrieg verbreiteten – »Punktesystem« der Fall war (Longmate 1971: 141ff.; Milward 1977: 284).

36 Soweit es sich um ein Hamstern »auf Verdacht« handelt, kann dieses die Knappheit des entsprechenden Produkts überhaupt erst verursachen und dadurch eine Rationierung nötig machen. Zirkuläre Kausalität scheint ein charakteristisches Merkmal staatlich gesteuerter Wirtschaftssysteme zu sein.

material were impeded.« (Dodson 1943: 421) Unter »normalen« Umständen werden solche räumlich und zeitlich weit entfernten und durch den eigenen Beitrag nur minimal beeinflussbaren Folgen des Handelns vom Einzelnen weitgehend ignoriert – so etwa bekanntermaßen die ökologischen Folgen des Konsumverhaltens[37] oder die finanziellen Folgen der Inanspruchnahme medizinischer Leistungen. Und es kann als ein typisches Kennzeichen großer Kriege gesehen werden, dass es gelingt, diese normalerweise gültigen »Schwellen der legitimen Indifferenz« (Tyrell 1978: 183) zwischen wirtschaftlichen, politischen und sonstigen Handlungsfeldern sowie zwischen persönlichem Handlungsradius und weit ausgreifenden Handlungsfolgen zu überwinden.[38]

Die Wirtschaft wird in totalen Kriegen also in massivem Ausmaß von staatlichen Kontrollen erfasst; eine Kriegswirtschaft ist in hohem Maß eine staatlicher Plan- und Kommandowirtschaft.[39] Dies gilt im Übrigen nicht nur für den Güterkreislauf, der bisher betrachtet wurde, sondern auch für den Geldkreislauf, wo ebenfalls staatliche Einflussnahmen und Zwangs-

37 Diese sind zwar vielleicht im Bewusstsein präsent, schlagen aber nicht auf das Handeln durch, wie Preisendörfer (2000) am Beispiel der Verkehrsmittelwahl (Auto vs. ökologisch freundliche Verkehrsmittel wie Fahrrad oder Bahn) zeigt.

38 Hier liegt denn vermutlich auch eine Quelle des für große Kriege charakteristischen Gefühls der Solidarität und des Eindrucks, dass alle »an einem Strang ziehen« (Longmate 1971: passim; Polenberg 1972: 131ff.), indem eine Art neue Unmittelbarkeit im Verhältnis von Mensch und Gesellschaft entsteht. Es handelt sich um eine Art von »Rollenmobilisierung« (Holzer 2006a: 409ff.), bei der über die Rolle des Staatsbürgers Zugriff auch auf andere Rollen der Person gesucht wird. Rollenmobilisierung macht sich den Umstand zunutze, dass Rollen in allen wichtigen Teilbereichen der Gesellschaft in nahezu jeder Person gekoppelt sind und dort gewissermaßen der kürzeste und direkteste – gewissermaßen in die Psyche des Einzelnen verlegte – Weg für die Übertragung von Imperativen aus einem Bereich in den anderen zur Verfügung steht. Es werden denn auch in den heute aktuellen Formen »politischen Konsums« oder sonstigen »privat-politischen« Handelns Tendenzen zu einer Individualisierung der Gesellschaft bzw. zu einer Neuordnung der Verhältnisses von Individuum und Gesellschaft vermutet (Beck 1993; 2002).

39 Manche Beobachter (etwa Higgs 1992) behaupten deshalb, dass die üblichen Indikatoren und Maßzahlen der Wirtschaftswissenschaft zur Beschreibung einer Volkswirtschaft – wie Bruttosozialprodukt, Inflationsrate usw. – sich auf eine Kriegswirtschaft gar nicht anwenden lassen, weil hier die in der Wirtschaftswissenschaft gültigen Voraussetzungen nicht erfüllt seien. »Economics is not a science of hammers and nails, of production of consumption in the raw; it is a science of choice« (ebd.: 49). Eine Volkswirtschaft, die als »Kommandowirtschaft« betrieben werde und deren Produkte (Kriegsprodukte) überwiegend gar keine Endprodukte mit realem Wohlstandswert, sondern nur intermediäre Produkte seien, lasse sich nicht entlang der üblichen Linien mit einer geldorientiert operierenden Volkswirtschaft vergleichen.

maßnahmen greifen können, etwa durch Appellen und Kampagnen zum Zeichnen von Kriegsanleihen und im Extremfall durch einen staatlichen Sparzwang für Bürger und/oder eine Pflicht zum Halten von Kriegsanleihen durch die Banken (Milward 1977: 107). Gleichwohl kann aber die Eigenlogik des Wirtschaftssystems nicht völlig außer Kraft gesetzt werden, und es bleiben signifikante Reste von autonomer Orientierung und Eigendynamik bestehen. Ich erwähne (ohne Anspruch auf Vollständigkeit) drei Formen, in denen sich das Eigengewicht wirtschaftsinterner Strukturen und Funktionsorientierungen zur Geltung bringt und damit einer kompletten Übernahme des Wirtschaftssystems durch politisch generierte Imperative entgegengewirkt wird.

Erstens ist hier darauf hinzuweisen, dass auch in einer maximal entwickelten Kriegswirtschaft immer noch ein erheblicher Teil der Produktion für zivilen Konsum verwendet wird; wenn die Kriegsproduktion größenordnungsmäßig bei 50 Prozent liegt, so liegt der Anteil des zivilen Konsums (und der Ersetzung des Produktivkapitals) immerhin auch noch bei 50 Prozent. Dies kann zwar teilweise wiederum als eine sekundäre Instrumentalisierung für den Krieg betrachtet werden, insofern eine Kriegswirtschaft auf ausreichend ernährte Arbeiter angewiesen ist, oder auch – auf einer konkreteren Ebene – eine Produktion im Schichtbetrieb auf die Verfügbarkeit von Weckern, die ein pünktliches Erscheinen der Arbeiter sicherstellt. Außerdem kann eine ausreichende Versorgung der Bevölkerung mit dem Notwendigen als Bedingung dafür gesehen werden, die Moral über längere Zeit aufrechtzuerhalten und allzu große Kriegsmüdigkeit zu vermeiden; hier liegt ein grundlegendes »kriegsgesellschaftliches Dilemma« (Kruse 2009), insofern zwischen der maximalen Bereitstellung von Ressourcen für die Front und der Zufriedenstellung der Bevölkerung im Hinterland abgewogen werden muss und nicht beide Seiten gleichzeitig maximiert werden können.[40]

Gleichwohl liegt der Versorgung des zivilen Sektors natürlich auch einfach die Anerkennung der Tatsache zugrunde, dass man die eigene Bevölkerung – auch unabhängig von ihrem Beitrag zur Kriegsmobilisierung – ernähren und in einem wie immer eingeschränkten Maß mit dem Notwendigen versorgen muss, dass mithin gewisse basale Wirtschaftsfunktionen auch ohne Mehrwert für den Krieg bedient werden müssen. Diese Restrücksicht auf die

40 Deutschland im Zweiten Weltkrieg löste dieses Problem dadurch, dass die Lasten der Mobilisierung zu großen Teilen auf die eroberten Gebiete im Osten abgewälzt und diese gezielt ausgeplündert und ausgehungert wurden; auf diese Weise konnte ein erstaunlich hohes Versorgungs- und Wohlstandsniveau aufrechterhalten werden (Kruse 2009: 210).

Eigenfunktion der Wirtschaft erfordert hier aber ihrerseits komplexe staatliche Regularien (Rationierung) und kann nicht einfach – wie in stratifizierten Gesellschaften – durch bloßes Vermeiden von Exzessen, Übriglassen von Restbeständen o.ä. erreicht werden. Die Rationierung von Konsumgütern muss insofern immer als Phänomen an der Reibungsgrenze zwischen Expansionstendenz des Krieges einerseits und Expansionsbegrenzungstendenz beziehungsweise Verteidigung der Eigenfunktion der Wirtschaft andererseits begriffen werden.[41]

Zweitens ist zu beobachten, dass die staatliche Kontrolle von Konsummöglichkeiten regelmäßig zur Entstehung eines blühenden Schwarzmarktes führt, auf dem offiziell rationierte und preisregulierte Güter zu höheren, unregulierten Preisen gehandelt werden (Lingeman 1970: 267ff.; Milward 1977: 282f.; Mills/Rockoff 1987). Schwarzmärkte können als Rückzugsräume des autonomen Operierens der Wirtschaft betrachtet werden, in denen das Geld seine Steuerungsfunktion behält. Dem Staat gelingt es nicht, den kompletten Güterfluss unter seine Kontrolle zu bringen, und mehr oder weniger große Teile der verfügbaren Konsumgüter werden dem offiziellen Kreislauf entzogen und nach autonomen, wirtschafteigenen Kriterien (d.h. nach Zahlungsfähigkeit) verteilt.[42] Die hohe Bereitschaft von (auch sonst gesetzestreuen) Bürgern, sich an Schwarzmarktgeschäften zu beteiligen (dazu Mills/Rockoff 1987), kann eventuell als Indiz dafür betrachtet werden, dass hier ein Funktionssystem seine Autonomie gegen exzessive externe Übergriffe verteidigt, was – obwohl illegal – in weiten Kreisen als legitim empfunden wird.

Drittens schließlich bleibt aber auch die offizielle Kriegswirtschaft in gewissem Umfang an das Geldmedium gebunden, nämlich mit Blick auf das Problem der Kriegsfinanzierung, das gleichzeitig den Bezug zur Zukunft und mithin zur Zeit nach dem Krieg organisiert. Der Staat handelt zwar bei der Umstellung auf maximale Kriegsproduktion kosten- und geldindifferent,

---

41 In diesem Zusammenhang ist der Befund interessant, dass die Rationierung von Nahrungsmitteln u.U. auch eine *Verbesserung* der Versorgungslage für bestimmte, einkommensschwache und immer schon schlecht versorgte Schichten bedeuten kann. So waren britische Neugeborene während des Zweiten Weltkriegs wegen der durch Rationierung garantierten gleichmäßigen Versorgung der Schwangeren durchschnittlich in einem besseren Gesundheitszustand als vor dem Krieg (Longmate 1971: 172ff.).

42 Weil Schwarzmärkte Güter denjenigen zukommen lassen, die sie sich leisten können, und anderen nicht, können sie auch als »ungerecht« kritisiert werden (Kocka 1978: 44f.); sie sind dann aber nicht mehr und nicht weniger ungerecht, als es eine Geldwirtschaft immer ist.

aber er braucht für diese Politik – paradoxerweise – sehr viel Geld, das er sich nicht ohne Verstrickung in die Eigendynamik des Geldmediums beschaffen kann. Prinzipiell gibt es drei Möglichkeiten der Kriegsfinanzierung: Steuern, Schulden und Geldschöpfung (unfreundlicher ausgedrückt: Gelddrucken), die sich u.a. darin unterscheiden, wie sie die durch den Krieg entstehende Belastung auf Gegenwart und Zukunft verteilen (Ohanian 1997: 25f.). Hohe Steuern belasten die Bürger sofort (und sind deshalb auch entsprechend unpopulär); Verschuldung und Geldschöpfung überwälzen die Lasten teilweise in die Zukunft, insofern Schulden nach dem Krieg abgetragen werden müssen und Geldschöpfung die – kriegsbedingt ohnehin unvermeidliche[43] – Inflation anheizt und damit die bestehenden Vermögen (ebenso wie Schulden) anknabbert. Der Staat muss nun bei der Wahl der Mittel der Kriegsfinanzierung immer auch deren Rückwirkungen auf das Geldmedium und damit auf die langfristige »Gesundheit« der Wirtschaft bedenken. So wird er normalerweise einen unkontrollierten Anstieg der Inflation zu vermeiden suchen – obwohl dies ja unter dem Gesichtspunkt der Reduzierung seiner Schuldenlast praktisch wäre und das Anwerfen der Geldpresse für den Staat selbst zunächst die einfachste und schmerzfreiste Option ist –, weil dies für den Zustand der Wirtschaft insgesamt fatal wäre. »[A] part of the attention of the government is devoted to price controls and the avoidance of inflation. Those concerned with this problem, however, are looking out for the general health of the economy during and after the war.« (Novick/Anshen/Truppner 1976: 16)

Unter dem Strich ergibt sich somit für die Situation in einer entwickelten Kriegswirtschaft ein sehr komplexes Bild. Einerseits ist hier ein besonders hohes Maß politischer Eingriffe und Zwangsmaßnahmen zu beobachten, deren Umfassendheit vermutlich auch darauf zurückgeht, dass die Wirtschaft ein in sich hoch interdependentes System ist, das partielle Zugriffe nur auf einzelne Sektoren, die andere Sektoren unberührt lassen, beson-

43 Größere Kriege bringen praktisch immer eine Inflation mit sich: »War and inflation have been virtually inseparable in modern history.« (Milward 1977: 105). Der Grund dafür ist, dass in einer Kriegssituation Güter in großem Umfang der Volkswirtschaft bzw. der produktiven Verwendung entzogen werden, im Krieg gewissermaßen »konsumiert« werden, ohne dass im selben Umfang Geld aus dem Umlauf verschwindet; vielmehr ist Geld wegen der boomenden Wirtschaft im Prinzip reichlich vorhanden. »Es verschärft sich also die Spannung zwischen der steigenden Fähigkeit zu Ausgaben auf der einen Seite [durch mehr Beschäftigung und höhere Löhne] und dem zurückgehenden Angebot an Verbrauchsgütern auf der anderen. Dieses Phänomen wird […] als die unvermeidliche ›inflatorische Lücke‹ jedes kriegswirtschaftlichen Zustandes bezeichnet.« (Gebauer 1959: 396)

ders schlecht ermöglicht (viel schlechter als etwa die Massenmedien oder die Wissenschaft).[44] Andererseits bleiben dennoch nicht unerhebliche Reste einer wirtschaftseigenen Autonomie beziehungsweise wirtschaftseigener Limitierungen erhalten. Solange Geld nicht ganz abgeschafft wird (was noch kein kriegführender Staat versucht hat und was vermutlich auch nicht gelingen könnte), übt das Geldmedium gewisse Restriktionen aus und führt ein gewisses »Eigenleben«, das nicht vollständig durch politische Eingriffe ausgeschaltet werden kann; ebenso stellt die Erfüllung der Eigenfunktion der Wirtschaft gewisse unhintergehbare Anforderungen, denen auch ein in totale Kriegführung verstrickter Staat sich nicht entziehen kann. Gerade an den hier auftretenden komplexen Planungs- und Steuerungsproblemen ist der Zusammenprall zweier divergenter, je für sich restringierender Systemlogiken gut zu beobachten.

Massenmedien

Der zweite wichtige Fall einer kriegsbedingten Deformation sind die Massenmedien. Hier stellt sich das Zusammenwirken autonomer und politisch generierter Strukturen etwas anders dar. Das Ausmaß politischer Zwangseingriffe ist hier insgesamt geringer und die Rücksicht auf massenmediale Autonomie etwas größer; dies aber nicht deswegen, weil die Politik kein Interesse an einer Kontrolle der Massenmedien hätte, sondern weil die Strukturen der Massenmedien den politischen Interessen von sich aus in gewissem Maß entgegenkommen und sich Formen der Einflussnahme in einem Zwischenzone zwischen staatlichem Zwang und autonomem massenmedialem Operieren herausbilden. Die Massenmedien liefern, obwohl keinen materiellen Input, so doch eine wesentliche immaterielle »Zutat« zu erfolgreicher Kriegführung, nämlich die – etwas unglücklich so genannte – »Moral« der Bevölkerung. Jeder in einem totalen Krieg befindliche Staat wird sich deshalb intensiv um eine passende Realitätskonstruktion in den Massenmedien bemühen, damit die Bevölkerung nicht kriegsmüde wird, an den Sinn des Krieges und den Sieg der eigenen Seite glaubt und in größtmöglichem Umfang zu freiwilligen Opfern und Kriegszulieferleistungen bereit ist (etwa mittels Arbeit in der

44 Vgl. hierzu auch die Beobachtung eines Wirtschaftswissenschaftlers: »›Wer im Kriege Preiszwangswirtschaft will, muß totale Zwangswirtschaft wollen‹, weil halbe Zwangswirtschaft den ihr im Krieg gestellten Aufgaben nicht gerecht werden könne.« (Gebauer 1959: 398)

Kriegsindustrie, Zeichnen von Kriegsanleihen, »kriegsbewussten« Konsum, Mitarbeit im Zivilschutz usw. usf.).[45]

Beim politischen Zugriff auf die Massenmedien müssen die beiden Einflussweisen der Zensur und der Propaganda unterschieden werden. »Censorship and Propaganda are [...] different sides of the same coin: the manipulation of opinion. The one is a ›negative‹ method which, through the process of omission, restricts the communication of news and that shapes the framework of views that might undermine the case being put by more ›positive‹ efforts at persuasion.« (Taylor 1992: 233f.) In leichter Verschiebung gegenüber Taylors Unterscheidung entlang der Dimension negativ/positiv ist es für die folgende Diskussion nützlicher, Zensur und Propaganda anhand der jeweils involvierten Modi des Zusammenwirkens der Systeme zu unterscheiden. Unter Zensur soll demnach die vom politischen System vorgenommene Reglementierung dessen verstanden sein, was von anderen, (mehr oder weniger) unabhängigen Medienmachern geschrieben und gesendet wird, unter Propaganda dagegen die vom Staat selbst hergestellten und über massenmediale Verbreitungskanäle (Rundfunk, Fernsehen, Zeitungen, Flugblätter, Plakate usw.) in Umlauf gebrachten Kommunikationen (ohne dass diese Unterscheidung immer vollkommen trennscharf sein müsste, was aber bei Taylors Begriffsdefinition nicht anders ist).

Wie bei der Wirtschaft gilt auch hier, dass ein kriegführender Staat (soweit er nicht ohnehin totalitär ist und seine Medien durchgehend politischer Kontrolle unterstellt) zu »härteren« Methoden des Zugriffs auf massenmediales Operieren nur dann greift, wenn er mit »weicheren« Methoden keinen Erfolg hat; und hier scheint es – anders als bei der Wirtschaft – eher selten nötig zu sein, das Mittel staatlichen Zwanges, d.h. einer direkten Zensur der Massenmedien zur Anwendung zu bringen. Es wird zwar festgestellt, dass »states [...] exhibit an almost reflexive impulse to censor their media in wartime« (Carruthers 2000: 12); aber wenn man die Situation in (demokratischen) Staaten während totaler Kriege betrachtet, fällt doch auf, dass das brachiale Mittel einer direkten Zensur nur selten und mit geringer Reichweite (etwa nur unmittelbar kriegsrelevante Informationen wie Truppenbewegungen betreffend) eingesetzt wird. In relativ großem Umfang bleibt die Presse frei, und jedenfalls gleichen sich demokratische Staaten in diesem Punkt nicht ebenso zwangsläufig an die Struktur totalitärer Staaten an wie in Bezug

45 Ich beschränke mich im Folgenden auf Instrumentalisierungen der Massenmedien im eigenen Land und blende Propaganda, die an die Bevölkerung oder die Soldaten des Feindes gerichtet ist, aus (dazu Lasswell 1927: 161ff.; Taylor 1995: 224ff.; Carruthers 2000: 6f.).

auf die Kontrolle der Wirtschaft. Es ist hier zwar zu bedenken, dass Journalisten eventuell auch allein durch die Angst vor einer *drohenden* Zensur oder auch vor einem möglichen »Aushungern« durch fehlende Zuweisungen an Papier, Druckkapazitäten, Filmmaterial usw. diszipliniert werden können (Lingeman 1970: 173, 297; Carruthers 2000: 62f., 84f.), aber angesichts der Zentralstellung der öffentlichen Meinung für eine erfolgreiche Kriegführung ist trotzdem eher die relative Seltenheit des Rückgriffs auf (direkte) Zensur bemerkenswert und erklärungsbedürftig.

Die Erklärung wird man zum einen darin suchen müssen, dass die Massenmedien aufgrund ihrer nationalstaatlichen Segmentierung den Bedürfnissen des kriegführenden Staates von sich aus ein Stück weit entgegenkommen. Die operativen Einheiten der Massenmedien (Zeitungen, Rundfunksender usw.) haben so gut wie immer nationale oder subnationale – regionale, lokale – Reichweite, sowohl was die Staatsangehörigkeit der meisten Journalisten als auch die unterstellbare politische Identifikation der meisten Rezipienten betrifft, und sie sind deshalb meist ganz von sich aus bereit, in internationalen Konfliktfällen die Perspektive »ihres« Staates beziehungsweise »ihrer« Nation zu übernehmen.[46] Dies gilt schon für »normale«, mit diplomatischen Mitteln ausgetragene Streitfälle, in denen die Massenmedien quasi automatisch auf der »richtigen« Seite stehen und nicht etwa neutrale Beobachter mit gleichmäßiger Distanz zu beiden Parteien sind; und umso mehr gilt es in großen Kriegen. Generell ist es in Kriegssituationen zwar möglich, dass massenmediale Beobachter den Sinn und Zweck des Krieges als solchen in Frage stellen und in fundamental-pazifistischer oder politisch-skeptischer Haltung Kritik üben; aber je »größer« der Krieg ist, desto unwahrscheinlicher ist eine solche Grundsatzkritik, und es ist dann eben wegen der gleichlaufenden Segmentierung von Politik und Massenmedien weitgehend gesichert, dass die massenmediale Berichterstattung auch ohne politische Eingriffe grundsätzlich auf der »richtigen« Linie liegt.[47]

---

46 *Warum* die Massenmedien so stark national segmentiert sind, ist von der Theorie funktionaler Differenzierung aus erklärungsbedürftig; zu erwarten wäre an sich eine stärkere Globalisierung der Massenmedien bzw. eine stärkere Abkopplung von der Segmentierung des politischen Systems. Naheliegende Erklärungen könnten etwa über die Funktion der Massenmedien für die öffentliche Meinungsbildung als einer auch für das Politiksystem wichtigen Größe laufen (Luhmann 1971b).

47 Dasselbe stellt in kritischer Perspektive auch der Friedensforscher Wilhelm Kempf fest: Um die Massenmedien »in die Logik des Krieges einzufügen [...] bedarf es keiner Verschwörung zwischen Politik und Medien, ja nicht einmal einer Medienkontrolle [...]. Journalisten sind für die Logik des Krieges ebenso anfällig wie jedermann. Und hinzu

Journalisten sind somit – vor jeder weiteren Bemühung um »eingebetteten Journalismus« – gewissermaßen immer schon eingebettet in die Perspektive ihres Staates und ihrer Nation und greifen vergleichsweise leicht die in der Politik vorherrschenden Deutungsschemata auf, die etwa besagen: der Feind hat den Krieg angefangen, wir verteidigen uns nur; der Feind verfolgt aggressive, destruktive und inakzeptable Ziele, wir vertreten moralisch untadelige Menschheitsinteressen; der Feind kämpft mit feigen und brutalen Mitteln, unsere Soldaten kämpfen tapfer und aufrecht; der Feind hat auf die Dauer keine Chance (höchstens temporäre Erfolge), im Endeffekt müssen wir unweigerlich gewinnen, usw. (zu diesen simplen, aber immer wieder wirkungsvollen Propagandaschemata Lasswell 1927: 50). Ebenso gilt auf einer konkreteren Ebene, dass etwa das Tabu gegenüber der Abbildung von Toten der eigenen Seite nicht nur den Interessen des kriegführenden Staates dient, sondern auch in den systeminternen Standards der Massenmedien verankert ist, indem diese etwa aus Respekt vor den Gefühlen der Rezipienten vor einer Verbreitung solcher Bilder zurückschrecken (Carruthers 2000: 20; Zelizer 2004: 116; Münkler 2006: 192f.).

Die spontane Konvergenz zwischen politischen Interessen und massenmedialen Präferenzen gilt im Übrigen auch für die Prominenz des Kriegsthemas als solchen: Krieg ist fotogen und telegen; er ist ein Konflikt und erlaubt einfache Schwarz/Weiß-Stereotypisierungen; er erlaubt eine personalisierende Darstellung, etwa in Form von Heldengeschichten und »human interest stories«; er produziert jede Menge berichtbare Zahlen (Tote, abgeschossene Flugzeuge usw.); er erzeugt ständig neue Ungewissheiten, die aufgelöst werden müssen; und er erfüllt damit praktisch alle bekannten Selektionskriterien der Massenmedien (hierzu Galtung/Ruge 1965b; Luhmann 1996ff.). »War is newsworthy and, as such, of compelling interest to media. War is dramatic, attention-grabbing, and played for enormously high stakes and, as such, it is a top priority for news makers.« (Webster 2003: 58) Es gilt deshalb auch, dass Zeiten großer Kriege für die Massenmedien generell »gute Zeiten« sind, in denen sie von einem gesteigerten Interesse an Nachrichten, aber auch an Unterhaltung und Ablenkung von der düsteren Kriegsrealität profitieren und ihren Rezipientenkreis erweitern können (Marwick 1965: 143ff.; Longmate 1971: 90ff., 400ff., 440ff.; Taylor 1992: 226).

kommt, daß sie sich in ihrer Berichterstattung sehr stark an den Eliten orientieren – und das heißt im Falle des Krieges: an den Kriegstreibern im eigenen Lager.« (Kempf 1998: 3)

Ein zweiter Grund dafür, dass auf eine Zensur der Massenmedien auch in totalen Kriegen oft verzichtet werden kann, liegt in der Möglichkeit einer vorverlagerten Informationskontrolle – eine Tendenz, die im einschlägigen Zeitraum der letzten ein- bis zweihundert Jahre zunehmend intensiviert wird (Taylor 1992: 237; 1995: 11). Der Zugriffspunkt des Staates wird im Prozess der massenmedialen Informationsverarbeitung so weit wie möglich nach vorn verlegt, so dass im Idealfall schon am Punkt des ursprünglichen Anfallens von Informationen – d.h. an der Input- und nicht an der Output-Grenze der Massenmedien – eine staatliche (zivile oder militärische) Kontrolle über die verfügbaren Informationen gegeben ist. Dies kann etwa durch die »Einbettung« von Journalisten in militärische Einheiten geschehen, so dass das Militär darüber entscheidet, was sie überhaupt zu sehen bekommen,[48] oder auch durch die exklusive Bekanntgabe von Informationen über bestimmte Kriegsereignisse in offiziellen Verlautbarungen (Pressekonferenzen, Pressematerial usw.) ohne die Möglichkeit eines unabhängigen Zugangs. Soweit eine solche Vorselektion der verfügbaren Informationen gelingt, ermöglicht sie eine effektive Steuerung der massenmedialen Berichterstattung, die gleichzeitig die plumpe, am Endprodukt ansetzende Zensur – schlimmstenfalls in Form hässlicher schwarzer Balken im Text, die die Frage nahelegen, was dort wohl gestanden haben mag – überflüssig macht.

Kritiker sehen darin nur ein Unsichtbarmachen und damit eine Steigerung der Gefährlichkeit und Effektivität von Zensur,[49] und es ist auch nicht von der Hand zu weisen, dass Gefahren in dieser Richtung bestehen. Es muss aber doch auch gesehen werden, dass die Bemühung, offene Zensur zu vermeiden, implizit einer Anerkennung der Autonomie der Massenmedien beziehungsweise – juristisch formuliert – des Grundrechts auf Pressefreiheit gleichkommt. Das kriegführende politische System stößt hier gewissermaßen mit einem zentralen Systemerfordernis der Massenmedien zusammen und sucht einen Weg, sein Bedürfnis nach Informationskontrolle und das Bedürfnis der Massenmedien nach unrestringiertem Operieren gleichzeitig

48 »Embedded journalists« bzw. mit den Truppen mitziehende Kriegsberichterstatter gibt es historisch seit dem Ersten Weltkrieg (Speier 1952: 353f.); prominent wurden sie in jüngerer Zeit vor allem im Ersten Irakkriegs 1990/91. Einige weitere Beispiele aus jüngere Zeit nennt Martin 2006.

49 Die Vorverlagerung der Kontrolle wird deshalb auch unter dem Begriff »pre-censorship« diskutiert (Taylor 1992: 237; 1995: 11). Da sich diese Art der Informationskontrolle aber nicht qualitativ von den PR-Bemühungen irgendwelcher anderer Akteure (Unternehmen, Parteien, NGOs usw.) unterscheidet, müsste man überlegen, ob nicht ein weniger pejorativer Begriff wie »news management« passender wäre.

zu bedienen. Dabei muss die Rücksicht auf die Freiheit der Massenmedien nicht unbedingt in authentischem Respekt, sie kann auch in instrumenteller Kalkulation geübt werden, insofern eine Zensur der Medien einen schlechten Eindruck – auf eigene Bürger wie auf Drittstaaten – machen und den entsprechenden Staat in ein schlechtes Licht rücken kann. In diesem Sinn hatte etwa Großbritannien während des Zweiten Weltkriegs den Vorteil, dass dort aufgrund der Insellage eine Vorwegkontrolle aller eingehenden Nachrichtenkabel möglich war und damit auch »the nice illusion that very little censorship was taking place at all – which, in itself, is excellent propaganda given the general view that censorship is really an admission of a bad democratic cause« (Taylor 1992: 237). Man darf dem politischen System insofern nicht allzu viel Gutwilligkeit und aufrichtigen Respekt unterstellen, sondern eher strategisches Kalkül; aber in den strategischen Kalkülen kommen strukturelle Grundbedingungen zum Ausdruck.[50]

Ich gehe nun zur zweiten Form der politischen Bemühungen um kriegsgünstige massenmediale Realitätskonstruktion über: zur Form der Propaganda. Anders als bei Zensur wird hier der Staat selbst zum Absender massenmedialer, d.h. für massenhafte Rezeption durch die jeweiligen »Endverbraucher« bestimmter Kommunikationen und beschränkt sich nicht darauf, die Kommunikationen anderer zu beeinflussen. Um die Charakteristika von Propaganda zu verstehen, muss man den Blick über den bisher betrachteten Nachrichtensektor hinaus erweitern und auch die anderen beiden Programmbereiche der Massenmedien – Unterhaltung und Werbung – mit in den Blick nehmen (zur Unterscheidung dieser Programmbereiche Luhmann 1996). Propaganda kann dann zunächst einmal als eine besondere Art von Werbung aufgefasst werden, nämlich als staatliche Werbung für den Krieg. Sie macht sich den Umstand zunutze, dass es einen präexistenten Kanal gibt, auf dem die Massenmedien gewissermaßen von fremden Sprechern »ausgeliehen« oder gemietet und für die Verbreitung ihrer eigenen Botschaften genutzt werden können; und insofern liegt also auch hier ein Zusammenwirken von politischem Zugriffsimpuls und massenmedialen Eigenstrukturen vor. Während die Anfänge der Propaganda um 1800 hier noch – wie viele kriegsbedingte Innovationen – Pionierarbeit leisten mussten, gehört seit dem 19. Jahrhundert Reklame (meist für Produkte von Wirtschaftsunternehmen) zu den Routineaktivitäten des Massenmediensystems, und Propaganda

50 Es gilt der Satz von La Rochefoucauld: »Heuchelei ist die Verbeugung des Lasters vor der Tugend.«

als Kriegsreklame klinkt sich in diesen Kanal ein: »With some exaggeration it might be said that the amount of war propaganda varies from epoch to epoch and from country to country in proportion to the development of advertising in times of peace.« (Speier 1939: 307).[51]

Propaganda bleibt aber bei diesem reinen Reklamecharakter nicht stehen, vielmehr mischt sie in vielen Fällen Elemente von Werbung, Nachrichten und Unterhaltung ohne klare Abgrenzung miteinander, und hierin[52] liegt der spezifisch deformierende Effekt von Propaganda auf die Massenmedien. Zwar *kann* Propaganda in direkter Imperativform vorliegen – analog zur Wirtschaftswerbung, die in höchstens schwacher Verschlüsselung den Imperativ »kauf dies!« zum Besten gibt –, nämlich dann, wenn der Staat sich mit direkten Appellen an seine Bürger wendet, etwa mit der Aufforderung »to save kitchen fats, buy bonds, use V-mail to save cargo space, be true to your husband overseas, stay on your job« (Lingeman 1970: 230). Häufig tritt Propaganda aber in Vermischung mit Nachrichtenelementen auf, etwa in offiziellen Aufklärungs- und Nachrichtenfilmen über den Krieg, die unter der Oberfläche der reinen Tatsachenaussagen und Informationsübermittlung die »richtige« Einstellung zum Krieg erzeugen sollen. Ebenso gibt es Mischungen aus Reklame- und Unterhaltungselementen, etwa Musiksendungen, die vorzugsweise Marschmusik oder patriotisches Liedgut präsentieren (Speier 1952: 355f.), oder Spielfilme, die von einer dämonisierenden Darstellung des Feindes, einer heroisierenden Darstellung der eigenen Seite, einer unerschütterlichen Siegesgewissheit oder auch einer unauffälligen Darstellung des »richtigen«, patriotischen Verhaltens an der Heimatfront durchdrungen sind (Lingeman 1970: 173ff.; Taylor 1995: passim; Carruthers 2000: 68ff., 90ff.).[53] Mit dem groß angelegten Betreiben von Propaganda verschwim-

---

51 Zur Datierung der Anfänge von Propaganda auf die Umbruchszeit um 1800 siehe Taylor 1995: 129ff., 154ff.; Münkler 2006: 189ff. In früheren Kriegen war die Meinung der Masse der Bevölkerung weitgehend irrelevant und auch jenseits des möglichen Zugriffs; es gab allenfalls vereinzelte und in ihrer Wirkung begrenzte Vorläufer moderner Kriegspropaganda, etwa in Form von kriegs- oder führerverherrlichenden Gedichten, Stelen, Statuen (Taylor 1995).

52 und natürlich in der Verzerrung des Informationsgehaltes gegenüber der »objektiven« Realität, die aber immer schwer festzustellen ist und die im Übrigen auch in Bezug auf andere Themen als Krieg gegeben sein kann.

53 Unterhaltungsprodukte mit einem solchen »Reklame-« bzw. Propagandawert können sowohl von staatlicher als auch von privater, unabhängiger Seite hergestellt werden, und im zweiten Fall wird dann der oben definierte – auf staatlich hergestellte Kommunikationen focussierte – Propagandabegriff gesprengt und müsste man zu Taylors Propagandabegriff – als jede positive Einflussnahme auf die Meinungsbildung umfassend – zurückkehren.

men somit teilweise die Grenzen zwischen den üblicherweise getrennten Programmbereichen: Dasselbe Thema taucht in verschiedenen Kontexten und verschiedenen Formen, aber mit derselben Grundeinstellung und Appellqualität immer wieder auf, und es entsteht der Eindruck einer diffusen, alles durchdringenden Gesamtrealität des Krieges.[54]

In totalen Kriegen ist der Rückgriff auf großformatige staatliche Propaganda offensichtlich unverzichtbar, und alle beteiligten Staaten unterhalten einen großen (teils militärischen, teils zivilen) Propagandaapparat. Prinzipiell ist hier aber ein Schwellenproblem involviert, und in kleineren Kriegen muss der Staat sich deshalb gut überlegen, ob er zu dem Mittel der Herstellung eigener Propaganda greift, d.h. Kommunikationen verbreitet, als deren Autor er erkennbar ist. Propaganda hat ein Glaubwürdigkeits- und Motivverdachtproblem, weil sie die Überlegung nahelegt: Wer es nötig hat, Propaganda zu machen, um den muss es schlecht bestellt sein. In den meisten Kriegen verzichten die beteiligten Staaten deshalb auf das Betreiben eigener, an den massenmedialen »Endverbraucher« gerichteter Propaganda und verlassen sich auf die – auf mehr oder weniger subtilen Wegen beeinflusste – Berichterstattung und Meinungsbildung in den etablierten Medien. In diesem Sinn ist der Terminus »Propaganda« denn auch schon seit dem Ersten Weltkrieg diskreditiert und pejorativ besetzt (Taylor 1992: 234; 1995: 3), und die Propagandaministerien wurden oft auf andere, unverfänglichere Namen wie »bureau of public information« getauft (und zwar zu einer Zeit, als die Kriegsministerien noch Kriegsministerien hießen). Das Betreiben einer systematischen Propaganda wird statt dessen – in den üblichen Propagandaschemata – dem *Feind* zugeschrieben (Lasswell 1927: 14ff.).[55]

Das Glaubwürdigkeitsproblem kann sich aber auch in totalen Kriegen stellen, nämlich dann, wenn man es mit Propaganda übertreibt und

54 Zusätzlich zu dieser inhaltlichen Annäherung kann es in zeitlich sequenzierten Medien wie Rundfunk und Fernsehen auch eine zeitliche Verflechtung der Programmbereiche ineinander geben, indem bei wichtigen Kriegsereignissen oder strategischen Entscheidungen andere, gerade laufende Sendungen mit Nachrichtenspecials, Regierungskommuniques usw. unterbrochen werden, oder indem generell Nachrichten in einem schnelleren Rhythmus gesendet werden. Dies vermittelt ebenfalls wirkungsvoll die besondere Dramatik und Relevanz des Krieges: »It appears that it is not merely the content of these communications but also their irregularity which is meant to arrest attention.« (Speier 1952: 347)

55 Damit wird Propaganda gewissermaßen reflexiv: Propaganda über die böswillige, lügenhafte Propaganda des Feindes. Dies immunisiert die Rezipienten nicht nur gegen eventuelle wirkliche Feindpropaganda, sondern eröffnet auch die Möglichkeit, alle für die eigene Seite ungünstigen Nachrichten oder Gerüchte als feindliche Propaganda abzustempeln (Lasswell 1927: 79).

die Bevölkerung mit einem unaufhörlichen Strom von Siegesmeldungen, Durchhalteparolen usw. überschüttet. Die Rezipienten können dann ein generalisiertes Misstrauen gegenüber offiziellen Medien und Regierungsverlautbarungen entwickeln und sich statt dessen an »Feindsender« oder an – in Kriegszeiten immer florierende – Gerüchte halten; im Extremfall wird jede irgendwie verfügbare Information geglaubt, nur nicht das, was aus offiziellen Stellen stammt (Renn 1939: 255ff.). Gerüchte können als Behelfs-Substitut für verlässlichere Informationen betrachtet werden beziehungsweise als Ausdruck davon, dass das Informationsbedürfnis größer und insbesondere schneller ist als die sicher verfügbaren Informationen.[56] Ähnlich stellt das Hören von Feindsendern – vergleichbar dem Schwarzmarkt im Wirtschaftssystem – eine Nische des autonomen (und oft illegalen) Operierens eines übermäßig instrumentalisierten und deformierten Funktionssystems dar. Das Ausweichen auf diese subsidiären Formen der Information und Realitätskonstruktion zeigt eine Grenze der möglichen Instrumentalisierung des Massenmediensystems an, und das politische System ist gut beraten, wenn es diese Grenze bei seinem Zugriff auf massenmediales Operieren berücksichtigt.

Das Zusammenwirken von Politik und Massenmedien in totalen Kriegen zeigt also charakteristische Interaktionseffekte. Es gibt hier eine partielle spontane Harmonie, die politische Zwangszugriffe in gewissem Maß erübrigt und andere, geschmeidiger sich einfügende Formen wie vorverlagerte Kontrollen und staatliche Propaganda dafür substituiert. Diese verhindern nicht, dass das Massenmediensystem strukturell deformiert wird, aber in einer Weise, die noch vergleichsweise viel Platz für autonomes, unreglementiertes Operieren lässt. Dabei hat der Staat auch *politische* Vorteile daraus zu gewinnen, dass er die Autonomie der *Massenmedien* (mindestens der Oberfläche nach) respektiert, keine Zensur betreibt und Propaganda jedenfalls nicht im Übermaß in die massenmedialen Verbreitungskanäle einspeist. Auch dies kann als eine Art (sekundärer) Konvergenz politischer und massenmedialer Eigentendenzen gesehen werden.

56 Dies gilt sowohl für Gerüchte an der Heimatfront (Lingeman 1970: 33; Longmate 1971: 95) als auch für Gerüchte im Militär (Humburg 1998: 235ff.).

Wissenschaft

Nach den beiden am stärksten von Deformation betroffenen Teilsystemen werden jetzt – in sehr viel kürzerer Form – noch einige weitere Teilsysteme besprochen, die in geringerem Umfang für solche Maßnahmen in Frage kommen, hauptsächlich aber durch Extraktionseffekte von Krieg betroffen werden, was unter dem folgenden Punkt (c) diskutiert wird. So kann etwa das Wissenschaftssystem relativ direkt für Kriegszwecke eingespannt werden, indem Forschungen in bestimmten, kriegswichtigen Richtungen forciert werden. Dies betrifft insbesondere die Entwicklung neuer Waffentechnologien – prominent im Zweiten Weltkrieg die Raketen- und Marschflugkörpertechnologie (V1, V2) auf deutscher sowie die Atombombe auf amerikanischer Seite (hierzu Unger 1989) –, oder auch anderer kriegswichtige Technologien wie Chiffrierungs- und Dechiffrierungstechniken oder die Entwicklung von synthetischen Ersatzstoffen für nicht mehr beschaffbare Rohstoffe (zu Letzterem Milward 1977: 29, 113; McNeill 1984: 284, 308).[57]

Abgesehen davon, dass solche Instrumentalisierungen relativ punktuell bleiben und immer nur einzelne Forschungsfelder betreffen, ist damit bemerkenswerterweise keine besondere Deformation des Wissenschaftssystems verbunden. Denn auch der massivste Zugriff auf Systempotenziale der Wissenschaft kann unweigerlich nur unter Respektierung von deren Autonomie geschehen, weil Durchbrüche in der Forschung – anders als etwa eine politisch genehme Berichterstattung in den Massenmedien – auch beim entsprechenden politischen Willen nicht *erzwungen* werden können. Die Politik kann immer nur auf embryonal schon existierende Ideen, kognitive Potenziale usw. zugreifen und deren Entwicklung beschleunigen (Marwick 1965: 226ff.), und vom Wissenschaftssystem aus gesehen handelt es sich deshalb auch bei der massivsten Kriegsforschung nur um situationsbedingt verstärk-

57 Gezielte Instrumentalisierungen betreffen meistens die Naturwissenschaften. Sie sind zwar prinzipiell auch im Bereich der Sozialwissenschaften möglich, so etwa im »mass observation«-Projekt aus dem Zweiten Weltkrieg, in dem zum Zweck der Optimierung von Kriegspropaganda erstmals systematische Medienwirkungsforschung betrieben wurde (Longmate 1971: 98; Carruthers 2000: 104ff.). In den meisten Fällen hat die Nutzung sozialwissenschaftlicher Forschungsmethoden und -ergebnisse im Kriegskontext aber eher den Charakter normaler Anwendungsforschung – etwa bei der Benutzung psychologischer Erkenntnisse für die Erstellung von Propagandamaterial (Riley/Cottrell 1957) oder bei der militärsoziologischen Begleitforschung an kämpfenden Armeen (Stouffer u.a. 1949b; 1949a) –, ohne dass ein forciertes Weitertreiben der jeweiligen Forschungsfront und mithin eine besondere kriegsbedingte Expansions- und Instrumentalisierungsdynamik zu erkennen wäre.

te Forschungsförderung,[58] deren Ergebnisse ungeachtet ihres Ursprungs einwandfreie und problemlos anschlussfähige wissenschaftliche Erkenntnisse sind. Man kann also sagen, dass beim kriegsbedingten Zugriff auf Forschung ein Fall von Instrumentalisierung ohne Deformation vorliegt.

Die umgekehrte Konstellation – Deformation ohne Instrumentalisierung – kann dagegen auftreten, wenn infolge des Krieges internationale Kommunikationsströme blockiert werden, Wissenschaftler Publikationen aus dem Ausland nicht rezipieren können und Forschungsprozesse vorübergehend national parzelliert werden. Soweit die Kommunikationsblockaden nicht auf gezielte politische Maßnahmen (etwa zur Geheimhaltung kriegswichtiger Forschung), sondern auf bloße kriegsbedingte Erschwernisse wie Importbeschränkungen oder Transportprobleme zurückgehen, ist dies ein bloßer Nebeneffekt des Krieges, nicht aber eine gezielte Indienstnahme der Wissenschaft zur Steigerung des Kriegserfolgs. Gewisse Re-Nationalisierungserscheinungen waren im Ersten Weltkrieg auch auf freiwilliger Basis und infolge der überschießenden Kriegsbegeisterung von Individuen zu beobachten, indem etwa die Soziologie an sich längst überwundene Kategorien wie »englischer Händlergeist«, »deutsche Ichbezogenheit« usw. wiederbelebte (Joas 1995) und Wissenschaftler verschiedener Disziplinen die Beschäftigung mit Schriften aus »Feindstaaten« verweigerten (Schwabe 1969: 165; Stromberg 1982: 57ff.). Hier liegt dann eine erkennbare Deformation der entsprechenden (meist geistes- oder sozialwissenschaftlichen) Disziplinen vor – eine kognitive Rückentwicklung und Eintrübung der Urteilsfähigkeit –, die jedoch den kriegführenden Staaten keinen erkennbaren Nutzen bringt und deshalb auch nicht durch sie angeregt und forciert wird. Im Fall des Wissenschaftssystems fallen mithin – abweichend von der typischen Kontellation – Instrumentalisierung und Deformation auseinander, und einzelne Disziplinen oder Forschungsfelder können entweder vom einen oder vom anderen (aber meist nicht von beidem zugleich) betroffen sein.

Weitere Funktionssysteme

Als weiterer Fall ist das Rechtssystem zu erwähnen: Dieses kann unter dem Zugriff eines politischen Systems, das mehr an Gefahrenabwehr als an Grundrechtsschutz interessiert ist, ebenfalls in Teilen seiner Operatio-

58 Diese kann sich höchstens in einigen äußerlichen Begleitumständen (etwa notwendige Geheimhaltung betreffend) von normalen Forschungsprojekten unterscheiden, was aber nicht den Kern des Forschungsprozesses berührt.

nen deformiert werden. Unter Bedingungen »großer« Kriege können deshalb Vorgehensweisen rechtliche Deckung finden, die ansonsten durch den Grundrechtsschutz blockiert wären (Rehnquist 1998), beispielsweise die Konfiszierung des Eigentums von Feindstaatangehörigen (hierzu immer noch interessant Littauer 1939) oder die Internierung von Feindstaatangehörigen oder sonstigen Personen mit unterstelltem Gefahrenpotenzial, prominent etwa die Internierung der japanischstämmigen Amerikaner im Zweiten Weltkrieg (Wilson 1943; 1944; Polenberg 1972: 60ff.; Winkler 1986: 71ff.). Interessant ist, dass hier die Option auf kriegsbedingte Deformation innerhalb des Rechts selbst kodifiziert ist – in Form des Rechtsinstituts des Kriegsrechts beziehungsweise des Ausnahmezustands – und nicht wie bei den anderen Funktionssystemen improvisiert und ad hoc etabliert werden muss. Gerade angesichts dieser Lage sticht dann aber wieder die auffällig geringe Deckung zwischen extremen Kriegssituationen und Inkraftsetzung des Ausnahmezustands ins Auge: Letzterer wird ja meist in mehr oder weniger kriegsfernen Lagen verhängt – etwa bei Naturkatastrophen oder inneren Unruhen –, während umgekehrt in totalen Kriegen normalerweise nicht flächendeckend der Ausnahmezustand in den beteiligten Staaten herrscht (sondern höchstens punktuell in akut umkämpften Gebieten). Daran lässt sich ablesen, wie schwer es ist, Zustände in verschiedenen Funktionssystemen punktgenau in Übereinstimmung zu bringen. Das zunächst von einem *politischen* Zustand (Krieg) her gedachte *Rechts*konstrukt des Ausnahmezustands »emanzipiert« sich davon und findet andere Verwendungsmöglichkeiten;[59] und der politische Zugriff auf rechtliches Vorgehen in totalen Kriegen muss sich dann doch wieder auf dem Weg stärker punktueller, ad hoc entworfener Maßnahmen durchsetzen.

Einige weitere Teilsysteme können eventuell in gewissem, eher marginalem Maß deformiert werden, was aber weder für den Kriegserfolg des politischen Systems noch für das Operieren der betroffenen Systeme selbst besonders entscheidend ist. So können in das Operieren des Bildungssystems prä-militärische Kurse für Schüler und/oder Studenten integriert werden

59 So der Wikipedia-Artikel »Ausnahmezustand« (18.1.2010): »Während sich der Ausnahmezustand zunächst auf äußere Gefahren beschränkte – man sprach auch von Belagerungszustand oder Kriegsrecht –, bezogen sich entsprechende Regelungen zunehmend auch auf innere Notlagen, also Aufstände, Bürgerkriege oder Naturkatastrophen. Der Ausnahmezustand emanzipierte sich gewissermaßen von der Kriegssituation, an die er ursprünglich gebunden war, und wurde zunehmend als außergewöhnliche Polizeimaßnahme bei inneren Unruhen und Aufständen angewendet.«

(Lamm 1943: 451), kriegsnützliche (d.h. naturwissenschaftlich-technische) Fächer können auf Kosten anderer Fächer gestärkt werden (Brown 1943: 425ff.), und Schülern können patriotische Werte und/oder Feindbilder vermittelt werden (Wißmann 1989; Audoin-Rouzeau 1993). Solche Maßnahmen nehmen aber normalerweise kein besonders großes Ausmaß an, und im Wesentlichen dient das Bildungssystem auch in totalen Kriegen der Vermittlung der üblichen Kenntnisse und Kompetenzen.[60] Weiter kann Kunst in gewissem Maß als »Kriegskunst« betrieben und in den Propagandaapparat des Staates eingebaut werden, vermutlich mit der Folge einer gewissen Deformation künstlerischer Standards. Daneben kann es in der Kunst – genauso wie in der Wissenschaft – Spontan-Deformationen ohne erkennbaren Kriegsnutzen geben, indem etwa in Frankreich und England keine Musik deutscher Komponisten mehr gespielt wird oder auf deutschen Theaterbühnen keine Stücke französischer Autoren mehr aufgeführt werden (Stromberg 1982: 60, 138; Ungern-Sternberg 1996: 95).

Wichtiger, als die Verästelungen solcher flankierenden Instrumentalisierungen und/oder Deformationen weiter zu verfolgen, ist es, auf eine letzte mögliche Konstellation des Zusammenwirkens von Systemlogiken hinzuweisen, die mit Blick auf das Krankenbehandlungs- und eventuell das Religionssystem vorliegt. Diese Systeme leisten zwar teils erhebliche Beiträge zur Kriegsanstrengung, und ihre Leistungen werden infolge der kriegsbedingten Verwundungen beziehungsweise der kriegsbedingten Verwerfungen und des daraus resultierenden Trost- und Sinnstiftungsbedarfs in hohem Maß nachgefragt. Es scheint aber trotzdem keine besondere Instrumentalisierung vorzuliegen, weil das Erbringen dieser Leistungen auch der Eigenlogik und Eigenfunktion der betroffenen Systeme entspricht. Die Konstellation, die oben beim Massenmediensystem schon angeklungen ist: die spontane, »natürliche« Konvergenz von Eigenimpulsen eines »Rest«-Systems und kriegsbedingten politischen Impulsen, ist hier in verstärktem Maß realisiert.

Für das Krankenbehandlungssystem bedeutet die Versorgung von Kranken und Verletzten – und natürlich auch von Kriegsverletzten – einfach die

60 Dies hängt vermutlich damit zusammen, dass an Kindern und Jugendlichen vollzogene Maßnahmen erst mit einer gewissen Zeitverzögerung kriegswirksam werden und man nicht wissen kann, ob der Krieg bis dahin nicht schon beendet ist. Dasselbe Sperrargument gilt im Übrigen in verstärktem Maß für Familien: Eine gezielte Deformation von Familien läge etwa vor, wenn diese durch den Staat zur vermehrten Produktion von Nachwuchs angehalten würden, um den Pool an potenziellen Soldaten zu vergrößern. Hier ist die zu beachtende Zeitverzögerung so groß, dass dies als Strategie für akute Kriege praktisch ausgeschlossen werden kann.

Erfüllung seiner Eigenfunktion und erfordert keine besondere Einwirkung politischer Imperative und Direktiven. Gewisse Deformationseffekte sind zwar denkbar bei der Versorgung verwundeter Soldaten im Feld, wo der Zielkonflikt auftreten kann, ob diese optimal behandelt oder aber möglichst schnell in den Kriegseinsatz zurückgeschickt werden sollen. Bei physischen Verletzungen ist der hier bestehende Spielraum aber relativ klein, und nur bei psychischen Verletzungen kann er groß und konsequenzenreich werden, wie sich insbesondere am Umgang mit unter »shell shock« leidenden Soldaten im Ersten Weltkrieg studieren lässt (Bröckling 1997: 199ff.).[61]

Für die Religion gilt ebenfalls, dass sie in großen Kriegen ihren Empfängerkreis erweitern kann, indem mehr Personen – die Unsicherheiten, Entbehrungen, Verluste zu verkraften haben – an religiösen Betreuungsleistungen interessiert sind. In diesem Sinn sah sich im Zweiten Weltkrieg sogar die Sowjetunion zu einer Abmilderung ihrer harten antireligiösen Einstellung genötigt (Baron 1952). Im Wesentlichen handelt es sich aber auch hier einfach um eine verstärkte Nachfrage nach »normaler« Funktionserbringung, nicht um eine besondere Instrumentalisierung (im Sinne der ungewöhnlichen Expansion des politischen Systems in zunächst unbeteiligte Systeme hinein). Zusätzlich können aber auch gewisse kriegsspezifische Deformationen auftreten, indem etwa Priester von Kriegsbegeisterung gepackt werden und für den Krieg predigen, oder indem Hochreligionen in der Handhabung durch Kampfsoldaten in Richtung auf Magie – Tragen von Talismännern, Aufsagen von Zaubersprüchen usw. – deformiert werden (Stouffer u.a. 1949b: 186ff.; Leed 1979: 127f.).[62]

---

61 Diese wurden von den zuständigen Militärpsychiatern teilweise als »Drückeberger« und »Simulanten« klassifiziert und an die Front zurückgeschickt (Leed 1979). Hierbei spielt aber natürlich auch eine Rolle, dass das entsprechende Symptom (das heute unter dem Namen »posttraumatische Belastungsstörung« bekannt ist) ebenso wie andere psychische Erkrankungen damals noch viel weniger bekannt und anerkannt war als heute. Allgemein zu Rollenkonflikten von Militärpsychiatern siehe Daniels 1969.

62 Kriegspredigten sind eine Deformation aber nur unter der Voraussetzung, dass die entsprechende Religion sonst ein eher friedliches, gewaltabstinentes Verhalten propagiert (was nicht zwingend der Fall sein muss); und magische Herangehensweisen – etwa das Aufstecken von Kerzen für bestimmte Heilige, deren Unterstützung gerade benötigt wird – sind auch sonst im Volksgebrauch von (Hoch-)Religionen verbreitet. Eine weitere religionsspezifische Zulieferleistung für den Krieg, die in vormodernen Gesellschaften häufig war: das Ansprechen spiritueller Mächte mit der Bitte um Sieg. Dies ist in der Moderne dagegen nicht mehr gefragt, weil die Politik gewissermaßen strukturell atheistisch ist. Wenn Erzbischöfe darüber debattieren, ob ein Christ für den Sieg beten darf (Longmate 1971: 398), lässt dies die Politik kalt.

Man sieht an diesen zuletzt diskutierten Fällen auch, dass die Abgrenzung zwischen »normaler« Funktionserbringung und besonderer, kriegsbedingter Instrumentalisierung nicht immer leicht zu ziehen ist. Ob eine Leistung (wie medizinische oder religiöse Betreuung), die zwar dem Krieg förderlich ist, aber vom entsprechenden System aufgrund eigener Funktionsorientierung und autonomer Operationsweise sowieso und ohne jede Einwirkung des kriegführenden politischen Systems erbracht wird, noch als Instrumentalisierung zu betrachten ist oder nicht, darüber könnte man vermutlich streiten. Hier müssten die begrifflichen Instrumente – etwa der Autonomiebegriff – weiter geschärft werden. Da dies an dieser Stelle nicht geschehen kann, ist als Ergebnis der Diskussion von Deformationseffekten nur festzuhalten, dass Expansionsdynamiken im Verhältnis zwischen eigenlogischen Teilsystemen immer eine differenzierte Betrachtung der jeweils involvierten Systemlogiken erfordern, wobei Harmonie ebenso wie Disharmonie, Konvergenzen ebenso wie Kollisionen, weitreichende Übergriffe ebenso wie Abwehr- und Immunisierungsbewegungen auftreten können. Diese Doppelseitigkeit – insbesondere die Dialektik von Übergriffsimpuls und Übergriffsabwehr Schutz – ist auch im Folgenden zu beachten, wenn weitere mögliche Instrumentalisierungen auf dem Weg der Extraktion von Personal und Ressourcen betrachtet werden.

(c) Instrumentalisierung durch Extraktion

Extraktion ist die voraussetzungslosere Art der Instrumentalisierung des »Rests« der Gesellschaft für Kriegszwecke. Hierbei wird der »Rest« gewissermaßen als Pool von auch für Kriegführungszwecke einsetzbaren Ressourcen betrachtet, und diese werden ihm mit mehr oder weniger großer Rücksichtslosigkeit gegenüber seinem Eigenbedarf entzogen. In vormodernen Gesellschaften sind extraktive Zugriffe die typische und vorherrschende Form von Instrumentalisierung, in der modernen Gesellschaft stellen nur noch eine von zwei möglichen Instrumentalisierungsweisen dar und werden in ihrer konkreten Durchführungsweise an die Bedingungen der modernen Gesellschaft angepasst.[63] Da es bei Extraktion nicht um die Nutzung spezifischer Systempotenziale geht, sondern um ein bloßes Abziehen von Ressourcen

63 Dies entspricht dem allgemeinen Befund, dass bei der Einführung neuer Technologien oder Sozialtechnologien (etwa: Schrift, Buchdruck, Computer/Internet) diese die jeweils früheren Formen nicht verdrängen, sondern nur ergänzen.

(Arbeitskraft und materiellen Ressourcen) aus anderen Verwendungen als »Input« für die Kriegführung, streuen die Folgen von Extraktion – anders als die Folgen von Deformation – relativ breit und gleichmäßig über mehr oder weniger alle »Rest«-Systeme. Am härtesten sind jedoch das Bildungssystem sowie Familiensysteme betroffen, die einen besonders hohen und sozial wie zeitlich wenig flexiblen Personalbedarf haben und deshalb unter Personalentzug besonders stark leiden. In der folgenden Darstellung von Extraktionseffekten konzentriere ich mich weiterhin auf totale Kriege und verschiebe die Diskussion der Implikationen für begrenzte Kriege auf das Ende dieses Kapitels.

Ich beginne mit einigen kurzen Bemerkungen zum Problem der Extraktion materieller Ressourcen, das sich schneller abhandeln lässt, und gehe dann zur Extraktion von Personal über. Historisch wurde die Extraktion materieller Ressourcen überwiegend in Form der »Lebens aus dem Lande« betrieben. Diese vergleichsweise primitive Form kommt auch in modernen und auch in totalen Kriegen noch vor – obwohl mit der Einführung der stehenden Heere tendenziell auf Magazinversorgung umgestellt worden ist (Mann 1991: 327ff.) –, weil sich die Versorgungsprobleme an einer langen Kriegsfront nicht anders lösen lassen (Humburg 1998: 164ff.). Sie fällt aber in ihrer Bedeutung auf den zweiten Platz zurück, und die Zentralstellung bei der Ressourcenextraktion nimmt jetzt die planmäßige Umlenkung von Ressourcen in einer systematisch betriebenen Kriegswirtschaft ein. Mit einer paradoxen Formulierung kann man sagen, dass auch die Extraktion von Ressourcen nicht mehr auf dem Weg schierer Extraktion – d.h. durch simple Wegnahme von Vorhandenem und Überführung in Eigentum der Kampftruppen – geschieht, sondern auf dem Weg von Deformation, nämlich Deformation der Wirtschaft zur Kriegswirtschaft.

In totalen Kriegen leiden deshalb mehr oder weniger alle gesellschaftlichen Bereiche unter einer Knappheit an Ressourcen: Es fehlen Nahrungsmittel, Kleidung, Möbel und sonstige Konsumgüter des täglichen Bedarfs, Papier und Druckkapazitäten, Lehrmaterial und Schreibgeräte, medizinisches Gerät, Energie, Transportkapazitäten usw. usf. Die anderen Teilsysteme müssen unter diesen Bedingungen Strategien des »Durchwurstelns« entwickeln, indem beispielsweise beim Druck von Büchern der Schriftsatz verkleinert und der Seitenrand verschmälert wird oder die Ausstattung neugegründeter Haushalte mit Hausrat auf die Zeit nach dem Krieg verschoben wird. Das politische System muss abwägen, wie viele Ressourcen es den anderen Funktionssystemen unter diesen Umständen noch zukommen lassen will, wobei sowohl ein Blick auf die »Kriegswichtigkeit« von deren Leistungen als auch ein Blick auf ihre Eigenfunktion und Eigenbedürfnisse involviert ist. Dieses Problem ist oben bereits unter dem Focus der Deformation des Wirtschaftssystems angesprochen worden und taucht jetzt unter dem Focus der Extraktion gewissermaßen von der anderen Seite her noch einmal auf.

Einziehung ins und Freistellung vom Militär

Auf der Seite der Personalextraktion ist die Situation zunächst analog, es kommt dann aber zu spezifischeren Interaktionseffekten und zu einer stärker differenzierten Behandlung der verschiedenen »Rest«-Systeme. In der Vormoderne wurde Personalextraktion in Form einer zweitklassigen und zeitlich begrenzten Dienstpflicht von Unterschichtangehörigen betrieben, in der Moderne nimmt sie dagegen die Form eines vollwertigen Kriegsdienstes auf längere und oft ungewisse Dauer an. Sie wird damit zunächst einmal systematisiert und universalisiert: Seit der Erfindung des universellen Staatsbürgerstatus kann prinzipiell jeder Mann (innerhalb gewisser Altersgrenzen) ins Militär eingezogen werden, und das heißt aus der Sicht der anderen Funktionssysteme, dass ihnen in hohem Umfang Personal entzogen wird: Dem Bildungssystem fehlen Lehrer und Dozenten, den Massenmedien Journalisten und Schauspieler, dem Sportsystem Sportler usw. (Brown 1943: 409; Tetreau 1943: 250; Wright u.a. 1943: 440f.; Lingeman 1970: 179, 311ff.). Auch hier muss das politische System eine Abwägung treffen zwischen dem Personalbedarf des Militärs und dem Personalbedarf der anderen Systeme, was hier mit Hilfe des Instruments der Freistellung oder Rückstellung vom Kriegsdienst geschieht.

Freistellungen können prinzipiell in zwei Blickrichtungen gewährt werden (analog zur Zuteilung von materiellen Ressourcen an andere Funktionssysteme). Zum einen kann festgestellt werden, dass eine Person – etwa ein Arbeiter in der Kriegsindustrie – in ihrer zivilen Rolle mehr zum Kriegserfolg beitragen kann denn als Soldat. In diesem Fall ist immer noch die Perspektive des kriegführenden politischen Systems führend, und die Freistellung wegen »kriegswichtiger« Beschäftigung stellt so gesehen nur eine indirekte Instrumentalisierung für den Krieg dar. Zum anderen kann aber auch die Rücksicht auf den Eigenbedarf der anderen Systeme, unabhängig von ihrem Beitrag zur Kriegführung, entscheidend sein, und in diesem Fall liegt eine genuine Rücksicht auf den »Rest« der Gesellschaft vor.[64] Vom spezifischen Charakter des von Personalextraktion bedrohten Systems hängt es ab, welcher Typ von Freistellung dominiert, in welchem Umfang Freistellungen gewährt werden, und auch, wie das betroffene System auf den Verlust eines Teils seines Personals reagiert.

Für Freistellungen wegen »Kriegswichtigkeit« kommen prinzipiell Leistungsträger in allen (oder jedenfalls sehr vielen) Funktionssystemen in Frage: Journalisten ebenso wie Wissenschaftler, Politiker ebenso wie Ärzte und Krankenschwestern beziehungsweise -pfleger. Abgesehen vom Krankenbehandlungssystem, das aus naheliegenden Gründen nicht seines Personals beraubt werden darf, liegt ein deutlicher Schwerpunkt von Freistellungen dieses Typs aber im Wirtschaftssystem, das wegen der auf Hochtouren laufenden Kriegsproduktion einen Entzug seines Personals besonders schlecht verkraften kann. Die Wirtschaft wird deshalb durch Freistellungen vor allem für besonders qualifizierte Arbeitskräfte – etwa für Facharbeiter, Unternehmer, manchmal auch für Bauern u.a. – vor übermäßigem Personalentzug geschützt.[65] Aber auch Arbeitskräfte ohne besondere Qualifikation sind *quantitativ* für das Wirtschaftssystem unverzichtbar und müssen, wenn sie ins Militär eingezogen werden, durch andere Personen ersetzt werden. Eine Kriegswirtschaft absorbiert deshalb zunächst alle vorhandenen Arbeitslosen und zieht dann weitere, bisher unbeschäftigte oder unproduktiv beschäftigte Personen als Arbeitskräfte in sich hinein, etwa Hausfrauen und Mütter, Schüler und Studenten, ältere Personen, Hausmädchen[66] oder auch ausländische Zwangsarbeiter.[67] Dies ist auch die Quelle des in vielen großen Kriegen zu beobachtenden Schubes in Richtung auf Inklusion und Gleichberechtigung: Da jede verfügbare Arbeitskraft gebraucht wird, erhalten auch Gruppen wie Frauen, Schwarze oder sonstige Minderheiten, die aus bestimmten Berufs-

---

64 Dies gilt analog zur Zuteilung von materiellen Ressourcen an andere Funktionssysteme in einer Kriegswirtschaft, die ebenfalls mit Blick auf die »Kriegswichtigkeit« oder mit Blick auf den Eigenwert anderer Bereiche geschehen kann (vgl. oben Punkt b).

65 Dass diese Freistellungen ohne systematische Berücksichtigung von Schichtkriterien vergeben werden und fallweise Angehörige der unteren *oder* der oberen Schichten begünstigen können, wurde oben (Kapitel 2.3.) schon notiert.

66 Hausmädchen verschwinden während eines großen Krieges fast vollständig (Reid 1988: 18; Lingeman 1970: 249f.)

67 Der Einsatz von Zwangsarbeitern, die gewaltsam aus dem Ausland verschleppt werden, ist dabei eigentlich schon ein Fall von Viktimisierung, bzw. ein Mischfall aus Viktimisierung und Instrumentalisierung.

rollen bislang ausgeschlossen waren, Zugang dazu.[68] Das »Einsaugen« aller irgendwie verfügbaren Personen als Arbeitskräfte löst oder mildert das Problem des Personalentzugs für die Wirtschaft, verschärft es aber für die anderen Teilsysteme, die auf diese Weise Personal nicht nur ans Militär, sondern auch an Jobs in der Kriegsproduktion verlieren. Die Wirtschaft hat insofern eine zentrale Scharnierstelle beim Problem des Personalentzugs inne.

Es kann auch Fälle der Freistellung von Leistungsträgern (etwa Richtern oder Priestern) geben, bei denen nicht klar entschieden werden muss, ob eher deren indirekter Kriegsbeitrag (etwa durch Aufrechterhaltung von Recht und Ordnung oder durch seelsorgerische Betreuung und Erbauung der Bevölkerung) oder aber die Schonung des betreffenden Funktionssystems selbst im Vordergrund steht – abgesehen davon, dass zentrale Leistungsträger mancher Funktionssysteme einfach durch ihr vergleichsweise hohes Alter mehr oder weniger effektiv vor Einziehung geschützt sind. Es gibt aber auch zwei Funktionsbereiche, nämlich das Bildungssystem und Familien, deren Kriegszulieferbeiträge offensichtlich gering sind und die trotzdem in relevantem Umfang mit Freistellungen für ihr Personal bedacht werden. Bildung und Familien binden eine besonders große Zahl von potenziellen Rekruten, da ein großer Teil der Bevölkerung in Familien inkludiert ist und ebenso ein erheblicher Teil der einschlägigen Altersgruppe am Bildungssystem teilnimmt. An diesen Bereichen zeigt sich deshalb die Kollision von militärischem Personalbedarf und »eigenem« Personalbedarf der betroffenen Systeme besonders deutlich.

Personalabzug aus dem Bildungssystem

Unter »normalen« Umständen, d.h. in kleineren Kriegen und in Friedenszeiten sind Personen mit akuten Rollenengagements in diesen Bereichen (konkret: Studenten[69] und Ehemänner/Väter[70]) ziemlich zuverlässig vor

68 Es kann hier zwar nach Kriegsende gewisse Rückschläge geben, indem die neuen Gruppen von den Rückkehrern wieder aus ihren Positionen verdrängt werden (McMillan 1988; Reid 1988). Trotzdem sind solche Inklusionsschübe prinzipiell mehr oder weniger irreversibel, weil das die Exklusion rechtfertigende Argument, die Angehörigen der betreffenden Gruppe *könnten* diese Tätigkeit nicht ausüben, danach nicht mehr zur Verfügung steht (Lipman-Blumen 1973: 116f.).

69 Die Betroffenheit konzentriert sich auf Studenten, da Schüler wegen ihres geringen Alters meist noch nicht für direkte Rekrutierungen in Betracht kommen.

70 Prinzipiell könnte auch die Rolle des Sohnes als relevante Familienrolle betrachtet werden, sie eignet sich aber nicht als Freistellungsgrund, weil *alle* Männer Söhne sind (obwohl es

Einziehung zum Kriegs- oder Wehrdienst geschützt. In totalen Kriegen lässt sich eine generelle Sperre gegenüber der Einziehung von Personen dieser Kategorien aber nicht mehr halten, Bildung und Familien werden in massivem Umfang zum Opfer von Personalentzug, ohne dass deshalb alle Rücksichtnahmen auf ihren genuinen Personalbedarf verschwinden. Die Vaterrolle etwa kann in der Rangfolge der Freistellungsgründe – trotz restlos fehlender »Kriegswichtigkeit« – unter Umständen dieselbe Dringlichkeit erreichen wie kriegswichtige Produktionsrollen, wie folgende Abwägungsentscheidung aus den USA des Zweiten Weltkriegs zeigt: »In December 1943, after a long controversy, Congress in effect prohibited taking fathers, however unimportant their jobs, before men without children, no matter how vital their work.« (Polenberg 1972: 21) Ich betrachte im Folgenden die Bereiche Bildung und Familien nacheinander, jeweils mit Focus auf die Frage, welche politischen Regelungen für die Einziehung beziehungsweise Freistellung ihrer Rollenträger in Anschlag gebracht werden und welche Reaktionen die betroffenen Systeme zeigen.

Für das Bildungssystem ist vor allem die Frage interessant, wie das politische System zwischen seinem eigenen Bedarf an Rekruten und der Notwendigkeit der Fortführung von Bildungsprozessen abwägt und zu Kompromisslösungen findet. Analytisch lassen sich drei Möglichkeiten unterscheiden, die real natürlich kombiniert werden können. Eine erste Möglichkeit liegt noch stark auf der Schiene der Freistellung wegen Kriegswichtigkeit: Sie besteht darin, dass Freistellungen für Studenten in »kriegswichtigen« (insbesondere natur- und ingenieurwissenschaftlichen sowie medizinischen) Studiengängen vergeben werden, während Studenten der Geistes- und Sozialwissenschaften eingezogen werden. Die anderen beiden Möglichkeiten stellen ganz oder überwiegend auf das Eigengewicht von Bildungsengagements ab. So kann man die Universitäten selbst eine Bestenauslese durchführen lassen, wobei die jeweils Besten und Vielversprechendsten weiterstudieren dürfen, während die anderen eingezogen werden (Brown 1943: 410). Schließlich ist es auch möglich, den Ausgleich zwischen den kollidierenden Personalansprüchen nicht in der Sozial-, sondern in der Zeitdimension zu suchen, in-

u.U. Sonderregelungen für letzte verbliebene Söhne einer Familie geben kann). Außerdem leben erwachsene Söhne in der Regel nicht im selben Haushalt wie ihre Eltern, und ihre Abwesenheit stellt deshalb eine weitaus geringere Beeinträchtigung des Familienlebens dar als das Fehlen eines Vaters von abhängigen Kindern. Im ersten Fall entstehen substantielle Beeinträchtigungen v.a. im Fall des *Todes* der betreffenden Person, im zweiten Fall schon mit ihrer bloßen *Abwesenheit*.

dem alle Studenten mit einer gewissen Zeitverzögerung – etwa im Alter von 20 Jahren – eingezogen werden, so dass ihnen vor dem Kriegsdienst zwei Jahre Zeit fürs Studium bleiben (Longmate 1971: 207f.).[71]

Alle diese Möglichkeiten erzeugen spezifische Folgeschäden im Bildungssystem. Die erste führt zu einer Verschiebung der bevorzugten Fachwahl in Richtung auf Naturwissenschaften (Brown 1943: 408f.), wobei man dann im Einzelfall nicht weiß, ob ein solcher Studiengang aufgrund eigener Neigung unter allen Umständen gewählt worden wäre, ob er gewählt wurde in dem Wunsch, etwas zur Kriegsanstrengung beizutragen, oder aber in der Hoffnung, dem Kriegsdienst zu entgehen. Die zweite Möglichkeit erzeugt einen erhöhten Konkurrenzdruck der Studenten untereinander, die gewissermaßen »um ihr Leben lernen«. Die dritte führt zu einem erhöhten Zeitdruck im Studium, der teils durch die offizielle Verkürzung und Komprimierung von Studiengängen aufgefangen wird, teils aber auch in die Bemühung um Intensivierung und Beschleunigung der individuellen Lernprozesse – d.h. Steigerung der in derselben Zeit angeeigneten Wissensmenge – mündet (Longmate 1971: 207f.). All dies bedeutet, dass funktionsspezifische Potenziale nicht optimal ausgeschöpft werden, Bildungsprozesse nicht in optimaler Weise ablaufen können. Das Bildungssystem leidet in dem Maß, in dem ihm sein Lernpersonal entzogen wird, in seiner funktionsspezifischen Eigenorientierung.

Neben Hochschulen können auch Schulen vom Problem des Personalabzugs betroffen sein, obwohl deren lernendes Personal – Schüler – in der Regel noch nicht volljährig ist und nicht ins Militär eingezogen werden kann. Schüler können aber von sekundären oder tertiären Wellen des Personalabzugs erfasst werden, auf die das politische System dann keinen direkten Zugriff mehr hat, indem sie etwa in Jobs in der Kriegsindustrie abgezogen werden, oder indem ältere Geschwister die Betreuung jüngerer übernehmen müssen, oder indem sie durch sonstige kriegsbedingte Erschütterungen (Evakuierung, nächtlichen Bombenalarm und fehlenden Nachtschlaf, Internierung, Zerstörung oder Requisitionierung der Schulgebäude usw.) dauerhaft oder vorübergehend vom Schulbesuch abgehalten werden (Tetreau 1943: 251f.; Wright u.a. 1943: 431ff.; Marwick 1965: 117; Audoin-Rouzeau 1993: 189f.). Zeiten großer Kriege sind deshalb generell Zeiten ho-

71 All dies gilt unter der Voraussetzung von Studierquoten, die (zur Zeit der Weltkriege) wesentlich niedriger waren als heute. Würde es bei den heutigen, der 50%-Marke sich annähernden Quoten noch einmal zu einem Weltkrieg kommen, müssten die Regelungen wohl entsprechend schärfer ausfallen.

her Dropout-Quoten und unregelmäßigen Schulbesuchs. Die Bedingungen des Schulunterrichts ähneln denen vor der vollen Durchsetzung der allgemeinen Schulpflicht (d.h. vor der Durchsetzung der autonomen Verfügung der Bildungssystems über sein Personal), als unregelmäßiger Unterrichtsbesuch aus allen möglichen außerschulischen Gründen an der Tagesordnung war und Erziehungsprozesse aufgrund des Fehlens oder der unzuverlässigen Verfügbarkeit des Personals zu scheitern drohten (Smelser 1990: 173).

Personalabzug aus Familien

Was Familien als den zweiten massiv betroffenen Bereich betrifft, so sind kreative Misch- und Zwischenlösungen bei der Einziehung von Rollenträgern hier weniger verbreitet. Üblich ist nur eine Abstufung der Schutzwürdigkeit von (bloßen) Ehemännern einerseits und Vätern andererseits, weitere Einteilungen in verschieden schützenswerte Kategorien scheinen nicht vorzukommen.[72] In totalen Kriegen werden ab einem gewissen Punkt aber auch Väter eingezogen, und danach gibt es dann nur noch rudimentäre Möglichkeiten der Rücksichtnahme auf familiäre Rollenengagements, indem etwa Soldaten Heimaturlaub aus familiären Gründen erhalten (bei Geburt eines Kindes, Krankheit oder Tod eines Angehörigen o.ä.).[73] Interessant sind hier dagegen die Reaktionen der betroffenen Familien- und Intimsysteme auf den Abzug der Männer und/oder Väter. Die unmittelbaren Reaktionen sind wenig überraschend und bestehen etwa in Einsamkeit, Sehnsucht, sexuellem Entzug, Entfremdung vom Partner beziehungsweise Vater, Untreue, Angst vor Untreue,[74] u.ä. In gewisser Weise macht es dabei für den zurückbleibenden Teil der Familie wenig Unterschied, ob der Mann im Kriegseinsatz stirbt oder ob er noch am Leben ist; mit seiner Einziehung stirbt er gewissermaßen

72 Hierzu fehlen denn auch die Kriterien. Väter betreffend könnte man hier zwar eventuell an das Kriterium der Kinderzahl oder auch des Alters der Kinder denken, aber diese scheinen real nicht benutzt zu werden.

73 Im Ersten Weltkrieg wurden solche individuellen Heimaturlaube auch noch mit Blick auf wirtschaftliche Rollen gewährt – etwa wenn Bauernsöhne bei der Ernte mithelfen mussten (Speier 1952: 255) –, im Zweiten Weltkrieg dominieren eindeutig familiäre Gründe.

74 Die Untreue-Angst wird dadurch verschärft, dass man nicht nur den Anderen nicht sieht und nicht kontrollieren kann, sondern dass man darüber hinaus an *Dritten* sieht, dass Untreue unter Kriegsbedingungen häufig ist (E. McDonagh/McDonagh 1945: 197; E. C. McDonagh 1946). Dies gilt für die abwesenden Männer ebenso wie für die zurückbleibenden Frauen und kann das ansonsten vielleicht naheliegende Vertrauen in die Treue des Anderen untergraben.

einen »strukturellen Tod« (Leed 1979: 22), der durch sein ziviles Umfeld verkraftet werden muss, und zwar sowohl auf der Ebene des sozialen Rollenmanagements als auch auf der Ebene der psychologischen Verarbeitung. »[M]any [war brides] went through periods of frustration, anger and loss, sometimes bitterly blaming their husband for his absence, then sinking into states of hysterical grief, followed by depression and mourning – the simulacra of the death of a loved one.« (Lingeman 1970: 94)

Bereits im Vorfeld der erwarteten oder drohenden Einziehung können aber auch komplexere Reaktionen auftreten, die als spontane Gegen- oder Immunreaktionen von Intimsystemen gedeutet werden können – ähnlich wie die Wirtschaft auf überhandnehmende staatliche Regulierung mit der Bildung von Schwarzmärkten reagiert und die Massenmedien auf überhandnehmende Zensur und Propaganda mit Ausweichstrategien (Gerüchte, Feindsender). Typisch scheint insbesondere die Beschleunigung von Paarbildungs- und Familiengründungsprozessen zu sein: das »hasty heart in wartime« (Lingeman 1970: 93). In Zeiten großer Kriege werden viele Ehen mehr oder weniger überstürzt geschlossen (gemessen am sonst üblichen Zeitbedarf in Phasen ohne äußeren Druck), weil man der Partnerschaft das Siegel der Ehe geben will, bevor der Mann in den Krieg muss oder während er gerade auf Heimaturlaub ist.[75] Die Attraktivität der Ehe kann zwar auch durch den kalkulierenden Blick auf handfeste Vorteile gesteigert werden, etwa durch die Hoffnung auf Rückstellung vom Kriegsdienst für Verheiratete oder das Interesse an staatlichen Unterhaltszahlungen für Soldatenfrauen. In vielen Fällen liegt aber – wie durch zahlreiche qualitative Befunde belegt – auch ein Effekt der Eigenlogik moderner Liebes- beziehungsweise Intimbeziehungen vor. So kann die Heirat als Liebesbeweis betrachtet oder auch eingefordert werden, die Ehe kann als Garantie von Stabilität und Verlässlichkeit in einer Zeit der Trennung und Belastung gesehen werden, und die Vorstellung eines »warmen Heims« kann als Gegenpol zu den kriegsbedingten Erschütterungen besondere Attraktionskraft ausüben (McDonagh 1946: 454; Lingeman 1970: 88ff.; Longmate 1971: 156ff.). All diese Motivkonstellationen setzen den spezifisch modernen Komplex der romantischen Liebe voraus (hierzu Schenk 1987: 145ff.; Collins/Coltrane 1991: 278ff.; Luhmann 2008), nämlich die Vorstellung einer hochpersonalisierten Bindung und einer privatisierten und intimisierten Nahwelt, sowie in manchen Fällen die Bereitschaft

75 Dabei wird teilweise nicht nur der Prozess der Paarbildung und der Entschluss zur Heirat, sondern auch der Vorgang des Heiratens selbst beschleunigt: Geheiratet wird u.U. sehr kurzfristig, ohne Ankündigung, ohne Einladung, ohne Ring usw. (Longmate 1971: 157f.).

und Fähigkeit von Individuen, sich schnell und bei zufälligen Gelegenheiten – etwa Tanzabenden für Soldaten und ortsansässige Mädchen – zu verlieben.[76]

Ähnliches gilt auch für die Gründung von Familien, d.h. für die Zeugung von Kindern. Auch diese wird in vielen Fällen kriegsbedingt beschleunigt, und wiederholt lassen sich erkennbare »peaks« in den Geburtenraten jeweils neun Monate nach größeren Einberufungsaktionen nachweisen (Grabill 1944: 109). Dies geht – vor dem Zeitalter der Pille – teilweise sicher auf eine rein physiologische und von der Logik des emergierenden Familiensystems unabhängige Kausalkette zurück, teilweise kann aber auch dies als systemrationale Reaktion auf eine kriegsbedingte Trennungssituation verstanden werden. Ein Kind kann gewünscht (oder mindestens billigend in Kauf genommen) werden als »Pfand der Liebe« oder auch als Bestandteil der intimisierten Kleinfamilie: »The father, faced with the possibility of being killed in battle, was depositing a small guarantor to posterity, an assurance that someone would carry on his name, while the wife was given something to hold on, a living, breathing symbol of their marriage.« (Lingeman 1970: 92) (vgl. Longmate 1971: 167ff.) Quantitativ gesehen können sich all diese Reaktionsweisen in einem Anstieg der Heirats- und Geburtenraten während großer Kriege (oder bestimmter Phasen davon) niederschlagen,[77] ebenso wie in einem Anstieg der Scheidungsraten nach dem Krieg, was eventuell – mit viel Vorsicht – als Indiz für verfrühte, den für stabile Paarbildung nötigen Zeitbedarf unterschreitende Heiraten gewertet werden kann (Tetreau 1943: 252; Lingeman 1970: 93f.; Polenberg 1972: 145).[78]

76 Den Gedanken, solche Beschleunigungseffekte nicht nur als externe Beeinträchtigung, sondern als Autonomieverteidigung von Intimbeziehungen zu lesen, hat zuerst André Kieserling formuliert (mündliche Kommunikation).

77 Es gibt zwar auch den umgekehrten Effekt eines *Sinkens* der Heirats- und Geburtenraten infolge der Nichtverfügbarkeit der Männer (z.B. Daniel 1993: 163ff.), und teilweise mischen sich beide Trends während derselben Kriege bzw. lösen einander im Zeitverlauf ab. Der zweite Trend (sinkende Raten) ist aber nicht überraschend und muss nicht speziell erklärt werden, er kann vielmehr als simpler Kausaleffekt der Abwesenheit der Männer (ohne Beteiligung irgendeiner spezifischen Systemlogik) gebucht werden. Der erste Trend dagegen (steigende Raten) bzw. die ihm zugrunde liegende Beschleunigung von Heiraten und Familiengründungen muss ja von den betreffenden Systemen selbst mit eigenen Operationen durchgeführt werden und muss mithin immer auch als Effekt von deren Eigenlogik und Eigenstrukturen betrachtet werden.

78 Hier ist aber natürlich viel Intrusion von Drittvariablen – langanhaltende Trennung, Möglichkeit zum Kennenlernen anderer Partner, sonstige kriegsbedingte Erschütterungen – zu berücksichtigen und müssten genauere Analysen durchgeführt werden.

Dominierend beim Problem des Personalabzugs aus Familien ist natürlich der Abzug der Männer. Unter Umständen können aber auch Frauen aus familiären Rollenengagements (v.a. aus der Kinderbetreuung) abgezogen werden, soweit sie eine Beschäftigung in der Kriegsindustrie oder an anderswo entstandenen Lücken in der Beschäftigungsstruktur aufnehmen. Dieses Problem liegt dann teilweise wieder außerhalb des Zugriffs des politischen Systems, teilweise wird das Einrücken der Frauen in die Kriegsproduktion aber auch politisch gewollt und forciert, beispielsweise dadurch, dass Unterhaltszahlungen an Soldatenfrauen so niedrig gehalten werden, dass diese zum Arbeiten praktisch genötigt sind. Zum Ausgleich werden zwar teilweise Kinderbetreuungsstätten geschaffen, aber generell nicht in ausreichendem Umfang (Winkler 1986: 46; Summerfield 1988: 104ff.), so dass etliche Kinder unzureichend betreut werden – durch Großeltern, ältere Geschwister, Nachbarn usw. – oder während der Arbeitszeit ihrer Mütter gänzlich unbetreut bleiben (Lingeman 1970: 85ff.). Hierin liegt eine klare Beeinträchtigung der Leistungsfähigkeit und eigenen Funktionsorientierung von Familien, während die oben erwähnten beschleunigten Paar- und Familienbildungsprozesse teils noch als Verteidigung dieser Leistungsfähigkeit und Eigenorientierung unter schwierigen äußeren Bedingungen verstanden werden müssen.

Dass gerade die beiden Bereiche Bildung und Familien im Brennpunkt der Problematik des Personalentzugs stehen, geht offensichtlich auf eine besonders unglückliche Kombination von Eigenschaften zurück: Nicht nur engagieren diese Bereiche besonders viele Personen in relevanten Altersgruppen und können wenig Kriegswichtigkeit ihres Operierens beanspruchen, sie sind auch in besonderer Weise auf die kontinuierliche Präsenz ihres Personals angewiesen. Während nämlich die meisten anderen Funktionssysteme ihr Personal entweder in gewissem Maß austauschen oder aber in Reaktion auf das Fehlen des Personals sich für eine gewisse Zeit »einfrieren« können, können Familiensysteme und das Bildungssystem weder das eine noch das andere.

Viele Systeme sind in der Wahl ihres Personals relativ flexibel: Sie können beim Ausfall von Leistungsträgern auf anderes, zweit- oder drittklassiges Personal – auf ungelernte Arbeiter, pensionierte Lehrer, unterqualifizierte Dozenten, schlechtere Schauspieler usw. – ausweichen und müssen dann zwar gewisse Absenkungen des Leistungsniveaus, aber keinen vollkommenen Ausfall systemrelevanter Prozesse in Kauf nehmen.[79] Familien können dies offensichtlich nicht wegen ihrer geringen Größe und starken Personalisierung; und das Bildungssystem kann es ebenfalls nicht, weil es mit Prozessen der Personveränderung zu tun hat, die in der Person selbst ihr Substrat haben und nicht einfach ersatzweise an anderen Personen durchgeführt werden können. Beide Systeme werden deshalb vom Abzug ihres Personals besonders dramatisch und unausweichlich getroffen. Im Bereich von Intimbeziehungen ist es zwar prinzipiell möglich, auf Ersatzpersonal auszuweichen, nämlich auf Liebhaber oder neue Partner; aber dies hat dann zur Folge, dass das bisherige System beschädigt oder zerstört wird. Dabei ist der Rückgriff auf Ersatzpartner in genau dem Maß ein Problem, in dem der alte Partner dadurch ersetzt wird, und deshalb (und nicht nur wegen der hier involvierten basalen Asymmetrie zwischen Männern und Frauen) ist die Untreue von Soldatenfrauen ein wesentlich gravierenderes Problem als die Promiskuität von Soldaten im Kriegseinsatz. Erstere haben sehr viel höhere Chancen, im Fall von Untreue einen neuen *Partner* zu finden, der den alten in allen Funktionen ersetzt, während letztere mit hoher Wahrscheinlichkeit nur flüchtige sexuelle Kontakte haben, die keinen vollwertigen Ersatz für die Beziehung bieten und deshalb viel weniger Schäden anrichten.

Instrumentalisierung in totalen und begrenzten Kriegen

Ich schließe damit die Diskussion des Extraktionsproblems ab und stelle abschließend noch einige zusammenfassende und stärker spekulative Überlegungen zum Instrumentalisierungsproblem in totalen und nicht-totalen Kriegen an, bevor ich zu abweichenden Formen der Instrumentalisierung in Neuen Kriegen und dann zum Problem der Viktimisierung übergehe. Totale Kriege stellen einen instruktiven, aber seltenen Fall moderner Kriege dar; die noch offene Frage ist, was all dies für den sehr viel häufigeren Fall von begrenzten Kriegen besagt. Hier fällt zunächst auf, dass die ganze Unterscheidung von totalen und begrenzten Kriegen sich in dieser Schärfe nur auf die moderne Gesellschaft anwenden lässt. In stratifizierten Gesellschaften gibt es

79 Einen weiteren Falltyp bilden Systeme wie Wissenschaft und Kunst, die zwar ihr Personal relativ schlecht austauschen können und relativ stark auf die Mitwirkung *bestimmter* Personen mit etablierter Systemgeschichte und systemspezifischer Qualifikation angewiesen sind, dafür aber den Vorteil haben, für eine gewisse Zeit pausieren bzw. sich »einfrieren lassen« zu können, ohne dadurch allzu großen Schaden zu nehmen (vgl. dazu unten Kapitel 4.3.).

keine deutliche Unterscheidung zwischen »großen« und »kleinen« Kriegen, vielmehr ein Kontinuum von mehr oder weniger destruktiven beziehungsweise expansiven Kriegen ohne klare Typenunterscheidung. Dagegen wird kein Beobachter moderner Kriege ohne die Unterscheidung von totalen und begrenzten Kriegen auskommen, und diese wird in allen gängigen Kriegsgeschichten zur Strukturierung des zwischenstaatlichen Kriegsgeschehens bis 1945 benutzt. Zwar ist diese begriffliche Unterscheidung gegenüber der realen Situation sicher leicht überzeichnet und fallen reale Kriege nicht absolut trennscharf in zwei voneinander getrennten »Härteklassen« an[80] – und vielleicht geht man also mit der folgenden Überlegung nur einer semantischen Dichotomisierung auf den Leim, der keine reale Dichotomie entspricht. Aber wenn man davon ausgeht, dass die Differenz zwischen »großen« und »kleinen« Kriegen in der Moderne tatsächlich schärfer wird, liegt die Überlegung nahe, dass dies etwas mit der hier analysierten Situation multipler Systembildung zu tun hat.

In den obigen Analysen war denn auch zu sehen, dass eine solche Multi-System-Konstellation (mit Eigenlogiken, Eigenstrukturen, eigenen funktionalen Orientierungen auf allen Seiten) an etlichen Punkten Schwellen des Übergriffs auf andere Teilsysteme hervorbringt, die nur entweder genommen oder nicht genommen werden können. So muss ein kriegführender Staat sich entscheiden, ob er seinen Bedarf an Kriegsgütern auf marktkonforme Weise, d.h. durch Inanspruchnahme normaler Lieferbeziehungen deckt oder ob er mit staatlichem Zwang in das Operieren der Wirtschaft eingreift; er muss sich entscheiden, ob er selbst Propagandamaterial herstellt oder sich auf die in den etablierten Medien verbreitete Kriegsberichterstattung verlässt; er muss sich entscheiden, ob er bei der Rekrutierung von Soldaten auch auf normalerweise geschützte Kategorien wie Väter und Studenten zugreift oder ob er etablierte Freistellungsgründe respektiert. Nicht immer muss die Situation in dieser Weise bifurkativ und schwellenartig geordnet sein – so etwa nicht beim Zugriff auf kriegswichtige Forschungsprojekte, der grundsätzlich denselben Charakter hat wie normale Forschungsförderung und deshalb in beliebiger Intensität vorgenommen werden kann, und oftmals auch nicht in der Frage der Zensur der Massenmedien, wo durch die Möglichkeit der Vorverlagerung von Kontrollen die Bifurkation abgemildert oder ganz in ein Kontinuum verwandelt werden kann. Aber an vielen Punkten entstehen

80 Dass es auch einige Grenz- oder Streitfälle geben kann, etwa den Amerikanischen Bürgerkrieg oder den Vietnamkrieg, wurde oben (unter Punkt a) bereits angemerkt.

eben wegen des Systemcharakters des »Rests«, der ausgeprägtere Eigenstrukturen und Eigenbedürfnisse aufweist, auch deutlichere Schwellen des Übergriffs und der möglichen Instrumentalisierung.

Wenn solche Schwellen überschritten werden – und möglicherweise werden sie besonders leicht zusammen überschritten, weil eine Überschreitung die andere stützt –, dann hat der Krieg eine neue Qualität, ist ein totaler beziehungsweise (präziser) ein gesellschaftlich expansiver Krieg. Wenn sie nicht überschritten werden, bleibt der Krieg auf sein »Ursprungssystem« begrenzt und tangiert nicht die bestehende Differenzierungsstruktur der Gesellschaft. Auch in begrenzten Kriegen können zwar Zulieferleistungen anderer Funktionssysteme in Anspruch genommen werden, aber dies geschieht dann über die etablierten strukturellen Kopplungen beziehungsweise den normalen Leistungsaustausch zwischen den Funktionssystemen – etwa durch den Bezug von Waffen von etablierten Rüstungsherstellern oder durch Kriegsberichterstattung in den etablierten Medien. In totalen Kriegen gibt sich der Staat mit solchen »normalen«, in ihrer Effektivität begrenzten und durch eine Seite nie ganz kontrollierbaren Leistungsbeziehungen nicht zufrieden und greift statt dessen in die Binnenstrukturen anderer Teilsysteme ein. In diesem Sinn ist es mindestens theoretisch plausibel, dass die Struktur einer funktional differenzierten Gesellschaft mit vielfacher Systembildung auch auf ein deutlicheres Auseinanderdriften »großer« und »kleiner«, totaler und begrenzter Kriege hinführt.

Diese Überlegung kann hier aber nur mit sehr viel Vorsicht und vorbehaltlich gründlicher Prüfung angeboten werden. Ein Vorbehalt muss etwa in der Richtung angemeldet werden, dass es sich bei näherem Hinsehen vielleicht doch nicht um wenige gut konturierte Schwellen, sondern um so viele kleine Einzelschwellen handelt, dass sich alles wieder in ein Kontinuum auflöst (indem etwa im Bereich der Wirtschaft über Allokationssteuerung auf der Produktionsseite, Rationierung auf der Konsumseite, Arbeitsmarktkontrollen, Maßnahmen zur Kriegsfinanzierung usw. je getrennt entschieden wird und nicht »die« eine Schwelle des staatlichen Eingriffs in die Wirtschaft besteht). Weiter ist zu bedenken, dass auch die »normalen« strukturellen Kopplungen nicht einfach fix und fertig gegeben, sondern in ihrer Art und Intensität u.a. von vorangegangenen Kriegen abhängig sind und die hier bestehenden Schwellen durch sukzessive Kriege hinausgeschoben werden können.[81] Obwohl hier also noch etliche Fragen zu klären sind,

81 Dies entspricht der von Shaw u.a. vertretenen kriegssoziologischen Perspektive, die be-

sollten mit den vorangegangen Überlegungen doch einige Anhaltspunkte für eine gesellschaftstheoretische Analyse von (totalen und anderen) Kriegen gegeben sein.

Ohnehin gilt die Tendenz zur Dichotomisierung – wenn sie überhaupt gilt – nur für die Seite der Instrumentalisierung, nicht für die Seite der Viktimisierung. In Bezug auf Viktimisierungen ist kein qualitativer Unterschied zwischen »großen« und »kleinen« Kriegen feststellbar, vielmehr sind die Formen von Viktimisierung immer ungefähr dieselben und kann das Ausmaß von Viktimisierung stufenlos variiert werden. Dies liegt vermutlich daran, dass es für Viktimisierung grundsätzlich keine präexistenten Bahnen, keine »normalen«, sowieso bestehenden Formen struktureller Kopplung gibt und vielmehr *jede* Viktimisierung ein Übergriff ist. Darauf komme ich unten (Kapitel 3.4.) noch zurück.

Wie zentral die Frage nach dem Verhältnis zwischen kriegführendem politischem Systems und anderen Teilsystemen in modernen Kriegen ist, soll abschließend noch an einem ebenso unterhaltsamen wie gesellschaftsanalytisch sensiblen Zitat des britischen Journalisten Michael Foot aus der Zeit des Zweiten Weltkriegs illustriert werden. Unter Bedingungen hoher struktureller Differenzierung spiegelt sich die Intensität eines Konfliktes, der innerhalb des politischen Systems zwischen verschiedenen seiner Segmente (Staaten) ausgetragen wird, in der Intensität der Konflikte und Reibungen zwischen dem politischen System und anderen Teilsystemen, da ersteres sich zu Übergriffen und Instrumentalisierungen, letztere sich zur Verteidigung ihrer Autonomie andererseits aufgerufen fühlen. Dies wird auf den Punkt gebracht in der Reaktion auf die Zensur einer Zeitung (des »Daily Mirror«) durch Foot (seinerseits Chefredakteur des »Evening Standard«), die die aufgeheizte Kriegsrhetorik der Zeit auf *diese* Konfliktlinie überträgt: »The liberty of the press in this country can only be maintained by the vigilance of the people and the vigilance of the Parliament and the courage of the newspapers themselves. [...] Therefore we must fight, fight, fight to retain those liberties. The ministers come along to tell us that, of course, it's only the Daily Mirror they were trying to get at. The attack is over, they say. No other demands on any other newspapers. All other newspapers may continue to live in tranquility and in freedom and in peace. There's something rather familiar about those words. ›I have no more territorial demands.‹ I can picture in my mind's

tont, dass das Ausmaß der staatlichen Kontrolle über andere Bereiche der Gesellschaft zentral von dem zuletzt geführten großen Krieg abhängt (vgl. oben Kapitel 1).

eye right now [War Cabinet member Herbert] Morrison himself uttering those words, ›I have no more territorial demands,‹ [...] with a firm look on his jaw and a hot gun in his pocket, with the Evening Standard safely suppressed under [one censorship order] and its proprietor safely looked after under [another such order].« (zit. in Nichols 2010)

(d) Instrumentalisierung in Neuen Kriegen

Die meisten Kriege des letzten halben Jahrhunderts sind nicht nur keine totalen, sondern überhaupt keine »klassischen«, zwischenstaatlichen Kriegen. Vielmehr dominieren diverse Typen von mehr oder weniger innerstaatlichen Kriegen, oft vom »low-intensity«-Typ. Insbesondere auf den Typ des »Neuen Krieges«, d.h. des überwiegend ökonomisch motivierten Krieges, ist oben schon eingegangen worden (Kapitel 2.5.), und dieser Typ soll nun auch noch unter dem Gesichtspunkt der Instrumentalisierung untersucht werden. Wenn die Überlegung zutrifft, dass die Art der Instrumentalisierung des »Rests« in zentraler Weise von der Form der gesellschaftlichen Differenzierung abhängt, müssen die Neuen Kriegen – die ja in derselben Gesellschaft stattfinden wie »Alte« Kriege, nämlich in der modernen Gesellschaft – mindestens vergleichbare, wenn schon nicht identische Instrumentalisierungsdynamiken aufweisen.

Hierbei stellt sich zunächst das Problem, dass als Protagonist dieser Kriege beziehungsweise als aktiv kriegführendes Teilsystem nicht mehr eindeutig das politische System identifiziert werden kann. Solche Kriege werden teilweise und oft überwiegend von nicht- oder sub-staatlichen Akteuren ausgefochten, und nicht-politische Ziele (insbesondere das Ziel der ökonomischen Bereicherung beziehungsweise – auf niedrigeren Ebenen – der Subsistenzsicherung) machen oft tragende Teile ihrer Dynamik aus. Andererseits können sie aber auch nicht einfach als nicht-politisches, etwa rein ökonomisches Geschehen betrachtet werden, da sie ja nicht durch Benutzung des Geldmediums, sondern weiterhin durch Anwendung von Gewalt (als im Einzugsbereich des politischen Mediums: Macht liegenden Durchsetzungsmittels) ausgetragen werden. Die Lage ist hier real diffus und kann auch mit theoretischen Mitteln nicht restlos geklärt werden. Für die folgende Analyse bleibt deshalb nichts anderes übrig, als sich auf der Aktivseite der Instrumentalisierung einfach gemischt politisch-ökonomisch situierte Akteure vorzustellen (Rebellengruppen, Kriegsherren usw., aber auch Regierungen oder Militärgruppierungen mit zweifelhafter Ausrichtung). Dies hat zur Folge, dass das angepeilte Ziel von Instrumentalisierungen nicht unbedingt in der Steigerung des Kriegserfolgs (Sieg) liegen muss, sondern auch in der Steigerung ökonomischer Einkünfte liegen kann. Ebenso kann – in einer vielleicht verblüffenden Wendung – auf der Seite der instrumentalisierten Systeme u.U. auch das politische System selbst auftauchen. Die wichtigsten Zielsysteme von Instrumentalisierungsbemühungen sind aber weiterhin die Wirtschaft und die Massenmedien sowie eventuell die Religion.

Dabei werden im Folgenden hauptsächlich deformative Arten von Instrumentalisierung betrachtet; zu extraktiven Arten von Instrumentalisierung – die aber weniger typisch sind und teils schon in den Bereich von Viktimisierungen übergehen – werden unten einige kurze Bemerkungen gemacht. Am Verhältnis von Instrumentalisierung und Viktimisierung lässt sich denn auch ein wesentliches Strukturmerkmal der Neuen Kriege im Unterschied zu »klassischen« Kriegen festmachen. In klassischen Kriegen wird Instrumentalisierung vor allem nach innen, auf dem je eigenen Territorium des kriegführenden Staates, und Viktimisierung vor allem nach außen, vorzugsweise auf dem Territorium des Feindes betrieben. In Neuen Kriegen ist umgekehrt Instrumentalisierung vor allem nach außen, d.h. auf globale Strukturen gerichtet (insbesondere auf Weltmarktstrukturen und die Berichterstattung in den globalen Massenmedien), während Viktimisierung meist nach innen, gegen die »eigene« oder jedenfalls auf eigenem Territorium lebende Bevölkerung gerichtet ist. In nur leichter Überspitzung kann man sagen: In »großen« Kriegen (insbesondere Weltkriegen) ist der Krieg global und die Instrumentalisierung anderer Teilsysteme national oder regional segmentiert; in Neuen Kriegen ist der Krieg lokal oder regional und die Instrumentalisierung anderer Teilsysteme global (vgl. dazu Kaldor 2000: 19f., 144f.).

Entsprechend dieser Verschiebung der räumlichen Verhältnisse ist auch das allgemeine Kräfteverhältnis zwischen den aktiv Kriegführenden einerseits und dem »Rest« der Gesellschaft andererseits in Neuen Kriegen anders geordnet als in totalen Kriegen. Während in einem totalen Krieg die anderen Teilsysteme in die Logik des Krieges eingepasst und unter deren Gewicht deformiert werden, müssen die Neuen Kriege sich umgekehrt in die Logik insbesondere der globalen Wirtschaft und der globalen Massenmedien einfügen. Die instrumentalisierten Teilsysteme werden hier nicht als ganze deformiert und kriegsbedingten Imperativen unterworfen, sondern absorbieren solche punktuellen »Instrumentalisierungen« problemlos; und deformiert werden statt dessen höchstens die Kriegsparteien selbst (etwa mittels

Verdrängung politischer durch ökonomische Orientierungen). Die »instrumentalisierten« Systeme dominieren also über das »instrumentalisierende« System, was in gewisser Weise den Sinn dieses Begriffes in Frage stellt und zu der Überlegung Anlass geben könnte, ob man statt dessen besser von einem »Einklinken« des Krieges in andere Systeme o.ä. sprechen sollte. Shaw wählt zur Bezeichnung der neuen Konstellation den Begriff »global surveillance warfare«[82] und stellt fest: »The core of the new mode of warfare is therefore a different general relationship between warfighting and the political, economic and cultural-ideological domains. [...] Total warfare had the capacity to *dominate* society: it could override market relations, suppress democratic politics and capture media for substantial periods. Global warfare in contrast is generally *subordinate* to economy, polity and culture. It becomes locally dominant in war zones [...], but it cannot override social relations as fully or widely as total war could. On the contrary, global warfare must nestle in the interstices of polity, economy and culture [...]: warmaking must *capitalize* on market relations, *exploit* democratic political forms, and *manage* independent media.« (Shaw 2005: 55f.)[83]

Nach diesen allgemeinen Bemerkungen können nun die Instrumentalisierungsbewegungen beziehungsweise das Einklinken in die einzelnen Bereiche (Wirtschaft, Politik, Religion, Massenmedien) betrachtet werden. Die wichtigste Umweltanbindung Neuer Kriege ist die an die globale Wirtschaft, da die Kriegsparteien sich laufend Waffen und anderes kriegswichtiges Material (Fahrzeuge, Kommunikationsgeräte usw.) auf dem Weltmarkt beschaffen müssen. Eine eigene Produktion solcher Güter ist in den Kriegsgebieten praktisch nicht vorhanden, und die Kriegsparteien können sich also nicht autark und durch Verbindungen zu lokalen Herstellern mit Kriegsgütern versorgen, sondern müssen einen unablässigen Strom solcher Güter von außen aufrechterhalten. Generell ist die Wirtschaft in Gebieten mit Neuen Kriegen infolge der destruktiven und verunsichernden Kriegseffekte stark geschwächt, und Theoretiker der Neuen Kriege gehen in analytischen Mo-

82 Diesen Begriff könnte man vielleicht am adäquatesten (wenn auch sperrig) als »durch globale Funktionslogiken gegängelte Kriegführung« übersetzen.

83 Shaw schließt auch die politische Sphäre in die Liste der von kriegsbedingten Zugriffen erfassten Teilsysteme ein. Mir leuchtet dies wie gesagt für Neue Kriege prinzipiell ein, für totale Kriege bevorzuge ich das Schema, das Politik als Ausgangspunkt und »Heimat«ort – und nicht als Umweltfaktor – des Krieges betrachtet. Das schließt nicht aus, dass es Rückwirkungen des Krieges auf demokratische (oder andere) politische Strukturen gibt, aber dies ist dann eine Rückwirkung innerhalb des kriegführenden Teilsystems selbst und nicht ein Effekt auf den »Rest« der Gesellschaft.

dellen sogar davon aus, dass überhaupt keine Inlandsproduktion – welcher Güter auch immer – vorhanden ist (Duffield 2000: 77f.; Kaldor 2000: 161ff.). Die Notwendigkeit der Weltmarktanbindung gilt deshalb relativ symmetrisch sowohl für die jeweilige Regierungsseite als auch für nichtstaatliche Akteure wie Rebellen, Kriegsherren usw. (nicht aber natürlich für eventuell beteiligte Großmächte). Damit ist die international verflochtene Kriegswirtschaft der Neuen Kriege das genaue Gegenteil der »klassischen« Kriegswirtschaft aus totalen Kriegen, die national und autark war (Kaldor 2000: 19f., 144f.).

Um die benötigten Güter auf dem Weltmarkt kaufen zu können, müssen aber Devisen aus dem Verkauf anderer Güter zur Verfügung stehen. Dies ist ein weiterer wichtiger Unterschied zur »klassischen« Kriegswirtschaft, bei der die Staaten praktisch alle wichtigen Transaktionen in eigener Währung abwickeln können; es bedeutet, dass Besteuerung – selbst wenn man ein funktionierendes Steuerwesen und eine belastbare Steuerbasis voraussetzen würde – niemals eine ausreichende Grundlage für die Finanzierung Neuer Kriege sein kann. Infolge dieser doppelten Abhängigkeit vom Weltmarkt (in Bezug auf Güterangebot und Währungsdominanz) entwickeln die Kriegsakteure ein systematisches und praktisch alternativloses Interesse an der Ausbeutung lokaler Rohstofflager und dem Verkauf der Rohstoffe auf dem Weltmarkt, wobei Stoffe von hohem Wert und geringer Nachvollziehbarkeit der Herkunft – wie Gold, Diamanten, Elfenbein, Drogen – bevorzugt werden (Duffield 2000; Paes 2003; Münkler 2004; 2006: 144ff.; Take 2006). Sowohl der Verkauf heimischer Rohstoffe als auch der Erwerb von Rüstungsgütern finden dabei oft in der Illegalität und über »Kanäle der Schattenglobalisierung« statt (Münkler 2004: 21),[84] weil entweder die gehandelten Waren selbst verboten sind (Drogen-, Frauenhandel) oder weil die Kriegsregion mit internationalen Embargos belegt ist.

Aus der Notwendigkeit der Weltmarktanbindung kann (muss aber nicht zwingend) eine Deformation der Kriegsparteien entstehen, indem das Interesse an Einkünften aus dem Rohstoffgeschäft oder anderen lukrativen

84 Der illegale Sektor der Weltwirtschaft ist beeindruckend groß (woran sich zeigt, dass Geldcode und Rechtscode quer zueinander liegen: legal/illegal, Rejektionswert: ›scheißegal‹): »Das jährliche Bruttokriminalprodukt wird von Experten auf mindestens 1500 Mrd. US Dollar weltweit geschätzt […]. Zum Vergleich: Das Bruttosozialprodukt des afrikanischen Kontinents liegt ungefähr bei einem Fünftel dieser Summe.« (Lock 2003: 111, unter Berufung auf: Jones Willman, Cleaning Up, in: Financial Times (Europe) vom 21.9.2001, S. 16)

Geschäften eine fraglose Dominanz gewinnt und die ursprünglichen politischen Ziele an den Rand drängt. Es kann dann etwa dazu kommen, dass direkte Kämpfe zwischen gegnerischen Kriegsparteien möglichst vermieden oder nur noch um Gebiete mit einträglichen Rohstofflagern (z.B. Diamantminen) geführt werden, oder dass Kriegsparteien bestimmte Stellungen an den Gegner »verkaufen«, um im Gegenzug die Kontrolle über einträgliche Schmuggelrouten zu erlangen (Kaldor 2000: 83). Im Extremfall emergiert eine Art Kooperation der »verfeindeten« Kriegsparteien, die die Konfliktstruktur des Krieges ersetzt und verdrängt; das Interesse an Sieg wird durch das Interesse an einer Aufrechterhaltung des ökonomisch einträglichen Kriegszustandes ersetzt (vgl. dazu auch Kapitel 2.5., 4.5.). In diesem Sinn machten insbesondere nach 1990, d.h. nach dem Ende des Kalten Krieges, die Protagonisten vieler peripherer Kriege eine entscheidende Transformation durch: Während sie vorher durch die eine oder andere Supermacht unterstützt und mit Kriegsgerät versorgt wurden und somit vom Zwang der Behauptung auf dem Weltmarkt befreit waren, mussten sie mit dem Abbröckeln der politischen Unterstützung nach 1990 auf Selbstversorgung umstellen (Genschel/Schlichte 1997: 506; Rufin 1999; Keen 2000a: 24f.; Duffield 2000: 74).[85] Und es leuchtet ja auch ein, dass entweder eine heimische Produktion von Kriegsgütern oder aber eine politisch gesicherte externe Versorgung mit Kriegsgütern eine mehr oder weniger notwendige Voraussetzung dafür ist, Kriege in Abkopplung von ökonomischen Imperativen führen zu können.

Inzwischen gibt es auch Kriegsparteien, die nie erkennbare politische Ziele verfolgt haben, sondern von vornherein primär auf das Einstreichen ökonomischer Vorteile ausgerichtet sind und ihre klangvollen Namen wie »Liberation Front« »Movement for Democracy« usw. nur zur Tarnung tragen. Damit sind wir beim Punkt Instrumentalisierung der Politik, denn es gilt: Auch Akteure, die keine (oder nur noch marginale Reste von) »authentischen« politischen Identitäten und Zielsetzungen haben, errichten politische Fassaden, um ihre Legitimität zu erhöhen und sich von einfachen Räuberbanden unterscheidbar zu machen. So geben nicht-staatliche Kriegsparteien typischerweise vor, das Ziel des Sturzes der Regierung und/oder substan-

85 Die dabei zu beobachtenden Transformationsprozesse waren schnell, radikal und oft erstaunlich effektiv. So wird etwa über den Chef der angolanischen UNITA, Jonas Savimbi, bemerkt: »If Savimbi were chairman of a multinational company, overseeing such a transformation – apart from earning a huge bonus award – would have won international acclaim.« (Duffield 2000: 74)

zieller politischer Änderungen zu verfolgen und in diesem Sinn »Rebellen« zu sein (während die jeweilige Regierungsseite explizite Tarnoperationen meist weniger nötig hat, weil sie wegen ihres Status als Staat beziehungsweise Regierung von externen Beobachtern automatisch als politische Instanz wahrgenommen wird, auch wenn unter der Oberfläche ebenfalls Bereicherungsinteressen dominieren können). Solche Tarnoperationen sind ebenso wie die wirtschaftlichen Anknüpfungen überwiegend nach außen, in diesem Fall auf die »internationale Gemeinschaft«, gerichtet; sie zielen darauf ab, das Ansehen bei Drittstaaten und internationalen Organisationen zu erhöhen, Unterstützung von diesen einzuwerben und Sanktionen zu entgehen (Elwert 1997: 90). Nach innen hin mag eine Täuschung der Bevölkerung dagegen schwerer fallen, und spezifisch politische Orientierungen werden von dieser u.U. auch gar nicht erwartet (hierzu allgemein Hanke 1999).

In ähnlicher Weise können auch religiöse Identitäten instrumentalisiert werden, und zwar hier sowohl mit Innen- als auch mit Außenwirkung. In der Außendarstellung fungieren religiöse Identitäten und/oder Feindschaften als Variante einer politischen (d.h. jedenfalls nicht platt ökonomischen) Motivation. Nach innen dienen sie der Definition plausibel klingender Frontlinien, konkret der Identifizierung von potenziellen Opfern, dem Festzurren von Loyalitäten und Unterstützungsbereitschaften oder auch der Rekrutierung unbezahlter, weil intrinsisch motivierter Kämpfer (Kaldor 2000: 121ff.; Keen 2000a: 25; Collier 2000: 92; Münkler 2004: 8, 15f.; Hironaka 2005: 81ff.). Dass »genuin« religiöse Motive dem Kriegsgeschehen zugrunde liegen, ist zwar nicht ausgeschlossen, aber in dem Maß unwahrscheinlich, in dem die beteiligten Religionsgruppen über lange Zeit mehr oder weniger friedlich zusammengelebt haben. Allerdings können auch hier – ähnlich wie bei der Ankopplung an die Wirtschaft – u.U. dauerhafte Struktureffekte entstehen, indem die kriegführenden Parteien fanatische Kämpfer anlocken oder religiös motivierte Unterstützer im Ausland gewinnen und so ein »lock-in« in eine zunächst nur strategisch gewählte Selbstdarstellung stattfindet.

Der letzte wichtige Fall von Instrumentalisierung betrifft die Massenmedien. Kriegs- und Krisenregionen, die von den Massenmedien als humanitäres Katastrophengebiet präsentiert werden, ziehen einen Strom von Hilfsgütern an, der dann von den Kriegführenden teilweise abgeschöpft und zu ihrer eigenen Versorgung verwendet werden kann. Die Kriegsparteien haben diesen Zusammenhang schnell erkannt, und mancher Kriegsakteur hat sich auf diese Weise zu einem Spezialisten für Public Relations entwickelt. So kommt es »verschiedentlich [...] zu einem gezielten Einsatz vor allem westlicher Medien [...], indem diesen gestattet wird, Bilder von Hungernden, zumeist Frauen und Kindern, zu drehen, um so Hilfslieferungen zu stimulieren [...]. Die Gier der Medien nach immer neuen Nachrichten und Bildern ist längst zu einer Versorgungsquelle der Bürgerkriegsparteien geworden.« (Münkler 2002: 233) (Vgl. auch Münkler 2001: 38) Das Problem, dass Hilfslieferungen die Krise, zu deren Linderung sie dienen sollen, gleichzeitig verschärfen und perpetuieren, ist den einschlägigen internationalen Hilfsorganisationen zwar bekannt, die Konsequenz eines Verzichts auf Hilfsleistungen scheint aber angesichts der humanitären Grundorientierung trotzdem zu radikal.

Es ist zu sehen, dass gezielte Zugriffe auf andere Teilsysteme in Neuen Kriegen überwiegend auf globaler Ebene stattfinden. Instrumentalisierungen auf lokaler Ebene sind damit natürlich nicht ausgeschlossen. So muss etwa die erwähnte Berufung auf religiöse Identitäten und Spaltungslinien lokal verankert sein und lokal Effekte erzielen. Religiös oder ethnisch gefärbten Gewaltausbrüchen geht darüber hinaus meist auch eine gezielte Polarisierung und Aufheizung in den lokalen Massenmedien voraus (z.B. Höpken 2000: 344ff.), die inhaltlich analog ist zur »propagandaartigen« Nutzung der Massenmedien in totalen Kriegen, nur dass der dämonisierte Feind hier nicht eine externe Macht, sondern eine askriptiv definierte Gruppe im Inland ist. Und noch eine weitere Form des Zugriffs auf lokal verankerte Systemlogiken muss erwähnt werden, obwohl damit schon der Übergang zu Viktimisierungen gemacht wird: Es kann vorkommen, dass Frauen einer bestimmten »Opferpopulation« planvoll vergewaltigt werden, und zwar nicht nur als Angriff auf die Integrität der einzelnen Frau (geschweige denn als bloßer Exzess einzelner Kämpfer), sondern als Angriff auf die Integrität der kulturellen beziehungsweise ethnischen Gemeinschaft. Dies funktioniert dann, wenn nach den lokal geltenden Familiennormen vergewaltigte Frauen »unrein« sind und nicht als Heiratspartner und Mütter in Frage kommen, so dass durch massenhafte Vergewaltigung die Reproduktion der Gruppe unterbrochen wird (Münkler 2004: 150f.). Es wird also systematisch die Binnenlogik eines anderen Teilbereichs zum Zweck der Effektivierung der Kriegführung benutzt.

Im Grenzbereich zwischen Instrumentalisierungen und Viktimisierungen liegen schließlich auch die Extraktionseffekte Neuer Kriege. Zum einen besteht ein wesentliches Element der Neuen Kriege im extraktiven Zugriff auf Güter- und Geldbestand der Zivilbevölkerung (für Aneignung durch die Kriegführenden); da dies jedoch so gut wie ausschließlich durch systematisches Ausrauben und Ausplündern von Zivilisten geschieht, gehört dieser Komplex eindeutig auf die Seite der Viktimisierung (und damit zum nächsten Kapitel). Zum anderen können auch extraktive Zugriffe auf Personen und ihre Arbeitskraft vorkommen, indem Zivilisten – oft Kinder und Jugendliche – von kämpfenden Gruppen zwangsrekrutiert werden. Die Extraktion von Personal ist aber insgesamt keine für Neue Kriege typische Konstellation – jedenfalls wenn »Extraktion« das Einsaugen von Ressourcen bedeuten soll, die auch anderswo benötigt würden. Vielmehr scheint genau umgekehrt der in den betreffenden Regionen herrschende Personenüberschuss, d.h. die schiere Verfügbarkeit von Personen ohne Einkommen und ohne gesicherte Position in der Gesellschaft, eine zentrale Triebkraft dieser Kriege zu sein. So urteilt Münkler (2004: 37, vgl. auch 138ff.): »Eines der wichtigsten Antriebsmomente der neuen Kriege ergibt sich aus dem Zusammentreffen von struktureller Arbeitslosigkeit mit einem überproportional hohe Anteil von Jugendlichen an der Gesamtbevölkerung«. Dass Personen einfach aufgrund des Fehlens anderer Beschäftigungs- und Erwerbssicherungsmöglichkeiten zu »Rebellen« (beziehungsweise Räubern) werden, kann dabei nicht nur für arbeitslose Zivilisten, sondern auch für arbeitslose Soldaten gelten: »Nach dem Ende des Ost-West-Konflikts wurden auf Druck des Internationalen Währungsfonds viele Armeen vor allem in afrikanischen Staaten verkleinert. Da die demobilisierten Soldaten keine Beschäftigung in den prekären Ökonomien finden konnten, schlossen sie sich zu marodierenden Banden zusammen.« (Ruf 2003: 34) (Vgl. auch Licklider 2005: 41) Dies erinnert an die Situation in Europa zur Zeit des dreißigjährigen Krieges, mithin ebenfalls unter Umbruchsbedingungen und Bedingungen einer unzureichenden (aber beginnenden) Durchsetzung moderner Strukturen.[86]

86 Im Vergleich dazu fällt auf, dass in »entwickelten« Regionen ein bloßer Personenüberschuss vergleichsweise geringe strukturelle Auswirkungen hat. Dies gilt zum einen für Arbeitslosigkeit allgemein, die durch Arbeitslosenunterstützung so weit aufgefangen wird, dass sie zwar u.U. drastische Konsequenzen für die betroffenen Personen, aber kaum strukturelle Konsequenzen hat (noch nicht einmal für das Lohnniveau, geschweige denn für eine eventuelle Revolution o.ä.). Es gilt zum zweiten auch für die Arbeitslosigkeit speziell unter Soldaten, konkret für das »enorme weltweite Überangebot an gut ausgebildeten Soldaten«, das »in den vergangenen ein bis zwei Jahrzehnten [...] durch die Verschlankung (USA, Großbritannien), Diskreditierung (Südafrika, Argentinien) und Demoralisierung (Russland) großer stehender Heere [entstanden ist]« (Heins/Warburg 2004: 103, Herv. weggelassen). Letzteres trug zwar in gewissem Maß – aber nicht als alleiniger Faktor – zum Aufblühen von Söldnerfirmen in derselben Zeit bei (ebd.), führte aber nicht zur Austragung von Kriegen, die allein der Beschäftigung dieser Personen dienen.

Eine letzte Bemerkung kann hieran noch angeschlossen werden: Weil strukturell anspruchsvolle Beziehungen zu anderen Funktionssystemen in Neuen Kriegen hauptsächlich auf globaler Ebene gegeben sind und lokal primitive Formen des schlichten Raubes dominieren, gibt es auch nicht die Möglichkeit positiver Struktureffekte von Kriegen auf den »Rest« der Gesellschaft, die in klassischen Kriege immerhin marginal gegeben war. »Während Krieg und Kriegsvorbereitung in Europa seit dem 15./16. Jahrhundert neben den belastenden und zerstörerischen Folgen immer auch technologische Entwicklungsschübe und ökonomische Modernisierungsprozesse in Gang setzten, haben die neuen Kriege ausschließlich destruktive Effekte. Sie hinterlassen verwüstete Landschaften, Generationen von Verstümmelten und eine soziale Anomie«. (Münkler 2004: 135) Auf lokaler Ebene sind die Neuen Kriege fast ausschließlich destruktiv beziehungsweise viktimisierend, und auf globaler Ebene verpuffen ihre Effekte – ob positiv oder negativ – in den jeweiligen Funktionssystemen, in die sie sich einklinken.[87] Mit diesen wenig ermutigenden Beobachtungen schließe ich die erste Hälfte der Diskussion der »Rest«-Problematik – die Hälfte der Instrumentalisierung – ab und gehe zur zweiten, noch dunkleren Hälfte: zu Viktimisierung über.

3.4. Systematische Viktimisierung anderer Teilsysteme und die Figur des Zivilisten

(a) Push- und Pull-Faktoren der Viktimisierung

Für die zweite Seite der Einbeziehung des »Rests« der Gesellschaft: die Seite der Viktimisierung, lässt sich dieselbe doppelte Entwicklung feststellen wie schon für Instrumentalisierung. Wie die Umstellung auf die Multi-System-Konstellation der Moderne zu einer systematischeren Instrumentalisierung anderer Teilsysteme (qua Deformation und/oder Extraktion) führt, so führt sie auch zu einer systematischeren Viktimisierung von »Zivilisten«, d.h. von Personen mit Rollenengagements in anderen Teilsystemen. Und wie Instrumentalisierungen nicht unbegrenzt möglich sind, weil sie in der Eigenlogik und Eigenfunktion anderer Teilsysteme auf gewisse Grenzen stoßen, so wer-

87 Mit Ausnahme eventuell der Massenmedien, wo sie zur Verbreitung »menschheitsorientierter« Beobachtungs- und Urteilsschemata beitragen können (vgl. unten Kapitel 5).

den auch mit Bezug auf Viktimisierung Grenzen gesetzt, hier überwiegend in Form kriegsrechtlicher Normierungen, aber auch in Form massenmedialer Wahrnehmungs- und Urteilsschemata, die dann auch auf die politischen Bedingungen der Führung von Kriegen zurückwirken.

Dabei sind die konkreten Erscheinungsformen von Viktimisierung nicht gleichermaßen ausgefeilt und untersuchenswert wie die Formen von Instrumentalisierung. Viktimisierung ist ihrer Natur nach eine relativ grobe und primitive Angelegenheit, die auf die Körper von Menschen oder die Intaktheit von Gebäuden zielt und wenig Potenzial für soziale Verfeinerung bietet.[88] Manche althergebrachten Formen von Viktimisierung haben sich seit der Zeit stratifizierter Gesellschaften nicht nennenswert verändert – etwa die Tötung, Vergewaltigung, Vertreibung, Aushungerung, Ausraubung von Personen oder die Zerstörung von Häusern und sonstigem Eigentum –, auch wenn die konkrete Durchführungsweise sich je nach technologischen Bedingungen natürlich leicht unterscheidet, etwa in Abhängigkeit davon, ob Kanonen, Granaten, Panzer, Flugzeuge, Bomben, Marschflugkörper usw. zur Verfügung stehen oder nicht.[89] Andere Formen können eventuell als spe-

88 Es kann wohl nicht bestritten werden, dass auch Gewaltanwendung ein soziales Geschehen im weitesten Sinn ist. Allerdings wäre – vom systemtheoretischen Grundbegriff der Kommunikation her (Luhmann 1984: 191) – zu prüfen, inwieweit und unter welchen Bedingungen Gewaltausübung Kommunikation ist, also etwa die Unterscheidung von Information und Mitteilung zulässt und ein positives oder negatives Anschließen (»Ja« oder »Nein«) ermöglicht. Die Antwort darauf wird von den Umständen abhängen. Wenn jemand ruft »Stehenbleiben oder ich schieße!« und dann, bei weiterem Vorrücken des Angesprochenen, einen Warnschuss abgibt, so ist dies ziemlich eindeutig ein Fall von Kommunikation, wobei die mit dem Warnschuss mitgeteilte Information dann lauten würde »Ich meine es ernst«. Wenn dagegen – um einen anderen Extremfall zu wählen – ein ziviles Wohnhaus von einer Bombe getroffen wird, liegt hier ebenso sicher keine Kommunikation zwischen dem Bomberpiloten und den Opfern am Boden vor, sondern eine schlichte, kommunikationsfreie physische Gewalteinwirkung, die weder anhand der Unterscheidung von Information und Mitteilung zu »verstehen« noch mit »Ja« oder »Nein« zu beantworten ist.

89 In Bezug auf die Determinationskraft einer bloßen Viktimisierungs*technologie* ist die Atombombe vermutlich ein Sonderfall. Hier nimmt die Viktimisierung so enorme und vor allem zeitlich so komprimierte Ausmaße an, dass die These nicht unplausibel ist, dass die Atombombe den Bewohnern der OECD-Welt viele Jahrzehnte Frieden beschert hat (vgl. unten Kapitel 4.3.). Die derzeit laufenden Arbeiten an der Entwicklung von »Mini-Nukes« können diesen Sonderstatus aber schnell wieder hinfällig machen.

zifisch modern betrachtet werden, etwa Internierung[90] und Zwangsarbeit,[91] und einige weitere sind zwar nicht in ihrem Grundvorgang, wohl aber in ihrer systematischen und massenhaften Ausführung neu, so etwa Völkermord beziehungsweise »ethnische Säuberung«,[92] Massenvergewaltigung und massenhafte Verstümmelung. All diese Formen von Viktimisierung können in »großen« wie in »kleinen«, in regulären wie in irregulären Kriegen gleichermaßen praktiziert werden, und es lassen sich nur graduelle, nicht aber qualitative Unterschiede zwischen verschiedenen Kriegstypen ausmachen.[93] Die basale soziale Situation ist bei allen diesen Formen mehr oder weniger dieselbe – die Zufügung von Schaden unter Ausübung oder unmittelbarer Androhung von physischer Gewalt –, und diese weiter auszumalen, verspricht soziologisch wenig Ertrag.

---

90 Die Internierung von Zivilisten dient meist dem Ziel, diese als Pool der Rekrutierung von irregulären Kämpfern (Partisanen, Rebellen usw.) oder als Basis der Unterstützung für diese auszuschalten. Es gibt sie deshalb erst, seit es solche irregulären Kämpfer gibt, und außerdem erst, seit es organisatorisch praktikabel ist, große Gruppen von Menschen dauerhaft einzusperren.

91 Zwangsarbeit hat natürlich gewisse Vorläufer etwa in der Versklavung von Personen der kriegsverlierenden Seite und in der feudalen Pflicht zum Kriegsdienst bzw. kriegsbezogenen Arbeitsdienst. Sklaverei ist aber weniger eine spezifische Viktimisierungsform für Zeiten akuter Kriege als eine allgemeine Sozialstruktur (die dann auch in Abhängigkeit von Kriegsausgängen greifen kann), und feudale Arbeitspflichten müssen eher als eine Form von Instrumentalisierung denn von Viktimisierung gesehen werden, da sie den je eigenen Bauern auferlegt werden und als Teil der feudalen Ordnung vergleichsweise gut reguliert (und nicht ein unerwarteter, gewaltgetragener Übergriff) sind.

92 Völkermorde sind nicht zu verwechseln mit den immer schon gelegentlich auftretenden Pogromen, die von Maßstab und Intention her etwas ganz anderes sind. Dies ist insbesondere im Zusammenhang mit dem Holocaust wiederholt notiert worden (z.B. Bauman 1992).

93 Anzumerken ist noch, dass es einige Misch- und Grenzfälle zwischen Viktimisierung und Instrumentalisierung gibt, insbesondere Plünderung/Raub und Zwangsarbeit. Diese sind einerseits viktimisierend (d.h. betreiben gewaltgedeckte Schädigung von Personen) und andererseits oft auch instrumentalisierend (d.h. zielen auf Verbesserung der Kampffähigkeit einer Kriegspartei), insofern Plünderung der Entlohnung und Motivierung von Kämpfern und Zwangsarbeit der Erhöhung der Kriegsproduktion dienen kann (aber nicht muss: in Neuen Kriegen dient sie oft auch nur der Bereicherung von Kriegsherren o.ä. ohne »feedback« in die Kriegführungsfähigkeit). Weiter kann es Grenzfälle geben, bei denen nicht klar zwischen aktiver Viktimisierung und bloßen diffusen Kausalwirkungen des Krieges unterschieden werden kann, so etwa bei Hunger: Dieser kann durch Zerstörung von Nahrungsmitteln oder Blockade der Nahrungsmittelzufuhr gezielt erzeugt werden, er kann aber auch als bloßer Nebeneffekt der kriegsbedingten Verwerfungen entstehen. Solche Unschärfen ändern aber nichts an der Nützlichkeit der Grundunterscheidung.

Statt dessen kann man aber fragen, ob es Steigerungsdynamiken gibt, die dazu führen, dass Viktimisierungen in der modernen Gesellschaft tendenziell verstärkt und systematisiert werden. Hier lassen sich wieder – wie schon oben bei Instrumentalisierung – Push- und Pull-Faktoren unterscheiden. Einerseits gibt es einen gewissen Pull-Faktor, d.h. einen Sog in Richtung auf Viktimisierung, der durch den Systemcharakter der anderen Teilsysteme erzeugt wird und das Invers ihrer verstärkten Instrumentalisierung darstellt. So führt die systematische Umstellung der Wirtschaft auf Kriegsproduktion in totalen Kriegen dazu, dass es dann auch Sinn macht, Fabriken im Hinterland und die dort beschäftigten zivilen Arbeitskräfte mit militärischen Mitteln anzugreifen. Ebenso kann eine Bevölkerung, die als Trägerin der »Moral« begriffen und von den Massenmedien einem ständigen Propagandastrom ausgesetzt wird, dann – gewissermaßen als Gegenpropaganda – Bombardierungen oder sonstigen Kriegsgreueln ausgesetzt werden, um ihre Moral zu untergraben. Die Logik lautet: »once the entire society becomes incorporated into the logistical side of warfare, it should also be incorporated into the battlefield und become a target for bombardment« (Shaw 1987: 151) (vgl. auch Horne 2002: 484f.; Shaw 2005: 42). Dieser »Sog« geht zwar genau genommen nicht von den anderen Teilsystemen in ihrer jeweiligen Eigenqualität aus, sondern von ihrer Zulieferfunktion für den Krieg und mithin letztlich wieder vom kriegführenden politischen System; aber er hat eben doch seine Basis im spezifischen Systemcharakter der »Rest«-Systeme, die andernfalls für solche gezielten Instrumentalisierungen gar nicht geeignet wären.

Diese Dynamik gilt aber nur für den speziellen Fall totaler Kriege. Die moderne Steigerungsdynamik in Bezug auf Viktimisierungen gilt aber für mehr oder weniger alle Kriegstypen, und den größeren Anteil an ihrem Zustandekommen haben deshalb die Push-Faktoren als die vom politischen System selbst ausgehenden Faktoren inne. Der entscheidende Faktor ist hier die inklusive Regelung der Mitgliedschaft durch das politische System, oder allgemeiner gesagt der Umstand, dass in der modernen Gesellschaft alle Funktionssysteme dasselbe Personal – nur in je verschiedenen Rollen – miteinander teilen und die verschiedenen gesellschaftlichen Teilsysteme nicht mehr mit getrenntem, wechselseitig exklusivem Personal arbeiten. Es sind also *alle* Personen Mitglied des einen oder anderen Staates[94] oder auch

94 Mit der ganz seltenen Ausnahme von Staatenlosen, wobei Staatenlosigkeit bzw. der Entzug der einzigen Staatsbürgerschaft, die ein Mensch besitzt, eben deshalb als Verstoß gegen ein basales Menschenrecht konzipiert wird (Allgemeine Erklärung der Menschenrechte, Art. 15).

Mitglied einer proto-politischen Einheit wie Nation, Ethnie usw., und es gibt prinzipiell keine politisch neutrale Bevölkerung mehr, über deren Köpfe hinweg man Kriege führen könnte. In welchem Maß diese Zugehörigkeit reine Attribution ist und in welchem Maß ihr eigene Identifikationen oder gar Handlungen der jeweiligen Person entsprechen, ist eine zweite Frage, die aber die agierenden Kriegsparteien meist nicht sonderlich interessiert. Alle Personen tauchen mithin in ihrer politischen (Publikums-)Rolle im Relevanzbereich des Krieges auf, und das Problem ist dann, dass eine *Viktimisierung* dieser Personen kaum *rollenspezifisch* möglich ist – wie es dieser Systemkonstellation eigentlich angemessen wäre –, weil Viktimisierungsakte regelmäßig in andere Rollenbereiche durchschlagen. Dies gilt insbesondere für die Tötung von Personen, die »alle Rollenzusammenhänge unterbricht und in ihnen alle zwischenmenschlichen Erwartungen unerfüllt lässt« (Luhmann 1981a: 343). Aber auch andere, weniger extreme Formen von Viktimisierung (etwa Entzug von Eigentum und Wohnung, Vertreibung, Verwundung, Verstümmelung, Vergewaltigung) strahlen mehr oder weniger diffus in viele Rollenbereiche aus und lassen sich schlecht auf eine Rolle isolieren.

Personen werden mithin verstärkt zum Opfer von Kriegen, weil sie vom Inklusionsradius des politischen Systems und damit auch vom Destruktionsradius des Krieges erfasst werden. Auch diese zweite Hälfte der Expansionstendenz moderner Kriege beginnt sich erst ab der Umbruchszeit um 1800 zu entfalten, während vorher – jedenfalls im europäischen Kerngebiet – relativ gemäßigte Kriege dominierten, die Personen in anderen, nicht-politischen Rollen weitgehend unberührt ließen.[95] So wird beispielsweise von Friedrich II. berichtet, dass er »stolz darauf [war], seine Kriege so führen zu können, daß der ›friedliche Bürger in seiner Behausung ruhig und ungestört bleibt und gar nicht merkt, daß sein Land im Kriege ist, würde er es nicht aus den Kriegsberichten erfahren! […] Unter dem Schutz der edlen Vaterlandsverteidiger bestellt der Landwirt seine Felder; die Gesetze werden von den Gerichten aufrecht erhalten; der Handel blüht und alle Berufe werden ungestört betrieben‹.«[96] Ein solches »Vorbeiabstrahieren« des Krieges an anderen Teilsystemen und an Personen, die Rollenengagements in diesen innehaben, ist also auch unter Bedingungen funktionaler Differenzierung (mit weitgehender Überschneidung des Personals verschiedener Funktionssysteme)

95 Dies wird auch wieder für die jüngere Zeit beobachtet, deshalb datiert etwa Mann (1987a) die Phase der begrenzten Kriege auf 1648–1914.

96 Gerhard Ritter, Staatskunst und Kriegshandwerk, 1954, Bd. 1, S. 41 (zit. in Senghaas 1969: 26).

möglich, scheint aber noch einige Zusatzbedingungen zu erfordern, die in der Frühphase des modernen Staatensystems gegeben waren, aber für die Jetztzeit nicht mehr gelten.

Hier ist zum einen an die noch nachwirkende gesamteuropäische Einheit des Adels zu denken, der »sich über die nationalen Grenzen hinweg als Einheit empfand« (Senghaas 1969: 28), was der Radikalisierung der politischen Feindschaft entgegenwirkte und die Konstellation ermöglichte, dass auch unter politischen Akteuren, die sich in fundamentaler Weise *verbunden* fühlten, noch *Kriege* geführt wurden. Zum anderen war aber auch die Inklusionstendenz des politischen Systems damals noch nicht voll entfaltet: Es gab weder ein universelles Wahlrecht noch eine universelle Wehrpflicht, was u.a. zur Folge hatte, dass die Heere in der Mehrzahl aus unfreiwilligen, jede innere Motivation vermissen lassenden[97] Soldaten bestanden und »nur durch den Stock zusammengehalten« wurden. Man kann deshalb auch die – vielleicht etwas einseitige, aber an sich nicht unplausible – These vertreten, dass die Dominanz begrenzter Kriege in dieser Zeit vor allem auf die begrenzte Einsetzbarkeit des Militärs und die ständige Gefahr massenhafter Desertionen zurückzuführen ist. »Da sämtliche Kriegsparteien gleichermaßen große Anstrengungen darauf verwenden mussten, ein Auseinanderlaufen ihrer Truppen zu verhindern, verzettelten sich die Feldzüge oft. Nicht große Entscheidungsschlachten dominierten das Kriegsgeschehen, sondern ein vorsichtig taktierendes Hin und Her von Angriffs- und Rückzugsoperationen, Stellungswechsel und Belagerungen. Die im Vergleich zum Dreißigjährigen Krieg, aber auch zu den Kriegen der napoleonischen Ära begrenzte militärische Gewalt des 18. Jahrhunderts war weniger einer völkerrechtlichen ›Hegung des Krieges‹ geschuldet, wie Carl Schmitt in juristischer Verkennung annahm, sondern vor allem eine Folge des im Rahmen der absolutistischen Heeresverfassung unlösbaren Desertionsproblems. Nicht Fürsten und ihre Rechtslehrer, sondern unwillige Soldaten bremsten die Kriegsmaschinerie.« (Bröckling 1997: 79)

Diese Bedingungen gehören aber unwiederbringlich der Vergangenheit an (und wurden anscheinend auch nicht durch funktionale Äquivalente ersetzt). Seit ein bis zwei Jahrhunderten geht der Trend deshalb deutlich in die andere Richtung: Die massive Viktimisierung von Zivilisten ist jetzt die

97 Dabei fehlte ihnen *sowohl* die für vormoderne Reiche typische Motivation über Aufstieg, Privilegien, berufsständischen Stolz *als auch* die in der späteren Moderne entwickelte Motivation über Patriotismus (oder jedenfalls basale Loyalität gegenüber dem eigenen Staat) und militärinterne, informale Loyalitäten.

Regel, und zwar in allen verbreiteten Typen von Kriegen: totalen Kriegen, begrenzten Kriegen, »low-intensity wars«, Neuen Kriegen usw. Insbesondere im 20. Jahrhundert sind die Viktimisierungsraten dramatisch gestiegen, was sich etwa an den häufig genannten Zahlen zu Kriegstoten ablesen lässt: Während noch zu Beginn des 20. Jahrhunderts der Anteil der Zivilisten an den Kriegstoten bei 10 Prozent lag, erreichte er am Ende desselben Jahrhunderts 90 Prozent, Tendenz steigend (Kaldor 2000: 160; Eppler 2002: 60; UNICEF 2004). Und dasselbe gilt auch für andere Formen von Viktimisierung, bei denen die Entwicklung in der jüngeren Geschichte ebenfalls steil nach oben geht, so etwa bei Flucht und Vertreibung: Das 20. Jahrhundert wird auch das »Jahrhundert der Flüchtlinge« genannt. Diese Tendenz zur wachsenden Expansivität von Kriegen in destruktiv-viktimisierender Richtung hängt offensichtlich damit zusammen, dass aufgrund der vollen Inklusivität des politischen Systems jetzt sowohl auf der Seite der aktiv Kriegführenden als auch auf der Seite der Opfer durchgehend (wie immer rudimentäre) politische Identitäten und Identifikationen vorhanden sind.

Verschiedene konkrete Kriegstypen und Kriegsdynamiken – etwa die Totalisierung, Irregularisierung, Ethnisierung von Kriegen – steuern hierzu verschiedene Varianten bei, die aber alle auf dasselbe hinauslaufen: die verstärkte Gefährdung von Zivilisten in Kriegen. Dass totale Kriegführung eine hohe Viktimisierung von Zivilisten bedeutet, wurde oben unter dem Aspekt der Pull-Faktoren (Mobilisierung der Zivilbevölkerung für Kriegszulieferfunktionen) schon erwähnt. Dasselbe gilt aber auch unter dem Aspekt der Push-Faktoren, wobei hier vor allem die durch inklusive Rekrutierung von Soldaten ermöglichte großformatige Frontenkriegführung (d.h. die geographische Ausweitung der Kampfzone), kombiniert mit der unterstellbaren politischen Qualität der »Feindbevölkerung«, relevant ist. Allerdings können die faktischen Viktimisierungsraten hier noch stark schwanken je nach dem, ob die Fronten stationär sind oder sich laufend verschieben, und je nach dem, ob das Hinterland mit Flugzeugen, Bomben usw. erreicht werden kann oder nicht.

Noch unausweichlicher führt die seit 1945 dominierende, irreguläre »low-intensity«-Kriegführung zu einer hohen Zahl ziviler Opfer, und zwar gerade wegen des Fehlens klarer Fronten, der klandestinen Kampfweise und der räumlichen Vermischung von Kombattanten und Non-Kombattanten. Die Kampftruppen der irregulären Seite sind hier nur schwach aus der lokalen Zivilbevölkerung ausdifferenziert und gehen fließend in diese über (vgl. oben Kapitel 2.4.), und die Bevölkerung wird deshalb regelmäßig zum

Ziel von Angriffen, Vergeltungsmaßnahmen oder prophylaktischen Maßnahmen, etwa mittels verschärfter Repressionsmaßnahmen, exemplarischer Bestrafungen, Zerstörung oder Entvölkerung von Dörfern, Internierungen, Massakern usw. (Münkler 1990: 23ff.; Waldmann 1997: 492; Trotha 2003: 82f.).[98] Als entscheidender Push-Faktor wirkt hier also wiederum die latente politische Qualität der Zivilbevölkerung, die jederzeit den Nährboden für Partisanen-, Guerrilla-, Rebellenbewegungen abgeben kann. Das skrupellose Vorgehen gegenüber der Zivilbevölkerung wurde denn auch zuerst von staatlichen Truppen im Kampf gegen Partisanen oder aufständische Kolonialvölker praktiziert, jedoch haben in dieser Hinsicht die Irregulären viel dazugelernt, und in heutigen Kriegen kann es durchaus sein, dass die Bevölkerung von *zwei* Seiten – der regulären, staatlichen ebenso wie der irregulären, Guerrilla- oder Rebellenseite – drangsaliert, der Kollaboration mit der Gegenseite verdächtigt und schlimmstenfalls »Straf-« oder »Vergeltungs«aktionen ausgesetzt wird (z.B. Schlichte 2009: 74ff.).

Als weitere Steigerung in dieser Hinsicht kann die in jüngster Zeit zu Prominenz gelangter Kriegführung mittels terroristischer Anschläge gelten, bei der der Angriff auf Zivilisten als Kern der Kriegführung und nicht nur als flankierende Maßnahme im Kampf gegen feindliche Truppen praktiziert wird. Das unmittelbare Ziel besteht hier darin, die Unfähigkeit des Staates – sei es des lokal basierten Staates, sei es einer intervenierenden Großmacht – zur Erfüllung basaler Staatsfunktionen, nämlich zur Herstellung von Sicherheit und Ordnung zu demonstrieren; und die Zivilisten werden in ihrer Eigenschaft als Staatsbürger gewissermaßen zum Demonstrationsobjekten gemacht. Ähnlich ist die Lage schließlich auch in Völkermorden oder »ethnischen Säuberungen«, wo Zivilisten allein wegen ihrer attribuierten (proto-)politischen Qualität als Angehörige dieser oder jener Volksgruppe oder Religionsgruppe ermordet, vertrieben usw. werden.[99] In beiden Fällen ist es

98 Es wurde deshalb auch beobachtet, dass die Form des Massakers – als einseitigen Gewaltaktes an einer wehrlosen Zivilbevölkerung – die in regulär geführten Kriegen vorherrschende Form des konzentrierten Gewaltaktes: die Schlacht, ergänzt und zunehmend in ihrer Prominenz ablöst (Münkler 2006: 215ff.) (zur Prominenz von Massakern auch Dammann 2001; 2003).

99 »Ethnische Säuberungen« können sowohl durch staatliche als auch durch nicht-staatliche Akteure vorgenommen werden und müssen nicht unbedingt im Zusammenhang mit Kriegen auftreten (obwohl sie es praktisch meistens tun). Ebenso wenig muss dies eine verwandte Form, die »schichtmäßige Säuberung«, wie sie etwa die Sowjetunion, China und Kambodscha an ideologisch missliebigen Schichten (Bauernschaft, Bürgertum, Intelligenz) durchgeführt haben, und zwar aus einem ganz parallelen Grund: weil der Zugehö-

eine stark in die Latenz verschobene und oft nur fremdattribuierte politische Rolle (Staatsbürgerschaft beziehungsweise Aufenthalt auf dem Territorium eines bestimmten Staates; ethnische Herkunft), die Personen zu Zielen kriegerischer Gewaltakte macht.

Entgegen dieser faktischen Steigerung der Viktimisierungstendenz moderner Kriege wird zwar auf semantischer Ebene oft ein rollenspezifisches »Vorbeiabstrahieren« an der Zivilbevölkerung angepeilt, und die Kriegsverantwortlichen erklären, dass man nur gegen den französischen/deutschen/irakischen usw. Staat, nicht gegen das französische/deutsche/irakische usw. Volk Krieg führe (Best 1976: 128; Krippendorff 1985: 91; Gamson 1995: 7). Darin drückt sich in schwacher Weise bereits der Gegentrend der notwendigen Interdependenzunterbrechung und Schonung des »Rests« der Gesellschaft aus. Dass die Expansionstendenz des Krieges auch semantisch bejaht und bekräftigt wird, ist dagegen eher selten und findet sich etwa beim führenden Theoretiker des totalen Krieges, General Ludendorff (1935), der explizit erklärt, dass ein totaler Krieg auf die physische Vernichtung – und nicht nur die militärisch-politische Niederringung – des Gegners ziele (vgl. dazu Senghaas 1969: 40ff.). In der Praxis machen solche semantischen Feinheiten allerdings nicht allzu viel Unterschied, und eine massive Viktimisierung von Zivilisten scheint unter der Bedingung eines universellen Inklusionsradius des politischen Systems nahezu unvermeidlich zu sein.

Opferrolle als Inklusionsrolle?

Bevor ich auf die zweite Seite der Expansionsdynamik – die Abwehr- und Gegenbewegungen – näher eingehe, soll jedoch kurz noch eine stärker begriffliche Überlegung eingeschoben werden. Diese Überlegung geht aus vom Begriff der Inklusionsrolle,[100] der in der Systemtheorie zur Beschreibung der mit der Moderne aufkommenden vielfältigen Inklusionstrends benutzt wird (s. etwa Luhmann 1977: 234ff.; Stichweh 1988). Wenn man davon ausgeht, dass mit der Umstellung auf funktionale Differenzierung alle gesellschaftlichen Bereiche Rollen für die Teilnahme breiter Bevölkerungsschichten

rigkeit zu diesen Schichten per se eine (proto-)politische Bedeutung zugeschrieben wurde. Es gibt Berechnungen, die besagen, dass im 20. Jahrhundert mehr Menschen qua Völkermord oder »Schichtmord« durch ihren eigenen Staat getötet wurden als im Krieg durch fremde Staaten (Rummel 1991: 352; Mazower 2003). Zu »Ethnoziden«, »Politiziden« und »Klassiziden« vgl. auch Mann 2000.

100 Synonyme Begriffe sind »Publikumsrolle«, »Laienrolle« und »Komplementärrolle«.

ausdifferenzieren, kann man auch die Frage stellen, wie und über welche Rollen die Inklusion in Krieg organisiert wird. Hierfür ist natürlich – wie inzwischen mehrfach gesagt – zunächst die Staatsbürgerrolle einschlägig, da Krieg ja kein eigenständiger Teilbereich der Gesellschaft ist und vielmehr im Einzugsbereich des politischen Systems stattfindet. Dies lässt aber immer noch einen erheblichen Spielraum in der Frage offen, an welcher strukturellen Position die breite Bevölkerung an Kriegen mitwirkt, und man kann überlegen, ob hier in den letzten ein bis zwei Jahrhunderten eine signifikante Verschiebung stattgefunden hat. Zuerst tritt die Inklusion über *Kämpferrollen*, nämlich über die Soldatenrolle oder auch die Partisanen-/Guerrillarolle, in den Vordergrund. Diese wird in totalen Kriegen ergänzt durch die Inklusion in *Unterstützerrollen* an der »Heimatfront«, womit der Inklusionsradius von Krieg auch auf die nicht-männliche und nicht-kämpfende Bevölkerung erweitert wird. Beide Inklusionsformen sind aber in der jüngeren Zeit auf dem Rückzug, da weder Massenheere noch totale Kriege noch massenhafte Guerrillabewegungen auf absehbare Zeit zu erwarten sind, und statt dessen scheint die heute dominierende Inklusionsform die Inklusion über die Rolle des *Opfers* zu sein.

Rein begrifflich gesehen hat die Rolle des Opfers den Vorzug, dass sie die in Inklusionsrollen normalerweise involvierte Komplementarität zur entsprechenden Leistungsrolle realisiert (nach dem Muster Lehrer – Schüler, Arzt – Patient, Politiker – Wähler, Produzent – Konsument). Der historisch ersten Inklusionsform – der Rolle des wehrpflichtigen Soldaten – fehlte diese Komplementarität, denn hierbei handelt es sich ja im Verhältnis zur Leistungsrolle (Berufssoldat) nicht um eine komplementäre, sondern um dieselbe Rolle, wenn auch in einer temporären und von den Anforderungen her leicht herabgestuften Version, also gewissermaßen um eine Hilfs-Leistungsrolle oder »sekundäre Leistungsrolle« (Stichweh 1988: 281). Die Rolle des Unterstützers an der Heimatfront ist dagegen der Soldatenrolle komplementär, insofern der Heimatfrontangehörige zur Unterstützung »seiner« Soldaten an der Front verpflichtet ist und umgekehrt der Soldat letztlich zum Wohl des Staates und der Bevölkerung in der Heimat tätig ist. Ebenso komplementär ist aber die Rolle des (potenziellen) zivilen Opfers, der den (jetzt: feindlichen) Soldaten im unmittelbaren Kriegskontext begegnet und von ihnen entweder viktimisiert oder aber in Rücksicht auf seine eigentlich kriegsexterne Stellung geschont wird. In jedem Fall scheint sich Krieg als ein Geschehen nur zwischen Spezialisten beziehungsweise Leistungsrollenträgern (Soldaten), wie es in der Frühphase der Moderne üblich war, kaum mehr durchführen zu lassen, und vielmehr impliziert Kriegführung – ebenso wie andere gesellschaftliche Leistungsbereiche – heute systematisch die Beteiligung von Laien- beziehungsweise Inklusionsrollenträgern.

In anderen Hinsichten ist die Opferrolle allerdings auch eine merkwürdige Rolle. Erstens ist sie eine rein passive Rolle, die keinerlei Handlungsdirektiven an den Rollenträger selbst enthält, sondern höchstens Direktiven an die jeweils agierende Kriegspartei, der der Rollenträger gegenübersteht; es geht also nicht darum, wie der Rollenträger *handelt*, sondern darum, wie er *behandelt wird*. Zweitens ist sie eine inhaltlich ganz unbestimmte Rolle, die keine eigene, positive Bestimmung hat, sondern nur im Verweis auf die *anderen* Rollen der Person besteht, die im Kriegskontext geschädigt werden (könnten) oder umgekehrt geschont werden sollen. Und drittens kann diese Rolle nicht – im Sinne des modernen Rollenpluralismus – mehr oder weniger frei und ohne Kompatibilitätsprobleme mit anderen Laien- und/oder Leistungsrollen in anderen gesellschaftlichen Bereichen kombiniert werden, vielmehr besteht sie im Wesentlichen aus der *Störung* dieser anderen Rollen und der *Intrusion* des Krieges in andere, zunächst davon unabhängige Zusammenhänge.[101] Alle diese Eigenschaften der Opferrolle werden im nächsten Kapitel noch näher beleuchtet.

Im Moment bleibt festzuhalten, dass die Opferrolle jedenfalls quantitativ gesehen den wichtigsten Kandidaten für die Besetzung der Inklusionsrolle aktueller Kriege darstellt. Da Funktionssysteme sich an wichtiger Stelle über das Komplementaritätsverhältnis von Leistungs- und Inklusionsrolle definieren,[102] würde das bedeuten, dass der Klärung des Verhältnisses von Militär und (potenziellen) zivilen Opfern eine zentrale Bedeutung für die Konturierung des gesellschaftlichen Bereichs der Kriegführung zukommt.[103] Hierzu sind denn in den aktuellen Entwicklungen der »nach-klassischen«

---

101 Hier liegt gewissermaßen das rollenmäßige Äquivalent für den oben (Kapitel 3.3., Punkt c) notierten Umstand, dass es für Viktimisierungen keine präexistenten Kanäle struktureller Kopplung gibt und *jede* Viktimisierung ein Übergriff ist.

102 In diesem Sinn stellt etwa Hartmann Tyrell (2001: 527) fest: »die ausdifferenzierte Rolle ergibt für sich kein Sozialsystem, erst etablierte Rollenkomplementaritäten sichern die funktional spezifizierte Kommunikation«. Hierfür kommen natürlich auch Komplementaritäten zwischen Leistungsrollenträgern in verschiedenen Positionen in Betracht (etwa Käufer – Verkäufer, Regierung – Opposition, oder eben: Soldat – Soldat), aber die Komplementarität zwischen Leistungs- und Inklusionsrollenträgern spielt in jedem Fall eine wichtige Rolle.

103 Eventuell könnte man dasselbe auch für das Verhältnis von irregulären Truppen und zivilen Opfern sagen – wobei das Problem ist, dass dafür eine Reflexionseinheit fehlt.

Kriegführung und in den entsprechenden politischen, militärischen und akademischen Diskussionen auch deutliche Gärungsprozesse – wenn auch noch keine irgendwie absehbaren Ergebnisse – zu beobachten.

(b) Kodifizierter Schutz von Zivilisten: Die Genfer Konvention

Analog zur Situation im Bereich der Instrumentalisierung gilt auch hier, dass der Trend in Richtung auf steigende Viktimisierung nicht alles ist und ebenso auch der Gegentrend eines steigenden Schutzanspruches von Zivilisten gegenüber kriegsbedingten Viktimisierungen zu beobachten ist. Mit der Umstellung der Gesellschaft auf funktionale Differenzierung wachsen nicht nur die Übergriffsimpulse, die Krieg auf den »Rest« der Gesellschaft ausgreifen lassen, sondern es wächst auch die Notwendigkeit der Expansionsbegrenzung und Interdependenzunterbrechung, weil der »Rest« damit auch entsprechend störempfindlicher wird. Er ist jetzt nicht mehr einfach eine amorphe Umwelt, der die Absorption von Schäden (bis zu gewissen Größenordnungen) bedenkenlos zugemutet werden kann, sondern er besteht selbst aus hoch strukturierten und hoch sensiblen Systemen.

Die Steigerung des Störpotenzials kann in drei Hinsichten erläutert werden: Erstens kann ein und derselbe Viktimisierungsakt jetzt unter Umständen in mehreren anderen Systemen Folgeschäden auslösen, wenn nämlich die viktimisierte Person Rollen in mehr als einem anderen Teilsystem innehat. Zweitens können kriegsbedingte Störungen sich innerhalb der betroffenen Systeme leichter ausbreiten und fortpflanzen, da diese in sich hoch interdependent sind und nicht immer über interne Mechanismen der Interdependenzunterbrechung verfügen (etwa über segmentäre Binnendifferenzierung, wie im Fall von Familien). Drittens können durch Krieg erzeugte Schäden einfach präziser benannt und bezeichnet werden; sie treffen gewissermaßen auf besser spezifizierte Strukturen in ihren »Opfersystemen« und sind deshalb auch als Schäden spezifischer, benennbarer und damit auch zugänglicher für Klagen, Kompensationsforderungen und Schutzanstrengungen. Aus all diesen Gründen findet die Viktimisierung der Zivilbevölkerung in jüngerer Zeit nicht nur verstärkt statt, sondern wird auch verstärkt problematisiert, rechtlich restringiert und massenmedial skandalisiert. Der Gegentrend der verstärkt notwendigen Expansionsbegrenzung bringt sich somit vor allem auf der Ebene kontrafaktischer (normativer ebenso wie kognitiver, die Verteilung von Aufmerksamkeit steuernder) Beobachtungsweisen zur Geltung, während der Trend der verstärkten Viktimisierung auf der Ebene des faktischen Geschehens liegt. Trend und Gegentrend werden hier also nicht nur durch Kompromissbildung und Einpendeln auf mittleren Niveaus miteinander kombiniert, sondern auch durch die Differenzierung von Ebenen für praktisches Handeln und handlungsentlastetes Beobachten.

Die Sensibilität für den Störeffekt kriegsbedingter Viktimisierungen und die Notwendigkeit ihrer Begrenzung lässt sich bereits an der Semantik des 17. und 18. Jahrhunderts ablesen, und erste Formulierungen in dieser Richtung gehen mithin dem Einsetzen des spezifisch modernen Trends hin zu verstärkter faktischer Viktimisierung und Instrumentalisierung (der erst ab 1800 anläuft) voraus. Bereits Grotius (1625) und nach ihm Rousseau (1762) benutzen die Figur des Non-Kombattanten und argumentieren, dass der Mensch eigentlich nur in seiner Rolle als Staatsbürger oder sogar nur in seiner Rolle als Soldat in den Krieg involviert sei, während seine anderen Rollen damit nichts zu tun hätten und deshalb von den Auswirkungen des Krieges verschont bleiben sollten. »Wars between States in the Grotian System were [...] not what we would call national or peoples' wars. They were wars between rulers and the State-apparatuses which they controlled, and subjects should therefore [...] be left out of them, except in so far and for so long as they were actively involved in fighting. [...] Men were not subjects [...] simply of the country [= eines Segments des politischen Systems] – they were also members of the enveloping community of humankind [= der Gesellschaft].« (Best 1994: 32, vgl. auch Hartigan 1982: 93ff.) Dabei wird – wie häufig in der frühen Moderne – die Chiffre »Mensch« zur Bezeichnung dessen gebraucht, was die Soziologie später »Gesellschaft« nennen wird (Luhmann 1980).

Die Figur des Non-Kombattanten beziehungsweise des Zivilisten (was Synonyme sind) wird mithin nicht zufällig genau zur Zeit der Umstellung auf die moderne Gesellschaft zum ersten Mal formuliert. Diese Figur setzt eine hohe strukturelle Differenzierung der Gesellschaft voraus und den damit einhergehenden Umstand, dass Individuen routinemäßig Rollen in mehreren Teilsystemen innehaben und diese in gewissem Maß voneinander trennen können. Die Forderung nach der Schonung von Zivilisten ist keineswegs identisch mit der alten, religiös oder moralisch begründeten Forderung, unschuldigen und wehrlosen Personen kein unnötiges Leid anzutun. Sie hat ihren Ursprung nicht im menschlichen Mitgefühl, sondern im Prinzip der Rollentrennung und der daraus erwachsende Notwendigkeit, Rollenträger in anderen Funktionsbereichen vor kriegsbedingten Schädigungen zu schützen, weil sie auch in jenen anderen Kontexten noch benötigt werden.

Der Begriff »Zivilist« ist so gesehen nur ein Sammelname für all die anderen Rollen einer Person, in denen diese vor Betroffenheit vom Krieg geschützt werden soll. Er ist gewissermaßen ein Warnschild, adressiert an die Kriegführenden, das ausbuchstabiert etwa folgendermaßen lautet: »Achtung, dieser Mensch, der dir im Kontext des Krieges begegnet und den du in diesem Kontext vielleicht aus dem Weg räumen oder in anderer Weise misshandeln möchtest, ist selbst gar nicht in politischen Rollen unterwegs, sondern in anderen Rollen, und ist in diesen zu schonen.«[104]

Rechtliche Schutzbestimmungen

Während die Formulierung dieses Gedankens durch Grotius und Rousseau noch auf der Ebene einer politischen Philosophie oder Rechtsphilosophie liegt, wird die Zuständigkeit für diesen Komplex später vom Rechtssystem übernommen. Es folgt ein längerer Prozess der Kodifizierung des humanitären Kriegsrechts, in dem der genannte Grundgedanke zu zunehmend elaborierten Bestimmungen ausgebaut wird (Doswald-Beck 1987; Best 1994: 40ff.; Finnemore 1996a: 69ff.). Dabei werden auch die Bezugnahmen auf andere Funktionssysteme, die den »Rest« der Gesellschaft und die darin liegenden Rollenengagement von Menschen strukturieren, zunehmend explizit. Bei Betrachtung der historischen Abfolge fällt auf, dass wichtige Etappen der Formulierung des Schutzanspruchs von Zivilisten sowohl zu Zeiten hoher als auch zu Zeiten geringer faktischer Viktimisierung auftreten: Grotius schreibt zur Zeit des dreißigjährigen Krieges, mithin in einer Zeit massivster Viktimisierungen; Rousseau schreibt zur Zeit des Absolutismus und der begrenzten Kriege; die Haager Landkriegsordnung, die den nächsten wichtigen Schritt darstellt, stammt von 1899 beziehungsweise 1907,[105] mithin

104 Die Modernität der Figur des Zivilisten betont auch der Kriegshistoriker Geoffrey Best (1994: 38), ohne aber – in Ermangelung präziser soziologischer Begrifflichkeit – genau angeben zu können, worin eigentlich die entscheidende strukturelle Neuerung liegt. In gewisser Weise war natürlich die ihr zugrunde liegende Problematik immer schon gegeben: Wenn im Mittelalter ein Bauer erschlagen wurde, war er ebenfalls auch als Vater, Ehemann usw. tot. Dies kann man aber nur im Rückblick, von heute her sehen, während der entsprechende Gedanke (mangels eines ausreichenden Maßes an institutionalisierter Rollentrennung) damals eben nicht formulierbar war.

105 Die erste Formulierung war die »Internationale Übereinkunft vom 29. Juli 1899 betreffend die Gesetze und Gebräuche des Landkriegs«, die dann mit dem »Abkommen vom 18. Oktober 1907 betreffend die Gesetze und Gebräuche des Landkriegs« noch einmal bestätigt wurde.

noch aus der Zeit vor den Weltkriegen und den darin sich häufenden Viktimisierungen; und die Genfer Konvention[106] als die heute gültige Fassung der Zivilistenrechte wurde umgekehrt im unmittelbaren Anschluss an den Zweiten Weltkrieg, im Jahr 1949 verabschiedet. Daraus kann man schließen, dass es sich um ein Korrelat sehr grundlegender Gesellschaftsstrukturen handelt, das nicht abhängig ist von bestimmten Konjunkturen der tatsächlichen Kriegführungsweise – und zwar weder in der Richtung, dass eine besonders hohe faktische Viktimisierung normative Bemühungen um eine Begrenzung erst auf den Plan ruft, noch in der Richtung, dass eine besonders geringe faktische Viktimisierung den Vorteil einer Vorweganpassung der Realität an die Norm bietet.

Eine dezidiert soziologische und insbesondere gesellschaftstheoretische Interpretation von Bestimmungen des humanitären Kriegsrechts ist meines Wissens bisher nicht vorgenommen worden, obwohl seine Existenz und Bedeutung insgesamt natürlich gewürdigt wird (z.B. Journal of Peace Research 1987). Dies soll im Folgenden versucht werden, mit dem Ziel herauszufinden, inwiefern wichtige kriegsrechtliche Textkörper (die Haager Landkriegsordnung und vor allem die Genfer Konvention) Bestimmungen enthalten, die explizit auf andere Funktionssysteme und die darin vorkommenden Rollenzusammenhänge gerichtet sind.[107] Ansprüchen an juristische Genauigkeit und hermeneutische Rekonstruktion des Textes kann dabei naturgemäß nicht genügt werden, vielmehr wird eine bewusst inkongruen-

106 Diese heißt mit vollem Namen »Genfer Abkommen vom 12. August 1949 über den Schutz von Zivilpersonen in Kriegszeiten« und ist auch als IV. Genfer Abkommen bekannt, da es noch drei weitere Genfer Abkommen gibt, die sich aber auf Kombattanten beziehen (auf die Behandlung von verwundeten Soldaten im Land- und im Seekrieg sowie auf die Behandlung von Kriegsgefangenen) und in unserem Kontext nicht relevant sind. Es gibt auch noch drei Zusatzprotokolle zum IV. Genfer Abkommen (aus den Jahren 1977 und 2005) sowie ein weiteres Abkommen über den Schutz von Kulturgut (aus dem Jahr 1954), die meist implizit mitgemeint sind, wenn im üblichen Sprachgebrauch von »der Genfer Konvention« die Rede ist. Diesem lockeren Sprachgebrauch schließe ich mich oben im Text an. – Alle diese Rechtstexte sind verfügbar auf der Homepage der Bundesbehörden der Schweizerischen Eidgenossenschaft: www.admin.ch/ch/d/sr/iindex.html.

107 Der grundsätzliche Gedanke der Rollentrennung findet sich darüber hinaus auch in Normkörpern, die nur auf einzelstaatlicher Ebene gelten, etwa in den »Instructions for the Government of Armies of the United States in the Field« von 1863, wo es heißt: »[A] s civilization has advanced during the last centuries, so has likewise steadily advanced [...] the distinction between the private individual belonging to the hostile country and the hostile country itself, with its men and arms. The principle has been more and more acknowledged that the unarmed citizen is to be spared in person, property and honour as much as the exigencies of war will admit« (Art. 22, zit. in Doswald-Beck 1987: 253).

te Perspektive angelegt. In diesem Sinn weiche ich etwa in der folgenden Darstellung von der internen Gliederung der Genfer Konvention ab, die sich an der Unterscheidung unterschiedlicher Geltungsbereiche wie eigenes Gebiet einer Kriegspartei/besetztes Gebiet/Internierungslager oder auch an der Unterscheidung von internationalen und nicht-internationalen Konflikten orientiert, während für meine Zwecke die Unterscheidung verschiedener Funktionssysteme hilfreicher ist.

In der Haager Landkriegsordnung sind zwei wichtige Bestimmungen zum Schutz des »Rests« der Gesellschaft enthalten. Zum einen ist hier das generelle Verbot des militärischen Angriffs auf unverteidigte, nur zivil genutzte Städte und Gebäude zu nennen (Art. 25). Im Zusammenhang damit kommen dann auch schon einige – wenn auch noch sehr knappe und summarische – Formulierungen vor, die explizit auf Strukturen anderer Funktionssysteme zielen: »Bei Belagerungen und Beschießungen sollen alle erforderlichen Maßnahmen getroffen werden, um die dem Gottesdienste, der Kunst, der Wissenschaft und der Wohltätigkeit gewidmeten Gebäude sowie die Krankenhäuser und Sammelplätze für Kranke und Verwundete so viel als möglich zu schonen«. (Art. 27) – »Die Ehre und die Rechte der Familie, das Leben der Bürger und das Privateigentum sowie die religiösen Überzeugungen und gottesdienstlichen Handlungen sollen geachtet werden. Das Privateigentum darf nicht eingezogen werden.« (Art. 46) Zum anderen wird das Verbot von Plünderungen festgeschrieben (Art. 47), womit eine wirtschaftsspezifische Rolle, nämlich die Rolle des Eigentümers unter Schutz gestellt wird.[108] Das Plünderungsverbot stellt eine bemerkenswerte Errungenschaft des modernen Kriegsrechts dar angesichts des Umstands, dass die Aneignung von wertvollen Besitztümern in früheren Gesellschaften ein zentrales und offen propagiertes Kriegszielen war; wie oben (Kapitel 2.5.) bereits notiert, drückt sich darin die zunehmende Entkopplung der politischen von der ökonomischen Sphäre und die zunehmende ökonomische Nutzlosigkeit von Kriegen aus.

Ein halbes Jahrhundert und zwei Weltkriege später wird dem Schutz von Zivilisten ein ganzes eigenes Abkommen gewidmet – das »Genfer Abkommen vom 12. August 1949 über den Schutz von Zivilpersonen in Kriegs-

108 Dies natürlich immer nur in den Grenzen der Verhältnismäßigkeit, es gibt keinen absoluten Schutz des Privateigentums. Es wird zwar berichtet, dass »[i]n the early days of World War II, Britain's air minister refused to let the Royal Air Force bomb German arms factories because they were private property« (Keeley 1996: 108), aber dies ist ein sehr untypisches Maß an Rücksichtnahme und wurde eben auch nicht lange durchgehalten.

zeiten« –, und die bisherigen kurzen Bestimmungen werden (hier und in Folgeabkommen) wesentlich ausgebaut zu elaborierten und oft recht detaillierten Regelungen zu allen Funktionssystemen der Gesellschaft.[109] Ich beginne wieder mit dem Wirtschaftssystem, das jetzt nicht nur mit der Rolle des Eigentümers, sondern auch mit der Rolle des Arbeitnehmers erfasst wird. Zunächst wird noch einmal das Verbot der Plünderung erneuert (Art. 33), mithin (privates wie öffentliches) Eigentum vor dem Zugriff der Kriegsparteien geschützt. Neben der Plünderung wird jetzt explizit auch die Zerstörung von Eigentum verboten, soweit sie nicht durch unmittelbare militärische Notwendigkeit gedeckt ist (Art. 53). Darüber hinaus werden die Kriegsparteien auch für den speziellen Fall von Internierungen zum Respekt vor der Rolle des Eigentümers angehalten: So darf internierten Personen ihr (mobiles) Eigentum nur vorübergehend und nur unter geregelten Bedingungen abgenommen werden und muss nach Ende der Internierung zurückgegeben werden; und die Verwaltung von (immobilem) Eigentum außerhalb des Internierungsgelände soll durch die Internierungsmacht nicht behindert werden (Art. 97, 114).

Was die Rolle des Arbeitnehmers betrifft, so wird zunächst bestimmt, dass die Arbeitsmöglichkeiten von »Feindstaatangehörigen« oder sonstigen Ausländern auf dem Kerngebiet einer Kriegspartei nicht durch kriegsbedingte Regularien und Repressionen beeinträchtigt werden sollen (und ansonsten mittels Unterhaltszahlungen ausgleichspflichtig gemacht werden) (Art. 39). Ansonsten richtet sich der Schutz von Arbeitnehmern vor allem auf die Möglichkeit der unkontrollierten Ausbeutung der Arbeitskraft von Zivilisten durch die Kriegsparteien selbst. Diesen wird zunächst verboten, Arbeitskräfte für ihren eigenen Bedarf auf indirekten, schwer kontrollierbaren Wegen zu mobilisieren: »Alle Maßnahmen, die darauf abzielen, Arbeitslosigkeit zu schaffen oder die Arbeitsmöglichkeiten der Arbeiter eines besetzten Gebietes zu beschränken, um sie auf diese Weise zur Arbeit für die Besetzungsmacht zu gewinnen, sind verboten.« (Art. 52) Die Einführung von Zwangsarbeit wird interessanterweise nicht verboten, aber in ihren Bedingungen an denen des regulären Arbeitsmarktes gemessen. So heißt es: »Die Besetzungsmacht [...] darf geschützte Personen nur dann zur Arbeit zwingen, wenn sie über achtzehn Jahre alt sind. [...] Die Arbeit soll angemessen bezahlt und den körperlichen und geistigen Fähigkeiten der Arbeitenden angepasst sein. Die

109 Zusätzlich wird auch der funktionssystemunspezifische Schutz ziviler Siedlungen dadurch erweitert, dass dem Verbot des direkten Angriffs das Verbot des Aushungerns hinzugefügt wird (Zusatzprotokoll II, Art. 14).

im besetzten Lande in Kraft stehende Gesetzgebung betreffend die Arbeitsbedingungen und Schutzmaßnahmen, insbesondere in bezug auf Löhne, Arbeitsdauer, Ausrüstung, Vorbildung und Entschädigungen für Arbeitsunfälle und Berufskrankheiten, ist auf die geschützten Personen anzuwenden«. (Art. 51) (ähnlich für Feindstaatangehörige und Internierte: Art. 40, 95)

Diese kriegsrechtliche Bestimmung zum Schutz von Arbeitnehmern ist genau analog zu der »friedensrechtlichen« Regelung von staatlichen Enteignungen:[110] Trotz der verfassungsmäßigen Garantie des Eigentums ist die Enteignung von privatem Eigentum grundsätzlich möglich, wenn der Staat gute Gründe dafür hat, etwa eine Autobahn durch ein Gebiet mit privatem Grundeigentum bauen will. Der Eigentümer muss aber in vollem Umfang entschädigt werden, d.h. seine Position im Wirtschaftssystem muss wiederhergestellt werden (während der rein symbolisch-persönliche Wert des Grundstücks, an dem etwa Erinnerungen, Nostalgien usw. hängen können, entschädigungslos verloren geht). Es muss also sichergestellt sein, dass der Staat mit dem politisch motivierten Akt der Enteignung nicht die strukturelle Situation in der Wirtschaft verzerrt. Genau demselben Muster folgt auch die Regelung von Zwangsarbeit im Kriegsfall: Die in der Kriegführung begründete Notwendigkeit, Arbeitskräfte ohne deren Zustimmung zu rekrutieren, wird anerkannt, aber die wirtschaftsinterne Stellung dieser Arbeitskräfte muss an die Stellung »normaler« Arbeitnehmer angeglichen werden.

Der zweite Funktionsbereich, der in der Genfer Konvention an prominenter Stelle vorkommt, sind Familien. Diese sollen vor allem vor der Gefahr der Zerstreuung und kriegsbedingten Trennung von Familienangehörigen geschützt werden, und den Kriegsparteien wird verboten, Familien auseinanderzureißen, soweit sie dies unter Kontrolle haben. So heißt es mit Blick auf Internierungssituationen: »Während der ganzen Dauer ihrer Internierung sollen die Mitglieder derselben Familie und namentlich die Eltern und ihre Kinder am gleichen Internierungsort vereinigt werden« (Art. 82). Soweit Familien nicht unter dem unmittelbaren Zugriff einer Kriegspartei stehen, sollen sie in ihrem Bemühen, Kontakt untereinander zu halten oder wiederherzustellen, unterstützt werden: »Jede auf dem Gebiete einer am Konflikt beteiligten Partei oder auf einem von ihr besetzten Gebiete befindliche Person soll den Familienmitgliedern, wo immer sie sich befinden, Nachrichten streng persönlicher Natur geben und von ihnen erhalten können.« (Art. 25)

110 Die folgende Lesart von Luhmanns Grundrechte-Deutung entnehme ich der mündlichen Tradierung durch André Kieserling.

Die Wiedervereinigung zerstreuter Familien soll in jeder möglichen Weise unterstützt werden (Art. 26; auch Zusatzprotokoll I, Art. 74, 78).

Aber auch über die basale Gefahr des Kontaktverlustes hinaus soll auf die Eigenbedürfnisse von Familien Rücksicht genommen werden. Diese sollen etwa auch unter Internierungsbedingungen die Möglichkeit haben, ein intimes, von anderen abgegrenzten Familienleben aufrechtzuerhalten: »Wo immer möglich, sollen die internierten Mitglieder derselben Familie zusammen in den gleichen Räumen und von den andern Internierten getrennt untergebracht werden; es sollen ihnen ebenfalls die notwendigen Erleichterungen zur Führung eines Familienlebens gewährt werden.« (Art. 82) In dringenden Fällen sollen außerdem Besuche zwischen internierten und nicht-internierten Familienmitgliedern erlaubt werden (Art. 116). Schließlich kann eventuell auch das Verbot der Vergewaltigung und Nötigung zur Prostitution (Zusatzprotokoll I, Art. 76) als Schutz der Familie angesehen werden, insofern Vergewaltigungen oft als Angriff nicht nur auf die einzelne Frau, sondern auf die Integrität des Familienzusammenhanges intendiert sind oder wirken (vgl. oben Kapitel 3.3., Punkt d).

Speziell für Internierungssituationen (aber nur für diese) sieht die Genfer Konvention auch einen Schutz von Religionsrollen sowie von Bildungsrollen, in gewissem Maß sogar von Sportrollen vor. So heißt es: »Den Internierten soll in der Ausübung ihres Glaubens, einschließlich der Teilnahme an Gottesdiensten, volle Freiheit gewährt werden [...]. Den internierten Geistlichen ist es gestattet, ihr Amt unter ihren Glaubensgenossen uneingeschränkt auszuüben. Zu diesem Zwecke hat der Gewahrsamsstaat darauf zu achten, dass sie in gerechter Weise auf die verschiedenen Internierungsorte verteilt werden.« (Art. 93) (ähnlich Art. 86) Zu Bildungsengagements wird bestimmt: »Der Gewahrsamsstaat soll die geistige, erzieherische, sportliche sowie die der Erholung geltende Betätigung der Internierten fördern [...]. die Kinder und Jugendlichen [...] können Schulen entweder innerhalb oder außerhalb des Internierungsortes besuchen.« (Art. 94) In diesem Zusammenhang soll den Internierten auch die Möglichkeit gegeben werden, »sich körperlichen Übungen, dem Sport und Spielen im Freien zu widmen«, und es sollen ausreichende Plätze dafür zur Verfügung gestellt werden (Art. 94). Zivilisten außerhalb von Internierungssituationen werden aber mit Blick auf ihre Religions- und Bildungsrollen nicht erfasst (obwohl prinzipiell ja auch hier ein Verbot der Behinderung von Religionsausübung und Bildungsengagements – etwa mittels Schließung von Gotteshäusern oder Schulen – denkbar wäre).[111]

Das Rechtssystem taucht in der Genfer Konvention unter verschiedenen Blickwinkeln auf. Internierte Personen werden vor allem mit Blick auf ihren zivilrechtlichen Status erfasst, der durch die Internierung möglichst wenig beeinträchtigt werden soll: »Die Internierten behalten ihre volle bürgerliche Rechtsfähigkeit und können die daraus erwachsenden Rechte geltend machen, soweit sie mit ihrem Status als Internierte vereinbar sind.« (Art. 80) – »In allen Fällen, in denen ein Internierter Partei in einem Verfahren vor irgendeinem Gericht ist, soll der Gewahrsamsstaat [...] darüber wachen, dass [...] er seiner Internierung wegen keinerlei Nachteile in bezug auf die Vorbereitung und die Durchführung seines Verfahrens oder die Vollziehung eines vom Gericht gefällten Urteils erleidet.« (Art. 115) (ähnlich Art. 113) Die sonstigen Bestimmungen zum Recht – insbesondere mit Blick auf besetzte Gebiete – beziehen sich dagegen auf die Seite des Strafrechts und auf die Möglichkeit, dieses als Repressionsinstrument gegenüber einer feindlich gesinnten Bevölkerung zu missbrauchen. Hier werden vor allem die üblichen Qualitätsmerkmale eines Rechtsstaates betont (Bekanntmachung von Gesetzen, Rückwirkungsverbot, Recht auf Gerichtsverfahren, Recht auf Verteidigung usw.), und ihre Geltung auch für Kriegsgebiete und auch für die Behandlung eventueller Partisanen, Saboteure usw. wird bekräftigt; weiter werden unverhältnismäßig hohe Strafen – etwa die Verhängung der Todesstrafe für geringfügige Vergehen – ausgeschlossen (Art. 65–79). Diese Bestimmungen beziehen sich aber in der hier verwendeten gesellschaftstheoretischen Begrifflichkeit eigentlich schon nicht mehr auf Zivilisten *als Zivilisten*, d.h. als Inhaber von Rollen im »Rest« der Gesellschaft, sondern auf Zivilisten in ihre eventuellen Rolle als Partisan o.ä., mit der sie (wenn auch in einer irregulären Rolle) den Kreis des unmittelbar kriegführenden Teilsystems betreten.

Massenmedien, Wissenschaft und Kunst kommen in der ursprünglichen Genfer Konvention nicht vor, wurden aber in späteren Gesetzestexten erfasst. Mit Blick auf Massenmedien legt das Zusatzprotokoll von 1977 fest, dass im Kriegsgebiet operierende Journalisten als Zivilpersonen zu betrachten sind, mithin unter dem vollen Schutz der Konvention stehen und bei

111 Ob der Grund für diese Auslassung ist, dass solche Maßnahmen von seiten kriegführender Parteien bisher nicht vorgekommen sind und deshalb auch kein Motiv für ein Verbot vorhanden ist, ob es einen anderen Grund gibt oder ob dieser Punkt schlicht vergessen wurde, kann hier nicht ergründet werden.

entsprechender Kennzeichnung ihrer Fahrzeuge usw. nicht angegriffen werden dürfen (Zusatzprotokoll I, Art. 79). Eine unabhängige – sei es auch politisch missliebige – massenmediale Beobachtung des Kriegsgeschehens soll also möglich sein und darf durch die Kriegsparteien nicht behindert werden. Für Kunst und Wissenschaft gibt es ein eigenes internationales Abkommen unter dem Titel »Schutz von Kulturgut«.[112] Kulturgut umfasst nach der Definition dieses Abkommens Bau- und Kunstdenkmäler, Kunstwerke, Museen, Bücher, Bibliotheken, Archive u.ä., mithin die Sedimente des Operierens von Kunst und Wissenschaft. Die Kriegsparteien sollen »es unterlassen, dieses Gut [...] der Vernichtung oder Beschädigung aus[zu]setzen [...], von allen gegen dieses Gut gerichteten feindseligen Handlungen Abstand nehmen [...] ferner, jede Art von Diebstahl, Plünderung oder anderer widerrechtlicher Inbesitznahme von Kulturgut sowie jede sinnlose Zerstörung solchen Guts [...] verbieten, [...] verhindern und nötigenfalls solchen Handlungen ein Ende [...] setzen.« (Art. 4)

Um die Liste der Funktionssysteme im »Rest« der Gesellschaft vollständig zu machen, fehlt jetzt nur noch das System der Krankenbehandlung. Dieses nimmt in allen Genfer Konventionen (auch in denen, die Kombattanten gewidmet sind) einen besonderen Stellenwert ein, weil die Versorgung von Verwundeten ein zentrales humanitäres Anliegen in Kriegen ist und auch historisch gesehen die Entstehung der Genfer Konventionen eng mit der Rot-Kreuz-Bewegung verbunden ist. Entsprechend gibt es im hier interessierenden IV. Genfer Abkommen viele (gesellschaftstheoretisch gesehen eher überproportional viele) Artikel, die sich mit der medizinischen Versorgung von Personen im Kriegsgebiet befassen: mit der Kennzeichnung von medizinischem Personal, Fahrzeugen und Gebäuden, der Versorgung mit Medikamenten, der besonderen Schutzwürdigkeit von Kranken, Verwundeten, Schwangeren, Gebrechlichen usw. [113]

112 Der vollständige Titel lautet: »Haager Abkommen vom 14. Mai 1954 für den Schutz von Kulturgut bei bewaffneten Konflikten«, mit einem weiteren Protokoll von 1999.

113 Eine Nebenfolge der Festlegung von »humanitären« Kennzeichnungen und sonstigen Schutzzeichen (Rotes Kreuz, UN-Symbol, weiße Flagge usw.) besteht im Übrigen darin, dass jetzt zwischen (erlaubter) Kriegslist und (verbotener) Heimtücke unterschieden werden muss, wobei Heimtücke im Missbrauch der Schutzbestimmungen und Schutzzeichen zum Zweck der Täuschung des Feindes besteht (Zusatzprotokoll I, Art. 37).

Gesellschaft und menschliche Würde

Vergegenwärtigt man sich diese – hier nur grob und ohne Anspruch auf Vollständigkeit referierte – Liste von Schutzbestimmungen, so sticht die Korrespondenz zwischen der basalen Differenzierungsstruktur der Gesellschaft und den Bestimmungen des »humanitären« Kriegsrechts ins Auge (das deshalb eigentlich »gesellschaftliches« oder »gesamtgesellschaftlich adäquates« Kriegsrecht heißen müsste). Dass die Übereinstimmung nicht hundertprozentig ist, manche Funktionssysteme (wie Krankenbehandlung) überrepräsentiert und andere (wie Religion und Bildung) unterrepräsentiert sind, versteht sich von selbst bei einem Text, der unter dem Eindruck konkreter Erfahrungen in akuten Kriegskontexten und ohne Kontakt zur soziologischen Gesellschaftstheorie geschrieben wurde, und eher beeindruckt umgekehrt das Maß an Übereinstimmung mit dem, was man von der Theorie funktionaler Differenzierung aus erwarten würde. In Anlehnung an die rechtssoziologische Lesart, die Luhmann mit seinem Buch »Grundrechte als Institution« (1965) vorgeschlagen hat, kann man mithin sagen: Was in der Genfer Konvention geschützt wird, ist nicht so sehr der Mensch (oder jedenfalls nicht der Mensch in seiner Rohform, in seiner schieren »Menschlichkeit«), sondern vielmehr die anderen Rollen der Person beziehungsweise die anderen Rollenzusammenhänge, in denen diese Person ebenfalls vorkommt und benötigt wird.[114] Oder, in etwas schwächerer Formulierung (die den Intentionen des Textes selbst näher kommen dürfte): Wenn man den Menschen schützen will, kann man dies unter Bedingungen funktionaler Differenzierung nur dadurch tun, dass man ihn in seinen je funktionssystemspezifischen Rollen schützt, denn diese kanalisieren einen Großteil der wichtigen Engagements und Identitäten von Menschen.

Dies muss nicht ausschließen, dass es über das Innehaben von Einzelrollen hinaus auch eine integrierte, generalisierte Ebene von Menschsein oder menschlicher »Würde« gibt. Auch die Genfer Konvention nimmt an einigen Stellen auf die Begriffe der Würde und der Menschlichkeit Bezug, etwa im Verbot der grausamen, erniedrigenden und entwürdigenden Behandlung (Art. 3; auch Zusatzprotokoll I, Art. 1), und ansonsten mit Blick auf Rest-

114 Eine ganz andere rechtssoziologische Option wählt dagegen Gunther Teubner (2006), dem zufolge gerade die fundamentalen Menschenrechte sich nicht auf die *Gesellschaft*, sondern vielmehr auf die *Umwelt* der Gesellschaft beziehen, nämlich auf Körper bzw. Psychen. Die Menschenrechte (und vermutlich würde Teubner hier auch das humanitäre Kriegsrecht einordnen) fungieren so gesehen als Schranken der Kommunikation und greifen dann, wenn die Integrität von Psyche und Körperlichkeit gefährdet ist.

probleme, die durch spezifischere Bestimmungen nicht geregelt sind und trotzdem mit »Menschlichkeit« angegangen werden sollen. Für einen effektiven Schutz von Zivilisten ist dies aber offensichtlich nicht ausreichend. Wenn man von einem soziologischen Würdebegriff ausgeht, der Würde als akkumulierte und sedimentierte Selbstdarstellung einer Person versteht, die durch inkonsistente und negative Einblicke freigebende Verhaltensweisen – sei es auch in einem einzigen Fall – diskreditiert werden kann (Luhmann 1965: 63ff.), stellt sich das Problem ohnehin etwas anders, und es können dann durchaus auch die rollenspezifischen Bestimmungen der Genfer Konvention für die Erhaltung der Würde von Menschen relevant sein.

Die Würde ist so gesehen u.a. dann in Gefahr, wenn Menschen Extremsituationen der Angst, der Not, des Verlusts usw. ausgesetzt werden, in denen sie Verhaltensweisen zeigen, die mit ihrer bisher gezeigten Selbstdarstellung nicht in Einklang gebracht werden können. Wenn jemand etwa angesichts eines Haufens feindlicher Soldaten, die dazu ansetzen ihn zu erschießen, geweint und gefleht hat, wird er in seinen eigenen Augen und/oder den Augen anderer vielleicht seinen Status als vollwertiger Mann verlieren; ebenso, wenn er zusehen musste, wie die eigene Frau oder Tochter vergewaltigt wird.[115] Wenn jemand innerhalb von Tagen sein Haus, seinen Besitz, die Grundlage seiner Existenz verliert und zu einem mittellosen Flüchtling gemacht wird, wird er dies vielleicht nicht mit intakter bürgerlicher Identität überstehen (Horn 2002: 31).[116] Und wenn jemand in einer Situation extremen, lebensbedrohlichen Hungers den eigenen Kindern das Brot weggegessen hat, wird er sich nachher vielleicht selbst nicht mehr »in die Augen sehen« können (Kempowski 2002: Einträge aus Leningrad). Solche Situationen, die zu unvertretbarem eigenem Handeln Anlass geben,[117] können

115 Hier scheint das Kernproblem bei der Verstoßung vergewaltigter Frauen durch ihre Familien zu liegen: Es ist nicht nur die Ehre der Frau beschmutzt, sondern ebenso die Ehre der Männer, die dies nicht verhindern konnten. (Dank an Marion Müller für diesen Hinweis.)

116 Eine gute literarische Schilderung dieses Prozesses findet sich bei Andric 1987: 422ff.

117 Dass es im Kern um das eigene Verhalten des Betroffenen geht, betont Luhmann (1965: 73, FN 54): »Seine Würde hat der Mensch [...] in erster Linie selbst zu verantworten. [...] [Daher] können ihr direkte Angriffe zumeist nichts anhaben. Es ist deshalb falsch, schon in Handlungen, die Ausdruck einer Mißachtung sind, eine Verletzung der Menschenwürde zu erblicken. Eine solche liegt nur vor, wenn der respektlos Behandelte dadurch in Korrespondenzrollen gezwungen wird, die er mit einer achtungswürdigen Selbstdarstellung nicht vereinbaren kann«. – Interessanterweise wird die Erfahrung der Folter durch Jean Améry (1977: 57f.) ganz analog beschrieben: Was dem Menschen unerträglich ist, ist die Reduktion auf ein schreiendes Bündel Fleisch – nicht der Schmerz. »Sofern überhaupt aus der Erfahrung der Tortur eine über das bloß Alptraumhafte hinausgehende Erkenntnis

durch die Bestimmungen der Genfer Konvention – so sie denn eingehalten werden – in relevantem Umfang verhindert werden, und zwar auch dort, wo die »Würde« im Minimalsinn (d.h. im Sinn des Folterverbots) noch gar nicht tangiert ist. Denn einschneidende Angst- und Verlustsituationen kommen meist mit Blick auf relevante Rollenengagements vor und können deshalb durch Regulierungen, die solche Engagements unter Schutz stellen, verhindert oder abgemildert werden.

Recht und Realität

Mit all dem soll natürlich nicht gesagt sein, dass die Bestimmungen der Genfer Konvention eins zu eins die Realität der Kriegführung widerspiegeln. In der Praxis der Kriegführung werden diese Bestimmungen laufend und in massivem Ausmaß verletzt – abgesehen davon, dass es viele kriegsähnliche Konflikte gibt, die von vornherein dem Anwendungsbereich des Kriegsrechts entzogen werden (durch Bezeichnung als »innere Unruhen« o.ä.), und viele Kriegsparteien (irreguläre, terroristische usw.) sich um die Bestimmungen des humanitären Kriegsrechts ohnehin nicht scheren. Es handelt sich insofern »nur« um Normen, die vermutlich auch im Vergleich zu anderen Rechtsnormen eine relative geringe Befolgungsquote erreichen, einfach deshalb, weil unter den Bedingungen akuter Kriegführung keine effektive Kontrolle und Justizialisierung des Handelns von Kriegsparteien möglich ist.

Bestimmungen des »humanitären« Kriegsrecht kollidieren tendenziell mit den berufsmäßigen Gewohnheiten von Soldaten, insofern die geforderten Rücksichtnahmen leicht als unprofessionelles und »weichherziges« Verhalten erscheinen (Best 1976: 130) oder einfach die praktische Notwendigkeit schnellen Handelns der für Schonung von Zivilisten erforderlichen Langsamkeit und Umsicht entgegensteht (soll man erst schießen oder erst prüfen, um wen es sich handelt?) (Hartigan 1982: 6). Vom Militär aus gesehen ist das humanitäre Kriegsrecht im Wesentlichen eine externe Beschränkung, die intern keinen Sinn macht, und wenn der Schutz von Zivilisten mit der »militärischen Notwendigkeit« kollidiert, wird sich deshalb in aller Regel die militärische Seite durchsetzen (Best 1994: 35f.). Der strukturel-

bleibt, ist es die einer großen Verwunderung [...] Staunen über das, was man selber werden kann: Fleisch und Tod. Der Gefolterte hört nicht wieder auf, sich zu wundern, daß alles, was man je nach Neigung seine Seele oder seinen Geist oder sein Bewußtsein oder seine Identität nennen mag, zunichte wird, wenn es in den Schultergelenken kracht und splittert. [...] Die Schmach der Vernichtung läßt sich nicht austilgen.«

le Ort von Regelungen zur Kriegshegung ist nicht mehr (wie in Stammes- oder Adelsgesellschaften) der Ehrenkodex der Kämpfer selbst, sondern das Rechtssystem als das für Normfixierung und Erwartungssicherung zuständige Teilsystem der Gesellschaft. Entsprechend bleiben Versuche, Soldaten die Bestimmungen der Genfer Konvention nahezubringen, meist mehr oder weniger oberflächlich und wirkungslos (Osiel 1999).[118] Die zivile Politik, die die Kriegseinsätze anordnet und die Einsatzregeln formuliert, mag in ihrer Haltung zu humanitären Rücksichtnahmen immerhin zwiegespalten sein (in westlichen Ländern): Während Politiker mindestens *auch* ein Interesse an der Schonung von Zivilisten haben, sei es nun durch authentische Empfindsamkeit oder durch Legitimitätsüberlegungen gespeist, kollidiert dieses hier mit dem Wunsch nach kriegerischer Effektivität sowie mit dem Impuls zur Schonung der eigenen Soldaten. Letztere lässt sich oft nur in einem »trade-off« gegen zivile Opfer maximieren lässt, indem etwa Luftschläge aus großer Höhe oder von unbemannten Waffensystemen ausgeführt werden, was die Fähigkeit zur Diskriminierung zwischen zivilen und militärischen Zielen weiter herabsetzt.

Schließlich ist festzuhalten, dass auch die in den Rechtskörpern fixierten Bestimmungen selbst schon eine Kompromissbildung zwischen der militärischen Logik und den Schutzbedürfnissen anderer Teilbereiche darstellen. Hierfür steht die Formel – anders gesagt: der Gummiparagraph – der »Verhältnismäßigkeit«: Denn kriegsrechtliche Normen verbieten ja durchaus nicht jede Schädigung von zivilen Personen und Einrichtungen, sondern nur eine solche, die in keinem sinnvollen Verhältnis zum dadurch erzielten militärischen Nutzen steht. Von der Konferenz im Vorfeld der Verabschiedung der Zusatzprotokolle zum Genfer Abkommen von 1977 wird denn auch berichtet: »Some delegations [...] wanted to outlaw all injury to civilians, stating that the tolerance of incidental damage was open to abuse and depended too much on the subjective assessment of the commander. An appreciation of reality, however, won the day, for it was better to formulate rules which a

118 Osiel selbst vertritt allerdings die Meinung, dass humanitäre Rücksichtnahmen dem Militär nicht zwingend äußerlich bleiben müssen und dass auch die internen Normstrukturen des Militärs – etwa das soldatische Ehrverständnis – der Verhütung von Kriegsverbrechen entgegenkommen (Osiel 1999: 23, 32) (vgl. auch Heins/Warburg 2004: 70ff.). Aufschlussreich ist aber seine Beobachtung, dass »good military attorneys find ways [!, es erfordert offensichtlich Kreativität] to portray legal norms as ›facilitative,‹ i.e., aimed at helping commanders do their jobs well, rather than as simply punitive or disciplinary constraints extrinsic to soldiering virtuosity.« (ebd.: 349)

State could abide by and still gain victory, rather than impossibly restrictive ones which would have to be violated.« (Doswald-Beck 1987: 256)

Die hier unvermeidliche Kompromissbildung[119] und die Schwierigkeiten bei der Umsetzung kriegsrechtlicher Schutzbestimmungen bedeuten aber nicht, dass das humanitäre Kriegsrecht ein bloßer juristischer »Papiertiger« und für realitätsbezogene soziologische Analyse irrelevant wäre. Die Soziologie muss auch die *Existenz* von Normen erklären und nicht nur den Grad ihrer Befolgung oder Nicht-Befolgung. Für eine Erklärung der Existenz und Gestalt der Genfer Konvention aber scheint ein Bezug auf die Form gesellschaftlicher Differenzierung und die darin implizierten Bedingungen unverzichtbar zu sein.

(c) Der Zivilist und die Wahrnehmung des Krieges

In seinem Bemühen um Expansionsbegrenzung erhält das Recht Schützenhilfe durch ein weiteres Funktionssystem: die Massenmedien. Es ist vielfach beobachtet worden, dass die Kriegsdarstellung in den Massenmedien und mit ihr die allgemein-gesellschaftliche Kriegswahrnehmung sich in den letzten Jahrzehnten auf die Perspektive der Zivilisten beziehungsweise der Kriegsopfer umgestellt hat (Shaw 1991: 192ff.; 1996; Münkler 1992: 176ff.; Taylor 1992: 238ff.). Die Perspektive des »Rests« der Gesellschaft bestimmt also, wenn schon nicht die aktive Führung, so doch wenigstens die gesellschaftliche Wahrnehmung von Kriegen (was dann in gewissem Maß auch auf die Bedingungen der Führung von Kriegen zurückwirkt).[120]

Herfried Münkler beispielsweise analysiert Kriegsberichterstattung aus mehreren Jahrhunderten unter dem Gesichtspunkt der Frage, welche Sicht

119 Solche Kompromissbildungen scheinen immer nötig zu sein, wo Regelungen für Kopplungs- und/oder Kollisionsbeziehungen im Verhältnis zwischen Funktionssystemen geschaffen werden müssen. Beispielsweise wird die Politik zwar gegenüber Einflüssen wirtschaftlicher Interessengruppen und zahlungskräftiger Einzelpersonen insofern isoliert, als ein direkter Kauf politischer Entscheidungen, Ämter oder Wählerstimmen nicht möglich ist und als »Korruption« verfolgt wird. Andererseits wird ein ebensolcher Einfluss auf dem Weg über Lobbyismus und Parteispenden durchaus zugelassen, obwohl dies aus »puristischer« Perspektive genauso als inkorrekter Vorgang und unzulässige Einwirkung eines Funktionssystems auf ein anderes gesehen werden kann (Huntington 1989; Philip 2002).

120 Ebenso gilt auch für andere basale Rechte, etwa die allgemeinen Menschenrechte, dass diese ihre Wirkung zum großen Teil vermittelt über die Massenmedien bzw. über die »Zivilgesellschaft« – internationale Nichtregierungsorganisationen usw. – entfalten (Brunkhorst 2003: 80ff.; Hafner-Burton/Tsutsui 2005).

des Krieges in der jeweiligen Epoche als die »objektive«, realitätsadäquate gilt. Diese »ausgezeichnete« Beobachtungsperspektive hat sich innerhalb des betrachteten Zeitraums zweimal verschoben: In der Phase der begrenzten Kriege absolutistischer Staaten war es die Perspektive vom »Feldherrnhügel« aus, der einen überblicksartigen, vom unmittelbaren menschlichen Erleben distanzierten Blick auf das Kriegsgeschehen bietet; in den Weltkriegen war es die Nahperspektive des individuellen Soldaten, der das Kriegsgeschehen hautnah, am eigenen Leib und durchmischt mit subjektiven Eindrücken und Erfahrungen erlebt; und in der Jetztzeit ist es bevorzugt die Perspektive des unschuldig leidenden Opfers. Dies zeigt Münkler am Beispiel des Ersten Irakkriegs von 1990/91, als die offiziellen Videoaufnahmen von metergenau einschlagenden Marschflugkörpern und Präzisionsbomben von Journalisten mit einer gewissen Skepsis aufgenommen wurden und diese sich statt dessen auf die Suche nach toten und verwundeten Zivilisten machten: »Kein Blut, keine Verletzten, keine Toten – das konnte schwerlich die Realität des Krieges sein. [...] Die ›Realität‹ des Krieges war natürlich dort, wo die Bomben einschlugen, wo der Krieg weniger ›geführt‹ als vielmehr ›erlitten‹ wurde.« (Münkler 1992: 197)

Dieser Präferenz für die Perspektive der Opfer liegt teilweise ein spezifischer Selektionsbias der Massenmedien (insbesondere der visuell operierenden Massenmedien) zugrunde. Die Opferseite ist oftmals fotogener beziehungsweise telegener als die Täterseite, vor allem im Zeitalter der zunehmenden Technisierung von Krieg: Das sekundenkurze Abfeuern eines Marschflugkörpers lässt sich weniger gut filmen als ein verblutendes Kind. Der Umbruchspunkt hin zur Dominanz der Opferperspektive wird deshalb nicht zufällig auf den ersten »Fernsehkrieg«: den Vietnamkrieg datiert (Taylor 1992: 238ff.). »Television has a built-in bias towards depicting any conflict in terms of the visible brutality«, stellt auch der Journalist Robin Day fest (zit. in Taylor 1995: 274). In fundamental ideologiekritischer Haltung[121] »schenkt [das Fernsehen] eher den Opfern Aufmerksamkeit als der Schwärmerei politischer Rhetorik; es weigert sich, zwischen ›guten‹ und ›schlechten‹ Toten zu unterscheiden [...]; es will Zeuge sein, Überbringer der schlechten Nachricht für das zuschauende Gewissen der Welt.« (Ignatieff 2000: 32f.)

121 Das muss nicht heißen, dass die konkrete politische Analyse und Stellungnahme ideologiekritisch ist (zur in die Technologie des Fernsehens eingegrabenen und jeder politischen Standpunktnahme vorhergehenden ideologiekritischen Wirkung des Fernsehens vgl. Meyrowitz 1987).

In einem breiteren Sinn spiegelt sich in dieser Perspektivverschiebung aber auch die gesamtgesellschaftlich adäquate Perspektive des »Rests« der Gesellschaft wider. Es war deshalb auch schon vor dem Zeitalter des Fernsehens für sensible Beobachter der Trend erkennbar, dass Kriege zunehmend aus der Perspektive der Opfer beurteilt werden. So schreibt Durkheim (1922: 83f.): »Der Krieg, der das Tun des einzelnen hemmt und beeinträchtigt, wird zum Übel schlechthin. Da er dem einzelnen ein unverdientes Leiden auferlegt, erscheint er immer mehr als Inbegriff moralischen Übels.« Dieser Trend kann inzwischen als voll entfaltet und durchgesetzt gelten, und man kann sagen, dass wir heute »alle Pazifisten sind« (Hall 1985: 140f.), insofern wir grundsätzlich Krieg als etwas Schreckliches und Vermeidenswertes betrachten.[122] Wir sind zwar nicht unbedingt in dem konkret-politischen Sinn Pazifisten, dass wir jeden Krieg konsequent ablehnen, wohl aber in dem Sinn, dass wir, auch wenn wir einen bestimmten Krieg in einer bestimmten Situation befürworten, Krieg prinzipiell für etwas Schlechtes und nur in dieser Situation für das kleinere Übel halten (so z.B. Ignatieff 2005).[123] Deshalb kommt auch die »Kriegsschuldfrage«, die voraussetzt, dass das Anfangen eines Krieges etwas Schlechtes und Schuld Konstituierendes ist, erst mit dem 20. Jahrhundert auf (Fisch 2002).

Hierin zeichnet sich eine schärfere Differenzierung ab zwischen denen, die Kriege aktiv führen oder beschließen, und denen, die sie nur aus der Beobachterperspektive wahrnehmen. Seit des Zeitalter des Kalten Krieges und der nuklearen Abschreckung wird festgestellt, dass Krieg für die meisten Bewohner der westlichen Welt nur noch den Charakter eines »Zuschauersports« hat (Mann 1987a; 1987b; McInnes 2002).[124] Handlungsentlastete

---

122 »[W]e are all pacifists now in the sense of being opposed to war [...] [whereas] war was a normal, and usually acceptable, form of behaviour for European states in history.« (Hall 1985: 140f.) Vgl. auch die Diagnose einer Gesellschaft »which looks upon force as *a priori* suspect« bei Boene (1990: 37f.).

123 Diese Perspektivverschiebung entwickelte sich auf der Gleitschiene des Interesses für das Leiden von Menschen, wobei zuerst überwiegend Soldaten im Focus standen und dann – in dem Maß, in dem Soldaten immer weniger zum Opfer von Kriegen werden – überwiegend Zivilisten.

124 Im Zeitalter des Kalten Krieges war die Bevölkerung der westlichen Welt wenigstens noch als (potenzielles) Opfer anvisiert, und so gesehen waren auch die »Zuschauer« – und außerdem die das Drohpotenzial der Sprengköpfe und deren Glaubwürdigkeit vermehrenden »Abschreckungswissenschaftler« (Unger 1989: 241; Rapoport 1990: 328ff.; Krysmanski 1993: 74) – ein wesentliches Element eines (gedachten) Krieges. In den jüngeren, auf niedriger Intensität dahinschwelenden Kriegen in peripheren Weltregionen fehlt auch diese Dimension.

Beobachter aber haben andere Kriterien der Aufmerksamkeit und der Relevanz als Handelnde, und sie scheinen in diesem Fall eine Präferenz für die auch gesamtgesellschaftlich adäquate Perspektive des »Rests« der Gesellschaft zu haben, während die Perspektive der aktiv Kriegführenden und Kriegsverantwortlichen (der Generäle, Verteidigungsminister, Präsidenten usw.) demgegenüber fast zu einem partikularen und mit Misstrauen beobachteten Sonderstandpunkt verblasst. In diesem Sinn attestiert auch Münkler (1992: 198) der Präferenz für die Opferperspektive einen gewissen Realismus: »Zweifellos hat die Nahperspektive [d.h. die Opferperspektive] für sich den Vorteil, daß die meisten der Angesprochenen sich in sie hineinversetzen können, weil dies auch die Wahrnehmungsform wäre, in der sie die Dinge wahrnehmen *würden*, wenn sie am Ort des Geschehens *wären*. Man muß es dem Realitätssinn der westlichen Fernsehzuschauer zugute halten, daß sie sich insgesamt eher mit den Verplanten als mit den Planenden identifizieren.« Dies gilt verstärkt für die Bürger und Medien von Staaten, die in einen gegebenen Krieg nicht aktiv verwickelt und mithin schlechterdings nur Beobachter sind, während die Bürger und Medien kriegführender Staaten regelmäßig von einem »rally-round-the-flag«-Effekt gepackt werden und sich hinter ihre Regierung und ihr Militär stellen – aber meist nur kurzfristig und nur, solange nicht zu viele Opfer (zivile Opfer ebenso wie eigene Soldaten) zu verzeichnen sind (Mann 1987a: 49; Shaw 1991: 192ff.).

Die Prominenz der Opferperspektive in der massenmedialen Beobachtung und Darstellung von Kriegen erzeugt dann auch regelmäßig ein entsprechendes Medienmanagement auf der Seite der Kriegführenden, die darauf achten, dass möglichst wenig Informationen über zivile Opfer an die Öffentlichkeit gelangen (Shaw 1991: 195ff.; Gamson 1995: 8). Für den Ersten Irakkrieg – um dieses Beispiel noch einmal zu zitieren – lässt sich feststellen: »The control of information in most coalition countries was designed to secure a ›black-out on human costs‹« (Shaw 1991: 201). Dies betrifft jedenfalls zivile Opfer der jeweils *anderen* Seite, während zivile Opfer der eigenen Seite den Medien unter Umständen speziell präsentiert werden. Denn es gilt: Wer zivile Opfer zu beklagen hat und sie gut in den Medien positioniert, hat die (welt)öffentliche Meinung auf seiner Seite. Es kann deshalb – in scharfer Abweichung von den »klassischen« Schemata der Kriegspropaganda – auch vorkommen, dass »Medienvertreter extra zu Schauplätzen der eigenen Niederlage, zu eigenen Opfern oder erlittener Zerstörung ›gelotst‹«

werden (Feick 2006: 116) (vgl. Taylor 1992: 239f.).[125] In Reaktion auf diesen gut etablierten und erwartbaren Zusammenhang können eigene zivile Opfer dann nicht nur bereitwillig vorgeführt, sondern auch vorgetäuscht[126] und im Extremfall selbst hergestellt werden, indem man angebliche feindliche Angriffe auf eigene zivile Ziele selbst durchführt.[127]

Im Übrigen ermöglicht die Umstellung auf die Opferperspektive dann auch eine besonders leichtgängige *globale* Identifizierung mit den Opfern von Kriegen. Weltumspannende Solidarisierungen werden normalerweise dadurch erschwert, dass die Menschen in verschiedenen Teilen der Erde unter sehr verschiedenen Bedingungen und in sehr verschiedenen Rollenkontexten leben. Die für die Opferrolle kennzeichnende *Beschädigung* oder *Annullierung* von Rollen aber kennt keine Differenzierung nach Kontinenten, Kulturen, Religionen; was nach massiven Viktimisierungen übrig bleibt, ist der »reine Mensch«, mit dem man sich universell identifizieren kann, auch wenn man in den positiv eingenommenen Rollen nichts mit ihm gemein hat. »Hungersnöte und ethnische Kriege reduzieren sehr viele unterschiedliche Individuen auf exakt gleiche Einheiten reinen Menschseins. [...] In den Lagern Äthiopiens wurden Christen aus dem Hochland, Muslime aus dem Tiefland, Eritreer, Tigray, Afar und Somali auf dem Amboss des Leids zu gleichen Opfern geschlagen. In diesem Prozess [...] wird jeder Einzelne von den sozialen Beziehungen getrennt, die in normalen Zeiten sein Leben gerettet hätten. Jeder Einzelne [...] war Sohn, Tochter, Vater, Mutter, Stammesangehöriger, Staatsangehöriger, Mitglied einer Kirche, Nachbar. Doch keine dieser sozialen Beziehungen kann in Zeiten großer Not den Ruf nach Hilfe wirklich erwidern. [...] Und genau dadurch bringen Völkermord und Hun-

125 »Kritischen Friedensjournalisten«, die kriegstreiberische Effekte vermeiden und der Propaganda der Kriegsparteien nicht auf den Leim gehen wollen, wird deshalb empfohlen, das Leiden auf *beiden* Seiten darzustellen und »Anreize zur sozialen Identifikation mit Opfern auf *beiden* Seiten« zu geben (Kempf/Reimann/Luostarinen 1996: 26, Herv. hinzugefügt).

126 Das bekannteste Beispiel hierfür ist die während des Ersten Irakkriegs interviewte angebliche kuwaitische Krankenschwester, die von aus Brutkästen gerissenen kuwaitischen Babies berichtete, was sich hinterher als frei erfundene Propaganda entpuppte (Carruthers 2000: 42).

127 Mittlerweile ist auch der entsprechende Motivverdacht weit verbreitet: Wann immer eine Kriegspartei besonders viele oder besonders spektakuläre zivile Opfer zu beklagen hat, kann durch die andere Seite oder durch kritische Beobachter die Gegenfrage gestellt werden, ob das Ganze nicht nur eine Inszenierung war (so z.B. beim Granatbeschuss eines Marktes in Sarajevo 1994, bei den Anschlägen von 9/11 im Jahr 2001, wiederholt bei israelischen Angriffen auf palästinensische Gebiete usw.).

gersnot ein neues menschliches Subjekt hervor – das reine Opfer, das seiner sozialen Identität [...] beraubt ist«. (Ignatieff 2000: 28)[128]

Dass wir uns in diesem Maß mit dem Schicksal fremder Menschen in weit entfernten Weltregionen identifizieren und es in diesem Maß zur Grundlage der Beurteilung von Kriegen machen, ist ein weltgeschichtlich absolut neues Phänomen. Die ganze Geschichte hindurch waren die »Grenzen eines moralischen Universums« sehr viel enger gezogen und endeten an den »Grenzen des Stammes, der Sprache, der Religion oder der Nation« (Ignatieff 2000: 9). Erst die moderne Gesellschaft entwickelt die Idee der »Menschheit«, der alle Angehörigen der Spezies ungeachtet aller sonstigen Unterschiede angehören (Stichweh 1994; Linklater 2002). Es scheint, dass die Beobachtung von Kriegen unter der Prämisse der Opferperspektive diese Idee ein Stück weit vorantreibt, indem sie laufend neue Anlässe zu ihrer Anwendung und Erprobung bietet (vgl. dazu unten Kapitel 5).

Die skizzierte Perspektivverschiebung betrifft mithin sowohl die Darstellung und Kommentierung aktueller Kriege in den Massenmedien als auch die breitere, allgemein-gesellschaftliche Wahrnehmung und Beurteilung von Kriegen (im Sinne der generellen Abneigung gegenüber Kriegen und der Diskreditierung von Krieg als Mittel der Politik). Sie bestimmt darüber hinaus auch die Erinnerung an vergangene Kriege: So werden seit einiger Zeit nicht mehr siegreichen Generälen Statuen errichtet, sondern zunächst den in Kriegen gefallenen Soldaten (in Form von Denk- und Mahnmälern) und auf der nächsten Stufe allen – und insbesondere den zivilen – Opfern, wie Hans Speier schon im Jahr 1939 erspürte: »After the [First] World War memorials were built for the unknown soldier. After the next war, if the nations of the world build shrines to commemorate their nameless dead, the inscriptions will have to read ›To the Unknown Human Being.‹« (Speier/Kähler 1939: 12). Schließlich wirkt diese Perspektivverschiebung dann auch auf die Bedingungen der Kriegführung selbst zurück und erzeugt einen Druck auf die aktiv Kriegführenden beziehungsweise Kriegsverantwortlichen, die Belange der Opfer von Kriegen und verwandten Krisen stärker zu berücksichtigen.

Einschlägig ist hier zum einen das Aufkommen von Kriegen beziehungsweise Kriegsengagements vom Typ der »humanitären Intervention«,

128 Genauso beschreibt im Übrigen Hannah Arendt (1951: 620, 623f.) die »abstrakte Nacktheit des Nichts-als-Menschseins«, die den Staatenlosen kennzeichnet: »Dies abstrakte Menschenwesen, das keinen Beruf, keine Staatszugehörigkeit, keine Meinung und keine Leistung hat, durch die es sich identifizieren und spezifizieren könnte, [...] ist gleichzeitig der Mensch und das Individuum überhaupt, das allerallgemeinste und das allerspeziellste.«

die entweder genuin durch humanitäre Sensibilitäten motiviert sind oder jedenfalls der eigenen Öffentlichkeit gegenüber so gerechtfertigt werden.[129] Die humanitären Empfindlichkeiten von Politikern sind sicher teilweise authentisch und nicht nur gespielt, sie können aber im Bereich des politischen Systems sehr viel leichter als anderswo durch gegenläufige, funktionssystemspezifische Impulse und Handlungsrationalitäten konterkariert oder relativiert werden. Humanitäre Interventionen ohne handfeste realpolitische Interessen kommen deshalb nicht vor,[130] und in den meisten Fällen wird eine Mischung der einen oder anderen Art vorliegen.

Neben der Begründung von Kriegen kann aber auch die Art ihrer Führung auf den Primat der Betroffenheit von Zivilisten eingestellt werden, indem etwa Einsatzregeln so formuliert werden, dass der Schutz von Zivilisten an oberster oder jedenfalls hoher Stelle steht oder indem gleichzeitig mit militärischen Aktionen humanitäre Hilfsaktionen unternommen werden.[131] Jedoch steckt die Politik hier – wie bereits erwähnt – in dem Dilemma zwischen Schonung von *Zivilisten* und Schonung der eigenen *Soldaten*, wobei

---

129 Humanitäre Interventionen können mit zwei sehr verschiedenen Argumenten kritisiert werden. Am häufigsten ist der Vorwurf, dass sie letztlich nur den machtpolitischen Interessen der Interventen dienten und die Berufung auf humanitäre Belange nur strategische Fassade und Legitimationsideologie sei (so z.B. Burger 2001). Es gibt aber auch die umgekehrte Kritik, der zufolge humanitäre Impulse zwar echt, aber naiv und kurzsichtig sind und im Endeffekt mehr Schaden als Nutzen in den betroffenen Regionen anrichten, indem sie Kriege verlängern und ihr Ende durch »Ausbrennen« oder durch Sieg einer Seite verhindern, das Flüchtlingsproblem samt den damit einhergehenden Konflikten und Ressentiments perpetuieren usw. (Luttwak 1999; Lischer 2003). Dieser Kritikrichtung zufolge handeln die Interventionsmächte – mit Max Weber gesprochen – wertrational und folgenindifferent, und gerade nicht strategisch durchdacht. Beide Arten von Kritik (ebenso wie vermutlich beide Motivlagen in der realen Politik) können, obwohl logisch diametral entgegengesetzt, in der Praxis durchaus kombiniert werden. Schließlich können in einer positiven Wendung auch die Argumente beider Seiten zu einem optimistischen Denkstrang verwoben werden: So sieht Goodman (2006) eine »List der Vernunft« am Werke, indem die intervenierenden Staaten das humanitäre Argument zunächst nur als Vorwand benutzen, dann aber selbst dadurch gebunden werden, weil die öffentliche Meinung und politische Diskurs dann auf dieses »framing« festgelegt sind, Unterstützergruppen gefunden werden, die dieses Argument wichtig nehmen, usw.

130 Jedenfalls nicht in relevantem Umfang, wie man an humanitären Krisengebieten ohne strategische Bedeutung – etwa: Sudan/Darfur – ablesen kann.

131 Zu letzterem wird mit deutlicher Ironie aus dem jüngsten Afghanistankrieg berichtet: »President George W. Bush invited American children to donate a dollar to the Red Cross while his airforce deliberately bombed the organization's facilities in Kabul and Kandahar; and Afghan children had trouble distinguishing the aid packages from the cluster bombs, both dropped by US planes.« (Hammond 2004: 174)

der Druck in Richtung auf zweiteres letztlich auf denselben Faktor zurückgeht, nämlich auf die Sensibilität für andere, nicht-militärische Rollenkontexte (hier insbesondere die Familien der Soldaten), die durch den Krieg in Mitleidenschaft gezogen werden (vgl. oben Kapitel 2.3.). In diesem Dilemma obsiegt dann meist die Schonung der Soldaten als eigener Staatsbürger und Wähler, kombiniert mit der Vermeidung »richtiger«, großformatiger Kriege sowie mit einer gewissen Unentschlossenheit und erhöhten Verunsicherbarkeit angesichts punktueller, massenmedial intensiv berichteter Ereignisse. Mit Blick auf diese beiden »Schon-Fronten« kommt es – jedenfalls in den westlichen Ländern – im Extremfall dahin, »dass eine antimilitaristisch gestimmte Gesellschaft von Zivilisten auch noch den Krieg in einer Weise führen möchte, die allenfalls noch entschädigungspflichtige *Unfälle*, jedoch keine *Opfer* mehr zulässt« (Heins/Warburg 2004: 79).[132]

Die Massenmedien selbst können übrigens in einem ganz ähnlichen Dilemma stecken und durch den gleichen Grundimpuls in verschiedene Richtungen getrieben werden. Dabei haben sie gegenüber der Politik den Vorteil, dass sie nicht zu Konsistenz verpflichtet sind und kollidierende Dringlichkeiten einfach in Form eines zeitlichen Nacheinanders berücksichtigen können, ohne dass der Umkehrpunkt die Form eines offiziellen Beschlusses annehmen müsste. So können sie etwa zuerst Greuel und humanitär besorgniserregende Lagen in entlegenen Weltregionen herausstreichen und ein dagegen gerichtetes Handeln fordern und dann ein eventuell begonnenes Kriegsengagement wegen der dabei anfallenden menschlichen Schäden – sei es an Zivilisten, sei es an Soldaten – kritisieren. »Die erhöhte Sichtbarkeit fernen Leids führt [...] zu widersprüchlichen Imperativen, die auf Regierungen und Militärs lasten: Sie können den Druck zugunsten militärischer Interventionen und zugleich den Druck erhöhen, einmal begonnen Kriegshandlungen zu begrenzen oder sogar vorzeitig abzubrechen.« (Heins/Warburg 2004: 82) Wer hier wen führt – die Politik die Medien durch gezielte Informations- und Meinungssteuerung, oder die Medien die Politik durch aufgedeckte Katastrophen und Skandale (Heins/Warburg 2004: 124) oder einfach durch die Verteilung von Aufmerksamkeit auf unterschiedliche Weltregionen (Shaw 1996; Carruthers 2000: 197ff.) – kann wechseln.

Notwendig wäre in dieser Lage ein allgemeines Nachdenken darüber, wie eine sinnvolle Balance zwischen zivilen und militärischen Opfern, zwi-

132 Mittlerweile hat sich sogar die Werbung von Rüstungsherstellern auf den Topos des »war without casualties« eingestellt (Schörnig/Lembcke 2006).

schen dem Bemühen um Vermeidung und dem Mut zum Inkaufnehmen von Opfern gefunden werden kann. Diese »Balance« – die angesichts der zitierten Zahlen (90 Prozent zivile Tote und mehr) nur mit einem gewissen Euphemismus als Balance bezeichnet werden kann – wird derzeit sehr ad hoc, durch Dahingleiten auf dem Weg des geringsten Widerstands gefunden; womit sich die moderne Gesellschaft in gewisser Weise wieder dem Zustand stratifizierter Gesellschaften annähert, in denen die Balance zwischen den Tendenzen zur Konfliktexpansion und Expansionsbegrenzung ebenfalls aufgrund mehr oder weniger zufälliger Faktoren sich ergibt.

Grundsätzlich sind die Bedingungen des Austarierens der gegenläufigen Trends zur verstärkten Expansivität und verstärkten Expansionsbegrenzung von Kriegen (hier: verstärkten Viktimisierung und verstärktem Schutzanspruch von Zivilisten) in der modernen Gesellschaft zwar ganz anders geordnet, nämlich als komplexe Wechselwirkungen zwischen verschiedenen Teilsystemen – insbesondere Politik, Recht und Massenmedien – und damit auch zwischen Handlungs- und Beobachtungsperspektive. Während in stratifizierten Gesellschaften Expansionstrend und Gegentrend sich einfach auf der Ebene faktischen Verhaltens irgendwo im Mittelfeld einpendelten (etwa durch faktische Unmöglichkeit des flächendeckenden Zugriffs auf alle Dörfer oder durch die schiere Irrelevanz der Unterschichtbevölkerung), hat man es jetzt mit einem komplexen Zwischen-System-Verhältnis in einem Dreieck von mindestens drei Teilsystemen mit je eigener Funktionslogik zu tun, in dem auf jeder Seite verschiedene Relevanzen und Irrelevanzen sowie eventuell partielle, kalkulierende Rücksichtnahmen auf je andere Systemlogiken involviert sind (z.B. mag die *Politik* sich überlegen, wie die durch die *Massenmedien* informierte Öffentlichkeit darauf reagieren wird, wenn in einem – teilweise im Interesse von Zivilisten geführten – Krieg *kriegsrechtliche* Regelungen verletzt und dadurch Zivilisten geschädigt werden). In diesem Verhältnis ist eine enorme Volatilität und Änderungsfähigkeit angelegt. Obwohl ein sehr stabiler Trend in der steigenden Viktimisierung von Zivilisten liegt, ist der Gegentrend einer steigenden Relevanz und Skandalisierung ziviler Oper ebenso unübersehbar, und es bleibt abzuwarten, wie sich die Interaktion dieser Kräfte weiter entwickelt.

4. Die zeitliche Ordnung von Krieg

Krieg ist in einem sehr fundamentalen Sinn ein Zeitphänomen. Der grundsätzlichste Zeitbezug von Krieg liegt darin, dass Krieg in irgendeiner Weise immer etwas zeitlich Begrenztes, etwas Temporäres ist. Krieg ist eher ein »Ereignis« oder eine »Episode« als eine »Struktur« – im Unterschied zu fast allen anderen wichtigen gesellschaftlichen Einrichtungen, die dauerhaft und in der Zeit kontinuierlich existieren.[1] Der Episodencharakter von Krieg ist zwar in verschiedenen Gesellschaften unterschiedlich ausgeprägt: Kriegsgeschehnisse können sich mehr oder weniger stark auf bestimmte Zeitabschnitte konzentrieren, und die Abgrenzung zwischen Kriegs- und Friedenszeiten kann mehr oder weniger scharf sein. In irgendeiner Weise ist Krieg aber immer an Zeitabläufe gebunden, Krieg kann nicht einfach zeitabstrakt und strukturgleich »bestehen«.

Dieser Episodencharakter von Krieg hat es der Soziologie lange Zeit ermöglicht, Kriege zu »anomalisieren« und aus ihrem Untersuchungsbereich auszublenden – während Historiker, die sich zentral für Ereignisse und temporale Abläufe interessieren, sich immer schon intensiv mit Kriegen befasst haben. Kriege galten und gelten den meisten Soziologen als ausnahmeartige und systematisch nicht weiter wichtige Störungen der normalen Ordnung,

1 Bei genauerem Hinsehen gibt es natürlich in allen sozialen Bereichen auch Episodenbildungen und zeitliche Periodisierungen, etwa in Form von Schuljahren, Legislaturperioden, Forschungsfinanzierungszyklen usw. Dabei sind aber in den meisten Fällen die dauerhaft bestehenden Strukturen bzw. Institutionen (Schulen, Staaten, Universitäten usw.) gewissermaßen primär, und abgrenzbare Episoden lagern sich nur sekundär daran an; auch scheinen diese teils einigermaßen »künstlich« und an das Kerngeschehen des jeweiligen Bereichs nur locker gekoppelt zu sein. Im Fall von Kriegen ist es umgekehrt: Primär ist hier die Möglichkeit des Vorkommens pointierter Episoden (Kriege), und soweit es dauerhafte Institutionen mit einschlägiger Ausrichtung gibt (etwa Militärorganisationen), scheinen sie eher rund um diese Episoden anzukristallisieren als umgekehrt. Die Institution des Militärs hat deshalb auch zwei grundverschiedene »Aggregatzustände«, je nach dem, ob sie sich im Krieg oder im Frieden befindet (Münkler 2005: 59).

die man bei der Beschreibung der gesellschaftlichen Ordnung nicht mitbeschreiben muss, sondern eben den Historikern überlassen kann. So urteilte vor über einem halben Jahrhundert Kenneth Bock (1955: 104): »[W]ar has not been traditionally regarded as a sociological subject. Wars have been the province of historians; they are ›events‹ *par excellance*, to be depicted and explained by reference to the operations of contingence in history.« So urteilt vier Jahrzehnte später inhaltsgleich William Thompson (1993: 126): »[M]any social scientists view war as an episodic, exogenous phenomenon that may be worth studying as a special dependent variable but, given its essentially episodic nature, is not regarded as a basic element of social life.« Dieses »obstacle epistemologique« gegenüber einer soziologischen Beschäftigung mit Krieg ist meinem Eindruck nach mindestens ebenso gravierend wie das von Hans Joas (2000) und anderen betonte pazifistische Vorurteil der Modernisierungstheorie.[2] Das Problem, Aussagen über Kriege auf einem soziologisch brauchbaren Generalisierungsniveau und unter angemessener Distanzierung von historischer Konkretion zu machen, wird auch von anderen Kriegssoziologen wie Martin Shaw (2005: 29) und Volker Kruse (2009: 202) angesprochen.

Bei der Untersuchung von Krieg als Zeitproblem ergibt sich die Schwierigkeit, dass zeittheoretische Überlegungen in der Soziologie wenig entwickelt sind und deshalb nicht auf den ersten Blick ersichtlich ist, an welchen Strang von Überlegungen anzuknüpfen ist. Wenn man sich mit Blick auf das Zeitthema in der Soziologie umsieht, findet man zunächst ein Interesse an der sozialen Konstitution von Zeit, das mit Durkheim (1912) beginnt und danach in lockerer Folge fortgesetzt wird (Sorokin/Merton 1937; Moore 1963; Julkunen 1977; Lauer 1981; Lewis/Weigert 1981; Zerubavel 1982; 1987; Elias 1992b). Betont wird, dass Zeit keine objektive, physikalische Gegebenheit ist, sondern dass Zeitstrukturen von Gesellschaftsstrukturen abhängen und mit ihnen variieren. Von der Art der Gesellschaft hängt es etwa ab, ob der Verlauf der Zeit eher mit Metaphern der Zyklizität oder der Linearität dargestellt wird, ob die zeitliche Platzierung und Synchronisierung von Tätigkeiten sich eher an organisch-natürlichen Rhythmen (Jahres- und Tagesrhythmen) oder an einer objektiv-physikalistischen Zeitmessung (Kalender und Uhrzeit) orientieren, und ob Zeit reichlich zur Verfügung steht oder als knappes Gut erlebt wird mit der Folge, dass Zeitabläufe verdichtet und

2 Zur Kritik an Joas' These vgl. auch Lawrence 1999; Roxborough 1999.

beschleunigt werden und das Leben durch Tempoanforderungen und Zeitdruck gekennzeichnet ist.

Dieser Typ von Analyse ist bisher nur selten systematisch auf das Untersuchungsfeld Krieg angewandt worden (eine Ausnahme ist Münkler 2006: 196ff.). Einschlägige Befunde lassen sich aber aus der Literatur zusammentragen. Man findet dann etwa, dass Kriegführung in archaischen Gesellschaften oft an zyklischen Modellen der Rückkehr zu ewig-unänderbaren, nur kurzzeitig gestörten Ordnungsmustern orientiert ist und dass Kriegsaktivitäten dort relativ gleichmäßig in der Zeit verteilt und eng an jahreszeitliche oder religiös-rituelle Zeitrhythmen rückgekoppelt sind. Erst in späteren Gesellschaften werden Kriege zu individualisierten, genau datierbaren Ereignissen auf einer linearen Zeitachse, sie erhalten eine »geschichtliche« Bedeutung und werden wichtige Orientierungspunkte für kollektive Erinnerungen[3] und politische Zukunftsvisionen. Insbesondere in der modernen Gesellschaft wird Kriegführung dann auch zunehmend von natürlichen und allgemein-gesellschaftlichen Zeitrhythmen abgekoppelt, und es entwickelt sich, nachdem Kriege während des Großteils der Geschichte ein zeitlich eher lockeres Geschehen mit großer Toleranz für Pausen- und Unterbrechungszeiten waren, ein Trend zur zeitlichen Verdichtung des Kriegsgeschehens: Die »bangs per minute« steigen,[4] bis hin zum ultimativen Gipfelpunkt in der Möglichkeit, massivstes, atomares Kriegsgeschehen auf eine Zeitspanne von wenigen Stunden zu konzentrieren, nach dem dann allerdings wieder ein Gegentrend hin zu »low-intensity wars« mit zeitlich dünn gestreutem Kriegsgeschehen einsetzt.

Befunde dieser Art entsprechen über weite Strecken der üblichen Charakterisierung von modernen im Unterschied zu vormodernen Zeitstrukturen in der zeittheoretischen Literatur. Ein auffälliger Unterschied liegt allerdings darin, dass, während ansonsten eine zunehmende Regularisierung und minutiöse Planung von Zeitabläufen auf dem Vormarsch ist, kriegerisches Geschehen auch heute noch meist eher spontan, ungeplant und »chaotisch« abläuft und der Zeitablauf von Kriegen typischerweise schlecht zu planen ist. Dies geht darauf zurück, dass hier mindestens *zwei* Zeitplaner am Werk sind,

3 Zum Topos der kollektiven Erinnerung siehe etwa Assmann 1999; Olick 1999; Rydgren 2007.

4 So kann man formulieren in Anlehnung an den im Militärjargon üblichen Ausdruck »bangs per buck«, d.h. militärische Schlagkraft bzw. Explosivkraft pro ausgegebenem Dollar.

die oft gegenläufig arbeiten, sich gegenseitig zu überraschen, die (Zeit-)Pläne des Anderen zu durchkreuzen versuchen.[5]

Ein wichtiger Determinationsfaktor für die Zeitordnung von Kriegen liegt auch in der Frage, ob die Gesellschaft nach Art eines Einfachprozessors oder eines Parallelprozessors gebaut ist, d.h. ob sie mehrere Prozesse gleichzeitig durchführen kann oder nicht. Die zeittheoretische Literatur hält hierzu die ähnlich gebaute Unterscheidung zwischen »monochromer« und »polychromer« Zeit bereit (Hall 1983; Ancona/Okhuysen/Perlow 2001), die allerdings typischerweise mit kleinen Systemreferenzen – Zeitverwendung von Einzelnen oder kleinen Gruppen – verwendet wird und dann wiederum zu umgekehrten Befunden führt: Polychrome Zeitverwendung in diesem Sinn, d.h. die Bereitschaft, mehrere Dinge gleichzeitig zu tun und im Auge zu behalten, ist eher für vormoderne Sozialordnungen typisch, während monochrome Zeitverwendung und Konzentration auf je eine Sache in der modernen Gesellschaft prominent wird. Für die Systemreferenz der Gesamtgesellschaft gilt dagegen, dass die Gesellschaft in umso höherem Maß zum Parallelprozessor wird, je stärker sie strukturell differenziert ist, d.h. die moderne Gesellschaft ist ein sehr leistungsfähiger Parallelprozessor, während Stammesgesellschaften tendenziell Einfachprozessoren sind.

Ein weiterer Strang von Überlegungen lässt sich an die Feststellung anknüpfen, dass Kriege als temporäre Episoden in irgendeiner Weise einen Anfang und ein Ende haben. Die Diskontinuitätsschwelle, die zwischen den beiden Modi »Krieg« und »Frieden« liegt, muss in irgendeiner Weise überwunden werden, zuerst in die eine und dann in die andere Richtung. Andrew Abbott (1981) schreibt prinzipiell allen Sequenzen beziehungsweise Prozessen eine »narrative« Struktur zu in dem Sinn, dass sich Anfang, Mitte und Ende identifizieren lassen. Ob dies tatsächlich für Prozesse im Allgemeinen angenommen werden kann, kann dahingestellt bleiben,[6] für Kriegs-

5 Speziell das Sterben ist im Übrigen – auch allgemein und unabhängig von Kriegen – soziologisch als zeitlich unplanbare Statuspassage beschrieben worden (Glaser/Strauss 1965).

6 Dies hängt vom verwendeten Prozessbegriff ab. Luhmann etwa nennt ebenfalls gelegentlich als Voraussetzung für Prozesshaftigkeit die Identifizierbarkeit zweier abgrenzender Ereignisse, etwa: Erfindung der Landwirtschaft als Anfangs- und atomare Verwüstung des Erdballs als Endpunkt. Das ist aber ein relativ anspruchsvoller Prozessbegriff, und es gibt deshalb auch bei den genannten Autoren daneben auch andere Begriffsbestimmungen, die mehr auf den Zusammenhang zwischen einzelnen Ereignissen bzw. Prozesselementen als auf die Gestalt des Gesamtprozesses abzielen. Der Kerngedanke ist, dass in Prozessen der Sinn von Ereignissen durch den – tatsächlichen, in der Zeit nachfolgenden oder auch antizipatorischen – Anschluss an andere Ereignisse bestimmt wird. So Luhmann (1981b:

episoden ist es in jedem Fall eine fruchtbare Fragestellung. Dabei scheint, gemessen an der Literaturlage, das Problem des Kriegsendes ein theoretisch besser konturiertes Problem zu sein als das Problem des Anfangs, und es wird daher auch in der folgenden Darstellung der Schwerpunkt auf das Ende gelegt – wie es auch der alten teleologischen Tradition entspricht, Prozesse von ihrem Ende her zu denken. Zu Kriegsanfängen gibt es zwar unübersehbar viel historisch-deskriptive Literatur, aber vergleichsweise wenige theoretisch brauchbare Generalisierungen. Zum Problem des Endes lässt sich dagegen an einen Strang von – teils konfliktsoziologischer, teils politikwissenschaftlicher – Literatur zur Kriegs- und Konfliktbeendung anknüpfen (siehe als frühe, aber immer noch stimulierende Beiträge Galtung 1965; Coser 1967b), der es erlaubt, breit verwendbare und auch gesellschaftstheoretisch spezifizierbare Thesen zu generieren.

Das Forschungsfeld zu Kriegsenden ist zu einem großen Teil in der Politikwissenschaft verortet und rational-choice-theoretisch oder rational-choice-kritisch orientiert (etwa Iklé 1971; Wittman 1979; Pillar 1983; Brick 1991). Forschungen gehen meist von der Frage aus, ab welchem Punkt die Einigung auf ein Kriegsende oder jedenfalls die Aufnahme von Verhandlungen gegenüber einer Fortführung des Krieges für die beteiligten Akteure vorteilhaft ist und wie hier Unterschiede in der absoluten vs. relativen (am Vergleich mit dem Kriegsgegner orientierten) Kosten/Nutzen-Bilanz, in der kollektiven vs. individuellen (aufs politische Führungspersonal bezogenen) Kosten/Nutzen-Bilanz sowie in der vergangenen, bereits irreversiblen vs. der für die Zukunft erhofften Kosten/Nutzen-Bilanz sich auswirken. Befunde von Forschungen dieses Typs sind oft sehr interessant und werden unten – trotz der divergierenden, nicht akteur-, sondern systemtheoretischen Ausrichtung des vorliegenden Buches – ausführlich referiert. Sie werden aber auch mit der weitergehenden, aus gesellschaftstheoretischer Perspektive zu stellenden Frage konfrontiert, unter welchen Umständen es überhaupt dazu kommt, dass die – wie immer »rationalen« – Entscheidungen von Akteuren bei der Herbeiführung von Kriegsenden eine so große Rolle spielen.

---

188): »Letztlich besteht die Besonderheit von Prozessen darin, dass Ereignisse in einer Weise aufeinander verweisen, die nicht in der Form eines Bestandes strukturell generalisiert werden kann, sondern vergeht. Prozesse ›bestehen‹ aus Ereignissen in der Weise, daß die Ereignisse in ihrem Sinn durch ein Vorher und ein Nachher konstituiert werden.« (Vgl. auch Luhmann 1984: 482) Kürzer, aber sinngleich formuliert Abbott (1981: 129): »order matters« bzw. »the order of events makes a difference«.

Grob gesagt lautet das Argument, dass das Ende von Kriegen je nach Gesellschaftstyp entweder im Modus des Erlebens oder im Modus des Handelns herbeikommt und beides theoretisch gleichwertige Möglichkeiten sind. In früheren, vormodernen Gesellschaften werden Kriege oft durch mehr oder weniger klare »Endmarkierungen« (Coser 1967b) beendet, die von beiden Kriegsparteien übereinstimmend erlebt beziehungsweise wahrgenommen werden können und elaborierte Entscheidungsprozesse über die Frage, ob und wann der Krieg zu Ende ist, erübrigen. Mit der Durchsetzung spezifisch moderner Kriegführungsformen werden Endmarkierungen jedoch zunehmend selten, und in der Folge müssen die Kriegsparteien selbst entscheiden, wann und unter welchen Bedingungen sie zu einer Beendung der Kriegshandlungen bereit sind – das Kriegsende wird zu einem schwierigen, schmerzhaften und oft agonalen Entscheidungsproblem. Und nur unter der Bedingung einer Dominanz handlungsförmiger beziehungsweise entscheidungsförmiger Kriegsenden können rationalitäts- und akteursorientierte Theorien voll greifen.

Ich verfolge deshalb im Folgenden vor allem zwei Problemstränge, die sich untereinander wiederholt berühren. Zum einen geht es um allgemeine zeittheoretische Fragen zur Verteilung von Krieg in der Zeit und zum Umgang mit Zeit im Krieg, d.h. um Fragen der Häufigkeit vs. Seltenheit, der zeitlichen Dichte und der zeitlichen Einbettung vs. Entbettung von Kriegen, sowie um Fragen der geschichtlichen Bedeutung von Kriegen und des Bezugs auf Vergangenheit und Zukunft. Zum anderen geht es um das Problem des Übergangs von Kriegs- zu Friedenszeiten und umgekehrt, mit spezieller Konzentration auf das Problem des Kriegsendes, bei eher flüchtiger und ergänzender Betrachtung von Kriegsanfängen. All diese Probleme werden wieder durch alle wichtigen Gesellschaftstypen hindurch verfolgt, um Kontinuitäten und Diskontinuitäten, typische Muster und strukturelle Neuerungen in den Zeitstrukturen von Kriegen deutlich zu machen.

4.1. Gegenwartsbetonte Zeit und zeitliche Einbettung von Krieg – Stammesgesellschaften

Wie Kriegführen in Stammesgesellschaften eine sozial dispers verteilte Aktivität ist – jeder Mann ein Krieger –, so ist es auch eine zeitlich dispers verteilte Aktivität. Zu diesem Gesellschaftstyp passt am besten ein Zeitmodell mit locker in den allgemeinen Zeitlauf eingestreuten Kriegsepisoden, die je nach gerade erforderlicher Schwerpunktsetzung mit anderen Tätigkeiten wechseln. Die Phasen akuter Kriegstätigkeit – Kriegszüge, Überfälle, Schlachten – sind kurz, ihre Dauer bewegt sich in der Größenordnung von Tagen bis höchstens Wochen. Die unmittelbaren Kampfhandlungen dauern meist nicht länger als einen Tag oder eine Nacht (Vayda 1967: 371; Helbling 2006: 57), dazu kommt eventuell noch ein An- und Rückmarschweg, dessen Dauer je nach Entfernung der beteiligten Einheiten variiert. Zwischen »heißen« Phasen akuten Kriegsgeschehens liegen längere oder kürzere Zeitspannen, in denen nichts geschieht und die entsprechenden Segmente und Personen mit anderen Dingen beschäftigt sind. Dies ist auch alternativlos in einer Gesellschaft, die wegen ihrer geringen Größe und Komplexität über weite Strecken als Einfachprozessor begriffen werden muss, d.h. als Operator, der nur einen Prozess gleichzeitig durchführen kann. Da die Krieger gleichzeitig Jäger, Ackerbauern usw. sind (vgl. oben Kapitel 2.1.), können sie nicht unbegrenzte Zeit in Kriegsdingen unterwegs sein, sondern müssen ihre Zeit sinnvoll zwischen den verschiedenen notwendigen Tätigkeiten aufteilen.

Die anspruchsloseste mögliche Zeitordnung ist, dass es überhaupt nur eine lockere Folge von sporadisch durchgeführten Kriegszügen, Überfällen und Gegenüberfällen gibt, ohne dass diese sich zu einem dauerhaften, expliziten Kriegszustand verfestigen, aber auch ohne dass es zwischendurch definierte und sichere Friedenszeiten gäbe. Man lebt dann einfach in einem permanenten Unsicherheitszustand, in dem jederzeit kriegerische Aktionen möglich sind, und der Zeitlauf ist weniger durch die Unterscheidung Krieg/Frieden als durch die Unterscheidung Aktualität/Potenzialität strukturiert. »War [...] is not considered an exceptional measure but a possible and, therefore, normal aspect or state of relations with the outside world.« (Balandier 1996: 505) Kriegführung ist unter diesen Bedingungen ein prinzipiell immer – aber nicht ununterbrochen – zu bedienendes Tätigkeitsfeld, nicht anders als Jagd, Feldbau, Tauschhandel usw. Die eingangs erwähnte besondere Zeitstruktur von Kriegen mit starker zeitlicher Konzentration und Episodenbildung ist hier noch kaum ausgeprägt, und der verdinglichende Singular »der Krieg« ist auf solche Verhältnisse eigentlich gar nicht anwendbar.[7]

7 Man kann sich deshalb auch fragen, ob es sich beim Sklavenraub der Araber in Schwarzafrika um *einen* zweitausendjährigen Krieg oder um unzählige kleine Kriege jeweils eines arabischen Kriegstrupps gegen ein afrikanisches Dorf gehandelt hat (Richardson 1960: 113) – und auf diese Frage gibt es keine eindeutig richtige Antwort.

Der genaue Zeitpunkt für Kriegsaktivitäten wird in dieser Ordnung unter Rücksichtnahme auf andere wichtige Tätigkeiten und Ereignisse gewählt – wie in Stammesgesellschaften alle Tätigkeiten »organisch« in allgemeine, natürlich-soziale Zeitrhythmen wie Vegetationsperiode und Zyklus der Feste eingebettet sind (Durkheim 1912: 33ff., 588ff.; Sorokin/Merton 1937: 619ff.). So führt man keinen Krieg zur Erntezeit oder zur besten Jagdsaison, wenn man anderes zu tun hat, oder nicht, bevor der Schweinezyklus vollendet ist und jedes Dorf sein Schweinefest abgehalten hat (Helbling 2006: 214).[8] Dies gilt jedenfalls für die angreifende Seite, die über die Zeiteinteilung disponieren kann; da aber die meisten stammesgesellschaftlichen Kriege zwischen Segmenten derselben Gesellschaft ausgetragen werden, die dieselbe Lebensweise und dieselben Zeitrhythmen haben, ist die zeitliche Platzierung von Kriegsaktivitäten auch für den Angegriffenen in vielen Fällen nicht völlig willkürlich.[9] In manchen Gesellschaften kann Krieg auch die Form arrangierter, vorweg verabredeter oder rituell vorgeschriebener Begegnungen zwischen Kämpfertrupps annehmen (Turney-High 1949: 225; Balandier 1996: 504; Keeley 1996: 59f.; Wimmer 1996: 173); soweit dies der Fall ist, wird der Zeitpunkt für Kriegsaktivitäten ohnehin selbstverständlich in Abstimmung mit natürlichen und religiös-rituellen Zeithorizonten gewählt.

Gegenüber dieser ultimativ dispersen und sozial eingebetteten Verteilung von Krieg in der Zeit ist es schon eine evolutionäre Errungenschaft, wenn Kriegs- und Friedenszeiten in formell definierter Weise voneinander abgegrenzt werden können. Bestimmte Einheiten befinden sich dann zu bestimmten, angebbaren Zeiten im Kriegszustand mit anderen Einheiten, und Kriegszeiten überdauern auch Latenzperioden, in denen akut nichts passiert. Der Übergang von Krieg zu Frieden und umgekehrt kann durch deutlich sichtbare Rituale oder Zeichen markiert werden (Kriegsbeil aus-/begraben, Friedenspfeife rauchen u.ä.). Unter diesen Bedingungen kann man nicht mehr davon ausgehen, dass die Anfangs- und Endpunkte von Kriegsepisoden routinemäßig mit anderen gesellschaftlichen Zeitrhythmen abgestimmt sind. Der Anfang heftet sich vielmehr typisch an Auslöseereignisse, die von

8 Im Modus der »science fiction« ist der Vorrang der Nahrungssicherung gegenüber Kriegführung in Dürrenmatts Drama »Das Unternehmen der Wega« (1958) dargestellt: Hier geben die Bewohner des von extrem archaischen Zuständen beherrschten Planeten Venus der Jagd auf einen eben gesichteten Wal den Vorzug gegenüber Verhandlungen über dräuende Kriegslagen.

9 Helbling (2006: 214) berichtet, dass bei der Abstimmung von Kriegstätigkeit und Schweinezyklus auch Rücksicht auf das Schweinefest des *Angegriffenen* genommen und dessen Beendung abgewartet wird.

einem Segment als Verletzung, Beleidigung, Übergriff usw. gelesen werden und die zeitlich mehr oder weniger erratisch auftreten können; in Frage kommen hier etwa versehentliche, impulsive oder auch heimtückische Tötungen, die wahrgenommene Verletzung von Jagd- oder Landnutzungsrechten, die Verführung von Frauen oder auch das Auftreten von Krankheiten, die auf hexerische Einwirkung anderer zurückgeführt werden. Auch in dieser Zeitordnung von Krieg gibt es aber noch die Möglichkeit, Kriegsaktivitäten mit anderen gesellschaftlichen Prozessen abzustimmen, nur jetzt gewissermaßen mit der umgekehrten Einbettungsstruktur: Es werden nicht mehr kurze Kriegsepisoden in den allgemeinen Zeitlauf eingebettet, vielmehr werden sinnvoll gewählte Pausen und Unterbrechungszeiten in einen an sich andauernden Kriegszustand eingebettet. So wird aus verschiedenen Gesellschaften berichtet, dass die Kontrahenten Waffenstillstände für die Bestellung von Feldern oder die Abhaltung fälliger Rituale vereinbaren können (Tefft 1975: 705; Keeley 1996: 44; Helbling 2006: 59).

Insgesamt ergibt sich der Eindruck, dass Kriegführung in Stammesgesellschaften ein Tätigkeitsfeld mit hoher zeitlicher Flexibilität und wenig zeitlichen Restriktionen ist, damit auch mit wenig Zeitdruck (abgesehen von akuten Kampfsituationen, in denen es auf schnelles Handeln ankommt). Es kann zwar einen starken *sozialen* Druck geben, für erlittene Überfälle oder Ehrverletzungen Vergeltung zu nehmen, aber es gibt in der Regel keinen besonderen *zeitlichen* Druck, dies sofort zu tun. Eher können umgekehrt gewisse Moratorien vor der Einleitung von Rachehandlungen vorgeschrieben sein, um die unkontrollierte Eskalation von Konflikten zu verhindern. Mit Wilbert Moore (1963: 49) kann man auch sagen: Es handelt sich um eine zeitliche Ordnung, die durch die geordnete *Aufeinanderfolge* von Zügen der Gegenspieler definiert ist, ohne dass die *Schnelligkeit* der Züge in der »absoluten« Zeit eine große Rolle spielen würde. Moore identifiziert eine solche »temporal order with loose if any temporal constraints« (ebd.) zunächst an Strategiespielen wie Schach oder Dame,[10] sie kann aber in ähnlicher Weise beispielsweise bei Rechtsverfahren oder sonstigen Entscheidungsprozessen gegeben sein, und auch die Kriegführungspraxis archaischer Gesellschaften

10 Hier können dann natürlich Zusatzeinrichtungen wie Schachuhren erfunden werden, die auf einer abgeleiteten Ebene Zeitdruck ins Spiel wieder einführen. Das ändert aber nichts daran, dass man im Schach den Gegner nicht durch schnelles Spielen »überholen« oder überrumpeln und dadurch besiegen kann. Vielmehr wird dadurch nur die Dauer eines Zuges – der dadurch definiert ist, dass der Gegner *warten muss*, bis er wieder an der Reihe ist – begrenzt.

scheint über weite Strecken diesem Modell zu entsprechen. Pausen, Unterbrechungen oder rücksichtsvoll gewählte Zeitfenster sind kein Problem, solange die soziale Ordnung des Kriegsgeschehens, d.h. die *Abfolge* kriegerischer Akte der eigenen und der gegnerischen Seite eingehalten wird.

Das Leben in Stammesgesellschaften ist von zeittheoretisch interessierten Soziologen durch eine starke Dominanz der Gegenwart charakterisiert worden; man lebt überwiegend im Hier und Jetzt, andere Zeithorizonte sind wenig entwickelt, Vergangenheit und Zukunft als Zeithorizonte mit eigenen Kontingenzen haben wenig Bedeutung (Luhmann 1975d: 117). Das Zeitverständnis folgt eher der Unterscheidung zwischen einer täglich erlebbaren Nahzeit und einer mythologisch eingefärbten Fernzeit, in der Vergangenheit und Zukunft nicht klar unterschieden werden können und die eher zyklisch gedacht wird (Luhmann 1975d: 109; Elias 1992b: 7; Böge 2004: 53). Auch Kriegführung ist in diesen Gesellschaften eine stark gegenwartsbezogene Aktivität: Sie wird, mit Parsons gesprochen, in primär konsummatorischer Einstellung betrieben, das Tun als solches wird geschätzt – kriegerisches Handeln als Erweis von Mut und Kampfgeschick oder als performative Durchführung von Rache- und Selbstbehauptungsakten einer Gruppe.[11] Damit ist nicht ausgeschlossen, dass auch Resultate von Kriegführung wie abtransportierbare Beute eine Rolle spielen, mithin ein instrumenteller (zukunftsbezogener) Aspekt hinzutritt. Jedoch ist nicht immer klar, ob es wirklich der Wunsch nach Aneignung von Beute ist, der zu Kriegen treibt, oder ob nicht umgekehrt der Wunsch, sich als guter Krieger zu erweisen, das Einsammeln von Beute überhaupt erst attraktiv macht. In vielen Fällen geht es denn auch gar nicht um konkret nützliche Beute, sondern um Trophäen, die keinen instrumentellen Wert haben und nur das erfolgreiche Tun des Kriegführens symbolisieren und konservieren, oder potenzielle Beute wird auf Kriegszügen bewusst zerstört (Turney-High 1949: 172).

Langfristige, in die Zukunft hineinreichende Folgen von Kriegführung sind dagegen eher selten. Sie treten vor allem in den – nicht besonders häufigen – Fällen auf, in denen eine Einheit durch Kriegsakte völlig ausgelöscht wird (vgl. oben Kapitel 3.1.) oder aber mittels Krieg gespalten wird (Wimmer 1996: 176). Die überwiegende Mehrzahl der Kriegsepisoden lässt jedoch die beteiligten Einheiten und ihr Verhältnis zueinander unverändert, es gibt keine strukturellen Verbesserungen oder Verschlechterungen ihrer Lage, viel-

11 Zur Unterscheidung konsummatorisch/instrumentell als gegenwarts-/zukunftsbezogen vgl. Luhmann 1981f: 128.

mehr trifft man sich – ähnlich wie im Sport – immer wieder zu den gleichen Bedingungen. Die Unterwerfung einer anderen Gruppe, die Versklavung ihrer Mitglieder oder die Verhängung von Tributpflichtigkeit ist kein mögliches Resultat von Kriegen, da Stammesgesellschaften keine Verwendung für interne Statusunterschiede oder Abhängigkeitsbeziehungen haben (Turney-High 1949: 178; Keeley 1996: 83ff.; Otterbein 2000). Es kann zwar vorkommen, dass Gruppen aus fruchtbarem Land oder ertragreichen Jagdgründen in weniger günstige Gebiete abgedrängt werden oder dass eine friedliche, ackerbauende Gesellschaft durch eine kriegerische, nomadische Gesellschaft überlagert wird; aber dergleichen darf wohl nicht als Ergebnis einzelner Kriege vorgestellt werden, sondern als ein allmählicher, sehr langfristiger Prozess, der von den Teilnehmern nicht unbedingt als konkretes Kriegsresultat erlebt wird. Der zweite der genannten Prozesse stellt denn auch bereits den Übergang zu einem anderen Differenzierungsprinzip dar – Stratifikation – und sprengt mithin das genuine Ordnungsprinzip von Stammesgesellschaften (Turney-High 1949: 177; Andreski 1968: 134).

Archaische Kriegführung geht im typischen Fall vom Prinzip der Gleichheit und Gleichrangigkeit der beteiligten Einheiten aus, damit auch von der Vorstellung der Reziprozität und des Ausgleich. Dieses Prinzip stellt denn auch das zentrale Orientierungsmuster für die Beendung von Kriegen zur Verfügung – soweit man von einer Beendung überhaupt sprechen kann. In Gesellschaften, die nur sporadische, kurze Kriegszüge kennen, gibt es ohnehin kein Ende von Krieg als solchem, es gibt nur das Ende der einzelnen Kriegszüge. Dieses kommt infolge der Anlage dieser Kriegszüge (meist als überraschende Überfälle) mit dem Ablauf des Tages oder der Nacht von selbst herbei,[12] eröffnet damit aber gleichzeitig die Bühne für weitere kriegerische Aktionen, mutmaßlich als nächstes der Gegenseite. Reziprozität wird hier in der Variante der Unbeendbarkeit, als endloser Kreislauf von Rache und Gegenrache praktiziert; und das Ausmaß, in dem eine Gesellschaft durch Kriegsaktivitäten beansprucht wird, kann dann nicht über das Finden

12 Kriegsepisoden mit einem dermaßen kurzen Zeithorizont gibt es in späteren Gesellschaften nicht mehr. Heutige Formen kollektiven Handelns, die mit Ablauf der natürlichen Zeitspanne eines Tages von selbst zu Ende gehen, sind jetzt vielmehr Demonstrationen und ähnliche Protestaktionen (Zimmermann 1980: 169) – und wo Proteste nicht diesem Zeitmuster folgen, sondern über viele Tage und Wochen in unverminderter Intensität anhalten, führen sie schon leicht wieder auf bürgerkriegsnahe Situationen hin.

von Endpunkten, sondern nur über die Häufigkeit des *Anfangens* reguliert werden.[13]

Explizit definierte und von Friedenszuständen abgegrenzte Kriegsepisoden können dagegen beendet werden und werden es in den meisten Fällen. Auch dies geschieht durch Orientierung am Prinzip des Ausgleichs: Wenn man sich darüber einigen kann, dass jede Gruppe der anderen das gleiche Maß an Schaden, Toten, Verletzten usw. zugefügt hat ist man »quitt« und der Krieg kann beendet werden (Winter 1958: 146f.; Karsten 1967; Tefft 1975; Keeley 1996: 147ff.).[14] Eine solche Einigung mag schwerfallen, weil es unterschiedliche Zählungen von Anfangspunkten und Bewertungen von Einzelereignissen geben kann; es können aber Schlichter und Vermittler eingeschaltet werden, um solche Fragen zu klären, und es gibt das Instrument der Kompensationszahlungen, mit dem noch bestehende Ungleichgewichte in der Bilanz ausgeglichen werden können (z.B. fünf Stück Vieh für einen Toten). Es ist zwar auch auf diese Weise nicht ausgeschlossen, dass man sich über längere Zeit nicht einigen kann und ein Dauerkrieg beziehungsweise eine Dauerfehde[15] entsteht, die die Gesellschaft im Extremfall komplett

13 Luhmann (etwa 1984: 538ff.) notiert allgemein, dass der gesellschaftliche Zugriff auf Konflikte entweder über die Regulierung des Anfangs oder über die Regulierung von Austragungsmodi, inklusive Modi der Beendung erfolgen kann und diese Dimensionen sich wechselseitig entlasten. Die umgekehrte Konstellation – dass ein gesellschaftlicher Zugriff auf das gesamte Kriegsaufkommen eher über End- als über Anfangspunkte möglich ist – vermutet Hegre (2004: 244) für aktuelle Bürgerkriege (vgl. dazu unten die kurze Bemerkung am Ende von Kapitel 4.5.).

14 Der Topos des »Ausgleichs« bzw. des »Quittseins« kann zwar auch von Staatsmännern späterer Gesellschaften verwendet werden, er dient dann aber nicht zur Beendung von Kriegen, sondern funktioniert eher wieder im Sinn der Rache-Gegenrache-Spirale. »Ausgleich« im oben erläuterten Sinn ist ein *sozialer* Zustand bzw. ein Zustand zwischen Gruppen, der zwischen diesen auch konsensuell festgestellt werden kann und dann aus sich heraus stabil ist. »Ausgleich« im späteren Sinn (oder auch im Sinn der Vergeltungskriegszüge in Stammesgesellschaften) ist dagegen der *zeitliche* Übergang von einem Zustand der Niederlage oder Demütigung zu einem Zustand des Sieges oder Triumphs (nicht aber umgekehrt!), der folglich niemals für beide Seiten gleichzeitig erreicht sein kann. Es kann dann höchstens längere oder kürzere Zyklen geben, in denen jede Seite jeweils ihre eigene Abfolge von Erniedrigung und »Ausgleich« erlebt (z.B. Zerubavel 2003: 11ff.), aber keine Stabilität eines von beiden Seiten gleich beurteilten Zustands.

15 Manche Autoren haben versucht, die Begriffe Krieg und Fehde entlang dieser (Zeit-)Unterscheidung von Unbeendbarkeit vs. Beendbarkeit voneinander abzugrenzen (Middleton/Tait 1958: 20; Karsten 1967: 314): Kriege wären dann unbeendbar, Fehden dagegen durch Ausgleich beendbar. Ich neige eher dazu, dies für zwei unabhängige und quer zueinander liegende Unterscheidungen halten. Zum einen geht es um eine Größenunterscheidung (etwa ganze Segmente vs. einzelne Familien als Kontrahenten, auch wenn diese

konsumieren, alle Kräfte beanspruchen kann; in den meisten Fällen gelingt es aber, sich nach einigermaßen begrenzter und noch verkraftbarer Dauer und Schadenshöhe zu einigen.[16]

Dabei wird die Einigung auf ein Ende des Krieges durch die bereits angesprochene Zeitordnung mit Primat der Gegenwart erleichtert. Aspirationen für die Zukunft – etwa Hoffnungen auf eine Vorrangstellung im künftigen Umgang oder verbesserte Lebensbedingungen – spielen bei der Beendung von Kriegen kaum eine Rolle, weil es eben kaum in die Zukunft hineinreichende Kriegsergebnisse gibt; statt dessen ist eher eine Vergangenheitsorientierung involviert, indem die Rückkehr zu einem ausgeglichenen Zustand im Verhältnis der beteiligten Einheiten angestrebt wird. Auch dies kann aber noch als eine stark gegenwartsbezogene Figur gelesen werden: Es geht letztlich um die Bekräftigung einer erweiterten, als ewig-unänderbar gedachten Gegenwart, nicht aber um eine Vergangenheitsorientierung im Sinn einer als kontingent erlebten Geschichte. Generell sind Stammesgesellschaften geschichtslose (und schriftlose) Gesellschaften: Mit der Schrift fehlt das Medium der Geschichtsschreibung und der Fixierung des Geschehenen, und die mündlich tradierte Geschichte kann je nach Bedarf »umgeschrieben« und an gegenwärtige Lagen angepasst werden, etwa um genealogische Unterstüt-

---

Abgrenzung meist nicht klar zu ziehen ist, vgl. oben Kapitel 2.1.), zum anderen um eine Zeitunterscheidung (beendbar vs. unbeendbar), und die Ausprägungen dieser Unterscheidungen können beliebig miteinander kombiniert werden: Es kann beendbare und unbeendbare Kriege, beendbare und unbeendbare Fehden geben.

16 An dieser Stelle lässt sich aber eine fundamentale Theoriekontroverse anschließen. Wie Trutz von Trotha (1987) zeigt, ist das stammesgesellschaftliche Konflikt- und Gewaltmanagement durch Ethnologen auf zwei konträre Weisen beschrieben worden. Ein Teil der Literatur geht davon aus, dass Konflikte immer schon in übergreifende Sozialstrukturen (Verwandtschaft, Handel u.ä.) eingebettet und dadurch relativ gut gehegt sind; es gibt sich überkreuzende Loyalitäten, die Konflikte in Schranken halten und eine unkontrollierte Eskalation verhindern. Diese unter konfliktsoziologischen Gesichtspunkten günstige Vorstellung entspricht, in grober Parallelschaltung, dem Rousseau'schen Bild des »edlen Wilden«: »Freundliche«, kooperative Strukturen halten ein Dach über die auftretenden Konflikte. Ein anderer Teil der Literatur betont umgekehrt die natürliche Tendenz und immer drohende Gefahr der ungebremsten Eskalation von Konflikten, der Ausbreitung von Gewalt und gewaltsamer Selbsthilfe, des Hobbes'schen »Krieges aller gegen alle« – bis dahin, dass die komplette Sozialstruktur dieser Gesellschaften (etwa Heiratsregeln, die überkreuzende Loyalitäten erzeugen) als Instrument zur Abwehr dieser Gefahr begriffen wird. Ich neige aufgrund der mir bekannten (zugegebenermaßen sehr selektiven) Literatur eher zu dem »edler-Wilder«-Bild – ebenso wie auch schon oben bei der Frage nach der hemmungslosen Tötung vs. relativ rücksichtsvollen Behandlung von wehrlosen Personen (Kapitel 3.1.).

zung für aktuelle Konfliktlagen oder sonstige Interessenlagen zu generieren (Bailey 2001: 47).[17] Im Sinne dieser dominanten Gegenwartsorientierung dient Krieg in vielen Fällen der Wiederherstellung eines kategorial unterstellten, in der kosmischen Ordnung verankerten Gleichgewichtszustands, der nur vorübergehend gestört werden kann und dann wieder in sein Recht gesetzt werden muss. »Ziel traditionaler Konfliktbearbeitung ist die Wiederherstellung sozialer Ordnung in der Gemeinschaft«, stellt Volker Böge (2004: 48) in breiterer Perspektive – nicht nur auf Kriege bezogen – fest.

Das bedeutet auch, dass das »Ergebnis« eines über eine gewisse Zeit geführten Krieges von vornherein feststeht, nicht variabel ist und abhängt von Kampfwillen und Opferbereitschaft der Kriegsparteien. Offen ist während der Zeit des Krieges nicht das Ergebnis des Krieges, sondern nur, wie lange der Kriegszustand anhalten wird und wie viele Opfer er fordern wird, bis der Ausgleich erreicht ist. Und eben weil das Ergebnis ohnehin nicht zur Disposition steht, kann man sich in vielen Fällen relativ pragmatisch auf ein Ende bei noch tragbaren, weniger als maximalen Schadens- und Belastungsniveaus einigen. Ein wichtiges Motiv für die Verhärtung von Kriegsengagements entfällt – der Versuch, möglichst viel zu erreichen beziehungsweise negative Konsequenzen für die eigene Seite zu vermeiden –, und die Beendung kann sich eher am insgesamt angerichteten Schaden orientieren als an der relativen Verbesserung oder Verschlechterung der eigenen Gruppe. Solche auffällig leichtgängigen und teils geradezu idyllisch anmutenden Modi der Kriegsbeendung werden aus verschiedenen Gesellschaften berichtet, etwa aus Neuguinea: »Das Kämpfen [...] endet, wenn die Parteien sich darüber einigen, dass es genug Tote und Verwundete für den Augenblick gebe.« (Simon 2004: 55) Ähnlich können im Amazonasgebiet Kriege beendet werden, »[w]hen enough people have had enough of war« (Ferguson 1992: 73) (vgl. für Nigeria Turney-High 1949: 171). Und auch Lawrence Keeley (1996: 60), der insgesamt ein sehr »kriegerisches« Bild von Stammesgesellschaften zeichnet und nicht in Verdacht steht, der Vorstellung des friedlichen Wilden anzuhängen, stellt zum speziellen Problem der Kriegsbeendung fest: »Throughout the world, primitive battles – whether they last a few hours or a few

17 Ein interessantes Beispiel für die pragmatische Umdefinition von Faktenlagen in Anpassung an die aktuelle Kriegssituation liefert auch Chagnon (1968: 121): Je nach dem, ob ein für die Herstellung von Töpfergefäßen bekanntes Dorf als möglicher Handelspartner und Lieferant oder aber als feindlich gesonnener Kriegsgegner definiert ist, lautet die Selbstdefinition der Gruppe, dass man die Kunst des Töpferns bereits vor langer Zeit »vergessen« habe oder aber sich wieder »daran erinnere«.

days – are commonly terminated by agreement after each side has suffered a few serious casualties.«

Kriegsbeendung unter stammesgesellschaftlichen Bedingungen ist mithin ein Problem, das sich auf viele allgemein akzeptierte, in breiteren Strukturen verankerte Anhaltspunkte stützen kann. Übergreifende Ordnungsvorstellungen und pragmatische, auf Konventionen gestützte Einschätzungen von angemessenen Schadensniveaus wirken zusammen, um die Kriegsbeendigung zu einem zwar sich stellenden, aber auch bewältigbaren Problem zu machen. Soweit es nicht-beendbare, in ewige Rachekreisläufe einmündende Kriege beziehungsweise Kriegszüge gibt, ist deren Vorkommen seinerseits gut in allgemeine Sozialstrukturen eingebettet und wird durch andere Mechanismen, etwa durch sinnvoll und rücksichtsvoll gewählte Anfangszeitpunkte und Zwischenzeiten, sozialverträglich gestaltet. All dies kann nicht restlos ausschließen, dass Kriege und Rachedynamiken außer Kontrolle geraten, aber prinzipiell stehen viele und gesellschaftlich breit verteilte Anknüpfungspunkte für eine Beschränkung von Kriegsaktivitäten auf ein gesellschaftlich verkraftbares Zeitmaß bereit.

4.2. Lineare Zeit und Bindungswirkung von Kriegen – Stratifizierte Gesellschaften

Stratifizierte Gesellschaften können wegen ihrer höheren Komplexität und Größe als Parallelprozessoren operieren, d.h. mehr als einen Prozess von gesamtgesellschaftlichem Format gleichzeitig durchführen. Da sie über spezialisiertes Kriegspersonal verfügen, nämlich über Adelskrieger oder Soldaten eines stehenden Heeres, können sie sich über längere Zeitstrecken und kontinuierlicher mit Kriegsaktivitäten beschäftigen, ohne die Kriegszeiten mit anderen gesellschaftlichen Prozessen, etwa landwirtschaftlichen Produktionsprozessen, eins zu eins abstimmen zu müssen. Die *soziale* Ausdifferenzierung von Krieg (spezielles Kriegspersonal) ermöglicht auch größere *zeitliche* Spielräume in der Kriegführung.

In vielen stratifizierten Gesellschaften ist Krieg ein durchaus häufiges Geschehen. Es ist nicht unüblich, dass eine politische Einheit in der Hälfte aller Jahre Krieg führt (Mann 1984b: 31; Wegner 2000: 12), und Krieg ist somit kein besonders bemerkenswerter Ausnahmezustand, sondern mehr oder weniger der Normalzustand (Keegan 1987: 39; Luttwak 1991: 4). Speziell mit Blick auf das mittelalterliche Europa schreibt Tilly (1990: 184f.): »For the first half of our millennium [1000–1500] [...] it is hardly worth asking *when* states warred, since most of the states were warring most of the time. [...] Before 1500, the more meaningful questions are [...] who fought whom, how often, and how vigorously.« Kriegs- und Friedenszustände sind dabei meist relativ klar voneinander abgegrenzt, durch formelle Kriegserklärungen oder zwar unerklärte, aber deutlich erkennbare Angriffe oder Einfälle auf der einen Seite sowie Friedensverhandlungen und Friedensschlüsse auf der anderen Seite. Teils kann es aber auch unklare Zwischenzustände geben, etwa an der Peripherie größerer Reiche, wo unruhige Grenzstämme leben und es immer wieder zu gewaltförmigen Konfrontationen kommt, ohne dass Krieg und Frieden explizit gegeneinander abgegrenzt wären.

Eine Anlehnung an natürlich-organische, insbesondere jahreszeitliche Rhythmen bleibt auch in stratifizierten Gesellschaften in erheblichem Umfang erhalten. Kriegführung findet überwiegend während des Sommerhalbjahrs statt, im Winter ziehen sich die Truppen meist in Ruhestellungen (Forts, Garnisonen) zurück oder lösen sich, soweit es sich um Bürgermilizen oder Ritterheere handelt, in Latenzzustand auf.[18] Die Beschränkung auf bestimmte Zeitfenster hat hier aber – anders als in Gesellschaften vom Typ des Einfachprozessors – schon nicht mehr landwirtschaftliche, sondern militärische Gründe: Im Sommer sind die Straßen trocken, die Flüsse niedriger und die Tage länger, die Truppen kommen schneller voran, Nahrung für Mensch und Tier lässt sich leichter beschaffen, und die Gesundheit der Kämpfer lässt sich leichter aufrechterhalten (Blainey 1973: 98). Prinzipiell gilt: Wenn das Kriegspersonal von produktiven Aufgaben freigestellt ist, können Kriegszeiten und landwirtschaftlich-vegetative Rhythmen unabhängig voneinander gehandhabt werden. In manchen Fällen werden zwar Teile der Kampftruppen auch in der Landwirtschaft benötigt, wodurch sich das für Kriegführung zur Verfügung stehende Zeitfenster noch stärker zusammenzieht, nämlich auf die Monate zwischen Aussaat und Ernte (Farris 1999: 59). Dies ist aber eine prekäre Konstellation, und es wurde bereits notiert, dass es in solchen Fällen langfristig zu einer stärkeren Polarisierung der Schichten mit dann exklusiven Aufgaben entweder in der Kriegführung oder in der Landwirtschaft kommen kann (vgl. oben Kapitel 2.2.).

18 Dies gilt offensichtlich vor allem für gemäßigte Klimazonen mit deutlich unterschiedenem Sommer- und Winterhalbjahr, es kann in wärmeren Klimazonen aber Äquivalente etwa in Form von Trocken- und Regenzeit geben. Die Literatur geht meist von einer Schematisierung in Sommer- vs. Winterhalbjahr aus.

Die zeitliche Dichte von Kriegen ist in stratifizierten Gesellschaften meist relativ gering, akute Kampfhandlungen sind von längeren Pausen und ereignislosen Zeiten unterbrochen. Mit Clausewitz kann man sagen: Das Kriegsgeschehen ist in hohem Maß »mit Zeit verdünnt« (Clausewitz 1832: 34). Typisch ist eine dreifache Abstufung der Intensität von Kriegführung entlang der Unterscheidung Schlacht/Feldzug/Krieg. Schlachten sind raumzeitliche Konzentrationen des Kriegsgeschehens, die oft nur einen Tag, teils auch bis zu drei Tage dauern, mithin an ein menschliches Zeitmaß und den Rhythmus menschlicher Anspannung und Ermüdung rückgebunden bleiben (Keegan 1978: 382). Schlachten sind seltene Ereignisse, die eingestreut sind in ansonsten eher ereignisarme Feldzüge (mobil oder stationär, d.h. als Belagerungen). Feldzüge wiederum enden typischerweise mit dem Beginn der kalten Jahreszeit, wobei mehrere Feldzüge in aufeinanderfolgenden Jahren zu einem längeren Krieg aneinandergereiht werden können (aber nicht müssen). Krieg darf mithin nicht als kontinuierliches Kampfgeschehen begriffen werden, sondern eher als bewaffnete Präsenz von Kriegsparteien mit gelegentlicher Verdichtung zu »heißen Phasen«. Im militärischen Agieren kommt es deshalb noch nicht zwingend auf Geschwindigkeit an, und oft sind Formen von Kriegführung prominent, die – wie die Belagerung – gerade nicht auf Schnelligkeit, sondern auf Langsamkeit und langes Ausharren setzen. Das eher gemächliche Tempo der Kriegführung entspricht dem allgemeinen zeittheoretischen Befund, dass die Idee der Zeitverschwendung und des Zeitnutzenmüssens vor der Industrialisierung nicht existierte oder jedenfalls nicht die Bedeutung hatte, die ihr heute zukommt (Julkunen 1977: 9).

Krieg als zeitbindendes Ereignis

Das Zeitverständnis entwickelt mit dem Übergang zu stratifizierten Gesellschaften eine größere geschichtliche Tiefe, die Zeithorizonte Vergangenheit, Gegenwart und Zukunft treten stärker hervor, und zwar, wie viele Beobachter vermuten, mit einer gewissen Betonung auf der Vergangenheit (Luhmann 1975d: 117; Lauer 1981: 131). Damit werden auch komplexere zeitliche Inanspruchnahmen von Kriegen möglich: Kriegsepisoden sind jetzt nicht mehr nur ein gelegentlich auftretendes und wieder vorübergehendes, in seinem je gegenwärtigen Sinngehalt sich erschöpfendes Geschehen, sondern Kriege haben strukturbildende oder, wie man auch sagen kann: »zeitbindende« Wirkung. Der Begriff der Zeitbindung wird von Luhmann gelegentlich benutzt; er bringt den Umstand zum Ausdruck, dass manche Selektionen, obwohl sie als Operation nur momenthaft vorkommen, die Zukunft mitbestimmen und Bedingungen weiteren Operierens festlegen. »Die Zeit selbst kann zwar nicht gebunden werden, aber sie kann *binden*, indem sie Ereignissen Strukturwert gibt« (Luhmann 1991: 60) (vgl. auch Luhmann 1981f: 137). Etwas konkreter und auf unser Thema bezogen heißt das: Kriege legen die Machtverhältnisse zwischen den beteiligten Einheiten für eine gewisse Zeit fest, sie haben ein Ergebnis beziehungsweise einen Ausgang, und es entstehen die Kategorien »Sieg« und »Niederlage«.

Einfacher ausgedrückt: Ab der Entwicklungsstufe von stratifizierten Gesellschaften fungieren Kriege regelmäßig als Machttests, die in akut auftretenden Konflikten oder in chronisch umstrittenen Machtverhältnissen Klarheit darüber schaffen, wer sich durchsetzt, wer der Stärkere ist. Dies ist analog zur Wirkungsweise von Faustkämpfen zwischen den Mitgliedern einer Jugendbande oder einer anderen gewaltnah strukturierten Gruppe, wo Führungsansprüche zentral auf überlegener Körperkraft basieren. In beiden Fällen gilt, dass die durch Gewalt etablierte Machtordnung für eine gewisse, längere oder kürzere Zeit bestehen bleibt und quasi-normative Geltung erhält: Das Ergebnis des einmal ausgetragenen Kampfes wird imaginativ in die Zukunft verlängert, man geht davon aus, dass künftige Konfrontationen genauso ausgehen würden, und unterlässt sie mit dieser Erwartung.[19]

---

19 Ich danke André Kieserling für diese klare Formulierung. Zur zeitbindenden bzw. »rechtssetzenden« Wirkung von Krieg und Gewalt vgl. auch Benjamin 1965 (insb. 28, 39); als Kommentaru zu Benjamin und Luhmann auch Gehring 1999. Dabei kann die Unterstellung der Wiederholbarkeit desselben Kampfausganges zwar in gewissem Maß fiktiv sein, insofern der Ausgang von Kriegen wie von Faustkämpfen zum Teil auch kontingent und zufallsabhängig ist und möglicherweise schon einen Tag später oder unter leicht variierten Bedingungen anders ausgesehen hätte (Arendt 1970: 8ff,; Iklé 1971: 2; Brick 1991: 4ff.). Der Zufallsanteil, den ein außenstehender Beobachter hier sehen mag, wird aber in der sozialen Weiterverarbeitung des Kampfergebnisses nicht voll gewürdigt, vielmehr wird dem Ergebnis eine Kontingenz invisibilisierende Gültigkeit und Aussagekraft zugeschrieben (Kuchler 2010b). Wenn diese überziehende Deutung des Kampf- bzw. Kriegsausgangs nicht voll gegeben ist, sondern wenn – insbesondere beim Unterlegenen – der Verdacht auf einen Zufallssieg besteht, ist die Haltbarkeit des Kriegsergebnisses mutmaßlich geringer. Ein mögliches Beispiel dafür aus der jüngeren Geschichte könnten die wiederholten Kriege zwischen Israel und seinen arabischen Nachbarstaaten sein, die jeweils mit einem klaren Sieg Israels endeten, aber von den Arabern wegen der geringen Größe und augenscheinlichen Chancenlosigkeit Israels möglicherweise als bloßer Zufallssieg wahrgenommen wurden – mit dem Ergebnis relativ häufiger, in kurzen Abständen wiederholter Kriege.

Generell sind Relationen von Machtüberlegenheit und Machtunterlegenheit stark vergangenheits- oder geschichtsabhängig, da eine je gegenwärtig präzise Messung von Machtlagen nicht möglich ist: »Als Substitute [für einen genauen Vergleich von Machtlagen] dienen einmal Hierarchien, die eine asymmetrische Machtverteilung postulieren. [...] Ein anderes Substitut liegt in der Systemgeschichte: in Fällen erfolgreicher Durchsetzung in Konfliktslagen, die erinnert, normalisiert, als Erwartungen generalisiert werden.« (Luhmann 1988b: 10) Diese Abhängigkeit von vergangenen Machttests wird von Coser allgemein für Konflikte[20] und von Geoffrey Blainey (1973: 113) speziell für Kriege formuliert: »[W]arfare is the one convincing way of measuring the distribution of power« Und weiter: »War [...] provides the most reliable and most objective test of which nation or alliance is the most powerful. After a war which ended decisively, the warring nations agreed on their respective strength. [...] A decisive war was therefore usually followed by an orderly market in political power, or in other words peace.« (Blainey 1973: 113, 118) (vgl. auch Wagner 1993; Smith/Stam 2004)[21] Das Ergebnis eines – physischen oder sonstigen – Kräftemessens wird typischerweise vom Unterlegenen nicht sofort wieder in Frage gestellt, es hat eine gewisse Haltbarkeit, wenn auch natürlich keine schlechthinnige Irreversibilität;[22] es kann

20 »[T]he most effective deterrent to conflict is the revelation of comparative strength, which is often only possible through conflict.« – »If the adversary's strength could be measured prior to engaging in conflict, antagonistic interests might be adjusted without such conflict; but where no means for prior measurement exists, only actual struggle may afford the exact knowledge of comparative strength. Since power can often be appraised only in its actual exercise, accommodation may frequently be reached only after the contenders have measured their respective strength in conflict.« (Coser 1956: 133, 135)

21 Blainey bezieht sich hier auf moderne Kriege und benutzt deshalb auf die Moderne zugeschnittene Begriffe wie Nation oder »Markt politischer Macht«. Es handelt sich hier aber um ein Merkmal, das sich seit der Entwicklungsstufe stratifizierter Gesellschaften ohne wesentliche Veränderung durchzieht.

22 Generell dürfen Strukturen nicht als irreversibler, schlechterdings unänderbarer Bestand verstanden werden. So greift Luhmann (1981f; 1984: 470ff.) die verbreitete Parallelschaltung der Begriffspaare Struktur/Prozess und Stabilität/Wandel an und versucht diese begriffliche Assoziation geradezu umzudrehen, indem er vielmehr *Strukturen* mit *Reversibilität* und *Prozesse* mit *Irreversibilität* in Zusammenhang bringt. Strukturen sind Sinnidentifikationen mit zeitabstrakter Gültigkeit und Verfügbarkeit, die aber eben deshalb auch für Änderungen in der Zeit zugänglich sind. Prozesse sind dagegen zeitliche Verkettungen von Ereignissen, bei denen es auf die Reihenfolge ankommt und die insofern eine je irreversible Abfolge bilden (vgl. dazu auch oben die bereits erwähnten Prozessdefinitionen von Luhmann und Abbott).

nach einer gewissen Zeit durch einen erneuten Krieg oder auch durch sonstige Machtverschiebungen revertiert – aber natürlich auch bestätigt – werden.

Im Vergleich zu Stammesgesellschaften liegt die entscheidende Neuerung somit darin, dass Kriege in die Zukunft hineinwirken, ein strukturelles und durch den Krieg überhaupt erst erzeugtes Ergebnis hervorbringen. »Wars transform the future«, schreibt kurz und kompakt Fred Iklé (1971: xvii). Kriege entscheiden über Aufstieg und Niedergang, über Glanz und Größe oder Verschwinden und Untergang politischer Einheiten. Kriegführung ist damit nicht mehr nur in ihrer konsummatorischen (gegenwartsbezogenen), sondern auch und vor allem in ihrer instrumentellen (zukunftsbezogenen) Seite relevant: Man führt Kriege weniger, weil man sie gegenwärtig führen will, als weil man sie (siegreich) geführt haben will. Insbesondere in Gesellschaften mit Adelskriegern bleibt zwar auch noch eine starke konsummatorische Dimension des Kriegführens erhalten, die Tätigkeit des Kämpfens wird als solche geschätzt und mit Ehrvorstellungen aufgeladen. Diese Orientierung ist aber nicht mehr exklusiv, und es kann entlang dieser Differenz zu einer Aufsplittung in Turniere einerseits (konsummatorisch) und Kriege andererseits (instrumentell) kommen.

In umgekehrter Blickrichtung ist dann natürlich auch die Vergangenheit politischer Einheiten in hohem Maß durch die geführten – siegreichen oder verlorenen – Kriege geprägt. Sorokin (1937: 623f.) notiert, dass in stratifizierten Gesellschaften vor allem zwei Typen von Zäsur- und Markierungspunkten für die Geschichtsschreibung herangezogen werden, nämlich Kriege und Herrschaftszeiten von Königen oder Dynastien. Generell ist die Vorstellung einer geschichtlichen Zeit mit einer linearen, irreversiblen Abfolge von Vergangenheit, Gegenwart und Zukunft ein Co-Produkt der Entstehung langlebiger politischer Einheiten (und natürlich von Schrift). Dies stellen übereinstimmend Luhmann und Elias fest: »Ein Interesse am Präsenthalten einer nicht selbst erlebten Geschichte mit größerer Tiefenschärfe entsteht mit der Ausdifferenzierung politischer Herrschaftsrollen« (Luhmann 1975d: 117, Herv. weggelassen). »The emergence of long-lasting and relatively stable state-units [...] was a condition of the experience of time as a uni-directional flow.« (Elias 1992b: 57) Die historisch-politische Zeitdimension ist aber natürlich nicht die einzige relevante Zeitordnung, neben ihr bleiben noch die Ebenen der alltäglich-lebensweltlichen, unmittelbar erlebbaren Zeit und der ewig-göttlichen Zeit bestehen, so dass man insgesamt jetzt zwischen drei Zeitebenen unterschieden kann (Giesen 1992; vgl. auch Luhmann 1981f: 144).

Die Änderung im Zeitverständnis lässt sich nicht nur daran festmachen, dass Vergangenheit und Zukunft als eigene Horizonte stärker hervortreten und eigene Kontingenzen entwickeln, sondern auch daran, dass Zeithorizonte reflexiv aufeinander bezogen und ineinander verschachtelt werden, nach dem Muster »gegenwärtige Zukunft«, »vergangene Gegenwart«, »künftige Vergangenheit« usw. (Luhmann 1975d; Glassner 1982). In diesem Sinn muss man etwa vergangene Gegenwarten – das, was zu einem bestimmten Zeitpunkt in der Vergangenheit präsent und real war – von gegenwärtigen Vergangenheiten, d.h. von der erinnerten Geschichte unterscheiden. Auch Kriege sind nicht nur für die »objektive« Vergangenheit politischer Einheiten wichtig, sondern auch und vor allem für die erinnerte Geschichte, und nicht nur für die objektiv eintretende und sich entwickelnde Zukunft, sondern auch für die vorgestellte, gegenwärtiges Handeln anleitende Zukunft. Weiter können auch alle drei Zeithorizonte in einer einzigen Überlegung kombiniert werden, indem Kriegsverantwortliche sich fragen können und müssen, was *gegenwärtig* erwogene oder geführte Kriege in der *künftigen* Gegenwart als dann gegenwärtige, strukturwirksame *Vergangenheit* bedeuten werden und ob man sie dann bereuen wird. »Die Gegenwart versteht sich als Vergangenheit künftig-kontingenter Gegenwarten und wählt sich selbst als Vor-Auswahl im Rahmen künftiger Kontingenzen.« (Luhmann 1975d: 123)[23] Kriegführung wird damit immer weiter von der Selbstgenügsamkeit der bloß oder überwiegend gegenwärtig durchgeführten Tätigkeit weggeführt.

Anfangspunkte und Endmarkierungen

All diese Umstellungen haben massive Konsequenzen für das Anfangen und Beenden von Kriegen. Mit der Zeitbindungswirkung von Kriegen und dem

23 Luhmann (ebd.) bezeichnet diese Konstellation und generell die Reflexivierung von Zeithorizonten als etwas typisch Modernes – allerdings eher auf die Ebene durchreflektierter Geschichtsauffassungen in der Geschichtswissenschaft bezogen. Im normalen Operieren der Gesellschaft, etwa im Erwägen möglicher Kriegs- oder Kriegsvermeidungsstrategien, ist diese Komplexitätsstufe aber offensichtlich auch schon in stratifizierten Gesellschaften erreicht. Ähnlich datiert Luhmann die Umstellung auf ein lineares, nicht-zyklisches Zeitverständnis, im Sinn einer physikalistisch-gleichförmig verlaufender Zeit, erst auf den Beginn der Moderne (Luhmann 1975d: 111; 1981f: 145; Wimmer 1996: 48ff.), obwohl die Vorstellung eines linearen Zeitverlaufs – etwa einer politischen oder dynastischen Geschichte – in einem weniger anspruchsvollen Sinn zweifellos auch schon in stratifizierten Gesellschaften gegeben ist.

wachsenden Kontingenzbewusstsein wächst der Problemdruck, der auf den Diskontinuitätspunkten Anfang und Ende lastet. Allerdings wird in stratifizierten Gesellschaften das Anfangen und Beenden noch dadurch erleichtert, dass Kriege hier relativ häufig sind, mithin die Strukturwirkung jedes einzelnen Krieges eine relativ kurze »Halbwertszeit« hat. Man kann für den Fall eines ungünstigen Ausganges immer auf die nächste Runde, auf neu verteiltes Kriegsglück im nächsten Anlauf hoffen, die Strukturwirkung ist (jedenfalls im erwartbaren Durchschnitt) einigermaßen defatalisiert. Speziell mit Blick auf Kriegsanfänge ist hier offensichtlich zirkuläre Kausalität im Spiel: Weil Kriege häufig sind, kann man sie relativ leicht anfangen, und weil sie (relativ) leicht angefangen werden können, sind sie häufig. Darüber hinaus können Anfang und Ende auch gewisse Anhaltspunkte in der jahreszeitlichen Rhythmisierung von Kriegführung finden. So mag allein der Umstand, dass die »jährliche Feldzugssaison« (Cornell 1992: 133) beginnt, einem Herrscher dabei helfen, die Anfangsschwelle zu überwinden und sich zu einem Krieg zu entschließen – insbesondere da man weiß, dass andere diese Saison auch nutzen. Umgekehrt bietet das Ende der warmen Jahreszeit eine naheliegende Gelegenheit, um über eine Kriegsbeendung nachzudenken und eventuell Schritte in dieser Richtung einzuleiten. »Im Winter konnten sich die Leidenschaften abkühlen, und man hatte Zeit zum Überlegen: Sollte man im Frühjahr die Kampfhandlungen wieder aufnehmen oder mit dem Gegner einen weiteren Waffenstillstand schließen, der in einen förmlichen Frieden überleiten konnte?« (Ohler 2000: 55)

Ein weiterer Umstand, der in stratifizierten Gesellschaften das Anfangen von Kriegen erleichtert, besteht darin, dass Kriegführung hier noch ein voll legitimer, gesellschaftlich akzeptierter Tätigkeitsbereich ist. In Gesellschaften mit Ritteradel ist Kriegführung ohnehin Haupttätigkeit und Existenzzweck der Oberschicht und als solcher prinzipiell hoch angesehen, und auch in Reichen mit ausdifferenziertem Heer muss der Einsatz von kriegerischer Gewalt jedenfalls nicht routinemäßig gegenüber der eigenen Bevölkerung oder gegenüber Dritten gerechtfertigt werden. Kriege können deshalb, wenn der politische Wille dazu vorhanden ist, relativ leicht und direkt, ohne größere Rechtfertigungs- und Tarnoperationen und mit einer gewissen »Hurra-Mentalität« begonnen werden. Hierzu nur als willkürlich herausgegriffenes Beispiel Schumpeters Beschreibung arabisch-islamischer Reiche in der Expansionsphase (Schumpeter 1918: 27): »Krieg ist die normale Funktion dieser militärischen Theokratie. Das ›wie‹ mögen die Führer diskutieren, das ›ob‹ steht niemals in Frage. Hier tritt dieser Punkt mit besondrer Deutlichkeit hervor, weil sich die Araber meist nicht einmal die Mühe nahmen, Kriegsursachen vom Zaun zu brechen oder auch nur Krieg zu erklären. Diese soziale Organisation brauchte Krieg – ohne erfolgreichen Krieg brach sie zusammen.«[24] Es kann zwar auch schon – vor allem in politischen Formationen mit mehr oder weniger demokratischen Strukturen – Tendenzen geben, den offenen Willen zum Krieg zu dissimulieren und mit allerlei Legitimationstricks zu verkleiden (Taylor 1995: 38; Libero 2002: 17). Dergleichen kann aber hier noch relativ oberflächlich und durchschaubar bleiben;[25] die Mühe, die man sich mit Legitimationsfassaden machen muss, variiert mit dem Grad der gesellschaftlichen Delegitimierung von Krieg.

Interessant ist insbesondere der typische Modus der Beendung von Kriegen. Grundsätzlich kann die Problematik von Kriegsenden von dem Angelpunkt aus gesehen werden, dass sie eine Abstimmung der beiden Seiten über ein *gemeinsames* Ende erfordern; die Kontrahenten müssen sich, wenn schon über sonst nichts, wenigstens in diesem Punkt einig werden. Anders als beim Kriegsanfang, der gegebenenfalls auch mehr oder weniger einseitig herbeigeführt werden kann – indem man einen Angriff startet und sich darauf verlässt, dass die andere Seite schon »mitmachen«, d.h. sich verteidigen wird –, kann das Kriegsende sinnvoll als ein Abstimmungsproblem gesehen werden, denn solange einer weiterkämpft, ist der Krieg nicht zu Ende. »It takes two to terminate a war.« (Brick 1991: 99) Diese Abstimmung zwischen beiden Seiten wird nun mit der Qualität von Kriegen als zeitbindenden Ereignissen problematischer, weil jetzt (mindestens) eine der Parteien sich mit einer verschlechterten Lage, einer einzusteckenden Niederlage abfinden muss und

24 Und noch im absolutistischen Europa findet sich eine ähnlich unbekümmerte Einstellung zum Anfangen von Kriegen, wie etwa in folgender autobiographischen Aussage Friedrichs II.: »Beim Tode meines Vaters fand ich ganz Europa in Frieden. […] Die Minderjährigkeit des jungen Zaren Iwan ließ mich hoffen, daß Rußland sich mehr um seine inneren Angelegenheiten bekümmern würde […]. Außerdem war ich im Besitz schlagfertiger Truppen, eines gut gefüllten Staatsschatzes und von lebhaftem Temperament: das waren die Gründe, die mich zum Kriege mit Theresia von Österreich, Königin von Böhmen und Ungarn, bewogen. […] Der Ehrgeiz, mein Vorteil, der Wunsch, mir einen Namen zu machen, gaben den Ausschlag, und der Krieg war beschlossen.« (zit. in Krippendorff 1985: 290)

25 Diesen Eindruck vermittelt jedenfalls diese Beschreibung römischer Kriegführungspraxis: »Prior to any attack, envoys were always despatched in an ostentatious attempt to resolve the dispute in Rome's favour by means other than war, and only when this was refused did Rome declare war, ›justly‹ and after alternative means had been tried to ›save the peace‹. Such pretexts (for pretexts they mostly were) enabled Rome to argue the rightness of its cause, not just to its own people but to its allies.« (Taylor 1995: 38)

ihre Einwilligung in ein Kriegsende zu diesen Bedingungen und zu diesem Zeitpunkt mithin zunächst einmal unwahrscheinlich wird.

Dieses Problem wird in vielen Kriegen stratifizierter Gesellschaften (und auch noch in manchen Kriegen der modernen Gesellschaft) über das Vorliegen klarer »Endmarkierungen« (»termination markers«) gelöst, wie man mit einem von Lewis Coser (1967b) geprägten und für die Analyse des Endproblems sehr nützlichen Begriff sagen kann. Endmarkierungen sind markante Geschehnisse im Kriegsverlauf, die beiden Parteien signalisieren, dass und mit welchem Ergebnis das militärische Kräftemessen zu Ende gegangen ist. Endmarkierungen bereiten damit den Boden für Verhandlungen über die genauen Friedensbedingungen und die fürderhin geltende Nachkriegsordnung – wobei solche Verhandlungen natürlich immer auch scheitern und die Kriegshandlungen wieder aufgenommen werden können, Endmarkierungen mithin nicht als absolute, schlechterdings unüberschreitbare Stopppunkte begriffen werden dürfen, sondern nur als deutliche Fingerzeige und Einschnitte innerhalb des Kriegsgeschehens, die die Kontinuität der Gewaltanwendung unterbrechen. Konkret können Endmarkierungen in ganz Verschiedenem bestehen, etwa in der Eroberung markanter geographischer Punkte (Coser 1967b: 45), in der Tötung oder Gefangennahme bestimmter, herausgehobener Führer, in der Zerstörung von Machtsymbolen wie Fahnen und Standarten (Münkler 2004: 71), oder auch in speziell dechiffrierbarem Verhalten auf dem Schlachtfeld. So »konnten griechische Heere der Antike auf zwei Arten eine Schlacht ›verlieren‹. Entweder die eine Seite ergriff die Flucht, oder sie bat die andere um eine Waffenruhe, um ihre Toten aufzusammeln. [...] im Mittelalter [...] mußte der Sieger nach dem ritterlichen Brauch drei aufeinanderfolgende Tage auf dem Schlachtfeld bleiben [...]. Erst dann konnten die Herolde in angemessener Form den Ausgang verkünden.« (van Creveld 1998: 141)

Es hängt also von den Konventionen der betreffenden Gesellschaft ab, welche konkreten Ereignisse und Ereignistypen als Endmarkierung fungieren. Unabhängig von ihrer äußeren Gestalt besteht die Funktion von Endmarkierungen darin, eine übereinstimmende Wahrnehmung einer »gewonnenen« oder »verlorenen« Schlacht, eines »gewonnenen« oder »verlorenen« Krieges zu ermöglichen und damit eine Eskalation des Krieges auf das Niveau der totalen Zerstörung und Erschöpfung mindestens einer Seite zu verhindern. In dem Schritt von einer gewonnenen/verlorenen *Schlacht* zu einem gewonnenen/verlorenen *Krieg* steckt zwar noch einmal eine (von Coser nicht diskutierte) Übertragungsleistung, die aber unter den Bedingungen stratifizierter Gesellschaft in vielen Fällen auch ohne allzu große Ambivalenzen gemacht werden kann: Denn Kriege werden hier in der Regel mit vergleichsweise kleinen und begrenzten, nicht beliebig erweiterbaren Streitkräften ausgetragen, so dass eine Schlacht, die auf beiden Seiten von der jeweiligen Hauptstreitmacht ohne allzu große Reserven und Möglichkeiten weiterer Mobilisierung geschlagen wird, dann eben auch den Krieg entscheidet.

Man kann Cosers Begriff der Endmarkierung weiter schärfen, wenn man ihn auf die von Luhmann (1984: 124f.) eingeführte Unterscheidung von Handeln und Erleben als zwei fundamental verschiedenen, aber gleichrangigen Modi des Weltverhältnisses bezieht. Von »Handeln« spricht man, wenn ein System selbst eine bestimmte Selektionsleistung vollbringt und dann auch für diese Festlegung verantwortlich gemacht werden kann. »Erleben« heißt dagegen, dass eine Selektion – vom jeweils betrachteten System aus gesehen – durch die Umwelt getroffen wird und das System selbst sie nur zur Kenntnis nimmt, sie richtig oder falsch wahrnehmen kann, aber nicht unter Kontrolle hat.[26] Man kann dann sagen, dass Endmarkierungen es möglich machen, das Ende von Kriegen weitgehend im *Modus des Erlebens* abzuwickeln: Es ist an äußeren, physischen Signalereignissen ablesbar und muss nicht durch die Kriegsparteien in spezifisch kommunikativen Prozessen entschieden beziehungsweise »erhandelt« werden, dass und wie der Krieg zu Ende gegangen ist. Zwar sind es natürlich die (Kampf-)Handlungen der Parteien selbst, die das als Endmarkierung fungierende Ereignis hervorbringen; aber das Ergebnis dieser Handlungen tritt ihnen dann als »factum brutum« gegenüber, und beide Seiten können es als schiere, einmal gegebene und nicht mehr zu ändernde Tatsache zur Kenntnis nehmen. Insbesondere kann auch der Verlierer, also derjenige, der mit dem Ende die größeren Probleme hat, sein Unterliegen als ein – wie immer schmerzliches – Faktum erfahren und muss es nicht durch eigene Entscheidungen herbeiführen.

In der Beendung durch mehr oder weniger eindeutige, konsensuell feststellbare Endmarkierungen liegt einerseits eine strukturelle Ähnlichkeit zu Sportwettkämpfen und anderen stark institutionalisierten Konflikten und auf der anderen Seite ein folgenreicher Unterschied zu Kriegen in der modernen Gesellschaft, wo Endmarkierungen oft fehlen und entsprechende Entscheidungs- und Abstimmungsschwierigkeiten auftreten. Während der

26 Klarzustellen ist, dass die Qualität von Selektionen als Handeln oder Erleben bestimmter Systeme nicht ontologisch festliegt, sondern dass hier soziale Zurechnungskonventionen greifen, die unter verschiedenen Rahmenbedingungen verschieden ausfallen können.

zweite Vergleich unten ausführlich entwickelt wird (Kapitel 4.5.), soll zum ersten noch einmal Coser (1967b: 41) zu Wort kommen: »[C]ertain types of highly institutionalized conflicts have built-in termination points. Trials by ordeal, duels, and other agonistic struggles are centered upon symbolic endings that give them game-like features and determine the outcome automatically. A score is kept, a goal line established, maximum injury is conventionally fixed. When the score adds up to a certain number, when a certain type of injury has been established, or the goal line has been crossed, the conflict is over and the loser as well as the winner can easily perceive the outcome of the contention.« (Vgl. dazu auch Albert 1980: 11) Der Vergleich zur modernen Gesellschaft steht bei Coser nicht im Blick, weil er überhaupt nicht gesellschaftstheoretisch und gesellschaftsvergleichend, sondern konfliktsoziologisch von einem allgemeinen Interesse an Konflikthegung aus argumentiert. Dieser Vergleich kann jedoch durch gesellschaftstheoretische Analysen nachgeholt werden, indem gezeigt wird, welche Faktoren die Orientierung an Endmarkierungen über weite Strecken der Geschichte – bis ins 18. Jahrhundert (Coser 1967b: 41) – ermöglicht haben und wodurch diese Faktoren in den letzten zweihundert Jahren zunehmend erodiert sind. An diesem Punkt genügt es festzuhalten, dass – obwohl sicher nicht *alle* Kriege stratifizierter Gesellschaften klare Endmarkierungen haben – die Bedingungen dieser Gesellschaften dem Vorliegen von Endmarkierungen grundsätzlich günstig sind.

4.3. Zeitliche Konzentration von Krieg und Gegentrend der »low-intensity wars«

Auf dem Entwicklungsniveau stratifizierter Gesellschaften werden einige Zeitmerkmale von Kriegen ausgebildet, die sich auch in der Moderne nicht mehr grundlegend ändern. Dazu gehören die zeitbindende Wirkung und geschichtliche Bedeutung von Kriegen, entsprechend auch die dominant instrumentelle Einstellung gegenüber Kriegführung. Wesentliche Neuerungen gibt es dagegen mit Bezug auf die interne Zeitstruktur und die zeitliche Dichte von Kriegen, auch in Bezug auf ihre relative Häufigkeit beziehungsweise Seltenheit sowie auf die typische Gestalt von Kriegsanfängen und -enden. Bemerkenswert sind weiter die Komplikationen, die sich aus der stärkeren Differenzierung der Gesellschaft ergeben, mithin aus dem Umstand, dass die Zeitordnung des politischen Systems als des primär kriegführenden Teilsystems und die Zeitordnung anderer Teilsysteme teilweise entkoppelt werden, dann aber aufeinander rückwirken können. Ich beginne mit allgemeinen Fragen der Zeitstruktur und Zeitbindung.

Luhmann (1975d: 117ff.) beobachtet, dass die Vorstellung einer linearen, irreversiblen Zeit mit getrennten Zeithorizonten Vergangenheit, Gegenwart und Zukunft in der modernen Gesellschaft mit einer verstärkten Zukunftsorientierung des Handelns einhergeht. Auch Kriege als zeitbindende Ereignisse, die im Modus einer Kraftprobe die erwartete Zukunft festlegen, werden ganz überwiegend mit Blick auf ihre zukünftigen Effekte, ihre erwarteten oder erhofften Ergebnisse geführt, und entsprechend wird Kriegführung immer weniger als Tätigkeit (konsummatorisch) geschätzt – nicht einmal von den meisten Soldaten, geschweige denn auf Gesellschaftsebene, wo Krieg generell als ein Negativum gilt und nur instrumentell, als Mittel zu einem höheren Zweck, für vertretbar gehalten wird (vgl. dazu oben Kapitel 3.4., Punkt c). Wo es vorkommt, dass bestimmte Akteure, etwa Kriegsherren, an Krieg als gegenwärtiger Realität und nicht als künftig-vergangenem Strukturfaktor interessiert sind, gilt dies den meisten Beobachtern als unmoralisch und inakzeptabel – obwohl ja auch dies letztlich noch ein instrumentelles Interesse ist und Krieg weniger als Selbstzweck denn als Mittel zur Bereicherung geschätzt wird.[27]

Generell haben höhere Komplexität und höhere strukturelle Differenzierung der Gesellschaft zur Folge, dass sich »weitere, abstraktere und in sich differenziertere Zeithorizonte bilden« (Luhmann 1975d: 108). Für die moderne Gesellschaft heißt das nicht nur, dass Zeitbezüge nach hinten und vorn, in Vergangenheit und Zukunft ausgedehnt werden, sondern auch, dass jedes Teilsystem eigene, für es spezifische Zeithorizonte und Zeitrhythmen entwickelt. Die Gesellschaft arbeitet jetzt in hohem Maß als Parallelprozessor und kann viele systemspezifische Zeithorizonte nebeneinander laufen lassen, die einander nur selektiv berühren und beeinflussen (Heinemann/Ludes 1978: 236). Kriege binden in der funktional differenzierten Gesellschaft vorwiegend die *politische* Zeit. Andere, nicht-politische Teilsysteme können durch stattfindende Kriege zwar gestört, beeinträchtigt, in ihrer Entwicklung zurückgeworfen oder auch beschleunigt werden,[28] aber sie wer-

27 Beobachter sprechen mit Blick auf Bürgerkriegsakteure von »rebellion as business« vs. »rebellion as investment« (Collier/Hoeffler/Söderbom 2004), und nur letzteres – Krieg als kostenbelastete Investition in eine bessere Zukunft – lässt sich legitim darstellen.

28 Große Kriege wie insbesondere die Weltkriege gelten eher als Entwicklungsbeschleuniger,

den dadurch nicht *gebunden*. Krieg hat für sie keinen Strukturwert, sondern nur faktischen Störwert, und sie können die störenden Auswirkungen eines Krieges unmittelbar nach dessen Ende wieder abschütteln und ausmerzen, soweit sich Möglichkeiten dazu bieten, ohne dass dem strukturelle Hindernisse entgegenstünden. In diesem Sinn ist beobachtet worden, dass die »Rekuperationsfähigkeit« von Teilsystemen nach extern verursachten Störungen bemerkenswert groß ist.[29]

Es mag zwar vorkommen, dass nach größeren Kriegen auch allgemein von einer »Nachkriegsgesellschaft« gesprochen und der Krieg mithin auch einen gesamtgesellschaftlichen Zäsurpunkt markiert (Shaw 1987: 145). Das ist dann aber eine vereinfachende und übergeneralisierende Redeweise, und bei genauerem Hinsehen ist zu erkennen, dass eine »Nachkriegswirtschaft« oder eine »Nachkriegssoziologie« nicht im selben Sinn durch den Krieg und seine Resultate gebunden ist wie etwa die (politische) Nachkriegsordnung Europas oder der Welt. In diesem Zusammenhang lässt sich feststellen, dass generell das politische Teilsystem besonders geschichtsempfindlich ist und kaum je »geschichtsfrei« operieren kann, während viele andere Teilsysteme, etwa das Wirtschaftssystem mit dem Geldmedium, über wirksame »geschichtsneutralisierende Faktoren« verfügen (Luhmann 1975d: 118).[30] Hier liegt denn auch der Grund dafür, dass Geschichte auch heute noch überwiegend politische Geschichte ist und man poetisch sprechen kann von »jene[r] unvollständige[n] Form der Geschichte, die Politik genannt wird, wenn die Farbe noch nicht ganz trocken ist« (Nooteboom 1999: 35).[31]

---

etwa mit Blick auf die Inklusion von Frauen oder Minderheiten in die Leistungsrollen bestimmter Funktionssysteme (vgl. oben Kapitel 3.3., Punkt c); andere Arten von Kriegen, insbesondere die jüngeren, lang andauernden Bürgerkriege und »low-intensity wars«, verlangsamen dagegen eher die Entwicklung anderer Teilsysteme (Münkler 2006: 172ff.).

29 So André Kieserling (mündliche Kommunikation) mit Bezug auf Luhmann.

30 Vgl. dazu auch die oben (Kapitel 4.2.) notierte Bemerkung zur Geschichtsabhängigkeit von Machtlagen.

31 Luhmann (1975d: 117f.) versucht zwar von der Auffassung von Geschichte als politischer Geschichte wegzukommen und sie als überholt darzustellen; es dürfte aber deutlich sein, dass er an diesem Punkt durch jedes beliebige Geschichtsbuch widerlegt wird. Die besondere Affinität zwischen Politik und Geschichte hängt vermutlich auch damit zusammen, dass es in der Politik (jetzt eher im innerstaatlichen Sinn) deutlicher als in anderen Funktionsbereichen um Bewahrung von Altem vs. Schaffung von Neuem geht (konservativ vs. progressiv), dass mithin die Orientierung an Zeithorizonten, an Vergangenheit und Zukunft im System selbst eine wichtige Größe darstellt. »[T]he struggle of intrasocietal groups to change and to resist change comprises much of the history of any society« (Wallis 1970: 102), und dieser Kampf findet zum Großteil in der politischen Arena statt.

Die meisten modernen Kriege sind – wie auch schon die meisten Kriege stratifizierter Gesellschaften – zeitlich scharf abgegrenzte Episoden mit deutlich markierten Anfangs- und Endpunkten, typisch Kriegserklärungen einerseits und Waffenstillstandsvereinbarungen beziehungsweise Friedensschlüssen andererseits (Holsti 1996: 19f.). Gewisse Randunschärfen sind möglich, etwa wenn Kampfhandlungen eröffnet werden ohne offizielle Kriegserklärung, oder umgekehrt: wenn eine Kriegserklärung ergeht, ohne dass faktische Kampfhandlungen eingeleitet werden, und analog für die Einstellung von Kampfhandlungen mit oder ohne Unterzeichnung eines Friedens- oder Waffenstillstandsvertrages (Dülffer 2002: 217; Wegner 2002: XIX). Auch ist es natürlich möglich, dass bei Kriegen mit mehr als zwei Teilnehmern nicht alle Teilnehmer gleichzeitig einsteigen oder ausscheiden und man deshalb nicht eindeutig sagen kann, wann etwa »der« Zweite Weltkrieg begonnen hat und beendet wurde, sondern für verschiedene Kriegszonen verschiedene Daten genannt werden müssen. Aber das sind Restunschärfen einer im Prinzip klaren und zweiwertigen Unterscheidung Krieg/Frieden. Jedenfalls im zwischenstaatlichen Raum kann man auch relativ deutlich zwischen einem ausgewachsenen Kriegszustand und bloß geringfügigen, punktuellen Gewaltereignissen mit Beteiligung staatlicher Militärapparate, etwa Grenzscharmützel oder Begegnungen in internationalen Gewässern, unterscheiden (zu dieser Unterscheidung etwa Caprioli/Trumbore 2006).

Was die Verteilung von Kriegen in der Zeit angeht, so zeichnet sich im Vergleich zu stratifizierten Gesellschaften eine allmähliche Änderung ab, nämlich eine geringere Häufigkeit und dafür größere zeitliche Dichte. Diese Doppelentwicklung ist von mehreren Beobachtern übereinstimmend festgestellt worden: »From the sixteenth century onward [...] [w]ar became more intense and destructive, more continuous once it began, but a much rarer event.« (Tilly 1990: 185) – »Over the last three centuries international wars have tended to become shorter. The months of war have tended to become fewer but deadlier.« (Blainey 1973: 186) Diese Zeitordnung gilt bis etwa 1945 und dem dann einsetzenden Gegentrend hin zu zeitlich diffusen, oft innerstaatlichen »low-intensity wars« vor allem in peripheren Regionen der Weltgesellschaft. Ich diskutiere zunächst die »klassisch« modern Zeitordnung von Kriegen mit den beiden Aspekten der abnehmenden Häufigkeit und der zunehmenden zeitlichen Verdichtung, im Zusammenhang damit dann die Möglichkeit des Ausstrahlens von Zeiteffekten auf nicht unmittelbar kriegführende Teilsysteme, und gehe anschließend auf die abweichenden Gestalt von »low-intensity wars« ein.

Seltenheit von Krieg

In dem Maß, in dem das moderne Staatensystem sich konsolidiert, werden Kriege im Kerngebiet dieses Systems zu seltenen, tendenziell ausnahmeartigen Ereignissen. Der Rückgriff auf das Mittel des Krieges ist zwar noch lange Zeit über das »ius ad bellum« ein selbstverständliches Recht und Durchsetzungsmittel souveräner Staaten, gleichwohl verliert aber der Kriegszustand an Normalität. Er ist nicht mehr wie in vielen stratifizierten Gesellschaften der strukturell erwartete Normalzustand, sondern wird als Bruch der normalen zwischenstaatlichen Ordnung und als Ausnahmezustand erlebt (McMillan 1988: 1; Münkler 1992: 21f.; Wegner 2002: XVIf.). Zur quantitativen Illustration sei nur eine Zahl mehr oder weniger willkürlich herausgegriffen: Moderne Großmächte haben im Zeitraum von 1815 bis 1965 »zwischen zehn und vierzig Prozent ihrer Zeit in Kriegen verbracht« (Senghaas 1970: 49), was verglichen mit der Kriegsaktivität vieler vormoderner Staaten relativ moderate Zahlen sind; und da Großmächte generell häufiger Krieg führen als kleine und mittlere Mächte (Singer/Small 1972: 275ff.; Small/Singer 1982: 165ff.; Gantzel 2000: 303), gilt, dass der Durchschnitt für alle Staaten noch einmal deutlich niedriger liegt.

Im Zusammenhang mit dem Seltenerwerden von Krieg steht dessen zunehmende Delegitimierung. Kriegführung ist immer weniger ein problemlos akzeptiertes Mittel der Politik, und seit 1928 sind (Angriffs-)Kriege völkerrechtlich verboten (Briand-Kellogg-Pakt), auch wenn sie faktisch – mangels Alternativen – von dritten Staaten meist tatenlos hingenommen werden (z.B. Müller 2000: 263). Allerdings ist es nicht so, dass das Seltenerwerden von Kriegen eine Folge ihrer fehlenden Legitimation oder steigenden Legitimationsbedürftigkeit ist, wie man in idealistischer Manier annehmen könnte. »[O]utlawry of war has not eliminated the possibility, or even the probability, [...] of war« (Wright 1968: 454). Vielmehr ist – wenn es überhaupt eine kausale Verbindung gibt – das Seltenerwerden von Kriegen eine *Voraussetzung* für ihre Delegitimierung, oder jedenfalls geht in der historischen Reihenfolge der Trend zur abnehmenden Häufigkeit von Kriegen dem Trend zu ihrer Delegitimierung deutlich voraus. Ersterer setzt mit der Etablierung des modernen Staatensystems 1648 ein, während Delegitimierungserscheinungen erst ab dem 19./20. Jahrhundert zu beobachten sind. Kriege werden also nicht etwa seltener, weil ihnen die Legitimierbarkeit abhanden kommt, sondern sie können im allgemeinen Urteil delegitimiert werden, weil sie als Mittel der Entscheidung zwischenstaatlicher Konflikte ohnehin nur noch selten vorkommen. Mit dem Trend zur Delegitimierung ändern sich dann vor allem die Begründungsmuster, die gegenüber der eigenen Bevölkerung und gegenüber der Weltöffentlichkeit in Anschlag gebracht werden: Man erklärt jeden Krieg zum Verteidigungskrieg, erklärt die andere Seite zum Aggressor und schiebt ihr die Schuld für den Ausbruch des Krieges zu. Dieses Argumentationsmuster wurde natürlich nicht erst in der Moderne erfunden, avancierte aber erst in den letzten ein- bis zweihundert Jahren zur praktisch alternativlosen Rhetorik aller Kriegführenden – was vielen Beobachtern aus der Frühzeit der Soziologie aufgefallen ist (Lederer 1915: 135; Schumpeter 1918: 288; Lasswell 1927: 47).[32]

Ein Korrelat des Seltenerwerdens von Krieg liegt weiter darin, dass die durch Krieg etablierten Kräfteverhältnisse zwischen politischen Einheiten gewissermaßen »haltbarer« werden, eine längere Halbwertszeit haben. Die Fatalität von Kriegsergebnissen steigt, und allein dies erschwert tendenziell das Anfangen und auch das Beenden von Kriegen, da es das Risiko in die Höhe treibt, das man mit der Entscheidung für einen Krieg eingeht. Zwar gewinnen natürlich auch die im Fall eines Sieges einzustreichenden Prämien an (erwartbarer) Haltbarkeit, und jeder, der einen Krieg initiiert, geht ja davon aus, dass er gewinnen wird, aber die Möglichkeit eines ungünstigen und später zu Reue Anlass gebenden Kriegsausganges muss doch ernst genommen werden.[33] Abstrakt gesehen liegt hier die umgekehrte zirkuläre

32 Hier der O-Ton dieser drei Kommentatoren: »Alle Staaten wollen die Angegriffenen sein« (Lederer 1915: 135). – »Deshalb wird jeder Krieg von den betreffenden Regierungen und von *allen* Parteien in ihren offiziellen Äußerungen sorgfältig als ein Verteidigungskrieg begründet, was auf die Erkenntnis deutet, daß ein andersgearteter Krieg politisch kaum möglich wäre. [...] Hinweis auf ein Interesse oder einen moralisch rechtfertigenden Anlaß war schon im achtzehnten Jahrhundert üblich, aber erst im neunzehnten Jahrhundert wurde Angegriffen- und Bedrohtsein nach und nach zum einzigen avouablen Kriegsanlaß. Der Imperialismus, der in ferner Vergangenheit keines Mantels, der im absoluten Fürstenstaat nur einer sehr durchsichtigen Hülle bedurfte, tritt jetzt weit von der Öffentlichkeit zurück.« (Schumpeter 1918: 288) »So great are the psychological resistances to war in modern nations that every war must appear to be a war of defense against a menacing, murderous aggressor.« (Lasswell 1927: 47)

33 Statistisch gesehen liegt die Wahrscheinlichkeit eines ungünstigen Kriegsausganges bei etwa 50% – wenn man vereinfacht davon ausgeht, dass jeder Krieg einen Sieger und einen Verlierer hervorbringt. Vom Initiator bzw. Aggressor aus gesehen mögen die Chancen etwas günstiger verteilt sein, da man unterstellen kann, dass er den Krieg nicht beginnen würde, wenn er nicht relativ gute Voraussetzungen dafür sähe. Bueno de Mesquita (1981) errechnet für die Zeit von 1815 bis 1980 eine Wahrscheinlichkeit von etwas über 70% dafür, dass ein Krieg vom Initiator gewonnen wird – wobei seine Codierung der Fälle sicherlich in manchen Fällen angezweifelt werden könnte.

Kausalität vor wie in vielen stratifizierten Gesellschaften: Je seltener Kriege werden, desto schwerer fällt es, einen zu beginnen und – insbesondere als Verlierer – zu beenden, und umgekehrt.[34] Auf die Problematik des Anfangens und Beendens komme ich noch ausführlich zurück.

An dieser Stelle soll eine kurze begriffliche Überlegung zu der Frage eingeschaltet werden, wie der Trend zur abnehmenden Häufigkeit von Kriegen über die bloße deskriptive Beschreibung hinaus verstanden werden kann. Eine Möglichkeit wäre, dafür den Begriff der Latenz zu benutzen, der zur Beschreibung des analogen Phänomens der Seltenheit von Gewalt im innerstaatlichen Raum etabliert ist (vgl. dazu die Überlegungen zu Machtmedium und Gewalt oben Kapitel 2.4.).[35] In einem funktionierenden Staat mit durchgesetztem Gewaltmonopol wird Gewalt nur in sehr seltenen Fällen aktualisiert, wird deshalb aber nicht als Strukturfaktor verzichtbar, sondern wirkt als unterstellbare Möglichkeit und im Hintergrund präsente Drohung weiter. Alle Teilnehmer wissen, dass der Staat jederzeit überlegene Gewaltmittel und damit überlegene Durchsetzungsmittel in fast allen Konfliktfragen mobilisieren kann, und fügen sich deshalb auch ohne Aktualisierung dieser Option staatlichen Machtkommunikationen aller Art, vom Steuerbescheid bis zur Straßenverkehrsordnung. Dabei lassen sich aber ab einem gewissen Punkt Machtchancen nicht mehr durch die Vergrößerung des Gewaltpotenzials steigern, sondern nur noch durch subtilere und differenzierter einsetzbare Techniken wie die gesetzliche Durchregulierung des Lebens oder das Setzen differenzieller finanzieller Anreize. Das Machtpotenzial das System ist mithin nicht eins zu eins abhängig von der Größe des Gewaltapparates, aber auch nicht völlig davon ablösbar, oder im Jargon der Theorie symbolisch generalisierter Kommunikationsmedien formuliert: das Kom-

34 Derselbe Zusammenhang zwischen Wiederholbarkeit und Akzeptabilität auch suboptimaler Ergebnisse ist auch für innenpolitische Verhältnisse festgestellt worden, nämlich für das Verhältnis zwischen Regierung und (inner- wie außerparlamentarischer) Opposition: »In stable contexts, one can strive for marginal advantages, knowing that defeat is but a temporary and remediable setback. One can tolerate opposition and it is not necessary to push every advantage to its limits; there will be other chances. But what if there is no stability? What if there will be no other comparable opportunity? What if, since there is no turning back in history, the current decisions are seen as the most critical ones?« – »[The problem is that] there is no seasonal or generational repetition which would allow the opposition [or: the looser] to reverse the mistakes [or: the defeats] of the past«. (Wallis 1970: 106, vgl. zur Zeitstruktur von Wahlen und zur temporären Irreversibilität ihres Ergebnisses auch Thompson 2004.)

35 Die Technik der Analogiebildung zwischen nationalem und internationalem Raum verwendet mit Bezug auf Parsons auch Mahlert 2005.

munikationsmedium (Macht) operiert in gewissen Grenzen eigendynamisch und in lockerer Kopplung an seinen symbiotischen Mechanismus (Gewalt) (zu all dem Parsons 1967b; 1967a; Luhmann 1975b; 1988b).

Lässt sich diese Art von Beschreibung auch auf die Stellung von Gewalt im zwischenstaatlichen Raum anwenden? Auf den ersten Blick fallen deutliche Parallelen ins Auge. Gewalt, hier in der Form des Krieges, wird faktisch nur selten eingesetzt, ohne deshalb für die Struktur von Machtbeziehungen zwischen Staaten schlechterdings irrelevant zu sein. So wie die meisten Polizisten nie in ihrem Leben eine Schusswaffe benutzen, so ist auch das Militär jedenfalls westlicher Staaten die meiste Zeit nicht im akuten Kriegseinsatz, sondern hat nur den Status einer »Bereitschaftspolizei« (Janowitz 1960: 417ff.).[36] Trotzdem ist die Machtposition von Staaten weiterhin durch ihre Möglichkeit zur Aktualisierung effektiver kriegerischer Gewalt und ihre Geschichte erfolgreicher oder erfolgloser Kriege geprägt, und der zwischenstaatliche Raum kann nicht einfach als Rechtsraum oder Diskursraum modelliert werden. Dies lässt sich etwa am Fall eines Staates illustrieren, der einen ständigen Sitz im UN-Sicherheitsrat anstrebt und sich dafür als Großmacht etablieren muss, was schwer fällt, wenn er nicht in irgendeiner Weise auch militärische Potenz und Einsatzbereitschaft zeigt – und sei es auch in Konflikten, an denen man konkret wenig Interesse hat.

Neben dieser basalen Übereinstimmung gibt es aber auch deutliche Abweichungen.[37] So setzt die Rede vom Machtmedium im innerstaatlichen Raum voraus, dass in jeder Machtkommunikation unzweideutig klar ist, wer der überlegene und wer der unterlegene Machtspieler ist, und nur dies ermöglicht das Wirken von Gewalt aus der Latenz heraus, in nur unterstellter Potenzialität. Diese Voraussetzung kann für zwischenstaatliche Verhältnisse nicht gemacht werden. Zwar kann es hier auch dyadische Relationen mit

36 So wie die meisten Polizisten nie in ihrem Leben eine Schusswaffe benutzen, so ist auch das Militär jedenfalls westlicher Staaten die meiste Zeit nicht im akuten Kriegseinsatz, sondern hat nur den Status einer »Bereitschaftspolizei« (Janowitz 1960: 417ff.) – was unter Umständen zur »existenziellen Frustration« von Soldaten führen kann, die nie dazu kommen, das von ihnen erlernte Handwerk wirklich auszuüben (Boene 1990: 5; Heins/Warburg 2004: 47). Parsons (1961: 259) notiert: »[I]n most societies, war cannot be presumed to be the normal state of affairs, and therefore a military force necessarily spends a large part of the time not doing what it is trained to do. In many societies, activation of military forces is widely interpreted as a disastrous breakdown of normal order. There is, perhaps, no major component of social structure that has such an ambiguous status.«

37 Die Einwände gegenüber einer Anwendbarkeit dieser Begrifflichkeit hat mir gegenüber André Kieserling formuliert (mündliche Kommunikation).

hinreichend eindeutigem Machtgefälle geben, etwa wenn eine Groß- oder Supermacht einem drittrangigen Staat gegenübersteht; jedoch gibt es eben auch sehr viele dyadische Beziehungen, in denen die Beteiligten mehr oder weniger »auf Augenhöhe« und ohne klares Machtgefälle miteinander kommunizieren. Man kann deshalb argumentieren, dass eine sozial und sachlich generalisierte, viele Mitspieler und viele Sachfragen umfassende Machtordnung hier nicht gegeben ist, Macht mithin nicht als Medium ausdifferenziert ist, sondern statt dessen fallweise geklärt werden muss, wer aus einer Reihe von mehr oder weniger machtvollen Spielern sich in einer konkreten Konfliktfrage durchsetzt.

Weiter sind im innerstaatlichen Modell die Machtunterworfenen als homogene Masse von Personen gedacht, die alle dem Zugriff über physische Gewalt gleichermaßen zugänglich sind, und dies ist die Voraussetzung dafür, dass Macht – gestützt auf die Machtquelle Gewalt – als Medium generalisiert und ausdifferenziert werden kann. Staaten dagegen sind je nach ihrer militärischen Kapazität durch Gewalt und Drohung mit Gewalt in sehr unterschiedlichem Maß angreifbar und verletzbar und können nicht durch eine einheitliche, aus dem Hintergrund wirkende Drohung unter Kontrolle gehalten werden. Dies gilt sogar für das Verhältnis zwischen Supermächten und Kleinstaaten, wenn man die Möglichkeit irregulärer Kriegführung mit einbezieht, die es auch einer in der regulären Arena hoffnungslos unterlegenen Kriegspartei ermöglicht, dem Gegner empfindliche Verluste zuzufügen (dazu gleich mehr). Der Ausgang eines kriegerischen Zusammenstoßes zwischen zwei Staaten ist deshalb niemals im gleichen Maß vorhersehbar wie der Ausgang einer polizeilichen Erzwingungsmaßnahme gegenüber innerstaatlichen Unbotmäßigen.

Soweit es überhaupt eindeutige Machtrelationen im zwischenstaatlichen Raum gibt, eignet sich als generalisiertes Macht- und Durchsetzungsmittel weniger Gewalt und die Drohung mit Gewalt als die Verfügung über Geld und Kreditmöglichkeiten (eventuell vermittelt über internationale Organisationen wie den IWF).[38] Dass Gewalt ein zu grobes und nicht fein genug regulierbares Instrument ist, um alle machtbasierten Einflussnahmen tragen zu können, gilt zwar wie notiert auch für den innerstaatlichen Raum und kann insofern immer noch im selben begrifflichen Rahmen gelesen wer-

38 Es ist denn auch festgestellt worden, dass in zwischenstaatlichen Konflikten Großmächte seltener als kleine Staaten als erste zum Mittel der Gewalt greifen, weil ihnen mehr andere – symbolische?, ökonomische? – Durchsetzungsmittel zur Verfügung stehen (Caprioli/Trumbore 2006: 746).

den. Die Beschränkung der Verwendbarkeit von Gewalt und Gewaltdrohungen ist aber im zwischenstaatlichen Raum noch stärker ausgeprägt, weil Krieg seiner Natur nach schlecht dosierbar ist und sehr viel weniger gut als polizeiliche Gewalt in abgestuften und dann auch glaubwürdig androhbaren Formen eingesetzt oder in Aussicht gestellt werden kann.[39] Von einer (Letzt-)Deckung aller oder auch nur einer Mehrheit der zwischenstaatlichen Machtkommunikationen durch latente Gewaltdrohung kann deshalb keine Rede sein. In Bezug auf dieses Schwellenproblem können neue Kriegstechnologien wie Fernlenkraketen und -flugzeuge, die »chirurgisch« und ohne Gefahr für das eigene Personal eingesetzt werden können, zwar eine relevante Veränderung bedeuten, ohne aber wohl die Machtordnung des weltpolitischen Systems grundsätzlich umzustellen. Es wäre weiter zu prüfen, ob der Latenzbegriff sich eignet, um die Seltenheit der Aktualisierung von Gewalt im zwischenstaatlichen Verkehr zu beschreiben. In jedem Fall lassen sich aus entsprechenden Analogiebildungen (und Grenzen der Analogiebildung) instruktive Einsichten gewinnen.

Zeitliche Verdichtung von Krieg

Wie Parallelen und Unterschiede im Zusammenspiel von Macht und Gewalt in einzelstaatlichen Systemen und im weltpolitischen System genauer zu beschreiben sind, müsste in einer eigenen Studie untersucht werden, diese Frage kann hier nur kurz angerissen werden. Ich gehe stattdessen jetzt zur zweiten Besonderheit in der Zeitstruktur moderner Kriege über, nämlich zu ihrer höheren zeitlichen Dichte. Komplementär zu ihrem Seltenerwerden werden Kriege zeitlich verdichtet, d.h. es passiert mehr in derselben Spanne chronologischer Zeit, die Clausewitz'sche »Verdünnung von Krieg mit Zeit« wird abgebaut. Der Rhythmus des kriegerischen Geschehens wird schneller und kontinuierlicher, es gibt weniger Spielraum für Pausen und ereignislose Zeiten, und das Kampfgeschehen emanzipiert sich tendenziell von natürlich-organischen Zeitrhythmen. Man kann jetzt etwa, wenn es strategische oder taktische Gründe dafür gibt, auch nachts kämpfen, während man noch bis zum Anfang des 20. Jahrhunderts mehr oder weniger selbstverständlich den

39 Die Dosierbarkeit von kriegerischer Gewalt und die damit zusammenhängende Glaubwürdigkeit von Drohungen war ein großes Problem im Kalten Krieg und führte zur Umstellung der strategischen Doktrin von »massive retaliation« auf »flexible response« (Aron 1980: 476; Rapoport 1990: 258ff.).

Tag/Nacht-Rhythmus eingehalten hatte (Blainey 1973: 98). Ebenso kann man jetzt prinzipiell auch den Winter durch kämpfen (Warburg 1999: 101; Münkler 2006: 169f.); schon Clausewitz lehnt die Winterpause ab mit dem Argument, dass sie zwar an sich nützlich und angenehm sei, aber gegenüber dem Gegner, der dieselben Annehmlichkeiten genießt, keinen Vorteil verschaffe und deshalb in einer entschlossenen Kriegführung, die auf Überwindung des Gegners ziele, keinen Platz habe (Clausewitz 1832: 970ff.).[40] Natürlich stellen natürlich-organische Bedingungen (Jahres- und Tageszeiten, Wetter) das Kämpfen weiterhin unter Restriktionen, und quantitativ ebbt zweifellos weiterhin das Kampfgeschehen zu ungünstigen Zeiten ab und nimmt zu günstigen Zeiten wieder Fahrt auf. Aber man kann sich auf solche Rhythmen nicht mehr fraglos verlassen, kann sich insbesondere nicht darauf verlassen, dass *der Gegner* sie einhält, und muss deshalb auf Angriffe jederzeit gefasst sein.[41] Aus der selbstverständlichen Anlehnung an externe klimatische Konditionen wird die Berücksichtigung einer strategisch zu behandelnden Größe, und so kann man unter Umständen auch *gerade* bei ungünstigen Witterungsbedingungen einen Angriff starten, wenn dies für die eigene Seite relativ günstiger scheint als für den Gegner (Marshall 1947: 109ff.).

Pointiert beschrieben wird der Trend zur zeitlichen Verdichtung bei Pitirim Sorokin (1957: 551f.): »[F]our years' duration of the [First] World War and four years' duration of the earlier, especially the medieval wars, are quite different quantities. The World War was filled with incessant warfare; every day, even every hour, the enemies faced and exterminated each other. These were, indeed, four years of continuous fighting, practically without interruption. A war four years long in past centuries was in fact mostly inaction, lacking much real fighting, interrupted only once in a while by this or that battle, skirmish, or engagement. The duration of real fighting in the Hund-

40 Allerdings werden Kriege weiterhin mit geringerer Wahrscheinlichkeit im Winter *begonnen* (Blainey 1973: 98; Small/Singer 1982: 158ff.); in diesem Punkt bleibt eine gewisse Anlehnung an die Jahreszeiten erhalten. Aber auch in Bezug auf den Kriegsbeginn treten andere, konkurrierende (insbesondere politische) Zeithorizonte in den Vordergrund, etwa Wahltermine oder besonders günstige Gelegenheitsfenster im weltpolitischen System, wie eine momentane Schwäche des Gegners oder eine momentane Konstellation, die den Schulterschluss mit potenziellen Bündnispartnern erwarten lässt (Blainey 1973: 59ff.).

41 In den Schützengräben des ersten Weltkriegs spielten sich teilweise gewisse konsensuelle Schonzeiten etwa zur Essenszeit oder zu Weihnachten ein; diese konnten aber nur informell, durch implizites Einverständnis der unteren Ränge beider Seiten und gegen die offiziellen Befehle erarbeitet werden und blieben daher stets prekär (Axelrod 1987: 65ff.; Bröckling 1997: 206f.; Reimann 2001).

red Years' War was in fact many times shorter than in the World War.« Die Steigerung der Dichte von Kriegen erreicht ihren absoluten Gipfelpunkt in der Erfindung des Atomkrieges und der Möglichkeit, geradezu apokalyptische kriegerische Gewalt innerhalb weniger Stunden zu entfalten.[42] Aber auch in konventionellen Kriegen zeigt der Verdichtungstrend Auswirkungen, etwa dahingehend, dass manche Kriege der jüngeren Zeit nur extrem kurz dauern – wenige Tage oder Wochen – und trotzdem zu entscheidenden Ergebnissen führen (Gantzel 2000: 308); man denke nur an den Sechs-Tage-Krieg zwischen Israel und seinen arabischen Nachbarstaaten.

Eine wichtige Rolle bei der Erhöhung der zeitlichen Dichte von Kriegen spielt die Erfindung der Front als einer Zone kontinuierlichen Kampfgeschehens. Die klassische Zeitstruktur von Kriegen mit der Unterscheidung Schlacht/Krieg (oder dreistellig: Schlacht/Feldzug/Krieg) löst sich auf und verschwimmt zusehends, der Schlachtbegriff verliert an Kontur (Keegan 1978: 360f.; Warburg 1999: 101). Man spricht zwar weiterhin von der »Schlacht an der Marne«, der »Schlacht um Stalingrad« usw., aber damit ist dann eher eine Konzentration des Kriegsgeschehens im *Raum* als in der *Zeit* gemeint, und die so bezeichneten Ereigniskomplexe haben im Vergleich zu klassischen Schlachten eine relativ lange Dauer (oft Wochen oder Monate) und eine relativ hohe Kontinuität zum sonstigen Kriegsgeschehen. Generell erhält das Kriegsgeschehen durch Frontförmigkeit eine eher *räumliche* als *zeitliche* Strukturierung: Gekämpft wird jetzt prinzipiell immer, und die Frage ist nicht, wann gekämpft wird, sondern wo – wo die Fronten sich befinden und wie sie sich verschieben.

Für die beteiligten Kampftruppen schlägt sich die zeitliche Verdichtung in höherem Zeitdruck und ubiquitären Schnelligkeitsanforderungen nieder. Schnelle Mobilisierung, schneller Vormarsch, schnelle Zerstörung feindlicher Waffensysteme, schnelle Reaktion auf gegnerische Aktionen sind jetzt gefordert, und Mittel, die der Beschleunigung von Abläufen dienen, sind in Militärorganisationen hoch geschätzt. Dies gilt sowohl für technologische Mittel zur Beschleunigung von Fortbewegung und Kommunikation (Eisenbahn, Telegraphie, Funk usw.) als auch für soziale Mittel zur Beschleunigung

42 Wegen dieser enormen zeitlichen Dichte ist im Bereich von Atomkriegen auch die Dynamik zu Präventivschlägen besonders ausgeprägt, die darin besteht, dass man einen Krieg anfängt, um *im* Krieg einen Zeitvorteil zu haben (Huntington 1968a: 321; Blainey 1973: 128ff.). Wenn der Gegner auch nur wenige Stunden vor einem selbst anfangen würde, sein nukleares Arsenal in Betrieb zu setzen, wäre man bereits so dramatisch im Nachteil, dass man sich genötigt sehen kann, vorher selbst zuzuschlagen.

der Entscheidungs- und Aktionsfähigkeit, insbesondere steile Hierarchien (vgl. oben Kapitel 2.4.). Schlafmangel und Dauermüdigkeit gehören infolge der zeitlichen Verdichtung zu den typischen Problemen von Soldaten im Kriegseinsatz, und gelegentlich werden im Militär Überlegungen angestellt, ob man Soldaten mithilfe von Amphetaminen 80, 100 oder 150 Stunden wach halten kann (Keegan 1978: 399; Collins 1989: 55). Typisch für das Leben in Militärorganisationen scheint auch der paradoxe Rhythmus des »hurry up and wait« zu sein (vgl. etwa Mailer 1948: 25): möglichst schnell Stellung beziehen und dann unter Umständen lange untätig warten, um im richtigen Moment zuschlagen zu können. Hoher Zeitdruck und Frontförmigkeit der Kriegführung hängen insofern zusammen, als jeder Zeitverlust jetzt einen Vormarsch des Gegners und einen kaum mehr rückgängig zu machenden Geländeverlust bedeuten kann, zeitliche Verzögerungen sich mithin kaum mehr durch taktisches Geschick oder kämpferische Entschlossenheit ausgleichen lassen.[43]

Zeitwirkungen auf den »Rest« der Gesellschaft

Der Trend zur zeitlichen Verdichtung gilt zunächst für das unmittelbare Kriegsgeschehen, für die Kampftruppen selbst und vielleicht noch für die politischen Entscheidungsträger, die für wichtige Entscheidungen jederzeit verfügbar sein müssen und u.U. mitten in der Nacht geweckt werden müssen, um nicht kostbare Stunden zu verlieren.[44] Er kann aber unter Umständen ausstreuen auf andere, nur indirekt an Krieg beteiligte (instrumentalisierte oder viktimisierte) Bereiche der Gesellschaft, die ebenfalls unter Zeitdruck gesetzt oder in anderer Weise in ihren normalen zeitlichen Abläufen durchei-

---

43 Dazu gibt es in vielen vormodernen Kriegen kein Äquivalent, in denen es strategisch weniger bedeutsam ist, *wo* die feindlichen Truppen einander begegnen. Man kann natürlich den Ort einer entscheidenden Schlacht unter taktischen Gesichtspunkten auszuwählen versuchen (Hügel, Ebene, Wälder, Flüsse usw.), aber es war ist oftmals nicht entscheidend, ob dieser Ort 100 km weiter in der einen oder in der anderen Richtung liegt. Vielmehr kann man sich darauf verlassen, dass der Gegner nach einer verlorenen Schlacht sich wieder in sein Ursprungsgebiet zurückzieht und nicht etwa alles bis dahin durchschrittene Gebiet als »erobert« betrachtet – was mit den verfügbaren Truppen gar nicht realisierbar wäre.

44 Oder wenn sie nicht geweckt werden dürfen, wie Hitler zum Zeitpunkt der Invasion in der Normandie 1944, kann die dadurch entstehende Zeitverzögerung fatale Folgen haben.

nandergebracht werden.[45] Dies ist gewissermaßen das zeittheoretische Äquivalent der im dritten Kapitel behandelten Expansionseffekte von Krieg auf den »Rest« der Gesellschaft. Nicht nur für die direkt mit Krieg befassten, auch für die indirekt erfassten Teile der Gesellschaft gilt dann: »Der Krieg reorganisiert die Zeit. Er ordnet Vergangenheit, Gegenwart und Zukunft neu. Der Krieg hat eine Eigendynamik und dynamisiert die Wirklichkeit. Er rückt Geschwindigkeit und Mobilität ins Zentrum des Geschehens und dramatisiert den Alltag.« (Trotha 1999b: 72)

Besonders drastisch sind die Zeiteffekte von (akut erlittenen oder drohenden) Viktimisierungen. Hier kommt es typisch zu einer Komprimierung der Zeithorizonte auf das unmittelbar Geschehende oder unmittelbar Bevorstehende und zu einem Verlust weiterer Zukunftshorizonte: Man flieht, man versteckt sich, man rettet, man löscht, man sorgt sich um das Essen für den jeweils aktuellen Tag und verliert alle sonstigen Zeithorizonte aus den Augen. Gewalt erzeugt ein »Schrumpfen der Zukunft«, schreibt Herfried Münkler (2003: 480), und ähnlich stellt Klaus Schlichte (2009: 62) fest: »[V]iolence [...] creates its own temporality once it begins. It creates emergencies, immediate dangers«. Die Zeitanforderungen, die von erlittener oder drohender Gewalteinwirkung ausgehen, sind in ihrer Drastik durch praktisch keine anderen Zeitanforderungen zu überbieten, und die flexibleren und längerfristig angelegten Zeithorizonte anderer Tätigkeitsbereiche (etwa wirtschaftlicher Produktion, und erst recht subtilerer Tätigkeiten wie Bildung, Wissenschaft usw.) werden entsprechend oft ignoriert, die dazugehörigen Prozesse werden unkontrolliert unterbrochen.

Im Vergleich dazu sind die Zeiteffekte von Instrumentalisierungen, wie sie etwa an der Heimatfront eines großes und insbesondere eines totalen Krieges auftreten, weniger drastisch, dafür aber differenzierter und spezifischer. Ein großformatiger Krieg überfordert ab einem gewissen Punkt die Fähigkeit der Gesellschaft, als Parallelprozessor zu operieren, d.h. viele Prozesse gleichzeitig und ohne wechselseitige Beeinträchtigung nebeneinander laufen zu lassen. Die Zeitanforderungen des Krieges schlagen dann auf andere Prozesse durch, auch wenn sie nicht von unmittelbarer Gewalteinwirkung be-

45 In der Terminologie von Lewis und Weigert (1981) könnte man eventuell von einer »Stratifikation« von Zeitordnungen sprechen, d.h. verschiedene Zeitordnungen werden in ein Verhältnis der Über- und Unterordnung gebracht. Bei den genannten Autoren ist hier allerdings eher an die Unterordnung von Mikro- unter Makrozeiten, von persönlichen unter institutionelle Zeiten gedacht, nicht an die Über-/Unterordnung von an sich gleichrangigen Zeithorizonten verschiedener Funktionssysteme.

troffen sind. Die Gesellschaft wird zwar nicht wieder zum Einfachprozessor, aber andere Teilbereiche verlieren teilweise ihre Fähigkeit zur autonomen Zeitverfügung und können in ihren systemspezifischen Zeithorizonten empfindlich beeinträchtigt werden. Hierfür gibt es zwei verschiedene, in gewisser Weise gegensätzliche Möglichkeiten: Entweder der im Krieg entstehende Zeitdruck wird in andere Bereiche hinein verlängert und auch deren Prozesse werden unter Beschleunigungsdruck gesetzt; oder es werden umgekehrt Prozesse, die nicht kriegswichtig sind, vernachlässigt, verzögert und im Extremfall völlig »eingefroren«, um erst nach Kriegsende wieder »aufgetaut« zu werden. Ich gebe für beides einige Beispiele.

Das Weiterreichen von Zeit- und Beschleunigungsdruck in Zulieferbereiche zeigt sich am deutlichsten in der Wirtschaft, wo die Produktion von Kriegsgütern an allen möglichen Stellschrauben beschleunigt wird: Fabriken stellen auf Schichtbetrieb um; die Zeitspanne, die zwischen der Gewinnung eines Rohstoffs und der Auslieferung des Endprodukts liegt (eine Größe, die unter Normalbedingungen der Wirtschaft ganz irrelevant ist), wird so weit wie möglich verkürzt (Novick/Anshen/Truppner 1976: 18ff.); und das schnellstmögliche, rein an Kurzfristeffektivität orientierte Hochtreiben des erreichbaren »output« verdrängt Langfristüberlegungen etwa zur Erhaltung und Planung von Produktionskapazitäten oder zur Erneuerung des Kapitalstocks.[46] Auch in der Wissenschaft können – wenn auch viel punktueller – Forschungsprozesse forciert werden, um kriegswichtige Innovationen noch rechtzeitig vor Kriegsende einsatzfähig zu machen (Kaempfert 1941; Unger 1989). Die Massenmedien können auf einen schnelleren Rhythmus der Informationsübermittlung umstellen, indem Zeitungen in mehr als einer Ausgabe pro Tag gedruckt oder die Intervalle zwischen Nachrichtensendungen im Rundfunk verkürzt werden. In vielen Fällen müssen Bildungsprozesse beschleunigt werden, weil Schüler oder Studenten von der Einziehung ins Militär bedroht sind: So kommt es an den Hochschulen zur Verkürzung und Komprimierung von Studiengängen, es werden »Kriegsabschlüsse« mit kürzerer Studiendauer verliehen, und die Studenten versuchen, sich in der-

46 Gegen die dominierende Kurzfristorientierung gibt es gelegentlich Widerstand, indem etwa in die offizielle Wirtschaftsplanung Rücksichten auf die Zeit nach dem Krieg und die dann sinnvollen Produktionskapazitäten eingeschmuggelt werden (Huntington 1957: 343; Milward 1977: 127). Ein Fall von extremer Kurzfristorientierung ist auch die »Politik der verbrannten Erde«, und auch hier kann es Widerstand geben, so etwa wenn in der Endphase des Zweiten Weltkriegs das deutsche Ministerium für Kriegsproduktion heimlich Waffen an Fabrikarbeiter verteilen lässt, damit diese Militär und SS am Niederbrennen ihrer Fabriken hindern können (Milward 1977: 129).

selben Zeitspanne eine größere Menge Wissen anzueignen.[47] Im Bereich von Familien/Intimbeziehungen werden (wie oben, Kapitel 3.3. Punkt c, bereits dargestellt) Prozesse der Paarbildung und der Gründung von Familien beschleunigt – obwohl ein direkter Beitrag zum Gewinnen des Krieges hier nicht zu erkennen ist und dies eher als ungewollter Nebeneffekt des Krieges anfällt. Schließlich werden nach Aussagen mancher Beobachter auch Reifungsprozesse von Individuen beschleunigt, indem Kinder und Jugendliche schneller erwachsen werden.[48]

Neben Beschleunigungseffekten können aber – gleichzeitig und in denselben Funktionsbereichen – auch die umgekehrten Effekte einer Verlangsamung, im Extremfall eines Einfrierens von Prozessen auftreten, nämlich überall dort, wo Prozesse nicht als kriegswichtig gelten und deshalb nur begrenzt materielle, personelle oder zeitliche Ressourcen zugeteilt bekommen. So wird in der Wirtschaft nur die Produktion von Kriegsgütern beschleunigt, Investition und Konsum werden dagegen über weite Strecken eingefroren. Produktionsanlagen werden nicht ersetzt und Maschinen über die reguläre Lebensdauer hinaus gefahren, so dass ein »Investitionsstau« entsteht beziehungsweise faktisch Desinvestition stattfindet (Wunderlich 1939: 260f.; Colm 1939: 196ff.; Gebauer 1959: 395); ebenso entsteht ein »Konsumstau« in vielen Haushalten, die benötigte Güter wegen mangelndem Angebot nicht kaufen können und diese Anschaffungen auf nach dem Krieg verschieben (Longmate 1971: 262f.). Auch viele Forschungsprozesse in der Wissenschaft werden eingefroren, weil Ressourcen fehlen oder Forscher abgezogen werden; oder Bücher werden zwar geschrieben, können aber nicht gedruckt werden, und es entsteht gewissermaßen ein »Publikationsstau«, der sich nach dem Krieg in einer Flut von Publikationen auflöst (Hughes 1959: 370f.). Paarbeziehungen beziehungsweise Familien können ein Einfrieren erleben, indem die Fortsetzung des Familienlebens auf nach dem Krieg, wenn (und falls) der Mann beziehungsweise Vater zurückkommt, verschoben wird; und auch in diesem Bereich kann es – trotz des Trends zu Kriegsheiraten und Kriegsbabys – zu systemspezifischen Staueffekten kommen, indem Paarbildung, Heirat oder Familiengründung auf nach dem Krieg verschoben

47 »Almost all the men concerned are engaged in squeezing three years' work into two«, berichtet Longmate (1971: 207f.) aus britischen Hochschulen während des Zweiten Weltkriegs.

48 »The war was forcing an early maturity upon youth both intellectually and emotionally. Agencies reported a noticeable lessening of interest in the activities in which adolescents formerly engaged.« (Gentile 1943: 42)

werden, was die nach großen Kriegen regelmäßig steil ansteigenden Heirats- und Geburtenzahlen erklärt (Lingeman 1970: 90f.).

Unterschiedliche Teilbereiche unterscheiden sich aber in ihrer Toleranz für das Aufschieben von Anschlüssen, und sie kommen deshalb mit einem kriegsbedingten Einfrieren – sei es infolge von Instrumentalisierung und Ressourcenentzug, sei es infolge von Viktimisierung und ungeplanter Unterbrechung – unterschiedlich gut zurecht. Es gibt Bereiche wie Wissenschaft und Kunst, die relativ zeitabstrakt operieren und eine Lücke von einigen Jahren relativ gut verkraften können. Solche Bereiche können sich gewissermaßen für einige Zeit in ihrem Operationsniveau »herunterfahren« und die liegengebliebenen Prozesse (Forschungs-, Schaffens-, Publikationsprozesse) nach dem Krieg ohne größere Reibungsverluste wieder aufnehmen, jedenfalls soweit dasselbe Personal wieder zur Verfügung steht. Andere Bereiche wie Familie und Bildung, die personennah operieren und einen engen Bezug auf Bewusstseins- oder Körpervollzüge von Personen haben, können weniger gut über längere Zeit ausgesetzt werden. Werden sie von außen zu einer längeren Pause gezwungen, können sie danach nicht gleichermaßen reibungslos dort weitermachen, wo sie vorher aufgehört hatten – Familien deshalb nicht, weil die Familienmitglieder sich bei jahrelanger Trennung voneinander entfremden, andere Partner kennenlernen oder lernen, allein zurechtzukommen (McDonagh/McDonagh 1945; McDonagh 1946), und Bildungsprozesse nicht, weil der Zögling in der Zwischenzeit einschneidende neue Erfahrungen gemacht hat, sich in einer neuen Lebenssituation befindet oder einfach zu viel vergessen hat. Solche Bereiche nehmen deshalb allein durch ihr Eingefrorensein mit einiger Wahrscheinlichkeit massiven und teils irreversiblen Schaden.

Dagegen bietet die Fähigkeit, sich für eine gewisse Zeit »unterbrechen« beziehungsweise einfrieren zu lassen, vermutlich eine Möglichkeit, einen großen Krieg langfristig gesehen relativ unbeschadet zu überstehen. Die Zeit des Krieges ist dann aus Sicht des betrachteten Kontextes einfach eine Lücke, in der nichts oder weniger als normal passiert, aber auch keine Anschlüsse definitiv abgeschnitten werden. Dies wird in folgender – wahren oder unwahren – Anekdote auf den Punkt gebracht: »Jemand hat mal erzählt, daß, als der Zweite Weltkrieg ausbrach, eine dieser Stimmen [des BBC] die Sendung unterbrochen hatte, um der Welt diese Neuigkeit mitzuteilen, und daß dieselbe gelassene, beruhigende, ungerührte Stimme [...] fünf Jahre später, als der Krieg vorbei war, ihre damals unterbrochene Sendung mit den Worten fortgesetzt hatte: ›As I was saying ...‹, womit sie diesen ganzen Krieg auf eine Lücke reduzierte.« (Nooteboom 1999: 131)

An die Frage nach der Unterbrechungstoleranz von Prozessen lässt sich eine weitere und letzte Beobachtung zum Zeitcharakter »klassischer«, zeitlich verdichteter Kriege anknüpfen. Es wird ja oft behauptet, dass die moderne Gesellschaft insgesamt von einer Tendenz zur Beschleunigung und Verdichtung von Abläufen, zur maximalen Ausnutzung von Zeit und Vermeidung von Zeitverschwendung durchzogen sei, und die Verdichtungstendenz moderner Kriege würde sich so gesehen einfach in einen breiteren, allgemeiner geltenden Trend einordnen. Bei näherem Hinsehen trifft es aber gar nicht zu, dass alle Prozesse in allen gesellschaftlichen Teilbereichen so weit wie möglich verdichtet werden, vielmehr haben die meisten Prozesse – etwa Produktionsprozesse, Bildungsprozesse, Forschungsprozesse, Gerichtsverfahren – durchaus Toleranz für Pausen- und Unterbrechungszeiten wie Nacht, Wochenende, Ferien oder abzuwartende Fristen. Sie haben, in Luhmanns (1981b: 189) Terminologie, Toleranz für fehlende Kontiguität von Anschlüssen, und Luhmann bezeichnet die Unterbrechbarkeit von Prozessen sogar als ein Qualitätsmerkmal komplexerer und differenzierterer Systeme: »Prozesse pausieren, die Akteure haben zwischendurch etwas anderes zu tun. Unmittelbarkeit des Anschlusses (Kontiguität) ist sozusagen die primitivste Identitätsgarantie, kann als solche aber ersetzt werden durch besondere Vorkehrungen für die Spezifikation des Prozesses und die Identifikation der ihm zugehörigen Ereignisse. [...] Differenziertere Systeme verfügen über bessere Spezifikationsmöglichkeiten und können sich daher auch größere Zeitdistanzen in ihren Prozessen leisten.« (ebd.)

Es ist so gesehen eher ein Sonderfall, wenn ein Prozess einen Druck in Richtung auf unablässige Nutzung aller zur Verfügung stehenden Zeit entwickelt – so beispielsweise die Produktion mit teuren Maschinen, die sich amortisieren müssen und deshalb rund um die Uhr laufen müssen, oder Liebesbeziehungen im Anfangsstadium, in denen die Partner jede Minute miteinander verbringen möchten und jede Unterbrechung als schmerzhaften Verlust empfinden. Kriege gehören offensichtlich in vielen Fällen zu dieser Klasse von Prozessen, die ein möglichst unterbrechungsloses Aneinanderanschließen von Zügen nahelegen. Ursache ist hier ihre antagonistische Struktur: Man muss alle verfügbare Zeit nutzen, weil zu befürchten ist, dass andernfalls der Gegner sie nutzt und man selbst ins Hintertreffen gerät. Dagegen scheint der oft notierte Eindruck eines gesellschaftlich allgegenwärtigen Zeitdrucks gar nicht unbedingt oder jedenfalls nicht nur auf das Kontiguitätserfordernis einzelner Prozesse zurückzugehen, sondern mindestens zum Teil auch auf das enge Ineinandergreifen von mehr verschiedenen Prozessen im Tagesablauf eines Einzelnen bei enger zeitlicher Taktung, mithin auf die stärkere Differenzierung und Notwendigkeit der Resynchronisierung von Prozessen.

Zeitstrukturen von »low-intensity wars«

Die bisher beschriebenen Zeitstrukturen beziehen sich vor allem auf das Kriegsgeschehen im Kerngebiet der modernen Gesellschaft, d.h. in Europa und der OECD-Welt, und vor allem auf die Zeit bis etwa 1945, nicht auf die Jahrzehnte danach. Die heute dominierenden Kriege, die oft die Form von (mehr oder weniger) innerstaatlichen Kriegen, Guerrillakriegen und/oder »asymmetrischen Kriegen« annehmen und vor allem in der Peripherie stattfinden, haben eine ganz andere und in vielen Punkten gegensätzliche Zeitordnung. Kriege dieses Typs zeichnen sich gerade nicht durch eine zeitliche Verdichtung aus, sondern umgekehrt durch eine große zeitliche Lockerheit und geringe Dichte, oder wie der Name sagt: durch eine »geringe Intensität« (»low-intensity war«).

»Low-intensity wars« sind oft lang andauernde, verschleppte kriegerische Auseinandersetzungen auf einem niedrigen Niveau von Gewaltanwendung und militärischer Eskalation. Sie laufen oft über viele Jahre oder gar Jahrzehnte (Elwert 1997: 94; Trotha 2003: 84; Münkler 2004: 22); dabei bestehen sie im Wesentlichen aus gelegentlichen Überfällen, Anschlägen und anderen »Aktionen« von irregulär operierenden Guerrillas, Milizen, Terroristen o.ä., sowie aus gelegentlichen Offensiven und »Säuberungsaktionen« von regulären, staatlichen Truppen, sei es des lokalen Staates, sei es eventueller ausländischer Interventionstruppen. Phasen intensivierten Kriegsgeschehens wechseln ab mit längeren oder kürzeren Phasen, wo nichts oder wenig passiert, die Gewalt fast einschläft, um dann wieder aufzuflammen (Genschel/Schlichte 1997: 501f.; Münkler 2004: 26f.). Idealtypisch gesehen sind Kriege dieses Typs räumlich, sozial und zeitlich diffus: räumlich, indem sie keine Frontbildung und keine klaren territorialen Korrelate kennen; sozial, indem sie die Unterscheidung von Kombattanten und Non-Kombattanten schwierig machen; und zeitlich, indem sie geringe Dosen an Kriegsgeschehen über lange Zeiträume verteilen.

Weiter haben diese Kriege oft auch keine klaren Anfangs- und Endpunkte, sondern »schleichende« Anfänge und Enden (Simon 2004: 83ff.). Sie kennen normalerweise keine Kriegserklärung oder sonstige eindeutige Zäsurpunkte, die den Einbruch von Gewalt in vorher gewaltlose Verhältnisse markieren, vielmehr entstehen sie aus kleinformatigen, lokalen, mehr oder weniger unspektakulären Aktionen begrenzter Gruppen, die sich dann allmählich ausweiten und zu höheren Eskalationsniveaus überleiten. Charakteristisch ist deshalb, dass später »nur die Historiker [wissen], wann der ›eigentliche‹ Kriegsbeginn anzusetzen ist« (Trotha 2003: 84). Auf der anderen Seite gibt es meist auch keine klaren, eindeutig terminierten Beendungspunkte. Nach Münklers (2004: 28) Beobachtung werden Friedensschlüsse tendenziell ersetzt durch lang andauernde, fragile, von vielen Rückschlägen gekennzeichnete Friedensprozesse, mit denen die betroffenen Regionen Stück für Stück, und mit wechselndem Erfolg, in gewaltfreiere Verhältnisse zurückgeführt werden sollen. Mary Kaldor (2000: 35ff.), die die »Neuen Kriege« anhand der Auflösung der für das klassische Kriegsgeschehen typischen Unterscheidungen beschreibt, stellt fest, dass neben den Unterscheidungen Freund/Feind, innen/außen, öffentlich/privat, politisch/ökonomisch auch die Unterscheidung Krieg/Frieden unscharf wird und sich in diffuse Zwischenzonen auflöst.

Manche Autoren gehen davon aus, dass hier eine Rückkehr zu alten, archaischen Zeitmustern von Krieg zu beobachten ist, dass das als »typisch modern« betrachtete Muster zeitlich scharf abgegrenzter und verdichteter Kriege wieder verschwindet und nur als kurzes Zwischenspiel in der Geschichte betrachtet werden muss – wie ja generell gelegentlich betont wird, dass die sogenannten »Neuen Kriege« gar nicht so neu sind und in vielen Hinsichten den ganz alten Kriegen etwa vormoderner Stämme oder Großreiche oder auch den Kriegen moderner Kolonialreiche ähneln (Schlichte 2006a; Chojnacki 2007; Langewiesche 2009). Solche Parallelen sind auch nicht völlig aus der Luft gegriffen. Jedoch ist entgegen der These einer einfachen Wiederkehr alter Muster mit Trutz von Trotha (1999a) festzuhalten, dass die Dominanz von »low-intensity wars« bereits eine *Reaktion* auf die Möglichkeit von extrem dichten, extrem konzentrierten und mithin spezifisch modernen Kriegen darstellt. Nicht umsonst ist der Umschlagpunkt 1945, als mit der Atombombe die Möglichkeit geschaffen wurde, einen Schlagabtausch von enormer Größenordnung und Destruktivität auf einen Zeitraum von wenigen Stunden zu konzentrieren. »Kriege [bilden] ein Gefüge, in der jede Kriegsform im Schatten seiner [sic] Gegensätze steht

[...]. Der Siegeszug des Krieges geringer Intensität erfolgt im langen dunklen Schatten der unauslotbaren Gewalt des atomaren Ausrottungskrieges und der Zerstörungsmacht des trinitarischen [totalen] Krieges.« (Trotha 1999a: 135) Die Prominenz von »low-intensity wars« verdankt sich in weiten Teilen dem Versuch, »richtige«, dichte Kriege zu vermeiden, und muss insofern bereits als strategische Wahl in einem breiteren Möglichkeitsspektrum verstanden werden.

Münkler (2006: 184) beschreibt Guerrillakriegführung als »strategische Entschleunigung« des Krieges. Dies steht im Kontext der Überlegung, dass generell die Offensive als die schnelle und die Defensive als die langsame Form der Kriegführung gesehen werden kann – die Offensive paradigmatisch als Sturm auf ein Ziel, das eingenommen werden soll, die Defensive als Versuch, lange auszuhalten und länger auszuhalten, als der Gegner den Angriff aufrechterhalten kann (ebd.: 170ff.). Guerrillaartige »Entschleunigung« empfiehlt sich insofern als Strategie des Verteidigers, was Münkler am Zweiten Irakkrieg (2003–) illustriert: Hier verfolgten die ausländischen Offensivtruppen die Strategie des massierten Vorgehens und schnellen Siegs, während die irakischen Defensivkräfte es vorzogen, sich dem Gegner nicht sofort und direkt bei der Invasion entgegenzustellen, sondern die vermeintliche Nachkriegs- und Stabilisierungsphase abzuwarten und dann den Gegner in einen lang andauernden, mit geringer Intensität ausgetragenen Guerrilla- und Terrorkrieg zu verstricken (ebd.: 147).

Nun gibt es aber viele »low-intensity wars« (vor allem solche mit stärker innerstaatlichem, bürgerkriegsartigem Charakter), die von *beiden* Seiten aus mit geringer Intensität und »entschleunigt« geführt werden. Dieser Umstand müsste dann so gedeutet werden, dass sich hier gewissermaßen *beide* Seiten in der Defensive befinden – eine auf den ersten Blick unmögliche Konstellation, die sich aber bei näherem Hinsehen tatsächlich plausibilisieren lässt. Die jeweilige reguläre, staatlich basierte Seite ist ohnehin in der Defensive, indem sie sich gegen einen Insurrektions- oder Sezessionsversuch zur Wehr setzt. Dagegen ist die irreguläre Seite zunächst in der Offensive; sie kann aber nach einer gewissen Dauer des Krieges ebenfalls aus der Defensive heraus operieren, insofern die bloße Aufrechterhaltung des Kriegs- und Instabilitätszustands für sie oft schon ein Erfolg ist und die Destabilisierung der Regierung oder die Untergrabung der zentralen Kontrolle über das Territorium unter Umständen genau das ist, was angestrebt wird. Es macht sich hier eine fundamentale Asymmetrie des Guerrillakrieges geltend, die Henry Kissinger formuliert hat: »The guerrilla wins if he does not lose, the conventional army loses if it does not win« (zit. in Zartmann 1993: 25). Guerrillakriegführung kann sich also auch dann, wenn sie von der politischen Intention her offensiv auftritt, die Vorteile der Defensive zunutze machen.

Auch intervenierende Drittmächte können eine Präferenz für entschleunigte, wenig verdichtete »low-intensity« Kriegführung haben (jedenfalls die zivilen Entscheider, weniger das Militär; vgl. dazu oben Kapitel 2.4.). Sie können es bevorzugen, irreguläre Kräfte in einem Land zu unterstützen, statt selbst militärisch aktiv zu werden, oder sich nur mit kleinen, begrenzten Truppenkontingenten und »Militärberatern« zu engagieren – während des Kalten Krieges vor allem mit dem Motiv, eine Eskalation zum atomaren Großkrieg zu vermeiden, alternativ etwa mit dem Motiv, das Kriegsengagement aus den Augen und der Kritiklinie der eigenen, kriegsaversen Öffentlichkeit herauszuhalten, oder auch umgekehrt: Entschlossenheit und Handlungsbereitschaft zu demonstrieren, ohne allzu große Risiken einzugehen, oder schließlich aus dem Wunsch heraus, in der Liga der global handlungsfähigen Großmächte mitzuspielen, was ein gelegentliches militärisches In-Aktion-Treten voraussetzt. Es fällt dann oft schwer zu sagen, ob der entsendende Staat sich mit einem solchen, auf Sparflamme gehaltenen Engagement »im Krieg« befindet oder nicht, und hierüber können öffentliche Debatten geführt oder mit Formulierungsnuancen politische Standpunkte markiert werden.

Immer aber ist die Entscheidung für ent-intensivierte Kriegführung eine mehr oder weniger bewusste Selektion, zu der es andere Möglichkeiten gäbe, nämlich die Option für den zeitlich verdichteten Krieg. In den statistischen Daten scheint sich denn auch ein Doppeltrend abzuzeichnen, dem gemäß in jüngerer Zeit sowohl sehr kurze, intensive (meist zwischenstaatliche) Kriege als auch sehr lange, wenig intensive (meist innerstaatliche) Kriege Auftrieb haben (Bennett/Stam 1996; Gantzel 2000: 308).[49] Natürlich fallen nicht alle stattfindenden Kriege eindeutig unter einen dieser beiden Typen, vielmehr gibt es viele Mischformen und Wechselmodelle, und natürlich verdankt sich die jeweilige Zeitform eines Krieges nicht immer der bewussten Intention und Strategie irgendeines Akteurs, sondern Dynamiken entstehen ungewollt und ungeplant aus dem Zusammenwirken verschiedener Akteure.

49 Der Zweite Irakkrieg bietet interessanterweise eine Illustration beider Typen am selben Fall, insofern er (in seiner Eigenschaft als zwischenstaatlicher Krieg zwischen den USA und den offiziellen irakischen Streitkräften) nach kurzer Zeit mit der amerikanischen Erfolgsmeldung »mission accomplished« beendet wurde, sich dann aber über etliche Jahre als innerstaatlicher, wenig intensiver Guerilla-, Miliz- und Terrorkrieg fortsetzte.

Insgesamt aber ist die Lage damit nicht umstandslos dieselbe wie in früheren Gesellschaften, wo zeitlich lockere, wenig verdichtete Kriegführung eine alternativlose Notwendigkeit, ein Implikat der technologischen und sonstigen Bedingungen war und für keine Seite als strategische Option zur Verfügung stand.

Jedenfalls für die Zeit nach 1945 kann man deshalb davon ausgehen, dass die relative Pazifizierung und Kriegsfreiheit der entwickelten Regionen der Weltgesellschaft auch durch die Verlagerung des Kriegsgeschehens – meist in »low-intensity«-Form – an die Peripherie erkauft ist. Tilly (1990: 68) spricht vom »Export« von Kriegen: »we might conclude that the great powers have exported war to the rest of the world«. Die Zahl der Kriege in der Welt nimmt insgesamt nicht ab, sondern eher zu, aber die übergroße Mehrheit davon findet in peripheren Regionen statt (Siegelberg 1994: 134ff.; Meyers 1995; Gantzel 1997; AKUF 2009). Radikaler orientierte Autoren behaupten denselben Zusammenhang für die gesamte moderne Periode, indem sie davon ausgehen, dass die Pazifizierung und Hegung von Krieg in Europa immer schon Hand in Hand ging mit der Neigung zu unrestringiertem, »schmutzigem« Kriegsgeschehen in den kolonialen Expansionsgebieten (Lawrence 1999; Walter 2006). Diese Problematik liegt analog zu der Frage, ob der wirtschaftliche Wohlstand der OECD-Welt durch die systematische Ausbeutung der Peripherie erkauft ist und ohne sie nicht hätte erreicht werden können, wie es Imperialismus- oder Weltsystemtheorien behaupten, oder ob hier eine im Kern binnengetragene Entwicklung vorliegt, die zwar mit hoher Indifferenz gegenüber der Situation in der Peripherie einhergeht, aber nicht substanziell auf sie angewiesen ist (zu dieser Frage Shannon 1989: 151ff.).

Bei der Wirtschaft würde ich eher zu der Auffassung neigen, dass es sich im Wesentlichen um eine immanente Leistungssteigerung des modernen Wirtschaftssystems handelt, die durch Zuflüsse und andere erleichternde Faktoren aus der Peripherie sicher punktuell beeinflusst und beschleunigt wurde, die aber grundsätzlich in ungefähr ähnlicher Form auch ohne die Peripherie stattgefunden hätte. Insbesondere in der Jetztzeit spielt die Existenz einer verarmten Peripherie für die wirtschaftliche Prosperität des Zentrums kaum eine Rolle; wenn Afrika morgen im Meer versinken würde, würde der Weltwirtschaft kaum etwas fehlen.[50] Bei Krieg sieht die Lage etwas an-

50 »Ein Börsianer bemerkte zynisch: Wenn Afrika heute vollständig im Meer versinken würde, die Börsen würden davon keine Notiz nehmen. Weite Teile der Welt sind offenbar, sei es als Rohstofflieferanten, als Quelle von Arbeitskraft oder als Konsumentenmärkte,

ders aus. Zwar würde ich auch hier davon ausgehen, dass der grundsätzliche Trend zum Seltenerwerden von Krieg im modernen Staatensystem ab 1648 ein systemimmanenter Trend ist, der von der gleichzeitigen Führung von Kolonialkriegen nur zeitlich begleitet wurde, aber nicht unbedingt kausal davon abhängig war. Dagegen wird man für das letzte halbe Jahrhundert kaum um die Einsicht herumkommen, dass die extreme Kriegsfreiheit, in der die OECD-Welt seit 1945 lebt, auch auf die gezielte Vermeidung von Kriegen im Zentrum, u.a. wegen der Gefahr der zu hohen zeitlichen Dichte, und auf die komplementäre Präferenz (nicht nur, aber auch von Zentrumsstaaten) für zeitlich entintensivierte Kriegführung anderswo zurückgeht.

4.4. Kriegsanfang als Komprimierung von Zeithorizonten

Alle Kriege – ob kurz oder lang, intensiv oder extensiv – müssen in der einen oder anderen Weise über die Diskontinuitätspunkte des Anfangs und des Endes hinwegkommen. Das gilt auch für zeitlich nicht scharf abgegrenzte, nach hinten und vorne »ausfransende« Kriege, die das Problem nur in etwas anderer Weise angehen, indem sie aus Zeitpunkten Zeitzonen machen. Diese Übergangspunkte oder Übergangszonen sind interessante Foci für eine zeittheoretisch interessierte Kriegssoziologie. Dabei kann aber insbesondere das Problem des Kriegsanfangs hier nur ganz kurz und oberflächlich angerissen werden, da es ein sehr komplexes Problem ist, das nur schwer auf Zeitfragen im engeren Sinn zu isolieren ist und schnell ausfranst in die allgemeine Thematik des Ob, Wer, Warum von Kriegen – mithin in die ganze Komplexität von Kriegsforschung überhaupt.

Ich beschränke mich darauf, auf einen Aspekt hinzuweisen, der an vielen (sicherlich nicht allen) modernen Kriegsanfängen auffällt: die Neigung zu einer starken Kurzfristorientierung des Handelns und Entscheidens beziehungsweise zu einer starken Komprimierung der in der Entscheidung berücksichtigen Zeithorizonte. Die bei der Kriegsentscheidung vor Augen stehenden Zeithorizonte decken typischerweise nicht einmal die Dauer des Krieges ab, geschweige denn dessen längerfristige Folgen. Dabei ist die Dauer des Krieges natürlich vorher auch nicht bekannt, was aber den Be-

für das Funktionieren der kapitalistischen Weltwirtschaft uninteressant geworden.« (Seitz 2003: 66) fund einer verzerrten Gewichtung von Zeithorizonten nicht aus der Welt schafft, denn die systematische Unterschätzung der Kriegsdauer bei Beginn des Krieges (Blainey 1973: 52f.; Brick 1991: 1ff.) ist bereits ein Effekt oder ein Moment der hier herrschenden Kurzsichtigkeit. In der Terminologie der Rational-Choice-Theorie kann man auch sagen, dass eine ausgeprägte Tendenz zur Diskontierung der Zukunft vorliegt. Weil die »Rationalität« von Kriegsentscheidungen sich in stark komprimierten Zeithorizonten abzuspielen scheint, finden sich auch in der rational-choice-freundlichen Politikwissenschaft nur relativ selten Versuche, Kriege als Ganze, d.h. inklusive ihres Ausgangs, als Ergebnis rationaler Kosten/Nutzen-Kalküle zu begreifen (prominent Bueno de Mesquita 1981), und es dominiert eher die Rationalitätskritik (etwa Iklé 1971; Majeski/Sylvan 1984; Brick 1991).

Eine Tendenz zur Komprimierung der berücksichtigten Zeithorizonte lässt sich an sehr verschiedenen Typen von Kriegsanfängen aufzeigen – wobei eine wirkliche Typologie hier nicht zur Verfügung steht, nur grobe Kategorien nach unmittelbar auffallenden Ähnlichkeiten gebildet werden können. Kriegsanfänge sind etwa mit den Begriffen Eskalation und Krise beschrieben worden. Im Krisenbegriff ist der Aspekt der Komprimierung von dramatischem, folgenreichem Geschehen in eine kurze Zeitspanne, damit eine gewisse Stauchung von Zeithorizonten und Konzentration auf das unmittelbar Notwendige oder Bedrohliche bereits impliziert (McClelland 1961; Deutsch 1973; Prisching 1986). Dagegen betont der Begriff der Eskalation eher den Aspekt der Kontinuität, auch über den Punkt des gewaltsamen Konfliktaustrags hinweg, indem er von einer allmählichen Steigerung eines zunächst undramatisch angelaufenen und »von hinten heraus« getriebenen Konfliktes ausgeht.[51] Phänomene einer Verkürzung von Zeitperspektiven und Vernachlässigung längerfristiger Horizonte kommen sowohl bei krisenhaft verdichteten Kriegsanfängen als auch bei allmählichen und »unmerklichen« Eskalationsprozessen vor. Ich unterscheide – ohne Anspruch auf Vollständigkeit oder Überschneidungsfreiheit – die Probleme der kurzsichtigen

51 Eskalationsmodelle waren in den Sozialwissenschaften insbesondere während der Zeit des Kalten Krieges verbreitet (z.B. Wright 1965; Deutsch/Senghaas 1970) und trafen sich mit einer Konjunktur von Theorien der kybernetischen Selbststeuerung und des positiven (und negativen) Feedback. Eskalations- und Krisenelemente können natürlich auch kombiniert werden, indem Krisen als herausgehobene Punkte in einem längeren Eskalationsprozess gesehen werden können, und umgekehrt auch nach Eintritt einer Krise zwischen einem weiter eskalierenden und einem de-eskalierenden Konfliktverlauf unterschieden werden kann (z.B. Azar 1972).

Kriegsplanung, der Dominanz aktueller Pressionen und der inkrementellen Konflikteskalation.

Kurzsichtigkeit von Kriegsplanungen

Fred Iklé (1971) hat herausgearbeitet, dass politische und militärische Entscheidungsträger bei der Initiierung eines Krieges oder beim Eintritt in einen bereits laufenden Krieg dazu neigen, in ihren Erwägungen und Planungen erstaunlich kurzsichtig zu sein und tendenziell nur den ersten Akt des Krieges in den Blick zu nehmen. Für die erste Kriegsphase arbeiten sie minutiöse Planungen und Strategieüberlegungen aus, während der weitere Verlauf des Krieges – inklusive der Frage, wie er an ein Ende gebracht werden soll – mehr oder weniger im Vagen bleibt und einem diffusen Optimismus überlassen wird, indem man natürlich davon ausgeht, dass man den Krieg gewinnen werde, aber offenlässt, wie genau dies geschehen soll. Dabei unterschätzen sie systematisch die für die eigenen Truppen auftretenden Schwierigkeiten, die Schlagkraft und Entschlossenheit des Gegners sowie insgesamt den Eskalationsgrad und die Dauer des Krieges, und erleben deshalb im Lauf des Krieges regelmäßig unangenehme Überraschungen. Ihre Kriegsentscheidung beruht so gesehen mindestens teilweise auf einer verzerrten Gewichtung unterschiedlicher Zeit- und Erwartungshorizonte. »In deciding whether or not to initiate hostilities, statesmen may attempt to weigh the risks and costs of avoiding war, on the one hand, against the dangers and possible gains of war, on the other. [...] However, in weighing against them [the costs and risks of peace] the prospects of war, most statesmen will base their evaluations on the war plans prepared by their military experts and on the estimated losses and chances of success anticipated in these plans. Since war plans tend to cover only the first act, the national leadership, in opting for war, will in fact be choosing a plan without an ending.« (Iklé 1971: 7f.).[52]

Dabei ist die Zurückhaltung in Bezug auf längerfristige Planungen natürlich begründet und muss den Planern auch als Realismus zugute gehalten werden, insofern Verlauf und Ausgang von Kriegen extrem schwer vorher-

52 Eine Ausnahme von der Regel, dass das Ende des Krieges bei seinem Beginn nicht ausreichend bedacht wird, stellt nur der Atomkrieg dar, bei dem die Frage nach Eskalationsgrad und Beendungsmodus schon vor Beginn in voller Härte gestellt werden muss (Iklé 1971: 106ff.; Brick 1991) – und das ist ja auch mit ein Grund dafür, dass ein Atomkrieg nie stattgefunden hat.

zusagen sind (Brick 1991: 4ff., 35ff.; Goemans 2000b: 11). Es wäre also Unsinn, den Kriegsverantwortlichen einfach eine Planung des Krieges bis in seine späteren Phasen hinein zu empfehlen. Es entsteht aber auf diese Weise ein Missverhältnis zwischen dem tatsächlichen Maß an Ungewissheit und der durch Planung suggerierten Sicherheit. Hier liegt denn auch, man im groben historischen Vergleich vermuten kann, wenigstens teilweise ein Spezifikum moderner Kriege: Zwar war Kriegführung immer schon ein extrem schwer zu kalkulierendes Unterfangen, aber in früheren Gesellschaften war mindestens dies bekannt, und die Ungewissheit war nicht durch die Pseudo-Sicherheit von Planungen überdeckt.

Anstelle von minutiösen Planungen auch für spätere Phasen des Krieges, die natürlich unmöglich sind, wäre den Verantwortlichen allenfalls zu empfehlen, ihre gegenwärtigen Vorstellungen von den künftigen Kriegsereignissen so offen wie möglich zu halten, möglichst verschiedenartige Verläufe und Handlungsmöglichkeiten mit einzubeziehen – inklusive der Möglichkeit von ungünstigen, unerwünschten Kriegsverläufen. Dies geschieht jedoch typischerweise nicht, und stattdessen ist laut Iklé festzustellen, dass B-Pläne für den Fall von negativen Entwicklungen, etwa »worst case«-Szenarien und Exit-Pläne für einen unbefriedigenden und aussichtslosen Verlauf des Krieges, praktisch vollständig fehlen. Solche Pläne werden vom Militär nicht ausgearbeitet und von den zivilen Spitzenentscheidern normalerweise auch nicht nachgefragt, und es ist denn auch zu vermuten, dass, wenn solche Pläne erstellt und ernst genommen würden, manchen Kriegsentscheidern die Lust auf Krieg verginge (so der Tenor von Blainey 1973).[53] Es ist zwar natürlich nicht auszuschließen, dass die ursprünglichen, optimistischen Pläne tatsächlich eins zu eins aufgehen oder sogar von der Realität übertroffen werden, aber an diesen insgesamt doch eher seltenen Fällen scheinen sich die Kriegsverantwortlichen in bemerkenswert hohem und – wenn man will – irrationalem Maß zu orientieren. Denn an sich könnte man ja erwarten, dass ein rationaler Planer Erfahrungen, die mit der Verlässlichkeit von Planungen desselben Typs wiederholt gemacht worden sind, in seine Überlegungen einbezieht und das Maß seines Vertrauens in den Plan darauf einstellt – wie ja auch ein rationaler Bauherr davon ausgeht, dass der Kostenvoranschlag durch die tatsächlichen Kosten um mindestens 20 Prozent überschritten werden wird. Bei Kriegsplanungen scheinen aber solche Relativierungen der

53 Vgl. dazu Brunsson (1985) mit der allgemeinen These, dass gerade rational getroffene und einen breiten Auswahlbereich berücksichtigende Entscheidungen die Handlungsmotivation untergraben können.

eigenen Projektionen noch nicht üblich zu sein, und die Lernbereitschaft in dieser Hinsicht ist auffällig gering. »[I]n human behavior few events are more difficult to predict that the course and duration of a war: that is one of the vital unlearned lessons of warfare.« (Blainey 1973: 295)

Dominanz aktueller Pressionen

Nicht nur in der militärischen Planung, auch in den politischen Entscheidungsbedingungen während der Anbahnungsphase eines Krieges ist oftmals eine Überkonzentration auf kurze Zeithorizonte und eine Unterbelichtung weiterer Zeithorizonte zu beobachten. Eine besonders drastische Variante davon ist die Dynamik des ungewollten »Hineinschlitterns« in einen Krieg, wie sie insbesondere am Ersten Weltkrieg beschrieben worden ist (z.B. Deutsch 1963: 192ff.; Simon 2004: 68ff.).[54] Kern dieser Dynamik ist eine Spirale sich wechselseitig steigernder Drohungen: Jede Seite droht – im Anschluss an eine längere Konfliktgeschichte mit Aufbau wechselseitiger Feindbilder, Verhärtung von Gegnerschaften usw. – der anderen zunehmend härtere Reaktionsweisen und Mittel der Selbstbehauptung an, bis zu dem Punkt, an dem Krieg »unausweichlich« wird, die Drohung wahrgemacht werden muss, weil sonst die drohende Partei »ihr Gesicht verlieren«, d.h. an symbolisch generalisiertem Machtstatus einbüßen würde.[55] Dieser Zwang zur Umsetzung einer einmal geäußerten Drohung kann auch dann greifen, wenn die Drohungen ursprünglich auf beiden Seiten defensiv gemeint waren, mithin keine Seite den Krieg wirklich wollte. Dabei heißt »unausweichlich« natürlich nicht, dass man schlechterdings nichts dagegen tun könnte, um keinen Preis das Ausbrechen eines Krieges verhindern könnte; vielmehr könnte man das jederzeit, wenn das die oberste und einzige Priorität wäre (wie verschiedene Beobachter betonen, etwa Mendler 1997: 287; Greven 1999: 62). Aber das würde dann ein Aussteigen aus – oder eine massive Distanzierung von – der Logik des politischen Systems und des Machtmediums erfordern, und das ist für politische Entscheider offensichtlich schwieriger als für außenstehende Beobachter.

54 Dieselbe Dynamik hätte einem eventuellen Dritten Weltkrieg zugrunde liegen können (Boulding 1959; Singer 1962: 56ff.) und lässt sich möglicherweise auch noch auf einige weitere Kriegsanfänge anwenden (vgl. für Japan im Zweiten Weltkrieg Russett 1962).

55 Es gilt: »One of the most widely observed attributes of bargaining behavior at any level is an unwillingness to appear to be backing down under pressure.« (Pillar 1983: 215)

Diese Dynamik ist – mit Blick auf die Sozial- und Sachdimension des Geschehens – mit Begriffen beschrieben worden, die an Marx' Fetischismuskonzept erinnern: Die sozialen Interaktionseffekte nehmen eine Eigendynamik an, die durch die Beteiligten nicht mehr beherrschbar ist. Alle Teilnehmer haben den Eindruck, man habe es mit einem selbstläufigen, automatisch ablaufenden Prozess zu tun, den man nicht steuern könne und in dem man nur reagieren, nicht agieren könne (Russett 1962; Deutsch 1968: 161ff.) – obwohl sie selbst es sind, die mit ihren Handlungen und Entscheidungen diesen Prozess hervorbringen.[56] Achtet man weniger auf die Sach- und Sozialdimension als auf die Zeitdimension, dann ist zu sehen, dass hier stark unmittelbare, gegenwartsorientierte Impulse die Führung übernehmen: Man kann im Moment, in der akuten Konfrontationssituation nicht klein beigeben und den Anderen gewinnen lassen – selbst wenn man weiß oder ahnt, dass man sich mit einem eventuellen Krieg noch schlimmere Probleme einhandeln wird. Das Problem ist, dass die symbolischen Schäden eines Rückziehers *sofort* anfallen würden (als Gesichtsverlust), während die negativen Folgen eines Hartbleibens erst später, im Lauf des eventuell ausgelösten Krieges deutlich werden. Man hofft deshalb bis zuletzt auf ein Nachgeben des Gegners in einem immer kleiner werdenden Zeitfenster, und gegenüber der Konzentration auf das in diesem Zeitfenster noch Mögliche bleibt der Blick auf das, was die weitere Zukunft bereithalten könnte, deutlich abgedunkelt.

Eine Variante dieser Dominanz des kurzfristig Möglichen oder Unmöglichen kann möglicherweise in der Dynamik gesehen werden, dass ein Staat sich durch ungünstige und zunehmend sich verfestigende Entwicklungen in einer inakzeptablen, ausweglosen Situation gefangen sieht und im Beginn eines Krieges – oder bei einem bereits laufendem Krieg: im Angriff auf einen neuen Kriegsgegner – einen Ausweg aus dieser Sackgasse zu finden hofft. Es stehen dann ebenfalls die Pressionen und Probleme der gegenwärtigen Situation im Mittelpunkt, während die Probleme, die durch die Aufnahme von Kriegshandlungen mittelfristig neu entstehen, massiv unterschätzt werden. Eine Illustration dafür bietet etwa die Situation in Frankreich während des

56 Typisch ist dabei die Wahrnehmungsasymmetrie, dass jede Seite für sich selbst den Eindruck hat, man habe keine Wahl, man sei völlig in die Ecke gedrängt und habe keinerlei Entscheidungsspielraum, während man dem Gegner durchaus Entscheidungsspielraum zuschreibt und jede seiner Handlungen als Produkt einer auch anders möglichen Entscheidung erlebt (Boulding 1959; Singer 1962: 56ff.; Jervis 1969; 1976: 68ff.; Simon 2004: 68ff.).

Ersten Weltkriegs, als die Verfahrenheit der Lage an der deutsch-französischen Front deutlich wurde: »To put it bluntly, the French Premier, sensing that his country could not bring effective force to bear upon the Germans, found relief from the oppressive reality by proposing that France and Britain should also make war against Russia.« (Iklé 1971: 57) In diesem Fall wurde der Vorschlag nicht in die Realität umgesetzt, wohl aber bei der auf eine ähnliche Dynamik zurückgehenden Entscheidung Japans im Zweiten Weltkrieg, neben etlichen asiatischen Gegnern auch noch die USA anzugreifen (Russett 1967, insb. 99, 101), oder auch bei Hitlers Angriff auf die Sowjetunion nach dem versagt gebliebenen Sieg über Großbritannien (Iklé 1971: 38ff.).

Während es in diesen Fällen jeweils schon kriegführende Mächte sind, die der Suggestion erliegen, durch Eröffnung einer weiteren Kriegsfront würden ihre Probleme kleiner, nicht größer werden, kann eine ähnliche Wahrnehmungsverzerrung auch in Staaten im Friedenszustand und nur mit der Option auf Krieg auftreten. So diagnostiziert C. Wright Mills für die Zeit des Kalten Krieges: »Die Aussicht auf den Krieg löst für den Querkopfrealisten viele Probleme, stellt ihn aber zugleich vor viele neue Probleme. Aber diese – die Kriegsprobleme – glaubt er leichter bewältigen zu können. Sie liegen offen zutage: Mehr produzieren, sich überlegen, wie man noch mehr Feinde umbringen könnte, Material über Tausende von Kilometern befördern. [...] Krieg und Rüstungen sind geeignet, Angst in Kopfzerbrechen zu verwandeln. [...] Deshalb ziehen manche Leute [...] der undefinierbaren Angst, dem Schrecken ohne Ende, die einfachere Form einer eindeutigen Katastrophe, eines Endes mit Schrecken vor.« (Mills 1963: 91)[57] Was in solchen Situationen zum Krieg treibt, ist mithin ebenfalls die Absorption durch die unmittelbar gegenwärtigen Probleme, die man als unerträglich empfindet und loswerden möchte; und dies – das Entkommen aus den Frustrationen der gegenwärtigen Situation – leistet Krieg in jedem Fall, was immer er sonst bedeutet. Der Unterschied zur vorher angesprochenen Dynamik des »Hineinschlitterns« in Kriege liegt darin, dass dort die gegenwärtige Situati-

57 Hier sind sowohl zeitliche als auch sachliche Verzerrungseffekte involviert. Sachlich geht es – was Mills betont – um den Unterschied zwischen diffusen und konkreten Problemen oder zwischen unbestimmter und bestimmter Komplexität. Zeitlich geht es darum, dass die »Kriegsprobleme« auch nur solange relativ freundlich und lösbar erscheinen, als sie in der (mehr oder weniger abstrakten, weit entfernten) Zukunft liegen, während sie beim Überwechseln in die Gegenwart sofort ein unfreundlicheres Gesicht zeigen würden. »Just as objects appear differently depending on their spatial nearness, events also appear differently when they are temporally near than when the ›same‹ events are temporally distant.« (Lewis/Weigert 1981: 436)

on »unausweichlich« auf einen Krieg zuzulaufen scheint, mithin eine zunehmenden Alternativen*verengung* in Richtung auf Krieg stattfindet, während es im anderen Fall gerade um das *Ausbrechen* aus der Ausweglosigkeit und die *Wiedereröffnung* von Alternativen durch Kriegführung geht.

Schleichende Kriegsanfänge

Die bisher besprochenen Dynamiken gelten für »heiße«, mehr oder weniger dramatische und krisenhafte Kriegsanfänge, vor allem im Bereich zwischenstaatlicher Kriege. Aber auch die schleichenden Anfänge mancher »low-intensity wars« lassen sich mit der Figur einer Dominanz kurzfristiger Zeithorizonte beschreiben. Solche Kriege haben ihren Ursprung oft in kleinen und für sich undramatischen Ereignissen, etwa lokalen »Aktionen« subversiver Gruppen oder der Entsendung einer kleinen Zahl von Militärberatern oder -ausbildern durch einen Drittstaat. Es gibt häufig nie eine klare Kriegsentscheidung der einen oder anderen Seite, vielmehr erhöhen beide Seiten schrittweise ihr Engagement und verschärfen die Form der Auseinandersetzung, bis man irgendwann feststellt, dass das Land sich im Kriegszustand befindet. Paradigmatisch dafür ist der Vietnamkrieg, der auf der Seite der USA von sehr geringen Engagementstufen bis zu extrem hohen, die Einführung der Wehrpflicht notwendig machenden Niveaus eskalierte und bis heute nachwirkende Traumatisierungen im politisch-militärischen Establishment der USA ausgelöst hat (Chan 1978; Roxborough 2003). Aber auch viele andere Guerrillakriege, die nicht bis zu so hohen Eskalationsstufen voranschreiten, sondern »low-intensity wars« bleiben, haben ihren Ursprung in einer solchen Dynamik.

Auch für diesen Prozess ist typisch, dass die Beteiligten nur den aktuellen Zustand und den jeweils nächsten Schritt im Blick haben, nicht aber den ganzen Prozess, von dem sie ein Teil sind und zu dem sie beitragen. Man reagiert auf die unmittelbare Situation, nutzt sich bietende Gelegenheiten oder fühlt einen Zwang, sich nicht vorführen zu lassen – das heißt, man operiert im Modus des inkrementellen Entscheidens (Lindblom 1959; Braybrooke/Lindblom 1963). Inkrementalismus aber ist ein Paradebeispiel für an gegenwärtigen Problemen und kurzfristigen Lösungen orientiertes Handeln, das längerfristige Trajektorien aus dem Blick verliert. Das Überschreiten der Schwelle zum Krieg wird damit gleichzeitig vermieden und vollzogen, und diese Kombination von Widersprüchlichem wird möglich durch die Einschränkung der zeitlichen Perspektive auf das Gegenwärtige und unmittelbar Bevorstehende.

Mit diesen kurzen, unsystematischen Beobachtungen zu Formen von Kriegsanfängen, die sich durch eine Komprimierung der berücksichtigten Zeithorizonte auszeichnen, schließe ich die Überlegungen zum Anfangsproblem auch schon wieder ab. Die angesprochenen Problematiken – der strukturelle Überoptimismus der Kriegführenden und das korrespondierende Unterschätzen der Risiken und Schwierigkeiten des Krieges, oder auch das Hineinrutschen in einen Konfliktverlauf, den man zu Beginn nicht absehen kann – sind natürlich keine spezifisch oder ausschließlich modernen Phänomene, sondern lassen sich sicherlich an vielen Kriegsanfängen zu allen Zeiten nachweisen. Man kann aber zumindest vermuten, dass die Prominenz dieser Dynamiken mit der Delegitimierung von Krieg als Mittel der Politik korreliert. Denn ein realistischer, kühl abwägender Blick auf Chancen und Risiken eines Krieges fällt offensichtlich leichter, wenn Krieg kein Legitimationsproblem hat und in die freie Entscheidung der Kriegführenden gestellt ist, als wenn die Entscheidung zum Krieg – mindestens in der öffentlichen Rhetorik[58] – als aufgezwungen durch einen bösen Aggressor dargestellt werden muss. Und auch die Tendenz, klare Entscheidungen und den »Quantensprung« einer offenen Kriegserklärung zu vermeiden, geht offensichtlich auf die fehlende Darstellbarkeit von Kriegsentscheidungen und Kriegswillen in der politischen Öffentlichkeit zurück.

4.5. Kriegsende als Entscheidungsproblem

Man kann davon ausgehen, dass der Übergang von Krieg zu Frieden in dieser zweiten Richtung noch problematischer ist als in der ersten. Denn Kriege bringen (wie alle Konflikte), wenn sie einmal laufen, ihre eigenen Antriebskräfte und Perpetuierungsdynamiken hervor, sie schaffen sich ihre

58 Die nach außen vorgebrachte Rhetorik färbt aber typischerweise in gewissem Maß auf die politischen Entscheidungsträger ab, und diese glauben ihre eigene Propaganda (Collier 2000: 92; Simon 2004: 96). Jedenfalls ist eine völlige Entkopplung von »eigentlichem« politischen Kalkül und öffentlichem bzw. allgemein-gesellschaftlichem Empfinden soziologisch nicht plausibel, da sie auf eine Art Verschwörungstheorie und Permanent-Täuschung des Publikums durch die in Hinterzimmern konspirierenden Politiker hinauslaufen würde (vgl. mit derselben Einschätzung allgemein Edelman 1976).

Motive und Ursachen in gewissem Maß selbst. Systemtheoretisch kann man sagen, dass Konflikt ein System ist und Systeme eine Tendenz zur autopoietischen Fortsetzung haben (Luhmann 1984: 529ff.);[59] sie lassen sich prinzipiell leichter in Gang setzen als beenden.[60] Unter dem Gesichtspunkt der Zeitbindungswirkung für die politische Zukunft fällt eine ähnliche Asymmetrie zwischen Anfang und Ende auf: Während beim Schritt hin zum Krieg das Ergebnis des kriegerischen Machttests noch offen ist, jede Seite sich Hoffnungen auf einen günstigen Ausgang machen kann, man sich mithin für Offenheit und für eine kontingente Zukunft entscheidet, fallen beim Kriegsende Zeiteffekte in Richtung Schließung an, und es müssen nicht nur die positiven, sondern auch die negativen Strukturbildungseffekte des Krieges eingefahren und eingesehen werden. Und anders als beim Anfang, der eventuell auch durch einseitiges Handeln herbeigeführt werden kann, ist das Ende immer und grundsätzlich ein zweiseitiges Problem, bei dem beide Seiten – Sieger und Verlierer – sich auf einen gemeinsamen Endpunkt einigen müssen (dazu schon oben Kapitel 4.2.). Die Erfahrung, dass Kriege leichter anzufangen als zu beenden sind, ist von vielen Kriegsverantwortlichen gemacht worden: »Those with power to start a war frequently come to discover that they lack the power to stop it.« – »[G]overnments find it [...] difficult to back out of a war, even if they discover that in entering it they have made a terrible mistake.« (Iklé 1971: 106, 109)[61]

---

59 Der Aufrichtigkeit halber sei aber angemerkt, dass ich mich um die Frage, inwiefern Kriege Systeme sind, weitgehend herumdrücke und die Frage nach Anfang und Ende von Krieg nicht pointiert als Frage nach Anfang und Ende *eines Systems* behandle. Dies vor allem deshalb, weil, wenn man davon ausgeht, dass *Konflikte* Systeme sind, damit immer noch offen ist, ob dann jeder *Krieg* ein eigenes System ist oder nicht vielmehr ein Teil oder ein neuer Operationsmodus eines bereits vorher und oft auch noch nachher laufenden Konfliktssystems (was ja etwa in Eskalationsmodellen impliziert ist). Gerade die Frage nach Anfangs- und Endpunkten wird also durch Einbeziehung des Theorems, dass Konflikte Systeme sind, eher kompliziert als vereinfacht.

60 Zwei ganz verschiedenartige Beispiele dafür bieten etwa Organisationen und Intimbeziehungen: Organisationen lassen sich relativ leicht gründen, sperren sich aber oft effektiv und hartnäckig gegen ihre Auflösung; und ebenso zeichnen sich Intimbeziehungen typisch durch eine schnelle und leichtgängige Anfangsphase, aber eine zähe und schmerzhafte Beendungsphase aus (hierzu McCall 1982: 211).

61 Es gibt zwar auch Autoren, die davon ausgehen, dass Kriegsanfänge und -enden viel miteinander gemeinsam haben und mit denselben theoretischen Modellen analysiert werden können, so etwa der Politologe Donald Wittman (1979: 743): »there is a great amount of symmetry between how a war ends and how a war begins«. Das gilt dann aber nur in Rational-Choice-Perspektive und nur in dem ganz formalen Sinn, dass sowohl beim Anfang als auch beim Ende beide Beteiligten zu dem Schluss kommen müssen, dass ihnen

Im Anschluss an die oben (Kapitel 4.2.) bereits erwähnten Überlegungen von Coser soll im Folgenden die These vertreten werden, dass die Beendung von Kriegen in der modernen Gesellschaft u.a. deshalb so schwierig ist, weil Endmarkierungen, die das Problem in früheren Gesellschaften vergleichsweise gut gelöst hatten, mit dem Übergang zur Moderne zunehmend selten werden. Kriege können nicht mehr im Modus des beidseitigen und gleichsinnigen Erlebens beendet werden, indem irgendein sich aufdrängender, gut sichtbarer Signalpunkt im Kriegsgeschehen beiden Parteien signalisiert, dass und wie der Krieg zu Ende ist. Statt dessen muss über Kriegsenden *entschieden* werden, auf jeder Seite für sich und doch mit der Notwendigkeit der Einigung der Gegner auf einen gemeinsamen Endpunkt. Das Erreichen eines Kriegsendes wird prinzipiell genauso entscheidungsabhängig wie das Herbeiführen eines Kriegsanfangs – während man in stratifizierten Gesellschaften eher davon ausgehen konnte, dass man den Krieg per Entscheidung beginnt und dann irgendwann *sieht*, wie er ausgegangen ist. *Dass* ein Ende irgendwann erreicht werden muss, kann zwar als vorausgesetzt gelten, aber wann der geeignete Zeitpunkt dafür ist, wird in Ermangelung von deutlichen Hinweisen aus dem physischen Kriegsgeschehen zu einem Entscheidungsproblem allerersten Ranges.

Es ist ein sehr allgemeines Merkmal der modernen Gesellschaft, dass der Bereich des Kontingenten und Entscheidungsabhängigen wächst und der Bereich des durch Konventionen, fixe Strukturen und teleologische Selbstverständlichkeiten Vorgegebenen schrumpft. Das gilt für die Lebensgestaltung von Individuen ebenso wie für die Struktur von Organisationen und institutionellen Komplexen, und es gilt auch für Prozesse aller Art, die nicht mehr in »natürlichen« End- und Perfektionspunkten gipfeln, sondern über deren richtiges Maß man verschiedener Meinung sein kann (etwa darüber, wieviel Bildung für ein Individuum oder wieviel Demokratisierung für das politische System angemessen ist). In diesem Sinn ist die moderne Gesellschaft beschrieben worden als »eine Gesellschaft, in der das Ende von Prozessen nicht mehr als Natur erfahren werden kann und Stoppregeln, feste Zeitgrenzen, abschließende Urteile über Erfolg und Mißerfolg sich daher nicht mehr von selbst verstehen« (Luhmann 1981e: 41). Diese Offenheit und Entscheidungsabhängigkeit des Endes zeigt sich auch und in vielleicht besonders fataler Weise an Kriegen. Wann ein Krieg zu Ende ist, ergibt sich

die Handlungsstrategie x mehr nützt als y – und das lässt sich dann schlechterdings über jede Handlung sagen.

immer seltener durch einen aus seiner Eigenlogik heraus von selbst erreichten End- und Entscheidungspunkt, vielmehr müssen die Kriegführenden aus eigener Kraft zu einer Entscheidung darüber kommen, wann es genug ist, wann sie sich mit dem Erreichten zufrieden geben oder – auf der anderen Seite – wann sie sich mit ihrem Scheitern, ihrer Niederlage abfinden.

Beide Seiten können dabei Gründe haben, den passenden Zeitpunkt noch nicht gekommen zu sehen und die Entscheidung für ein Ende beziehungsweise für die eigene Bereitschaft dazu hinauszuschieben: der prospektive Sieger ebenso wie der prospektive Verlierer (sofern sie klar unterscheidbar sind – und wenn sie es nicht sind, dann erst recht). Es ergibt sich deshalb in vielen, wenn auch keineswegs in allen Fällen eine Tendenz zur Verlängerung von Kriegen, gemessen an dem, was »rational« wäre, oder auch verglichen mit dem, was bei einer stärker »teleologischen«, auf klare End- und Entscheidungspunkte hinführenden Struktur von Kriegen zu erwarten wäre. So lautet jedenfalls Iklés (1971: 16) berühmt gewordene Diagnose: »[F]ighting often continues long past the point where a ›rational‹ calculation would indicate that the war should be ended – ended, perhaps, even at the price of major concessions.«

Viele Autoren gehen davon aus, dass dem Verlierer in diesem Punkt eine Schlüsselstellung zukommt. So schon Coser (1967b: 42): »[N]ot only the potential victor but also the potential vanquished makes crucial contributions to the termination. As a military commentator has pointed out,[62] ›war is pressed by the victor, but peace is made by the vanquished. ... Until the vanquished quits, the war goes on.‹ Victory, in other words, involves the yielding of the vanquished.« Es ist auch plausibel, dass die größeren Probleme regelmäßig auf der Seite des Verlierers liegen, was aber nicht ausschließt, dass auch der Sieger an den Entscheidungsproblemen und an eventuellen Verlängerungsdynamiken beteiligt sein kann, etwa im Festhalten an maximalen Kriegszielbestimmungen (so für den Zweiten Weltkrieg Kecskemeti 1958).[63] Dabei halte ich hier und im Weiteren an den einfachen Kategorien »Sieg« und »Niederlage« fest, obwohl in der Realität die Ergebnisse von Kriegen

62 Dieser Kommentator ist: H.A. Calahan, What Makes a War End, New York 1944.

63 Es ist zwar versucht worden, daraus einen Gegensatz und eine grundsätzliche Spaltung der Literatur in die Position der einseitigen (durch den Verlierer bestimmten) und die Position der zweiseitigen Kriegsbeendung abzuleiten (Goemans 2000b: 4ff.). Aber das ist eine übertriebene und künstliche Kontrastierung, und in Wahrheit ergänzen sich vielmehr beide Aspekte – die Schlüsselstellung des Verlierers und die grundsätzliche Zweiseitigkeit des Problems – und sind Facetten desselben Problems.

natürlich keineswegs in diesen zwei säuberlich getrennten Kategorien anfallen, vielmehr vielfältige Zwischenstufen möglich sind und »Sieg« ebenso wie »Niederlage« sehr Verschiedenes bedeuten kann (Carroll 1969).[64] Das ändert aber nichts daran, dass die Praktiker des Krieges sich an diesen Kategorien orientieren und sie als wesentliche Referenzpunkte bei der Beendung eines Krieges benutzen – auch wenn dies dazu führt, dass tendenziell, soweit irgend möglich, jede Seite ihr Ergebnis als »Sieg« zu interpretieren versucht.

Ich stelle im Folgenden zunächst dar, warum in modernen Kriegen Endmarkierungen zunehmend selten werden, und beschreibe dann der Reihe nach mehrere – real nicht immer trennscharf unterscheidbare – Problemdynamiken, die greifen können, wenn Kriegführende ohne Anhaltspunkt in klaren Endmarkierungen einen geeigneten Zeitpunkt für ein Kriegsende finden müssen. Im Einzelnen handelt es sich um die Unklarheit von Kriegszielen, die Orientierung an versenkten Kosten, den innenpolitischen »lock-in« und die Fragmentierung von Kriegsakteuren. Diese Problemkomplexe sind in der Literatur meist aus akteurtheoretischer Sicht beschrieben worden, wie ja generell der Großteil der Kriegsbeendungsliteratur politikwissenschaftlich und akteurtheoretisch orientiert ist. Beschreibungen aus der Perspektive von Akteuren und Entscheidern sind auch sinnvoll und ergiebig, sie setzen aber die Situation voraus, dass das Ende von Kriegen überhaupt entscheidungsabhängig wird und klare, einfach erlebbare Endmarkierungen nicht mehr gegeben sind. Dies ist die notwendige gesellschaftstheoretische Rahmung der hier zu beobachtenden Entscheidungsprobleme.

Das Fehlen von Endmarkierungen

Die pauschale Aussage, dass in modernen Kriegen Endmarkierungen fehlen, ist natürlich stark überschematisiert. Tatsächlich gibt es auch in der Moderne noch etliche Kriege, die nach relativ klaren Kriterien und deutlichen Anhaltspunkten aus der militärischen Lage beendet werden können – nicht nur die begrenzten Kriege des 18. Jahrhunderts (Coser 1967b: 45), sondern sicherlich auch manche Kriege des 20. und 21. Jahrhunderts. Umgekehrt gab

64 Auf einer konkreteren Ebene lässt sich feststellen, dass »Sieg« und »Niederlage« konkret sehr verschiedene Form annehmen können, etwa formale Kapitulation einer Seite, (offenere) Friedensverhandlungen, Intervention von dritter Seite (etwa durch die UNO), Erschöpfung bzw. langsames »Auslaufen« der Kriegshandlungen, Rückzug einer Seite u.a. (Pillar 1983: 14ff.; Gantzel 1997: 262).

es natürlich auch in vormodernen Gesellschaften sicher schon viele Kriege ohne klare Endmarkierungen, die aufgrund von mehr oder weniger mühsamen und kontingenzbeladenen Entscheidungsprozessen beendet wurden – etwa wenn große Reiche in einer bestimmten Zone einen Rückschlag erleiden und dann entscheiden müssen, ob sie sich mit der Niederlage abfinden oder weitere Truppen aus anderen Reichsteilen heranziehen, um eventuell doch noch die Oberhand zu gewinnen. Dennoch lassen sich aber einige Merkmale moderner Kriegführung angeben, die mit der Identifizierbarkeit von quasi-naturalen, konsensuell erlebbaren Beendungspunkten negativ korrelieren, insbesondere die höhere zeitliche Dichte und Kontinuität von Kriegführung sowie der Trend zur Totalisierung und später zur Irregularisierung von Kriegen.

Manche dieser Faktoren haben mit den oben (Kapitel 4.3.) dargestellten Zeitmerkmalen von Krieg zu tun: mit dem Kontinuierlich-Werden des Kampfgeschehens etwa durch frontförmige Kriegführung, mit dem Fehlen von Entscheidungsschlachten als raum-zeitlicher Konzentration des Kampfgeschehens und mit dem Fehlen von naheliegenden Zäsurpunkten wie Wintereintritt. Pointierte Schlachten als deutlich herausgehobene Höhepunkte des Kriegsgeschehens ermöglichten eine deutliche Wahrnehmung des Kräfteverhältnisses zwischen den Seiten; sie brachten meist einen gut sichtbaren und ablesbaren Ausgang hervor, an dem sich die beiden Seiten bei der Taxierung des Ergebnisses ihrer Konfrontation orientieren konnten.[65] Weiter konnten jahreszeitliche Zäsurpunkte einen Anhaltspunkte dafür bieten, bestimmte, aussichtslos gewordene kriegerische Projekte aufzugeben, sich (jedenfalls für diesmal) geschlagen zu geben – etwa die Belagerung von Städten oder Burgen abzubrechen, wenn es bis zum Beginn des Winters nicht gelungen war, die Belagerten zur Aufgabe zu bewegen. Anders als bei dieser zeitlich rhythmisierten und interpunktierten Kriegführung stellt sich das Beendungsproblem unter modernen Bedingungen mehr oder weniger kontinuierlich, nahezu von Anfang an,[66] und ohne viel Hilfestellung in he-

65 Dass die schiere *Sichtbarkeit* von Ergebnissen ein Faktor ist, der ihren Einfluss auf weitere soziale Prozesse erhöht, wird auch aus ganz anderen Zusammenhängen notiert, etwa mit Blick auf Lern- und Arbeitsprozesse von Schülern (Bailey/Bridges 1983: 54): Ist ein Ergebnis *sichtbar* unfertig und unbefriedigend, wie im Werk- oder Handarbeitsunterricht, wird darauf mehr Rücksicht genommen, als wenn das Ergebnis ebenso unfertig und unbefriedigend, aber in der Uneinsehbarkeit mentaler Zustände verborgen ist (wie etwa im Mathematikunterricht).

66 Theoretisch müsste ein rationaler, an Kosten/Nutzen-Abwägung orientierter Entscheider sich schon wenige Tage nach Kriegsanfang wieder die Frage der Beendung stellen: »[T]he

rausgehobenen Punkten des physischen Kriegsgeschehens zu finden. Statt von markanten Ereignissen im Kriegsgeschehen selbst wird das Problem der Kriegsbeendung nun viel abhängiger von der Durchhaltebereitschaft vs. Kriegsmüdigkeit der Bevölkerung und von sonstigen innenpolitischen Lagen (innerstaatliche Opposition, Spaltung in »Falken« und »Tauben« usw.), es wird zu einem komplizierten, oft prekären Zwei-Ebenen-Entscheidungsproblem.

Weitere Faktoren neben der Zeitstruktur von Kriegen, die zur Erosion von Endmarkierungen beitragen, sind die Totalisierung und die Irregularisierung von Krieg. Mit der Erfindung des totalen Krieges wird es möglich, bei Bedarf jederzeit die Kriegsanstrengung zu verstärken, den Mobilisierungsgrad auszuweiten, die Kriegsproduktion zu forcieren usw., und damit wird es unwahrscheinlicher, dass eine Kriegspartei den Punkt erreicht, an dem sie sich als besiegt und ihre militärischen Möglichkeiten als erschöpft ansehen muss. Totale Kriege sind nicht nur sozial, sondern auch zeitlich expansiv und sperren sich gegen klare Beendungspunkte (Brick 1991: 34ff.).[67]

question of terminating a war ought to arise as soon as the war has begun [...]. After the initial battles, a great deal more is known about the enemy's relative strength than before the war. Hence, an approach that rationally considered only the interests of the nation as a whole would call for a reevaluation of the decision to fight, since in rational decision-making new information leads to new (or reaffirmed) choices.« (Iklé 1971: 15f.) Praktisch geschieht dies natürlich nicht, vielmehr erzeugen Entscheidungen eine Bindung der Entscheider an die gewählte Option, von der man nicht nach ein paar Tagen wieder abrückt, und überdies haben – wie Iklé betont – Entscheider nicht nur die Interessen der Nation im Ganzen, sondern auch ihre davon abweichenden individuellen oder Eliteninteressen im Blick. Das ändert aber nichts daran, dass das Beendungsproblem eines ist, dass sich jedenfalls prinzipiell die ganze Dauer des Krieges hindurch gleichermaßen stellt und wenig Stütze in offensichtlichen Markierungspunkten findet.

67 Dagegen kennen begrenzte Kriege wenigstens prinzipiell die Möglichkeit einer Entscheidungsschlacht, die dann eben auch den Krieg entscheidet. Clausewitz – als Beobachter insbesondere der Napoleonischen Kriege – steht hier genau am Kipppunkt. Einerseits begreift er Kriege noch stark von der Entscheidungsschlacht her, die für ihn »der eigentliche Schwerpunkt des Krieges« ist: »Die Hauptschlacht ist um ihrer selbst willen da, um des Sieges willen, den sie geben soll, und der in ihr mit der höchsten Anstrengung gesucht wird. Hier an dieser Stelle, in dieser Stunde den Gegner zu überwinden, ist die Absicht, in welcher der ganze Kriegsplan mit allen seinen Fäden zusammenläuft [...]; es tritt das Schicksal vor uns her, um die Antwort auf die dreiste Frage zu geben.« (Clausewitz 1832: 461, vgl. Münkler 2004: 25, 67) Andererseits beobachtet er aber schon in einer Phase, in der infolge der Größe der Heere und der Weitgestrecktheit der Fronten der Krieg auch nach einer im Rückblick als entscheidend betrachteten Schlacht noch weitergeht, sich noch weitere, eventuell entscheidende Kriegsphasen anschließen, in der man – vom Sieger der Schlacht aus gesehen – noch Fehler machen, den Sieg verspielen, oder aber durch

Vergleichsweise gut funktioniert teilweise noch die Einnahme der Hauptstadt als Endmarkierung (diese Nennung bei Coser 1967b: 46), aber auch nur mit Qualifikationen: So akzeptierten etwa die südafrikanischen Buren im Krieg gegen die Briten (1899–1902) die Einnahme ihrer Hauptstadt nicht als Endmarkierung – zum Erstaunen der Briten –, und für sie war vielmehr der Verlust ihrer Pferde das entscheidende Signal zum Aufgeben (Coser 1967b: 46). Außerdem ist dies unter Umständen ein Endpunkt, der – wie im Fall von Deutschland 1945 – erst nach sehr langen, destruktiven Kämpfen erreicht wird, mithin kaum vom schlechthinnigen Erschöpfungspunkt zu unterscheiden ist.[68]

Die Kontrolle der Hauptstadt kann insbesondere durch den nächsten zu nennenden Faktor – die Irregularisierung von Krieg – als Endmarkierung außer Kraft gesetzt werden. Irreguläre Kräfte wie Partisanen, Guerrillas, Milizen können einen auf der offiziellen Bühne und von den offiziellen Truppen schon verlorenen Krieg aus dem Untergrund fortsetzen, und das vermeintliche Ende des Krieges kann dann vielmehr zum Beginn einer neuen Kriegsphase werden (vgl. dazu die Option auf »strategische Entschleunigung« der Kriegführung, die oben, Kapitel 4.3., schon angesprochen wurde). Reguläre, zwischenstaatliche Kriege und Guerrilla-oder Partisanenkriege können sich so gesehen im Punkt der Nicht-Anerkennung von Endmarkierungen treffen. Guerrillakriege selbst – und umso mehr, wenn es sich um innerstaatliche Sezessions- oder Anti-Regime-Kriege handelt und die Komponente des zwischenstaatlichen Krieges verloren geht – haben erst recht oft keine klaren Beendungspunkte. Da es meist keine klaren Fronten gibt, keine territorialen Korrelate des Erfolgs und keine pointierten Schlachten, ist es sehr schwer, Anhaltspunkte für Sieg und Niederlage zu identifizieren (Holl 1993: 270f.). Es kann punktuelle Erfolge der einen oder anderen Seite geben, die aber meist ausreichen, die jeweils andere Seite zum Aufgeben zu bewegen.[69] Die

kluges Ausnutzen des durch die Schlacht gewonnenen Vorteils den Sieg perfekt machen kann (ebd.: 935ff.).

68 Und das Erreichen dieses Punktes zu *vermeiden*, ist ja für Coser gerade die Funktion von Endmarkierungen; er würde die Einnahme Berlins 1945 deshalb nicht als Endmarkierung akzeptieren, sondern den Zweiten Weltkrieg (wie alle totalen Kriege) als Krieg ohne funktionierende Endmarkierungen betrachten.

69 Die militärische Einnahme der Hauptstadt durch die Rebellen kann als Endmarkierung funktionieren, ist aber oft außerhalb des Erreichbaren. Generell gilt, dass gerade Putsche oder sonstige auf die Hauptstadt konzentrierte Aktionen relativ schnell und eindeutig in der einen oder anderen Richtung entschieden werden können, weil die räumliche Konzentration des Geschehens ein deutliches Ablesen des Erfolges oder Misserfolges möglich

allgemeine Diffusität des Krieges lässt auch die Identifizierung klarer zeitlicher Begrenzungspunkte nicht zu. Coser nennt die Gefangennahme eines charismatischen Führers als Möglichkeit, einer Rebellengruppe ihre Niederlage zu signalisieren, aber das hängt vom konkreten Fall und von der Prominenz bestimmter Einzelpersonen in der Rebellenbewegung ab.[70]

Eine Endmarkierung ist eine Reduktion von Komplexität (Münkler 2004: 67), und zwar nicht nur im Sinn der Konzentration des Geschehens auf einen Raum/Zeit-Punkt, sondern auch im Sinn der Komprimierung zweier Selektionen in eine: *wann* der Krieg zu Ende ist und *wie* er ausgegangen ist. Der Vorteil dieser Bündelung wird in Kriegen ohne Endmarkierung aufgebrochen, und statt dessen können nun beide Seiten versuchen, an der Kombination der beiden Selektionen »herumzuschrauben« und eine für die jeweilige Seite günstigere Kombination von Zeitpunkt und Ausgang herauszuholen. Der prospektive Verlierer beziehungsweise militärisch Schwächere wird hoffen, dass es zu einem späteren Zeitpunkt für ihn wieder besser aussehen wird, und wird deshalb geneigt sein, auch in einer eigentlich aussichtslosen Lage noch weitermachen. Überdies hat er typischerweise das Gefühl, gerade in dieser Situation kein Zeichen von Schwäche zeigen zu dürfen, und sperrt sich deshalb dagegen, den ersten Schritt in Richtung auf eine Kriegsbeendung zu tun und einen Waffenstillstand oder die Aufnahme von Verhandlungen vorzuschlagen.[71] Ebenso sieht aber der prospektive Sieger

macht (Fearon 2004; Licklider 2005: 38f.). In Form von Miliz- und Terrorkrieg kann es allerdings auch zur Penetration der Hauptstadt mit Anti-Regime-Kräften kommen, ohne dass dies etwas für die Beendung des Krieges besagen würde.

70 Generell scheinen Endmarkierungen, soweit noch welche auszumachen sind, zunehmend abhängig vom Einfühlungsvermögen der Kriegsparteien zu sein: Man muss sich überlegen, was *für den Anderen* als Ereignis mit starker Signalwirkung in Frage kommen könnte (Coser 1967b: 45f.). Damit geht dann aber auch die Zuverlässigkeit und Erwartbarkeit verloren, die übergreifend anerkannten, konsensuellen Endmarkierungen anhaftete.

71 Dass der Wunsch nach Verhandlungen als Zeichen von Schwäche ausgelegt wird, ist nicht nur eine leere Befürchtung, sondern entspricht den sozialen Zurechnungskonventionen; nur der fraglos Stärkere kann ohne Prestigeverlust den Anfang machen (Coser 1967b: 44; Pillar 1983: 67; Brick 1991: 92f.). Pillar (ebd.: 78ff.) skizziert mehrere mögliche Lösungen für das Problem, wie man die Aufnahme von Verhandlungen einfädeln kann, wenn man den damit verbundenen Prestigeverlust fürchtet: 1. Man formuliert das Verhandlungsangebot so, als hätte der andere angefangen, d.h. als wäre es eine Antwort auf ein Verhandlungsangebot der anderen Seite (»wir haben gehört, dass ihr Verhandlungen wünschen könntet, und wollen uns dem nicht entgegenstellen«). 2. Verhandlungen werden durch einen Dritten vorgeschlagen. 3. Man führt »Verhandlungen vor Verhandlungen«, d.h. entweder Verhandlungen über andere, unverfängliche Themen (z.B. Gefangenenaustausch), die dann zum eigentlichen Thema (Kriegsbeendung) überleiten, oder Verhandlungen

beziehungsweise militärisch Überlegene in einer Situation der Stärke typischerweise keinen Grund zu verhandeln, setzt vielmehr auf weiteren Einsatz kriegerischer Gewalt in der Hoffnung, den Gegner mit militärischen Mitteln komplett erledigen zu können. Paul R. Pillar (1983: 44ff.) fasst diese Lage dahingehend zusammen, dass es Widerstände gegen die Beendung von Kriegen sowohl aus einer militärisch *zu günstigen* als auch aus einer militärisch *zu ungünstigen* Situation heraus geben kann; und dies macht deutlich, wie schwierig es sein kann, beide Seiten zu ein und demselben Zeitpunkt an den Verhandlungstisch zu bringen.

Unklare Kriegziele

Eine erste Problematik, die hier greifen kann – und zwar sowohl in Reaktion auf günstige wie auf ungünstige militärische Entwicklungen –, liegt in der Unklarheit von Kriegszielen. Prinzipiell können Ziele immer auch als Maß für das »Genug« von Prozessen dienen, wie das klassische teleologische Denken lehrte: Ein zielorientierter Prozess kommt an sein Ende, wenn er sein Ziel erreicht hat oder wenn ersichtlich ist, dass er es verfehlt hat und nicht mehr erreichen wird. Klare Ziele bedeuten damit die Möglichkeit klarer Endmarkierungen: Im Falkland-Krieg war es etwa das Ziel Argentiniens, die Falklands/Malvinen dem argentinischen Staatsgebiet einzugliedern, und im Ersten Irakkrieg war das Ziel der Amerikaner, die Okkupation und Annexion Kuwaits durch den Irak rückgängig zu machen; und mit dem Erreichen dieses Ziels beziehungsweise dem offensichtlichen Scheitern an diesem Ziel wurde der jeweilige Krieg beendet. So auch Coser (1967b: 45): »Whenever wars have been strictly limited [...] some visible event, such as the taking of a particular fortress, the reaching of some natural barrier, and the like, symbolized to both parties that the desired objective had been reached by one of them and that the conflict could now be considered solved through the subsequent aquiescence of the loser.« Viele Kriege – und zwar vermutlich die Mehrheit – haben aber durchaus unklare oder ambivalent formulierte Ziele. Die Verantwortlichen lassen sich eher durch diffuse Macht- oder Rivalitätsdynamiken oder durch unkontrollierbare Konflikteskalationen leiten als durch konkrete Zielvorstellungen, oder die »eigentlichen« Ziele können

durch inoffizielle Vertreter, im Geheimen usw. Die ersten beiden Lösungen liegen in der Sozialdimension, die dritte in der Zeitdimension.

wegen der Delegitimierung von Krieg als Mittel der Machtpolitik nicht offen formuliert werden, sondern müssen mit anderen, »politisch korrekten« Zielformulierungen getarnt und in nicht genau klärbarer Weise vermischt werden. Schlecht definierte Kriegsziele haben dann den Nachteil, keinen Orientierungspunkt für die Beendung des Krieges zu bieten.[72]

Dies war etwa in relativ drastischer Weise bei den beiden Weltkriegen der Fall: Die Kriegführenden hatten hier nur sehr vage Vorstellungen davon, was sie eigentlich erreichen wollten, und an die Stelle konkreter, handlungsleitender Kriegsziele trat das allgemeine, nahezu tautologische Ziel des »Sieges«. Exemplarisch hierfür ist die Auskunft von Winston Churchill: »You asked, what is our aim? I can answer in one word: It is victory, victory at all costs, victory in spite of all terror, victory however hard and long the road may be [...].« (zit. in Speier 1952: 381, vgl. auch Lasswell 1927: 57; Huntington 1957: 332) Aus dieser Zielformulierung ist gewissermaßen jeder sachliche Gehalt herausgenommen (*was* man in der Auseinandersetzung mit dem Gegner erreichen will), und übrig bleibt nur der soziale Gehalt der Konfliktsituation (*dass* man den Gegner besiegen will) – eine reine doppelte Kontingenz-Situation, die wie alle solchen Situationen wenig Orientierung bietet (Luhmann 1984: 148ff.).[73] Das einzige Kriterium für eine angebrachte Beendung ist dann das – wiederum rein in der Sozialdimension liegende – Sich-geschlagen-Geben des Gegners, und das Kriegsziel »Sieg« wurde deshalb operationalisiert als die bedingungslose Kapitulation der Gegenseite. Dies ist jedoch eine Forderung, die, wenn sie kommuniziert wird, eine Kriegsbeendung stark erschwert, weil sie auf der Seite des Gegners erbitterten Widerstand und höchste Entschlossenheit erzeugt (Speier 1952: 389ff.; Kecskemeti 1958; Janowitz 1960: 270).[74] Im Insistieren auf diesem Ziel lag denn auch nach Kecskemeti (ebd.) der entscheidende Beitrag der Sieger,

72 Sicher zeichnen sich nicht nur moderne Kriege, sondern auch schon viele vormoderne Kriege durch unklare Kriegsziele aus. Sie können aber in der Vormoderne leichter durch andere, nicht zielabhängige Endmarkierungen ersetzt werden.

73 Ein zeitgenössischer Beobachter des Zweiten Weltkriegs notiert: »Wars of former periods were made in order to win a province in Europe or a colony in America or to open new gates for trade. Therefore, wars of the past could have a clear and definite result. When conquerors acquired territory, or an indemnity of a billion, or the Open Door in China, they could then say: ›We have reached our goal and won our war.‹ Today it is impossible to win a war or to lose it in the same simple manner.« (Rosenberg 1941: 195)

74 Wenn man die komplette Ausschaltung oder gar physische Vernichtung einer besiegten politischen Einheit anstrebt, ist es klüger, dies nicht vorher anzukündigen, sondern erst post hoc, nach der Kapitulation des Feindes zu beschließen oder jedenfalls zu kommunizieren (zum Fall von Karthago Libero 2002).

nämlich der Alliierten, zur Verlängerung des Zweiten Weltkriegs, der mit moderater formulierten Zielen viel früher hätte beendet werden können.

Kriegsziele können aber nicht nur schlecht definiert sein, sie können sich auch im Verlauf des Krieges verschieben und verlieren dann ebenfalls ihre Funktion als Maßstab der Beurteilung eines »Genug« des Krieges. Kriegsziele können zum einen in Reaktion auf einen positiven Kriegsverlauf erhöht werden: Man sieht, dass man Erfolg hat und militärisch gut vorankommt, und fühlt sich dadurch zu höheren Aspirationen ermutigt, versucht gleich noch mehr im selben Zug zu erreichen. Umgekehrt können Kriegsziele auch (explizit oder stillschweigend) nach unten korrigiert werden, um einen suboptimal verlaufenden Krieg doch noch in der Evaluation zu »retten« – so etwa, wenn im Verlauf des jüngsten Afghanistan-Krieges die Ziele von »Ausschaltung der Al Qaida« in »Stabilisierung und allmähliche Demokratisierung des Landes« abgeändert werden. Eine besonders fatale Dynamik liegt vor, wenn Kriegsziele in Reaktion auf einen *negativen*, mit unerwartet vielen Opfern und Belastungen einhergehenden Kriegsverlauf *erhöht* werden. Hierfür bieten wiederum die Weltkriege gute Beispiele: Unter dem Eindruck der enormen Grausamkeit und Opferintensität wurde der Krieg mit erhöhter und teils geradezu mystischer Bedeutung aufgeladen, etwa als »war to end all wars« stilisiert oder als Feldzug zur »totalen Vernichtung« des Gegners aufgebaut (Iklé 1971: 8ff.; Pillar 1983: 214). Dies entspricht dem allgemeinen Befund der Theorie kognitiver Dissonanz, dass mit dem Opfer, das man für etwas gebracht hat, der Wert, den man ihm beimisst, steigt (Jervis 1976: 393ff.; Pillar 1983: 174): Es erscheint schlechterdings sinnlos und unerträglich, so große Opfer zu bringen, wenn nicht absolut hohe, gewaltige Ziele dahinterstehen.

Das allgemeine Problem liegt mithin darin, dass mit der Verschiebung von Kriegszielen deren Funktion verloren geht, einen Maßstab des Erfolges und ein Beendungskriterium abzugeben, da der Maßstab selbst sich in Abhängigkeit vom Kriegsgeschehen ändert. »[T]he conditions on which both sides can agree for ending the fighting are not independent of the level of fighting«, formuliert Iklé (1971: 41f.) und beobachtet gleichzeitig, dass ein Hochschrauben der akzeptabel scheinenden Bedingungen eine typische Begleiterscheinung von Kriegführung überhaupt ist: »Nations on both sides in a war tend to seek a peace settlement that will bring greater and more lasting security than existed before the fighting broke out. In peacetime, nations manage to live with unresolved conflicts and even tolerate the risk that some of these conflicts might lead to war. But once two countries are at war, this tolerance suddenly vanishes. Hence, governments usually make more stringent demands on a settlement for ending a war than they imposed upon the relationship with the same adversary during the prewar period.« (Iklé 1971: 9)

Ein weiteres Problem steckt in der Frage, wie und unter welchen Bedingungen man das *Verfehlen* eines Kriegsziels feststellen kann, um es als Indikator für den Abbruch des Prozesses aufgrund seines Scheiterns zu benutzen. Wenn klare Mess- und Evaluationszeitpunkte vorhanden sind, also beispielsweise der Eintritt des Winters (wie bereits notiert), kann dies ohne weiteres möglich sein. Wenn eine solche jahreszeitliche oder sonstige Rhythmisierung fehlt, wird die Diagnose eines verfehlten Kriegsziels stark erschwert, da man dann ein eventuelles Ausbleiben des Erfolgs immer als vorübergehend darstellen kann und hoffen kann, bei weiterer Anstrengung das Ziel doch noch zu erreichen. Ähnliche Schwierigkeiten stellen sich übrigens, wenn Kriegsziele von vornherein negativ formuliert werden, wie am Vietnamkrieg beobachtet worden ist: »Das Problem war [...], dass man sich auf ein unterscheidungslogisch höchst problematisches Ziel festlegte: ›[...] den Verlust Südvietnams an den Kommunismus zu verhindern.‹ Solch negative Zieldefinitionen weisen generell die Schwierigkeit auf, dass es keine positiv beobachtbaren und interpersonell objektivierbaren Merkmale der Unterscheidung für das Erreichen des Ziels gibt. Denn woran ließe sich mit Sicherheit feststellen, dass Vietnam frei vom Kommunismus ist (oder womöglich gar frei von der Gefahr des Kommunismus)?« (Simon 2004: 101f.).

Versenkte Kosten

Das Scheitern eines Kriegsprojekts festzustellen, kann nicht nur unterscheidungslogisch schwierig sein, sondern es ist vor allem – psychologistisch ausgedrückt – »schmerzhaft« (Iklé 1971: passim) und für die verantwortlichen Entscheider politisch riskant. Verschiedene Beobachter haben deshalb festgestellt, dass Kriegsparteien oftmals keinen Ausstieg aus dem Krieg finden, obwohl bei realistischer Betrachtung der Krieg nicht mehr zu gewinnen ist oder auch bei einem optimal denkbaren weiteren Verlauf des Krieges dessen Nutzen in keinem Verhältnis zu seinen Kosten steht (Pillar 1983: 172ff.; Brick 1991: 112ff.). Dieses Problem kann unter dem Begriff der versenkten Kosten diskutiert werden: Ein Entscheider, der nicht-zurückholbare Investitionen in eine bestimmte Richtung getätigt hat, wird dazu neigen, an dieser

Handlungsstrategie auch dann festzuhalten, wenn er sie als suboptimal erkennt und sie bei einer erneuten Wahl nicht noch einmal wählen würde, weil er immer noch hoffen kann, dass die Investition letztlich doch noch zum Erfolg führen und sich rechnen werde.

In diesem Sinn zeigen Kriegsverantwortliche starke Widerstände gegen die Einsicht, dass die bereits aufgewandten und nicht-zurückholbaren Kosten (an Geld, Menschenleben, erlittenen Zerstörungen) umsonst gewesen sind und der Krieg nicht mehr zu gewinnen ist. Häufig geben sie der Neigung nach, lieber noch ein bisschen weiterzumachen, um durch weitere Anstrengung vielleicht doch noch zu siegen, die gemachte Investition zu retten. Das dominierende und oft immer weiter in die Katastrophe führende Gefühl ist: »[T]he outcome of the war must ›justify‹ past sacrifices« (Iklé 1971: 12). Hier ist wieder – wie auch schon beim Anfang von Kriegen – die Struktur inkrementellen Entscheidens zu erkennen: Die einmal gemachten Investitionen rechtfertigen immer weitere Investitionen in derselben Richtung, die bei einer Einmalentscheidung nicht gemacht würden. »This phenomenon of escalation through sequential decision-making [...] [tends] to carry a belligerent to a level of violence that would not be justified if it were the result of a single decision. [...] a government may continue to employ cost manipulation, perhaps successfully, even after most of its supporters as well as its critics would agree that the total costs already incurred had not been worth the candle.« (Pillar 1983: 174)[75]

Unter Zeitgesichtspunkten ist interessant zu fragen, auf welche Weise hier die Zeithorizonte Vergangenheit, Gegenwart und Zukunft miteinander relationiert werden. Manche Autoren sagen, das Problem liege darin, dasss für den rationalen Entscheider die in der Vergangenheit angefallenen (gleich wie hohen) Kosten kein Kriterium sind, in die Rechnung nicht als Negativfaktor eingehen, weil man darauf ohnehin keinen Einfluss mehr hat, und nur die jeweils aktuell zur Disposition stehenden, inkrementellen Kosten auf der Kostenseite einer Handlungsoption auftauchen. Es handelt sich so gesehen um eine Untergewichtung der Vergangenheit gegenüber der Ge-

75 Experimentell nachgebildet werden solche Entscheidungssituationen in Form von Auktionen, in denen auch der unterlegene Bieter zahlen muss, aber keine Gegenleistung erhält (»both-pay-auction«). In einer solchen Auktion kann dann etwa ein Dollar zum Preis von $ 1,30 versteigert werden, was offensichtlich ein an sich irrationaler Preis ist, der nur dadurch zustande kommt, dass jeder Bieter versucht, sein bereits gemachtes Gebot, die bereits irreversibel gewordene Investition zu retten, und lieber noch etwas weiter steigert, als einzusehen, dass er alles »in den Sand gesetzt« hat (Pillar 1983: 174).

genwart und/oder Zukunft; würde der Entscheider vergangene Kosten mit berücksichtigen, würde er zu dem Schluss kommen, dass sich der Aufwand nicht lohnt, Kosten und Nutzen in keinem sinnvollen Verhältnis stehen (so Pillar 1983; Holl 1993: 274ff.). Andererseits kann man aber ebensogut sagen, dass es gerade die in der Vergangenheit angefallenen Kosten sind, die die Entscheidung in eine bestimmte Richtung treiben, insofern man sie noch zu »retten« versucht, sie »rechtfertigen« will, auch wenn dadurch in der Zukunft noch höhere Kosten anfallen. Es geht so gesehen gerade umgekehrt um eine Missachtung der Zukunft zugunsten der Vergangenheit: »The tendency [...] is to add force and prolong the war to rescue sunken costs rather than ignoring these costs and saving the expenditures that will not change the outcome anyway. In short, the logic of [...] conflicts makes reorientation from fixation on sunken costs to focus on future costs difficult.« (Brick 1991: 114f.)

Innenpolitischer »lock-in«

Die Problematik des Festgehaltenwerdens auf einem einmal eingeschlagenen Pfad (»lock-in«) wird verstärkt durch Demokratie und innerstaatliche Konfliktlagen. In der Sprache der Politikwissenschaft formuliert geht es darum, dass ein kriegführender Staat nicht als einheitlicher Akteur begriffen werden darf, sondern nach der Logik eines Mehr-Ebenen-Spiels modelliert werden muss und auch Individuen und substaatliche Gruppen (Parteien, Eliten o.ä.) als Akteure mit eigenen Präferenzen und Entscheidungsproblemen berücksichtigt werden müssen. Jedenfalls unter demokratischen Bedingungen muss das politische Führungspersonal damit rechnen, mit einem verlorenen Krieg gleichzeitig auch die innenpolitische Machtposition und die Unterstützung durch die Wählerschaft zu verlieren; nichts ist eine größere Gefahr für die politische Zukunft von Staatsmännern als ein verlorener Krieg (Bueno de Mesquita/Siverson 1995; Goemans 2000a; 2000b). Aus den USA wird beispielsweise berichtet, dass ein Rückzug aus dem aussichtslosen Vietnamkrieg von Präsident Kennedy schon 1963 für sinnvoll gehalten wurde, aber mit folgendem Argument verschoben wurde: »I can't do it until 1965 – after I'm re-elected« (Halperin 1974: 70). Faktisch verzögerte sich der Abzug der amerikanischen Truppen aus Vietnam dann noch bis 1973.[76]

76 Die Berücksichtigung individueller Interessen des politischen Spitzenpersonals gilt zwar als illegitim und nicht darstellbar, wird aber nichtsdestrotrotz regelmäßig und erwartbar betrieben (Halperin 1974: 63f.). Farnham (2004) modelliert dies entscheidungstheore-

Das Abrücken von einem einmal eingeschlagenen Kriegskurs, die Beendung eines ungünstig verlaufenden Krieges wird mithin auch innenpolitisch entmutigt. Die »Falken«, die für eine harte Linie und ein Weitermachen auf dem Kriegskurs eintreten, haben in der innenpolitischen Debatte oftmals einen Vorteil gegenüber den »Tauben«, den Kompromissbereiten und Zugeständnisbereiten – jedenfalls bis zu einem gewissen Punkt, an dem die Kriegsmüdigkeit der Bevölkerung überhand nimmt und nicht mehr durch Kampf- und Aufputschrhetorik überdeckt werden kann. »[P]olitical elites discover [...] that their domestic pay-off structure is full of rewards for continuing to feed the hostility and the jingoism, and loaded with penalties if they hesitate to do so. Normally, the would-be peacemaker loses out (at the polls, in the smoke-filled rooms, or whatever the path to political power) to the sabre-rattler and the demagogue.« (Singer 1965: 146) (Vgl. Iklé 1971: 59ff., 84ff.) Dies gilt insbesondere dann, wenn die Bevölkerung vorher propagandistisch aufgestachelt, der Feind dämonisiert und die von ihm ausgehende Gefahr dramatisiert worden ist. Es mag dann schwierig sein für das politische Spitzenpersonal, der Bevölkerung die Notwendigkeit und Möglichkeit moderater Positionen nahezubringen[77] – wie generell die öffentliche Meinung oft träger und weniger beweglich ist als die Präferenzen von politischen Leistungsträgern, die enger an realpolitischen Notwendigkeiten operieren (Bueno de Mesquita 1981: 37f.). Es können hier also auch schwer kontrollierbare Interaktionseffekte zwischen Politik und Massenmedien involviert sein – typische Phänomene eines demokratischen Politiksystems.[78]

---

tisch so, dass in einem ersten Schritt geprüft wird, was innenpolitisch möglich und nonsuizidal ist, und in einem zweiten Schritt die dann noch verfügbaren Optionen weiter reduziert werden.

77 »To make defeat palatable may require as much effort as to make war desirable«, formuliert Coser (1967b: 49).

78 Aber auch die fehlende oder unvollständige Demokratisierung eines Staates kann die Tendenz zu einem »lock-in« auf einem einmal eingeschlagenen Kriegskurs verstärken, insofern in halb-demokratischen Staaten das persönliche Risiko erfolgloser Spitzenpolitiker am größten ist und diese im Fall ihres Scheiterns u.U. nicht nur mit ihrer Abwahl, sondern darüber hinaus mit Exilierung, Gefängnis und im schlimmsten Fall mit Tötung rechnen müssen (Goemans 2000a; 2000b).

Fragmentierung von Kriegsakteuren

Die bisher beschriebenen Problemdynamiken beziehen sich vor allem auf die Beendung »klassischer«, zwischenstaatlicher Kriege. Sie können teilweise auch bei innerstaatlichen Kriegen und sonstigen »low-intensity wars« auftreten, jedoch fügen diese Kriege dem Spektrum von Entscheidungsproblemen noch eine weitere Variante hinzu. Es kommt in solchen Kriegen oft zu einer Vermehrung und Zersplitterung von Kriegsparteien und Kriegsakteuren, die die Einigung auf einen für alle gemeinsamen Endpunkt extrem erschwert und nahezu unmöglich machen kann. Ausgehend von Bricks oben (Kapitel 4.2.) zitiertem Ausspruch für reguläre Kriege: »it takes two to terminate a war«, kann man hier sagen: »it takes many to terminate a war«. In Kriegen dieses Typs agiert oft eine Vielzahl unterschiedlicher Gruppen – staatliches Militär, paramilitärische Gruppen, Milizen, Rebellengruppen, Kriegsherren, Söldnertruppen, ausländische Interventionstruppen usw. –, die oft über ein erhebliches Maß an Autonomie verfügen und nicht effektiv von einer zentralen Kommandogewalt gesteuert werden. Es entsteht dann nicht selten die Situation, dass, solange auch nur eine Gruppe es vorzieht weiterzukämpfen, der Kriegszustand nicht beendet werden kann.

Die starke Fragmentierung der Kriegsakteure hängt damit zusammen, dass ein endgültiger Sieg über den Gegner, der ein Zusammenwirken möglichst starker Kräfte nötig machen würde, oft gar nicht angestrebt wird oder ohnehin außerhalb des Möglichen liegt. Statt dessen geht es unter Umständen nur um die Destabilisierung als solche, oder um ökonomische Profite aus der Kriegführung (vgl. oben Kapitel 2.5.), oder um die Verfestigung und Verteidigung von Netzwerken und Machtclustern, die von der staatlichen Zentralgewalt unabhängig sind – und solche Ziele können auch von kleinen, autonom agierenden Gruppen effektiv realisiert werden. Insbesondere Raub- und Plünderkriegführung kann im Prinzip von beliebig kleinen Gruppen auf eigene Faust betrieben werden, und in den ökonomisch akzentuierten »Neuen Kriegen« findet sich deshalb oft eine erhebliche Multiplikation von Akteuren, die nahezu unbegrenzt fragmentiert werden können (Elwert 1997: 94; Genschel/Schlichte 1997: 511). Aber auch in stärker politisch getriebenen Kriegen – etwa den zahlreichen Sezessionskriegen nationaler oder ethnischer Minderheiten – kann es eine Tendenz zur Fragmentierung der beteiligten Gruppen geben, indem immer dann, wenn eine Gruppe oder Führungselite sich friedens- und kompromissbereit zeigt, die »Hardliner« der jeweiligen Gruppe sich abspalten und die gewaltsame Weiterführung des Konfliktes in die Hand nehmen (Zartmann 2005: 51f.; Maney u.a. 2006). Die Methode der Terrorkriegführung bietet auch extrem kleinen Gruppen die Möglichkeit, den Kriegszustand effektiv aufrechtzuerhalten und dann vielleicht auch andere Gruppen wieder in den Krieg hineinzuziehen.

Es setzt sich in diesen Kriegen mithin tendenziell immer die jeweils gewaltbereitere Seite durch, indem sie einfach weiter mit kriegerischen oder kriegsähnlichen Mitteln operiert und dabei zwar nicht siegen, aber typischerweise auch nicht besiegt und ausgeschaltet werden kann. Man kann sagen: Während in zwischenstaatlichen Kriegen »Falken« und »Tauben« innerhalb eines Staates in Konflikt miteinander geraten und Debatten miteinander austragen (was den »Tauben« immerhin die Chance gibt, sich irgendwann, wenn auch vielleicht erst spät durchzusetzen), sind »Falken« und »Tauben« in den verschleppten »low-intensity wars« weniger über die Sozialform des Konflikts als über die der Abspaltung relationiert. Die »Falken« können damit jederzeit die Friedensbemühungen der »Tauben« sabotieren und ins Leere laufen lassen, indem sie einfach in neu gegründeten Gruppen weiteroperieren.

Hinzu kommt das Problem, dass viele der Kriegsakteure unmittelbar vom Krieg profitieren – sei es ökonomisch, wie paradigmatisch in der Figur des »Kriegsherrn«, sei es identitätspolitisch, insofern an dem Konflikt parasitäre Identitäten von Gruppen oder Prominenzpositionen von Individuen hängen, auf die man nicht mehr verzichten will (Zartmann 2005: 49), oder sei es instrumentell-politisch, indem der Kriegszustand den etablierten Staatseliten in die Hände spielt und ihnen etwa ermöglicht, der drohenden Demokratisierung zu entgehen, Wahlen zu vermeiden, verschärfte Repressionsmaßnahmen gegen die Opposition sowie die Außer-Kraft-Setzung von Bürgerrechten zu rechtfertigen usw. (Keen 2000a: 24, 32f.; 2006: 72). Soweit Profite irgendwelcher Art für die beteiligten Akteure abfallen, haben diese logischerweise kein Interesse am Frieden, auch nicht an einem »Sieg«, sondern vielmehr an der Aufrechterhaltung des Kriegszustandes als solchen; sie entwickeln sich zu »Experten für die Verlängerung von Bürgerkriegen, indem sie definitiven Entscheidungen ausweichen und stets einen Anlaß zum Weiterkämpfen finden« (Waldmann 1997: 497). Die Existenz von Profiten für bestimmte Untergruppen oder Individuen entspricht in gewisser Weise dem Zwei-Ebenen-Problem der »klassischen« Kriegsbeendung, nur mit dem Unterschied, dass die verschiedenen involvierten Ebenen hier weniger klar unterschieden werden können, ein fraglos legitimes »Ganzes« (wie dort der

Staat) oft nicht eindeutig identifizierbar ist und auch keine klare Vorfahrtsregel (wenigstens in der offiziellen Darstellung) institutionalisiert ist.

Es kann denn auch dazu kommen, dass verschiedene, offiziell »verfeindete« Gruppen unter der Hand miteinander kooperieren, in Richtung auf eine möglichst lange Fortsetzung des Krieges zusammenwirken. Ein solches Einverständnis in der Aufrechterhaltung des Kriegszustandes kann auf sehr subtilen, impliziten Ebenen liegen, indem etwa einfach die Einigung auf ein Friedensabkommen oder die Aufnahme von Verhandlungen verweigert wird, und sie kann natürlich auch nur durch Beobachter vermutet und hineininterpretiert werden.[79] Es gibt aber in manchen Fällen auch direktere und manifestere Formen von Kooperation, etwa in der Form, dass Gefechte zwischen den »verfeindeten« Seiten so weit wie möglich vermieden und statt dessen Gebiete zur ungestörten Nutzung durch die jeweilige Gruppe aufgeteilt werden, oder dass Rebellen vor bevorstehenden Angriffen des Militärs vorab gewarnt werden, oder dass die Versorgung der Rebellen mit Waffen und Munition durch Teile des staatlichen Militärapparates aufrechterhalten wird, oder dass Gruppen, die an sich auf verschiedenen Seiten des Krieges stehen, bei Handels- und Schmuggelaktivitäten zusammenarbeiten (Keen 2000a: 35; 2005: 120f.; Kaldor 2000: 166ff.). Es bildet sich dann ein Zustand der Symbiose zwischen den Gruppen heraus, »bei dem sich die unterschiedlichen Milizen unter dem Vorwand, einander zu bekämpfen, tatsächlich wechselseitig am Leben erhalten« (Waldmann 1998: 120).

Eine Kriegsbeendung ist dann nur unter der Bedingung möglich, dass eine Friedenslösung gefunden wird, die alle beteiligten Gruppen zufriedenstellt, ihnen mindestens so viele Vorteile bietet wie der Kriegszustand. Den Kriegsherren muss die Chance auf einträgliche Geschäfte erhalten bleiben, die irregulären Kämpfer müssen in die reguläre Armee eingegliedert oder sonstwie mit Erwerbsmöglichkeiten versorgt werden, die etablierten politischen Eliten müssen in ihrer Machtposition bestätigt werden, usw. Oft reichen dafür die Ressourcen und die objektiven Möglichkeiten der Situation nicht aus. Jede Gruppe, die sich benachteiligt sieht, kann die Einwilligung in

79 Einem solchen Hineinlesen »eigentlich« kooperativer Absichten in das Handeln von Kriegsparteien sind dann an sich keine Grenzen gesetzt, und Wallerstein (2003a; 2003b) versucht dasselbe etwa für den Kalten Krieg, der ihm zufolge eine Konspiration der Supermächte gegen ihre eigenen Bevölkerungen war mit dem Ziel der Stärkung der jeweiligen Rüstungsindustrie. Für diesen Fall und auch für andere zwischenstaatliche Kriege ist das dann aber eine gewagte Interpretation, die von den meisten Beobachtern nicht geteilt werden würde, während es für manche »Neuen Kriege« mehr oder weniger eine auch durch Daten gedeckte Realitätsbeschreibung zu sein scheint.

eine anvisierte Friedensvereinbarung verweigern oder auch nach Abschluss einer Vereinbarung die Waffen wieder aufnehmen, Krieg bleibt eine jederzeit verfügbare Rückfalloption (Genschel/Schlichte 1997: 509ff.; Krumwiede 1998; Münkler 2004: 27f.; Hironaka 2005: 151).

Oft fehlen auch ausreichend konsolidierte kollektive Akteure, die am Verhandlungstisch als autorisierte Sprecher auftreten könnten und ihre Mitglieder effektiv unter Kontrolle haben. Es stellt sich, anders als in zwischenstaatlichen Kriegen mit zentral organisierten Akteuren und funktionierender Kommandostruktur, nicht nur ein Einigungsproblem, sondern auch ein Durchsetzungsproblem (Genschel/Schlichte 1997: 511). Die Aufnahme von Verhandlungen kann auch daran scheitern, dass die bloße Teilnahme einer Gruppe schon eine Niederlage oder einen Gesichtsverlust für eine andere bedeuten würde – so etwa, wenn eine Regierung bestimmte Gruppen als »Terroristen« definiert, die durch die Zulassung zu Verhandlungen als legitime politische Kraft anerkannt werden müssten (Pillar 1983: 77ff.; Zartmann 1993: 26; Crocker/Hampson/Aall 2005: 8f.). In klassischen Kriegen gilt: Wenn man nicht mehr kämpfen kann (weil man mit seinen militärischen Möglichkeiten am Ende ist), kann man immer noch verhandeln. In den neuen, fragmentierten Kriegen gilt das Umgekehrte: Wenn man nicht verhandeln kann (weil es keine ausreichend geeinten oder keine ausreichend legitimierten Verhandlungspartner und keine ausreichenden Motive für eine Einigung gibt), kann man immer noch weiterkämpfen (Wagner 1993: 259).

Von dieser – sicher idealtypisch überspitzten – Beschreibung aus leuchtet es ein, dass solche Kriege oft als »unbeendbar« beschrieben werden (Waldmann 1998; Genschel/Schlichte 1997; Kaldor 2000: 132ff.; Zartmann 2005; Crocker/Hampson/Aall 2005)[80] und die stattfindenden Friedens- und Verhandlungsprozesse meist sehr langwierig, mühselig und für Friedensinteressierte und eventuelle Vermittler frustrierend sind. Wie oben bereits zitiert (Kapitel 4.3.) werden Friedens*schlüsse* tendenziell durch Friedens*prozesse* ersetzt (Münkler 2004: 28). Die Beendung solcher Kriege durch Verhandlung setzt denn auch in vielen Fällen zusätzliche Bedingungen wie eine Interven-

80 Diese Beschreibung leuchtet ein, obwohl die meisten »low-intensity wars« natürlich trotzdem irgendwann enden. Manche Berechnungen besagen, dass die Mehrheit der Bürgerkriege innerhalb von spätestens ein paar Jahren endet und nur eine Minderheit eine Dauer in der Größenordnung von zehn Jahren erreicht (Licklider 1995; 2005: 38; Fearon 2004: 276). Aufgeschlüsselt nach Jahrzehnten ergibt sich, dass in den 1960er und 70er Jahren die erwartete Dauer eines Bürgerkriegs bei etwas über drei Jahren lag, in den 1980er und 90er Jahren dagegen bei etwa acht bis zehn Jahren (Collier/Hoeffler/Söderbom 2004).

tion von dritter Seite (etwa UN) oder ein »Ausbrennen« beziehungsweise eine Auszehrung des Konfliktgebietes durch Erschöpfung der verfügbaren Ressourcen voraus (Genschel/Schlichte 1997: 508ff.).[81]

»Sieg« und »Niederlage« sind entsprechend Kategorien, die auf das Ende von Kriegen dieses Typs nur begrenzt passen. Die entsprechenden Bemühungen von Interventionsmächten werden denn auch eher unter Begriffe wie »Ausgleich« oder »Versöhnung« gestellt, was an die Zustände in Stammesgesellschaften erinnern mag, aber nicht mehr von den dort gegebenen Strukturbedingungen profitieren kann. Die Entscheidungsprobleme, die sich hier stellen, haben mithin nicht nur damit zu tun, dass es keine erlebbaren Endmarkierungen gibt – als Signale für den *Zeitpunkt* des Kriegsendes –, sondern dass es überhaupt kein militärisches Ergebnis des Krieges gibt in dem Sinn, dass eine Seite sich als die stärkere und die andere als die schwächere erwiesen hat, deshalb auch eine Seite mehr Anspruch auf Durchsetzung ihrer Vorstellungen hat als die andere. Darin lag immerhin eine basale Ordnungsleistung klassischer Kriege: auf eine Entscheidung hinzuführen, die *nicht* beide Seiten zufriedenstellt und doch den Krieg beendet. In vielen »low-intensity wars« gibt es dagegen so gut wie gar keine Anhaltspunkte aus dem militärischen Geschehen, auf die man sich bei der Konstruktion einer Nachkriegsordnung stützen könnte – abgesehen von dem Umstand, dass alle bewaffneten Gruppen, die noch da sind, noch da sind und keine die anderen eliminieren kann. Die Entscheidungsprobleme sind damit gleich in mehreren Hinsichten – sachlich, sozial, zeitlich – stärker verunklart und fragmentiert: Die sachlichen Anhaltspunkte für ein Nachkriegsarrangement sind schwächer, es sind mehr Akteure involviert, und es geht weniger um eine einmalige Entscheidung zur Kriegsbeendung und Aufnahme von Verhandlungen als um wiederholte, immer wieder neu zu treffende und durch die Realität oftmals sabotierte Entscheidungen.

81 Das »Ausbrennen« von Konflikten wird u.a. verhindert durch humanitäre Hilfslieferungen, die eine ständige Ressourcenzufuhr in Kriegs- und Katastrophengebiete sicherstellen. Edward Luttwak (1999) plädiert deshalb dafür, dass Drittmächte sich in peripheren Kriegen mit Interventionen (politischen ebenso wie humanitären) zurückhalten sollten, um den Punkt der Auszehrung nicht zu blockieren und die Konflikte an ein natürliches Ende kommen zu lassen, auch wenn das kurzfristig den Interessen der Zivilbevölkerung zuwiderläuft. Die umgekehrte Position aus einer eher gesinnungsethischen Perspektive, dass man die Zivilbevölkerung nicht sehenden Auges leiden lassen könne, vertritt etwa Münkler (2004: 21f.).

Angekündigter Ausstieg

Abschließend ist noch eine auffällige Variante des Beendungsproblems zu erwähnen, die sich allerdings nur auf das Ende von Kriegsengagements einzelner Staaten und nicht auf die Beendigung kompletter Kriege bezieht, mithin eigentlich das Problem nicht löst, von dem das Kapitel ausgegangen war: die Einigung aller Kriegsparteien auf ein gemeinsames Ende. Gemeint ist die von westlichen Interventionsmächten neuerdings (etwa in Irak oder Afghanistan) gepflegte Art, das Ende ihres militärischen Engagements in einem laufenden »low-intensity war« vorher anzukündigen und Rückzugspläne im Vorhinein festzulegen – stärker an innenpolitischen Konjunkturen und Restriktionen orientiert als an den Entwicklungen im Kriegsgebiet selbst, d.h. am Erfolg oder Misserfolg gegenüber dem Gegner. Ein solches Vorgehen bleibt offensichtlich nicht ohne Auswirkungen auf den Gegner, der sich entweder zu besonders dreistem Vorgehen motiviert fühlen kann in der Annahme, dass entschlossene Gegenaktionen nicht mehr zu erwarten sind, oder aber zu einer Strategie des Abwartens und Übernehmens, wenn der Gegner weg ist. Deshalb kann diese Vorgehensweise auch von Militärs oder dem Militär nahestehenden Politikern (etwa Verteidigungsministern) abgelehnt und von Politikern mit stärker innenpolitischen Interessen durchgesetzt werden (Gebauer 2011).

Ein solches Vorgehen setzt aber voraus, dass dem Krieg auch nach Abzug der betreffenden Kriegspartei noch Kontrahenten auf beiden Seiten verbleiben, dass mithin dadurch nicht der Krieg als solcher zu Ende geht; denn sonst würde der einseitige Rückzug einer Partei allzu offensichtlich deren Niederlage bedeuten, und dieser Eindruck soll mit der Darstellung als geplanter Abzug ja gerade vermieden werden. Es wird mithin nur der Ausstieg einer einzelnen Partei oder gar eines mehr oder weniger marginalen, verzichtbaren Interventen organisiert, und dieser verhält sich denn auch in dem Maß nicht als ernsthaft engagierte Kriegspartei, als in der Entscheidung über einen Ausstieg innenpolitische Rücksichten ein Übergewicht über den Stand der kriegerischen Konfrontation selbst haben. Zwar ist die innere Lage, die Durchhaltebereitschaft oder Kriegsmüdigkeit der Bevölkerung immer ein Faktor in der Frage, wie lange und wie massiv ein Staat Krieg führen kann. Aber je mehr diese Orientierungsrichtung die alleinige oder überwiegende Steuerung übernimmt, politische Stimmungen im eigenen Land und »medial gesteuerte emotionale Aufwallungen« (Geser 2005: 117) im Vordergrund stehen und ein zufriedenstellender Abschluss der kriegerischen Konfrontation nur noch kosmetisch angestrebt wird, desto mehr ist offensichtlich, dass man das Eingefangenwerden durch die Eigenlogik des Konfliktsystems scheut, sich für das Betreiben des Konflikt(systems) auf andere verlässt und selbst nur die Position eines »Parasiten« einnimmt.

Man kann ohnehin den Eindruck haben, dass die Funktion solcher lateralen Kriegsengagements manchmal eher mit dem *Beginnen* als mit dem *Beenden* erfüllt wird – etwa um Zeichen zu setzen oder Entschlossenheit zu demonstrieren, oder um sich als Großmacht oder als zuverlässiger Bündnispartner zu präsentieren. Deshalb kann das Ende so lässig und halbherzig gehandhabt werden, und es genügt, sich irgendwie, ohne größere Blamage wieder herauszuziehen. Was Genschel und Schlichte (1997: 514) über Friedensmissionen schreiben, gilt auch für andere Militärinterventionen auf niedrigem Niveau: »Grundsätzlich ist es ein großes Problem von Friedensmissionen, daß sie stärker von politischen Motiven der Entsendeländer getrieben werden als von den Gegebenheiten des Bürgerkrieges, den sie befrieden sollen [...], daß [ihnen] oft ganz ›narzißtische‹ Motive zugrundeliegen. Länder intervenieren, weil Regierungen glauben, dem Wahlvolk Moral und Hilfsbereitschaft signalisieren zu müssen, ferner weil Friedensmissionen gute Gelegenheiten bieten, alte politische Schulden abzutragen und Bündnistreue zu dokumentieren, oder weil sie sich dazu eignen, neue Bündnisstrukturen zu erproben. [...] Welche Wirkungen sie auf den Krieg selbst [...] [haben], bleibt offen und sekundär.«

Tendenzen zur Verlängerung und Verkürzung von Kriegen

Abgesehen von der zuletzt genannten Variante sind bis jetzt nur Dynamiken genannt worden, die in Richtung auf eine Verlängerung von Kriegen, eine Erschwerung des Findens von Endpunkten wirken. Trotzdem sind aber natürlich nicht alle Kriege langgezogen, noch nicht einmal alle »low-intensity wars«, und erst recht nicht alle zwischenstaatlichen Kriege, von denen vielmehr auch und gerade im 20. Jahrhundert viele nach ziemlich kurzer Zeit – einigen Wochen oder Monaten – zu Ende gehen (vgl. oben Kapitel 4.3.). Dies widerlegt nicht die Überlegung, dass Kriegsenden entscheidungsabhängig werden, fügt ihm nur die Möglichkeit hinzu, dass dieses Problem manchmal auch schnell gelöst werden kann, eine langandauernde Verstrickung in die oben genannten Dynamiken vermieden werden kann. Je deutlicher sich ein militärisches Kräfteverhältnis abzeichnet, desto einfacher ist es dabei, sich zu einer Beendung zu entschließen, auch wenn deutlich herausgehobene Endmarkierungen fehlen, weil Kontingenz reduziert und Erwartungssicherheit geschaffen wird.

Ein Faktor bei der schnellen Beendung von Kriegen ist dabei sicherlich auch die fehlende Akzeptanz von Krieg als Mittel der Konfliktaustragung in der »internationalen Gemeinschaft«, d.h. im weltpolitischen System und der (welt)öffentlichen Meinung, die oft in Richtung auf eine schnellstmögliche Kriegsbeendung auf die Akteure einwirken. »One interesting aspect of post-Cold War international affairs is a mini-industry of people and organizations dedicated to encouraging combatants to stop killing one another and reach a settlement of some sort« (Licklider 2005: 34). Der allgemeine Pazifismus der politischen Öffentlichkeit greift vorzugsweise hier – bei der Beendung bereits laufender Kriege – zu, weil Mittel der Kriegsbeendigung möglicherweise leichter verfügbar sind als Mittel der Kriegsverhinderung[82] oder weil die Aufmerksamkeit für bestimmte Konfliktherde überhaupt erst zum Zeitpunkt des Ausbruchs von Gewalt ein ausreichendes Maß erreicht. Manchmal wird auch schon beim Beginn eines Krieges strategisch mit einem Eingreifen etwa von seiten der UN kalkuliert, so beim Angriff Ägyptens auf Israel 1973 (Jom-Kippur-Krieg), als man auf ägyptischer Seite einen schnellen Vormarsch auf den Sinai anstrebte, der militärisch nicht lang hätte gehalten werden können, der aber der Hoffnung nach durch ein UN-gedecktes Einfrieren der erreichten Frontlinie als Waffenstillstandslinie gesichert werden sollte (Luttwak 2003: 337).

Als weiterer Faktor bei der Verkürzung von Kriegen kommen möglicherweise auch Selbstwiderlegungseffekte durch Rückwirkung sozialwissenschaftlicher Beobachtungen auf die politische Praxis in Betracht. Dies ist mindestens für einen Fall direkt belegt, nämlich für den Ersten Irakkrieg (1990/91): Einer der Chefentscheider dieses Krieges, US-General Colin Powell, war mit Iklés Diagnose der tendenziell zu späten Kriegsbeendigung vertraut, und dies trug in vielleicht entscheidender Weise zu dem Entschluss für ein schnelles Kriegsende in diesem Fall (und eventuell zur Verhinderung eines langgezogenen Miliz- und Terrorkrieges bereits zu diesem Zeitpunkt)

82 So jedenfalls die vorsichtige Schlussfolgerung einer quantitativen Analyse von Kriegsanfängen und -enden in den vergangenen Jahrzehnten: »over time there is more variation in war duration than in the rate of war onset, possibly implying that means to alter the prospects for war termination are more readily available than measures for conflict prevention« (Hegre 2004: 244).

bei.[83] »On the way to this meeting [with the president], Powell writes, ›words from Iklé's book ran through my mind: ›... fighting often continues long past the point where a rational calculation would indicate the war should be ended.‹‹ Powell wrapped up his briefing to the president by saying that tomorrow he would bring a recommendation to stop the fighting. ›If that's the case,‹ the president responded, ›why not end it today?‹ With the benefit of hindsight, critics have since argued the United States should not have ended the Gulf war so suddenly but should instead have used its victorious forces to destroy more of Saddam Hussein's military assets, or even to march on to Baghdad.« (Vorwort von 2005, in: Iklé 1971: ix)[84]

Das Zusammenspiel von kriegsverlängernden und kriegsverkürzenden Faktoren müsste näher untersucht werden. Man kann aber mit Sicherheit davon ausgehen, dass man bei einer solchen Analyse nur in seltenen Fällen auf das Wirken klarer, unhinterfragbarer Endmarkierungen stoßen wird, und typischerweise – und je mehr man in die Tiefe geht, desto stärker – auf komplexe Konstellationen unterschiedlicher Entscheidungsfaktoren.

Dass Krieg und das Treffen folgenreicher Entscheidungen zusammenhängen, scheint auf den ersten Blick eine Binsenweisheit zu sein. In Wahrheit kann aber die Entscheidungsintensität von Kriegen, und insbesondere von Kriegsenden, sehr unterschiedlich sein. Wie gezeigt sind die Entscheidungsprobleme etwa in Stammesgesellschaften ganz andere und sind infolge des »natürlichen« Zuendegehens und Wiederverschwindens kriegerischer (Kurz-)Ereignisse sowie infolge des Fehlens der Kategorien Sieg/Niederlage deutlich schwächer ausgeprägt als in der heutigen Gesellschaft. In stratifizierten Gesellschaften gibt sicherlich der Kriegsanfang einige Entscheidungsprobleme auf, während das Kriegsende in vielen Fällen ebenfalls mit eher zurückgenommenen Entscheidungskomponenten und eher als äußerlich erlebbares »factum brutum« eintritt, das zwar *Folge* früherer Entscheidung ist, aber nicht selbst die Form einer Entscheidung annimmt. In der modernen

83 Ein analoger Fall von »selbstzerstörender Prophezeiung« (Merton) könnte möglicherweise in Marx's Prognose einer zunehmenden Verelendung der Arbeiterklasse mit daraus folgender Revolution gelegen haben: Es ist jedenfalls nicht auszuschließen, dass ohne diese Diagnose und ihre reale politische Wirksamkeit (militante Organisation der Arbeiterschaft, Furcht vor Revolution im politischen Establishment, Reformismus zur Verhinderung dieser usw.) die Entwicklung genau so eingetreten wäre wie von Marx vorhergesagt. Dies ist ein interessanter Fall von Rückwirkung der Semantik auf die Sozialstruktur (hierzu Stäheli 1998; Stichweh 2000b).

84 Es ist zu sehen, dass von den oben erwähnten Problemdynamiken hier die der Verschiebung von Kriegszielen angesprochen ist.

Gesellschaft steigen die zu bewältigenden Entscheidungslasten deutlich an, sowohl beim Anfangspunkt, der mit vergrößertem Risiko durch längerfristige Bindungswirkung und mit zusätzlichen Problemen wie der Delegitimierung von Krieg belastet wird, als auch beim Endpunkt, der voll in den Kontingenzbereich von Entscheidern gestellt und einigen hochproblematischen Entscheidungsdynamiken ausgesetzt wird. Die Tendenz zum Ausfransen von Anfangs- und Endpunkten in unscharfe Übergangszonen ist sicherlich teilweise eine Folge dieser explodierenden, die Rationalitätsressourcen der Entscheider überfordernden Entscheidungslasten. Die fälligen Entscheidungen werden dann teils vermieden, teils kleingearbeitet in eine Vielzahl von kleinen, je für sich undramatischen Einzelentscheidungen – was manche Probleme löst, aber ebenso viele neue Probleme schafft.

5. Schluss: Krieg und Gesellschaftsgrenzen

Die vorangegangenen Analysen haben einen weiten Bogen durch Bedingungen und Folgen von Kriegführung unter verschiedenen gesellschaftlichen Bedingungen geschlagen. Wie Kriegstruppen rekrutiert und durch Rückbindung an andere Rollen oder ausdifferenzierte Organisationshierarchien kontrolliert werden; wie die Betroffenheit von anderen, »zivilen« Bereichen der Gesellschaft begrenzt, aber auch gesteigert und zur Bedingung des Kriegserfolgs gemacht werden kann; wie Kriege begonnen und beendet werden und warum sie zeitlich verdichtet oder gerade mit reduzierter Dichte geführt werden – das ist ausführlich und mit für die Kriegssoziologie ungewohnt hohem begrifflichen Anspruch diskutiert worden. Abschließend möchte ich noch auf einen Aspekt eingehen, der bisher nicht zur Sprache gekommen ist und der im Vergleich zu den bisherigen Überlegungen sowohl eine Erweiterung der Perspektive als auch eine Lockerung der theoretischen Herangehensweise darstellt, indem auf eine strenge Korrelation mit Differenzierungsformen verzichtet wird und etwas lockerer arrangierte, teils etwas impressionistische Beobachtungen geboten werden. Es geht um die Frage, wie Kriege die Ziehung und insbesondere die Ausweitung von Gesellschaftsgrenzen beeinflussen können.

Die Größe »die Gesellschaft« ist ja bisher – in sicher übervereinfachender Weise – als Fixum genommen worden: Es wurde davon ausgegangen, dass man sich in einer gegebenen Gesellschaft mit einer bestimmten Differenzierungsform befindet, und gefragt wurde, wie innerhalb dieser, als solcher nicht problematisierten Gesellschaft Kriegsaktivitäten ablaufen und strukturell gerahmt sind. Dabei ist höchstens beiläufig angemerkt worden, dass die Grenzen einer Gesellschaft unter Umständen gar nicht so leicht und eindeutig zu bestimmen sind – etwa bei Stammesgesellschaften, wo es manchmal alles andere als eindeutig ist, ob bestimmte Gruppen nach Merkmalen wie Häufigkeit von Kontakten, Einheit der gesprochenen Sprache und Selbstbezeichnung zur selben Gesellschaft gehören oder nicht, oder auch bei stratifizierten Gesellschaften, wo der Erdball noch Platz für mehrere Gesellschaften bietet und nicht immer genau zu sagen ist, wo eine Gesellschaft endet und eine neue beginnt. Theoretisch ist das in Anschlag zu bringende Kriterium hier das der sozialen Inklusivität und Autarkie: Der Gesellschaftsbegriff bezeichnet im hier verwendeten systemtheoretischen Begriffskontext diejenige soziale Einheit, die alles kommunikative Geschehen umfasst, gleich welche engeren Zugehörigkeiten und Subsystembildungen es sonst noch aufweist (Inklusivität), und die alle wesentlichen Sozialkontakte in sich abwickeln kann und auf keine nennenswerte Zufuhr sozialer Ordnungsleistungen von außen angewiesen ist (Autarkie) (Kieserling 2005/06: zweite Vorlesung). Kurz und kompakt: Gesellschaft ist die »Gesamtheit aller erwartbaren sozialen Kommunikationen« (Luhmann 1984: 535).

Die Definition als solche löst jedoch das Problem nicht, sondern führt gerade auf die Frage, was »erwartbare« und »wesentliche« Sozialkontakte sind und was nur akzidentelle. Sie eröffnet damit einen gewissen Spielraum in der Frage, wo genau zu einem bestimmten Zeitpunkt die Grenzen einer Gesellschaft zu ziehen sind. Nur für die Jetztzeit wird man mit diesem Kriterium relativ eindeutig davon ausgehen müssen, dass nur noch eine einzige Gesellschaft existiert – die Weltgesellschaft, die sich über den ganzen Erdball erstreckt und alle anderen Sozialformationen in sich auflöst (Luhmann 1975a; Heintz 1982; Stichweh 2000a; Heintz/Münch/Tyrell 2005). Diese Gesellschaft kann dann nicht mehr geographisch ausgeweitet, sondern nur noch sozial vertieft werden, indem moderne, weltgesellschaftliche Strukturen sich überall auf dem Globus durchsetzen und universalistische Inklusionsregeln auf alle Menschen in allen Regionen Anwendung finden. Die Alternative zu dieser Auffassung wäre ein Gesellschaftsbegriff, der Gesellschaften mit (National-)Staaten gleichsetzt und begrifflich auf die Kriterien der kollektiven Handlungsfähigkeit und internen Solidarität hinausläuft (Kieserling 2005/06: zweite Vorlesung) – ein Begriff, der zwar im allgemeinen Sprachgebrauch und teils auch in den Sozialwissenschaften immer noch verbreitet ist, aber angesichts der wachsenden globalen Verflechtungen theoretisch kaum noch zu rechtfertigen ist.[1]

1 Mit diesem Gesellschaftsbegriff wäre der Zusammenhang zwischen Krieg und Gesellschaftsgrenzen dann ganz anders zu konzipieren, als dies oben im Text formuliert wird. Gesellschaften wären dann Einheiten, die normalerweise (außer im Fall von Bürgerkriegen) nur nach außen hin Krieg führen, und nahezu jeder Krieg wäre ein Ereignis, das an der Grenze zwischen zwei oder mehr Gesellschaften stattfindet. Norbert Elias (1970: 151f.) hat dies einmal formuliert, indem er Gesellschaften als »Überlebenseinheiten« oder

In diesem Spielraum der Ambivalenz und der realen Variabilität von Gesellschaftsgrenzen können Kriege eine wichtige Rolle spielen. Kriege können dazu führen, dass Gesellschaftsgrenzen sich verschieben, indem man mit neuen, bislang unbekannten Gruppen in Kontakt kommt, die Grenzen des Erwartbaren also erweitert werden. Die allgemeine These, dass Konflikte die Gegner manchmal überhaupt erst miteinander in Kontakt bringen, hat insbesondere Coser (1956: 121) herausgearbeitet: »[T]he very act of entering into conflict with an antagonist establishes relations where none may have existed before. Conflict is [...] a binding element between parties that may previously have stood in no relation to each other.« Dies gilt zunächst ganz allgemein und lässt sich etwa am Verhalten von Kindern nachweisen: »[C]ontention or conflict is often one way in which children engage in a relationship. After first having quarreled over the use of a toy, children who previously were strangers to each other may proceed to play with it co-operatively.« (ebd.: 122) Speziell mit Blick auf Kriege findet sich bei Simmel (1908: 302), auf den Coser sich bezieht, die Feststellung, »daß in früheren Kulturzuständen der Krieg fast die einzige Form bildet, in der es überhaupt zu einer Berührung mit fremden Gruppen kommt«. Coser verweist im Anschluss daran etwa auf die Geschichte des römischen Reichs und des modernen Imperialismus, die auf kriegerischer Grundlage zu weitgezogenen Kontakten zwischen vorher völlig getrennten Gesellschaften geführt haben.

Sowohl Simmel als auch Coser legen dabei viel Wert auf die Feststellung, dass Konflikte zur Entstehung übergreifender Normen – insbesondere Normen und Regeln des Konfliktaustrags – führen können und später auch zu stärker kooperativen, friedlichen Formen des Sozialkontaktes überleiten können. Das ist natürlich eine Möglichkeit, aber auch wenn dies nicht der Fall ist, sondern dauerhafte kriegerische oder sonstige konflikthafte Reibungszonen entstehen, ist der Konfliktgegner damit in den Bereich dessen integriert, was erwartbare, zu Strukturbildung Anlass gebende kommunikative Kontakte sind, und ist mithin in den Horizont der Gesellschaft eingewandert. Ich werde im Folgenden drei Möglichkeiten näher diskutieren, wie Kriege zu einer Ausweitung von Gesellschaftsgrenzen führen können:

»Schutz- und Trutz-Einheiten« bezeichnet, »die den Gebrauch von physischer Gewalt in den Beziehungen ihrer Angehörigen zueinander einer verhältnismäßig scharfen Kontrolle unterwerfen, während sie zugleich ihre Angehörigen auf den Gebrauch von physischer Gewalt in Beziehung zu Nichtangehörigen vorbereiten und sie in vielen Fällen dazu ermutigen«. Im Gegensatz dazu wird der Fall, dass ein Krieg eine Konfrontation zwischen zwei verschiedenen Gesellschaften darstellt, oben im Text als Spezialfall behandelt.

den Kontakt mit Gegnern, die Suche nach Bündnispartnern und die bloße Beobachtung von Kriegen, die andere führen und an denen man aktiv gar nicht beteiligt ist. Vorher sollen aber noch zwei allgemeine, rahmende Bemerkungen gemacht werden, einerseits zu der umgekehrten Möglichkeit eines Schrumpfens oder jedenfalls Fixierens von Gesellschaftsgrenzen durch Krieg und andererseits zu Simmels beiläufiger Feststellung, dass Krieg auf bestimmten Gesellschaftsstufen die *einzige* Form der Expansion von Gesellschaftsgrenzen darstellt.

Wenn man von der grundsätzlichen Möglichkeit ausgeht, dass Kriege den Verlauf von Gesellschaftsgrenzen beeinflussen können, ist an sich natürlich auch der umgekehrte Fall denkbar, dass Krieg (oder auch nur die Möglichkeit von Kriegen) dazu führt, dass man sich abschottet, Kontakte unterbricht, Kontaktmöglichkeiten ausschließt, indem man etwa Grenzbefestigungen baut, die den Kontakt zu anderen Gesellschaften verhindern und verschiedene soziale Kreise getrennt halten sollen. Das drastischste Beispiel hierfür ist die Chinesische Mauer, mit der potenzielle Kriegsgegner über lange Zeiträume effektiv abgehalten wurden und auch der sonstige Austausch zwischen chinesischem Reichsgebiet und außerhalb liegenden Gebieten minimiert wurde. Der römische Limes erfüllte diese Funktion schon viel imperfekter, und natürlich ist nicht jede für den Kriegsfall errichtete Befestigungslinie eine Trennlinie zwischen Gesellschaften, sondern vielmehr im Normalfall ein Mittel der Defensivkriegführung *innerhalb* des bekannten gesellschaftlichen Raums (Kriegsraums und sonstigen Kommunikationsraums).

Als Variante der kriegsbedingten Einengung gesellschaftlicher Operationshorizonte könnte eventuell auch die Zeit der Weltkriege sowie des Kalten Krieges gesehen werden, als die Welt tendenziell in zwei getrennte Kommunikationsbereiche aufgespalten war, zwischen denen es nur kriegerische beziehungsweise konflikthafte Berührungspunkte gab, während andere Kontakte – Handelskontakte, wissenschaftlicher Austausch, Rezeption von Massenmedien usw. – nach Möglichkeit unterbunden wurden. Aber auch hier wird man bei näherem Hinsehen urteilen müssen, dass dies letztlich nur temporäre und nur sehr unvollständig mögliche Abschottungsversuche *innerhalb einer Gesellschaft* waren, die die bereits bestehende globale Ausdehnung der Gesellschaft nicht mehr zurücknehmen konnten, vielmehr gerade auf dem Wissen beruhten, dass auch auf der anderen Seite Gesellschaft stattfindet und gesellschaftlich Mögliches getan wird (für den Kalten Krieg Hayoz 2007). Es greift hier Simmels (1908: 302) Unterscheidung zwischen der Wirkung von Konflikt innerhalb einer sozialen Einheit und zwischen Einheiten: »Innerhalb des geschlossenen Kreises bedeutet Feindschaft in der Regel den Abbruch von Beziehungen, das Sichzurückziehen und Vermeiden von Berührungen; [...] Dagegen liegen [im anderen Fall] die charakterisierten Gruppen als ganze gleichgültig nebeneinander, solange Frieden ist, und gewinnen erst im Kriege eine aktive Bedeutung füreinander.«

Weiter kann Simmels Bemerkung kommentiert werden, Krieg sei für »frühe Kulturzustände« die einzige Möglichkeit einer Expansion der Gesellschaft in bisher unbekannte Zonen. Dies ist vermutlich nicht einmal für Stammesgesellschaften richtig (so Coser 1956: 121), obwohl es hier immerhin eine gewisse Plausibilität hat. Spätestens ab der Entwicklungsstufe von stratifizierten Gesellschaften steht Krieg aber regelmäßig mindestens ein weiterer Kandidat für Expansionsprozesse gegenüber, nämlich Handel, genauer Fernhandel. Der Wunsch nach Gütern, die nur in entfernten Regionen produziert werden, und komplementär eventuell auch die Chance, eigene Produkte zu hohen Preisen in Regionen zu verkaufen, wo sie Mangelware sind, dürfte einen häufig vorzufindenden Grund für die Ausweitung des geographischen Operationshorizontes einer Gesellschaft darstellen. Weitere Motive wie religiöse Missionierung, Bildungs- oder Forschungsreisen kommen eventuell ebenfalls in Betracht, dürften aber nicht dieselbe Bedeutung erreichen wie Krieg und Handel (vgl. etwa, mit Verweis auf Schumpeter, McClelland 1961: 195). Diese beiden Möglichkeiten der Ausweitung von Gesellschaftsgrenzen systematisch zu vergleichen, wäre eine interessante Aufgabe, die hier jedoch nicht in Angriff genommen werden kann. Ich fasse nur die Ergebnisse eines kurzen, aber instruktiven Vergleichs bei dem systemtheoretisch informierten Historiker Volker Rittner (1973) zusammen, der die horizonterweiternden Wirkungen des sechsten Kreuzzugs im 13. Jahrhundert untersucht hat und auf dessen Studie im Folgenden noch öfter zurückgegriffen wird.

Nach Rittner (ebd.: 206ff.) besteht ein wesentlicher Unterschied darin, dass Krieg seiner Natur nach von großen Gruppen, Fernhandel dagegen von Individuen oder kleinen Gruppen betrieben wird, wobei letzteres grundsätzlich bessere Bedingungen für das Kennenlernen einer fremden Gesellschaft bietet: Die aus der eigenen Gesellschaft mitgebrachten Stereotypen und Interpretationsschemata müssen schneller und zwingender verlassen werden, der fremde Kontext muss differenzierter beobachtet und vertrauenswürdige Sozialpartner müssen identifiziert werden. Weiter regen Handelskontakte von sich aus zu einer Wiederholung, Verfestigung und Institutionalisierung der Kontakte an und implizieren dabei eine Anerkennung des Gegenübers als Rechts- und Vertragspartner sowie ein »Denken in Äquivalenzbegriffen«, was von kriegerischen Kontakten nicht unbedingt gesagt werden kann. Dafür bleibt die horizonterweiternde Wirkung von Fernhandel häufig auf die unmittelbar involvierten sehr kleinen Gruppen beschränkt, während die breiter streuenden und anonymer funktionierenden Erwartungsstrukturen der beteiligten Gesellschaften insgesamt nicht unbedingt eine Veränderung erfahren. Krieg mit seinen stärker durchschlagenden, besser sichtbaren und massenhafter spürbaren Auswirkungen kann hier unter Umständen größere Wirkungen haben.

Im Folgenden wird nun nur für die eine Seite dieses Vergleichs – Krieg – eine Aufspaltung in verschiedene typische Varianten geliefert, nämlich in die bereits genannten Aspekte der Kontaktaufnahme mit Gegnern, mit Bündnispartnern und der Beobachtung entfernter Kriegstheater.

Kontaktaufnahme mit Gegnern

Die erste und offensichtlichste Möglichkeit, wie Kriege zu einer Expansion von Gesellschaftsgrenzen führen können, ist das In-Kontakt-Kommen der Gegner. Man greift jemanden an oder wird von jemandem angegriffen, von dessen Existenz man bislang nicht oder nur marginal Kenntnis hatte, und baut dadurch Erwartungen auf, lernt das Handeln des Anderen in den Bereich des sozial Möglichen und sozial Verständlichen einzugliedern und ihn als soziale Größe in den eigenen Erwartungsbereich aufzunehmen. Es kann verschiedene Gründe dafür geben, geographisch und sozial weit entfernte Gruppen anzugreifen. In Stammesgesellschaften mag es einfach die Suche nach Objekten für das Ausprobieren der eigenen kriegerischen Fähigkeiten und für das Sammeln von Trophäen sein, oder auch der Wunsch, sich das von anderen, eine andere Lebensweise pflegenden – etwa Ackerbau treibenden – Gruppen Produzierte anzueignen (Murphy 1957; Keeley 1996: 128ff.). In späteren Gesellschaften kann eine strukturinhärente Expansions- und Beutelogik vorhanden sein, wie sie Schumpeter (1918: 27f.) für die arabisch-islamischen Reiche des Orients beschrieben hat, oder religiöse Motive wie bei den Kreuzzügen, oder auch Macht- und Rivalitätsdynamiken zwischen verschiedenen politischen Einheiten innerhalb der bekannten Welt, die – wie es verschiedene Beobachter für den modernen Kolonialismus und Imperialismus diagnostiziert haben (Aron 1958: 26f.; Steinmetz 2005: 344f.;

Münkler 2005: 50ff.) – zur Inkorporation immer größerer abhängiger Gebiete treiben. Gerade für politische Gebilde vom Reichstyp ist die ständige Verschiebung von Grenzen durch fortgesetzte Kriegführung an der Peripherie typisch – bis zum Kulminationspunkt, ab dem das Reich seine Kräfte überdehnt (oder klugerweise kurz vorher stoppt) und sich dann in der Folge wieder zusammenzieht (Münkler 2005: 167ff.).

Was immer das Motiv: Im Effekt führt Kriegführung in unbekannten Zonen oder gegen von weither kommende Gegner regelmäßig dazu, dass man den Horizont der eigenen Erwartungen ausdehnt, neue Sitten und Gebräuche kennenlernt, sich auf neue Gefahren und Gelegenheitsstrukturen einstellt. Besonders plastisch hat Rittner (1973) anhand eines unglücklich verlaufenden Kreuzzugs gezeigt, inwiefern Kriegführung nolens volens zu recht präziser Erwartungsbildung in Bezug auf den Gegnern führt: Als Kriegführender in fremdem Gebiet (und ebenso: gegen fremdländische Invasoren) ist man einfach im Interesse des eigenen Überlebens und des eigenen Erfolges gehalten, Gewohnheiten des Gegners genau zu beobachten, seine Kampfweise – etwa bevorzugte Taktiken und Angriffszeitpunkte – zu begreifen, eventuell auch seine Führungsstrukturen, mögliche Schwachpunkte und interne Uneinigkeiten zu durchschauen und die auf der anderen Seite geltenden Normen und Restriktionen einschätzen zu lernen. Im Zuge dieses Lernprozesses müssen vorher vorhandene Stereotype, d.h. kulturimmanente Konstruktionen, durch Kenntnisse und an der Realität geprüfte Erwartungen ersetzt werden (ebd.: 94ff.); an die Stelle der je einseitig gebildeten Vorstellung vom Anderen tritt mithin doppelte Kontingenz und Sozialität. Rittner unterscheidet dabei zwei Stufen des Kultur- beziehungsweise Gesellschaftskontaktes: zum einen die Ebene des unmittelbaren physischen Kampfes, die Rittner die Ebene der »Praxis« nennt, zum anderen die Ebene von Recht, Religion und anderen kulturellen Gegebenheiten, wo – anspruchsvoller, aber dafür nicht zwingend – Verständnis für weiterreichende Sinnzusammenhänge des Anderen entwickelt werden kann.

Auf der ersten Ebene liegt ein Phänomen, das in der Kriegsgeschichte häufig verzeichnet wird: die Diffusion erfolgreicher Kriegstechniken über das gesamte Gebiet möglicher Kriegführung hinweg. Kriegführende übernehmen oft Waffentechnologien, sonstige kriegsrelevante Technologien (etwa: Steigbügel) oder Taktiken des Gegners, wenn sie sich als effektiv erweisen, und nur selten gelingt es, eine wirkungsvolle Kriegstechnologie über längere Zeit vor Kopie zu schützen (so etwa das »griechische Feuer« des Byzantinischen Reichs, eine Art Flammenwerfer), oder auch sich selbst von eigentlich übernahmepflichtigen Innovationen abzuschotten (wie etwa die japanischen Samurai angesichts von Feuerwaffen). Speziell für die Moderne ist beobachtet worden: »Der wohl eindrucksvollste Grundzug der Neuzeit ist die Gleichartigkeit der Militärapparate« (Kaldor 1981: 99) (vgl. dazu auch Ralston 1990), und Martin van Creveld (1998: 284) stellt fest, dass »der Krieg die vielleicht stärkste dem Menschen bekannte nachahmende Tätigkeit ist«.[2] Dabei bedeutet Technikdiffusion aber nicht zwingend auch Kontaktaufnahme zwischen verschiedenen Gesellschaften, weil Techniken unter Umständen auch relativ isoliert diffundieren können, ohne dass der gesellschaftliche Horizont im weiteren Sinn ausgeweitet würde, und weil es umgekehrt natürlich auch Technikdiffusion innerhalb von schon etablierten Gesellschaften geben kann.

Prozesse der Diffusion und Angleichung sind auch auf der zweiten Ebene möglich, indem kulturelle Elemente freiwillig oder zwangsweise vom Kriegsgegner übernommen werden. So können etwa eine erobernde und eine eroberte Gesellschaft einander dauerhaft überlagern und auf lange Sicht zu einer Gesellschaft verschmelzen, mit mehr oder weniger schneller Integration beider Gruppen, Einheiratung oder/oder kultureller Assimilation. Daneben ist es auch möglich, dass die kulturellen Eigenarten der Gegenseite zwar nicht übernommen, aber als solche in Rechnung gestellt und akzeptiert werden – eine Art pluralistisches Modell des Gesellschaftskontaktes. Rittner beschreibt dies für den Kontakt zwischen christlicher und muslimischer Religion: Die kreuzfahrenden Ritter wurden durch die Umstände genötigt, auch die Religion der Sarazenen als hoch entwickelte und diskursfähige Religion (statt: als verachtenswerten heidnischen Kult) zu verstehen und ihre Verpflichtungskräfte zu nutzen. »Die gescheiterten Kreuzfahrer lassen die Gegenseite nach deren spezifisch religiösen Gewohnheiten schwören. [...] An dem Sachverhalt zeigt sich den Gefangenen die Relativität des eigenen Glaubens, dessen Kompetenz nicht über die Grenzen reicht. Christen müs-

2 Kaldors Aussage zur besonderen Gleichartigkeit der Militärapparate wäre aber daraufhin zu prüfen, ob die Isomorphie im Bereich des Militärs wirklich größer ist als in anderen institutionellen Bereichen wie Regierungsinstitutionen, Bildungssystem usw., die ja ebenfalls – wie der Neoinstitutionalismus herausgearbeitet hat (Thomas u.a. 1987; Meyer 2005) – hoch isomorph sind. Immerhin ist es plausibel davon auszugehen, dass die Isomorphie im Bereich des Militärs gewissermaßen »natürlicher«, spontaner und auch ohne normativen Druck (etwa durch UNO, IWF) zustande kommt und dass die Tendenz zur Entkopplung zwischen global standardisierten Formalstrukturen und lokaler Realität hier schwächer ausgeprägt als anderswo. Es ist so gesehen schade, dass der Neoinstitutionalismus das Thema Militär noch nicht entdeckt hat.

sen, nie hätten sie vorher daran gedacht, auf ein anderes Glaubenssystem rekurrieren.« (Rittner 1973: 171) Ähnliches gilt mit Bezug auf rechtliche Bindungsformen, wo immer dann, wenn Friedensverträge oder sonstige Vereinbarungen mit dem Gegner geschlossen werden, dieser als in den Bindungsbereich des Rechts eingeschlossen gedacht und mit dem Status eines ebenbürtigen Vertragspartners ausgestattet werden muss (ebd.: 162). Im Minimalfall impliziert ein länger andauernder kriegerischer Kontakt, dass man die rechtlichen, politischen, religiösen Gepflogenheiten des Gegners so weit kennenlernt und anerkennt, dass es möglich ist, Adressaten für eventuelle Botschaften zu identifizieren, Gesandte zu schicken und Verhandlungen durchzuführen.[3]

Grundsätzlich ist die wahrscheinlichere Richtung für Diffusionsprozesse die vom Überlegenen zum Unterlegenen, da der Unterlegene zur Übernahme bestimmter Elemente gezwungen werden kann oder selbst mehr Grund hat, offensichtlich erfolgreiche Elemente zu kopieren. Auch Rittner (ebd.: 200ff.) betont, dass tiefergehende Lernprozesse vor allem für diejenige Seite wahrscheinlich sind, für die die kriegerische Konfrontation unglücklich verläuft – wie ja generell vorzugsweise Krisen und Probleme Anlass zur Reflexion und Selbstrelativierung geben. Das heißt aber nicht, dass nicht auch gelegentlich die umgekehrte Diffusionsrichtung vorkommt. So nahm etwa der Mongolenherrscher Kublai Khan nach der Eroberung Chinas die dortige Religion, den Buddhismus, an.[4] Im modernen Kolonisationsprozess kopierten die europäischen Eroberer teilweise die Kriegspraktiken der (letztlich unterlegenen) Ureinwohner, deren »irreguläre« Kampfweise – mit Angriffen aus dem Hinterhalt, ohne Unterscheidung von und Schonung gegenüber der Zivilbevölkerung – auf der Seite der Kolonisatoren empfindliche Verluste verursachte, auf die mit denselben Mitteln reagiert wurde (Keeley 1996:

3 Dabei hilft es allerdings, wenn prinzipiell gleichartige Strukturen – etwa: die Existenz einer Rangordnung und die Geltung des dynastischen Führungsprinzips – auf beiden Seiten schon vorhanden sind, so dass man auf der anderen Seite analoge politische und religiöse Würdenträger identifizieren kann und vertraute Relevanzkriterien – z.B. Verwandtschaft mit dem König – beachtet findet (Rittner 1973: 148ff.). Besonders gute Verständigungsmöglichkeiten gibt es so gesehen, wenn zwei gleichartige Gesellschaften aufeinander stoßen (zwei Stammesgesellschaften oder zwei stratifizierte Gesellschaften), während die Begegnung zwischen einer stratifizierten Gesellschaft und einer tribalen Gesellschaft sich schwieriger gestalten dürfte, ebenso natürlich die Begegnung zwischen der funktional differenzierten Gesellschaft und tribal oder stratifikatorisch differenzierten Gesellschaften in ihrem Expansionsbereich (Kolonialkriege).

4 Vgl. Wikipedia-Artikel »Mongolisches Reich« (3.5.2010).

74f.). Und noch heute machen die (in vielen Hinsichten überlegenen) Militärorganisationen westlicher Staaten, die in asymmetrische Kriege gegen Guerrilla-, Miliz- oder Terrorkämpfer verwickelt sind, eine Art organisationale »Mimikry« durch (Heins/Warburg 2004: 99ff.) und gleichen sich teils an die Kriegführungspraxis ihrer irregulären Gegner an: Sie arbeiten mit kleinen, verdeckt und hinter den Linien operierenden Spezialeinheiten und verlegen sich auf punktuelle Angriffe auf Einzelpersonen, die – selbst wenn unbemannt, voll technologisiert und risikofrei – im Kern der klassischen Guerrillataktik des »hit and run« folgen.

Kontaktaufnahme mit Verbündeten

Die Begegnung mit einem bislang unbekannten Gegner ist aber nur die naheliegendeste und einfachste Art, durch Kriegführung mit neuen Sozialpartnern in Kontakt zu treten. Der Kreis sozialer Kontakte kann auch dadurch ausgeweitet werden, dass man sich – getrieben durch die Erfordernisse eines laufenden Krieges – nach möglichen Bündnispartnern umsieht (vgl. für Konflikte allgemein Coser 1956: 135ff.). Ein Beispiel dafür bieten etwa die rasanten mongolischen Eroberungen im 13. Jahrhundert, die den davon betroffenen Völkerschaften Anlass gaben, sich untereinander zu verständigen und Verteidigungsbündnisse zu schließen. So wurde an die Höfe Europas »vom Herrscher der Assassinen in Persien eine Botschaft geschickt, ›um vor der Gefahr zu warnen und sie um Hilfe zu ersuchen‹.« In diesem Fall blieb der Bündnisversuch allerdings erfolglos, denn »in Europa [hatte man] noch nicht viel von der mongolischen Expansion mitbekommen, und so traf man keine Vorbereitungen« (Meier 2005: 2).

Die Suche nach Bündnispartnern muss aber nicht unbedingt defensiv, sie kann auch stärker offensiv oder expansiv motiviert sein. Viele vormoderne Reiche nehmen Stämme in ihrem Grenzgebiet zur Grenzsicherung in Dienst, d.h. sie machen sie zu Verbündeten, die stellvertretend für das Reich Kriege gegen noch weiter in der Peripherie liegende und eventuell unruhestiftende Gruppen führen. Ein solches Arrangement kann das Ergebnis eines bereits geführten Krieges sein (und in diesem Fall würde der Erstkontakt, die Erstausweitung der gesellschaftlichen Reichweite dem Kontakt zwischen Gegnern zufallen), sie kann aber auch als Alternative und funktionales Äquivalent zu Kriegführung praktiziert werden: Statt Stämme in der Peripherie mit kriegerischen Mitteln niederzuwerfen, kann das Reich sie auch gleich als Verbündete und Grenzbewacher anwerben, und die Ausweitung des Gesellschaftsradius findet dann ohne akuten Kontakt zwischen Gegnern und nur auf der Schiene von Bündnisbildungen statt.

Defensivbündnisse sind zwar nach Coser (1956: 143) oft nur ein Minimalfall von »vereinigenden« oder vergesellschaftenden Effekten, weil man nur an der Sicherung des eigenen Überlebens interessiert ist und sonst keine Gemeinsamkeiten hat. Dafür ist man angesichts einer ernsthaften Bedrohungslage aber möglicherweise bereit, Gruppen und soziale Entitäten, die man sonst nicht für voll nehmen würde, als gleichwertige Mitstreiter zu akzeptieren.[5] In diesem Sinn ist der Versuch, jemanden als Bündnispartner zu gewinnen, oft mit seiner Anerkennung als gleichrangig und gleichwertig verbunden. Fremde Entitäten können nicht mehr gleichermaßen leicht abqualifiziert und stereotypisiert, sondern müssen in ihren Fähigkeiten und ihrem Eigengewicht ernst genommen werden.[6] Ein schönes Beispiel dafür findet sich wiederum bei Rittner (1973: 133): »Im Kampf gegen die Choresmier finden die Christen im ›soudanc de la Chamelle‹ einen Bundesgenossen. [Die] Schilderung läßt erkennen, daß der Sultan mit dieser Eigenschaft die Stufe der Gleichheit erklimmt. Der Kampfgefährte wird gegenüber ethnozentrischen Verdikten aufgewertet; [...] zahlreiche Tugenden an ihm [werden identifiziert]. Der Sultan ist einer der besten Ritter im gesamten Heidenland. Die Qualität des kostbaren Verbündeten läßt nicht nur eine Behandlung von gleich zu gleich, sondern seine institutionelle Hervorhebung angeraten sein.«

Der Mechanismus, dass der Bedarf an Bündnispartnern die Bereitschaft zur Anerkennung und zur Kommunikation auf Augenhöhe erhöht, lässt sich auch noch am Zweiten Weltkrieg ablesen, obwohl eine Ausweitung der Gesellschaft im strengen Sinn durch Inkorporation neuer Territorien zu diesem Zeitpunkt nicht mehr möglich war. Infolge des extrem eskalierten Kriegsgeschehens waren die europäischen Mächte genötigt, Unterstützung in Form von Ressourcen, Truppen und Arbeitskraft/Zwangsarbeitern in den Kolonien zu suchen und einzufordern (Morgenrath/Rössel 2008). Dies stärkte die

5 In diesem zuletztgenannten Phänomen liegt eine gewisse Analogie zu der oben (Kapitel 2.3., 3.3.) notierten Ausweitung der Personalbasis einer kriegführenden Einheit nach innen, mittels Inklusion bisher diskriminierter und nicht voll konkurrenzfähiger Gruppen wie Frauen und ethnischer Minderheiten.

6 Dies gilt jedenfalls für die Darstellung und den kommunikativen Kontakt nach außen, auch wenn man intern möglicherweise etwas anders denken und sagen kann. Ein gewisses Abfärben der real praktizierten Kommunikationsmuster auf die intern durchhaltbaren Auffassungen lässt sich aber normalerweise nicht verhindern.

Position und das Selbstbewusstsein der Kolonien gegenüber den Mutterländern, erschwerte es diesen, einen respektablen und autonomen Status für die Kolonien zu verweigern,[7] und gab einen entscheidenden Anstoß zu den Dekolonisierungsbemühungen (friedlichen oder kriegerischen) nach dem Zweiten Weltkrieg.[8] Im Ergebnis erlangten innerhalb weniger Jahrzehnte alle Territorien der Erde den Status als unabhängiger (National-)Staat. Darin lag ein wichtiger Schritt hin zur Volletablierung der Weltgesellschaft und zur Durchsetzung moderner Sozialformen auf dem ganzen Globus, indem vormoderne, reichsartige Strukturen und abhängige Status verschwanden und alle politischen Einheiten nun formal gleichrangige Subsysteme des einen weltpolitischen Systems darstellen.

Beobachtung entfernter Kriegen

Schließlich gibt es – am wenigsten offensichtlich – auch noch die Möglichkeit, allein durch die *Beobachtung* von Kriegen, die andere untereinander führen, den Horizont der Gesellschaft zu erweitern. Man kann durch Berichte von Reisenden, Fliehenden, Gesandten oder später massenmedialen Beobachtern über Kriege informiert werden, die in entfernten Regionen stattfinden, und kann daran lernen, das eigene, egozentrische Welt- und Gesellschaftsbild zu relativieren und in globaleren Maßstäben zu denken. So mussten die Kreuzzügler bei ihren Unternehmungen im Orient feststellen, dass es Kriegsfronten und kriegerische Überlagerungsprozesse gibt – etwa die Einnahme Bagdads durch die Mongolen –, die ohne Beteiligung europäischer, christlicher Akteure vonstatten gehen und doch wichtig sind. Dies trug wesentlich zur Erschütterung ihres »Weltmittelpunkt-Gefühls« bei (Rittner 1973: 126): »Das Geschehen, die Aktionen und Gegenaktionen, ergeben sich außerhalb der christlichen Grenzen. Als Zuschauer ist man von

7 Besonders deutlich zeigt sich dies am Fall von Indien, das, auf halbem Weg zwischen Deutschland und Japan liegend, strategisch wichtig war und sowohl für die Achsenmächte als auch für die Alliierten ein attraktiver Verbündeter gewesen wäre. Die Kolonialmacht Großbritannien musste Indien als erhofften Bündnispartner deshalb speziell umwerben und dabei Zugeständnisse an größere Autonomie und höheren Status machen.

8 Ein weiterer wichtiger Faktor bei den Dekolonialisierungskriegen lag aber natürlich darin, dass die europäischen Mutterländer durch den Krieg so geschwächt waren, dass sie für anti-koloniale Befreiungsbewegungen ein leichter angreifbares Ziel darstellten – lag mithin in ihrer Position als Kriegs*gegner*, nicht in ihrer Position als (ehemalige) Verbündete.

jenen kämpferischen Verwicklungen getrennt. Dennoch präsentieren sich in anderer Hinsicht relativierende Rückwirkungen für die ethnozentrische Perspektive. Die Dinge außerhalb spielen sich ohne das eigene Dazutun ab; damit sie geschehen, bedürfen sie nicht des christlichen Eingreifens. Sie haben Eigenkraft und bilden ein Spannungsfeld für sich. Christen sind als Handelnde nicht im Geschehen, sind unmaßgeblich; das Handlungsmonopol fließt anderen Instanzen zu.« (Ebd.: 132) Man kann davon ausgehen, dass kriegerische Ereignisse wegen ihrer großen Drastik, Sichtbarkeit und Berichtbarkeit besonders gut geeignet sind, die Aufmerksamkeit auch von solchen Beobachtern auf sich zu ziehen, die eher am Rande der jeweils aktiven sozialen »Welt« angesiedelt sind.

Ein rein beobachtendes Interesse für Kriege am Rand des eigenen Gesellschaftshorizontes könnte eventuell auch an dem nächsten Schub in Richtung auf Dezentrierung des europäischen Weltbildes beteiligt gewesen sein. Dieser erfolgte mit der Erforschung und Kolonisierung des ganzen Erdballs – obwohl hier Eurozentrismen lange Zeit stark blieben und die neuen Erfahrungen nach Möglichkeit in bewährte Schemata einsortiert, etwa nach der Unterscheidung Überlegenheit/Unterlegenheit, Zivilisation/Barbarei kategorisiert wurden. Immerhin musste man aber zur Kenntnis nehmen, dass es Menschen und Lebensformen ganz außerhalb des bisher Bekannten gibt, und konnte letztlich nicht vermeiden, ihnen die Zugehörigkeit zur Spezies Menschheit und zur Sozietät Gesellschaft zugestehen. Rein hypothetisch und spekulativ könnte man vermuten, dass bei der Debatte darüber, ob es sich bei den neu ins Blickfeld getretenen Wesen um Menschen im vollen Sinn (ausgestattet mit Vernunft und Seele) handle, auch die Beobachtung von Kriegen eine Rolle spielen könnte. Denn bei Zweifeln in diesem Punkt ist die naheliegende Vorgehensweise die, Parallelen zu einem selbst zu suchen, also festzustellen, ob die Anderen prinzipiell dasselbe tun und dieselben Probleme haben wie man selbst.[9] Man könnte hier zunächst an Felder wie Nahrungssuche/Subsistenz und Reproduktion/Familie denken, aber das ist kein ausreichendes Kriterium, weil ähnliche Aktivitäten auch

9 So ja auch die Argumentation des Shylock in Shakespeares »Kaufmann von Venedig«: »Ich bin ein Jude. Hat nicht ein Jude Augen? Hat nicht ein Jude Hände, Gliedmaßen, Werkzeuge, Sinne, Neigungen, Leidenschaften? Mit derselben Speise genährt, mit denselben Waffen verletzt, denselben Krankheiten unterworfen, mit denselben Mitteln geheilt, gewärmt und gekältet von eben dem Winter und Sommer als ein Christ? Wenn ihr uns stecht, bluten wir nicht? Wenn ihr uns kitzelt, lachen wir nicht? Wenn ihr uns vergiftet, sterben wir nicht? Und wenn ihr uns beleidigt, sollen wir uns nicht rächen?«

bei Tieren vorkommen und der Schluss auf den Menschenstatus der Beobachteten damit nicht zwingend ist. Als spezifisch menschliches Feld kommt Religion, d.h. Bezugnahme auf Übersinnliches in Betracht. Jedoch scheint die Beobachtung fremder religiöser Praktiken faktisch eher zu ihrer Abwertung als »heidnisch« geführt zu haben, also gerade nicht zur Anerkennung einer wesentlichen Verwandtschaft, sondern eher zur Betonung eines fatalen Unterschieds an diesem Punkt.

Ein weiteres spezifisch menschliches beziehungsweise gesellschaftliches Tätigkeitsfeld stellt aber der Krieg dar – denn Tiere führen keinen Krieg, töten keine Artgenossen. Man könnte also wenigstens theoretisch aus der Beobachtung, dass die Bewohner der neu entdeckten Zonen kriegführungsfähig sind, Kriegswaffen besitzen und Kriegstechniken kultivieren, schließen, dass es sich dabei um Menschen und bei der Form ihres Zusammenlebens um eine Gesellschaft handelt. Es fällt denn auch auf, dass disqualifizierende Begriffe, wie sie für die Religion fremder Gesellschaften zur Verfügung stehen (»Aberglaube«, »Heidentum«, »Götzendienst« usw.) und womit deren Qualität als genuine Religion, damit als Analogon zur eigenen Religion bestritten wird, für Kriege nicht existieren. Man kann natürlich die Kriegssitten der Wilden als grausam, barbarisch, unmenschlich usw. beschreiben, kann sich darüber entsetzen, dass sie ihre Feinde aufessen oder zu Tode martern, aber dass die Kriege der Anderen auch *Kriege* sind, scheint nicht bestreitbar zu sein.

Und auch in der heutigen Zeit kann die Beobachtung von peripherem Kriegsgeschehen eventuell noch horizonterweiternde Effekte haben. Denn die Bilder und Berichte, die uns aus entfernten Kriegsgebieten geliefert werden, stärken das Beobachtungsschema, dass alle Menschen zum selben »moralischen Universum« (Ignatieff 2000: 9) gehören, gleichermaßen Anspruch auf bestimmte basale Rechte haben und ihr Leben und Leiden nicht ignoriert werden darf. Insofern trägt die laufende Berichterstattung über Kriege durch die Beobachtungszentren der Weltgesellschaft – die global operierenden Massenmedien – dazu bei, den im Menschheitsbegriff implizierten Universalitätsanspruch zu bekräftigen und in konkrete Empfindungen, Forderungen, Verurteilungen und jedenfalls manchmal auch in Handeln (humanitäre Interventionen, humanitäre Hilfsmaßnahmen) umzusetzen.

Es ist festgestellt worden, dass gerade die Menschenrechte als hoch abstrakter und hoch generalisierter Normkomplex sich tendenziell im Modus der Durkheim'schen »colère publique« etablieren: Erst aus Anlass von gelegentlichen spektakulären Verletzungen hat man Gelegenheit, die Norm zu aktualisieren und zu bekräftigen, und in einem gewissen Sinn ist deshalb nicht die Entrüstung von der Norm, sondern die Norm von der Entrüstung abhängig (Luhmann 1995: 234; 1999: 250; Teubner 1996).[10] An kriegsrechtlichen Normierungen wie der »Genfer Konvention« lässt sich derselbe Mechanismus beobachten: Das sichtbare, von den Massenmedien dokumentierte Leiden von Zivilisten in den laufend stattfindenden Kriegen führt dazu, dass solche Normierungen in der öffentlichen Debatte und der politischen Bewertung von Kriegen einen hohen Stellenwert erhalten. Und dies greift eben gerade bei Kriegen, die man nur aus der Ferne beobachtet und an denen man sonst gar nicht beteiligt ist. Denn hier hat man kein anderes Interesse als das bloß »humanitäre« und richtet deshalb mit besonderer Wahrscheinlichkeit den Blick auf die allgemein-menschliche Seite des Geschehens (vgl. dazu oben Kapitel 3.4., Punkt c).

Was Rittner (1973: 194f.) über die Kreuzzügler und ihre sarazenischen Gegenüber schreibt: »Die Handelnden finden, zumindest in Momenten des Nachdenkens und der Besinnung, das vor, was sie selbst sind«, das gilt in einem etwas anderen Sinn auch für die Beobachter entfernter Kriege in der Jetztzeit: Die Ritter sahen andere Ritter, wir sehen andere leidensfähige und schutzwürdige Menschen. Es hängt vom Abstraktionsniveau ab, ob und in welchem Radius man bei der Beobachtung fremder Kriege das sieht, »was man selbst ist«; und auf dem Abstraktions- und Universalismusniveau der heutigen Weltgesellschaft kann man in *jedem* Krieg – und auch jeder sonstigen humanitären Notsituation – Menschen sehen, die ebenso leiden, wie man selbst das an ihrer Stelle tun würde. Und auch wenn sich nur wenige beim wiederholten Anblick eines Fotos von erschöpften Flüchtlingen in einem UN-Lager fragen werden, ob auch sie selbst einmal eine blaue UNHCR-Plane ihr einziges Besitztum nennen werden, so mag doch das Konfrontiertwerden mit gleichartigen Vorgängen in verschiedenen Weltregionen mit immer gleicher Betroffenheit der dort lebenden Menschen ein gewisses Bewusstsein der grundsätzlichen Gleichheit, jedenfalls Gleichverletzlichkeit

10 Coser stellt den Durkheim-Bezug allgemein für Konflikte her, ohne dabei speziell an Kriege, geschweige denn an die Beobachtung von peripheren Kriegen zu denken: »Conflict, for Simmel, just a crime for Durkheim, brings out the need for the application of rules that, had no conflict occurred, might remain dormant and forgotten, like boundary stones between proprietors who have never quarreled over boundary lines. Those who engage in [or: observe] antagonistic behavior bring into consciousness basic norm governing rights and duties of citizens. [...] This very consciousness of the need for rules governing their behavior makes the contenders [or: their observers] aware that they belong to the same moral universe.« (Coser 1956: 127)

aller Menschen hervorrufen. Auf diese Weise können Kriegen und Völkermorde – und daneben Naturkatastrophen und akute Hungersnöte[11] – zur Vertiefung der Weltgesellschaft beitragen, indem sie die Idee der Menschheit als ihr semantisches Korrelat aktualisieren und verstärken.

Fazit

Die Ungleichverteilung des Kriegsgeschehens über den Globus – bei weitgehend sicheren und friedlichen Zonen in der OECD-Welt und teils grassierendem, lang andauerndem Kriegsgeschehen in anderen Weltregionen – macht eine Beobachtung von Kriegen nicht nur aus größerer *geographischer* Distanz, sondern auch aus größerer *theoretischer* Distanz möglich. Auch dies ist eine Art, von der Position des selbst nicht betroffenen Beobachters zu profitieren; und dass die Entwicklung einer stärker theoretisch generalisierenden Perspektive ein Desiderat der Kriegssoziologie ist, ist bereits ganz zu Beginn dieser Studie angemerkt worden. Die eben gemachte Feststellung, dass das aktuelle Kriegsgeschehen in peripheren Weltregionen in einem gewissen Sinn »gut für die Weltgesellschaft« ist, ist wiederum eine Aussage, die nur von einem theoretisch distanzierten und moralisch entlasteten Beobachter gemacht werden kann.[12]

Die auf den vorangegangenen Seiten zusammengestellten Überlegungen zu einer Ausweitung von Gesellschaftshorizonten (faktischen Operationsreichweiten oder Universalitätsansprüchen) durch Krieg können eventuell auch ein gewisses Korrektiv für die eingangs angemerkte Schlagseite dieser Studie liefern, die darin besteht, dass vor allem Krieg als abhängig von der ihn »beherbergenden« Gesellschaft, nicht aber umgekehrt die Gesellschaft als abhängig von den in ihr geführten Kriegen gedacht wird. Ganz zuletzt ist nun doch noch eine Möglichkeit aufgezeigt worden, wie Kriege ein wichtiges Strukturmerkmal der Gesellschaft (mit)formen können, nämlich ihre

11 Dagegen bleibt schon die »objektiv« mindestens ebenso schlimme chronische Armut und Unterernährung, die der massenmedialen Berichterstattung weniger entgegenkommt, auffällig effektlos.

12 Zur Klarstellung: In Bezug auf die faktische Durchsetzung moderner, funktional differenzierter Strukturen sind diese Kriege sicher in den meisten Fällen ein Hindernis; aber in Bezug auf Beobachtungs- und Beurteilungsstandards und kommunizierte Universalitätsansprüche scheinen sie eher förderlich zu sein.

geographische Ausdehnung. Es wäre sicherlich überzogen, daraus die These abzuleiten, dass Gesellschafts*grenzen* eher von Krieg abhängig sind als Gesellschafts*strukturen* im Sinn von Differenzierungsstrukturen. Vielmehr handelt es sich hier vermutlich eher um ein zufälliges Resultat der Aufmerksamkeitssteuerung während des Forschungsprozesses. Nur versuchsweise soll auch diese denkbare, wahrscheinlich völlig überspekulative These noch mit einer kurzen Überlegung anplausibilisiert werden.

Die Differenzierungsstruktur einer Gesellschaft ist ein hoch komplexes Gefüge aus vielen ineinandergreifenden, aufeinander abgestimmten Faktoren, das deshalb für schiere Gewalteinwirkung relativ wenig zugänglich ist, vielmehr auch die Ausübung von Gewalt relativ schnell wieder in ein fein austariertes Gesamt von Strukturen eingliedert und einfängt. Die Modi der Gewaltausübung sind natürlich *ein* Faktor in diesem Gefüge, haben aber keine privilegierte Stellung gegenüber anderen Faktoren wie Verwandtschaftsstrukturen, Produktionsbedingungen, Wissensvorräten, Sozialisationsbedingungen usw. Im Vergleich dazu ist die Ausdehnung der Gesellschaft eine relativ einfache Größe, die in der Dimension des physischen Raumes liegt und deshalb auch der Veränderung durch physische Gewalt relativ leicht zugänglich ist. Dies mag denn auch der Grund dafür sein, warum die im Schlussteil dargestellten Überlegungen ohne Aufsplittung in die verschiedenen Differenzierungsformen durchgeführt werden konnten: Die *Expansion* einer Gesellschaft infolge von Gewalt beziehungsweise Krieg erfolgt nach ungefähr denselben Gesetzmäßigkeiten und in ungefähr denselben Varianten, gleich wie die interne *Differenzierung* der Gesellschaft beschaffen ist.

Literatur

Abbott, Andrew (1981): Sequences of Social Events: Concepts and Methods for the Analysis of Order in Social Processes, in: *Historical Methods* 4/16, S. 129–147.

Abrahamsson, Bengt (1969): Military Professionalism and Estimates on the Probability of War, in: Jacques van Doorn (Hg.), *Military Profession and Military Regimes*, Den Hague, S. 35–51.

— (1971): *Military Professionalization and Political Power*, Stockholm.

Adams, Walter (1968): The Military-Industrial Complex and the New Industrial State, in: *American Economic Review* 58, S. 652–665.

Adams, Walter/Adams, William James (1972): The Military-Industrial Complex: A Market Structure Analysis, in: *American Economic Review* 62, S. 279–287.

AKUF (2009): *Kriege-Archiv. Kriege und bewaffnete Konflikte seit 1945*, http://www.sozialwiss.uni-hamburg.de/publish/Ipw/Akuf/kriege_archiv.htm (5.3.2009).

Alber, Erdmute (1999): Violent Conflicts in West-African Borgu on the Eve of Colonisation, in: Georg Elwert/Stephan Feuchtwang/Dieter Neubert (Hg.), *Dynamics of Violence. Processes of Escalation and De-Escalation in Violent Group Conflicts*, Sociologus Beiheft 1, Berlin, S. 119–132

Albert, Mathias (1999): Observing World Politics: Luhmann's Systems Theory of Society and International Relations, in: *Millenium: Journal of International Studies* 28, S. 239–265.

— /Cederman, Lars-Erik/Wendt, Alexander (Hg.) (2010): *New Systems Theory of World Politics*, London.

— /Hilkermeier, Lena (Hg.) (2004): *Observing International Relations. Niklas Luhmann and World Politics*, London.

Albert, Stuart (1980): Dynamics and Paradoxes of the Ending Process, in: ders./Edward C. Luck (Hg.), *On the Endings of Wars*, Port Washington, S. 9–24.

Aldrich, George H. (2000): The Laws of War on Land, in: *American Journal of International Law* 94, S. 42–63.

Alger, Chadwick F. (1965): Decision-Making Theory and Human Conflict, in: Elton B. McNeil (Hg.), *The Nature of Human Conflict*, Englewood Cliffs, S. 274–292.

Allison, Graham /Zelikow, Philip (1971): *Essence of Decision. Explaining the Cuban Missile Crisis*, Boston.

Almond, Gabriel A. (1970): *The Politics of Developing Areas*, Princeton.

— (1993): *Comparative Politics. A Theoretical Framework*, New York.

Améry, Jean (1977): *Jenseits von Schuld und Sühne*, Ausgabe München 1988.

Ancona, Deborah G./Okhuysen, Gerardo A. /Perlow, Leslie A. (2001): Taking Time to Integrate Temporal Research Taking Time to Integrate Temporal Research, in: *The Academy of Management Review* 26, S. 512–529.

Andreski, Stanislav (1968): *Military Organization and Society*, London.

Andric, Ivo (1987): *Die Brücke über die Drina*, München.

Anonymous (1946): Informal Social Organization in the Army, in: *American Journal of Sociology* 51, S. 365–370.

Apelt, Maja (2006): Einige Überlegungen zur (Ent-)Professionalisierung des Soldatenberufes, in: Sven Gareis (Hg.), *Armee in der Demokratie*, Wiesbaden, S. 125–139.

Arendt, Hannah (1951): *Elemente und Ursprünge totaler Herrschaft. Antisemitismus, Imperialismus, totale Herrschaft*, Ausgabe München 2003.

— (1970): *Macht und Gewalt*, München–Zürich.

Aron, Raymond (1958): *War and Industrial Society*, London.

— (1980): *Clausewitz. Den Krieg denken*, Frankfurt.

Assmann, Aleida (1999): *Erinnerungsräume. Formen und Wandlungen des kulturellen Gedächtnisses*, München.

Audoin-Rouzeau, Stéphane (1993): Die mobilisierten Kinder. Die Erziehung zum Krieg an französischen Schulen, in: Gerhard Hirschfeld u.a. (Hg.), *»Keiner fühlt sich hier mehr als Mensch ...« Erlebnis und Wirkung des Ersten Weltkriegs*, Essen, S. 178–204.

Avant, Deborah D. (1994): *Political Institutions and Military Change. Lessons from Peripheral Wars*, Ithaca–London.

— (1996): Are the Reluctant Warriors Out of Control? Why the U.S. Military is Averse to Responding to Post-Cold War Low-Level Threats, in: *Security Studies* 6, Heft 2, S. 51–90.

Axelrod, Robert (1987): *Die Evolution der Kooperation*, München–Wien.

Azar, Edward E. (1972): Conflict Escalation and Conflict Reduction in an International Crisis: Suez, 1956, in: *Journal of Conflict Resolution* 16, S. 183–201.

B., G. (1923): The Civilian Soldier, in: *Journal of the Royal United Service Institution* 68, S. 295–297.

Bachrach, Bernard S. (1999): Early Medieval Europe, in: Kurt Raaflaub/Nathan Rosenstein (Hg.), *War and Society in the Ancient and Medieval Worlds*, Washington D.C., S. 271–308.

Baecker, Dirk (1996): Gewalt im System, in: *Soziale Welt* 47, S. 92–109.

Bahrdt, Hans Paul (1987): *Die Gesellschaft und ihre Soldaten. Zur Soziologie des Militärs*, München.

Bailey, Charles/Bridges, David (1983): *Mixed Ability Grouping: A Philosophical Perspective*, London.

Bailey, F.G. (2001): *Stratagems and Spoils. A Social Anthropology of Politics*, 2. Auflage, Westview.

Balandier, Georges (1996): An Anthropology of Violence and War, in: *International Social Science Journal* 38, S. 499–510.

Barker, Thomas M. (1978): Armed Service and Nobility in the Holy Roman Empire, in: *Armed Forces and Society* 4, S. 449–500.

Baron, Salo W. (1952): Impact of War on Religion, in: *Political Science Quarterly* 67, S. 534–572.

Bauman, Zygmunt (1992): *Dialektik der Ordnung. Die Moderne und der Holocaust*, Hamburg.

Bean, Richard (1973): War and the Birth of the Nation State, in: *Journal of Economic History* 33, S. 203–221.

Beck, Ulrich (1986): *Risikogesellschaft. Auf dem Weg in eine andere Moderne*, Frankfurt.

— (1993): *Die Erfindung des Politischen. Zu einer Theorie reflexiver Modernisierung*, Frankfurt.

— (1997): *Weltrisikogesellschaft, Weltöffentlichkeit und globale Subpolitik*, Wien.

— (2002): *Macht und Gegenmacht. Neue weltpolitische Ökonomie*, Frankfurt.

— (2004): *Der kosmopolitische Blick oder: Krieg ist Frieden*, Frankfurt.

— /Beck-Gernsheim, Elisabeth (1990): *Das ganz normale Chaos der Liebe*, Frankfurt.

Beer, Francis A. (1981): *Peace against War. The Ecology of International Violence*, San Francisco.

Bendix, Reinhard (1964): *Nation-Building and Citizenship*, 2. Auflage, Berkeley.

Benedict, Ruth (1959): The Natural History of War, in: dies., *An Anthropologist at Work,* hrsg. von Margaret Mead, London, S. 369–382.

Benjamin, Walter (1965): Zur Kritik der Gewalt, in: ders., *Zur Kritik der Gewalt und andere Aufsätze*, Frankfurt, S. 29–65.

Bennett, D. Scott/Stam, Allan C. (1996): The Duration of Interstate Wars, 1816–1985, in: *American Political Science Review* 90, S. 239–257.

Berdal, Mats/Malone, David M. (2000a): *Greed and Grievance. Economic Agendas in Civil Wars*, Ottawa.

— /Malone, David M. (2000b): Introduction, in: Mats Berdal/David M. Malone (Hg.), *Greed and Grievance. Economic Agendas in Civil Wars*, Ottawa, S. 1–18.

Berg, Manfred (2000): Soldaten und Bürger: Zum Zusammenhang von Krieg und Wahlrecht in der amerikanischen Geschichte, in: Wolfgang Knöbl/Gunnar Schmidt (Hg.), *Die Gegenwart des Kreges. Staatliche Gewalt in der Moderne*, Frankfurt, S. 147–173.

Berger, Peter L./Luckmann, Thomas (1969): *Die gesellschaftliche Konstruktion der Wirklichkeit. Eine Theorie der Wissenssoziologie*, Ausgabe Frankfurt 1996.

Bergesen, Albert J./Lizardo, Omar (2004): International Terrorism and the World-System, in: *Sociological Theory* 22, S. 38–52.

Best, Geoffrey (1976): How Right is Might? Some Aspects of the International Debate about How to Fight Wars and How to Win Them, 1870–1918, in: Geoffrey Best/Andrew Wheatcroft (Hg.), *War, Economy and the Military Mind*, Totowa, S. 120–135.

— (1982): *War and Society in Revolutionary Europe, 1770–1870*, Fontana.
— (1994): *War and Law Since 1945*, Oxford.
Beukema, Herman (1941): The Social and Political Aspects of Conscription: Europe's Experience, in: Jesse D. Clarkson/Thomas C. Cochran (Hg.), *War as a Social Institution. The Historian's Perspective*, New York, S. 113–129.
Beyrau, Dietrich (1997): Das Russische Imperium und seine Armee, in: Ute Frevert (Hg.), *Militär und Gesellschaft im 19. und 20. Jahrhundert*, Stuttgart, S. 119–142.
— (2007): Totaler Krieg. Begriff und Erfahrung am sowjetischen Beispiel, in: Dietrich Beyrau/Michael Hochgeschwender/Dieter Langewiesche (Hg.), *Formen des Krieges. Von der Antike bis zur Gegenwart*, Paderborn, S. 327–354.
Blainey, Geoffrey (1973): *The Causes of War*, London–Basingstoke.
Bland, Douglas L. (2001): Patterns in Liberal Democratic Civil-Military Relations, in: *Armed Forces and Society* 27, S. 525–540.
Bock, Kenneth E. (1955): The Study of War in American Sociology, in: *Sociologus* 5, S. 104–113.
Boene, Bernard (1990): How ›unique‹ should the military be? A review of representative literature and outline of a synthetic formulation, in: *Archives Européennes de Sociologie* 31, S. 3–59.
Boettcher, William A. /Cobb, Michael D. (2006): Echoes of Vietnam? Casualty Framing and Public Perceptions of Success and Failure in Iraq, in: *Journal of Conflict Resolution* 50, S. 831–854.
Böge, Volker (2004): *Neue Kriege und traditionale Konfliktbearbeitung*, INEF-Report 74/2004, Duisburg.
Boli, John (1987): Human Rights or State Expansion? Cross-National Definitions of Constitutional Rights, 1870–1970, in: George M. Thomas u.a., *Institutional Structure. Constituting State, Society, and the Individual*, Newbury Park, S. 133–149.
Bollig, M. (1995): Zur Legitimation von Gewalt bei ostafrikanischen Hirtennomaden, in: Heinrich von Stietencron (Hg.), *Töten im Krieg*, Freiburg–München, S. 363–398.
Börm, Henning (2008): »Es war allerdings nicht so, dass sie es im Sinne eines Tributes erhielten, wie viele meinten ...« Anlässe und Funktion der persischen Geldforderungen an die Römer (3. bis 6. Jh.), in: *Historia* 57, S. 327–346.
Boulding, Kenneth E. (1959): National images and international systems, in: *Journal of Conflict Resolution* 3, S. 120–131.
— (1963): Towards a Pure Theory of Threat Systems, in: *American Economic Review* 53, S. 424–434.
Braybrooke, David/Lindblom, Charles E. (1963): *A Strategy of Decision*, New York.
Briant, Pierre (1999): The Achaemenid Empire, in: Kurt Raaflaub/Nathan Rosenstein (Hg.), *War and Society in the Ancient and Medieval Worlds*, Washington D.C., S. 105–128.
Brick, Philip Douglas (1991): *The Strategy of Endings: War Termination in Conventional and Nuclear Worlds*, Ann Arbor.

Broch, Tom/Galtung, Johan (1966): Belligerence among the Primitives, in: *Journal of Peace Research* 3, S. 33–45.

Bröckling, Ulrich (1997): *Disziplin. Soziologie und Geschichte militärischer Gehorsamsproduktion*, München.

Brotz, Howard/Wilson, Everett (1946): Characteristics of Military Society, in: *American Journal of Sociology* 51, S. 371–375.

Brown, Francis J. (1943): War and Higher Education, in: *Journal of Educational Sociology* 16, S. 406–411.

Bruneau, Thomas C./Goetze, Richard B. (2006): Ministries of Defense and Democratic Control, in: Thomas C. Bruneau/Scott D. Tollefson (Hg.), *Who Guards the Guardians and How. Democratic Civil-Military Relations*, Austin, S. 71–98.

Brunkhorst, Hauke (2003): Politik der Menschenrechte. Zur Verfassung der Weltgesellschaft, in: Armin Nassehi/Markus Schroer (Hg.), *Der Begriff des Politischen*, Baden-Baden, S. 71–88.

Brunner, Otto (1970): *Land und Herrschaft. Grundfragen der territorialen Verfassungsgeschichte Österreichs im Mittelalter*, 6. Auflage Darmstadt.

Brunsson, Nils (1985): *The Irrational Organization. Irrationality as a Basis for Organizational Action and Change*, Chichester.

Brzezinski, Zbigniew (2007): »Manche wollen Krieg in Iran« – Interview mit Zbigniew Brzezinski, in: *Die Zeit* vom 11.1.2007.

Bueno de Mesquita, Bruce (1981): *The War Trap*, New Haven–London.

Bueno de Mesquita, Bruce/Siverson, Randolph M. (1995): War and the Survival of Political Leaders. A Comparative Study of Regime Types and Political Accountability, in: *American Political Science Review* 89, S. 841–855.

Burger, Rudolf (2001): Die Politik der moralischen Militärintervention, in: Konrad Paul Liessman (Hg.), *Der Vater aller Dinge. Nachdenken über den Krieg*, Wien, S. 118–137.

Burkhardt, Johannes (2000): Worum ging es im Dreißigjährigen Krieg?, in: Bernd Wegner (Hg.), *Wie Kriege entstehen. Zum historischen Hintergrund von Staatenkonflikten*, Paderborn, S. 67–87.

Burrer, Friedrich/Müller, Holger (2008): *Kriegskosten und Kriegsfinanzierung in der Antike*, Darmstadt.

Buzan, Barry/Albert, Mathias (2010): Differentiation: A Sociological Approach to International Relations Theory, in: *European Journal of International Relations* 16, S. 315–337.

Campbell, Alec (2003): Where Do All the Soldiers Go? Veterans and the Politics of Demobilization, in: Diane E. Davis/Anthony W. Pereira (Hg.), *Irregular Armed Forces and Their Role in Politics and State Formation*, Cambridge, S. 96–117.

Campbell, Brian (1999): The Roman Empire, in: Kurt Raaflaub/Nathan Rosenstein (Hg.), *War and Society in the Ancient and Medieval Worlds*, Washington D.C., S. 217–240.

Caprioli, Mary/Trumbore, Peter F. (2006): First Use of Violent Force in Militarized Interstate Disputes, 1980–2001, in: *Journal of Peace Research* 43, S. 741–749.

Carroll, Berenice (1969): How Wars End: An Analysis of Some Current Hypotheses, in: *Journal of Peace Research* 6, S. 295–321.

Carruthers, Susan (2000): *The Media at War. Communication and Conflict in the Twentieth Century*, Houndsmills.

Caygill, Howard (2001): Perpetual Police? Kosovo and the Elision of Police and Military Violence, in: *European Journal of Social Theory* 4, S. 73–80.

Centeno, Miguel Angel (2003): Limited War and Limited States, in: Diane E. Davis/Anthony W. Pereira (Hg.), *Irregular Armed Forces and Their Role in Politics and State Formation*, Cambridge, S. 82–95.

Chagnon, Napoleon A. (1968): Yanomamö Social Organization, in: Morton Fried/Marvin Harris/Robert Murphy (Hg.), *War: The Anthropology of Armed Conflict and Aggression*, Garden City, S. 109–159.

Chan, Steve (1978): Temporal Delineation of International Conflicts: Poisson Results from the Vietnam War, 1963–1965, in: *International Studies Quarterly* 22, S. 237–265.

Chojnacki, Sven (2007): Auf der Suche nach des Pudels Kern: Alte und neue Typologien in der Kriegsforschung, in: Dietrich Beyrau/Michael Hochgeschwender/Dieter Langewiesche (Hg.), *Formen des Krieges. Von der Antike bis zur Gegenwart*, Paderborn, S. 479–502.

Clausewitz, Carl von (1832): *Vom Kriege*, Ausgabe Bonn 1980.

Collier, Paul (2000): Doing Well out of War: An Economic Perspective, in: Mats Berdal/David M. Malone (Hg.), *Greed and Grievance. Economic Agendas in Civil Wars*, Ottawa, S. 91–112.

— /Hoeffler, Anke/Söderbom, Måns (2004): On the Duration of Civil War, in: *Journal of Peace Research* 41, S. 253–273.

Collins, Arthur S. (1989): Tactical Command, in: Lloyd J. Matthews/Dale E. Brown (Hg.), *The Challenge of Military Leadership*, Washington D.C., S. 49–58.

Collins, Randall/Coltrane, Scott (1991): *Sociology of Marriage and the Family*, Chicago.

Colm, Gerhard (1939): War Finance, in: Hans Speier/Alfred Kähler (Hg.), *War in Our Time*, New York, S. 192–205.

Cornell, T.J. (1992): The Effect of War on the Society of Ancient Rome, in: G. Ausenda (Hg.), *Effects of War on Society*, San Marino, S. 131–148.

Coser, Lewis A. (1956): *The Functions of Social Conflict*, New York.

— (1964): The Political Functions of Eunuchism, in: *American Sociological Review* 29, S. 880–885.

— (1967a): Greedy Organizations, in: *Archive Européenne de Sociologie* 8, S. 196–215.

— (1967b): The Termination of Conflict, in: ders., *Continuities in the Study of Social Conflict*, New York, S. 37–53.

— (1974): *Greedy Institutions. Patterns of Undivided Commitment*, New York–London.

Crocker, Chester A./Hampson, Fen Osler/Aall, Pamela (2005): Introduction. Mapping the Nettle Field, in: dies. (Hg.), *Grasping the Nettle. Analyzing Cases of Intractable Conflict*, Washington D.C., S. 3–30.

Crone, Patricia (1999): The Early Islamic World, in: Kurt Raaflaub/Nathan Rosenstein (Hg.), *War and Society in the Ancient and Medieval Worlds*, Washington D.C., S. 309–332.

Dahrendorf, Ralf (1974): Über den Ursprung der Ungleichheit unter den Menschen, in: ders., *Pfade aus Utopia*, München.

Dammann, Klaus (2001): »Women, Children, Older People«: Genocide, Warfare, and the Functional Differentiation of Society, in: Grazyna Skapska/Orla-Bukowska (Hg.), *The Moral Fabric in Contemporary Societies*, Leiden–Boston, S. 291–308.

— (2003): *Krieg, Völkermord und Terrorismus. Die soziale Konstruktion von Unschuld der Opfer in Semantik und Sozialstruktur*, Bielefelder Arbeiten zur Verwaltungssoziologie 2003/3 (unveröffentlichtes Manuskript).

Daniel, Ute (1993): Der Krieg der Frauen 1914–1918, in: Gerhard Hirschfeld u.a. (Hg.), *»Keiner fühlt sich hier mehr als Mensch ...« Erlebnis und Wirkung des Ersten Weltkriegs*, Essen, S. 157–177.

Daniels, Arlene K. (1969): The Captive Professional: Bureaucratic Limitations in the Practice of the Military Psychiatrist, in: *Journal of Health and Social Behavior* 10, S. 255–265.

Davis, Diane E./Pereira, Anthony W. (Hg.) (2003): *Irregular Armed Forces and Their Role in Politics and State Formation*, Cambridge.

Desch, Michael C. (1999): *Civilian Control of the Military. The Changing Security Environment*, Baltimore–London.

Dessler, David (1991): Beyond Correlations: Toward a Causal Theory of War, in: *International Studies Quarterly* 35, S. 337–355.

Deutsch, Karl W. (1957): Mass Communications and the Loss of Freedom in National Decision-Making: A Possible Research Approach to Interstate Conflicts, in: *Journal of Conflict Resolution* 1, S. 200–211.

— (1963): *The Nerves of Government. Models of Political Communication and Control*, Glencoe.

— (1968): *Analyse internationaler Beziehungen*, Frankfurt.

— (1973): Zum Verständnis von Krisen und politischen Revolutionen, in: Martin Jänicke (Hg.), *Herrschaft und Krise. Beiträge zur politikwissenschaftlichen Krisenforschung*, Opladen, S. 90–100.

— /Senghaas, Dieter (1970): Die Schritte zum Krieg. Eine Übersicht über Systemebenen, Entscheidungsstatien und einige Forschungsergebnisse, in: Beilage zur Wochenzeitung *Das Parlament* B 47/70, S. 3–40.

Dodson, Dan W. (1943): Civilian Defense as Nonformal Education, in: *Journal of Educational Sociology* 16, S. 420–423.

Doswald-Beck, Louise (1987): The Civilian in the Crossfire, in: *Journal of Peace Research* 24, S. 251–262.

Duffield, Mark (2000): Globalization, Transborder Trade, and War Economics, in: Mats Berdal/David M. Malone (Hg.), *Greed and Grievance. Economic Agendas in Civil Wars*, Ottawa, S. 69–90.

Dülffer, Jost (2002): Frieden nach dem Zweiten Weltkrieg?, in: Bernd Wegner (Hg.), *Wie Kriege enden. Wege zum Frieden von der Antike bis zur Gegenwart*, Paderborn, S. 213–138.

Durkheim, Emile (1893): *Über soziale Arbeitsteilung. Studie über die Organisation höherer Gesellschaften*, Ausgabe Frankfurt 1988.

— (1912): *Die elementaren Formen des religiösen Lebens*, Ausgabe Frankfurt 1998.

— (1922): *Physik der Sitten und des Rechts*, Ausgabe Frankfurt 1991.

Dürrenmatt, Friedrich (1958): *Das Unternehmen der Wega*, Zürich.

Edelman, Murray (1976): *Politik als Ritual*, Frankfurt.

Eisenstadt, Shmuel N. (1953): *The Political Systems of Empires*, Glencoe.

Elias, Norbert (1939): *Über den Prozeß der Zivilisation. Soziogenetische und psychogenetische Untersuchungen*, Ausgabe Frankfurt 1997.

— (1970): *Was ist Soziologie?*, 9. Auflage 2000, Weinheim–München.

— (1985): *Conditio humana. Beobachtungen zur Entwicklung der Menschheit am 40. Jahrestag eines Kriegsendes (8. Mai 1985)*, Frankfurt.

— (1992a): *Studien über die Deutschen*, Frankfurt.

— (1992b): *Time: An Essay*, Oxford–Cambridge.

Elkin, Henry (1946): Aggressive and Erotic Tendencies in Army Life, in: *American Journal of Sociology* 51, S. 408–413.

Elwert, Georg (1997): Gewaltmärkte. Beobachtungen zur Zweckrationalität der Gewalt, in: Trutz von Trotha (Hg.), *Soziologie der Gewalt*, Sonderheft 37 der KZfSS, Opladen, S. 86–101.

Engels, Friedrich (1857): Armee, in: Karl Marx/Friedrich Engels, *Werke*, Bd. 14, Berlin 1972, S. 5–48.

Eppler, Erhard (2002): *Vom Gewaltmonopol zum Gewaltmarkt? Die Privatisierung und Kommerzialisierung der Gewalt*, Frankfurt.

Evetts, Julia (2003): Explaining the construction of professionalism in the military: history, concepts and theories, in: *Revue francaise de sociologie* 44, S. 759–776.

Farnham, Barbara (2004): Impact of the Political Context on Foreign Policy Decision-Making, in: *Political Psychology* 25, S. 441–463.

Farris, W. Wayne (1999): Japan to 1300, in: Kurt Raaflaub/Nathan Rosenstein (Hg.), *War and Society in the Ancient and Medieval Worlds*, Washington D.C., S. 47–70.

Fearon, James (2004): Why Do Some Civil Wars Last So Much Longer Than Others?, in: *Journal of Peace Research* 41, S. 275–301.

Feaver, Peter D. (1996): The Civil-Military Problematique: Huntington, Janowitz, and the Question of Civilian Control, in: *Armed Forces and Society* 23, S. 149–178.

— (2003): *Armed Servants. Agency, Oversight, and Civil-Military Relations*, Cambridge–London.

— /Gelpi, Christopher (2004): *Choosing Your Battles. American Civil-Military Relations and the Use of Force*, Princeton.

Feick, Christoph (2006): *Die Globalität der Neuen Kriege. Veränderte Gewaltstrukturen im Zeitalter transnationaler Verflechtungen*, Magisterarbeit an der Universität Mainz.

Feld, Maury D. (1968): Professionalism, Nationalism, and The Alienation of the Military, in: Jacques van Doorn (Hg.), *Armed Forces and Society. Sociological Essays*, Den Hague, S. 55–70.

— (1977): *The Structure of Violence. Armed Forces as Social Systems*, Beverly Hills–London.

Ferguson, Niall (2003): *Politik ohne Macht. Das fatale Vertrauen in die Wirtschaft*, München.

— (2004): *Das verleugnete Imperium. Chancen und Risiken amerikanischer Macht*, Berlin.

Ferguson, R. Brian (1992): The General Consequences of War: An Amazonian Perspective, in: G. Ausenda (Hg.), *Effects of War on Society*, San Marino, S. 59–86.

— (1999): A Paradigm for the Study of War and Society, in: Kurt Raaflaub/Nathan Rosenstein (Hg.), *War and Society in the Ancient and Medieval Worlds*, Washington D.C., S. 389–438.

Finer, Samuel E. (1975): State- and Nation-Building in Europe: The Role of the Military, in: Charles Tilly (Hg.), *The Formation of National States in Western Europe*, Princeton, S. 84–163.

— (1988): *The Man on Horseback. The Role of the Military in Politics*, Boulder–London.

Finnemore, Martha (1996a): *National Interests in International Society*, Ithaca–London.

— (1996b): Norms, Culture, and World Politics: Insights from Sociology's Institutionalism, in: *International Organization* 50, S. 325–347.

Fisch, Jörg (2002): Der Friedensschluß und die Kriegsschuld, in: Bernd Wegner (Hg.), *Wie Kriege enden. Wege zum Frieden von der Antike bis zur Gegenwart*, Paderborn, S. 309–326.

Fischer-Lescano, Andreas/Teubner, Gunther (2006): *Regime-Kollisionen. Zur Fragmentierung des globalen Rechts*, Frankfurt.

Fixdal, Mona/Smith, Dan (1998): Humanitarian Intervention and Just War, in: *Mershon International Studies Review* 42, S. 283–312.

Forsberg, Randall Caroline (2001): Socially-Sanctioned and Non-Sanctioned Violence, in: Ruth Stanley (Hg.), *Konflikt und Gewalt in der globalisierten Welt. Festschrift für Ulrich Albrecht*, Opladen, S. 201–230.

Förster, Stig (1996): Vom Volkskrieg zum totalen Krieg? Der Amerikanische Bürgerkrieg 1861–1865, der Deutsch-Französische Krieg 1879/71 und die Anfänge moderner Kriegführung, in: Walther L. Bernecker/Volker Dotterweiche (Hg.), *Deutschland in den internationalen Beziehungen des 19. und 20. Jahrhunderts*, München, S. 71–92.

— (1997): Ein alternatives Modell? Landstreitkräfte und Gesellschaft in den USA 1775–1865, in: Ute Frevert (Hg.), *Militär und Gesellschaft im 19. und 20. Jahrhundert*, Stuttgart, S. 94–118.

Frevert, Ute (1997a): Das jakobinische Modell. Allgemeine Wehrpflicht und Nationsbildung in Preußen-Deutschland, in: dies. (Hg.), *Militär und Gesellschaft im 19. und 20. Jahrhundert*, Stuttgart, S. 17–47.

— (1997b): Gesellschaft und Militär im 19. und 20. Jahrhundert: Sozial-, kultur- und geschlechtergeschichtliche Annäherungen, in: dies. (Hg.), *Militär und Gesellschaft im 19. und 20. Jahrhundert*, Stuttgart.

Galbraith, James K. (2001): The Meaning of a War Economy, in: *Challenge* 44, Heft 6 (Nov./Dez.), S. 5–12.

— (2002): The Unbearable Costs of Empire, in: *American Prospect* 13, Nr. 21, S. 26–27.

Galtung, Johan (1965): Institutionalized Conflict Resolution, in: *Journal of Peace Research* 2, S. 348–397.

— (1984): *Es gibt Alternativen! Vier Wege zu Frieden und Sicherheit*, Opladen.

— /Ruge, Mari Holmboe (1965a): Patterns of Diplomacy, in: *Journal of Peace Research* 2, S. 101–135.

— /Ruge, Mari Holmboe (1965b): The Structure of Foreign News. The Presentation of the Congo, Cuba and Cyprus Crises, in: *Journal of Peace Research* 2, S. 64–91.

Gamson, William A. (1995): Hiroshima, the Holocaust, and the Politics of Exclusion, in: *American Sociological Review* 60, S. 1–20.

Gantzel, Klaus Jürgen (1972): *System und Akteur. Beiträge zur vergleichenden Kriegsursachenforschung*, Düsseldorf.

— (1997): Kriegsursachen – Tendenzen und Perspektiven, in: *Ethik und Sozialwissenschaften* 8, S. 257–266.

— (2000): Über die Kriege nach dem Zweiten Weltkrieg, in: Bernd Wegner (Hg.), *Wie Kriege entstehen. Zum historischen Hintergrund von Staatenkonflikten*, Paderborn, S. 299–318.

Garfinkel, Harold (1967): *Studies in Ethnomethodology*, Englewood Cliffs.

Gebauer, Matthias (2011): Afghanistan-Mandat: Guttenberg und Westerwelle finden gemeinsame Abzugsformel, in: *Spiegel Online* vom 8.1.2011, http://www.spiegel.de/politik/deutschland/0,1518,738453,00.html

Gebauer, Werner (1959): Kriegswirtschaft, in: E.v. Beckerath u.a. (Hg.), *Handwörterbuch der Sozialwissenschaften*, Bd. 6, Stuttgart, S. 391–405.

Gehlen, Arnold (1968): Luxus und Gesellschaft, in: ders., *Die Seele im technischen Zeitalter und andere sozialpsychologische, soziologische und kulturanalytische Schriften*, Gesamtausgabe Bd. 6, Frankfurt 2004.

Gehring, Petra (1999): Benjamins Kritik und Luhmanns Beobachtung: Perspektiven einer Zeittheorie der Gewalt, in: *Soziale Systeme* 5, S. 339–362.

Genschel, Philipp/Schlichte, Klaus (1997): Wenn Kriege chronisch werden: Der Bürgerkrieg, in: *Leviathan* 25, S. 501–517.

Gentile, Felix M. (1943): The Effects of War Upon the Family and Its Members, in: *Psychiatry* 6, S. 37–45.

Geser, Hans (1986): Elemente zu einer soziologischen Theorie des Unterlassens, in: *Kölner Zeitschrift für Soziologie und Sozialpsychologie* 38, S. 643–669.

— (1992): Kleinstaaten im internationalen System, in: *Kölner Zeitschrift für Soziologie und Sozialpsychologie,* S. 627–654.

— (2005): Die Militärorganisation im Zeitalter entgrenzter Kriegsaufgaben, in: Elmar Wiesendahl (Hg.), *Neue Bundeswehr – neue Innere Führung? Perspektiven und Rahmenbedingungen für die Weiterentwicklung eines Leitbildes*, Baden-Baden, S. 111–128.

Giddens, Anthony (1987): *The Nation-State and Violence*, Berkeley–Los Angeles.

Giesen, Bernhard (1992): The Temporalization of Social Order: Some Theoretical Remarks on the Change in »Change«, in: Hans Haferkamp/Neil J. Smelser (Hg.), *Social Change and Modernity*, Berkeley, S. 294–319.

Giraldo, Jeanne Kinney (2006): Legislatures and National Defense: Global Comparisons, in: Thomas C. Bruneau/Scott D. Tollefson (Hg.), *Who Guards the Guardians and How. Democratic Civil-Military Relations*, Austin, S. 34–70.

Glaser, Barney G./Strauss, Anselm L. (1965): Temporal Aspects of Dying as a Non-Scheduled Status Passage, in: *American Journal of Sociology* 71, S. 48–59.

Glassner, Barry (1982): An Essay on Iterative Social Time, in: *The Sociological Review* 30, S. 668–681.

Gluckman, Max (1964): *Custom and Conflict in Africa*, New York.

Gnirs, Andrea M. (1999): Ancient Egypt, in: Kurt Raaflaub/Nathan Rosenstein (Hg.), *War and Society in the Ancient and Medieval Worlds*, Washington D.C., S. 71–104.

Göbel, Markus/Schmidt, Johannes F.K. (1998): Inklusion/Exklusion: Karriere, Probleme und Differenzierungen eines systemtheoretischen Begriffspaars, in: *Soziale Systeme* 4, S. 87–118.

Goemans, Heir (2000a): Fighting for Survival: The Fate of Leaders and the Duration of War, in: *Journal of Conflict Resolution* 44, S. 555–579.

— (2000b): *War and Punishment. The Causes of War Termination and the First World War*, Princeton.

Goffman, Erving (1973): *Asyle. Über die soziale Situation psychiatrischer Patienten und anderer Insassen*, Frankfurt.

— (1981): *Strategische Interaktion*, München–Wien.

Goode, William J. (1967): Protection of the Inept, in: *American Sociological Review* 32, S. 5–19.

Goodman, Ryan (2006): Humanitarian Intervention and Pretexts for War, in: *American Journal of International Law* 100, S. 107–135.

Grabill, Wilson H. (1944): Effect of the War on the Birth Rate and Postwar Fertility Prospects, in: *American Journal of Sociology* 50, S. 107–111.

Greffenius, Steven/Gill, Jungil (1992): Pure Coercion vs. Carrot-and-Stick-Offers in Crisis Bargaining, in: *Journal of Peace Research* 29, S. 39–52.

Greve, Jens/Heintz, Bettina (2005): Die »Entdeckung« der Weltgesellschaft. Entstehung und Grenzen der Weltgesellschaftstheorie, in: Bettina Heintz/Richard Münch/Hartmann Tyrell (Hg.), *Weltgesellschaft. Theoretische Zugänge und empirische Problemlagen*, Stuttgart, S. 89–119.

Greven, Michael Th. (1999): *Die politische Gesellschaft. Kontingenz und Dezision als Probleme des Regierens und der Demokratie*, Opladen.

Grotius, Hugo (1625): *De Jure Belli ac Pacis*, Tübingen 1950. ((Klassiker))

Guttieri, Karen (2004): Civil-military relations in peacebuilding, in: *Sicherheitspolitik und Friedensforschung* 22, Heft 2, S. 79–85.

— (2006): Unlearning War: US Military Experience with Stability Operations, in: M. Leann Brown/Michael Kenney/Michael Zarkin (Hg.), *Organizational Learning in the Global Context*, Aldershot, S. 217–235.

Hack, Lothar (2005): Auf der Suche nach der verlorenen Totalität. Von Marx' kapitalistischer Gesellschaftsformation zu Wallersteins Analyse der »Weltsysteme«?, in: Bettina Heintz/Richard Münch/Hartmann Tyrell (Hg.), *Weltgesellschaft. Theoretische Zugänge und empirische Problemlagen*, Stuttgart, S. 120–158.

Hafner-Burton, Emilie M./Tsutsui, Kiyoteru (2005): Human Rights in a Globalizing World: The Paradox of Empty Promises, in: *American Journal of Sociology* 110, S. 1373–1411.

Hall, Edward T. (1983): *The Dance of Life. The Other Dimension of Time*, Garden City.

Hall, John A. (1985): *Powers and Liberties. The Causes and Consequences of the Rise of the West*, Berkeley.

Halperin, Morton H. (1974): *Bureaucratic Politics and Foreign Policy*, Washington D.C.

Hämmerle, Christa (2000): Von den Geschlechtern der Kriege und des Militärs, in: Thomas Kühne/Benjamin Ziemann (Hg.), *Was ist Militärgeschichte?*, Paderborn, S. 229–262.

Hammond, Philip (2004): Humanizing War. The Balkans and Beyond, in: Stuart Allan/Barbie Zelizer (Hg.), *Reporting War. Journalism in Wartime*, London–New York, S. 174–190.

Handman, Max (1939): War, Economic Motives, and Economic Symbols, in: *American Journal of Sociology* 44, S. 629–648.

Hanke, Stefanie (1999): Klientelismus als System. Die Reproduktion klientelistischer Netzwerke im Demokratisierungsprozess in Mali, in: Hans-Joachim Lauth/Ulrike Liebert (Hg.), *Im Schatten demokratischer Legitimität*, Opladen, S. 277–293.

Harrison, Mark (1992): The Soviet Union, in: Jeremy Noakes (Hg.), *The Civilian in War. The Home Front in Europe, Japan and the USA in World War II*, Exeter, S. 62–79.

Hartigan, Richard Shelly (1982): *The Forgotten Victim: A History of the Civilian*, Chicago.

Hasluck, Margaret (1967): The Albanian Blood Feud, in: Paul Bohannan (Hg.), *Law and Warfare. Studies in the Anthropology of Conflict*, Garden City, S. 381–408.

Hayoz, Nicolas (2007): Regionale »organisierte Gesellschaften« und ihre Schwierigkeiten mit der Realität der funktionalen Differenzierung, in: *Soziale Systeme* 13, S. 160–172.

Hegre, Håvard (2004): The Duration and Termination of Civil War, in: *Journal of Peace Research* 41, S. 243–252.

Heinemann, Klaus/Ludes, Peter (1978): Zeitbewußtsein und Kontrolle der Zeit, in: Kurt Hammerich/Michael Klein (Hg.), *Materialien zur Soziologie des Alltags*, Sonderheft 20 der KZfSS, Opladen, S. 220–243.

Heins, Volker/Warburg, Jens (2004): *Kampf der Zivilisten*, Bielefeld.

Heintz, Bettina/Münch, Richard/Tyrell, Hartmann (Hg.) (2005): *Weltgesellschaft. Theoretische Zugänge und empirische Problemlagen*, Sonderheft der Zeitschrift für Soziologie, Stuttgart.

Heintz, Peter (1982): *Die Weltgesellschaft im Spiegel von Ereignissen*, Diessenhofen.

Helbling, Jürgen (2006): *Tribale Kriege. Konflikte in Gesellschaften ohne Zentralgewalt*, Frankfurt–New York.

Hettling, Manfred/Jeismann, Michael (1993): Der Weltkrieg als Epos. Philipp Witkops »Kriegsbriefe gefallener Studenten«, in: Gerhard Hirschfeld u.a. (Hg.), *»Keiner fühlt sich hier mehr als Mensch ...« Erlebnis und Wirkung des Ersten Weltkriegs*, Essen, S. 205–234.

Higgs, Robert (1992): Wartime Prosperity? A Reassessment of the U.S. Economy in the 1940s, in: *Journal of Economic History* 52, S. 41–60.

Hironaka, Ann (2005): *Neverending Wars: The International Community, Weak States, and the Perpetuation of Civil War*, Cambridge–London.

Hobhouse, L.T. (1956): The Simplest Peoples: Part II. Peace and Order among the Simplest Peoples, in: *British Journal of Sociology* 7, S. 96–119.

Hobohm, Martin (1992): Soziale Heeresmißstände im Ersten Weltkrieg, in: Wolfram Wette (Hg.), *Der Krieg des kleinen Mannes. Eine Militärgeschichte von unten*, München–Zürich, S. 136–145.

Hobson, John Atkinson (1902): *Der Imperialismus*, Köln.

Holl, Jane E. (1993): When War Doesn't Work: Understanding the Relationship between the Battlefield and the Negotiating Table, in: Roy Licklider (Hg.), *Stopping the Killing. How Civil Wars End*, New York–London, S. 269–291.

Hollingshead, August B. (1946): Adjustment to Military Life, in: *American Journal of Sociology* 51, S. 439–447.

Holsti, K.J. (1996): *The State, War, and the State of War*, Cambridge.

Holsti, Ole R. (1989/99): A Widening Gap between the U.S. Military and Civilian Society? Some Evidence, 1976–1996, in: *International Security* 23, S. 5–42.

Holz, Klaus (2001): Funktionale und segmentäre Differenzierung der Politik, in: *Zeitschrift für Rechtssoziologie* 22, S. 53–778.

Holzer, Boris (2006a): Political Consumerism between Individual Choice and Collective Action: Social Movements, Role Mobilization and Signalling, in: *International Journal of Consumer Studies* 30, S. 405–415.

— (2006b): Spielräume der Weltgesellschaft: Formale Strukturen und Zonen der Informalität, in: Thomas Schwinn (Hg.), *Die Vielfalt und Einheit der Moderne. Kultur- und strukturvergleichende Analysen*, Wiesbaden, S. 259–279.

Hooks, Gregory (1993): The Weakness of Strong Theories: The U.S. State's Dominance of the World War II Investment Process, in: *American Sociological Review* 58, S. 37–53.

Höpken, Wolfgang (2000): Das Dickicht der Kriege: Ethnischer Konflikt und militärische Gewalt im früheren Jugoslawien 1991–1995, in: Bernd Wegner (Hg.), *Wie Kriege entstehen. Zum historischen Hintergrund von Staatenkonflikten*, Paderborn, S. 319–367.

Horn, Eva (2002): Der Flüchtling, in: dies. (Hg.), *Grenzverletzer. Von Schmugglern, Spionen und anderen subversiven Gestalten*, Berlin, S. 23–40.

Horne, John (2002): Civilian Population and Wartime Violence: Towards an Historical Analysis, in: *International Social Science Journal* 54, S. 483–490.

Howard, Michael (1957): Introduction: The Armed Forces as a Political Problem, in: ders. (Hg.), *Soldiers and Governments. Nine Studies in Civil-Military Relations*, London, S. 9–24.

— (1981): *Der Krieg in der europäischen Geschichte. Vom Ritterheer zur Atomstreitmacht*, München.

Hughes, F. Stuart (1959): *Consciousness and Society. The Reorientation of European Social Thought 1890–1930*, London.

Humburg, Martin (1998): *Das Gesicht des Krieges. Feldpostbriefe von Wehrmachtssoldaten aus der Sowjetunion 1941–1944*, Opladen.

Hundt, Michael (2002): Frieden und internationale Ordnung im Zeitalter der Französischen Revolution und Napoleons I., in: Bernd Wegner (Hg.), *Wie Kriege enden. Wege zum Frieden von der Antike bis zur Gegenwart*, Paderborn, S. 121–160.

Huntington, Samuel (1989): Modernization and Corruption, in: Arnold J. Heidenheimer u.a. (Hg.), *Political Corruption. A Handbook*, New Brunswick, S. 377–388.

— (1993): Keynote: Non-Traditional Roles for the U.S. Military, in: James R. Graham (Hg.), *Non-Combat Roles for the U.S. Military in the Post-Cold War Era*, Washington D.C., S. 3–13.

— (1998): *The Clash of Civilizations and the Remaking of World Order*, New York.

Huntington, Samuel P. (1957): *The Soldier and the State. The Theory and Politics of Civil-Military Relations*, Cambridge Mass. ((Cambridge))

— (1968a): Military Policy, in: David S. Sills (Hg.), *International Encyclopedia of the Social Sciences*, Bd. 10, New York, S. 319–325.

— (1968b): *Political Order in Changing Societies*, New Haven–London.

Ignatieff, Michael (2000): Die Zivilisierung des Krieges. Ethnische Konflikte, Menschenrechte, Medien, Hamburg.

— (2005): »Ein Krieg kann gut sein, wenn er das kleinere Übel ist«. Interview mit Michael Ignatieff, in: *taz* vom 25.2.2005.

Iklé, Fred Charles (1971): *Every War Must End*, 2. überarbeitete Auflage, New York–Chichester 2005

Imbusch, Peter (2005): *Moderne und Gewalt. Zivilisationstheoretische Perspektiven auf das 20. Jahrhundert*, Wiesbaden.

Iser, Matthias (2006): Paradoxien des (un)gerechten Krieges, in: Anna Geis (Hg.), *Den Krieg überdenken. Kriegsbegriffe und Kriegstheorien in der Kontroverse*, Baden-Baden, S. 179–200.

Jackson, Robert H. (1990): *Quasi-States: Sovereignty, International Relations, and the Third World*, Cambridge.

— /Rosberg, Carl G. (1982): Why Africa's Weak States Persist: The Empirical and the Juridical in Statehood, in: *World Politics* 35, S. 1–24.

Janabi, Ahmed (2006): Who benefits from Iraq's Oil?, in: *Al Jazeera Online*, www.english.aljazeera.net (20.5.2006)

Janowitz, Morris (1960): *The Professional Soldier. A Social and Political Portrait*, Glencoe.

— (2000): Militärische Institutionen und Staatsbürgerschaft in westlichen Gesellschaften, in: Wolfgang Knöbl/Gunnar Schmidt (Hg.), *Die Gegenwart des Krieges. Staatliche Gewalt in der Moderne*, Frankfurt, S. 127–146.

Japp, Klaus P. (2003): Zur Soziologie des fundamentalistischen Terrorismus, in: *Soziale Systeme* 9, S. 54–87.

— (2006): Terrorismus als Konfliktsystem, in: *Soziale Systeme* 12, S. 6–32.

Jervis, Robert (1969): Hypotheses on Misperceptions, in: James N. Rosenau (Hg.), *International Politics and Foreign Policy. A Reader in Research and Theory*, 2. Auflage, New York, S. 239–254.

— (1976): *Perception and Misperception in International Politics*, Princeton.

Joas, Hans (1995): Kriegsideologien. Der Erste Weltkrieg im Spiegel der zeitgenössischen Sozialwissenschaften, in: *Leviathan* 23, S. 336–350.

— (2000): *Kriege und Werte*, Weilerswist.

Journal of Conflict Resolution (2005): *Special Issue »Primary Commodities and Civil War«*, Jg. 49, Heft 4

Journal of Peace Research (1987): *Special Issue »Humanitarian Law of Armed Conflict«*, Jg. 46, Heft 3.

Julkunen, Raija (1977): A Contribution to the Categories of Social Time and the Economy of Time, in: *Acta Sociologica* 20, S. 5–24.

Kaempfert, Waldemar (1941): War and Technology, in: *American Journal of Sociology* 46, S. 431–444.

Kaldor, Mary (1981): *Rüstungsbarock. Das Arsenal der Zerstörung und das Ende der militärischen Techno-Logik*, Berlin.

— (2000): *Neue und alte Kriege*, Frankfurt.

Kapstein, Ethan B. (2002): Two Dismal Sciences Are Better Than One – Economics and the Study of National Security, in: *International Security* 27, S. 158–187.

Karsten, Rafael (1967): Blood Revenge and War among the Jibaro Indians of Eastern Ecuador, in: Paul Bohannan (Hg.), *Law and Warfare. Studies in the Anthropology of Conflict*, Garden City, S. 303–326.

Kaufman, Richard F. (1972): MIRVing the Boondoggle: Contracts, Subsidy, and Welfare in the Aerospace Industry, in: *American Economic Review* 62, S. 288–295.

Kecskemeti, Paul (1958): *Strategic Surrender. The Politics of Victory and Defeat*, Stanford.

Keegan, John (1978): *Das Antlitz des Krieges*, Düsseldorf–Wien.

— (1987): *Die Maske des Feldherrn. Alexander der Große, Wellington, Grant, Hitler*, Reinbek bei Hamburg.

Keegan, John (1995): *Die Kultur des Krieges*, Berlin.

Keeley, Lawrence H. (1996): *War Before Civilization*, New York–Oxford.

Keen, David (2000a): Incentives and Disincentives for Violence, in: Mats Berdal/David M. Malone (Hg.), *Greed and Grievance. Economic Agendas in Civil Wars*, Ottawa, S. 19–42.

— (2000b): War and Peace: What's the Difference?, in: *International Peacekeeping* 7, S. 1–22.

— (2000c): War, Crime, and Access to Resources, in: E. Wayne Nafziger/Frances Steward/Raimo Väyrynen (Hg.), *War, Hunger, and Displacement. The Origins of Humanitarian Emergencies*, Volume 1: Analysis, Oxford, S. 283–304.

— (2005): *Conflict and Collusion in Sierra Leone*, Oxford.

— (2006): *Endless War? Hidden Functions of the ›War on Terror‹*, London–Ann Arbor.

Kempf, Wilhelm (1998): *Menschenrechte im Kriege*, Vortrag auf der 11. Tagung Friedenspsychologie, Universität Marburg, 19.–21. Juni 1998, www.ub.uni-konstanz.de/kops/volltexte/1999/196 (14.7.2004).

— /Reimann, Michael/Luostarinen, Heikki (1996): *Qualitative Inhaltsanalyse von Kriegspropaganda und Kritischem Friedensjournalismus*, Diskussionsbeiträge der Projektgruppe Friedensforschung, Projekt 13/85, Universität Konstanz, Nr. 32/1996, www.ub.uni-konstanz.de/kops/volltexte/1999/258/html/Psyc32.html (14.7.2004).

Kempowski, Walter (2002): *Das Echolot. Ein kollektives Tagebuch. Barbarossa '41*, München.

— (2005): *Das Echolot. Ein kollektives Tagebuch. Abgesang '45*, München.

Kendall, Patricia L/Lazarsfeld, Paul F. (1950): Problems of Survey Analysis, in: Robert K. Merton/Paul F. Lazarsfeld (Hg.), *Continuities in Social Research. Studies in the Scope and Method of »The American Soldier«*, Glencoe, S. 133–196.

Kennedy, Paul (2000): *Aufstieg und Fall der großen Mächte. Ökonomischer Wandel und militärischer Konflikt von 1500 bis 2000*, Frankfurt.

Keohane, Robert O. (1984): *After Hegemony*, Princeton.

Kieserling, André (2005/06): *Einführung in die Soziologie*, Vorlesung an der Universität Mainz, Wintersemester 2005/06 (unveröffentlichtes Manuskript).

Kocka, Jürgen (1978): *Klassengesellschaft im Krieg. Deutsche Sozialgeschichte 1914–1918*, 2. Auflage, Göttingen.

Kohl, Tobias (2009): Zum Militär der Politik, in: *Soziale Systeme* 15, S. 160–188.

Kohn, Richard H. (1994): Out of Control. The Crisis in Civil-Military Relations, in: *The National Interest,* Frühjahr 1994, S. 3–17.

Kohn, Richard H. (1997): How Democracies Control the Military, in: *Journal of Democracy* 8, S. 140–153.

Kornhauser, William (1960): *The Politics of Mass Society*, London.

Koselleck, Reinhart (1992): Der Einfluß der beiden Weltkriege auf das soziale Bewußtsein, in: Wolfram Wette (Hg.), *Der Krieg des kleinen Mannes. Eine Militärgeschichte von unten*, München–Zürich, S. 324–343.

Köstlin, Konrad (1984): Krieg als Reise, in: Margit Berwing/Konrad Köstlin (Hg.), *Reise-Fieber*, Regensburg, S. 100–114.

Krasner, Stephen (1983): *International Regimes*, Ithaca–London.

Krebs, Ronald R. (2004): A School for the Nation? How Military Service Does Not Build Nations, and How It Might, in: *International Security* 28, S. 85–124.

Krippendorff, Ekkehart (1985): *Staat und Krieg. Die historische Logik politischer Unvernunft*, Frankfurt.

Kroener, Bernhard (1992): »Kriegsgurgeln, Freureuter und Merodebrüder«, in: Wolfram Wette (Hg.), *Der Krieg des kleinen Mannes. Eine Militärgeschichte von unten*, München–Zürich, S. 51–67.

— (2002): Der »Zweiunddreißigjährige Krieg« – Kriegsende 1650. Oder: Wie lange dauerte der Dreißigjährige Krieg?, in: Bernd Wegner (Hg.), *Wie Kriege enden. Wege zum Frieden von der Antike bis zur Gegenwart*, Paderborn, S. 67–93.

Krumwiede, Heinrich-W. (1998): Regulierungsmöglichkeiten von Bürgerkriegen – Fragen und Hypothesen, in: Heinrich-W. Krumwiede/Peter Waldmann (Hg.), *Bürgerkriege: Folgen und Regulierungsmöglichkeiten*, Baden-Baden, S. 37–60.

Kruse, Volker (2009): Mobilisierung und kriegsgesellschaftliches Dilemma. Beobachtungen zur kriegsgesellschaftlichen Moderne, in: *Zeitschrift für Soziologie* 38, S. 198–214.

Krysmanski, Hans Jürgen (1993): *Soziologie und Frieden. Grundsätzliche Einführung in ein aktuelles Thema*, Opladen.

Kuchler, Barbara (2010a): Innere Unsicherheit und ›Selbstbefriedigung‹ der Staatsmacht, in: Axel Groenemeyer (Hg.), *Wege der Sicherheitsgesellschaft. Gesellschaftliche Transformationen der Konstruktion und Regulierung innerer Unsicherheiten*, Wiesbaden, S. 230–267.

— (2010b): *Zurechnung auf Zufall vs. Leistung* (unveröffentlichtes Manuskript).

Kuczynski, Jürgen (1992): Der Alltag des Soldaten (1650–1810), in: Wolfram Wette (Hg.), *Der Krieg des kleinen Mannes. Eine Militärgeschichte von unten*, München–Zürich, S. 68–75.

Kühne, Thomas (1999): Der Soldat, in: Ute Frevert (Hg.), *Der Mensch des 20. Jahrhunderts*, Frankfurt–New York, S. 344–372.

Kümmel, Gerhard (2005): *Diener zweier Herren. Soldaten zwischen Bundeswehr und Familie*, Frankfurt.

Kurth, James R. (1972): The Political Economy of Weapons Procurement: The Follow-on Imperative, in: *American Economic Review* 62, S. 304–311.

Kurtz, Donald V. (1978): The Legitimation of the Aztec State, in: Henri J.M. Claessen/Peter Skalník (Hg.), *The Early State*, Den Hague, S. 169–190.

Lamm, Lucian (1943): Mobilizing a School for War, in: *Journal of Educational Sociology* 16, S. 451–452.

Landers, John (2005): The Destructiveness of Pre-Industrial Warfare: Political and Technological Determinants, in: *Journal of Peace Research* 42, S. 455–470.

Lang, Kurt (1968): Military, in: David S. Sills (Hg.), *International Encyclopedia of the Social Sciences*, Bd. 10, New York, S. 305–312.

— (1972): *Military Institutions and the Sociology of War*, Beverly Hills–London.

Langewiesche, Dieter (2009): Wie neu sind die »Neuen Kriege«? Eine erfahrungsgeschichtliche Analyse, in: Georg Schild/Anton Schindling (Hg.), *Kriegserfahrungen – Krieg und Gesellschaft in der Neuzeit. Neue Horizonte der Forschung*, Paderborn, S. 289–302.

Lanter, Max (1959): Kriegsfinanzen, in: E.v. Beckerath u.a. (Hg.), *Handwörterbuch der Sozialwissenschaften*, Bd. 6, Stuttgart, S. 357–365.

Larson, Arthur D. (1974): Military Professionalism and Civil Control: A Comparative Analysis of Two Interpretations, in: *Journal of Political and Military Sociology* 2, S. 57–72.

Lasswell, Harold D. (1927): *Propaganda Technique in the World War*, London.

Lauer, Robert H. (1981): *Temporal Man. The Meaning and Uses of Social Time*, New York.

Lawrence, Philip K. (1999): Enlightenment, Modernity and War, in: *History of the Human Sciences* 12, S. 3–25.

Lawrence, T.E. (1955): *The Mint. A Day Book of the R.A.F. Depot between August and December 1922 with Later Notes*, London.

Lederer, Emil (1915): Zur Soziologie des Weltkriegs, in: ders., *Kapitalismus, Klassenstruktur und Probleme der Demokratie in Deutschland 1910–1940*, Göttingen 1979, S. 119–144. ((Klassiker))

— (1939): War Economics, in: Hans Speier/Alfred Kähler (Hg.), *War in Our Time*, New York, S. 206–220.

Leed, Eric J. (1979): *No Man's Land. Combat and Identity in World War I*, Cambridge.

Leng, Russell J./Wheeler, Hugh G. (1979): Influence Strategies, Success, and War, in: *Journal of Conflict Resolution* 23, S. 655–684.

Levi, Margaret (1997): *Consent, Dissent, and Patriotism*, Cambridge.

Lewis, J. David/Weigert, Andrew J. (1981): The Structures and Meanings of Social Time, in: *Social Forces* 60, S. 432–462.

Libero, Loretana de (2000): Antike Wege in den Krieg, in: Bernd Wegner (Hg.), *Wie Kriege entstehen. Zum historischen Hintergrund von Staatenkonflikten*, Paderborn, S. 25–44.

— (2002): Vernichtung oder Vertrag? Bemerkungen zum Kriegsende in der Antike, in: Bernd Wegner (Hg.), *Wie Kriege enden. Wege zum Frieden von der Antike bis zur Gegenwart*, Paderborn, S. 3–24.

Licklider, Roy (1995): The Consequences of Negotiated Settlements in Civil Wars, 1945–1993, in: *American Political Science Review* 89, S. 681–699.

— (2005): Comparative Studies of Long Wars, in: Chester A. Crocker/Fen Osler Hampson/Pamela Aall (Hg.), *Grasping the Nettle. Analyzing Cases of Intractable Conflict*, Washington D.C., S. 33–46.

Lindblom, Charles E. (1959): The Science of Muddling Through, in: *Public Administration Review* 19, Winter 1959, S. 79–88.

Lingeman, Richard R. (1970): *Don't You Know There's a War On? The American Home Front 1941–1945*, New York.

Linklater, Andrew (2002): The Problem of Harm in World Politics: Implications for the Sociology of States-Systems, in: *International Affairs* 78, S. 319–338.

Lipman-Blumen, Jean (1973): Role De-Differentiation as a System Response to Crisis: Occupational and Political Roles of Women, in: *Sociological Inquiry* 43, S. 105–129.

Lipset, Seymour Martin (1959): *Political Man. The Social Bases of Politics*, Garden City–New York.

Lischer, Sarah Kenyon (2003): Collateral Damage. Humanitarian Assistance as a Cause of Conflict, in: *International Security* 28, S. 79–109.

Littauer, Rudolf (1939): Enemy Property in War, in: Hans Speier/Alfred Kähler (Hg.), *War in Our Time*, New York, S. 269–287.

Little, Roger W. (1964): *Buddy Relations and Combat Performance*, New York.

Lock, Peter (2003): Kriegsökonomien und Schattenglobalisierung, in: Werner Ruf (Hg.), *Politische Ökonomie der Gewalt. Staatszerfall und die Privatisierung von Gewalt und Krieg*, Opladen, S. 93–123.

Longmate, Norman (1971): *How We Lived Then. A History of Everyday Life during the Second World War*, London.

Loth, Wilfried (2000): Der Krieg, der nicht stattfand, in: Bernd Wegner (Hg.), *Wie Kriege entstehen. Zum historischen Hintergrund von Staatenkonflikten*, Paderborn, S. 285–298.

Luard, Evan (1987): *War in International Society*, New Haven–London.

Ludendorff, Erich (1935): *Der totale Krieg*, München.

Luhmann, Niklas (1964): *Funktionen und Folgen formaler Organisation*, Berlin.

— (1965): *Grundrechte als Institution. Ein Beitrag zur politischen Soziologie*, Berlin.

— (1969): *Legitimation durch Verfahren*, 3. Auflage, Frankfurt 1993.

— (1970a): Funktion und Kausalität, in: ders., *Soziologische Aufklärung 1*, Opladen S. 9–30.

— (1970b): Soziologie des politischen Systems, in: ders., *Soziologische Aufklärung 1*, Opladen, S. 154–177.

— (1971a): Die Knappheit der Zeit und die Vordringlichkeit des Befristeten, in: ders., *Politische Planung. Aufsätze zur Soziologie von Politik und Verwaltung*, Opladen, S. 143–164.

— (1971b): Öffentliche Meinung, in: ders., *Politische Planung. Aufsätze zur Soziologie von Politik und Verwaltung*, Opladen, S. 9–34.

— (1975a): Die Weltgesellschaft, in: ders., *Soziologische Aufklärung 2*, Opladen, S. 51–71.

— (1975b): Einführende Bemerkungen zu einer Theorie symbolisch generalisierter Kommunikationsmedien, in: ders., *Soziologische Aufklärung 2*, Opladen, S. 170–192.

— (1975c): Interaktion, Organisation, Gesellschaft, in: ders., *Soziologische Aufklärung 2*, Opladen, S. 9–20.

— (1975d): Weltzeit und Systemgeschichte, in: ders., *Soziologische Aufklärung 2*, Opladen, S. 103–133.

— (1977): *Funktion der Religion*, Frankfurt.

— (1980): Frühneuzeitliche Anthropologie, in: ders., *Gesellschaftsstruktur und Semantik*, Bd. 1, Frankfurt, S. 162–234.

— (1981a): *Ausdifferenzierung des Rechts. Beiträge zur Rechtssoziologie und Rechtstheorie*, Ausgabe Frankfurt 1999.

— (1981b): Geschichte als Prozeß und die Theorie sozio-kultureller Evolution, in: ders., *Soziologische Aufklärung 3*, Opladen, S. 178–197.

— (1981c): Identitätsgebrauch in selbstsubstitutiven Ordnungen, besonders Gesellschaften, in: ders., *Soziologische Aufklärung 3*, Opladen, S. 198–227.

— (1981d): Organisationen im Wirtschaftssystem, in: ders., *Soziologische Aufklärung 3*, Opladen, S. 390–414.

— (1981e): Selbstreferenz und Teleologie in gesellschaftstheoretischer Perspektive, in: ders., *Gesellschaftsstruktur und Semantik*, Bd. 2, Frankfurt, S. 9–44.

— (1981f): Temporalstrukturen des Handlungssystems. Zum Zusammenhang von Handlungs- und Systemtheorie, in: ders., *Soziologische Aufklärung 3*, Opladen, S. 126–150.

— (1984): *Soziale Systeme. Grundriß einer allgemeinen Theorie*, Frankfurt.

— (1986): *Ökologische Kommunikation. Kann die moderne Gesellschaft sich auf ökologische Gefährdungen einstellen?*, Opladen.

— (1988a): *Die Wirtschaft der Gesellschaft*, Frankfurt.

— (1988b): *Macht*, 2., durchges. Auflage, Stuttgart.

— (1989): Individuum, Individualität, Individualismus, in: ders., *Gesellschaftsstruktur und Semantik*, Bd. III, Frankfurt, S. 149–258.

— (1991): *Soziologie des Risikos*, Berlin–New York.

— (1993): *Das Recht der Gesellschaft*, Frankfurt.

— (1994): Machtkreislauf und Recht in Demokratien, in: ders., *Soziologische Aufklärung 4*, Opladen, S. 142–151.

— (1995): Das Paradox der Menschenrechte und drei Formen seiner Entfaltung, in: ders., *Soziologische Aufklärung 6*, Opladen, S. 229–236.

— (1996): *Die Realität der Massenmedien*, 2., erweiterte Auflage, Opladen.
— (1997): *Die Gesellschaft der Gesellschaft*, Frankfurt.
— (1999): Ethik in internationalen Beziehungen, in: *Soziale Welt* 50, S. 247–254.
— (2000a): *Die Politik der Gesellschaft* (hrsg. von André Kieserling), Frankfurt.
— (2000b): *Organisation und Entscheidung*, 2. Auflage Wiesbaden 2006.
— (2008): *Liebe. Eine Übung* (hrsg. von André Kieserling), Frankfurt.
— (2010): *Politische Soziologie*, hrsg. von André Kieserling, Frankfurt.
Luttwak, Edward N. (1991): The Traditional Approaches to Peace, in: W. Scott Thompson/Kenneth M. Jensen (Hg.), *Approaches to Peace. An Intellectual Map*, Washington D.C., S. 1–12.
— (1994): Where are the great powers? At home with the kids, in: *Foreign Affairs* 73, S. 23–28.
— (1999): Give War a Chance, in: *Foreign Affairs* 78, Juli/August, S. 36–44.
— (2003): *Strategie. Die Logik von Krieg und Frieden*, Lüneburg.
Mahlert, Bettina (2005): Globale Ordnung und globaler Konflikt: Talcott Parsons als Theoretiker des Ost-West-Konfliktes. Eine Anmerkung zur Theoriegeschichte von »Weltgesellschaft«, in: Bettina Heintz/Richard Münch/Hartmann Tyrell (Hg.), *Weltgesellschaft. Theoretische Zugänge und empirische Problemlagen. Sonderheft der Zeitschrift für Soziologie*, Stuttgart, S. 159–173.
Mailer, Norman (1948): *The Naked and the Dead*, New York.
Majeski, Stephen J./Sylvan, David J. (1984): Simple Choices and Complex Calculations: A Critique of the War Trap, in: *Journal of Conflict Resolution* 28, S. 316–340.
Malesevic, Sinisa (2010): *The Sociology of War and Violence*, Cambridge.
Malinowski, Bronislaw (1941): War – Past, Present, and Future, in: Jesse D. Clarkson/Thomas C. Cochran (Hg.), *War as a Social Institution. The Historian's Perspective*, New York, S. 21–31.
Malitz, Jürgen (2008): Der Preis des Krieges. Thukydides und die Finanzen Athens, in: Friedrich Burrer/Holger Müller (Hg.), *Kriegskosten und Kriegsfinanzierung in der Antike*, Darmstadt, S. 28–47.
Maney, Gregory M./Ibrahim, Ibtisam/Higgins, Gareth I./Herzog, Hanna (2006): The Past's Promise: Lessons from Peace Processes in Northern Ireland and the Middle East, in: *Journal of Peace Research* 43, S. 181–200.
Mann, Michael (1984a): The Autonomous Power of the State: Its Origins, Mechanisms and Results, in: *Archive Européenne de Sociologie* 25, S. 185–213.
— (1984b): Capitalism and Militarism, in: Martin Shaw (Hg.), *War, State and Society*, New York, S. 25–46.
— (1987a): The Roots and Contradictions of Modern Militarism, in: *New Left Review* 162, S. 35–50.
— (1987b): War and Social Theory: Into Battle with Classes, Nations and States, in: Colin Creighton/Martin Shaw (Hg.), *The Sociology of War and Peace*, Dobbs Ferry, S. 54–72.
— (1990): *Geschichte der Macht. Erster Band: Von den Anfängen bis zur griechischen Antike*, Frankfurt–New York.

— (1991): *Geschichte der Macht. Zweiter Band: Vom Römischen Reich bis zum Vorabend der Industrialisierung*, Frankfurt–New York.

— (1998): *Geschichte der Macht. Dritter Band, Teil I: Die Entstehung von Klassen und Nationalstaaten*, Frankfurt–New York.

— (2000): Eliminatorische ethnische Säuberungen: Eine makrosoziologische Erklärung, in: *Berliner Journal für Soziologie* Heft 2/2000, S. 241–277.

Marshall, S.L.A. (1947): *Men against Fire. The Problem of Battle Command*, Ausgabe Oklahoma 2000.

Marshall, Thomas H. (1950): *Bürgerrechte und soziale Klassen. Zur Soziologie des Wohlfahrtsstaates*, Ausgabe Frankfurt 1992.

Martin, Shannon E. (2006): US Media Pools and Military Interventions in the 1980s and 1990s, in: *Journal of Peace Research* 43, S. 601–616.

Marwick, Arthur (1965): *The Deluge. British Society and the First World War*, London.

Matuszek, Krzysztof C. (2007): *Der Krieg als autopoietisches System. Die Kriege der Gegenwart und Niklas Luhmanns Systemtheorie*, Wiesbaden.

Mauss, Marcel (1924): *Die Gabe. Form und Funktion des Austauschs in archaischen Gesellschaften*, Ausgabe Frankfurt 1968.

Mayer, Albert J./Hoult, Thomas Ford (1955): Social Stratification and Combat Survival, in: *Social Forces* 34, S. 155–159.

Mazower, Mark (2003): Gewalt und Staat im Zwanzigsten Jahrhundert, in: *Mittelweg 36* Heft 2/2003, S. 21–44.

McCall, George J. (1982): Becoming Unrelated: The Management of Bond Dissolution, in: Steve Duck (Hg.), *Personal Relationships. Bd. 4: Dissolving Personal Relationships*, London, S. 211–231.

McCallum, Malcolm R. (1946): The Study of the Delinquent in the Army, in: *American Journal of Sociology* 51, S. 579–582.

McClelland, Charles A. (1961): The Acute International Crisis, in: *World Politics* 14, S. 182–204.

McDonagh, Edward C. (1946): The Discharged Serviceman and His Family, in: *American Journal of Sociology* 51, S. 451–454.

McDonagh, Edward/McDonagh, Louise (1945): War Anxieties of Soldiers and their Wives, in: *Social Forces* 24, S. 195–200.

McInnes, Colin (2002): *Spectator-Sport War: The West and Contemporary Conflict*, Boulder.

McMillan, James F. (1988): World War I and Women in France, in: Arthur Marwick (Hg.), *Total War and Social Change*, New York, S. 1–15.

McNeill, William (1984): *Krieg und Macht. Militär, Wirtschaft und Gesellschaft vom Altertum bis heute*, München.

Mead, Margaret (1968): Alternatives to War, in: Morton Fried/Marvin Harris/Robert Murphy (Hg.), *War: The Anthropology of Armed Conflict and Aggression*, Garden City, S. 215–228.

Meier, Andreas (2005): *Rettung oder Fluch? Die Rolle der Mongolen in den politischen Entwicklungen des Nahen Ostens im Hochmittelalter*, Norderstedt.

Meißner, Burkhard (2008): Reparationen in klassischer und hellenistischer Zeit, in: Friedrich Burrer/Holger Müller (Hg.), *Kriegskosten und Kriegsfinanzierung in der Antike*, Darmstadt, S. 246–259.

Melman, Seymour (1972): Ten Propositions of the War Economy, in: *American Economic Review* 62, S. 312–318.

Mendler, Martin (1997): Theoretisierung von Kriegsursachen: Eine Quadratur des Kreises?, in: *Ethik und Sozialwissenschaften* 8, S. 287–289.

Merton, Robert K./Kitt, Alice S. (1950): Contributions to the Theory of Reference Group Behavior, in: Robert K. Merton/Paul F. Lazarsfeld (Hg.), *Continuities in Social Research. Studies in the Scope and Method of »The American Soldier«*, Glencoe, S. 40–105.

Metcalf, Joseph (1986): Decision Making and the Grenada Rescue Operation, in: James G. March/Roger Weissinger-Baylon (Hg.), *Ambiguity and Command. Organizational Perspectives on Military Decision Making*, Marshfield, S. 277–297.

Meyer, John W. (2005): *Weltkultur: Wie die westlichen Prinzipien die Welt durchdringen*, Frankfurt.

Meyers, Reinhard (1995): Von der Globalisierung zur Fragmentierung?, in: Paul Kevenhörster/Wichard Woyke (Hg.), *Internationale Politik nach dem Ost-West-Konflikt*, Münster, S. 33–82.

Michels, Robert (1910): *Zur Soziologie des Parteiwesens in der modernen Demokratie. Untersuchungen über die oligarchischen Tendenzen des Gruppenlebens*, Ausgabe Stuttgart 1989

Middleton, John/Tait, David (1958): Introduction, in: John Middleton/David Tait (Hg.), *Tribes without Rulers. Studies in African Segmentary Systems*, London, S. 1–32.

Mills, C. Wright (1962): *Die amerikanische Elite. Gesellschaft und Macht in den Vereinigten Staaten*, Hamburg.

— (1963): *Politik ohne Verantwortung*, München.

Mills, Geofrey/Rockoff, Hugh (1987): Compliance with Price Controls in the United States and the United Kingdom During World War II, in: *Journal of Economic History* 47, S. 197–213.

Milward, Alan S. (1977): *War, Economy and Society 1939–1945*, London.

Mockaitis, Thomas R. (2004): Civil-Military Cooperation in Peace Operations: The Case of Kosovo, http://www.strategicstudiesinstitute.army.mil/pdffiles/PUB583.pdf (20.4.2010)

Mommsen, Wolfgang J. (1988): The Social Consequences of World War I: the Case of Germany, in: Arthur Marwick (Hg.), *Total War and Social Change*, New York, S. 25–44.

— (1993): Der Erste Weltkrieg und die Krise Europas, in: Gerhard Hirschfeld/Gerd Krumeich/Irina Renz (Hg.), *»Keiner fühlt sich hier mehr als Mensch …«. Erlebnis und Wirkung des Ersten Weltkriegs*, Essen, S. 30–52.

Moore, Wilbert E. (1963): *Man, Time, and Society*, New York–London.

Morgenrath, Birgit/Rössel, Karl (2008): Die Dritte Welt im Zweiten Weltkrieg, in: *Forum Wissenschaft* 2/2008, www.bdwi.de/forum/archiv/archiv/2040308.html (5.5.2010).

Moskos, Charles C. (1968): Eigeninteressen, Primärgruppen und Ideologie. Eine Untersuchung der Kampfmotivation amerikanischer Truppen in Vietnam, in: René König (Hg.), *Beiträge zur Militärsoziologie. Sonderheft 12 der KZfSS*, Köln–Opladen, S. 199–220.

— (1977): From Institution to Occupation, in: *Armed Forces and Society* 4, S. 41–50.

— /Wood, Frank R. (Hg.) (1988): *The Military: More Than Just a Job?*, Washington D.C.

Müller, Klaus-Jürgen (2000): Kriegsausbruch 1939, in: Bernd Wegner (Hg.), *Wie Kriege entstehen. Zum historischen Hintergrund von Staatenkonflikten*, Paderborn, S. 253–282.

Münkler, Herfried (1990): Die Gestalt des Partisanen. Herkunft und Zukunft, in: ders. (Hg.), *Der Partisan. Theorie, Strategie, Gestalt*, Opladen, S. 14–39.

— (1992): *Gewalt und Ordnung. Das Bild des Krieges im politischen Denken*, Frankfurt.

— (1999): Den Krieg wieder denken. Clausewitz, Kosovo und die Kriege des 21. Jahrhunderts, in: *Blätter für deutsche und internationale Politik* 44, S. 678–688.

— (2001): Krieg und Politik am Beginn des 21. Jahrhunderts, in: Konrad Paul Liessman (Hg.), *Der Vater aller Dinge. Nachdenken über den Krieg*, Wien, S. 16–43.

— (2002): *Über den Krieg. Stationen der Kriegsgeschichte im Spiegel ihrer theoretischen Reflexion*, Weilerswist.

— (2003): Politik und Krieg. Die neuen Herausforderungen durch Staatszerfall, Terror und Bürgerkriegsökonomien, in: Armin Nassehi/Markus Schroer (Hg.), *Der Begriff des Politischen*, Baden-Baden, S. 471–491.

— (2004): *Die Neuen Kriege*, Hamburg.

— (2005): *Imperien. Die Logik der Weltherrschaft – vom Alten Rom bis zu den Vereinigten Staaten*, Berlin.

— (2006): *Der Wandel des Krieges. Von der Symmetrie zur Asymmetrie*, 2. Auflage, Weilerswist.

Murphy, Robert F. (1957): Intergroup Hostility and Social Cohesion, in: *American Anthropologist* 59, S. 1018–1035.

Nadel, S.F. (1957): *The Theory of Social Structure*, London.

Nichols, John (2010): Michael Foot and the Defense of a Free Press in Wartime, http://www.thenation.com/blog/michael-foot-and-defense-free-press-wartime (14.3.2011)

Nolan, Patrick D. (2003): Toward an Ecological-Evolutionary Theory of the Incidence of Warfare in Preindustrial Societies, in: *Sociological Theory* 21, S. 18–30.

Nollmann, Gerd (1997): *Konflikte in Interaktion, Gruppe und Organisation. Zur Konfliktsoziologie der modernen Gesellschaft*, Opladen.

Nooteboom, Cees (1999): *Allerseelen*. Roman, Frankfurt.

Novick, David/Anshen, Melvin/Truppner, W.C. (1976): *Wartime Production Controls*, New York.

Nowosadtko, Jutta (2002): *Krieg, Gewalt und Ordnung. Einführung in die Militärgeschichte*, Stuttgart.

Oevermann, Ulrich (1995): Ein Modell der Struktur von Religiosität. Zugleich ein Strukturmodell von Lebenspraxis und von sozialer Zeit, in: Monika Wohlrab-Sahr (Hg.), *Biographie und Religion. Zwischen Ritual und Selbstsuche*, Frankfurt, S. 27–102.

Ohanian, Lee E. (1997): The Macroeconomic Effects of War Finance in the United States: World War II and the Korean War, in: *American Economic Review* 87, S. 23–40.

Ohler, Norbert (2000): Kriege im Mittelalter, in: Bernd Wegner (Hg.), *Wie Kriege entstehen. Zum historischen Hintergrund von Staatenkonflikten*, Paderborn, S. 45–64.

Olick, Jeffrey K. (1999): Collective Memory: The Two Cultures, in: *Sociological Theory* 17, S. 333–348.

Ondaatje, Elizabeth H. (1993): Supporting Democracy, in: James R. Graham (Hg.), *Non-Combat Roles for the U.S. Military in the Post-Cold War Era*, Washington D.C., S. 65–88.

Osiel, Mark J. (1999): *Obeying Orders. Atrocity, Military Discipline and the Law of War*, New Brunswick–London.

Osterhammel, Jürgen (1995): Kulturelle Grenzen in der Expansion Europas, in: *Saeculum* 46, S. 101–139.

Otterbein, Keith F. (1985): *The Evolution of War. A Cross-Cultural Study*, New Haven.

Otterbein, Keith F. (2000): Killing of Captured Enemies: A Cross-Cultural Study, in: *Current Anthropology* 41, S. 439–443.

Paes, Wolf-Christian (2003): Die neue Ökonomie des Krieges, in: Werner Ruf (Hg.), *Politische Ökonomie der Gewalt. Staatszerfall und die Privatisierung von Gewalt und Krieg*, Opladen, S. 165–182.

Parsons, Talcott (1961): Introduction [into Part II], in: ders. u.a. (Hg.), *Theories of Society. Foundations of Modern Sociological Theory*, Glencoe, S. 239–264.

— (1967a): On the Concept of Political Power, in: ders., *Sociological Theory and Modern Society*, New York, S. 297–354.

— (1967b): Some Reflections on the Place of Force in Social Process, in: ders., *Sociological Theory and Modern Society*, New York, S. 264–296.

— (1976): Sozialsysteme, in: ders., *Zur Theorie sozialer Systeme* (hrsg. und eingeleitet von Stefan Jensen), Opladen, S. 275–300.

Pfaff, William (2011): Das Militär als Sicherheitsrisiko. In den USA hat sich die Macht des Pentagon verselbstständigt, in: *Le monde diplomatique*, Februar 2011, S. 18.

Philip, Mark (2002): Conceptualizing Political Corruption, in: Arnold J. Heidenheimer u.a. (Hg.), *Political Corruption*, New Brunswick, S. 41–57.

Phillips, Michael M. (2009): Army Deploys Old Tactic in PR War, in: *The Wall Street Journal* vom 1. Juni 2009.

Pillar, Paul R. (1983): *Negotiating Peace. War Termination as a Bargaining Process*, Princeton.

Pokora, Timoteus (1978): China, in: Henri J.M. Claessen/Peter Skalník (Hg.), *The Early State*, Den Hague, S. 191–212.

Polenberg, Richard (1972): *War and Society. The United States 1941–1945*, Philadelphia.

Porch, Douglas (2006): Strategy Formulation and National Defense: Peace, War, and the Past als Prologue, in: Thomas C. Bruneau/Scott D. Tollefson (Hg.), *Who Guards the Guardians and How. Democratic Civil-Military Relations*, Austin, S. 101–121.

Preisendörfer, Peter (2000): Strukturell-situationale Gegebenheiten als Bestimmungsfaktoren der Verkehrsmittelwahl, in: *Soziale Welt* 51, S. 487–502.

Priest, Dana (2003): *The Mission. Waging War and Keeping Peace with America's Military*, New York.

Prisching, Manfred (1986): *Krisen. Eine soziologische Untersuchung*, Graz–Wien.

Raaflaub, Kurt (1999): Archaic and Classical Greece, in: ders./Nathan Rosenstein (Hg.), *War and Society in the Ancient and Medieval Worlds*, Washington D.C., S. 129–162.

Radcliffe-Brown, Alfred R. (1935): On the Concept of Function in Social Science, in: *American Anthropologist* 37, S. 394–402.

Ralston, David B. (1990): *Importing the European Army. The Introduction of European Military Techniques and Institutions into the Extra-European World, 1600–1914*, Chicago–London.

Rapoport, Anatol (1990): *Ursprünge der Gewalt. Ansätze der Konfliktforschung*, Darmstadt.

Regan, Patrick M. (1994): *Organizing Societies for War. The Process and Consequences of Societal Militarization*, Westport.

Rehnquist, William H. (1998): *All the Laws But One. Civil Liberties in Wartime*, New York.

Reid, Alastair (1988): World War I and the Working Class in Britain, in: Arthur Marwick (Hg.), *Total War and Social Change*, New York, S. 16–24.

Reimann, Aribert (2001): Semantiken der Kriegserfahrung und historische Diskursanalyse. Britische Soldaten an der Westfront des Ersten Weltkriegs, in: Nikolaus Buschmann/Horst Carl (Hg.), *Die Erfahrung des Krieges*, Paderborn, S. 173–194.

Renn, Ludwig (1939): *Warfare. The Relation of War to Society*, London.

Reno, William (2003): The Changing Nature of Warfare and the Absence of State-Building in Africa, in: Diane E. Davis/Anthony W. Pereira (Hg.), *Irregular Armed Forces and Their Role in Politics and State Formation*, Cambridge, S. 322–345.

Richardson, Lewis F. (1960): *Statistics of Deadly Quarrels*, London.

Ricks, Thomas (1997): The Widening Gap between the Military and Society, in: *Atlantic Monthly*, Juli 1997, S. 66–78.

Riley, John W./Cottrell, Leonard S. (1957): Research for Psychological Warfare, in: *Public Opinion Quarterly* 21, S. 147–158.

Rink, Michael (2000): Partisanen und Landvolk 1730 bis 1830, in: *Militärgeschichtliche Zeitschrift* 59, S. 23–60.

Rittner, Volker (1973): *Kulturkontakte und soziales Lernen im Mittelalter*, Köln–Wien.

Rosenberg, Arthur (1941): War and Modern Dictatorship, in: Jesse D. Clarkson/Thomas C. Cochran (Hg.), *War as a Social Institution. The Historian's Perspective*, New York, S. 189–196.

Rosenstein, Nathan (1999): *Republican Rome*, Washington D.C.

Ross, Michael L. (2004): What Do We Know about Natural Resources and Civil War? , in: *Journal of Peace Research* 41, S. 337–356.

Rousseau, Jean-Jacques (1762): Vom Gesellschaftsvertrag, in: ders., *Politische Schriften, Bd. 1*, Paderborn 1977.

Roxborough, Ian (1999): The Persistence of War as a Sociological Problem, in: *International Sociology* 14, S. 491–500.

— (2003): The Ghost of Vietnam: America Confronts the New World Disorder, in: Diane E. Davis/Anthony W. Pereira (Hg.), *Irregular Armed Forces and Their Role in Politics and State Formation*, Cambridge, S. 346–384.

Ruf, Werner (2003): Politische Ökonomie der Gewalt. Staatszerfall und Privatisierung von Gewalt und Krieg, in: ders. (Hg.), *Politische Ökonomie der Gewalt. Staatszerfall und die Privatisierung von Gewalt und Krieg*, Opladen, S. 9–47.

Rufin, Jean-Christophe (1999): Kriegswirtschaft in internen Konflikten, in: Jean Francois/Jean-Christophe Rufin (Hg.), *Ökonomie der Bürgerkriege*, Hamburg, S. 15–46.

Rummel, R.J. (1991): Political Systems, Violence, and War, in: W. Scott Thompson/Kenneth M. Jensen (Hg.), *Approaches to Peace. An Intellectual Map*, Washington D.C., S. 347–370.

Russett, Bruce M. (1962): Cause, Surprise, and No Escape, in: *Journal of Politics* 24, S. 3–22.

— (1967): Pearl Habor: Deterrence Theory and Decision Theory, in: *Journal of Peace Research* 4, S. 89–106.

Rydgren, Jens (2007): The Power of the Past: A Contribution to a Cognitive Sociology of Ethnic Conflict, in: *Sociological Theory* 25, S. 225–244.

Schaedel, Richard P. (1978): Early State of the Incas, in: Henri J.M. Claessen/Peter Skalník (Hg.), *The Early State*, Den Hague, S. 289–320.

Schaffer, Ronald (1991): *America in the Great War: The Rise of the Welfare State*, New York.

Schenk, Herrad (1987): *Freie Liebe – Wilde Ehe. Über die allmähliche Auflösung der Ehe durch die Liebe*, München.

Schimank, Uwe (2000): *Theorien gesellschaftlicher Differenzierung*, Opladen.

Schlichte, Klaus (2006a): Neue Kriege oder alte Thesen? Wirklichkeit und Repräsentation kriegerischer Gewalt in der Politikwissenschaft, in: Anna Geis (Hg.),

Den Krieg überdenken. Kriegsbegriffe und Kriegstheorien in der Kontroverse, Baden-Baden, S. 111–132.

— (2006b): Staatsbildung und Staatszerfall. Zur politischen Soziologie der Weltgesellschaft, in: Thorsten Bonacker/Christoph Weller (Hg.), *Konflikte der Weltgesellschaft. Akteure – Strukturen – Dynamiken*, Frankfurt, S. 197–220.

— (2009): *In the Shadow of Violence. The Politics of Armed Groups*, Frankfurt–New York.

Schmidt, Volker H. (2000): Ungleichheit, Exklusion und Gerechtigkeit, in: *Soziale Welt* 51, S. 385–400.

Schmidtchen, Volker (1987): Aspekte des Strukturwandels im europäischen Kriegswesen des späten Mittelalters und ihre Ursachen, in: Ferdinand Seibt/Winfried Eberhard (Hg.), *Europa 1500. Integrationsprozesse im Widerstreit: Staaten, Regionen, Personenverbände, Christenheit*, Stuttgart, S. 445–467.

Schmitt, Carl (1932): *Der Begriff des Politischen*, München–Leipzig.

— (1938): *Die Wendung zum diskriminierenden Kriegsbegriff*, München.

Schmolinsky, Sabine/Arnold, Klaus (2002): Konfliktbewältigung: Kämpfen, Verhandeln und Frieden schließen im europäischen Mittelalter, in: Bernd Wegner (Hg.), *Wie Kriege enden. Wege zum Frieden von der Antike bis zur Gegenwart*, Paderborn, S. 25–64.

Schneider, Gerald/Troeger, Vera E. (2006): War and the World Economy: Stock Market Reactions to International Conflicts, in: *Journal of Conflict Resolution* 50, S. 623–645.

Schörnig, Niklas/Lembcke, Alexander C. (2006): The Vision of War without Casualties: On the Use of Casualty Aversion in Armament Advertisements, in: *Journal of Conflict Resolution*, S. 204–227.

Schubert, Volker (2001): *Militär als soziales System. Eine systemtheoretische Analyse*, Diplomarbeit an der Universität der Bundeswehr München.

Schumpeter, Joseph (1918): Zur Soziologie der Imperialismen, in: *Archiv für Sozialwissenschaft und Sozialpolitik* 46, S. 1–39, 275–316.

Schwabe, Klaus (1969): *Wissenschaft und Kriegsmoral. Die deutschen Hochschullehrer und die Grundfragen des Ersten Weltkriegs*, Göttingen.

Sechser, Todd S. (2004): Are Soldiers Less War-Prone than Statesmen?, in: *Journal of Conflict Resolution* 48, S. 746–774.

Seitz, Klaus (2003): Globalisierung als vernachlässigte Bedingung pädagogischen Handelns, in: Renate Girmes/Petra Korte (Hg.), *Bildung und Bedingtheit. Pädagogische Kommunikation im Kontext individueller, institutioneller und gesellschaftlicher Muster*, Opladen, S. 59–78.

Senghaas, Dieter (1969): *Abschreckung und Frieden. Studien zur Kritik organisierter Friedlosigkeit*, Frankfurt.

— (1970): Politische und militärische Dimensionen der gegenwärtigen Kriegs- und Friedensproblematik, in: Dieter Senghaas (Hg.), *Friedensforschung und Gesellschaftskritik*, München, S. 39–58.

Service, Elman (1968): War and Our Contemporary Ancestors, in: Morton Fried/ Marvin Harris/Robert Murphy (Hg.), *War. The Anthropology of Armed Conflict and Aggression*, Garden City, S. 160–168.

Seton-Watson, G.H.N. (1957): Russia. Army and Autocracy, in: Michael Howard (Hg.), *Soldiers and Governments. Nine Studies in Civil-Military Relations*, London, S. 99–114.

Shannon, Thomas Richard (1989): *An Introduction to the World-System Perspective*, Boulder.

Shaw, Martin (1984): Introduction: War and Social Theory, in: ders. (Hg.), *War, State and Society*, New York, S. 1–22.

— (1987): The Rise and Fall of the Military-Democratic State: Britain 1940–85, in: Colin Creighton/Martin Shaw (Hg.), *The Sociology of War and Peace*, Dobbs Ferry, S. 143–158.

— (1988): *Dialectics of War. An Essay in the Social Theory of Total War and Peace*, London.

— (1991): *Post-Military Society. Militarism, Demilitarization and War at the End of the Twentieth Century*, Philadelphia.

— (1996): *Civil Society and Media in Global Crises*, New York.

— (2005): *The New Western Way of War*, Cambridge.

— (2006): »Risikotransfer-Militarismus« und die Relegitimierung des Krieges in der Weltgesellschaft, in: Thorsten Bonacker/Christoph Weller (Hg.), *Konflikte der Weltgesellschaft. Akteure – Strukturen – Dynamiken*, Frankfurt, S. 151–174.

Shemella, Paul (2006): The Spectrum of Roles and Missions of the Armed Forces, in: Thomas C. Bruneau/Scott D. Tollefson (Hg.), *Who Guards the Guardians and How. Democratic Civil-Military Relations*, Austin, S. 122–142.

Shields, Patricia M. (1988): Sex Roles in the Military, in: Charles C. Moskos/Frank R. Wood (Hg.), *The Military: More Than Just a Job?*, Washington D.C., S. 99–113.

Shils, Edward A./Janowitz, Morris (1948): Cohesion and Disintegration in the Wehrmacht in World War II, in: *Public Opinion Quarterly* 12, S. 280–315.

Siegelberg, Jens (1994): *Kapitalismus und Krieg. Eine Theorie des Krieges in der Weltgesellschaft*, Münster–Hamburg.

Sikora, Michael (2002): Der Söldner, in: Eva Horn (Hg.), *Grenzverletzer. Von Schmugglern, Spionen und anderen subversiven Gestalten*, Berlin, S. 114–135.

Simmel, Georg (1908): *Soziologie. Untersuchungen über die Formen der Vergesellschaftung*, Ausgabe Frankfurt 1992.

Simon, Fritz B. (2004): *Tödliche Konflikte. Zur Selbstorganisation privater und öffentlicher Kriege*, 2. erw. Auflage, Heidelberg.

Singer, J. David (1962): *Deterrence, Arms Control, and Disarmament. Toward a Synthesis in National Security Policy*, Ohio.

— (1965): The Political Science of Human Conflict, in: Elton B. McNeil (Hg.), *The Nature of Human Conflict*, Englewood Cliffs, S. 139–154.

— /Bremer, Stuart A./Stuckey, John (1979): Capability Distribution, Uncertainty, and Major Power War, 1820–1965, in: J. David Singer (Hg.), *The Correlates of War: I Research Origins and Rationale*, New York–London, S. 265–297.
— /Small, Melvin (1972): *The Wages of War, 1816–1965: A Statistical Handbook*, New York.
Singer, Peter W. (2003): *Corporate Warriors. The Rise of the Privatized Military Industry*, Ithaca–London.
Siverts, Henning (1975): Jívaro Head Hunters in a Headless Time, in: Martin A. Nettleship/R. Dalegivens/Anderson Nettleship (Hg.), *War, Its Causes and Correlates*, The Hague, S. 663–674.
Sjoberg, Gideon (1960): Contradictory functional requirements and social systems, in: *Journal of Conflict Resolution* 4, S. 198–208.
— /Gill, Elizabeth A./Cain, Leonard D. (2003): Countersystem Analysis and the Construction of Alternative Futures, in: *Sociological Theory* 21, S. 210–235.
Skocpol, Theda (1979): *States and Social Revolutions. A Comparative Analysis of France, Russia and China*, Cambridge.
— (1988): Social Revolutions and Mass Military Mobilization, in: *World Politics* 40, S. 147–168.
— (1992): *Protecting Soldiers and Mothers. The Political Origins of Social Policy in the United States*, Cambridge–London.
Slater, Jerome (1977): Apolitical Warrior or Soldier-Statesman, in: *Armed Forces and Society* 4, S. 101–126.
Small, Melvin/Singer, David J. (1982): *Resort to Arms. International and Civil Wars, 1816–1980*, Beverly Hills.
Smelser, Neil J. (1990): The Contest between Family and Schooling in Nineteenth-Century Britain, in: Jeffrey C. Alexander/Paul Colomy (Hg.), *Differentiation Theory and Social Change*, New York, S. 165–186.
Smith, Alastair/Stam, Allan C. (2004): Bargaining and the Nature of War, in: *Journal of Conflict Resolution* 48, S. 783–813.
Sorokin, Pitirim A. (1938): A Neglected Factor of War, in: *American Sociological Review* 3, S. 475–486.
— (1957): *Social and Cultural Dynamics*, London.
— /Merton, Robert K. (1937): Social Time: A Methodological and Functional Analysis, in: *American Journal of Sociology* 42, S. 615–629.
Speier, Hans (1939): Morale and Propaganda, in: ders./Alfred Kähler (Hg.), *War in Our Time*, New York, S. 299–326.
— (1952): *Social Order and the Risks of War*, New York.
— /Kähler, Alfred (1939): Introduction, in: dies. (Hg.), *War in Our Time*, New York, S. 11–18.
Spencer, Herbert (1888): *Principles of Sociology*, Bd. II, New York.
Spreen, Dierk (2008): *Krieg und Gesellschaft. Die Konstitutionsfunktion des Krieges für moderne Gesellschaften*, Berlin.

Stäheli, Urs (1998): Die Nachträglichkeit der Semantik: Zum Verhältnis von Sozialstruktur und Semantik, in: *Soziale Systeme* 4, S. 315–340.

Stein, Arthur A./Russett, Bruce M. (1980): Evaluating War: Outcomes and Consequences, in: Ted Robert Gurr (Hg.), *Handbook of Political Conflict. Theory and Research*, New York–London, S. 399–422.

Steinmetz, George (2005): Return to Empire: The New U.S. Imperialism in Comparative Historical Perspective, in: *Sociological Theory* 23, S. 339–367.

Stepan, Alfred (1973): The New Professionalism of Internal Warfare and Military Role Expansion, in: Alfred Stepan (Hg.), *Authoritarian Brazil. Origins, Politics, and Future*, New Haven–London, S. 47–65.

Stichweh, Rudolf (1988): Inklusion in Funktionssysteme der modernen Gesellschaft, in: Renate Mayntz u.a., *Differenzierung und Verselbständigung. Zur Entwicklung gesellschaftlicher Teilsysteme*, Frankfurt–New York, S. 261–293.

— (1994): Fremde, Barbaren und Menschen. Vorüberlegungen zu einer Soziologie der ›Menschheit‹, in: Peter Fuchs/Andreas Göbel (Hg.), *Der Mensch – das Medium der Gesellschaft?*, Frankfurt, S. 72–91.

— (2000a): *Die Weltgesellschaft. Soziologische Analysen*, Frankfurt.

— (2000b): Semantik und Sozialstruktur. Zur Logik einer systemtheoretischen Unterscheidung, in: *Soziale Systeme* 6, S. 237–250.

Stietencron, Heinrich von (1995): Töten im Krieg: Grundlagen und Entwicklungen, in: ders. (Hg.), *Töten im Krieg*, Freiburg–München, S. 17–56.

Stouffer, Samuel u.a. (1949a): *The American Soldier. Volume I: Adjustment during Army Life*, Princeton.

— u.a. (1949b): *The American Soldier. Volume II: Combat and its Aftermath*, Princeton.

Strachan, Hew (1997): Militär, Empire und *Civil Society*: Großbritannien im 19. Jahrhundert, in: Ute Frevert (Hg.), *Militär und Gesellschaft im 19. und 20. Jahrhundert*, Stuttgart, S. 78–93.

Stromberg, Roland N. (1982): *Redemption by War. The Intellectuals and 1914*, Lawrence.

Summerfield, Penny (1988): Women, War, and Social Change. Women in Britain in World War II, in: Arthur Marwick (Hg.), *Total War and Social Change*, New York, S. 95–118.

Take, Ingo (2006): Die Schattenseite der Weltgesellschaft – Die transnationale Vernetzung von Gewaltakteuren als weltgesellschaftliche Herausforderung, in: Thorsten Bonacker/Christoph Weller (Hg.), *Konflikte der Weltgesellschaft. Akteure – Strukturen – Dynamiken*, Frankfurt, S. 103–126.

Tax, Sol (1968): War and the Draft, in: Morton Fried/Marvin Harris/Robert Murphy (Hg.), *War: The Anthropology of Armed Conflict and Aggression*, Garden City, S. 195–207.

Taylor, Philip M. (1992): The Effects of War on Communication, in: G. Ausenda (Hg.), *Effects of War on Society*, San Marino, S. 223–244.

— (1995): *Munitions of the Mind. A History of Propaganda from the Ancient World to the Present Era*, Manchester–New York.

Tefft, Stanton K. (1975): Warfare Regulation: A Cross-Cultural Test of Hypotheses, in: Martin A. Nettleship/R. Dalegivens/Anderson Nettleship (Hg.), *War, Its Causes and Correlates*, The Hague, S. 693–711.

Tetreau, E.D. (1943): The Impact of War on Some Communities in the Southwest, in: *American Sociological Review* 8, S. 249–255.

Teubner, Gunther (1996): Globale Bukowina. Zur Emergenz eines transnationalen Rechtspluralismus, in: *Rechtshistorisches Journal* 15, S. 255–290.

— (2006): Die anonyme Matrix: Menschenrechtsverletzungen durch »private« transnationale Akteure, in: *Der Staat* 45, S. 161–187.

Thomas, George M./Meyer, John W./Ramirez, Francisco O./Boli, John (1987): *Institutional Structure: Constituting State, Society, and the Individual*, Newbury Park.

Thompson, Dennis F. (2004): Election Time: Normative Implications of Temporal Properties of the Electoral Process in the United States, in: *The American Political Science Review* 98, S. 51–64.

Thompson, James Westfall (1921): The Aftermath of the Black Death and the Aftermath of the Great War, in: *American Journal of Sociology* 26, S. 565–572.

Thompson, William R. (1993): The Consequences of War, in: *International Interactions* 19, S. 125–147.

—/Zuk, Gary (1986): World Power and the Strategic Trap of Territorial Commitments, in: *International Studies Quarterly* 30, S. 249–267.

Tilly, Charles (1975): Reflections on the History of European State-Making, in: ders. (Hg.), *The Formation of National States in Western Europe*, Princeton, S. 3–83.

— (1985): War Making and State Making as Organized Crime, in: Peter B. Evans/Dietrich Rueschemeyer/Theda Skocpol (Hg.), *Bringing the State Back In*, Cambridge, S. 169–191.

— (1990): *Coercion, Capital, and European States, AD 990–1990*, Cambridge.

— (2003): Armed Force, Regimes, and Contention in Europe since 1650, in: Diane E. Davis/Anthony W. Pereira (Hg.), *Irregular Armed Forces and Their Role in Politics and State Formation*, Cambridge, S. 37–81.

— (2004): Terror, Terrorism, Terrorists, in: *Sociological Theory* 22, S. 5–13.

Trebilcock, Clive (1976): The British Armaments Industry 1890–1914: False Legend and True Utility, in: Geoffrey Best/Andrew Wheatcroft (Hg.), *War, Economy and the Military Mind*, Totowa, S. 89–107.

Treiber, Hubert (1973): *Wie man Soldaten macht. Sozialisation in »kasernierter Vergesellschaftung«*, Düsseldorf.

Treml, Alfred K. (1995): Das Militär als System der Gesellschaft, in: Uwe Hartmann/Christian Walther (Hg.), *Der Soldat in einer Welt im Wandel*, München–Landsberg, S. 18–26.

Trotha, Trutz von (1987): *Distanz und Nähe. Über Politik, Recht und Gesellschaft zwischen Selbsthilfe und Gewaltmonopol*, Tübingen.

— (1999a): Das Ende der Clausewitzschen Welt oder vom Selbstzweck des Krieges und der Vorherrschaft des ›Krieges geringer Intensität‹, in: *Soziologische Revue* 22, S. 131–141.
— (1999b): Formen des Krieges. Zur Typologie kriegerischer Aktionsmacht, in: Sighard Neckel/Michael Schwab-Trapp (Hg.), *Ordnungen der Gewalt. Beiträge zu einer politischen Soziologie der Gewalt und des Krieges*, Opladen, S. 71–96.
— (2003): Kriege der Niederlagen, in: Ronald Hitzler/Jo Reichertz (Hg.), *Irritierte Ordnung. Die gesellschaftliche Verarbeitung des Terrors*, Konstanz, S. 71–93.
— (2004): Vom Wandel der Gewalt und der Theorie über die Gewalt, in: *Soziologische Revue* 27, S. 201–125.
Turney-High, Harry Holbert (1949): *Primitive War. Its Practice and Concepts*, Columbia.
Tyrell, Hartmann (1978): Anfragen an die Theorie der gesellschaftlichen Differenzierung, in: *Zeitschrift für Soziologie* 7, S. 175–193.
— (2001): Gesellschaftstypologie und Differenzierungsformen. Segmentierung und Stratifikation, in: Cornelia Bohn/Herbert Willems (Hg.), *Sinngeneratoren. Fremd- und Selbstthematisierung in soziologisch-historischer Perspektive*, Konstanz, S. 511–534.
Unger, Frank (1989): Vom Manhattan Project zur Rand Corporation: Das Weltbild der amerikanischen ›strategy intellectuals‹, in: Hans Joas/Helmut Steiner (Hg.), *Machtpolitischer Realismus und pazifistische Utopie*, Frankfurt, S. 211–260.
Ungern-Sternberg, Jürgen von (1996): Wie gibt man dem Sinnlosen einen Sinn? Zum Gebrauch der Begriffe ›deutsche Kultur‹ und ›Militarismus‹ im Herbst 1914, in: Wolfgang J. Mommsen (Hg.), *Kultur und Krieg: Die Rolle der Intellektuellen, Künstler und Schriftsteller im Ersten Weltkrieg*, München, S. 77–96.
UNICEF (2004): Impact of Armed Conflict on Children, www.unicef.org/graca/patterns/htm (5.7.2004).
van Creveld, Martin (1989): *Technology and War from 2000 B.C. to the Present*, New York.
— (1998): *Die Zukunft des Krieges*, München.
— (2002): Frauen beim Militär, in: *Kursbuch* Heft 147, März 2002, S. 135–148.
van Doorn, Jacques (1969): Political Change and the Control of the Military: Some General Remarks, in: ders. (Hg.), *Military Profession and Military Regimes*, Den Hague, S. 11–31.
— (1965): Militärische und industrielle Organisation. Ein soziologischer Vergleich, in: Joachim Matthes (Hg.), *Soziologie und Gesellschaft in den Niederlanden*, Neuwied, S. 276–300.
van Wees, Hans (2008): »Diejenigen, die segeln, sollen Sold erhalten«, in: Friedrich Burrer/Holger Müller (Hg.), *Kriegskosten und Kriegsfinanzierung in der Antike*, Darmstadt, S. 128–150.
Vayda, Andrew P. (1967): Maori Warfare, in: Paul Bohannan (Hg.), *Law and Warfare. Studies in the Anthropology of Conflict*, Garden City, S. 359–380.

Wagner, Robert Harrison (1993): The Causes of Peace, in: Roy Licklider (Hg.), *Stopping the Killing. How Civil Wars End*, New York–London, S. 235–268.

Waldmann, Peter (1997): Bürgerkrieg – Annäherung an einen schwer faßbaren Begriff, in: *Leviathan* 25, S. 480–500.

— (1998): Eigendynamik und Folgen von Bürgerkriegen, in: Heinrich-W. Krumwiede/Peter Waldmann (Hg.), *Bürgerkriege: Folgen und Regulierungsmöglichkeiten*, Baden-Baden, S. 108–132.

Wallerstein, Immanuel (2003a): Entering Global Anarchy, in: *New Left Review* 22, Juli-August, www.newleftreview.org/?view=2458 (19.5.2009).

— (2003b): U.S. Weakness and the Struggle for Hegemony, in: *Monthly Review* 3/55, www.monthlyreview.org/0703wallerstein.htm (19.5.2009).

Wallis, George W. (1970): Chronopolitics: The Impact of Time Perspectives on the Dynamics of Change, in: *Social Forces* 49, S. 102–106.

Walter, Dierk (2006): Warum Kolonialkrieg?, in: Thoralf Klein/Frank Schumacher (Hg.), *Kolonialkriege. Militärische Gewalt im Zeichen des Imperialismus*, Hamburg, S. 14–43.

Waltz, Kenneth N. (1979): *Theory of International Politics*, Reading Mass.

— (2000): Structural Realism after the Cold War, in: *International Security* 25, S. 5–41.

Warburg, Jens (1999): Maschinen der Vernichtung. Das industrialisierte Schlachtfeld, in: Sighard Neckel/Michael Schwab-Trapp (Hg.), *Ordnungen der Gewalt. Beiträge zu einer politischen Soziologie der Gewalt und des Krieges*, Opladen, S. 97–118.

— (2008): *Das Militär und seine Subjekte. Zur Soziologie des Krieges*, Bielefeld.

Warren, Roland L. (1946): The Naval Reserve Officer: A Study in Assimilation, in: *American Sociological Review* 11, S. 202–211.

Weber, Max (1910): *Politische Gemeinschaften Max Weber Gesamtausgabe* (hg. von Wolfgang J. Mommsen), Wirtschaft und Gesellschaft. Die Wirtschaft und die gesellschaftlichen Ordnungen und Mächte. Nachlaß, Teilband 1: Gemeinschaften, Tübingen 2001, S. 200–217.

Webster, Frank (2003): Information Warfare in an Age of Globalization, in: Daya Kishan Thussu/Des Freedman (Hg.), *War and the Media*, London, S. 57–69.

Wechsler Segal, Mady (1988): The Military and the Family as Greedy Institutions, in: Charles C. Moskos/Frank R. Wood (Hg.), *The Military: More Than Just a Job?*, Washinton, S. 79–97.

— (1994): Toward a Theory of Women in the Armed Forces: Applications to the Future, in: Jürgen Kuhlmann/David R. Segal (Hg.), *Armed Forces at the Dawn of the Third Millenium*, München, S. 347–368.

Weede, Erich (1975): *Weltpolitik und Kriegsursachen im 20. Jahrhundert*, München–Wien.

Wegner, Bernd (2000): Einführung: Was kann Historische Kriegsursachenforschung leisten?, in: ders. (Hg.), *Wie Kriege entstehen. Zum historischen Hintergrund von Staatenkonflikten*, Paderborn, S. 9–21.

— (2002): Einführung: Kriegsbeendigung und Kriegsfolgen im Spannungsfeld zwischen Gewalt und Frieden, in: Bernd Wegner (Hg.), *Wie Kriege enden. Wege zum Frieden von der Antike bis zur Gegenwart*, Paderborn, S. XI–XXVII.

Wehler, Hans-Ulrich (1969): *Bismarck und der Imperialismus*, Ausgabe Frankfurt 1985.

Wilson, Robert E. (1943): Treatment of Civilian Alien Enemies, in: *American Journal of International Law* 37, S. 30–45.

— (1944): Recent Developments in the Treatment of Civilian Alien Enemies, in: *American Journal of International Law* 38, S. 397–406.

Wimmer, Andreas/Min, Brian (2010): War and the Global Spread of the Nation-State, in: Mathias Albert/Alexander Wendt (Hg.), *New Systems Theories of World Politics*, Basingstoke, S. 249–275.

Wimmer, Hannes (1996): *Evolution der Politik. Von der Stammesgesellschaft zur modernen Demokratie*, Wien.

Winkler, Allan M. (1986): *Home Front U.S.A.: America during World War II*, Arlington Heights.

Winter, Edward (1958): The Aboriginal Political Structure of Bwamba, in: John Middleton/David Tait (Hg.), *Tribes without Rulers. Studies in African Segmentary Systems*, London, S. 136–166.

Wißmann, Friedrich (1989): *Zur Geschichte der Kriegsbegeisterung in der Schule*, Oldenburg.

Wittman, Donald (1979): How a War Ends. A Rational Model Approach, in: *Journal of Conflict Resolution* 23, S. 743–763.

Wolters, Reinhard (2008): Triumph und Beute in der römischen Republik, in: Friedrich Burrer/Holger Müller (Hg.), *Kriegskosten und Kriegsfinanzierung in der Antike*, Darmstadt, S. 228–245.

Wright, Quincy (1949): *A Study of War*, Chicago.

— (1965): The escalation of international conflicts, in: *Journal of Conflict Resolution* 9, S. 134–149.

— (1968): The Study of War, in: David S. Sills (Hg.), *International Encyclopedia of the Social Sciences*, Bd. 16, New York, S. 453–468.

Wright, Stephen J. u.a. (1943): Impact of War on the Schools, in: *Journal of Educational Sociology* 16, S. 424–450.

Wunderlich, Frieda (1939): Labor in Wartime, in: Hans Speier/Alfred Kähler (Hg.), *War in Our Time*, New York, S. 245–268.

Yarmolinsky, Adam (1980): Professional Military Perspectives on War Termination, in: Stuart Albert/Edward C. Luck (Hg.), *On the Endings of Wars*, Port Washington, S. 121–130.

Young, Thomas-Durell (2006): Military Professionalism in a Democracy, in: Thomas C. Bruneau/Scott D. Tollefson (Hg.), *Who Guards the Guardians and How. Democratic Civil-Military Relations*, Austin, S. 17–33.

Zartmann, I. William (1993): The Unfinished Agenda: Negotiating Internal Conflict, in: Roy Licklider (Hg.), *Stopping the Killing. How Civil Wars End*, New York–London, S. 20–34.

— (2005): Analyzing Intractability, in: Chester A. Crocker/Fen Osler Hampson/Pamela Aal (Hg.), *Grasping the Nettle. Analyzing Cases of Intractable Conflict*, Washington D.C., S. 47–64.

Zelizer, Barbie (2004): When War is Reduced to a Photograph, in: Stuart Allan/Barbie Zelizer (Hg.), *Reporting War. Journalism in Wartime*, London–New York, S. 115–135.

Zerubavel, Eviatar (1982): The Standardization of Time: A Sociohistorical Perspective, in: *American Journal of Sociology* 88, S. 1–23.

— (1987): The Language of Time: Toward a Semiotics of Temporality, in: *The Sociological Quarterly* 28, S. 243–256.

— (2003): *Time Maps. Collective Memory and the Social Shape of the Past*, Chicago.

Ziegler, Rolf (1968): Einige Ansatzpunkte der Militärsoziologie und ihr Beitrag zur soziologischen Theorie, in: René König (Hg.), *Beiträge zur Militärsoziologie. Sonderheft 12 der KZfSS*, Köln–Opladen, S. 13–37.

Zimmermann, Ekkart (1980): Macro-Comparative Research on Political Protests, in: Ted Robert Gurr (Hg.), *Handbook of Political Conflict. Theory and Research*, New York–London, S. 167–237.

Zürn, Michael (1998): *Regieren jenseits des Nationalstaates. Globalisierung und Denationalisierung als Chance*, Frankfurt.